아 시 아
5 0 0 년
해 양 사

아시아 500년 해양사

─〈 IN ASIAN WATERS 〉─

에릭 탈리아코초 지음
이재황 옮김

책과함께

차례

시각 자료 목록

일러두기

- 이 책은 Eric Tagliacozzo의 *In Asian Waters*(Princeton University Press, 2022)를 우리말로 옮긴 것이다.
- 인용된 비영어권 자료 가운데 미주에 따로 영문 번역자가 표기되어 있지 않은 경우는 모두 저자가 직접 영어로 옮겨 실은 것이다. 한국어판에서는 영어로 번역된 원서의 글을 우리말로 옮겼다.
- 옮긴이 주는 〔 〕로 표기했다.

1장

서론
나가사키에서 남쪽으로,
호르무즈에서 동쪽으로

갑자기 배의 경적 소리가 열린 창문을 통해 길게 한껏 밀어닥쳐 어스레한
방을 뒤덮었다. (⋯) 파도의 모든 격정과 무수한 항해의 기억을 짊어진 채였다.
— 미시마 유키오, 《오후의 예항》

내가 나가사키에 도착해서 가장 먼저 한 일은 야트막한 산으로 올라가는
것이었다. 산들이 항구를 거의 완전히 둘러싸고 있었다. 아래의 좁은 수
로만이 예외였는데, 그곳을 통해 바다에서 배가 들어왔다.

400년 전 이 배들이 갈수록 많은 '물건'(낯선 상품과 낯선 외국의 관념)을
싣고 오자 나가사키의 지배자는 이제 더 이상은 안 된다고 선언했다. 그
는 그러다가 자신의 영지를 잃기 전에 행동에 나서야 했다. 바다는 위험
했다. 바다가 주는 선물도 마찬가지로 위험했다. 그는 기독교도 수십 명
을 잡아들였다. 소수의 외국인 기독교도와 함께 항구를 통해 들어온 새
로운 종교로 개종한 사람들이었다. 그는 그들을 수감했고, 나가사키 항
구를 둘러싸고 있는 나무 말뚝에 꽂아 처형하라고 부하들에게 명령했다.

선창에 들어온 배들이 훤히 지켜보는 가운데 바다에서 온 이방인들과 그들의 말을 들었던 귀가 얇은 일본인들(이방인의 가르침을 믿으려는 자들을 포함해)은 이곳의 지배자가 누구인지를 분명한 말로 들었다.

만 안의 작은 섬 거류지 데지마出島(외국 선박의 무역 이점은 취하되 그들의 위험한 관념은 배제하기 위해 격리하던 곳이었다)는 이 사건 이후 한동안 버려졌다. 현지 다이묘大名(영주)는 겁을 주기 위해 할 일을 제대로 했다. 해양 '이적'들을 위협해 복종시킨 것이다. 그러나 잠시뿐이었다. 데지마의 상업은 곧 활기를 되찾았고, 이후 200년 동안 일본은 어느 정도 스스로를 해상세계의 조류로부터 격리하려 애썼지만 영향력은 여전히 이 항구를 통해 조금씩 새어들어왔다. 총이 들어왔고, 불안과 도덕적 죄책감이 생겨나고 논의가 일어났지만 금세 받아들여졌다. 시계도 들어왔고, 서양의 달력도 들어왔고, 새로운 관념도 더 들어왔다.

그러나 처형의 그림자는 500년이나 지난 지금까지도 이 항구도시의 산들에서 감지된다.[1] 한 가지 의문은 순교한 신자들이 자기네의 희생이 값지다고 생각했느냐는 것이다. 바다로부터, 그리도 완강하게 그런 공물을 원하지 않는 곳에 선물을 가져다주기 위한 희생이었다.[2]

오만 해안의 수르라는 소도시에서 나는 크고 제멋대로 뻗어 있는 어시장을 지칠 때까지 걸었다. 수르는 오만 해안이 아라비아해 쪽으로 튀어나온 곳에 있었다. 그 해안을 따라 더 서쪽에서 바다는 호르무즈만 쪽으로 굽어 있고, 이어 페르시아만으로 들어간다. 오만 해안에서 물가를 따라 더 올라가면 맑은 날에는 바다 건너 이란의 희미한 모습을 어렴풋이 식별할 수 있다.

나는 어시장을 몇 시간째 걷고 있었다. 내가 알아볼 수 있는 물고기 이름들을 적었다. 모르는 어종도 많았다. 하지만 자연의 풍요가 거기에 있었다. 중국 시장으로 보내기 위해 지느러미를 잘라낸 커다란 상어도 있었고, 작은 초어礁魚(형광등의 붉은색, 주황색, 적자색이었다)도 있었다. 오토바이만큼이나 큰 쥐가오리가 본연의 모습으로 더러운 콘크리트 바닥에 놓여 있었다. 그 꼬리는 손짓을 하는 호리호리한 팔처럼 바다 쪽을 가리키고 있었다.

여기에도 나가사키와 마찬가지로 외국의, 먼 곳의 흔적이 있었다. 상어 지느러미와 함께 작은 커피점이 인도네시아와의 연관성을 드러내고 있었다. 바하사[남아시아와 동남아시아의 여러 언어를 가리키는 말]로 된 간판이 고객들(인도양의 다른 쪽 끝에서 온 건설 인부 같은 사람들일 터였다)에게 말하고 있었다. 여기에 오면 고향 자카르타에 전화를 걸 수 있고, 그리운 고국의 간식도 먹을 수 있다고. 상어 지느러미와 커피, 기독교와 한산한 배가 물결 위에 계류 중이었다.

이 아시아 반대쪽 끝에 있는 두 항구는 많은 공통점이 있었다. 그러면서도 아무런 공통점이 없었다. 한쪽에서는 아랍어가 들리고, 다른 쪽에서는 일본어가 들렸다. 모두 검게 그을리고 우락부락한 선창 인부들의 소리였다. 그러나 이 지역들 사이를 연결하는 중얼거림은 또렷했다. 심지어 들을 필요도 없었다. 그저 보는 것으로 충분했다.

다우선 몇 척이 수르를 출항해 바다로 나갔다. 계절풍을 타고 동쪽을 향해 너른 바다 인도양으로 갔다. 그 모습을 보며 문득 이런 생각이 들었다. '이 모든 장면을 전에도 본 적이 있지 않나?' 나는 이 물음에 대한 답을 찾지 못한 채 메모를 끄적였다. 이 책을 쓰기 위한 준비였다.

아침에 커피를 마실 수 있는 것은 아시아의 해로 덕이 좀 있다. 서방

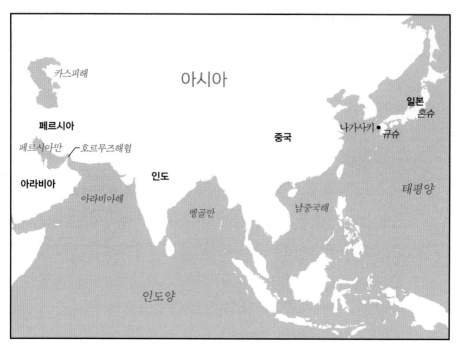

지도 1.1 아시아의 바다: 나가사키에서 남쪽으로, 호르무즈에서 동쪽으로

세계로 일하러 가면서 중국어가 귀에 들리는 것도, 뭄바이의 콜센터에서 내 신용카드 구매가 승인되는 것도 아시아의 해로 덕이 좀 있다. 왜 그럴까? 수천 년 동안 존재해온 해상 통로가 우리가 살아온 존재의 그 많은 일상생활에 어떻게 부분적으로 기여할 수 있었을까?[3]

의문이 들겠지만 이런 관찰은 사실이다. 근세에 예멘에서 전 세계로 커피를 실어 나르기 위해 천천히 움직이던 우아한 배, 중국인 이민자들을 세계의 모든 해안으로 데려다준 한산한 돛배, 길게 뻗은 인도의 건조한 해안 일대의 공업 발전과 인구 증가. 이 모든 현상이 서로 연결돼 있다. 이들 모든 쏟아지는 행위자들 사이에는 여러 소지역들을 지역을 넘어선 더 큰 현실과 연결해주는 바다라는 중요한 요소가 있다. 이 지역의 해로(그리고 그곳을 가로지른 모든 사람, 관념, 물자)가 현대 세계의 상당 부분을 만들어내는 데 일부 기여했다고 해도 과장은 아닐 것이다.[4] 우리 대부분은 이 역사에 어떤 형태로든 연결돼 있다. 우리가 날마다 인식하든 인식하지 못하든 말이다.

이 책은 아시아의 해양사를 서로 연결된 하나의 그물 안으로 묶으려 한다. 이를 위해 대략 지난 500년 동안 아시아의 여러 연해 지역을 분할되고 (동시에) 통합된 회로로 이어주고 연결시킨 몇몇 바다의 길을 정리할 것이다. 이른바 접촉의 시대가 이미 시작된 반복과 교류의 촉진을 추동했기 때문이다.[5] 따라서 이것은 지금 학계에서 널리 쓰이고 있는 새로운 초국가적 역사의 본질적인 부분이다. 또한 이야기의 핵심을 지리적으로, 그리고 시간적으로 넓게 훑는 역사다.

재닛 아부루고드Janet Abu-Lughod는 이 책이 다루는 시간대 직전 시기의 아시아에 관해 이런 유명한 말을 했다.

어떤 조직에서 연구돼야 하는 것은 부분들 사이의 연결이다. 이 부분들이 강화되고 연결되면 그 조직은 '성장'한다고 할 수 있다. 부분들의 힘이 빠지면 조직은 쇠퇴한다. 그것이 나중에 다시 조직화되고 활력을 되찾게 될지라도 말이다.[6]

이 책은 아부루고드류의 초국가적 역사를, 지금 학자들이 점점 더 많이 사용하고 있는 역사적 상상력의 다른 수단과 통합한다. 환경사, 과학기술 연구, 종속성, 비판적인 제국사 같은 것들이다. 이런 접근법이 어떻게 짜맞추어지는지 확인하게 되면 우리가 알고 있는 세계를 움직이는 것이 무엇인지 파악할 수 있는 기회가 열릴 것이다.

나는 이 책에서 500년 동안 아시아 바다에 일어난 '큰 변화'를 보면 결국 현대의 단일 세계를 만들어내는 데 이바지한 여러 가지 중요한 주제들이 전면에 드러날 것이라고 주장한다. 외부 힘의 완만한 증가, 그리고 이 현상에 대응하는 토착민의 행동과 작용이 그런 주제들 가운데 하나다. 다양한 물건의 지역적, 나아가 세계적 규모의 무역이 다른 하나다. 바다를 통한 무역과, 바다가 중심은 아니지만 수많은 배에 실려 그 지역을 통과하는 무역이다. 마지막으로, 종교의 해상 이동과 이에 수반되는 굳어진 권위의 과거 형태에 대한 정치적 도전은 이런 생각들의 일부일 뿐이다.

권력, 무역, 제국의 동요, 디아스포라, 변화하는 종교 같은 이런 관념들은 이 책의 주요 연결 주제들 가운데 일부다. 이 책은 이 이질적인 관념들을 주제별 창을 통해 하나의 연구로 연결하고, 이 세계 최대 대륙과 그 역사에 대한 우리의 생각이, 이 거대한 땅덩어리를 하나의 통합적인 이야기의 일부로서 육지가 아니라 바다로부터 보면 어떻게 달라지는지를 묻는다.[7] 그 변화가 어떻게 보조를 맞추어 우리의 집단적인 역사상을 바꿀까?

———

거대한 해역海域에 대한 역사를 쓰는 것은 새로운 일이 아니다. 과거에 대한 설명이 육지의 역사만으로 되는 것은 아니다.[8] 이 일을 처음으로 시도한 역사가 중 한 명이 페르낭 브로델이었다. 근세 시기의 지중해 세계에 관한 그의 두 권짜리 연구는 그 이후 한 세대의 역사가들에게 금과옥조가 됐다.[9] 브로델은 유럽 자체 또는 심지어 그 가운데 어느 국민국가를 연구하는 대신에 남유럽과 북아프리카 마그레브의 역사를 하나의 이야기로 통합했다.

그의 연구 결과는 학계에 반향을 일으켰다. 그들은 브로델의 책에서 역사에 총체적으로 접근하는 새로운 방법을 발견했다. 버나드 베일린은 같은 방식으로 대서양에 대해 접근했다. 그는 '유럽'사와 '아메리카'사의 개별적 접근을 거부하고 두 타자他者를 꿰매 붙여 하나의 통일성 있는 세계를 만들어냈다.[10]

이 접근 방식 역시 많은 찬미자들을 유혹했고, '대서양의 역사'에 관한 여러 가지 해석이 유행했다. 아마도 큰 호응을 얻은(그리고 자주 모방된) 폴 길로이Paul Gilroy의 '흑인의 대서양Black Atlantic'에 관한 연구도 그에 못지않았을 것이다. 브로델은 지중해의 무역과 환경을 통해 기독교 세계와 이슬람 세계를 한데 묶었고, 이어 베일린은 '구'세계와 '신'세계로 불리던 것을 이주와 북대서양을 건넌 혁명적 관념들의 교환으로 한데 묶었다. 길로이는 이 강력한 혼합에 인종을 추가했고, 삼각무역, 자본주의 탄생, 새로운 형태의 문화사가 접목되자 바다에 대한 연구는 모든 종류의 새로운 가능성을 보여주었다.[11]

좌파 역사가들 역시 여기서 풍성한 가능성을 발견했다. 마커스 레디커Marcus Rediker 등은 이제 카리브해를 대상으로 삼아 이 틀을 밀고 나갔다. 해적, 계급, 이런 진화의 일부로서 선상 민주주의의 출현을 연구했다. 사실 카리브해는 대서양 건너편의 지중해와 상당히 흡사하게 복잡한 역사의 실험장이 됐다. 특히 인종, 계급, 근대 국가의 등장에 관한 역사의 한계 초월과 혁신에 대해 바라볼 때 말이다.[12]

태평양은 이런 식의 실험을 하는 데 그리 인기 있는 곳은 아니었다. 적어도 최근까지는 그랬다. 이곳은 대서양보다 상당히 크고 그런 연결을 보여줄 수 있는 자원의 종류라는 측면에서도 분명히 연관성이 적었으며, 태평양의 역사가 대서양의 틀을 따라가기 시작한 것은 불과 지난 수십 년 동안의 일이었다. 두껍고 대중적인 책들이 출간됐고, 이들은 티에라델푸에고에서부터 북쪽으로 알류트열도까지, 그리고 캄차카반도에서 아래로 태즈메이니아와 뉴질랜드까지 이 대양의 방대한 영역을 살폈다.[13] 여기서도 주제는 풍성했다. 예를 들어 태평양 대양경제에서 고래잡이의 중요성이나, 토착민들의 이산(그들은 자생 천문학과 거대한 장거리 여행을 위해 마련한 부재浮材 부착 통나무배를 타고 대양 일대에 퍼져나갔다) 같은 것들이었다.

그러나 이 모든 활동이 무엇을 의미하는지를 규정하고 정리하기 위한 보다 정교한 시도는 더 최근에야 이루어졌다.[14] 에펠리 하우오파Epeli Hau'ofa와 킬라니 쿡Kealani Cook 같은 학자들이 이 대화에 토착민의 관점을 집어넣은 것은 태평양 토착민의 유산을 물려받은 작가들 자신과 때로는 비토착민(그럼에도 불구하고 그들은 이 분야의 초기 연구자들이 수십 년 동안 태평양사에서 토착민들에 대해 쓴 내용에 공감했다)에게도 결정적인 중요성을 지녔다.[15]

태평양의 역사가 새로이 정교해지고 지금 쓰이고 있는 더 큰 세계사 안에 들어가는 시늉이라도 하는 것은 맷 마쓰다Matt Matsuda 등의 최근 연구를 통해서였다.[16] 예를 들어 남극해와 북극해의 역사는 아직 이런 식의 통합 또는 발전의 증거를 많이 보이지 않는다. 여전히 영웅적인 탐험 이야기가 중심적인 자리를 차지하고 있다. 이들 바다를 처음으로 가로지른 유럽인들은 분명히 충분한 용기를 지녔다. 그러나 그들의 이야기는 지금까지도 대부분 현지 사회들과 별개로 자연을 정복한 '위인'의 공적으로서 회자되고 있다. 그들이 여행할 때 함께 얼음 위에 서 있던 사람이 아무도 없었던 것처럼 말이다.

최근의 단 하나의 예외, 즉 수닐 암리스Sunil Amrith의 작업[17]을 제외하면 아시아의 바다를 넓은 접사렌즈를 통해 본 단일 연구는 정말로 없었고, 그것이 이 책이 채우고자 하는 공백이다. 그렇다고 해서 학자들이 새롭고도 흥미로운 방식으로 아시아의 해양 문제를 살피지 않았다는 이야기는 아니다. 동아시아(그리고 남중국해에 인접해 그리로 흘러들어 이 지역을 적절하게 묶어주는 중간 수역으로서의 바다들)에 대해서는 연구하는 저자들이 비교적 적었기 때문이다.

그러나 그 작업을 한 사람들은 대개 아주 훌륭했다. 안드레 군더 프랑크Andre Gunder Frank는 이런 학자들 가운데 하나였으며, 그의 책《리오리엔트: 아시아 시대의 세계 경제Reorient: Global Economy in the Asian Age》(물론 성격상 해양사는 아니다)는 다른 사람들을 꼼짝 못하게 했다.[18]《리오리엔트》는 공간과 그 공간을 새롭고도 멋진 방식으로 돌아다닌 사람들의 역사에 대해 개념을 재정립한다. 아시아인은 그의 세계사의 중심에 있으며, 주로 유럽인의 팽창을 통해 역사가 단독으로 영향을 미칠 수 있는(거의 언제나 그래왔다) 존재가 아니다. 이것은 진정한 렌즈 이동이었고, 그의 책 출간은 아시아사에 대해 생각하는 새로운 길을 열었다. 지난 수백 년 동안 세계를 변화시키는 자체의 동력을 이루는 존재로서 말이다.[19]

하마시타 다케시濱下武志는 해양 패러다임에서 더욱 중심부에 위치했고, 그의 남중국해(오키나와의 류큐琉球 왕국에서부터 동남아시아까지) 연구는 중국과 동북아시아의 중국화한 나라들 사이의 연결에 관한 생각에 강력하고 새로운 자극을 주었다.[20] 하마시타는 이런 진전을 이끌었다. 다만 더 최근에 이러한 움직임에서는 다른 중요한 인물들도 있지만 말이다.[21] 그러나 그의 작업은 또한 여러 다른 학자들의 발견을 힘들여 축적한 것을 바탕으로 하고 있다. 그는 중국 및 일본의 여러 연구자들과 대화했으며, 그러지 않았다면 영어권의 독자들은 그들의 연구를 읽을 수 없었을 것이다.

마지막으로, 이런 맥락에서 다이언 머리Dian Murray 또한 중요했다. 그의 선구적인 책《남중국해 해안의 해적》은 적어도 두 가지 방식으로 신기원을 열었다. 첫째로, 이 책은 중국과 중국화한 동남아시아를 한 틀에 넣어, 그들 사이를 흐르는 해양의 역사에서 대등한 주체로 다루었다. 둘째로, 이 책은 또한 논의에 젠더 문제를 도입했다. 이전에 시도되지 않았던 방식으로 말이다. 그의 논문은 이 두 가지 측면에서 고전에 버금가는 반열에 올랐고, 초국가적 성향의 역사가들뿐만 아니라 역사 서술에서 젠더 분석을 잘 수용하는 학자들도 자주 인용했다.[22]

남중국해 저위도 지역과 해양부 동남아시아 자체와 관련해 바다의 역사는 논의가 활발히 이루어지고 있는 주제다.[23] '바람 아래의 땅'이라 불리는 동남아시아 지역에서 대양은 상당 기간 동안 역사를 쓰기 위해 필요한 포맷이었다. 인도네시아는 1만 7000개의 섬으로 이루어진 세계 최대의 군도이고, 필리핀·말레이시아와 기타 지역 문화권까지 더하면 해양사를 분명하게 개념화하는 것이 이 지역에서 왜 즉각적인 필요성을 지니게 됐는지를 쉽게 알 수 있다.

여기서 선구적인 연구로 앤서니 리드Anthony Reid의 두 권짜리 책《상업 시대의 동남아시아, 1450~1680》이 있다. 이 책은 동남아시아(특히 도서부 동남아시아)의 근세 역사를 하나의 일관된 이야기로 묶었다.[24] 리드는 제각각인 것처럼 보이는 이 모든 사회들이 어떻게 해서 실제로는 상당한 공통점을 지니고 바다의 도구를 이용해 속성을 전파하거나 공유하고 있는지를 연구했다. 그의 주장 가운데 일부는 나중에 빅터 리버먼Victor Lieberman과 바버라 왓슨 안다야Barbara Watson Andaya 같은 학자들로부터 도전을 받았지만, 핵심적인 가정은 대체로 옳았던 듯하다. 물론 멀리는 도서부 동남아시아에서 육지까지 미치고(또는 그것이 젠더 문제를 좀 더 중심적으로 고려하고 있기 때문이다), 그의 몇몇 논점은 일부 균형을 잃은 듯하지만 말이다.[25]

그러나 리드의 연구는 이 지역의 바다들을 포괄하고자 한, 그리고 문화권들을 분리한 것이 아니라 연결한 것으로 이해한 작은 바다들로부터 이야기를 이끌어내고자 한 가장 방대하고 가장 야심찬 연구였을 뿐이다. 약간 작은 규모지만, 프랑스의 대학자 드니 롱바르Denys Lombard는 자신의 탁월한 책《자바 교차로》에서 매우 비슷한 일을 하고자 했다. 그리고 필리핀 남부에 관해서는 제임스 프랜시스 워런James Francis Warren이 또한 자신의 개척적인 저서《술루 지역》에서 이런 용감한 노선을 따라 연구를 수행했다.[26] 인도네시아 동부에 관해서는 로이 엘런Roy Ellen이 역시 그가 '반다Banda 지역'이라 부른 곳을 대상으로 같은 작업을 했고, 군도의 반대쪽에 관해서는 다이앤 루이스Dianne Lewis와 나중에 레너드 안다야Leonard Andaya가 믈라카해협을 다루어 같은 결과를 도출했다.[27] 분명히 해역 개념은 동남아시아사에서 정곡을 찔렀고, 바다를 분석 도구로서 확장시켰다. 그것이 전체 역사 패턴에 관해 새로운 이야기를 들려줄 터였다.[28]

그러나 동남아시아에 관해 지난 수십 년 동안에 이런 방향으로 가는 움직임이 생겨났지만, 아시아의 바다에 관해 가장 열띤 지적 논의가 일어난 곳은 인도양이었다. 역사 서술의 전선이 그어진(그것도 가장 분명한 말로) 곳은 다른 어느 곳보다도 바로 이곳이었다.

K. N. 차우두리Kirti Narayan Chaudhuri는 의문의 여지 없이 이런 연구의 '우리 아버지'였다. 그의 책 《인도양의 무역과 문명》은 그를 지구의 이 부분에 관한 한 브로델과 베일린의 지적 맞잡이로 만들었다. 그의 인도양 연구는 많은 것을 종합해 생산적이었고, 그는 계절풍, 환경, 무역, 인간 행위자 등에 대한 분석 모두를 하나의 자연스러운 연결망으로 묶어냈다.[29]

많은 사람들이 그의 논문을 추종했다. 아신 다스 굽타, 산자이 수브라흐마니암, 마이클 피어슨, 수가타 보스, 케리 워드 등이 인도양을 매우 복합적이고 상세하게 연구해서 아주 주목할 만한 수준으로 끌어올리는 연구에 기여했다.[30] 엥셍 호, 클레어 앤더슨, 마이클 라판, 이저벨 호프마이어, 로닛 리치, 세부 아슬라니안, 그윈 캠벨은 최근 20년 동안에 발전하고 있는 이 연구를 더욱 심화했을 뿐이었다.[31]

이제는 몬트리올이나 오스트레일리아의 퍼스 같이 멀리 떨어진 곳에도 인도양 연구소가 있고, 케임브리지대학 출판부는 두 권짜리 해양사를 발주했으며, 전 세계 대학에서 이 지역에 대해 강의를 하고 있다. 심지어 인도양의 구체적인 지역에 관한 훌륭한 연구도 나왔다. 르네 바렌즈René

Barendse의《아라비아해》와 수닐 암리스의《벵골만 횡단》등이다.[32]

이는 그러한 바다들에 대한 연구가 막 시작된 시기에는 거의 상상할 수 없는 일이었고, 이런 식의 역사가 도대체 가능한지(또는 해야 하는지)에 대해 의문이 제기되던 해양에 대한 검토로서는 상당히 활발해진 셈이다. 현재 이러한 연구가 이루어지고 있으며, 큰 연구기관들에서 육지를 바탕으로 한 지리에 의존하기보다는 이런 식의 이점을 자기 것으로 만든 박사학위 소지자들이 갈수록 늘고 있다. 무엇보다도 이러한 현상은 새로운 지식이 만들어지고 분석의 범위가 점점 더 현실에(이 경우에는 바다에) 가까워지면서 학계가 어느 곳을 향하고 있는지에 관한 단서가 될 것이다.

그러나 인도양 연구가 해양 연구의 일종의 선도자로서 얼마나 중요해졌는지에 관한 더 나은 지표는 아마도 이제 연구자들이 이용할 수 있는 더 작은 특정 주제 연구들의 무더기 속에 있을 것이다. 앞서 보았듯이 여러 건의 방대하고 통합적인 연구가 이제 이루어졌고, 이들은 틀림없이 앞으로 다른 사람들로부터 도전을 받을 것이다. 도전자들은 서로 다른 주제를 강조하는 데 초점을 맞출 것이다. 그러나 우리는 이제 인도양의 실체에 초점을 맞출 수 있게 하는, 말 그대로 작은 연구서들의 서가에 의존할 수 있다. 그것은 오로지 고생스러운 소규모 연구를 통해서만 가능하다. 우리가 개별 항구들뿐만 아니라 사이클론, 홍수림紅樹林, 옛날 항구들의 조수 선거船渠에 대한 고고학적 연구를 하는 이유는 이런 맥락에서다.[33] 큰 동인도회사들의 역사는 알려졌지만, 우리는 또한 그런 관점에서 덴마크인, 아르메니아인, 그밖의 사람들에 대해, 그리고 그들이 해상 접촉과 교역에서 담당했던 역할에 대해 알아가고 있다.[34] 우리는 이제 심지어 미시사(흔히 현지인 저자들의)에서 인도 해안들의 상호작용의 뿌리까지 세기별로 찾아 들어갈 수 있다. 그것은 16세기 개방무역의 시기부터 제국주의 말기 영국의 통제를 받던 시기까지의 상세한 이야기를 해준다.[35]

이 모든 것을 추가할 경우의 편익은 분명하다. 해양 아시아의 역사를 쓰는 것은 이전 어느 때보다도 쉬워졌다. 많은 사람들이 힘들고 지역적인 작업을 통해 그렇게 만들었다. 그들은 기록보관소에서, 현장에서, 대양 자체에서 자료를 수집했다. 이는 홋카이도에서 멀리 아덴까지 어느 곳에서나 마찬가지였고, 그 사이에 있는 아시아의 바다 모든 지역에서 그랬다. 이 연결의 일부를 몇몇 주제의 창을 통해 보여주는 것이 이 책의 목표다. 그것은 다시 서서히 시간이 지나면서 이 바다들의 통일성과 연관성을 보여줄 수 있을 것이다.

───────

이 책은 전체 14장으로 구성됐다. 이중 2개 장은 서론과 결론이다. 책의 시작에는 이 연구의 지리적 양극인 일본과 서아시아에서 본 대양의, 책의 끝에는 중국에서 본 대양의 중요성에 관한 넓은 조망이 담겨 있다.

나머지 12개 장은 6개 부에 고르게 나뉘어 있다. 각 부는 이들 바다의 역사에서 중요했던 특정 주제들을 다루고 있다. 각 부마다 짧은 서문을 실어 독자들에게 해당 부의 배경을 알려준다. 그 뒤에 나오는 연결된 주제의 두 장은 이들 크고 대양과 관련된 주제들의 역동성을 들여다볼 수 있는 광범위하면서도 상세한 창을 병렬적으로 제공한다. 따라서 이들은 오므렸다 폈다 할 수 있는 아코디언 같은 기능을 한다. 2개 장 가운데 어느 하나는 조리개처럼 다른 것과 반대 방향으로 움직인다. 해당 주제를 향해 하나는 확대되고 하나는 좁혀진다. 두 장이 합쳐져 한쪽의 태평양 연안 러시아와 일본에서부터 다른 쪽의 아라비아 동부와 홍해까지를 포괄하며, 그 사이에 자리 잡은 중국·동남아시아·인도 아대륙·서아시아에 들른다. 모두 다양한 분석의 창을 통해서다.

동남아시아는 어떤 의미에서 이 책의 '중앙'이 된다. 이는 내 직업이 공인된 동남아시아 연구자이기 때문이기도 하고, 이 지역이 여러모로 이 통로의 지리적 중심이었기 때문이기도 하다. 따라서 이것은 대륙 규모의 역사이며, 이 책은 이들 해상 교통로 전체를 통해 학자, 학생, 관심 있는 대중 독자에게 다가가고자 한다.

이것은 분명히 지난 수백 년 동안 아시아에서 항해에 나선 모든 배들의 역사는 아니다. 그러나 이것은 그 모든 배들을 바라보는(주제의 형태로 캡슐에 넣어) 한 방법이다. 이들 항해와 그 항해에 나선 사람들에 대해 확장된 시야에서 한 번에 생각할 수 있게 하는 것이다. 나는 이 책에 언급된 어떤 인간 집단도 모두 '종족 구성'에서 정적이라고 생각하지 않는다. 오히려 여기에 나오는 아시아의 모든 민족이 이 해상로와 연결되면서 진화하는 '범주들'을 드나들었다는 아시아의 종족에 관한 몇몇 새로운 연구에 동의한다.[36]

6개 부 각각은 여러 가지 다른 방법론을 사용함으로써 바다와 그 역사에 대한 접근법들을 혼합한다. 기록물의 역사, 인류학, 고고학, 미술사, 지리, 자원 연구 같은 것들이다. 나는 지난 30년 동안 이 책이 다루는 모든 지역의 현장에서 시간을 보냈다. 그리고 역사와 체험을 자료에 기반해 혼합하려 했다. 후자는 면담과 구술사 보고의 형태다. 나는 가능한 곳에서는 현지인들이 스스로 기록 속에 이야기를 남기게 함으로써 그들의 목소리를 담고자 노력했다.[37] 이는 이들 지역 여러 곳의 시장과 항구에서 했던 민족지학 연구를 통해 이루어졌다. 예를 들어 인도네시아와 필리핀의 다양한 항구들, 그리고 홍콩, 타이완, 중국 남부 일대와 싱가포르, 말레이시아, 인도 남부의 향신료 및 해산물 상인들과의 면담 같은 것들이다. 아라비아해, 페르시아만, 홍해, 동아프리카 해안 지역 여행에서도 많은 정보를 얻었다.

나는 지난 30년 가운데 운 좋게도 대략 10년 동안 아시아에서 살거나 일했고, 이 책의 각 부에 이런 경험들이 반영됐다. 각 장에서 사용된 자료와 면담은 말레이-인도네시아어, 중국어, 네덜란드어, 프랑스어, 이탈리아어, 영어로 이루어져, 다양한 기록을 광범위하게 혼합할 수 있었다.

이 책은 넓은 지리적 범위와 긴 시간대를 동시에 연결하고 있지만, 정말로 연결된 하나의 이야기이며 전체로서 보아 그 통일성을 평가해야 하는 책이다. 아시아는 세계에서 가장 역동적인 지역이지만, 도쿄 항구의 네온 너머, 중국 남부의 공장들, 뭄바이 주변의 해변 마을들에는 이 세계들이 어떻게 서로 맞물렸는지에 관한 이야기가 있다. 상인들(현지 및 외국의)은 한때 날렵하고 우아한 배를 타고 이 모든 항구들 사이를 항해했다. 지금도 마찬가지다. 다만 배들은 이제 커다란 골함석 화물 컨테이너(이 과거 바다의 후예다)를 싣고 다닐 테지만 말이다.

1부에서는 '해상의 연결'을 살펴본다.

2장 '중국에서 아프리카로'에서는 이를 위해 아시아 바다에 대해 가능한 한 가장 폭넓은 렌즈를 사용한다. 오래됐지만 별로 논의되지 않은 중국과 동아프리카 사이의 연결의 역사를 살핀다. 사실 이 두 지역 사이의 연결은 수천 년을 거슬러 올라가며, 연대기와 역사는 물론 고고학과 DNA를 통해 확인할 수 있다. 아시아 바다(인도양은 결국 동아프리카 해안으로 밀려간다)의 이 양극 사이의 무역 접촉은 오랫동안 존재해왔다. 우리는 이 연결이 오랜 세월 지속됐고, 적어도 어느 시기(15세기 초 유명한 정화鄭和의 항해 때)에는 중국 조정이 아프리카를 상당히 염두에 두고 있었음을 알고 있다. 정화는 어느 원정에서 돌아올 때 살아 있는 기린을 데리고 와서 난징 거리를 행진했다. 당시 중국인들이 난생처음 이 낯선 짐승을 보고 무슨 생각을 했을지는 그저 상상만 할 수 있을 뿐이다.

3장 '베트남의 해상무역권'에서도 역시 해상 연결을 살피지만, 2장에서처럼 "끝점을 한데 묶는" 접근을 하는 대신 반대의 논리에 따라 나아가며 한 장소(근세 시기 동안의 베트남의 쭉 뻗은 해안)와 더 넓은 해상세계 사이의 연결을 논의한다. 이 시기에 베트남이 작은 정치체의 집합 이상의 어떤 것으로 통합되면서 이 나라는 바다를 통해 엄청난 범위의 먼 곳 사람들과 무역을 하기 시작했다. 이 장에서는 그 무역을 분석하고, 수백 년 된 정치체가 국제적인 연결로의 새로운 가능성에 점차 개방된 것에 대해 그들의 활동이 무엇을 이야기해줄 수 있는지를 묻는다. 물론 베트남은 이전에도 다른 지역과 무역을 했지만, 일반적으로 약했던 해상무역이 이 수백 년 동안 중요해졌다.

2부는 '해역'에 초점을 맞추며, 특히 두 곳이 아시아에서 최고의 중요성을 지니고 있었다.

4장 '남중국해의 밀수'는 '긴 시간대longue-durée' 접근법을 취하고 구체적으로 밀수 패턴과 종속적인 활동에 초점을 맞춘다. 이 장에서는 강한 나라들이 어떻게 남중국해 같이 국가가 아닌 공간을 통제하려 애썼는지에 대한 문제를 제기하고, 현지 주민들이 어떻게 이런 강요된 현실에 저항했는지를 묻는다. 그들은 공식적으로 인정된 통로 바깥에서 무역과 상업을 하는 것으로 자신들의 의사를 표시했다. 이 장은 '광역권macro-region'으로서의 중국과 동남아시아 사이의 관계에 대해 역사적으로 접근하면서 동시에 현재에도 관심을 가진다.

5장 '중심과 주변부'에서는 대략 1600년에서 1900년까지 300년 동안의 인도양을 살핀다. 아시아와 유럽 회사들 사이의 접촉이 장기적인 식민지 지배로 점차 변화하면서 이 큰 땅덩어리에서 일어난 교환의 흐름을 문제 삼는다. 이 장은 부분적으로 그런 변화를 목격한 애덤 스미스와 카를 마르크스 같은 사상가들의 생각을 통해 그것을 정리하지만, 현장(그리고 이 거대한 대양의 몇몇 다른 연안 지역)의 사건들에 대한 밀착 연구를 통해서도 정리했다.

3부에서는 '물결 위의 종교'를 살핀다. 2개 장은 먼저 초기 인도 종교의 해외 전파를 보여주고, 이어 세계적 종교들이 어떻게 필리핀의 어느 한적한 곳에서 통합됐는지를 살핀다.

6장 '부적의 이동'은 불교가 남아시아(인도 남부와 스리랑카)에서 동남아시아 본토로 갔다가 돌아오는 것을 분석한다. 이 장은 벵골만을 하나의 연구 영역으로 보고 어떻게 해서 이 공간에 불교 승려들을 실은 배가 뻔질나게 드나들게 됐는지를 묻는다. 그 승려들은 결국 자기네 신앙을 이 지역의 주요 종교로 만들었다. 이 장은 이 복잡하고 매혹적인 전파(특히 시암 남부로의)의 역사를 개괄하는 데서 불경, 물질문화(부적과 조각상에 관한 고고학을 포함), 그리고 인류학 연구를 활용한다.

7장에서는 놀랍도록 연구가 되지 않은 도시 삼보앙가를 검토한다.

삼보앙가는 필리핀 남부에 있는 민다나오섬 서남쪽의 주요 항구다. 그곳에는 수백 년 동안 에스파냐식 요새와 대포가 있었다. 현지 이슬람교도 주민들을 통제하기 위해서였다. 이곳에서는 이슬람 분리주의자들이 활개를 치고 있다. 더 많은 총을 가진 병사들이 거리를 다니고, 아부사야프라는 형태의 알카에다 분파 집단도 있다. 그러나 삼보앙가에는 큰 가톨릭 공동체도 있다. 이 장에서는 이런 상반되는 두 흐름을 꼼꼼히 살피고 이 항구가 어떻게 해서 아시아 해양의 뿌리를 대표하는 동시에 예외적인 존재가 됐는지를 묻는다.

이어 4부에서는 아시아의 '도시와 바다'가 교역로를 끼고 있는 이 거대한 땅덩어리에 어떤 의미를 지니는지 묻는다.

8장은 '광역 동남아시아' 해안 도시들의 역사를 살피지만, 이 서술은 매우 느슨한 것이다. 대부분의 사람들이 지금 이 지역이라고 생각하는 곳에서 어느 정도 떨어진 곳에 있는 항구들도 포괄하기 때문이다. 광저우나 홍콩 같은 곳이다. 이 장은 해안 도시들이 어떻게 아시아의 무역로에서 중요해졌으며, 언제 그런 변화가 일어났고, 왜 그랬는지, 그리고 해변을 따라 결국 어떤 도시 생활이 생겨났는지를 묻는다. 넓은 지리적 범위와 마찬가지로 큰 시간의 단면에 걸치는 이 패턴을 검토하기 위해 광각렌즈를 사용한다.

9장에서는 아시아의 더욱 커다란 제국(주로 영국)의 해상 지리를 한데 묶는다. 예멘의 아덴에서 인도의 봄베이(뭄바이)까지, 동남아시아의 싱가포르에서 식민지 한국의 부산까지. 이 장은 이 통로를 이용한 여행, 이동, 관념의 '회로'를 살핀다. 식민지 관리 및 행정가들과, 제국에 복무하기도 하고 식민지에서 해방된 독립국가를 꿈꾸며 저항하기도 한 아시아인들 양쪽 모두다. 이 장에서 활용한 여러 가지 보고서들은 대부분 영국 공무원들이 작성한 것이다. 이것이 이 뒤엉킨 역사를 하나의 복합적인 이야기로 묶어준다.

이어 우리 이야기의 5부는 더 푸르고 덜 도시화한 곳으로 이동해 생태 지역과 '대양의 산물'을 끌어들인다.

10장 '지느러미, 해삼, 진주'에서는 말 그대로 바다 속으로 뛰어든다. 지난 수백 년 동안 동아시아와 동남아시아를 연결한 전체 무역로를 따라 해산물이 운송된 살아 있는 역사를 살펴볼 것이다. 이 상업의 전성기는 18세기 말과 19세기 초였다. 이때 해산물은 세계 상업에 대한, 그리고 아편 중독에 대한 '중국의 개방'을 부채질하는 데 이바지했다. 아편 및 해산물은 중국의 차, 도자기, 비단과 교환하는 주요 거래 품목이었다. 그러나 이 장은 부분적으로 민족지학적 요소도 있어, 오늘날 이 중국-동남아시아 해상무역이 어떻게 이루어지는지를 살핀다.

11장 '부두에서'는 인도 남부 해안이 어떻게 인도양을 건너는 향신료 운송의 '중심지'가 됐는지를 묻는다. 이는 주로 영국과 네덜란드의 두 동인도회사의 더 넓은 해운로에서 일어났는데, 이들은 나중에 P&O, 로테르담로이드(RL) 등 대양 증기선 회사들에 의해 어느 정도 밀려났다. 고대부터 말라바르 해안과 코로만델 해안에는 많은 항구가 있었고, 그 항구들이 아시아를 더 넓은 세계와 매혹적인 방식으로 연결했다. 대체로 향신료를 통해서였다. 그러나 1869년 수에즈 운하 개통은 이 패턴을 크게 변화시켰고, 이 고대 운송로를 통해 이루어지던 무역의 성격 또한 바꾸었다. 이 과정을 탐구하는 11장은 특히 동남아시아와의 관계에 관한 것이다. 앞 장과 마찬가지로 역사적이지만 동시에 인류학적이기도 해서,

모두 현장 조사와 면담을 사용한다.

6부는 아시아의 상호 연결성의 한 주제로 '바다의 기술'을 다룬다.

12장 '미셸 푸코의 또 다른 원형감옥(파놉티콘), 또는 식민지 동남아시아 밝히기'는 여러 해양 특화 기술 가운데 하나에 대한 분석이다. 바로 수마트라 북부 아체에서 뉴기니섬과 오세아니아의 유동적인 변경까지 길게 뻗어 있는 이 지역의 등대의 역사다. 등대는 배의 안전과 상업을 유지하는 데 중요한 구조물이었지만, 또한 새로 생겨난 식민국가가 아시아의 선박들을 제국 정권이 받아들일 만하다고 판단하는 길로 '몰아넣고' 감시하는 데도 이용됐다.

13장 '지도와 인간'은 아시아 해양의 역사에서 또 한 가지 중요한 기술의 역사를 제공한다. 바로 해도 작성(식민지 시대에는 수로학水路學이라고 불렀다)이다. 지구촌 이 지역의 해도 작성은 적어도 어떤 육지에 대한 지도 제작만큼이나 중요했고, 이는 16세기로 접어들 무렵 유럽인들이 이 지역을 처음 항해하면서 시작됐다. 모래톱과 암초, 기타 바다의 위험물들에 대한 지도 작성은 유럽인들의 식민사업을 순조롭게 했고, 인명 손실을 갈수록 줄였다. 이것은 또한 권력과 지식의 결합(푸코의 용어다)을 만들어냄으로써 마침내 수적으로 열세인 서방에서 온 방문자들에게 힘을 주었다.

14장 '중국이 바다를 지배한다면'은 과거와 미래를 모두 바라보면서 책을 마무리한다. 이 마지막 장의 주된 현장은 중국 해안이다. 이곳은 많은 관찰자들('전문가'와 일반인 모두)이 앞으로 세계 경제의 동력원이 될 것이라고 생각하는 곳이다. 역사의 관점에서 이런 추정에 대해 살피고, 과거와 현재의 상황을 감안해 이 가설이 얼마나 합리적인지를 묻는다.

2000년쯤 전인 중국 한漢 왕조의 고관들의 무덤에서는 입에 정향을 머금고 있는 모습이 발견됐다. 당시 정향은 수천 킬로미터 떨어진 인도네시아 동부 뉴기니섬의 쭉 펼쳐진 해안 앞바다에서만 자랐기 때문에 인류 역사의 상당 기간 동안 해상무역의 충동이 얼마나 강력한 것이었는지를 짐작할 수 있다. 오늘날 같은 중국 해안에서는 새로운 중국 선박들이 매일 출항하며, 그 배들의 짐칸에는 바깥 세계 사람들을 위한 화물이 가득 실려 있다.

　　중국이 바다의 주인이 된다면 어떤 일이 일어날까? 그 과정은 한나라 군주들이 내세에서도 숨을 잘 쉬게 하기 위해 정향을 찾던 때처럼 평화로울까? 아니면 더 넓은 세계에 대한 완전히 다른 접근이 될까? 바다가 무역과 연결보다는 정복의 수단이 돼서 '접촉의 시대'가 시작될 때 서방인이 먼 곳의 해안에 상륙한 다른 역사를 상기시키는 식으로 말이다. 이 장은 이런 질문들을 할 것이다. 또한 앞으로 바다를 지배하게 될 것으로 일컬어지는 세계 초강대국의 선전에 대한 약간의 역사적 조망도 남긴다.

1부

해상의 연결

아시아의 무역로를 역사 시기에 존재했던 그대로 그려내는 것은 도전적이고 거의 불가능한 일이다. 그 길은 사방으로 뻗어 있었고, 급격하게 모습을 바꾸었다. 그렇게 요동친 이런 길들에, 수천 년이 지나는 과정에서 그들이 보여주었던 대로 체계적인 분류에 따른 질서를 어떻게 부여할 수 있을까?

시간의 경과에 따른 아시아 해상의 회로에 관한 지리학은 숨이 멎을 듯 다양했고, 심지어 지금 우리의 시대에도 마찬가지다. 인도네시아 동부의 상인들은 동쪽을 향해 브로니스와프 말리노프스키Bronisław Malinowski의 유명한 오세아니아 쿨라kula 교역망(파푸아뉴기니의 밀른베이주와 인근 여러 섬들 사이에서 이루어지는 교역)으로 들어갔고, 북쪽으로는 필리핀인과, 서쪽으로는 자바인 및 자바를 중심으로 한 역대 제국들과 관계를 유지했다. 그들은 심지어 남쪽으로 오스트레일리아까지 갔다. 한반도에서는 선박들이 중국으로 달려갔다가 종이와 불교를 싣고 돌아왔다. 그런 뒤에 한반도 사람들은 동쪽의 일본으로 향했고, 거기서 그 물건들을 일본 주민들에게 넘겼다. 아주 이른 시기부터 그랬다. 인도에서는 떠오르고 있는 영국 식민지들 사이에서 벵골 상인이 제국의 쌀 유통에 나섰고, 인도양 해안의 가장 서쪽 종점인 동아프리카에서 제국의 철도 건설을 도왔다. 예멘 상인들은 더 멀리 갔다. 그들이 동남아시아의 항구들에 씨를 뿌린 하드라마우트인 공동체가 오늘날까지 남아 있다. 이제 다시 인도네시아로 돌아간다. 이 지리적 여행을 시작한 곳이다. 이 경로의 힘을 느낄 수 있을 것이다.

아시아의 상당 부분은 움직이고 있는 듯했고, 바다는 가장 쉽고 가장 비용이 적게 드는 연결 수단이었다. 어떤 면에서는 오늘날에도 마찬가지다. 심지어 제트기로 여행하는 시대에 말이다. 세계의 화물 대부분은 아직도 바다를 통해 (지구촌의 이 지역에서 거의 늘 그래왔다) 운송되고 있다.

아시아의 해상 연결을 생각하자면 몇 가지 주제를 염두에 두어야 한다. 계절풍과 관련된 날씨가 그중 하나다. 이 주기는 거의 모든 여행을 지배했다. 적어도 기록을 남기기 시작한 이래의 시기 대부분에 그랬다. 계절풍과 반대 방향으로 항해하는 것은 어리석은 일일 뿐만 아니라 거의 불가능했다. 바람이 부는 방향으로 가야 했고, 1년 중 그것이 가능한 시기에 가야 했다. 이런 현실은 어느 정도 해상의 통로를 만들 수 있게 도움을 주었고, 회로와 그 지리에 영향을 미쳤다. 예를 들어 아시아에서 아프리카로 바로 건너가는 인도양 직통 횡단은 이 수역 중위도 지역의 보이지 않는 후류後流인 프리처Pritcher 해류를 이용해야만 가능했다.

이런 방식으로 여러 흥미로운 연결이 이루어졌지만, 그것은 훨씬 후대인 '접촉의 시대'의 일일 뿐이었다. 해운과 항해술이 알려진 항로 바깥으로 나가는 이런 식의 여행을 이해할 수 있게 되면서였다. 마찬가지로 해로에 대한 지식은 축적되는 것이었고, 시간이 지나면서 증가했다. 아랍의 지리학자들은 자신들이 아는 것을 아랍 고전 문헌에 정리하고 축적했으며, 그 지식은 대양으로 나가는 큰 다우선의 항해에서 사용됐다. 중국인들도 시간이 지나면서 대형 선박을 위해 (그리고 서방에서 '정크'로 부르는, 알아볼 수 있는 등급의 다른 배를 위해서도) 같은 일을 했다.

유럽의 국가 건설 사업이 인도양과 남중국해에 손길을 뻗치게 되자 이 해로에 대한 지식 생산 작업은 크게 진척되고 갈수록 더욱 정교해졌다. 분명히 해로는 시간이 지나면서 바뀌었지만, 이제 장부와 항해 일지와 해도에 들어갔고, 쇠퇴했던 무역 회로도 소생하거나 자극돼 새로운 시장 수요에 부응할 수 있었다. 수익성 있는 작물들이 재배됐고, 이 과정은 다시 해로의 모습을 변화시켰다. 따라서 이 해상 연결이 굳어버리거나 화석화한 것이 아님은 분명하다. 그것은 존재론적으로 세월이 흘러도 변치 않는 것이 아니었다.

1부에서는 두 가지 접근을 통해 이 모든 가능성을 살펴본다.

2장은 긴 안목에서 해상 연결의 한 유형으로서의 해로를 살핀다. 해상을 통한 아시아 무역로 거의 전체를 살펴볼 것이다. 북중국 해안에서부터 인도양의 맨 서쪽 끝 아프리카까지 길게 걸쳐 있다. 여기서는 이 해상 연결을 지리적으로 아주 멀리 떨어져 있는 양극 사이의 대화로 보고, 시간이 지나면서 양쪽이 무역을 통해 어떻게 이어졌는지를 묻는다. 이 부분에 대한 역사는 잘 알려지지는 않았지만, 중국이 이제 아프리카에 많은 투자를 하면서 전공자나 일반 독자 모두에게 흥미를 더해가고 있는 문제다. 현대의 이 연결은 비교적 새로운 진전으로, 현대의 세계 지리정치학에 부응하기 위한 옛 지리의 개조로 떠벌려지고 있다. 그러나 이제 살펴보겠지만 이 연결은 상당히 오래됐고, 옛날로 거슬러 올라가야 한다. 연결은 항구적인 것도 아니었고, 어느 때나 용이한 것도 아니었다. 그러나 바다를 통한 아시아와 아프리카 사이의 간헐적인 끌어당김이 양쪽 방향으로 여러 가지 중요한 선물을 보내주었다. 그 역사를 여기서 차례로 탐구할 것이다.

3장은 정반대의 길을 택한다. 초국가적이고 정말로 초지역적인 무역의 끝점에서 바라보는 대신에 한 지점(바로 베트남 해안이다)에서 나아가며 권력, 정치, 상업이 어떻게 이 해안에 흘러들어오고 흘러나갔는지를 묻는다. 근세 이후 베트남 궁정은 바깥 세계와 조용한 대화를 해왔고, 그 접촉의 대부분은 바다를 통해 일어났다. 험한 벼랑과 수직에 가까운 급경사로 이루어진 쯔엉선산맥이 육상을 통한 연결을 어렵게 했기 때문이다. 반대로 베트남의 해안은 남중국해에 존재하는 무역로의 상당 부분 언저리에 있었다. 심지어 서아시아와 인도를 중국 당唐 왕조와 연결하는 아주 먼 것도 있었다. 베트남은 이 무역로에서 중간 기착지 같은 곳이 됐다. 더 큰 연결망의 일부였지만, 또한 그 나름의 상품을 사고팔기도 했다.

이 두 장은 모두 역사적 줌 렌즈(가장 넓은 형태와 가장 좁은 형태 모두)를 사용해 아시아의 무역로를 따른 해상 연결이 시간이 흐르면서 어떻게 진화하고 어떻게 유지됐는지에 관해 더 많은 것을 말해줄 가능성을 보여준다.

2장

중국에서 아프리카로

서설

(아프리카는) 서남쪽 해상에 있다. (…) 거기에는 보통 큰 새들이 있고,
새들이 날면 햇빛을 심하게 가려 해시계가 움직인다.
— 조여괄, 1225[1]

역사에서 중국과 아프리카보다 더 멀리 떨어져 있다고 느껴지는 두 존재
는 생각하기 어렵다. 지나간 오랜 세월의 대부분의 기간 동안 아무런 연
결의 실마리도 떠오르지 않는 듯하다. 바로 현대에 이르기 전까지는 말
이다. 그러나 이는 물론 사실과 다르다. 심지어 지구촌의 가장 먼 일부 지
역들도 '접촉의 시대'(1500년 무렵) 이전에도 이상하고 놀라운 방법으로
만났다는 사실을 우리는 이제 안다. 이런 점에서 중국과 아프리카도 세
계의 다른 몇몇 지역들과 결코 다르지 않다. 이전에는 그런 연결을 위한
여행이 불가능하다고 생각했지만 이제 '연결'됐던 곳으로 드러난 곳들
말이다.[2]

　이 장에서는 과거에 중국과 아프리카의 해상 연결이 있었고 세계 속

에서 서로의 위치를 알고 있었다는 증거 일부를 제시할 것이다. 이 연결은 특히 아시아의 계절풍과 관련해 이루어지는데, 이는 몇 가지 서로 다른 방식을 통해 두 지역을 연결하는 데서 일종의 '중심축'이었다고 볼 수 있다. 여기서 조합하는 이야기는 고고학, 언어학, 지리학, 그리고 문헌이 합쳐진 것이다. 그것은 또한 우리가 과거의 패턴을 해독하기 위한 새로운 사실을 알아내고 새로운 기법을 개발하면서 끊임없이 진화한다. 이 이야기는 매혹적이지만 불완전한 것이기도 하다. 아직은 단편적으로만 조합할 수 있기 때문이다. 미래의 역사가들과 관련 분야 연구자들은 틀림없이 이 이야기에 살을 더 붙일 수 있을 것이다. 앞으로 새로운 증거들이 나온다면 말이다.

우리는 먼저 수집된 DNA 증거 몇 가지를 살펴봄으로써 탐구를 시작한다. 이 작업이 우리로 하여금 오랜 시간을 건너, 그리고 수천 킬로미터의 너른 바다를 건너 동아프리카와 '아시아'를 연결할 수 있게 도와줄 것이다. 과학자들이 유전자를 통해 이를 해명하고자 뛰어든 것은 아주 최근의 일이고 여전히 불완전하다. 그러나 이 초기 접촉의 성격에 관해 DNA가 무엇을 말해줄 수 있느냐에 관해 매우 시사적이다.

거기서 민족언어학 증거로 넘어간다. 그것은 더 오래되고 좀 더 문헌으로 뒷받침된 것이다. 지구촌의 이 지역 탐험가들은 말라가시어(마다가스카르의 언어)와 동남아시아 섬의 언어 사이에 아주 이른 시기부터 연결이 있었음을 발견했다. 이 역사의 일부를 여기서 분석하고, 1000여 년 전에 인도양 횡단 여행을 한 아시아의 초기 '뗏목 항해자'에 대한 가설도 제시한다. 또한 동아프리카 해안 도시의 전승을 살펴보고, 이것이 제2천년기 초에 아시아 여러 지역과의 무역을 통해 증가하기 시작했음도 살펴본다. 중국의 도자기와 이 상품에 관한 고고학이 이 이야기를 해독하는 데서 중요한 역할을 한다. 마지막으로 우리는 중국 자료들을 진지하게 살필 것이다. 방금 언급한 물건들과 문헌적인 것 모두다. 거기서 긴 시간 대에 걸친 해양의 연결에 관해 무엇을 보여주는지 확인한다.

이런 원정은 15세기 초 중국 제독 정화의 항해에서 정점에 이르렀다. 그러나 아프리카인들도 근세 시기에 인도양을 건너 동쪽으로, 그리고 아시아의 바다로 간 것은 분명하다. 이 장은 이런 항해들이 남중국해에서 인도양 서부에 이르는 아시아의 해상 양극 사이의 더 큰, 그리고 더 긴 대화의 일부였다고 주장한다.

아프리카-아시아 연결의 초기 증거

'시작'으로 돌아가보면(그 '시작'이 언제든) 동아프리카가 아주 이른 시기부터 우리가 지금 '아시아'라고 부르는 곳과 대화하고 있었음을 알 수 있다. 정확히 언제 그 대화가 시작됐는지 아직 판단할 수는 없지만, 지금 우리가 인도네시아라고 부르는 곳의 항해자들이 제1천년기 또는 그 이전에 끈으로 묶거나 판자를 댄 '뗏목'을 타고 인도양을 건너 동아프리카로 갔음은 분명하다.[3]

우리는 그들이 어떤 것들(쌀, 바나나 같은 것으로, 모두 아프리카에 잘 이식됐다[4])을 가지고 갔고, 그들의 유전자 또한 가지고 갔음을 알고 있다. 예를 들어 오늘날 마다가스카르 동해안에 사는 많은 사람들은 눈에 띄게 '아시아인'의 얼굴 특징을 가지고 있으며, 섬의 서쪽 주민들과는 상당히 다르게 생겼다. 서부 사람들은 유전적으로 반투족의 뿌리가 더 깊다.

마다가스카르 사람들의 DNA 구조/유전체에 대한 연구는 아주 최근의 현상이라서 자료에 대한 해석이 아직 진행 중이다. 유전자 증거는 섬 동쪽 사람들의 기원이 아시아 쪽에 있음을 가리킨다. 그리고 유전학자들은 더욱 정확하게 증거를 콕 집어낼 수 있다. 마다가스카르에 살고 있는 사람들의 주요 유전표지가 칼리만탄(보르네오)섬 남부 반자르마신 지역에서 왔다는 사실은 어느 정도 분명한 듯하다.[5] 또한 같은 섬 동북부 코타키나발루(오늘날의 말레이시아 사바주) 부근에 뿌리를 둔 것으로 보이는 또 다른 하위 집단 사람들이 있다.[6] 두 유전자 계통(이들은 하플로그룹 L* 및 R1b와 하플로그룹 L*에 속하는 단일 염색체다)을 제외하면 모두가 동아프리카 본토 또는 동남아시아에서 왔다. 이것은 '아시아'와 동아프리카 사이에 일찍부터 접촉이 있었다는 결정적인 증거인 듯하다. 거의 틀림없이 인도양의 천문항법과 계절풍에 관한 지식 증대를 바탕으로 이루어졌을 것이다.[7] 따라서 지금 '인도네시아'로 불리는 곳 출신의 선원들이 말 그대로 '아시아'와 아프리카 사이의 연결을 위한 대화를 시작한 시점은 1000년 이상 전이었을 것이다.

유전학적으로뿐만 아니라 언어학적으로도 아시아에서 아프리카로 건너간 이 연결의 결정적 증거는 이제 매우 분명하다. 주로 마다가스카르 동부에서 사용하는 말라가시어는 오스트로네시아어족에 속한다. 이 어족의 분포는 아프리카 동해안 앞바다의 섬 마다가스카르에서부터 인도네시아 군도를 거쳐 더 동쪽의 태평양 한가운데 하와이까지 뻗어 있다.[8] 말레이시아와 필리핀 일부 역시 포함된다.[9]

DNA에 의해 제공된 유전학적 증거와 달리 말라가시어를 해양부 동

지도 2.1 중국에서 바다를 통해 아프리카로

남아시아와 언어학적으로 연결시키는 것은 전부터 알려져 있었다.[10] 자바섬을 '발견'한 유럽인 가운데 한 사람인 초기 네덜란드 항해가 코르넬리스 더 하우트만Cornelis de Houtman은 1598년 두 언어(말레이어와 말라가시어)에 공통적인 단어들을 모은 매우 소략한 어휘집을 출간했고, 5년 뒤인 1603년에 그의 동생인 프레데릭 더 하우트만Frederick de Houtman이 3000개 단어에 가까운 훨씬 큰 책을 냈다. 말라가시어 사전은 반세기 뒤 에티엔 드 플라쿠르Étienne de Flacourt에 의해 출판됐으며, 이후 단어 목록이 1729년과 1773년에 나왔다. 바르텔레미 위에 드 프로베르빌Barthélémy

Huet de Froberville의 미출간 작업이 역시 이 시기에 이루어졌고, 말라가시어 문법에 대한 논문도 플라졸레Flageollet와 루이 아르망 샤플리에Louis Armand Chapelier에 의해 만들어졌다.

그러나 말레이어와 말라가시어의 연결에 대해 처음 인식한 사람은 1613~1614년 포르투갈의 루이스 마리아누Luis Mariano였다. 그는 마다가스카르 사람들이 본래 믈라카에서 항해해왔을 것이라고 추정했다. 17세기 박물학자 엥겔베르트 켐퍼Engelbert Kämpfer는 마다가스카르 사람들이 사용하는 언어에 자바어와 말레이어의 차용어가 많다고 지적한 다른 연구들을 언급하고 있다.[11]

이 모든 것이 도움이 됐지만, 말라가시어와 말레이어 사이의 실질적인 대조 분석을 수행한 첫 학자는 1708년 네덜란드인 아드리안 렐란트 Adriaan Reland였다.[12] 한 세기 뒤, 유명한 영국의 여행가이자 동남아시아학자 윌리엄 마스든William Marsden은 말라가시어와 말레이어 사이의 관계는 언어의 역사에서 가장 놀라운 언어학적 관계 가운데 하나라고 말했다.

아프리카와 접촉하기 시작한 이 전근대 아시아인들이 택했던 경로는 아직 알려지지 않았지만, 프리처 해류를 따라갔을 가능성이 매우 높다. 인도양 중앙을 빠르게 흐르는 이 강한 조류는 인도양 중위도 지역을 가로지른다.[13]

이 믿을 수 없는 항해의 위업을 달성한 동남아시아 선원들은 '와크와크al-Wāqwāq'로 불리며, 그들의 이야기는 학계에서는 전부터 어느 정도 알려져 있었지만 그들의 항해에 관한 더 과학적인 세부 사항은 이제야 밝혀지고 있다.[14] 브로니스와프 말리노프스키의 대작《서태평양의 모험가들》(1922)을 생각할 때, 인도양의 이 모험가들은 아마도 우주비행사에

도판 2.1 스와힐리 해안의 다우선(위)과 아카시아나무(아래) (저자 제공)

더 가까웠다고 주장해야 공정할 것이다. 광활한 대양을 건넌 것이니, 말리노프스키를 유명하게 만든, 서남태평양의 섬을 징검다리 삼은 모험(그것도 놀랍기는 하지만)과는 비교할 수가 없기 때문이다.[15]

그러나 이 항해에서 기억해야 할 가장 중요한 것, 그리고 그들이 제공하는 매혹적인 증거의 혼합(언어학, 유전학, 작물 등)은 동아프리카가 동남아시아에 매우 이른 시기부터 알려져 있었고, 그 반대도 마찬가지라는 점이다.[16] 중국인들이 이 교환의 참여자로 기록에 나타나기 시작했을 때는 이미 '아시아'와 아프리카가 서로 연결된 지 수백 년이 지난 뒤였다.

도시 생활이 일어난 곳과 초기 동아프리카 역사 속의 중국인

중국인들은 오스트로네시아어족 와크와크가 나타나고서도 한참 뒤에야 이 이야기에 등장하지만, 대부분의 사람들이 생각하는 것보다는 훨씬 빨리 나타났다.

동아프리카 해안의 사회가 제2천년기 초에 점점 더 도시화하고 복잡해지기 시작했다는 것은 잘 알려져 있다. 킬와, 파테, 몸바사 같은 해안 도시들은 14~15세기에 국제적인 중심지가 돼서 여행자들로 북적이고 잘 지어진 성들로 그득했다.[17] 이슬람교가 확산되고 스와힐리어가 항구들 사이를 돌아다니는 상인과 신학자들 사이의 주요 언어가 되면서 해안을 오르내리는 교류가 끊임없이 일어났던 듯하다. 이는 교역로를 따라 전개된 이슬람교 확산 패턴의 일부였으며, 아체, 믈라카, 자바(그 북쪽 해안 지역을 파시시르pasisir라 불렀다) 해안, 그리고 결국은 동남아시아의 많은 해안 지역을 서로 연결된 궤도로 끌어들였다.

아프리카에서는 소팔라(현대의 모잠비크)가 이 교환망의 남쪽 끝에 해당했다. 이곳에서 금광이 발견돼 많은 광물을 이 인도양 교환망에 올려보냈기 때문이다. 킬와(현대의 탄자니아)는 한동안 이 연결망의 중심지였다. 킬와에 대한 고고학 연구는 잘 진척됐다. 동아프리카 해안에 대한 초기 발굴 일부가 이곳에서 이루어졌는데, 독립 초 수십 년 동안 흔히 영국 과학자들이 주도했다. 좀 더 북쪽으로 가서 잔지바르섬의 돌의 도시는 이곳이 오만 정치사의 일부가 된 1699년 이후에야 중요해졌지만, 펨바, 몸바사, 말린디, 라무, 그리고 쭉 올라가서 소말리아 해안의 모가디슈 같은 유적지들은 서로(그리고 바다를 통해 그들의 문 앞에까지 온 교역 세계의 다른 지역과) 교류하는 도시들의 끈이었다. 마침내 이 교류는 동쪽으로 아라비아해 일부를 건너 오만, 예멘의 하드라마우트, 심지어 인도에까지 이르렀다.

전근대 시기 동아프리카 해안에 대한 현존하는 1차 자료는 단편적이기는 하지만 고대까지 죽 뻗어 있다. 서기 1세기 무렵에 그리스어로 쓰인 것으로 추정되는 작자 미상의 《에리트레아해 주항周航 안내》에는 동아프리카 해안의 부에 대한 이야기가 나온다. 따라서 그리스인과 로마인이 이런 지리와 그들의 산물 및 민족들을 알고 있었다면 다른 정상급 문명에도 전해졌을 것이라고 해도 놀랄 일은 아니다. 심지어 중국처럼 멀리 떨어진 곳일지라도 말이다.[18] 525년, 그리스 상인 코스마스 인디코플레우스테스Kosmás Indikopléustes는 당대 에리트레아의 악숨 왕국에 관해 써서 이 해안에 대해서도 알고 있었음을 보여주었다.[19]

아불 피다는 '잔지 해안'(아랍어 사용 세계에서 이 해안을 그렇게 불렀다)에

지도 2.2 동아프리카 해안 도시들
(Philip Snow, *The Star Raft* (Ithaca: Cornell University Press, 1988), Map 1, p. 7)

관해 계속해서 쓴 아랍 지리학자 가운데 한 사람일 뿐이었다. 14세기 초 그의 기록 이후 더 많은 정보가 나왔다. 모로코 출신의 유명한 이븐 바투타, 그리고 조금 뒤에 아불 마샤신Abu al-Mashasin(1441년 메카에서 썼다) 등에 의해서였다.[20] 이 시기 세계 전반에 대해 묘사한 아랍 지리학자들의 이 저작들은 심지어 멀리 떨어진 인도네시아 향신료제도(말루쿠제도)의 위치까지도 언급했다.

물론 마르코 폴로 역시 동아프리카 해안의 부를 알고 있었다(그리고 감탄했다). 그는 그곳에 가보지는 않았고 유럽으로 돌아오는 길에 배를 타고 동남아시아를 거쳐 왔지만, 세계의 이상하고 놀라운 일에 관한 이야기에 이를 끼워 넣었고 그의 눈길을 피할 수 있는 것은 별로 없었다.[21]

그러나 이 멀리 떨어진 해안에 대한 역사 서술의 일부로서 중국의 저작들을 더 자세히 살펴보기 전에 먼저 중국의 이 지역 진출을 귀띔해줄 한 가지 남아 있는 상품의 이동을 살펴보고, 이어 더 나아가 중국인들 자신이 세계의 반대편에 있는 자기네의 자리에서 동아프리카에 관해 어떻게 말해야 했는지를 검토하는 것이 좋을 듯하다.

이론가인 아르준 아파두라이Arjun Appādurai는 그의 뛰어난 《물건의 사회생활: 문화적 관점에서의 상품The Social Life of Things: Commodities in Cultural Perspective》에서 이렇게 말했다.

경제적 변화 속에서, 그리고 그것을 통해 (…) 물건의 가치는 상반되게 결정된다. (…) 따라서 경제적 대상은 그것에 대한 수요의 결과로 절대적 가치를 가지는 것이 아니라 수요가 (…) 대상에 가치를 부여한다.[22]

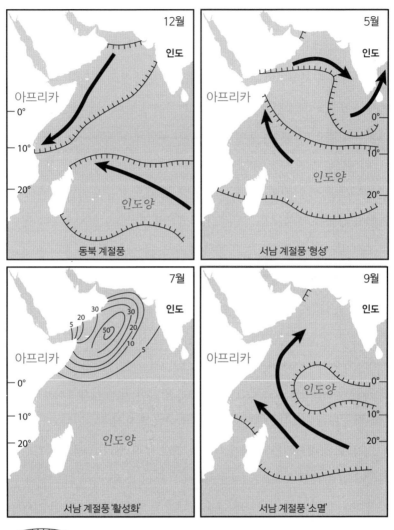

지도 2.3 서부 인도양의 계절풍 패턴 (영국 기상청, 1943, 1949)

(맵 내 레이블)

12월 / 인도 / 아프리카 / 0° / 10° / 20° / 인도양 / 동북 계절풍

5월 / 인도 / 아프리카 / 0° / 10° / 20° / 인도양 / 서남 계절풍 '형성'

7월 / 인도 / 아프리카 / 0° / 10° / 20° / 인도양 / 서남 계절풍 '활성화' / 5 20 30 30 20 50 10 5

9월 / 인도 / 아프리카 / 0° / 10° / 20° / 인도양 / 서남 계절풍 '소멸'

(범례)

우세 사분면으로부터의 바람 빈도가 60퍼센트 초과하는 경우

40 강풍(보퍼트 풍력계급 7) 빈도

앞서 말했듯이 아시아에서 수출하는 도자기(중국산 포함)는 이 해안 항구도시 거의 어느 곳에서나 발견됐다. 일부는 페르시아를 포함하는 서아시아에서 왔지만, 상당수는 더 먼 곳에서 왔다. 시암의 사완칼록-시사차날라이와 수코타이의 큰 도요, 그리고 베트남 같은 곳이다. 이들 도요에서는 수출용 도자기를 대량생산했고, 그것이 팔려나간 시장은 동남아시아를 넘어 서아시아와 동아프리카까지 포함돼 있었다.

아시아의 도자기는 역사의 특정 시기에 이들 여러 도시의 상류층뿐만 아니라 중산층 사이에서도 사용됐다. 중국산 고급 도자기는 흔히 스와힐리 왕들을 위해 세운 기둥무덤 꼭대기에 장식품으로 사용됐다. 이런 구조물 일부는 꼭대기를 벽감 하나로 장식했는데, 그 안에 우아한 고급 도자기를 넣었다. 이슬람 사원의 벽감은 이 관습이 왕들의 무덤 표지물로만 쓰이지는 않았고 종교적 건물에서도 사용됐음을 보여준다. 어떤 것들은 깨져서 중요한 건물을 장식하는 일종의 브리콜라주bricolage〔손에 닿는 대로 아무것이나 이용하는 예술 기법〕로 쓰인 것을 발견할 수 있다. 이런 모습은 동남아시아에서도 발견할 수 있다. 방콕의 왓아룬('새벽 사원') 같은 곳이다. 그리고 자바섬 파시시르의 일부 이슬람 사원에도 있다.

지금도 동아프리카의 어떤 해변을 걷다 보면 명나라 때의 청화백자 파편에 발을 베일 수 있다. 1990년 다우선을 타고 동아프리카 케냐와 탄자니아에 가서 그곳 상인들과 구술사 면담을 했을 때 나도 그런 경험을 했다(인도네시아 동부 말루쿠에서도 그런 적이 있다). 이 파편을 보며 나는 이 무역의 전성기에 도대체 얼마나 많은 도자기가 있었을지 상상했다. 600년이 지난 지금도 굴러다니고 있으니 말이다. 중국의 주화 역시 모가디슈와 킬와 같은 곳에서 발견됐는데, 다른 물질문화도 동남아시아를 통해 중국과 아프리카 사이를 오갔음을 알 수 있다.

아시아에서 동아프리카로 팔려온 도자기는 대부분 네 가지 양식 중 하나에 속하는 듯하다. 도자기 상품의 등급에 대한 인식은 샹가Shanga 발굴에서 얻을 수 있었다. 영국의 고고학자 마크 호턴Mark Horton이 전체 스와힐리 해안에서 가장 완벽한 발굴 가운데 하나를 마무리한 곳이다.[23] 거기서 그는 최고급의 초록색 자기(보통 청자라 부른다)를 발견했다. 13세기의 것이었다. 이 도자기들은 실제로 암록색에서 담록색까지, 심지어 흰색까지 다양한 범위에 걸쳐 있었다. 미술사 문헌에서 이 도자기들은 흔히 룽취안龍泉 청자라고 불린다. 지금 남아 있는 항아리와 접시들 상당수는 꽃 장식이 들어 있다.

발견된 두 번째 등급의 상품은 석기炻器(사기)다. 여기에 속하는 것이 9세기 이후의 창사長沙 채화 도자기와 나중의 동남아시아 두순과 무떠마(마르타반) 항아리다. 아주 크고 무거운 이 항아리들은 보르네오와 미얀마에서 생산된 제품이 가장 잘 알려져 있다.

백자는 조금 뒤인 10세기 이후 샹가에 들어왔다. 그러나 일반적으로는 12~13세기 동아프리카 해안 다른 곳들에 왔다. 이 가운데 상당수는 청백유青白釉를 발랐다. 흰색에 희미한 청색이 감돌고, 외관상 불가사의한 아름다움을 지녔다.

중국의 자기(다시 말해서 '진짜 자기') 또한 발견됐다. 백색에 청색이 가미된 변종과 기타 여러 가지 다른 외양을 지닌 것도 있다.[24] 이는 인도양 무역망에서 잘 알려졌고, 드넓은 인도양을 건너 동아프리카에까지 도달했다.

호턴의 발굴이 이 해안에서 발견된 도자기의 다양성과 폭에 대한 분위기를 파악하는 데 중요했지만, 영국인만이 이런 역사나 거기서 표현되는 연결을 발굴하거나 해석한 것은 아니었다. 이탈리아인들도 해안을 오르내리며 이런 역사를 알아내고 장례 때(앞에서 언급한 스와힐리 기둥무덤 같은) 쓰인 중국산 자기를 찾아내는 데 중요한 역할을 했다.[25] 프랑스 학술지들 또한 개입됐다. 프랑스가 아프리카와 접촉한 것은 대부분 대륙의 북쪽(마그레브)과 서쪽이었지만 말이다. 그럼에도 불구하고 프랑스 학계는 이 토론(인도양의 도자기 이동 경로에 관한)에도 기여했다.[26]

그러나 아마도 가장 반가운 것은 중국 고고학자와 연구자들 역시 이 지식 분야의 확장에 공헌하기 시작해, 경로의 다른 쪽으로부터 중국 자기를 정리하고 분류한 자기네의 오랜 역사를 통해 이해의 경계를 확장하는 데 이바지했다는 사실일 것이다. 그 가운데서도 자오빙趙冰과 친다수秦大樹의 연구는 수백 년 동안 남쪽으로 이동한 중국 도자기의 대규모 수출 전통 속에서 정확하게 어떤 물건이 언제 어떻게 수출됐는지를 살피는 데 도움을 준다.[27] 아프리카는 이 물질문화 품목의 가장 멀리 떨어진 목적지 가운데 하나였지만, 이곳은 이 상품이 나타난 더 큰 해상 회로(중국에서부터 서쪽 끝의 동아프리카와 심지어 유럽까지)의 한 부분일 뿐이었다.

중국 문헌과 중국인의 동아프리카에 대한 지식

문헌상으로 볼 때, 중국과 아프리카의 역사적 관계에 대한 가장 유명한 책 《성사星槎》의 저자인 필립 스노가 말했듯이 아프리카의 존재를 인식한 것은 한 왕조까지 거슬러 올라갈 것이다. 이것이 아프리카와의 직접적인 접촉은 아니었을 것이고, 그저 몇 단계의 제3자를 통해 중국인들이 아프리카라고 본 지역과 사람들의 존재를 인식하는 정도였다. 자기네 지역의 색안경을 끼기는 했지만 말이다.[28]

좀 더 믿을 만한 아프리카에 관한 기록은 당 왕조(618~907)에서 나왔다.《경행기經行記》와《유양잡조酉陽雜俎》가 모두 이때 쓰였다.

송宋 왕조(960~1279)에서는 외국과의 접촉에 관한 중요한 기록인《제번지諸蕃志》(1225)에 수집된 정보가 들어 있다. 이 책의 저자인 조여괄은 중국 동남 해안 취안저우의 제거시박사提擧市舶司〔대외무역 업무 담당관〕였다. 그는 이 책에서 항해가 급증하기 시작하던 시기에 중국에서 남쪽과 서쪽으로 확장되는 무역 접촉에 대한 설명서의 일부로서 아프리카의 산물과 민족을 언급했다.[29] 조여괄은 동남아시아의 여러 곳과 다양한 종류의 무역품을 자세히 서술하는 데 대부분의 지면을 할애했다. 필리핀에서부터 인도네시아 동부나 멀리 미얀마 해안까지 이르는 지역에서 발견할 수 있는 것들이었다.[30] 그러나 그는 아프리카에서 산출되는 상품에 대해서도 언급하고 있다. 조여괄은 결국 항구 관리였고, 상업에 비상한 관심을 가지고 있는 사람이었기 때문이다.

책의 내용 가운데 일부는 인류학적인 성격을 띠기도 하며, 중국의 아프리카에 대한 초기 인상이 어떠했는지를 일부 보여준다. 예를 들어 아마 지금도 동아프리카 시골 지역에서는 낯설지 않은 신붓값 흥정을 묘사하는 것으로 보이는 내용도 있다.

그곳 여성들은 깨끗하고 품행이 좋다. 그 나라 사람들은 직접 그 여성들을 납치해 낯선 사람들에게 판다. 그 값은 자기네 내부에서 받을 수 있는 것의 몇 배에 이른다.[31]

명明 왕조(1368~1644) 시기의 주요 문헌은 《무비지武備志》와 《성사승람星槎勝覽》, 그리고 실제 명나라 역사 자체인 《명사明史》와 《영애승람瀛涯勝覽》이다.[32] 이 책들은 모두 명나라 때 중국 사회 안에서 아프리카에 대한 관념을 제공했다. 이때는 중국이 역사의 다른 어떤 시기보다도 더 세계 탐험에 개방적이었다(적어도 왕조 초에는 그랬다). 우리는 이 시기부터 중국과 아프리카에 관한 세계관이 어떠했는지 추측할 수 있다. 물론 실제로는 아프리카가 알려진 땅덩어리의 중요한 부분으로서 펼쳐져 있었지만 중국과는 너무 멀어 아마도 거의 지구 반대쪽에 있는 것이나 마찬가지였을 것이다.[33]

《무비지》의 해도는 특히 유익하다. 중국이 15세기 아프리카와 진정한 접촉을 시작할 당시 중국의 항해에 관한 지식을 엿볼 수 있게 해주기 때문이다. 물론 해도(그 일부를 도판 2.2에서 볼 수 있다) 속의 글은 《무비지》가 만들어진 1621년의 것이지만 200년 전의 지식을 되뇌고 있다. 당시 중국의 항해는 대부분 동남아시아로 가는 것이었지만, 아프리카는 초기 명 왕조 지배자들에게 낯설지 않았다.[34] 방위는 나침반으로 파악했고, 수평선 부근 별의 고도는 항해 중에 위도를 확인하기 위해 기록했다. 이 성도星圖는 북극성의 위치를 기록했고, 여러 별자리들도 표시했다. 계산은 흔히 하늘을, 그리고 수평선의 상상의 평면 위를 보면서 손가락의 폭으로 어림했다.[35] 아프리카는 중국에게 "지구 반대편"에 있었는지 모르지만, 중국인들은 적어도 이 시기에 중간에 있는 동남아시아의 바다를 통해 그곳으로 가는 방법을 찾기 위해 최선을 다하고 있었다.[36]

학자들은 오랫동안 중국의 해상 여행의 복합성에 매혹됐다. 1938년에 이미 이들 여행의 성격에 관한 연구에서 성과가 나타나기 시작해 유럽의 전 세계 식민지 진출과 연계된 전문 지리학 학술지에 실리기 시작했다.[37] 2차 세계대전이 끝나고 식민지들이 해방되면서 이런 종류의 학문은 좀 더 순수하게 '학문적'인 쪽으로 기울었고, '주요' 서방 강국뿐만 아니라 세계의 분할에 그다지 큰 족적을 남기지 못한 나라들도 이에 나섰다. 이탈리아 같은 나라들이다.[38] 그러나 중국 저자들 또한 이 문제에 관해 갈수록 많이 발표하기 시작했다. 그들은 서방 학자들에 비해 더 접근하기 쉬운 한문 자료들을 활용했다. 특히 1960년대 중반 이후에 그런 경향이 두드러졌다.[39]

여러 가지 면에서 최고의 업적은 조지프 니덤의 《중국의 과학과 문명》이었다. 여기에는 항해술이라는 주제를 가지고 전체를 채운 치밀한 연구가 들어 있으며, 이 부분에서는 전근대 시기 중국의 항해에 관해 매우 상세히 다루고 있다.[40] 그러나 항해와 관련된 공학과 조종술의 위업에 관한 이 연구는 아직 그 빛을 잃지 않았으며, 이 분야는 우리 시대의 학자들 사이에서 여전히 성장산업이다. 학자들은 점차 이 시기 아시아의 항해 전통에 관한 지식의 더미를 정리할 수 있게 됐으며, 그것이 이런 규모의 항해가 실제로 어떻게 이루어졌는지를 더 잘 이해하는 데 도움을 주고 있다.[41]

이 거리감(비유적으로나 실제적으로나)은 중국의 아프리카에 대한 지식 생산에서 분명했지만, 근대 이전의 한 유명한 순간에 중국은 실제로 아프리카 대륙에 도착했고 짧은 시간 동안 동아프리카 해안에 발을 디뎠다. 유명한 정화의 항해(1405~1433)를 통해서였다. 이 환관 대제독(이슬람교도였던 그의 가족은 윈난성 출신이었다)은 일곱 차례나 원정대를 이끌고 중국을 떠나 아시아의 계절풍이 부는 지역으로 내려갔다. 이 항해에서 적어도 몇 차례는 인도양으로 들어갔고, 그 가운데 적어도 한 차례는 아프리카에 갔다.

이들은 어마어마한 규모의 복합적인 함대였다. 배들은 여러 해에 걸쳐 당시 수도 난징에서 가까운 중국 동해안에서 건조됐고, 배들이 마침내 완성되자 수만 명의 사람들이 배를 타고 출항했다. 그중에는 병사가 가장 많았지만 선원, 상인, 외교관, 첩, 성직자 등 다양한 부류의 사람들도 타고 있었다. 모두 이 여행을 위해 모은 사람들이었다.

이들 배에는 많은 양의 보물을 실었다. 그들이 만나게 될, 그리고 아마도 '충격과 공포'에 빠지게 될 세계의 주민들에게 선물로 나눠주기 위한 것이었다. 그들의 항해는 최고 수준의 홍보 활동이었다. 아시아 해안 지역의 수십 개 나라가 떠오르는 명 왕조와 그 세력에 대한 맛보기를 제공받았다. 명 왕조는 중국(1279~1368)뿐만 아니라 유라시아 일대를 100년 가까이 지배했던 몽골로부터 막 해방된 참이었다.

정화의 지휘함과 70년 후 항해를 통해 '신세계'를 '발견'한 콜럼버스의 산타마리아호의 크기를 비교(추정)한 현대의 선화線畵를 보면 그 규모를 상상할 수 있다. 이베리아인들은 기본적으로 노 젓는 배로 세계를 발견했고, 거기에 비하면 중국 배는 항공모함이었다.[42]

안타깝게도 이들 항해의 공식 기록은 이 탐험의 시대가 중단된 뒤인 1480년에 파괴된 것으로 보인다. 따라서 이들에 대한 우리의 지식 대부분은 남아 있는 마환馬歡의 이야기에서 나온 것이다. 마환은 일곱 차례 원정 중 몇 차례를 따라갔다. 4차 항해(1413~1415)에서 그는 동남아시아(자바섬 북쪽 해안, 즉 파시시르에 갔다)를 지나고 믈라카해협을 통과해 남아시아의 벵골만, 스리랑카, 말라바르 해안까지 갔으며, 심지어 페르시아

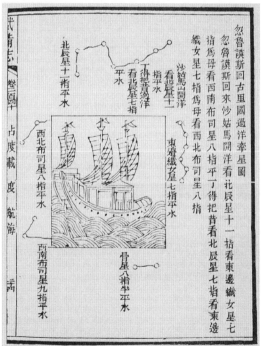

도판 2.2 정화의 보물선과 《무비지》의 그림
(Jan Adkins; and J. V. G. Mills, trans., *Ying-yai Sheng-lan: The Overall Survey of the Ocean's Shores,*
by Ma Huan (London: Haklyut Society, 1970), Appendix 6)

의 호르무즈와 홍해 근처의 아덴(그리고 메카 부근)까지 갔다. 그는 가는 길의 끄트머리에서 소말리아, 에리트레아, 지부티의 동북아프리카(아프리카의 '뿔'로 지칭되는) 해안을 보았을 것이다. 이슬람교도였던 마환은 항해 당시 서른두 살의 젊은이였다. 그는 아랍어-중국어 문서 번역자로 승선했고, 아랍어를 유창하게 읽고 말했다. 마환의 기록은 남아 있는 단 세 개의 당시 항해 기록 가운데 하나다. 배를 타고 바다로 나가 중국의 '세계 발견'에 참여한 것이다.

그는 배에 타고 있는 중국 요인들의 고귀함에 대해 묘사했으며, 긴 여행 과정 모두에서 해변에 올라 마주친 많은 민족들에 대한 인류학적 설명도 제공하고 있다. 그는 바다와 그 끝없는 변화에 대해 묘사했으며, 배의 갑판에서 보고 알아낸, 그리고 해변에 상륙해서 알아낸 산과 수풀에 관해서도 꼼꼼하게 기록했다. 그는 특히 때때로 만나는 중국인 위성 사회들에 관심을 가졌다. 바깥 세계에서 발견되는 이들 사회는 거의 동남아시아의 해안 도시들에 있었으며, 여기서 중국인들은 다양한 장소에서 상인, 기술공, 상담자로 종사하며 살아가고 있었다.

마환의 서술은 거의 틀림없이 아프리카와 서아시아에 관한 중국인의 기록으로서 현전하는 가장 오래된 자료일 것이다.[43] 그러나 그는 아프리카 땅을 밟지는 않았을 것이다. 일곱 차례의 항해 중 단 한 번만 스와힐리 해안을 따라 남쪽으로 항해해 아마도 마다가스카르까지(위도상으로) 갔기 때문이다.[44]

우리는 가장 멀리 갔던 함대가 동아프리카 해안에 머물러 있었던 이유가 순풍을 기다리는 것이었음을 안다. 마침내 떠나면서 그들은 기린 한 마리를(그리고 벵골에서 한 마리 더) 데리고 내쳐 중국으로 돌아왔다.

이 기린은 현대 케냐의 말린디나 소말리아에서 얻은 것인 듯한데 (현대의 역사 서술 가운데 어느 것을 믿느냐의 문제다), 1415년 영락제의 궁정 화가가 그림으로 그렸다. 화가는 얼굴과 목을 묶은 줄로 하인에게 잡혀 있는 거대한 기린을 그렸다. 하인은 키가 큰 이 동물의 머리를 올려다보고 있다. 이 온순한 짐승이 지나갈 때, 항구에서 수도로 가는 거리에 늘어서 있던 군중이 무슨 생각을 했을지는 그저 상상만 할 수 있을 뿐이다. 그 날짜는 1414년 9월 20일이었다. 600여 년 전의 일이다.[45]

궁정 한림원 수찬修撰 심도沈度는 중국 황제와 이 거대한 짐승의 만남을 기념하는 공식 그림에 들어갈 서문을 지으라는 주문을 받았다. 이 짐승에 대해 중국인들은 옛 책에 나오는 신화적인 동물 '기린麒麟'이라고 생각했다. 그의 서문이 남아 있는데, 이런 내용이다.

서남쪽 구석 큰 바다의 물가에서
실로 기린이 태어났으니 키가 15척이로다.
노루의 몸에 말의 발굽, 살과 뼈는 두툼하고
무늬는 빛이 나니 검은 구름 자색 안개
발은 생물을 밟지 않으며 노닐 때도 땅을 가려
편안하게 느릿느릿 움직이되 법도에 맞고
부드러운 그 울음은 음률에 맞는구나.
어질구나 이 짐승, 처음으로 만났으니
그 신령함 밝게 빛나 하늘에 오르리라.[46]

정화가 항해했던 '명나라의 순간'에 대한 연구 일부는 21세기 첫 10년

중에 변하기 시작했다. 특히 완벽한 언어 기술을 가진 두 역사가의 후원을 통해서였다.

그 가운데 한 사람이 제프리 웨이드Geoffrey Wade인데, 그의 책 《명 실록 속의 동남아시아》(2005)는 어떤 방식, 모습, 형태로 보더라도 근세 시기 중국에 관한 우리의 지식에서 큰 진전 중 하나로 보아야 마땅하다.[47] 누구나 이용할 수 있는 이 자료는 학자들이 세계 어디서든 검색어로 명왕조의 기록을 샅샅이 뒤져 원하는 것을 찾아낼 수 있게 해준다. 해로를 따라 다양한 곳에 대한 안내, 여러 황제 재위기의 잡다한 이야기, 개별 역사 인물의 공헌에 대한 이야기들을 정리해 온라인으로 제공하고 있다(그리고 무료다).

이와 함께 웨이드는 국가 후원 사업으로서의 정화의 항해를 재평가하는 글들을 발표하기 시작했다. 그는 이 항해들이, 많은 역사가가 중국 역사를 쓰면서 주장했던 것처럼 많은 것을 베풀었느냐를 묻는다.[48] 대략 10년쯤 뒤에 '공식 서술'에 대한 이 첫 문제 제기는 더 이상 가설적인 것이 아니었고, 훨씬 더 직접적인 말로 표현됐다. 이런 연구 작업은 600년 전의 시기에 관한 논의를 풍성하게 하는 데 이바지했고, 그 시기에 관한 자료는 오늘날의 세계에서 대체로 사라졌지만 그 메아리는 현대의 지리정치학에서 여전히 매우 크게 들린다.[49]

이 역사를 조합하는 데 중요한 두 번째 학자는 탄센 센沈丹森이다. 그는 웨이드와 마찬가지로 탄탄한 중국학의 배경을 갖고 있지만, 인도양을 이 논의에 더욱 깊숙이 끌어들이는 데에도 큰 관심을 갖고 있다. 센은 대략 2006년부터 변화하는 아시아의 해로가 어떤 모습인지에 관한 논문들을 발표했다. 중국의 관점에서뿐만 아니라 전체 인도양이라는 유리한 위

도판 2.3 〈서응기린도瑞應麒麟圖〉(1415) (타이완 국립고궁박물원)

치에서도 말이다.[50]

　처음에 일시적인 '접촉'으로 시작했던 것이 이 문명론의 '중간기'를 거치면서 질적으로 다른 접촉 경험으로 변화했다. 이 대화 가운데 일부는 종교적인 성격이었고, 이 문명들 사이에서 불교와 불교 문헌의 이동

2장 중국에서 아프리카로　59

을 초래했다.[51]

그러나 몇몇 원정은 보다 군사적인 것이었고, 물론 거기에도 외교적인 기미가 있긴 했지만 중국 제국이 이 계절풍의 바다에서 영향력을 통해(그리고 아마도 궁극적으로 정복을 곁들여) 무엇을 해야 하는지를 생각하고 있었음은 분명하다.[52] 그렇다면 정화의 원정은 명나라 초기 조정의 '개방 추세'에 대해 들려주는 이야기로서만이 아니라 수천 킬로미터 밖(명나라의 정치가 온 대륙의 해로에 영향을 미치던 곳이었다)에서 이루어진 이 항해의 파급 효과 때문에도 중요하다고 볼 수 있을 것이다.[53]

동방으로 간 아프리카인: 아프리카에서 중국으로

중국이 바다로 나선 것과 그 긴 역사에 대한 관심이 지금 일시적으로 유행하고 있지만, '반대' 방향으로 작동한 접촉에 대해 간략히 묘사함으로써 마무리를 짓고자 한다. 아프리카에서 중국 쪽으로의 움직임이다.[54]

이 이야기는 비교적 덜 알려져 있다. 그리고 새로운 자료를 이용할 수 있게 되고 학자들이 새로운 문헌을 뒤지면서, 아직 분석이 진행 중이다. 이 문제에 관한 중요한 책은 몇 년 전 돈 와이엇Don J. Wyatt이 《근대 이전 중국의 흑인》이라는 조금 평범한 제목으로 출간했다.[55] 이 책에서 와이엇은 당 왕조 초기인 684년에 발생한 한 흑인의 사망 사건이 중국 역사에서 처음으로 아프리카인이 언급된 사례라고 주장한다. 여기서는 간단하게 언급할 수 있을 뿐이지만, 그는 곤륜崑崙(와이엇은 중국인들이 그들을 "자기네와 완전히 다른" 사람들로 보았으며 자신의 판단으로는 인종적으로 아프리카인이라고 했다)이라는 말을 추적함으로써 아프리카 흑인이 송 왕조의 조여괄이나 명 왕조의 정화 이전에도 낯선 존재가 아니었다고 단정한다.

그는 여러 가지 사건과 광저우 항구에 대한 묘사를 추적하면서 아프리카인들이 수백 년 동안 무역풍을 타고 중국 동남부에 왔다는 흥미로운(그러나 아직까지 검증되지 않은) 주장을 폈다. 그들은 해상무역의 일반적인 흐름의 일부였다. 와이엇은 곤륜이라는 말이 아마도 시간이 지나면서 검은 피부를 가진 지구상의 여러 민족을 가리키게 됐으며, 그렇게 부르는 데 융통성이 있었던 듯하다고 조심스럽게 지적했다. 따라서 오스트레일리아 원주민, 오랑아슬리Orang Asli로 불리는 말레이반도 내륙의 말레이 부족민, 인도 남부의 타밀인 가운데 누구라도 중국의 당나라에 간다면 모두 이런 이름으로 불릴 수 있었다. 모두 피부가 아주 검었다. 결정적으로 이들 모두는 대부분의 중국인들이 보던, 자기네보다 더 검은 조공무역 접촉자들(동남아시아의 여러 지역에서 온)보다 더 검었을 것이다. 그 원 캠벨은 몽골〔원元〕 시기(1279~1368)에 중국 귀족 가문은 아프리카인 남자 종을 두는 것이 유행했다고 말한다. 그래서 1382년에 자바 궁정에서는 아프리카인 100여 명을 공물로 중국 궁정에 보냈다.[56]

곤륜이라는 말에 대한 와이엇의 폭넓은 정의는 현명한 듯하다. 그는 또한 아프리카 흑인이 유럽인의 무역 활동에 부수돼 확실히 중국 해안에 왔음을 분명히 했다. 유럽인들은 16세기 이래 이런 사람들을 데리고 중국에 상륙했다.[57] 실제로 명나라 말인 17세기, 그리고 푸젠과 타이완의 유명한 '콕싱아Koxinga/國姓爺'(정성공鄭成功)의 시기에 아프리카인들이 중국 해안에서 여러 가지 일에 종사하고 있었음은 분명히 확인되고 있다. 경호원과 군인이 많았지만, 다른 일에도 종사했던 듯하다.

이 아프리카인들은 동남아시아를 통해 건너왔을 것이다. 유럽인의 배를 탔을 가능성이 높다. 정성공은 무시무시하고 충직한 '흑인 경호대'라는 측근의 용병 수행원을 늘 데리고 다녔던 듯하다. 이들은 아프리카에서 포르투갈 노예선을 타고 왔으며, 남중국해 해안 지역에 정착했다. 대부분의 중국인들은 그들을 피했고, 분명히 자기네와 같은 인간으로 보지 않았다. 현지 중국 주민들은 의심과 공포의 눈초리로 바라보면서, 그들을 '악귀'라고 불렀던 듯하다.[58]

정성공이 중국 근세 역사에서 매우 중요한 인물이다 보니 이 아프리카 흑인들(그들의 수는 비록 얼마 되지 않았던 듯하지만)의 명성은 과장됐다. 정성공의 아버지는 중국 조정으로부터 17세기에 남중국해에서 활개치던 '해적'들 중 가장 중요한 사람 중 하나로 지목됐고, 어머니는 놀랍게도 일본인이었다. 정성공은 이 양쪽에 걸친 세계에서 이중의 민족 유산을 물려받았다. 사람들은 한국, 중국, 일본, 동남아시아 사이의 해로에서 이리저리 돌아다녔고, 정성공도 예외는 아니었다.

그는 중국 상류층 문화의 전통에 따라 고전적인 교육을 받았고, 그 가운데 어떤 것들은 정말로 몸에 배어 있었던 듯하다. 이에 따라 명나라가 망하고 이민족인 청淸나라로 편입됐을 때 그는 다른 많은 사람들과 달리 이전 왕조의 주인을 저버리지 않았다. 그의 충성심은 이름을 얻으려는 것이 아니었다. 그는 중국을 집어삼키는 중이었던 만주족의 다음과 같은 말에도 굴하지 않았다.

"우리가 지나는 군, 현, 지역에서 머리를 밀고 항복하며 문을 열어 우리를 환영하는 사람은 모두 지위와 보상을 받고 부와 신분을 대대로 누릴 것이다.

도판 2.4 정성공의 아프리카인 경호대
(Olfert Dapper, 1670, *Gedenkwaerdig bedryf der Nederlandsche Oost-Indische Maetschappye*, Lilly Library, University of Indiana)

그러나 우리에게 저항하는 사람은 (⋯) 돌이 저절로 불타올라 남김없이 학살당할 것이다."[59]

17세기의 이 '수상 세계'에서 해로를 따라 아주 멀리서 온 아프리카인 분견대가 정성공의 보살핌 아래 안주할 곳을 찾고, 배반과 변절이 흔한 환경에서 보호자의 측근 요원으로 활동하는 것은 지극히 당연한 일이었다. 이 사람들은 고향에서 아주 멀리 떠나왔기 때문에 마음이 흔들릴 연줄이 없었다고 생각해볼 수 있다.

그리고 이 아프리카인 경호대가 그 먼 대륙에서 건너와 그런 환경에서 일자리를 찾은 유일한 무리는 아니었다. 다른 아프리카인들은 근세 시기 인도의 해안 지역에서 궁수가 돼서 유명해졌고, 연구가 더 진척되면 그들이 또 다른 곳에서 나타날 수도 있다. 와이엇의 책은 다른 사람들도 이 길에 나서게 할 듯하다. 그것은 중국과 아프리카 사이의 교섭이 정말로 얼마나 길고 얼마나 오래됐는지에 관해 다른 문을 열어줄 것을 약속한다.

맺으며

동남아시아 해상을 통한 중국과 아프리카 사이의 관계가 어떻든 먼 과거로 거슬러 올라가는 것은 분명하다. 이것은 그저 경제원조와 정치적 술책을 바탕으로 한 현대의 접촉 이야기만은 아니며, 오히려 과거에 깊은 뿌리를 갖고 있는 오래된 이야기다.

중국 기록을 보면 아프리카가 아주 이른 시기(적어도 송 왕조)부터 알려져 있었음은 분명하다. 어떤 종류의 지식(상품의 출처와 관련된 지식 외에)이 존재했는지는 알기 어렵지만 말이다.[60] 최근의 일부 연구는 연결이 당나라 때까지 한참 거슬러 올라간다고 단정하지만, 적어도 현 시점에서는 확인하기 어렵다. 물론 몇몇 아프리카인들이 어떻든 광저우에 왔고,

심지어 그들의 도착 시점이 제1천년기까지 거슬러 올라간다 해도 놀랄 일은 아니지만 말이다. 송 왕조 때가 되면 이 지식은 축적되고 있었다. 그러나 그것이 중국인 여행자가 기록한 실제 접촉과 함께 정말로 구체화되고 심화되는 것은 명나라 때였다. 이들은 동남아시아의 시작점으로부터 인도양을 완전히 가로질러 항해한 선원들이었다.

정화의 항해는 의문의 여지 없이 이 과정의 정점이었다. 그러나 중국인의 아프리카에 대한 지식은 이 시기에는 이미 분명하게 각인돼 있었다. 이슬람교와 점점 두터워지는 해로는 광대하고 먼 대양 연결망을 따라 정보가 왕래하는 것을 도왔다. 아프리카 흑인들도 반대 방향으로 움직이기 시작했던 것으로 보인다. 적어도 이 시기부터, 어쩌면 이보다 더 이른 시기부터였을 가능성이 높다. 17세기에 명나라의 충신 정성공이 청나라를 피해 타이완으로 갔을 때 아프리카인 경호대를 거느렸다는 사실은 이 이야기에 상당한 신빙성을 제공한다. 이 시기에 명나라 사람들이 가장 먼 아프리카에 갔으니 아프리카인들 역시 이 시기에 가장 먼 중국에 도달했을 것이다. 두 항해 모두 '중간 지대'로서 계절풍이 부는 동남아시아 해양이 필요했다.

다가올 수십 년 동안 기록 연구가 심화되고 고고학(및 유전체) 기록이 더 많은 비밀을 밝혀내면 우리는 중국과 아프리카의 접촉이 생각보다 더 오래전으로 거슬러 올라간다는 사실을(그리고 계속해서 우리를 놀라게 할 방식으로) 발견하고 놀랄 것이다.

3장

베트남의 해상무역권

인간이 존재해온 오랜 세월…
상전桑田이 벽해碧海로 변했구나.
— 응우옌주(1766~1820), 《끼에우 이야기Truyện Kiều, 金雲翹傳》

베트남은 보통 근세 시기 아시아의 해상무역 세계를 이야기할 때 다른 몇몇 나라들(대표적으로 중국, 일본, 인도)과 함께 언급되지 않는다.[1] 베트남은 상업 기반시설이나 무역권 편입 측면에서 모두 주변의 큰 이웃들과 맞먹는 평가를 받기에 미흡하다고 여겨졌다.

그러나 이런 판단이 여전히 유효함에도 불구하고 베트남은 이 시기 동안 아시아의 해양 경제생활에서 중요한 역할을 했다.[2] 이 장에서는 이 역할에 대해 살펴볼 것이다. 그것은 300여 년 동안 남쪽의 응우옌阮 가문과 북쪽의 찐鄭 가문의 땅을 유럽인 및 다른 아시아인들과 뒤얽히게 했다. 이 지속적인 상호작용을 검토함으로써 조공무역, 자유방임 경제, 정치를 하나의 통일성 있는 이야기로 연결하겠다.

지도 3.1 베트남의 해상무역권

이 분석에서 나올 주요 주장은 베트남 해안이 이 지역의 광역 '중국 무역' 안에서 연결된 많은 상인들에게 중요한 보조적 무역 환경을 제공 했음을 인식해야 한다는 것이다.[3] 그러나 이 보완적 역할의 성격을 이야 기하기 전에 먼저 베트남 자체의 사회경제적 내부 기반을 빠르게 개괄할 필요가 있다. 이 시기에 일어나는 거대한 변화의 배경을 이해하기 위해 서다.[4]

베트남의 상업혁명이 왜 몇몇 주변국들에 비해 더 어렵고 점진적인 과정이었는지에 대해서는 역사 기록에 매우 분명하고 실질적인 이유가 나와 있다.

레Lê/黎 왕조가 당초 통일 왕국에서 크게 두 세력(그리고 한 시기에는 세 개의 세력)에 의해 지배되는 땅으로 분할된 것은 정치권력이 기본적으로 찐주鄭主와 응우옌주阮主 각자의 지배층들 사이의 실효적인 동맹을 통해 유지되는 배경을 형성했다.[5] 지역의 지주들은 궁정을 기반으로 한 이 두 거대 가문의 씨족 조직에서 상당한 권력을 휘둘렀다. 그들은 또한 자기네 기반 지역(농장, 마을, 촌락경제)에서 강한 장악력을 유지했다.

따라서 1802년 응우옌 왕조의 등장과 함께 이들 지배층의 지역 내 이득을 넘어서고 그것에 반해 국가의 힘을 강화(또는 부유한 새 상인 계급을 형성)하게 될 지속적인 상업활동을 어떤 종류든 저지한 것은 분명히 이들 귀족들의 이해관계 때문이었다. 따라서 바다와 그것이 가져다줄 수 있는 이득은 지난 수백 년의 베트남 역사에서 흔히 미심쩍게 여겨졌다. 이런 틀이 기본적으로 사실에 어긋나고 심지어 완전히 거꾸로인 때도 있었지만 말이다(뒤에서 살펴보겠다).

경제 발전

이 근본적인 이익 충돌은 남쪽의 방대한 새 땅이 지배권 아래로 들어왔다는 사실에도 불구하고 베트남 경제가 촌락 영역을 벗어나는 데 더디고 지지부진했던 이유 가운데 하나였다.[6] 19세기 중반 이후 프랑스의 제국주의적 활동에 직면해서도 대지주들은 이 지역과 궁정의 후원 권력 체제를 변경하는 데 저항했다. 물론 이 완고함의 불가피한 결과는 온 나라의 상대적인 경제 정체와 서방의 침투에 대한 대처 능력 저하(최소한 약간이라도)였지만 말이다.

남쪽의 응우옌주는 찐주에 비해 이 기본적인 형태의 변화에 대해 약간 더 수용적이었을 것이다. 응우옌주가 들어서면서 변경 사회가 득세하고, 과거의 일처리 방식을 폐기해 지역적인 해법을 수용했기 때문이다.[7] 이 이데올로기의 실질적인 분기는 지역 시장 같은 단순한 지표만 보아도 알 수 있다. 코친차이나의 시장에는 이국의 신상품이 넘쳐났지만, 북쪽의 통킹 시장은 좀 더 지역색이 강했다(즉 농산물 중심이었다는 말이다).[8]

16세기에 유럽인들은 군주들과 경쟁 궁정들이 전쟁을 벌이는 곳에 처음 들어온 것이었다.[9] 포르투갈이 1511년 믈라카를 습격하고 불과 25년 만에 알폰소 드 알부케르크 제독 휘하의 선장 안토니우 드 파리아가 다낭만 부근의 호이안에 무역 기지를 건설했다.[10] 그 뒤 영국이 동인도회사 일본지부의 리처드 콕스를 통해 비슷한 일을 시도했지만 실패했고, 동인도회사 파견 직원과 통역은 1613년 현지 주민들에게 살해됐다.[11] 이어 네덜란드는 1636년 더 북쪽에 있는 찐주의 땅으로 무역 대리인을 보냈다. 그리고 영국은 1672년에 마침내 상관을 세우는 데 성공했으며, 프랑스가 바짝 뒤를 이어 1680년에 세웠다.[12]

그러나 1700년이 되자 베트남의 이 초기 유럽 무역 조직들은 혼란에 빠졌다. 찐주와 응우옌주는 새 이방인들과 거래해 각기 네덜란드와 포르투갈로부터 무기와 탄약을 샀지만, 세기말 수십 년 동안 평화가 찾아오면서 거래의 실질적인 필요성이 사라지자 상인 대부분은 쫓겨났다(적어도 공식적으로는 그랬다). 찐주 조정은 네덜란드인들에게 이렇게 말했다.

너희는 내가 너희의 지난해 편지에 답하지 않았다고 불평했다. 그것은 내가 너희에게 기분이 나빠서도 아니고 너희를 존중하지 않아서도 아니다. (…) 다른 모든 외국 상인들은 수도 탕롱(하노이) 바깥에서 살게 했지만 너희만은 안에서 사는 것을 허락했다. 심지어 돌로 상관을 짓는 것까지 허락했다. 이런 호의는 늘 너희를 다른 외국인에 비해 총애한다는 증거다.

너희는 내가 너희에게 엄격하다고 불평했다. 나는 그것이 사실임을 인정한다. 그러나 그런 엄격함은 너희가 자청한 것이다. 내 나라에 사는 사람은 누구나 이곳의 법을 따라야 한다. 너희 나라에 사는 사람이 너희의 법을 따라야 하는 것과 마찬가지다. 네덜란드인은 이것을 잊었다. 너희는 흔히 나의 나라로 싣고 오는 화물을 절반만 신고했다. 그래서 내가 엄청난 손실을 봤다. 나는 너희를 돌려보내고 이 나라에서 너희와의 무역을 폐기하는 데 반대하지 않는다.[13]

당국은 마카오의 중국 무역과 연관된 소수의 포르투갈인만 남게 허락했다. 그러나 상당수의 프랑스와 포르투갈의 선교사들은 19세기에 접어들 무렵까지 계속해서 베트남과 서방의 관계를 누그러뜨리는 역할을 했다. 이 시기 이후에도 여전히 가톨릭 선교 시도가 조금씩 있었던 것이다. 원전이 서양 언어로 번역되고, 교리 문답이 반대 방향으로 번역됐다.[14] 그러나 이 시기 베트남 해안의 여러 지역에서는 여전히 유교의 영향이 비교적 강했다.

그렇다고 베트남이 무역에 대해 문을 닫고 있었던 것은 아니다. 이 문제에 관한 초기 정설을 수정하는 일부 연구는 오히려 정반대임을 시사한다. 존 휘트모어John Whitmore는 베트남이 유럽 무역에 대한 '대안'으로서 얼마나 완벽하게 '아시아' 무역망에 편입됐는지를 보여주었다. 그들은 필요한 물건의 대부분을 먼 서방보다는 훨씬 가까운 지역에서 받아들였다.[15] 이 시기 베트남에 흘러들어온 귀금속에 대한 그의 분석은 그 좋은 사례지만, 그것은 여러 가지 상품에 대해 이루어진 많은 연구 가운데 하나일 뿐이다.[16]

찐주와 응우옌주는 모두 중국의 동전을 자기네 나라 통화로 받아들이기로 결정해, 금과 은(대신에 이들은 18세기에 들어서까지 상품으로 거래됐다)이 아니라 이 금속을 통화로 사용한 동아시아 일반의 패턴을 확인시켜주었다. 그런 점에서 베트남인들은 몇몇 중국 저자들이 지적했듯이 전성기 마자파힛, 스리위자야, 믈라카의 정책 결정을 뒤따랐다.[17]

실제로 베트남이 16세기 말에(그리고 18세기에 이르기까지) 광역 동아시아 무역로의 일부였음은 분명하다. 물론 주역은 아니었겠지만 말이다. 그러나 광저우와 남중국의 기타 항구들을 중심으로 한 무역 증가, 그리고 일본·중국·동남아시아 일부 사이에서 유통되는 상품의 환적 중심지로서의 에스파냐령 마닐라의 발전은 베트남에서 중요했다.[18] 거래된 일부 상품은 쌀 같은 산적散積 품목이었지만, 그 상당수는 좀 더 특수한 것들이었다. '남양南洋'에서 나는 환경 산물과 앞서 이야기한 귀금속 등이다. 중국 상인들은 이 물건들을 이곳저곳으로 실어 나르는 데서 특히 중요한 역할을 했지만, 다른 참여자들도 개입됐다. 이 시기 동아시아 무역로는 매우 국제적이었다.[19]

일본 학자들은 이 근세 시기 체계가 18세기까지 어떻게 이루어졌는지를 보여주는 데 특히 중요했다. 그들은 이 시기, 그리고 19세기에 제국주의가 이 지역을 완전히 휩쓸기 전에 확장된 남중국해의 여러 사회들

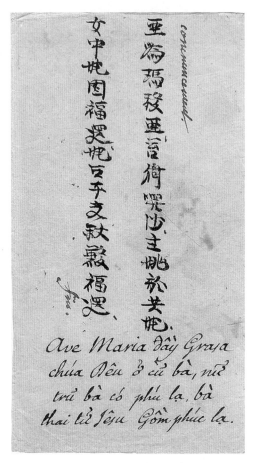

도판 3.1 베트남어 '아베마리아'
(Dominique Erster, 1773, 베트남식 한자와 베트남어 로마자 표기)

에서, 아시아 경제의 구조적 변화 안에서 발전한 무역 환경의 윤곽을 그렸다.[20]

그러나 매우 흥미롭게도 베트남은 귀금속으로 돌아가면서 상당한 양의 금과 은을 보유했고, 그것을 동남아시아와 중국으로 수출했다. 동남아시아에서는 그 대가로 '이국적 상품'을, 중국에서는 동전을 들여왔다.[21]

그런 거시경제적 결정을 내린 이유는 아직 확실하지 않지만, 베트남인들이 금과 은을 주화로 만드는 것보다 공개 시장에서 파는 게 더 이득이라고 판단 했을 수 있다.

도판 3.2 베트남의 청동전
(19세기 뜨득 재위기)

당대의 기록은 홍강 삼각주 북쪽에서 계속 광산이 운영됐음을 보여준다. 여기서는 레 왕조 시기에 구리, 금, 은, 아연을 제련했다.[22] 그러나 이 정책이 장기적으로 베트남 경제에 도움이 됐는지에 대해서는 의문부호가 붙어 있다. 정부는 18세기에 이 광산들에 대한 통제를 포기했는데, 만성적인 통화 부족을 완화하기 위한 필사적인 노력이었다. 위조를 용인하기는 했지만 이런 종류의 범죄에 대해서는 사형에 처하도록 한 명령이 여전히 법전에 살아 있었다.

새로운 연결

그래도 그런 통화의 연결이 베트남을 전례 없는 수준으로 근세 아시아 경제에 묶어놓았다는 사실은 설득력이 있다.[23] 귀금속의 이동은 우리가 이야기한, 은에서부터 서적 거래에 이르는 이례적으로 크고 복잡한 더 큰 유통망에서 하나의 회로에 불과했다.[24] 베트남의 오키나와 및 일본과의 무역은 좋은 사례다.

1570년대에 홍강 삼각주에 갔던 포르투갈인 사제는 국제무역의 확실한 흔적을 별로 보지 못했지만, 불과 30년 뒤 해안을 따라 수백 킬로미터 내려간 곳에 있는 항구 호이안을 보고 충격을 받았다.[25] 구리 수출을 금지한 1567년 명나라의 포고는 일본에게 호재였다. 이후 일본인 조합들은 구리를 가지고 베트남으로 건너가 이 도시의 부두에서 설탕 및 비단과 바꾸어감으로써 부를 축적했다. 17세기 초에 동남아시아 본토로 가는 일본 선박의 3분의 2가 이 항구로 향했고,[26] 일본은 이 두 가지 특별한 베트남 상품의 시장을 거의 완전히 독점했다. 혼슈에서는 은도 가져왔지만, 대금은 주로 동전 꿰미로 치렀다. 귀한 목재, 도자기, 사슴 및 가오리 가죽 역시 마찬가지였다.[27]

응우옌주가 항구에서 일본 선박에 물리는 세금은 도착 때 4000민緡, 출항 때 추가로 400민이었다. 호이안은 무역을 통해 성장했다.[28] 일본과 호이안 사이의 무역이 쇠퇴한 것은 1640년대 일본에서 포르투갈인 추방령을 내린 이후였다. 일본은 이후 200년 동안 상대적인 고립 상태로 들어갔다.

호앙안뚜언Hoàng Anh Tuấn 또한 베트남이 아시아 해상로에서 활동하는 데서 네덜란드가 했던 역할을 꼼꼼하게 살폈다. 그들은 네덜란드 해운을 통해 지역의 다른 경제권들과 연결됐다. 일본이 문호를 닫기(적어도 항구를 활짝 열었던 이전 시기와 비교해서다) 시작하면서 네덜란드인들은 베트남 상품들을 이 해상세계의 나머지 나라들에 팔도록 돕는 일에 뛰어들었다. 1623년에서 1651년 사이의 일본의 추방령 대부분이 나온 직후에 있었던 이 시기 중국의 명-청 교체(1644)는 갑자기 북베트남에게 이때까지 중국과 일본 업체들이 장악하고 있던 시장에서 움직일 공간을 마련해주었다.

네덜란드인들은 이 수십 년의 위기 동안에 통킹의 상품을 밀어내는 데 도움을 주었다. 특히 홍강 삼각주 지역의 비단 생산이 지역적 중요성을 지니고, 질적으로나 물량으로나 지역을 넘어서는 활발한 해운을 추동할 필요가 있던 때였다. 북쪽의 찐주 조정은 또한 이런 상호작용의 일환으로서 남베트남의 이웃에 맞서 자기네를 도와달라고 네덜란드 동인도회사에 요청했다.

나의 나라 통킹은 (지역의) 중앙에 있다. 동·서·북쪽의 왕공들이 와서 내게 경의를 표한다. 남쪽(남끼)만이 예외다. 그곳 사람들은 생활과 접촉이 미약하고, 모든 훌륭하고 상찬받을 일들을 잘못된 방식으로 하고 있는 시골뜨기다. 그들은 비정상적인 방식에 의존하고 안주하며 나에게 복종하지 않는다. 내가 배를 가지고 가서 바다에서 그들과 싸우고 싶어도 가는 길이 너무 멀고 파도가 높고 바람과 비가 방해한다. 그래서 나는 이런 수단으로 원하는 바를 이룰 수 없고, 그 때문에 이 사악한 자들은 더욱더 잘못된 방식과 행동을 고집한다. 그러면서 그들은 만족스러워한다.

이것이 내가 네덜란드에 도움을 청하려고 마음먹은 이유다. 너희 왕께서 여기에 동의할 용의가 있다면 우리는 너희 나라와 영원한 동맹을 맺겠다. 너희가 내게 배 세 척과 명령을 잘 이행할 수 있는 인재 200명을 주어 그들을 통킹으로 보낼 수 있겠는가?[29]

대부분의 학자들은 베트남사 연구를 위해 프랑스어를 배우는데, 이 경우에는 네덜란드 동인도회사 문서고에서 줄줄이 나오는 네덜란드어 문서들이 호앙안뚜언으로 하여금 이전에 대체로 희미했던 부분을 보여줄 수 있게 했다. 적어도 유럽인 가운데 근세 시기의 이 연결에서 가장 중요한 역할을 했던 것은 프랑스인이 아니라 네덜란드인이었다. 베트남 상인들은 거래할 수 있는 상대라면 누구하고든 거래했지만, 그들이 이런 결정을 내리고 또한 급한 대로 다른 협력자를 선택하는 데는 분명한 동인이 있었던 듯하다.

이런 발견들에도 불구하고, 근세 시기의 긴 기간 동안에 호이안 같은 베트남의 여러 항구들이 17세기 초에 지역의 상업 중심지로 도약한 것은 중국 상인들과의 지속적인 무역 덕분이었다. 이들 상인들은 중국 본토에서 왔지만, 남양南洋의 나라들로부터도 왔다. 남중국 해안, 일본, 에스파냐령 마닐라 사이의 활발한 중계무역에 참여하기 위해서였다.

아메리카에서 운송돼온 은은 여기서 중국인이 노리는 대상이 됐고, 호이안은 귀중품을 거래하는 보조적인 도시로서 이 복잡한 유통망에 참여했다.[30] 중국의 정크선은 이 거래를 위해 비단, 동전(1567년 이후에는 불법이었다), 튜터내그(양은의 일종)를 가져와 일본의 은(역시 1600년 이후 중국에서 불법이었다)과 동남아시아의 이국적인 물건들(장뇌, 후추, 향료 등)을 가져갔다.[31] 항구에서는 중국 상인들이 최고였겠지만, 많은 상인들은 베트남 상인들을 고용해 캄보디아와 라오스의 내륙 정치체에 가서 상품을 조달하게 했을 것이다.[32]

1644년에 중국이 한족 왕조(명)에서 여진족 왕조(청)로 교체된 일조차도 장기적으로 이런 패턴을 확실하게 바꾸지는 못했다. 당시에 불안정이 실존했지만 말이다. 명나라 충성파들은 1660년대까지 푸젠에서 호이안과 계속해서 거래했고, 타이완에서는 이 섬이 정복되는 1680년대까지 계속했다.

이들 상인들에게 응우옌주가 물리는 세금은 일본인에 대한 세금보다 상당히 낮았다. 남양의 중국인 상인에게는 2000민에 출항 때 200민이 추가됐고, 중국에서 직접 온 상인에게는 3000민에 출항 때 300민이 추가됐다. 1830년대 베트남의 중국인 상인들은 막대한 양의 은을 중국으로 실어 보내는 데 도움을 주어 그것으로 영국의 아편 대금을 치르게 하고 중국인들을 아편 중독에 빠지게 했다.[33]

유럽 상인들은 이 활발한 거래를 좌절과 시샘이 뒤섞인 마음으로 그저 구경해야만 했다.[34] 1700년부터 거의 그 세기 말까지 마카오에 있는 포르투갈 '공식' 상인들의 작은 파견단이 베트남과 소규모 거래를 계속했고, 다른 선교사들은 대중을 기독교로 개종시키고자 노력했다.[35] 여기서 약간의 진입이 이루어졌지만, 일반적으로 프랑스와 영국 정부의 눈길은 베트남보다는 인도를 둘러싼 다툼에, 그 땅의 부와 산물에 굳건하게 맞춰져 있었다. 특히 프랑스 상인들은 좀 더 수익성 있는 무역을 트기 위해 파리 당국을 계속해서 졸라댔지만, 그들의 청원은 시종일관 무시됐다. 1686년 프랑스 동인도회사의 한 사원은 메콩강 하구 앞바다에 있는 꼰선섬을 점령한다는 계획을 제시해 사실상 왕의 구미를 어느 정도 맞추었다. 그러나 영국 군대가 해안에서 프랑스군을 물리쳤고, 이 점령은 재앙으로 끝났다.[36]

1763년의 파리 조약(이를 통해 프랑스는 인도에서 가졌던 거의 모든 것을 잃었다) 타결과 1771년의 떠이선 반란(이는 유럽인들에게 유리한 불안정이라는 측면에서 가능성을 제공했다) 발발에 이르러서야 유럽인들은 새로운 관심을 가지고 다시 한번 베트남을 바라보았다.[37] 해도가 출판되기 시작해 이 나라의 지리와 해안선이 재검토됐다.[38] 자롱嘉隆(응우옌푹안阮福暎) 황제는 즉위할 때 무역을 받아들일 것으로(또는 조상들보다 낫게, 적어도 '호의적인 중립'을 취할 것으로) 판단됐다. 이에 따라 베트남에 새로운 사절들이 파견됐다.

식민지 이전 베트남에 서방의 상인들이 어떻게 들어갔는지를 상세하게 파악할 수 있는 것은 18세기 말과 19세기 초의 이 사절들(이들은 모두 베트남과 서방 사이의 무역을 확대한다는 전반적인 목적을 이루지 못했다)을 통해서였다.[39] 이런 상황들에 대해 보고한 사람들, 특히 존 배로(1793년 조지 매카트니 사절단의 일원), 존 화이트(1819년 미국의 쌍돛대 범선 프랭클린호 부함장), 존 크로퍼드(1822년 영국 사절)는 그들의 방문 때와 미래에 가능한 무역에서 베트남이 제공해야 하는 것에 대해 꼼꼼하게 살폈다.

이 모든 이야기에서 거듭되는 주제는 각기 자국 정부가 이 지역에서 항구를 얻는다는 생각을 진지하게 받아들이라는 청원이었다.[40] 무역이 많이 이루어지고 여기에 베트남의 자원이 풍부하다는 점이 이런 조언의 바탕을 이루었다. 앞서 이야기한 귀금속 외에도 많은 다른 귀중품들이 베트남을 통해 유통되고 있었다. 예컨대 향기 나는 나무(침향, 장미, 소방목 등), 다마르 수지樹脂, 자기,[41] 계피, 소두구, 인디고(쪽), 생사 같은 것들이었다. 상아, 사금, 무소 뿔, 쌀 또한 이 나라에서 생산돼 거래됐고, 왕이 독점하는 재산이었다. 육두구, 정향, 후추도 볼 수 있었고(인도네시아로 가는 환적망의 유산이었다), 해삼과 제비집 역시 앞바다 섬들에 있었다. 이런 상품들을 사기 위해 중국의 정크선들은 진사辰砂·약품·헌 옷·붕사를 가지고 왔으며, 때로 포르투갈 선박은 철물·거울·아편·수학 관련 도구들을 거래했다.[42]

어떤 특이한 물건들(병에 든 영국의 겨자 등) 같은 현지에서 관심을 가진 품목들은 그들에게 거의 환상적인 품질로 비쳤고, 분명히 양쪽 모두에서 활발하게 움직였다. 화이트는 자롱 황제가 보낸 사람이 프랭클린호에 승선했을 때의 이야기를 들려준다. 사절은 차와 구장蒟醬 후추를 선물한 후 측면에 영국 국왕의 문장이 새겨진 빈 겨자 병을 꺼내 보여주었다. 딱지에는 '최고급 더럼 겨자'라고 쓰여 있었으며, 종잇조각에 싼 약간의 "마르고 검고 별다른 맛이 없고 냄새가 없고 고약 같은 물질"(겨자)을 승무원들에게 보여주었다. 사절은 화이트에게 이 물건을 더 구할 수 있느냐고 물었다. 자롱 황제가 "엄청나게 좋아한다"는 것이었다. 전해에도 그런 일이 있었기 때문에 화이트는 마닐라의 도매상에게서 겨자를 살 때 이를 유념하고 있었다. 새 병이 선물로 사절에게 건네졌다. 이를 축소판으로 생각하자면 지역 무역의 새로운 균형을 만들어낸 것은 이런 식의 사건들(그리고 이런 종류의 일상적인 물건들)이었던 듯하다. 그런 우연을 통해 동남아시아 무역이 이루어지기도 하고 깨지기도 했다.[43]

유럽인의 통지

실제 교역 과정 또한 유럽인의 첫 도착 시기부터 상세하게 묘사됐다. 사이공(호찌민시)에서 교역을 하려는 선박은 현지 '유력자'를 통해 어부와 계약해 강의 수로 안내인으로 삼아야 했다. 그가 선박을 안내해 강어귀의 여울과 모래톱을 안전하게 통과할 수 있게 한다. 그러나 이 유력자에게는 또한 약간의 선물을 주어 이 서비스를 제공해달라고 부탁해야 한다. 모자, 붉고 푸른 천 몇 폭, 달콤한 술 몇 병이 가장 적절한 선물로

여겨졌다.[44]

"장사에 기름칠"을 하는 과정은 궁궐 성벽에 이르러서도 계속됐다. 길을 나아가기 위해서는 계속해서 환관들에게 뇌물을 주어야 했다. 떠이선 왕조와 자롱 시대에 소극적으로 받아들여진 이 유럽인들과 현지 주민 사이의 거래 때 사용한 언어는 '인도포르투갈어'였다. 동방 해양 지역의 상인들이 사용했던 포르투갈 모어의 방언형이었다. 국적을 불문하고 거의 모든 아시아 사람들은 배에서 이 시장 방언으로 이야기할 수 있는 사람을 적어도 한 명은 만날 수 있었다.

마침내 사이공에 도착한 배는 시에서 남쪽으로 5킬로미터 떨어진 '쩌런堤岸'(큰 시장)에 닻을 내리게 된다. 여기에는 왕의 창고가 있고, 과세를 위해 선박의 톤수가 측정된다. 길이와 폭과 용골의 크기도 잰다. 세펙 sepeck(합금인 튜터내그로 만들었다)이 현지 통화였으며, 동전도 어디에나 있었다. 코친차이나의 근斤(1.5파운드)은 통용되는 중량 단위였다.[45] 모든 저자들은 도둑에 대해 광범위하게 경고했다. 그들은 다양한 모습과 분명히 변장한 모습으로 장터에 스며들어 있었다.

그러나 유럽인들의 기록에는 다른 종류의 정보도 있다. 상업과는 덜 관계되지만 그럼에도 불구하고 베트남의 무역권 안에서는 중요한 주제 가운데 하나가 해적이었다.

페르낭 멘드스 핀투Fernão Mendes Pinto는 16세기에 이미 베트남 해안 앞바다에서 활동하는 해적의 끔찍한 이야기를 전했다. 그들은 보통 "막대기로 희생자인 포르투갈인의 머리를 내리쳐 뇌수를 쏟게" 만들었다. 기독교 신앙을 가진 데 대한 벌이었다.[46] 같은 해안 앞바다에서 핀투에게 잡힌 한 작은 '해적'의 프라후prahu(쾌속 범선)에 타고 있는 해적들이 아체인, 튀르크인, 기타 이슬람교도가 뒤섞여 있었기 때문에, 그는 앞서의 포르투갈인들이 당했듯이 같은 일을 이 포로들에게 가해도 부당할 것이 없겠다고 생각했다.

나중의 기록은 베트남 해안이 해적선의 천연적인 요충지였음을 입증했다. 그들은 지역의 항구로 들어가는 선박과 국제무역로를 지나는 장거리 운항 선박을 먹잇감으로 삼았다. 존 화이트는 해적들이 베트남의 강어귀에 들끓고 있다고 독자들에게 경고했다. 그런 곳들은 도망쳐 숨을 수 있는 아주 복잡한 지리적 환경을 그들에게 제공했다.[47] 에드워드 브라운은 그의 《코친차이나 해안에서 중국 해적들에게 붙잡혔던 선원의 모험 이야기Seaman's Narrative of His Adventures during a Captivity among Chinese Pirates on the Coasts of Cochin-China》(1861)에서 이 권고를 되풀이했다. 그는 자신의 섬뜩한 경험을 통해 지나가는 배에서 여성을 강간하고 학살, 고문, 참수 같은 여러 가지 잔혹 행위가 있었음을 상세히 이야기했다.[48]

그러나 그들의 관찰이 모두 폭력적인 내용만 있는 것은 아니었고, 일부는 좀 더 일상적인 문제들에 관심을 가졌다. 베트남 상업에서 여성이 차지하는 위치 같은 것들이다. 존 배로는 중국 여성과 베트남 여성이 각기 자기네 사회에서 차지하는 위치에 큰 격차가 있음을 지적했다. 중국 여성은 "거의 집 안에 틀어박혀 심지어 남자 친척조차도 잘 보지 못하는" 데 반해,[49] 베트남 여성은 일상적인 경제생활에서 적극적인 역할을 했다. 물론 이런 관찰은 계급의 역할을 감안해야 하지만, 베트남 여성은 외국인과 현지 주민 사이의 상품 거래에서 매우 중요한 경제적 연결고리 역할을 한 듯하다. 사실 그랬기 때문에 윌리엄 밀번William Milburn은 그들을 "베트남 사회의 주요 상인"이라고 부르기까지 했다.[50]

[표 3.1] 19세기 무렵 해양 베트남의 개방성

베트남 궁정의 소수민족(1780~1820)[a]

- 시암인 관리, 군 장교
- 말레이인 관리
- 캄보디아인 관리, 군 장교
- 중국인 관리, 군 장교, '해적'
- 포르투갈인 관리, 상인, 예수회 선교사
- 에스파냐인 관리, 용병, 선교사
- 프랑스인 관리, 상인, 선교사
- 영국인, 아일랜드인, 네덜란드인, 자바인의 진출 흔적도 있다.

떠이선 시기 베트남의 무역 및 공격 함대(1805년 무렵)[b]

함대	선박(척)	인원(명)	무기
A	5	489	포 100문, 화약 500근, 각종 휴대 무기/총기 883점
B	10	669	포 127문, 화약 500근, 각종 휴대 무기/총기 789점
C	36(정크)	1422	포 2016문, 각종 휴대 무기/총기 1207점
D	11(정크)	301	철포 6문, 터틀도브포 55문, 목제 포 1문, 납 포탄 40발, 철탄 27근, 구식 납/철탄 55근, 작은 칼 30개, 자루 긴 칼 180개, 단도 134개, 등나무 방패 28개, 쇠사슬 10개, 화약 36근

a) Wynn Wilcox, "Transnationalism and Multiethnicity in the Early Gia Long Era," in *Việt Nam: Borderless Histories*, edited by Nhung Tuyet Tran and Anthony Reid, 194-218, 특히 pp. 194-200 (Madison: University of Wisconsin Press, 2006)에서 발췌.
b) Dian Murray, *Pirates of the South China Coast (1790-1810)* (Stanford: Stanford University Press, 1987), 97-98에서 발췌.

이러한 평가는 여전히 논란이 있고, 특히 다른 문화권 사람의 접촉에서 나온 것이긴 하지만, 모든 역사 기록자들은 그들이 총명하고 요령이 있다고 지적한다. 화이트는 그들이 유럽인들에게 인기 있는 상품이 뭔지 알고 나면 바가지를 씌우는 경향이 있다고 불평했지만, 밀번은 그곳에 가려는 상인들에게 현지에서 거래를 용이하게 하려면 그들을 가정부로

도판 3.3 베트남 북부 해안의 지형 (저자 제공)

받아들여야 한다고 권고했다.[51] 그러나 그들의 사업 감각은 의문의 여지가 없어 보이지만, 거래가 이루어지는 시장에서 그들의 실제 모습에 대해서는 분명히 의문이 있었다. 이것은 특히 그들의 치아와 관련이 있었다. 그들의 이는 "덧니가 삐죽삐죽하고 빈랑과 구장 잎을 씹어 시커멓게 변했다"고 하기 때문이다.[52]

마지막으로, 베트남 상업에서 중국인들이 한 역할이 이 저자들에 의해 다시 언급됐다. 수백 년 전 유럽인들의 관찰이 이어진 것이다. 19세기로 접어들 무렵 중국인들은 베트남 경제의 거의 모든 틈을 파고들었다. 그들은 정육점, 양복점, 은행, 행상, 대금업자와 도매상이었다. 일부 직업

만 나열해도 이렇다.[53]

중국 사업가들은 새로이 민영화된 광산을 운영하면서 본국으로부터 선진 기술과 관리 기법을 들여왔다. 그들은 또한 선박을 소유하고 그 선박을 말레이 국가들과 시암 같은 여러 동남아시아 정치체들에 보냈다. 심지어 베트남의 내구소비재 대부분도 중국에서 생산됐다. 이에 따라 한 정기 운항자는 중국 선박이 사이공으로 가는 의류, 자기, 가정용품 화물을 싣고 지나갈 때 그저 "그들의 행운을 부러운 눈으로 바라볼" 수밖에 없었다.[54] 1750년 무렵에 호이안에는 연간 80척의 중국 정크선이 들어왔고, 그 중국인 인구는 불과 50년 전에 비해 두 배로 늘었다.[55]

한편 크로퍼드는 1822년 베트남에서 약 2만 5000명의 중국인이 광업에 종사하고 있었다는 더욱 놀라운 통계를 제시했다. 수도인 후에에 500명, 카차오(하노이)에 1000명, 호이안에 2000명, 사이공에 5000명이었다.[56] 그러나 '이방인'으로 묘사된 사람들의 우세는 또한 분명히 응우엔 정부로 하여금 신경 쓰이게 했다. 크로퍼드가 그의 기록(동남아시아 다른 지역에 대한 약간의 통찰도 있다)에서 적었듯이 사이공에서는 중국인이 베트남의 상업을 너무 좌지우지한다는 불평이 나왔다.

그러나 길게 뻗어 있는 이 나라의 해안에서 적어도 어느 정도는, 바다와의 상호작용이 그들이 수백 년 동안 해왔던 것처럼 지속돼왔다. 하노이, 후에, 사이공의 중국인 상인들과 중간상인들은 항구의 도시 생활로부터 이전보다 더 큰 사업상의 이득을 얻었을 것이다. 그러나 물고기가 잡히고 해산물이 채집되는 해안 지역과 그 바깥에서는 여전히 이 일에 종사하는 사람의 대부분이 참족 또는 베트남 종족이었다. 인류학자 에디타 로스코Edyta Roszko가 수행한 몇 개 마을들에 대한 섬세한 종족사학 연구는 이런 패턴이 얼마나 오래 지속됐는지를 보여준다. 그런 이야기들이 마을의 집단기억을, 이 이른 시기를 포함해 한참 거슬러 올라간다. 여러 세대를 거슬러 올라간다는 얘기다.[57]

해안은 언제나 이 세계의 일부였지만, 연결의 빈도와 강도라는 측면에서 이곳의 흐름은 떠이선 반란 같은(물론 다른 순간들도 있다) 예외적인 어떤 순간들을 제외하면 보다 느리게 변했다. 베트남과 바다의 상업 세계와의 관계는 여기서 좀 더 부드러운 변화를 겪었다. 이 나라의 북적거리는 항구에서보다는 아마도 덜 분명했겠지만, 그럼에도 불구하고 중요한 방식으로 말이다.

맺으며

19세기로 접어들 무렵의 베트남 해상무역에 관한 희망적 저작이 비교적 많아진 것은 결국 단기적인 현상임이 드러났다. 떠이선 반란의 소동과 자롱 황제의 외국 무역에 대한 중립적 자세가 반세기 가까운 '가능성'의 시기를 지배했다. 그러나 그 후, 그리고 특히 1820년 민망明命 황제의 즉위 이후 베트남은 바깥 세계로부터 스스로를 고립시키고자 애를 많이 썼다.[58] 자롱 황제가 의도적으로 외국인을 싫어하는 민망을 후계자로 골랐다는 주장이 있었다. 베트남이 문화적으로 살아남는 유일한 길은 이웃의 시암이 그렇게 버티고 있듯이 유럽인들의 경쟁에서 일어나는 소동으로부터 초연하게 거리를 두는 것임을 잘 알았기 때문이다.[59]

상인조합의 중요성은 감소하기 시작했다. 훨씬 더 큰 무언가가 이 바다에서 멀지 않은 수평선 위에 있었다. 자본주의, 그리고 국가를 근대화해 이를 이용할 권력이었다.[60] 베트남 황제들이 이 먹구름의 성격을 완전히 이해했다고 말하면 과장일 것이다. 그러나 그들은 매우 소란스러운 시기에 탁 트인 해안선의 위험을 분명히 인식했다.

이 베트남인들의 세계관에서는 아주 제한적인 무역이 활발한 무역보다 현명하다고 생각했을 것이다. 1819년 사이공에 도착한 중국의 정크선이 단 세 척이었다는 사실이 이를 입증해준다. 1805년에는 더 큰 배 열두 척이 도착했다.[61]

대략 반세기 뒤인 1859년 이후 프랑스가 베트남 전체에 대한 장악력을 공고히 하기 시작하면서 그러한 고립 정책이 근시안적인 것이었음이 드러나게 된다. 정확한 평가나 당면한 현실과의 대결보다는 아마도 완고한 유교에 뿌리를 둔 것이었다. 그러나 1825년 이 국면이 끝나가던 당시에 무역의 문호를 닫는다는 베트남의 결정은 대외 해상무역에서 원하던 효과를 얻고 있었다. 한 서방 상인은 1824년에 쓴 글에서 이렇게 비통한 탄식을 하게 된다.

이 조치가 유지되는 한 코친차이나는 (세계에서) 상업적 모험에 가장 바람직하지 않은 곳으로 전락할 것이다. 이런 주장은 일본으로 하여금 무역을 포기하게 했다. 그들은 마카오의 포르투갈인들을 나라에서 쫓아냈으며, 해마다 그리고 급속하게 중국 및 시암과의 거래를 줄이고 있다. 박애주의자, 기업가, 그리고 문명 세계 일반은 이 당연히 훌륭한 나라의 가련한 현재의 상태에서 다름 아닌 바로 깊은 후회와 동정의 근원을 볼 수 있다.[62]

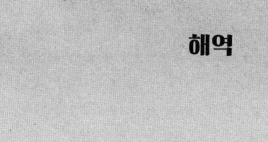

2부

해역

아시아의 바다는 인상적으로 펼쳐져 있는 지역을 따라 흐른다. 북쪽에서 바다는 춥고, 러시아 극동 지역과 큰 반도 및 섬의 연쇄(캄차카반도, 쿠릴열도 같은)를 홋카이도 및 동해와 연결한다. 남쪽에서는 대양이 덥고, 몇 개의 구분된 바다로 쏟아져 흐른다. 반다해, 스람해, 술루해, 자바해 등이다. 여기 바다들은 사방으로 시야 밖에 있는 육지들에 의해, 그리고 순다 대륙붕이라는 얕은 바닥에 의해 보호된다. 이 대륙붕은 이 지역을 선박의 안식처로 만든다. 다시 말해서 무역은 지구촌의 이 지역에서 쉽게 흘러간다. 통상 언급되는 비유를 사용하자면 이곳은 아시아의 지중해다.

더 서쪽으로는 탁 트인 해역인 인도양이 있다. 이곳은 몇 개의 '공간'으로 나뉜다. 아라비아해, 벵골만, 그리고 바다의 가장 위도가 낮은 지역인 광활한 대양 자체가 있다. 여기서도 또다시 하위 구분이 있다. 벵골만에는 그 권역의 일부로서 안다만해와 믈라카해협이 있고, 아라비아해는 페르시아만과 홍해 양쪽으로 흘러든다. 홍해에서는 수에즈 운하를 통해 유럽으로 연결된다.

아시아 해양의 이 흐트러진 지리는 중요하다. 얼핏 보기에는 그저 수천 킬로미터의 서로 연결된 바다, 청색의 평면처럼 보이는 곳에서 다양성을 보여준다. 그러나 그 모든 바다의 현실은 일정하지 않고, 끊임없이 변화하기 쉽다. 기후변화는 해수면을 오르내리게 했으며, 큰 강의 토사 퇴적 역시 끊임없이 여러 아시아 항구들을 흥하고 망하게 했다. 그런 의미에서 바다는 살아 있었고 지금도 살아 있다. 바다는 팽창하고 수축하면서 인간 집단과 인류 역사에 영향을 미치고 있다.

2부에서는 아시아의 가장 크고 가장 중요한 해양 공간 두 곳, 즉 남중국해와 인도양을 살펴보고, 둘을 별도의 체계로 봄으로써 이 지역의 해양사에 관해 무엇을 배울 수 있는지를 묻는다.

여기서도 1부 '해상의 연결'과 마찬가지로 몇 가지 주제가 나온다. 이 커다란 해역들을 체계로서 생각하려면 어떤 도구가 필요하다.

남중국해에 대해서는 이런 식의 분석이 비교적 많지 않으며, 이 바다의 역사를 역사 시대 안에서 한데 묶으려 한 역사가도 많지 않았다. 그 이유는 어느 정도 틀 지워진 것일 듯하다. 남중국해의 북쪽 끝은 '동아시아'에 속한다. 반면에 같은 수역의 남쪽 끝은 기본적으로 '동남아시아'에 위치해 있다. 지역 연구 작업들은 대체로 이 두 곳 사이에 학술적 전공이 나누어지므로 "통로를 뛰어넘어" 이웃의 땅을(이 경우에는 이웃의 바다를) 밟으려는 학자가 많지 않았다. 이는 부끄러운 일이다. 이 해역이 어떤 의미를 지니느냐에 관한 보다 총체적인 사고는 바로 그렇게 함으로써 가능하고, 그래야 할 것으로 보이기 때문이다. 언어 능력 또한 중국 연구자와 동남아시아 연구자가 흔히 각자의 기록들을 결합하고 양쪽 모두의 언어 전통을 사용해 이 바다의 통합된 역사를 써내지 못하게 하는 요인이다.

인도양에서는 다른 틀이 존재했다. 여기서는 그런 연구의 거의 처음부터 분석이 정말로 하나의 체계로서의 이 대양에 초점이 맞추어졌다. K. N. 차우두리의 선구적인 연구 이래 그랬다. 그러나 인도양 사회들을 이 바다의 세 대륙 연안을 포괄하는 광범위한 조직 안으로 연결시킨 주제들은 이상하게도 연구에서 빠진 듯하다. 인도양에 대한 거의 모든 학술적 분석은 여러 주제를 각자의 책에서 커다란 꾸러미 하나로 묶으려 하고 있다. 페르낭 브로델이 틀림없이 입증했을 '총체사total history' 같은 것이다. 무역, 환경, 이산, 정치 등 모든 것이 혼합체 속으로 들어갔다. 이것은 훌륭한 일이고 도움이 된다. 학자들이 이 특별한 바다에 대해 생각하면서 처음부터 총체적이고자 노력한다는 말이기 때문이다. 그러나 이는 어떤 면에서 개별 주제를 선택해 아주 상세히 추적함으로써 그것이 어디로 이어지는지를 알아볼 여지를 좁힌다.

보다 조심스럽고 제한된 접근이 이 두 장에서 내가 시도한 것이다. 2부 '해역'에서는 아시아의 이 양대 바다의 두 가지 특별한 역사를 추적한다.

4장에서 나는 남중국해에서 이루어진 밀수의 역사와 대체로 당대의 관점을 분석한다. 나에게 이는 동아시아와 동남아시아를 하나의 틀 속에서 보는 일을 수반한다. 예를 들어 남중국(푸젠, 광둥, 그리고 어느 정도는 바다의 타이완까지도)의 항구와 주민들을 "바람 아래의 땅들"과 같은 시야에 놓고 보는 것이다. 그렇게 하면 더 광범위한 상호작용의 유형을 알 수 있다. 그중 일부는 상당한 시간 동안 존재해온 것이고, 어떤 것들은 이제야 모습을 드러냈다.

인간 집단들은 오랜 시간 동안 이 공간을 이리저리 돌아다녔고, 각종 상품들을 가지고 다녔다. 이 상품들 가운데 일부는 '불법'이었고 지금도 마찬가지인데, 그것을 규정하는 것은 국민국가와 그 정부였다. 이런 정권들은 오늘날에도 그런 결정을 하고 있다. 4장에서는 그런 패턴 가운데 일부를 살펴보고, 학계에서는 분리됐지만 밀수품을 실은 배의 통항에서는 결코 분리되지 않은 지역들을 연결하는 초아시아적 체계로서의 남중국해를 어떻게 볼 것인가를 묻는다.

이어 5장에서는 인도양이라는 쭉 펼쳐진 바다를 바라보는 또 다른 주제를 다룬다. 대부분의 학자들은 인도양을 총체적으로, 그리고 여러 주제를 다루며 검토했지만, 이곳에 제시된 장에서는 하나의 흐름만 골랐다. 어떻게 해서 케이프타운에서 인도까지, 그리고 다시 싱가포르와 오스트레일리아 서남부 퍼스까지 이르는 인도양이 영국 기업과 영국 세력의 지배를 받게 됐느냐 하는 것이다. 오늘날 내가 방금 이야기한, 지리적으로 서로 다른 사회 가운데 어느 곳에 가더라도 업무를 수행하는 관료들이 영어를 사용하는 것을 볼 수 있다. 왜 그렇게 됐을까? 왜 아랍어나 네덜란드어나 프랑스어나 포르투갈어를 쓰는 것으로 귀결되지 않았을까?

5장은 영국이 이 무대에서 수백 년에 걸쳐 영향력을 확대해온 과정을 추적한다. 16세기에서 19세기에 이르는 기간이다. 무역과 경쟁에서 비교적 제한 없이 시작됐던 것이 결국 격차를 만들어냈다. 누가 이 바다를 지배할 것인가에 대한 경쟁에서 최종 승자는 하나뿐이었다. 정치적 힘보다는 경제적 힘의 행사라는 측면에서다. 5장은 무역로와 주민 이동을 추적하면서 하나의 아시아 해상 체계가 시간이 지나면서 어떻게 발전해 제국주의 극성기로 들어서면서 거대한 영국 영향권으로 변모했는지를 보여준다.

4장

남중국해의 밀수

비사秘史

물건을 운반하기가 갈수록 더 어려워졌습니다.
정부에는 감시의 눈이 많습니다.
— 타이완 타이베이에서 어느 중국인 상인[1]

세계에서 남중국해만큼 언론에 많이 오르내리는 해양 환경은 별로 없다. 과거에 이 공간은 동아시아와 동남아시아 사이에 무역, 이주, 관념의 이동이 통과하는 중요한 길목이었다. 적어도 2000년 동안 그랬다. 우리의 현대 세계에서 이곳은 여전히 그런 기능들을 제공하고 있지만, 독립국가들 사이의 자원과 세력 경쟁에서 새로운 지리정치학적 중요성을 추가로 지니고 있다.

　남중국해는 서로 다른 여러 정치체들에 접해 있고, 아시아의 적어도 10여 개 국가를 연결하면서 동시에 나누고 있다. 그리고 그 너른 바다를 여러 나라의 배들이 가로지르고 있다. 환경, 전략, 경제의 측면에서 이보다 더 중요한 해역은 많지 않다. 이곳이 지구상에서 학자들이나 정부 정책 입안자들에게 가장 '주목받는' 공간 가운데 하나라고 해도 과언은 아니다.[2] 학문적 측면에서나 정책과 실행의 측면에서나 이곳은 현재 아마도 세계에서 가장 꼼꼼하게 연구된 해역일 것이다.[3]

이 장은 이 광대한 해상 공간의 과거와 현재의 특징을 하나의 렌즈를 통해 검토한다. 밀수, 즉 금지된 무역이라는 렌즈를 통해서다. 로널드 포Ronald Po, 로버트 앤터니Robert Antony, 폴 반다이크Paul van Dyke, 토니오 안드라데Tonio Andrade, 필립 타이Philip Thai 등의 연구를 바탕으로 한 이 장의 첫 부분에서는 이 지역의 밀수가 19세기에 지역 해상세계의 발전과 진화에 직접적으로 연결됐음을 보여준다.[4] 이어 중국인 '밀수꾼들'의 활동무대를 정리한 뒤, 지난 200년 동안 이 공간을 지나간 불법적인 (국가가 규정한 것이다) "상품의 소용돌이"를 검토한다.[5] 이 장의 후반에서는 1990년대 말에 마무리한 현장연구, 면담, 문헌 연구를 바탕으로 더 최근인 21세기로 접어드는 시기의 남중국해에서 이루어지고 있는 밀수의 양상을 분석한다. 나는 이 지역에서 권위를 만들어내고 쪼갠 세력을 탐구한 뒤 장의 마지막 부분에서 불법적인 물건의 이동과 인신매매를 연구한다.

나는 지난 200년 동안 아시아 해양세계에서의 이 방대한 해역의 중요성을 한데 묶는 데는 역사적 관점과 현재적 관점의 이점이 모두 필요하고 또한 두 관점이 상호의존적이라고 주장한다.[6] 여러 주제가 그러한 비교를 통해 분명해진다. 물론 계속 시간이 지나면서 드러나는 차이 또한 있지만 말이다.

과거의 밀수

세계에서 남중국해가 19세기 말에 경험한 것과 같은 엄청난 해운과 해상 물동량 증가를 경험한 곳은 많지 않았다. 이 지역을 항해하는 선원들을 위한 안내서가 자주 출판돼 여러 나라의 상인들에게 이 지역의 바람, 폭풍우, 조류를 개략적으로 알려주었다. 해도海圖 판매는 그 자체로 커다란 출판 산업이 됐고, 지도는 갈수록 상세해졌다.[7] 그 결과로 아시아인은 물론이고 유럽인들이 지역 상업에 깊숙이 개입하는 전반적인 해운 환경이 만들어졌다. 선박들은 서쪽의 수에즈 운하와 인도양으로, 북쪽의 중국과 일본으로, 그리고 심지어 남쪽의 팽창하는 영국령 오스트레일리아의 항구들로 달려갔다. 남중국해는 수많은 해상 활동이 모이는 곳이 됐다. 정신적으로, 그리고 실제적으로 아마도 고전기 지중해의 활력과 형태 비슷한 것을 보여주었다.

그러나 유럽인의 통제력 확대는 결국 새로운 원칙에 자리를 내주었다. 서구 열강이 특정 상품과 특정 지역을 무역에서 제외한다고 선언하기 시작한 것이다. '밀수'라는 범주가 이 시기 국가 장부와 문서에서 많아졌다. 오키나와에서부터 남쪽으로 동남아시아에 이르는 남중국해의 이 광대한 해상세계에서 상품 밀수에 관여한 사람들은 누구였을까?

유럽인 '지역 상인'이 그런 부류 가운데 하나였다. 그들은 특화된 선박을 주문했다. 그 가운데 일부는 아편 밀수를 더 쉽게 하기 위해 작고 빨리 달릴 수 있게 만들어졌다.[8] 바타비아 부근에 예컨대 중국 아편 밀수꾼들이 금지된 물건을 살 수 있는 사업이 생겨나 성장했다. 지역 상인들은 얕은 항구에 들어가 부패한 네덜란드 관리들에게 필수적인 뇌물을 먹

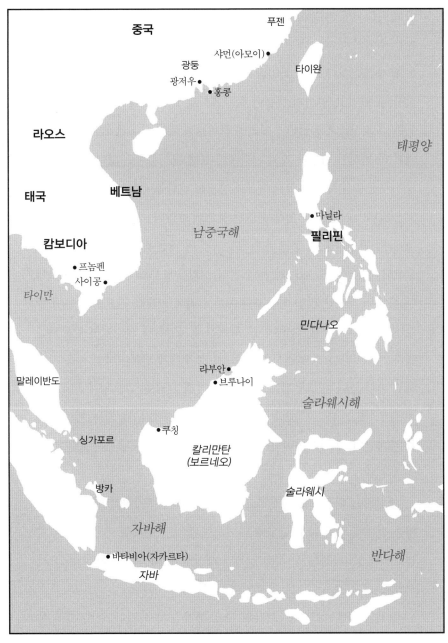

지도 4.1 남중국해

이고 어디서 금지 품목인 해양 산물을 얻을 수 있고 정크선이 자주 드나드는 후미가 어디인지 귀띔을 받았다.[9] 이런 식으로 귀중한 지역 산물들이 광저우로 갔다. 지역 상인들은 이렇게 동남아시아에서 연안무역을 계속할 수 있었고, 앞서의 화물이 탁송품으로 북쪽을 향해 길을 재촉하는 동안 다른 상품을 골랐다.[10] 윌리엄 허버트 코츠는 유용하게도 자신의 책에서 한 파시인 선주가 그의 선장에게 보낸 편지를 소개했다. 이 편지는 황푸 부근을 순항하는 세관 순찰과 정크선 전함을 피하는 방법을 알려주고 있었다.[11] 이런 일은 아주 흔했던 것으로 보인다.

유럽 관찰자들이 '정크'라 부르는 수준의 많은 선박들이 중국 해안으로부터 남중국해로 내려와 유럽 지역 상인들에 더해 이 상업에 참여했다. 중국의 해운은 많은 참여자와 그들 각자의 기술을 필요로 하는 복잡한 사업이었다. 상인, 전주, 선원, 항해자가 모여들어 사업에서 한몫씩을 했다. 방幫이라는 경제 결사가 광둥, 저장, 푸젠에 만들어져 비용을 지불하고 위험을 나누었다. 정크 건조 비용만 해도 금화 수만 닢에 달했다.[12] 존 크로퍼드는 1820년대의 상황을 이렇게 기술했다. "중국 정크선의 화물은 개인의 재산이 아니라 여러 사람의 재산이었다. 소유주들은 그저 배에서 자기 몫만큼만 소유할 뿐이었다."[13]

예상되는 위험에도 불구하고 많은 사람들이 투자하려 했다. 남중국해를 건너 필리핀 남부 술루에 다녀오는 정크선 항해의 이윤율은 30퍼센트에서 300퍼센트 사이였다. 특정 해산물은 100퍼센트의 이윤을 가져왔고, 진주모珍珠母는 그 세 배였다.[14]

푸젠의 샤먼(아모이)은 선단의 주요 기지 노릇을 했다. 물론 멀리 북쪽의 상하이에서 출발하는 배도 있고 더 남쪽의 하이난섬에서 출발하는 배도 있었다. 동남아시아에는 대개 1월에서 2월 초에 도착했다. 동북 계절풍이 시작되면서 중국을 출발한 것이다.[15]

사업을 둘러싼 매우 힘든(흔히 그렇다) 상황은 끈끈한 협력을 만들어 냈다. 해외 무역은 청나라에 의해 이어졌다 끊어졌다 하며 계속해서 제한됐다. 큰 바다를 건너는 운송 같은 위험한 사업에서의 파산은 가장 가까운 해적이나 돌풍만큼 근처에 있었다.

그러나 그런 사업을 성공으로 이끌기 위해 넘어야 할 가장 까다로운 장애물은 단연 기계에 기름칠을 하는 데 필요한 공식적인 '상납'의 수준이었다. 사라신 비라폴Sarasin Viraphol은 이 시기에 총 비용의 20~40퍼센트가 '보호자'를 자임하는 지역 관리들에게 들어갔다고 추산했다.[16] 중국의 총독과 세관원들은 그런 여행을 꼭 반대하지는 않았다. 그저 자기네의 몫을 원했을 뿐이다. 그러나 그런 독직과 무능은 사업에 타격을 주었다.

해외 상품의 공식 판로는 많은 정크선 선장들 사이에서 흔히 무시됐다. 그들은 그런 강탈을 최소화할 수 있는 중국 항구로 들어가는 것을 더 선호했다. 그곳에서는 현지 해안 당국과 별도의 협상을 할 수 있었고, 선장이 생각하기에 가격이 맞지 않으면 떠나면 그만이었다.[17] 그들은 현지 관리들과 협상을 했고, 그곳의 '세금'이 너무 많으면 해안을 더 내려가 얼마든지 다른 항구를 찾을 수 있었다.

서방 제국주의 세력이 성장하면서 이 복잡한 체제는 갈수록 더 큰 문제로 생각됐다. 중국인 조직들의 불법적이고 기록되지 않는 무역은 특히 식민 당국을 걱정스럽게 했다. 많은 중국인들은 이들 국가들이 보고 통제할 수 있는 범위 밖에서 물건들을 거래했기 때문이다. 이 물건들 가운데 일부는 결국 불법 딱지가 붙었다. 자연산 아편과 총기 같은 것들

도판 4.1 광저우 칭핑 시장의 개코원숭이와 해마 (저자 제공)

도판 4.2 광저우 칭핑 시장의 영양 뿔과 원숭이 발 (저자 제공)

이었다.[18]

1879년 방카섬에서 나온 네덜란드의 한 보고서가 그 실상의 일부를 잘 보여준다. 이 먼 해안에 대한 연구 여행은 바타비아에 씁쓸한 충격을 주었다. 중국 선박들이 파히드Pahid와 랑암Rangam에서부터 루마바투Rumah Batu와 탄중니우르Tanjung Niur까지 해안을 따라 말 그대로 모든 곳을 들락거리며 상품을 운송하고 있었다. 이 무역의 중심지는 탄중트둥Tanjung Tedung이었던 듯하다. 해안을 따라 줄지어 선 중국인 마을들을 통해 방카해협 일대에 아편과 직물을 공급했다. 이들 마을 대부분에서 이런 식의 항해는 어처구니없을 정도로 쉽다고 보고서는 썼다. 밀수는 특히 싱가포르와 긴밀한 사업적 연계를 가지고 있었고, 이 지역에서 국가

의 감독은 거의 존재하지 않았다.[19]

이 지역의 두 주요 열강인 영국과 네덜란드는 남중국해에서 중국인 상인들이 하는 거래 방식과 세기말로 이어지는 시기의 불법적 상행위에 때때로 약이 올랐다. 그러나 이는 어느 시기에도 풀린 적이 없는 정책적 문제였다. 남중국해 전역에서 '불법행위'로 간주되는 이런 유형은 수그러들지 않았다.

중국인 상인들은 증대되는 국가의 금령을 회피하는 방법을 개발해 냈다. 그런 움직임은 변두리의 외진 지역에서 일어났다. 위압적인 '감시'와 중앙의 손길이 미치지 않는 곳이었다.[20] 그러나 이런 거래는 또한 바로 식민 도시의 영역 안에서도 일어났다. 중국인들은 이들 중심지의 규모 확대를 이용해 식민 자본의 혼란과 복잡성에 몰두했다.[21] 동남아시아에 있는 해외 중국인의 움직임, 속임수, 연줄은 이렇게 모든 눈에 보이는 경계를 뛰어넘었다. 20세기에 접어들면서 두 식민 정권은 국가가 금지한 '불법적' 상행위를 하는 중국 상인들이 처벌받지 않았다는 사실에 당황했다.

그러나 20세기 초에 남중국해 남부 중국인 밀수꾼들의 이 무사함은 새로이 결의를 다진 이 지역 식민 정부들에 의해 혹독한 검증을 받았다. 모든 곳에서 밀수꾼들이 가졌을 법한 모든 위법적인 능력을 근절하기 위한 시도가 이루어졌다. 특히 국가의 강제력에 맞서는 데 사용될 수 있는 능력이 그 대상이었다. 인체 측정에 의한 신분 확인이 자바에서 실험 적으로 이루어졌다. 몇 년 뒤 동인도 지역에서 모든 '아시아 외국인Vreemde Oosterlingen'을 기록하는 것이 그 목적이었다.[22]

네덜란드와 영국 정부는 또한 '후이會'라는 중국인 비밀결사에 대한 단속도 강화했다. 예를 들어 보르네오 북부에서는 법률을 개정해 비밀결사에 가입한 사람들을 처벌하기 위해 태형을 도입했다. 서구 열강들은 후이 가입자들에게 밀수가 이제 갈수록 단호해지는 식민 행정에 의해 공격당하고 있음을 분명하게 알려주고 있었다.[23]

그러면 이 시기에 남중국해 일대에서 정확히 어떤 종류의 물건들이 운송됐을까? 광범위한 물건들을 검토할 수 있겠지만, 술과 마약의 암거래는 유익한 기회를 제공한다. 1850년대에 이미 보르네오 북부 해안 앞바다의 라부안 같은 항구들은 식민지 재정 수입을 늘리기 위해 술 판매 면허를 내주었다. 그러자 곧바로 밀수 조직들이 생겨나 이 독점에 도전했고, 정부의 이익을 빼앗으려는 공격에 맞서 싸우기 위해 당국은 지속적으로 법률 개정을 해야 했다.[24] 술은 또한 말레이반도 같은 영국 영토의 다른 곳에서도 밀거래됐다. 1890년대 이후의 말레이어 신문들은 영국의 통치 중심지인 싱가포르에서조차도 밀거래가 완전히 근절될 수 없었음을 분명히 보여준다.[25]

진, 브랜디, 위스키, 심지어 사제인 아라크 같은 술들이 국경을 넘어 네덜란드령 동인도에도 쏟아져 들어왔다.[26] 이런 일은 보르네오 서부 같은 곳에서 일어났는데, 유럽산 술이 소량씩 밀수입돼 지역 독점의 단속을 피했다.[27] 도덕 개혁운동의 일환으로 시도된 주류 수송 전면 금지 시도는 실패로 끝났다. 상인들이 술 판매에서 얻을 수 있는 막대한 이윤 때문이었다. 20세기로 접어들 무렵이 돼서야 술루해 연안 같은 곳에서 이런 상품의 흐름을 막기 위한 보다 대규모적이고 체계적인 노력이 기울여졌다. 에스파냐로부터 도움이 올 것으로 생각됐기 때문이다.[28]

불법적으로 운송되는 상품 가운데 가장 중요한 것은 아편이었다. 19세

도판 4.3-1 1947년의 네덜란드 밀수선 (네덜란드 레이던대학, KITLV 컬렉션, #14092)

도판 4.3-2 네덜란드 밀수선 내부를 조사하고 있다. (네덜란드 레이던대학, KITLV 컬렉션, #14093)

기에 아편은 남중국해에서 매우 오랜 유통의 역사를 갖고 있었다. 아편에 대한 관심은 과거로 멀리 거슬러 올라가지만, 그 생산과 유통을 적은 상세한 기록이 만들어지기 시작한 것은 17세기에 들어서였다. 네덜란드 상인들은 동남아시아를, 소량의 아편을 타이완으로 실어 나르기 위한 통로로 삼았다. 아편은 그곳에서 거대한 중국 내륙 시장으로 들어갔다. 흔히 은밀한 거래였다.

동남아시아의 상당 지역에서는 아편이 자유롭게 판매됐지만, 많은 지역 지배자들은 아편 판매를 금지하거나 억제하고자 애썼다. 마약이 지역 주민들에게 악영향을 미치기 때문이었다. 유럽 상인들과 점차 유럽 세력 아래로 흡수되는 많은 중국인, 아르메니아인, 기타 상인층은 어떻게 해서든 아편을 팔았다. 다른 지역 지배자들은 이 장사에 참여할 때 생기는 경제적 이득에 눈을 떴다. 아편은 전매 차익이 매우 컸고, 특히 찬두 chandu로 알려진 소매용의 형태에서 그랬다.

그러나 19세기에 유럽의 무역 회사와 동남아시아 토착민의 국가 건설 사업이 발전하면서 다른 주역들이 장기적인 이익을 위해 마약 시장을 독점하고자 애썼다. 이에 따라 남중국해의 너른 공간에서 국가와 사적인 투기꾼들이 아편 판매를 놓고 경쟁했다. 이런 구도는 20세기 초까지 수그러들지 않고 이어진다.[29] 이 시기의 말레이어 신문 기사가 이를 보여준다.

> 바타비아의 탄중프리옥 항구에서 (…) 많은 찬두가 팔렸다. (…) 판매 가격은 구매 가격의 아홉 배가 넘었다. (…) 찬두는 싱가포르와 중국에서 온다.[30]

이렇게 19세기 말 남중국해 지역의 마약 밀매는 복잡했다. 식민국가들은 아편 거래를 직접 통제하기 위한 조치를 취했지만 밀수에 관해서는 신통치 않은 결과를 냈을 뿐이었다. 최고위 유럽 관리들도 식민 본국에 보낸 보고에서 이를 인정했다.[31] 밀수는 20세기로 접어들 무렵에 증가한 듯하다. 합법화된 찬두의 가격이 올랐기 때문이기도 하고, 부분적으로는 실직한 농민들이 종종 직접 밀수를 하는 과정에서 밀수 방식에 관한 자기네의 특화된 지식을 사용한 데도 힘입었다.[32]

도서부 동남아시아에서는 매우 복잡한 마약 관련 입법과 여러 영토 및 민족들에 대한 들쭉날쭉한 적용의 거대한 미로가 또한 밀수의 근절을 어렵게 하는 요인이었다. 1910년과 그 전후 시기에 이 지역의 영국 영토들에서 별개의 규정이 만들어졌지만, 그것은 또한 각각의 정치체 내부에 국한된 것이었다. 예를 들어 말레이연방(FMS)에서는 인종, 직업, 심지어 해안과 내륙의 거주지에 따라 마약 사용을 차별적으로 허용하는 법을 만들었다.[33] 이 체제의 복잡성 자체와 이 복잡한 법을 모든 영토에 강제할 수 있는 식민국가의 능력 부재는 이 지역의 마약 밀매가 20세기 초까지 이어지게 하는 데 결정적으로 기여했다. 아편에 관한 비슷한 방식은 나중에 일본 제국이 아시아를 침략하면서 그들도 이어받았다.[34]

현재의 밀수

과거에 대해서는 이 정도로 그치자. 과거 남중국해에서 이루어진 밀수 행태는 오늘날의 세계에서 어떤 방식으로 모습을 드러내고 있을까?

이 거대한 해역의 가장 남쪽 지역에서는 동남아시아의 섬과 해안들이 무역에 매우 개방적인 모습이었고, 개방성은 수백 년 동안 이 지역의 특징이었다. 이곳에서 현대의 국경 개념은 낯선 것이었고 유럽인들에 의해 강제로 도입됐기 때문에 상품이 이 경계를 넘어, 흔히 국가의 승인 없이 계속해서 흘러갔다는 사실은 결코 놀라운 일이 아니다.[35]

세계화, 지역 경제권, 하위 지역의 '삼각지대'들의 경제 발전은 최근에 이런 추세를 가속화해, 합법적 또는 불법적으로 활동하는 여러 부류의 상인들이 자기네 화물을 국경 너머로 운송하는 새로운 길과 자극을 제공했을 뿐이다. 지역적이고 여러 국가가 개재된 성장 지대의 형성은 특히 이 과정을 부추겼다. 필리핀 동남쪽 술루해를 중심으로 하는

BIMP-EAGA(브루나이-인도네시아-말레이시아-필리핀 동㉇아세안 성장 지대) 발전 삼각지대 형성 같은 것은 정부의 규제를 뒤틀고 빠져나가는 데 특히 유리한 것으로 드러났다.[36]

정부의 결정으로 지역의 상업적 흐름이 열린 것은 다량의 기반시설 사업으로 이어졌다. 남중국해 지역의 경계들을 더 잘 연결하기 위한 것이었다. 앞서 말한 BIMP-EAGA 개발권에서는 이제 확대된 우편로가 예컨대 인도네시아 북부와 필리핀 남부를 연결한다. 말레이시아와 싱가포르 사이에는 두 번째 간선도로가 추가됐다. 원래의 교량 도로를 지나는 교통량이 너무 많아 양쪽의 세관원들은 밀수 차량을 단속하는 데 어려움을 겪었다. 싱가포르 해양국의 한 관리는 내게 이렇게 말했다. "이제 싱가포르로 들어오고 나가는 모든 것을 조사하기란 불가능합니다. 두 번째 간선도로가 생기면서 단속이 더욱 불가능해졌습니다. 그러나 그것은 무역 확대의 대가입니다."[37]

심지어 믈라카해협을 건너 말레이시아와 인도네시아를 연결하는 커다란 다리를 건설하겠다는 발표도 있었다. 물론 아직 건설되지는 않았다. 다리의 양쪽 끝 지점은 구체적으로 결정되지 않았지만, 협정에서는 다리 위에 중심인 도로망 연결 부분 외에 철도, 가스관, 전력선도 설치하도록 돼 있다.[38] 다른 연결 사업 또한 계획됐다. 그러나 남중국해 주변 일대의 막대한 국경 시설과 연결로 개설은 대가를 치러야 했다. 합법적인 국경 무역 증가로 인한 수입 증가와 함께 또 다른 종류의 상품과 문제도 흘러다녔다. 밀수 행위와 그 안에서의 국가 주권 침해가 이 지역 정치에서 중요한 협상 과제가 됐다.

동남아시아 각국 정부는 국경 개방 과정의 일부가 된 밀수의 영향을 경감하기 위한 여러 가지 조치를 취했다. 이 지역 국경의 두드러진 개방성으로 인한 것이었다. 이런 노력들은 여러 가지 다른 형태로 나타났다. 이를 위한 한 가지 방법은 국경 일대에서 법 집행기관의 협력을 장려하는 것이었다. 싱가포르와 말레이시아의 경찰력은 여기에 특히 능숙했으며, 베트남과 캄보디아는 비슷한 협정에 조인했다.[39] 또 다른 방법은 해안과 지형을 훨씬 효율성을 높여서 지도로 만드는 것이었다. 이 지역에 차단 부대를 증강하고 어려운 지형에 대해 더 정확한 지도를 만드는 방법에 의해서였다. 필리핀은 선박의 수를 늘렸으며, 말레이시아는 해안선을 따라 해안 전파 탐지소를 늘렸다. 라오스는 국경의 정확한 지도 작성을 위해 GPS를 이용하고 있다. 인도네시아는 변경 일대의 옛 시장을 폐쇄하고 새로운 시장을 열어, 지역의 교역 조건에 더 직접적인 영향을 미치기 위해 애썼다.[40] 마지막으로, 국경을 자주 넘는 사람들에 대한 '부표 tagging' 강화를 시도했다. 그들의 활동을 더 잘 감시하기 위해서였다. 인도네시아는 불법적으로 해외에 가기 위해 많은 시민들이 사용하는 여권을 차별화했고(때로는 메카 순례인 하지를 떠나는 것처럼 위장하는데, 순례자에게는 순례에 가지 않는 사람들과는 다른 서류가 요구된다), 말레이시아는 위조를 막기 위해 여권에 전자 보안 기능을 도입했다. 중국 역시 마찬가지다.

이 지역의 각국 정부는 이런 조치들이 아시아의 국경을 더욱 드나들기 쉽게 만들어 국고 수입을 늘려줄 것으로 기대하고 있다. 동시에 이들 정부는 이런 실용적인 조정이 이루어지면 밀수꾼들이 국경의 상황을 자기네 목적에 맞게 왜곡시키는 능력을 제한할 것으로 기대하고 있다.

소비재는 남중국해 지역의 밀수와 경계를 정리하면서 분석할 수 있는 필수적인 상품 부류다. 이 범주는 불법적으로 운송될 수 있는 넓은 범위의 상품들을 포괄하고 있다. 권련, 자동차, 콤팩트디스크, 외설물, 심지어 골동 조각품과 종교용품도 있다. 건수 자체만 놓고 보면 밀수의 이 하위 분야가 아마도 이 지역에서는 가장 중요할 것이다.

"우리는 진짜 밀수꾼들은 잡아낼 수 없다"고 한 동남아시아 관리는 《파이스턴 이코노믹 리뷰Far Eastern Economic Review》와의 인터뷰에서 말했다. 그는 밀수꾼들의 휴대전화와 빠른 배가 국경수비대의 장비보다 우월하다는 점을 지적했다.[41] 그러나 지역 당국들은 무거운 벌금과 세관의 업무 전산화 같은 다양한 수단을 이용해 밀수 조직들과 싸우고자 했다. 국가의 입장에서 그 결과는 실망스러웠다. 남중국해 지역에서 소비재 밀수는 여전히 호황을 누리고 있다. 밀수품 운송은 이 지역에서 너무도 광범위해서(특히 소비재의 경우가 그렇다) 국경을 하나씩 짚어가며 그것이 어떻게 이루어지고 있는지를 이야기하기는 사실상 불가능하다.

그러나 현장 한두 군데만 살펴보면 이 밀거래가 얼마나 조직적으로 이루어지고 어떤 것이 운송됐는지에 대한 감을 잡을 수 있다. 중국과 베트남의 국경은 다량의 밀수품이 통과하는 지역이다. 의류, 선풍기, 자전거는 '인기' 품목이다. 주로 베트남이 국산품을 보호하기 위해 이들 품목의 수입을 제한하고 있기 때문이다. 그러나 남중국해에 접한 해양 공간은 또한 동남아시아의 맥락에서 언급돼야 한다. 이 지역에서도 소비재가 많이 밀수되기 때문이다. 나는 자카르타 선창에서 인도네시아 선원들과 대화했는데, 물건을 영해 밖 이웃 나라로 운송하는 것은 쉽게 주선할 수 있다고 말했다. 한편 싱가포르에서 만난 인도네시아 노동자들은 방법만 안다면 거의 무슨 물건이든 이웃에 위치한 리아우에 주문할 수 있다고 말했다.[42] 필리핀에서도 상황은 거의 비슷하다. 해안선이 길고 해양 순찰

[표 4.1] 남중국해의 밀수 통계

암시장 거래 가액 추산(2014)

세계 순위	나라	총액(억 달러)	세계 순위	나라	총액(억 달러)
2	중국	2610.0	42	타이완	26.0
6	일본	1083.0	43	북한	22.4
12	한국	262.0	44	미얀마	17.0
13	인도네시아	230.5	52	라오스	8.5
14	필리핀	172.7	53	베트남	8.1
20	태국	139.5	56	캄보디아	6.1
40	말레이시아	29.9	66	싱가포르	2.7

아시아 밀수 통계 발췌(남중국해 국가들)

중국의 상아 가격(2010)	킬로그램당 750달러
중국의 상아 가격(2014)	킬로그램당 2100달러
베트남의 야생 천산갑 포획	매년 4만~6만 마리
말레이시아에서 발견된 밀렵용 덫(2008~12)	2377개소
태국의 동물 구조	매년 4만 6000건

필리핀의 밀수 마약 가격(2014/15)

코카인	그램당 119달러
엑스터시	정당 27.50달러
헤로인	그램당 108.8달러
대마초	그램당 90달러
메스암페타민	그램당 214.1달러

자료: 모든 정보는 havocscope.com에서 수집, 대조, 정리(2015년 7월 16일 접속). 자료는 보안 및 정보기관, 회사 보고서, 기타 위험 평가 프로그램을 취합한 것이다.

대는 부패해 쉽게 선적과 하역을 할 수 있다. 따라서 밀수는 수평선 너머 멀리까지, 그리고 여러 방향으로 이루어질 수 있다.[43]

앞에서 이미 살폈듯이, 몇몇 물건들은 마약처럼 빠르고 수익성 높게 유통됐다. 지난 세기 동안에 동남아시아의 마약 거래는 진화했고 확실히 놀라운 지속성을 보여주었다. 이전 시대의 방식을 답습한 것이다.

20세기 초에는 식민 당국들이 이 무역을 효율화하고 거기서 이득을 얻으려는 일치된 노력이 있었지만, 국제적 압력(주로 서방을 기반으로 한 '아편 박멸 단체'들로부터)이 또한 현상現狀에 도전했다. 아시아의 마약 밀매는 갈수록 불법화됐고, 1912년 헤이그 국제아편조약 같은 국제회의는 마약을 밀매하는 식민 당국들에 여론이 쏠리게 했다. 동남아시아의 아편 가격은 오름세를 지속해 결국 중독된 지역 사람들은 합법적인 범위 내에서 고정적으로 구입하기가 어렵게 됐다.[44]

식민지 해방은 이 역학을 어느 정도 변화시켰다. 이 지역의 신생 독립국들은 마약을 근절하기 위해 노력했다. 마약 중독은 흔히 제국주의 지배의 악으로 치부됐다. 그러나 국가 건설의 한계는 사회의 많은 부분, 특히 상류층과 변경 소수민족들이 계속해서 마약으로 이익을 얻을 수 있게 했다. 토착민 국가의 명령에 반하는 것이었다. 뇌물, 이산 민족들의 기존 연결망, 장거리 통신의 발전은 이 과정을 상당히 원활하게 했다. 베트남에서 갈등이 재개된 것은 마약이 여러 곳으로 퍼질 수 있게 했고, 미국 군대는 이 과정을 돕기도 하고 방해하기도 했다. 전자는 개개 병사들이, 후자는 미국 중앙정보국(CIA)이 했다.[45]

20세기 말에 더 크고 다양한 불법적 물질의 밀매가 개발됐고, 그것은 사실 과거의 무역(주로 수입된 아편을 운송하는 것)에 비해 훨씬 광범위한 것이었다. 남중국해 지역은 이제 마약을 수입도 하고 '동시에' 수출도 한다.[46] 이 지역의 마약 밀수는 악명 높은 '황금 삼각지대'로 유명하지만, 최근에 이 무역은 동남아시아국가연합(ASEAN)의 거의 모든 구석으로 스며들어갔다. 동남아시아에서는 인도네시아나 필리핀 같은 '황금 삼각지대' 이외의 국가들이 자기네가 더 이상 통과 국가가 아니라 '최종 목적지'이기도 하다는 사실을 인정하고 있다.[47]

캄보디아 총리였던 노로돔 라나리드는 언젠가 자기네 나라가 상당한 외부 지원이 없으면 국제 마약 밀수로 인해 마비될 것이라고 경고했다.[48] 심지어 작은 나라인 브루나이조차도 확고한 이슬람 국가이고 순찰이 쉽지만 일련의 마약 문제가 시작됐음을 인정했다.[49] 이런 요인들은 한데 어우러져 이 지역의 안정성에 심각한 문제를 제기하고 있다. 지역의 통치, 국제 건강기구, 그리고 심지어 유엔과도 관련된 문제다.

이 모든 밀무역의 근원으로 지목되는 곳은 어디일까? 마약의 범위와 관련된 지역이 모두 넓기 때문에 관계된 인간의 연결망 또한 다양하다는 것은 놀라운 일이 아니다. 정치가, 상인, 전문 범죄자, 심지어 '보통 사람'까지 이 장사에 참여하고 있다.

눈에 띄는 한 가지 추세는 남중국해 지역의 마약 밀매가 19세기의 중국인 및 아르메니아인 무역망처럼 아직도 여전히 압도적으로 민족 계통을 따라 이루어지고 있는 듯하다는 것이다. 예를 들어 파키스탄 집단들이 인도네시아에서 헤로인을 팔다 붙잡히고, 인도네시아인들은 자주 북쪽 말레이시아로 마약을 밀수출하다가 적발된다(아마도 종교, 언어, 문화의 유사성이 친족 연줄과 신뢰관계 구축을 용이하게 했기 때문인 듯하며, 이는 모두 역사적인 바탕이 있다).

중국인 연결망은 육상 및 해상을 통한 동남아시아의 마약 밀매 조직을 공급한다. 오랫동안 이런 활동을 해온 삼합회三合會 계열의 두 집단이 홍문충의회洪門忠義會(14K)와 죽련방竹聯幫이다. 이들은 중국 남부, 마카오, 홍콩 등지로부터 나와 활동하고 있는 대표적인 집단들이다.[50] 이들 조직은 더 오래된 중국인 조직들의 현재형이다. 그들은 마약 같은 불법적인 물건을 아시아의 여러 나라들 사이에서 운송했다.[51]

'인간'은 과거와 현재의 이 지역 밀수 패턴의 계보를 그리는 데서 흥미로운 또 하나의 밀무역 상품이다. 인신매매는 아마도 가액 측면에서 이 무역의 대부분을 차지할 것이다.[52] 남중국해 지역에서 경계를 넘는 인간의 이동(합법적이든 불법적이든)은 또한 지구촌의 이 지역에서 오랜 역사를 갖고 있다. 이주 연구자들은 지난 200년 동안의 인구 이동의 성격에 근본적이고 전 세계적인 변화가 있었다고 지적한다. 19세기에는 이주자의 대부분이 부유한 나라에서 가난한 나라로 갔는데, 20세기와 21세기에는 그 흐름이 분명하게 역전됐다는 것이다.[53] 브로커에 의한 이동이 전 세계적으로 증가일로에 있으며 특히 남중국해 지역에서 두드러진다는 것은 분명하다. 이 인신매매의 물결은 현대 아시아의 밀무역에서 상당한 부분을 차지하고 있으며, 역사가 정말로 이어지고 있음을 입증하고 있다.

생계 안정을 찾아 국경을 건너는 불법 노동자들의 이동은 지금도 대규모로 이루어지고 있다. 과거와 똑같은 모습이다.[54] 예를 들어 1990년대 말에 태국에서는 공식 통계로 70만 명 이상의 외국인 노동자가 있었고, 말레이시아에는 120만 명이 있었다. 필리핀인 400만 명은 해외에 나가 일했다.[55] 밀매 노동자들은 위협이 되면서 동시에 그들이 위험에 처해 있다고 정부들은 주장한다. 그들은 흔히 범죄와 질병을 가져온다는 비난

도판 4.4 말레이시아 피낭의 미얀마인 밀수꾼들 (저자 제공)

도판 4.5 태국 송클라의 불법 어선 (저자 제공)

을 받지만, 부수적으로 그들을 가장 높은 가격에 공급한 폭력단의 손아귀에 있다. 그러나 이 절망적인 인간의 물결을 받아들이는 곳은 흔히 노동력이 필요하다. 그들이 오는 과정에 인신매매가 개입됐다 하더라도 말이다.[56]

밀입국 노동자가 이 지역에 만연한 인신매매의 유일한 구체상은 아니다. 매춘 역시 남중국해를 통과하는 여성들의 이동을 끌어당겼다. 여러 나라의 가난한 사람들이 흔히 목구멍에 풀칠을 하기 위해서는 자신의 몸뚱이를 팔지 않고는 뾰족한 수가 없기 때문이다.

식민지 시기에 매춘을 위한 인신매매를 추동한 힘은 흔히 이 지역 바깥으로부터 시작됐다. 중국과 일본의 가난한 시골 처녀들이 고향의 기근과 저개발에 대응해 때로 동남아시아의 급성장하는 항구들 이야기에 현혹됐다.[57] 어떤 사람들은 저도 모르게 인신매매에 걸려들었고, 어떤 사람들은 다른 수가 없어 알고도 남쪽으로 가는 배에 올라탔다. 이 광범위하고 조직적인 이동은 아시아의 시골에서 나와 제국의 새로운 도시들, 그리고 식민지 병영, 농장, 광산으로 향했다.[58]

요즘에는 이 동력이 정교화하고 확대돼 여성과 아이들을 새로운 방향으로 밀어넣고 있다. 여성을 국경 너머로 팔어넘겨 매춘으로 몰아넣는 데서 오가는 돈의 총액은 실로 엄청나며, 증가일로를 걷고 있는 듯하다.[59]

매춘은 큰 도시의 중심부로 옮겨갔지만, 동남아시아 일대의 '벽지'와도 연결됐다. 도시 중심부에서는 몇 년 전 필리핀 여성 매춘부들을 싱가포르로 데려오던 한 조직이 적발됐다. 그들은 밤낮없이 창이 공항 세관을 통해 여성들을 숨겨 들어왔다. 결국 39명의 여성이 체포됐다. 그들이 같은 '탁송' 편으로 마약을 함께 들여오다가 경찰의 감시망에 걸렸기 때문이다. 말레이시아에서는 매춘이 시골로 숨어들었다. 중국인 조직망이 태국과 중국 남부에서 데려온 사람들이었다. 대다수는 공장에서 일하게 될 것이라는 거짓말에 속아 따라온 사람들이었다.[60]

그러나 이 장사꾼들은 이익이 날 것 같으면 여성들을 시골로 빼돌리기도 한다. 싱가포르 앞바다의 '휴양지 섬' 바탐은 이런 현상의 한 사례이며, 여성들은 심지어 자기네 고향에서 아주 먼 서뉴기니까지도 간다. 태국 어부들이 한 번에 몇 주씩 머무는 곳이다.[61] 심지어 종교적으로 매우 보수적인 브루나이에서도 인신매매가 발견된다. 언젠가 이 나라로 팔려온 일곱 명의 여성이 체포된 적이 있는데, 다른 이유가 없었다. 그저 브루나이의 풍부한 돈이 그런 위험을 감수하게 한 것이었다.[62]

맺으며

이 장의 앞부분에서 남중국해가 그곳을 둘러싼 수천 킬로미터 거리의 사회들을 나누고 동시에 합치는 역할을 한다고 말했다. 이 해역 연안의 국가들은 적어도 2000년 동안 서로 교역하고 습격하고 협상해왔다. 지난 수백 년 동안 이런 접촉의 상당 부분은 이 지역 각국의 언어로 기록됐고, 유럽 기록관의 문서와 장부에도 남아 있다.[63] 이 묶어주는 과정에서 역시 중요했던 밀무역자들의 활동에 관한 기록은 훨씬 적게 남아 있지만, 그럼에도 불구하고 이 공통의 세계를 형성하는 데 중요한 도움을 주었다.

밀수꾼들은 이 해역의 통일성을 강화하는 데 이바지했으며, 그들의 항해는 이주지들을 지역 항구 및 배후지들과 연결시켰다. 물론 그들의 항로를 증명해줄 기록은 없지만 말이다. 그러나 이런 항해는 가끔씩 기록으로 남았다. 그들의 자취가 우리 현대인에게 그리 낯설어 보이지 않는 것은, 그런 항해들이 아직도 남중국해의 쭉 펼쳐진 모든 변경을 따라 빈번하게 이루어지고 있기 때문이다.

이 지속성의 자본주의에 대한 함의는 우리 시대에 들어 명백하다. 국내 경제는 그런 이동의 영향을 받지만, 무역의 흐름에 관한 공식 통계는 그런 이동이 지역 사회의 경제 발전에서 결정적으로 중요한 역할을 했음을 충분히 감안하지 못할 것이다. 정치적으로도 남중국해 밀무역의 역할은 대단히 중요하다. 무기, 마약, 밀거래된 사람 등 다양한 상품의 수송이, 그런 운송품의 성격을 언급하는 것만으로도 이를 금세 분명하게 해준다.

밀수품의 운송은 틀림없이 통합된 지역으로서의 남중국해의 성격과 진화에 관한 어떤 진지한 논의에서도 한 자리를 차지해야 한다. 간단히 말해서 그것이 과거에도 현재에도 인간의 연결의 매개체로서 매우 중요했기 때문이다.[64] 이런 추세는 21세기에 들어서도 더욱 강화되는 모습을 곳곳에서 보여주고 있다. 통합된 해역으로서 이 해상 공간의 응집성을 보여주고 있는 것이다.

5장

중심과 주변부

인도양은 어떻게 '영국령'이 됐나

그제야 인간의 진보는 음료를 꼭 참수당한 자의 두개골에 담아
마시려는 끔찍한 이교도 우상을 닮지 않게 될 것이다.
— 카를 마르크스, 〈영국의 인도 지배의 장래 결과〉[1]

인도양은 학술적 해석에서 이 거대한 해양 무대의 역사를 설명해내기 위
해 여러 각도에서 면밀하게 검토됐다.[2] 일군의 학자들은 연결 주제로서
약탈에 초점을 맞추고 해적 행위가 어떻게 이 위험한 바다에서 수백 년
동안 광범위한 등장인물들을 연결했는지를 정리했다.[3] 또 어떤 사람들
은 환경 문제에 초점을 맞추어 바람, 조류, 기상 패턴이 이 광대한 바다에
서 어떻게 활발한 무역이 이루어질 수 있게 했는지를 물었다. 후자의 역
사가들은 브로델이 지중해에 적용한 접근법을 이곳의 인도양 현실에 맞
추어 접목했다.[4] 또 다른 학자들은 다른 방침을 채택해, 후추나 귀금속
같은 상품들의 흔적을 추적하거나 심지어 먼 옛날의 고고학 유적에 초점
을 맞추어 문명이 남긴 파편에서 초지역적인 역사를 꿰맞추고자 했다.[5]

이 모든 인식 방향은 도구와 렌즈는 다르지만 다양한 연구 기법을 사용해 이 지역을 전체로서 조명했다.

그러나 이러한 연구 작업의 집중에도 불구하고 지난 500년 가운데서 언제 무역이 전체적인 규모의 생산으로 접어들기 시작했는지, 그리고 인도양이 '근대적'(이 용어의 완전한 의미에서의)으로 변하기 시작했는지를 전반적으로 정확히 읽어내지는 못하고 있다. 여기서 내가 말하는 근대성은 에릭 울프가 이야기하는 것이다. 특히 지난 200년 동안 세계가 점점 더 강력해지는 위계에 의해 연결되는 일련의 상황과 과정이다.[6]

1770년대에 애덤 스미스는 인도양이 엄청난 활기와 유동성을 가진 곳이라고 썼다. 그는 이 해안 일대에서 수백만의 열성적인 사람들에 의해 상업이 발전하고 있다고 보았다. 물론 불평등이 커지는 불길한 징조도 있었다. 스미스는 이 거대한 교역이 결국 이 일에 참여하고 있는 모든 나라를 덫에 빠뜨릴 것이라고 생각했다. 그 출신이 어느 곳이든 말이다.[7]

거의 100년 뒤에 이 지역에 대해 생각한 마르크스는 자신의 눈앞에서 펼쳐지는 다른 광경을 보았다. 이 지역에서 생산은 이제 부의 조직 원리로서의 중상주의를 넘어섰고, 특히 영국은 더 이상 교환에서 얻는 보상에 연연하지 않았다. 그는 《자본》 3권에서 이렇게 썼다. "인도에서 영국은 지배자이자 지주로서 직접적인 정치·경제권력을 행사해 이 작은 (토착) 경제 공동체들을 파괴했다."[8]

두 역사 사상가의 생각은 여기서 이후에 전개되는 이야기에 대한 폭넓은 포장지로 사용됐다. 마르크스의 이론과 가설은 우리 시대의 미셸 푸코에 의해 한 발 더 나아갔다. 푸코는 이 재평가에서 권력을 유럽의 지식 확대 및 시장 확대의 필수적인 부산물이라고 보았다.[9]

그러나 이것이 어떻게 그런 거대한 규모로 일어났을까? 이 일이 왜 일어났으며, 이 변화가 왜 다양한 장소에서 거의 같은 속도로 일어났을까? 이것이 인도양을 남중국해에서 이미 밝혀낸 패턴의 일부가 당연히 일어난 공간으로 보면서 이번 장에서 묻고자 하는 질문들 가운데 일부다.

지구상의 거대한 공간들(육상이든 해상이든)의 과거에 대해 이런 식으로 반추하는 것은 물론 새로운 것이 아니다. 서론에서 우리는 학자들이 수십 년 동안 대서양과 태평양에 관해(사례를 둘만 들자면) 광각적인 접근을 채택해왔음을 지적했다. 하나의 체계로서의 인도양에 관한 상당한 연구가 이미 축적돼 있으며, 그 가운데 상당수는 앞서 이야기했듯이 수십 년 전 K. N. 차우두리의 중요한 연구에 의해 개척됐다.[10] 다른 학자들은 그의 뒤를 이어 주목할 만한 성과를 거두었다. '접촉의 시대'와 그 이후 시기의 영향을 경제, 정치, 사회의 관점에서 기록했다.[11] 확실히 종교 또한 이 대양의 역사에 관해 생각하는 데서 중요했다. 불교, 이슬람교, 그리고 마침내 기독교가 관념, 이데올로기, 사람의 확산에 중요한 방식으로 기여했기 때문이다.

사실 이런 조류 모두가 지난 30년 동안 특히 활발했던 더 광범위한 역사 서술 시도의 일부였다. 언제, 어디서, 어떻게 현재 지구촌의 정치경제학적 지형이 형성됐는지 그려내는 작업이었다. 이매뉴얼 월러스틴이 이 논쟁의 틀을 잡는 데 중요한 역할을 했고, 여기에 다른 중요한 참여자들이 합류했다. 사람들은 그의 이론에 도전했고, 자신들끼리도 매우 활발한 논쟁을 벌였다.[12] 다행인지 불행인지, 이들 논쟁에서 발산된 열기와 빛은 유럽인의 여러 갈래가 '동'아시아 세계로 뚫고 들어간 것과 관련돼 있었다. 인도양은 서태평양에 비해 덜 검토됐는데, 왜 모든 사람이 그런

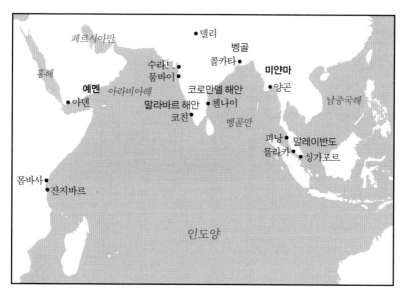

페르시아만

•델리

벵골

홍해

수라트•
뭄바이•

콜카타•

미얀마
•양곤

예멘

아라비아해

코로만델 해안

남중국해

•아덴

말라바르 해안

•첸나이

코친•

벵골만

피낭• 말레이반도
믈라카• 싱가포르

몸바사•
•잔지바르

인도양

지도 5.1 인도양

상황을 받아들였는지에 대해서는 분명한 이유가 없다.

　이 장에서는 앞서 이야기한 '열기와 빛'을 인도양의 서로 연결된 해안들로 다시 집중시키려 한다. 여기서는 특히 무역과 생산의 과정을 정리하는 데 관심을 둔다. 이 대양의 연안에서 지역 규모로 무역의 요소가 서서히 생산 쪽으로 옮겨가기 시작한 시기였다.

　이 장은 당초 유럽의 관심이 집중(부와 국제 향신료 무역에서의 명성 때문이었다)됐던 동남아시아에서의 가치 재평가를 검토하고, 이어 분석을 인도로 옮겨간다. 인도 아대륙은 특히 영국이 보기에 점차 사과가 돼가고 있었다. 상업적(그리고 궁극적으로 생산의) 가능성도 풍부했다. 마지막으로, 인도양의 세 번째 주요 연안인 동아프리카의 경우 역시 검토된다. 특히 지난 수백 년 동안 이러한 변화가 두드러졌던 잔지바르의 관점에서다.[13]

이 장의 핵심 주장은 이들 세 지역 모두에서 유럽인의 패권은 아주 서서히 이루어졌으며(학자들이 점차 인정하고 있다), 흔히 총으로 위협해 이룬 것이 '아니'라는 점이다. 오히려 수백 년 동안 인도양의 역사 흐름을 바꾼 것은 서투르지만 결국 모든 곳에 퍼지게 되는, 지역의 생산수단을 통제하기 위한 노력이었다. 이 과정은 어떤 식으로 일어났을까? 이런 변화는 어디서 처음 일어났고, 어떤 형태로 나타났을까?

이런 사태 전개에 개재된 경쟁자로서 몇몇 해외 이산 세력이 있었다. 포르투갈인, 네덜란드인, 프랑스인에서부터 인도인 상인 공동체(힌두교도도 있었고 이슬람교도도 있었다)까지, 이들은 여러 바다를 두루 돌아다녔다. 이들과 몇몇 다른 세력들이 이후의 일들을 결정짓는 데 이바지했다. 그러나 결국 이 힘을 마르크스가 예측한 생산적인 목적을 위해 유지한 것은 오직 영국뿐이었다. 이 과제는 17세기 초부터 19세기 말 사이에 각기 다른 장소에서 서로 다르게 수행됐다. 우선 동남아시아에 초점을 맞춤으로써 그 방법을 들여다보자.

인도양의 동쪽 연안

오늘날 '동남아시아'로 불리는 육지와 해양은 1600년에서 1900년 사이에 폭넓은 변화를 겪었다. 그 가운데 많은 부분은 유럽과 토착 세계의 충돌이 그 직접적인 원인이었다.[14] 그러나 이 접촉이 계속 이어진 결과는 성격상 점진적이었다. 패권은 16세기 초 첫 포르투갈 선박의 도착과 함께 오지 않고, 유럽인의 정치적·상업적 힘은 이 지역의 상당 부분에서 거의 350년이 지나서야 진정한 지상권을 얻기 시작했다. 이 여러 갈래의 침입에 맞선 것이 현지의 행동, 작용, 대응의 패턴이었다. 토착 세력의 영토 확장, 행정의 중앙집권화, 지배 계급의 상업 독점을 특징으로 했던 접촉 초기의 절대왕권론 고조는 유럽의 진출이 확고해지면서 점차 포용, 결국은 혼합에 자리를 내주었다.

애덤 스미스는 18세기 말 동남아시아 일부 지역에서 서방의 개입으로 나타나는 해로운 영향이라고 자신이 본 것에 대해 이미 비판적이었다.[15] 마르크스는 90년 뒤 그의 비난에서 더욱 명쾌했다. 그는 이 지역에서 유럽인들이 추진하는 것이 퇴행적이고 자멸적이라고 표현했다.[16] 그러나 이런 과정의 전개에서 여전히 설명되지 않고 있는 것은 전체적인 역사적 변화의 자극제가 됐던 서방 무역이 실제로 이루어진 장소가 어디냐는 것이다.

이 문제에 대답하기 위한 좋은 출발점 가운데 하나는 아날학파의 틀을 동남아시아의 역사에 접목하는 앤서니 리드의 시도다. 그는 여러 가지 관점에서 이 탐구의 시작을 정리하는 데 성공하고 있다.[17] 아마도 가장 중요한 것은 이 지역의 경제가 중상주의 시대와 서세동점의 시기에 어떤 모습이었느냐에 대한 광범위한 묘사다.

동남아시아의 2000만 주민들은 서로 긴밀하게 거래했다. 쌀, 건어물, 소금 같은 산적 품목들이었다. 유럽과의 접촉 초기에 교역망에 들어온 외국 상품들은 현지의 문화 및 교환 체계에 들어맞았다. 주류는 자기네의 아라크 술과 함께 유통됐고, 담배는 구장나무 잎과 함께 유통됐다. 중국산 자기는 보르네오와 필리핀에서 기존의 결혼 지참금 및 장례 용품에 편입됐다.[18]

그러나 유럽 선박의 도착은 다른 여러 상품의 지역 편입을 가속화했다. 직물과 금속 같은 것들이었다. 산업화 이전 시대 동남아시아 가정 대부분은 의류를 적어도 일부라도 스스로 생산하고자 했다. 그러나 인도 동남부 코로만델 해안으로부터(동인도회사와 지역 상선을 통해) 직물 운송이 늘고 나중에 영국령 인도로부터 더 많은 수출품이 들어오면서 외국산 의류는 이 지역에서 사치품 소비의 최대 품목이 됐다. 이는 물론 동남아시아 직물업에 엄청난 영향을 미쳤다. 그들은 훨씬 작은 촌락 규모에서 의뢰받은 주문만을 생산할 뿐이었다. 부족한 식량 공급에 대한 대비책이었다. 금속의 수입 증가 역시 광범위한 변화를 초래했다. 철이나 청동 같은 물질(우선은 무기를 만들고 그다음으로 농기구를 만드는 것이었다)이 처음으로 지역 사회에 대량으로 쏟아져 들어왔다. 이문이 나올 가능성에서는 환상적이지만 또한 자신들을 향해 무기를 쓴다면 치명적인 것이어서 이 거래는 어떻든 유럽인들에게 양날의 검이었다.[19]

군사 기술을 빠르고 효율적으로 흡수하지 못한 것이 곧 치명적인 결과를 불러왔고, 따라서 유럽인 도래의 군사적 측면은 또한 동남아시아 사회들의 총체적인 변화를 촉발했다. 여기서 무역과의 연결은 다양했다. 동남아시아 일터에서 특화된 용병의 수는 1511년 믈라카 정복 이후 급증했다. 대부분이 총기 훈련을 받은 외국인 상인과 모험가였다. 궁정에서는 오로지 현지 귀족들에게 의존하는 대신에 상비군을 고용하기 시작했다. 벽돌과 돌로 건물을 짓는 것(유럽인들이 그것을 유지하도록 요구했고, 겉으로는 우발적인 화재를 견딜 수 있는 창고로 삼았다)은 금지됐다. 그것이 왕권에 맞서는 요새로 변신할 수 있기 때문이었다.[20]

이 지역에서 인구, 궁정, 그리고 심지어 건축상의 권력 기반이 유럽 무역의 등장으로 변화할 수 있었다면 동남아시아 군주들이 이 권력을 확대되는 자신의 왕국에 대한 통제를 강화하는 데 사용했다고 해도 놀랄 일은 아니다. 1655년 수마트라섬 잠비의 술탄이 자기네 배후지로 장총 원정대를 보낸 것은 완벽한 사례다. 네덜란드 동인도회사(VOC)와 계약한 향신료를 공급하기 위해 후추 강탈에 나선 것이다. 네덜란드인들은 후추에서 흙, 돌, 나무 심이 대량으로 섞여 있다고 불평했는데, 산지 사람들은 그런 행위를 광범위하게 저지름으로써 새로운 권력 불평등에 대한 불만을 분명하게 드러냈다. 18세기 수마트라 민간 설화에는 아버지가 아들에게 이렇게 타이르는 이야기가 나온다.

"라자Raja(왕)나 동인도회사에 빚(강요된 새 무역 체계 안에서의)을 지기보다는 나무를 베고 물고기를 잡아라."[21]

사실 유럽인들이 무역과 생산에서의 많은 변화(그것이 이후 수백 년 동안 보다 체계적인 방식으로 동남아시아를 휩쓸게 된다)의 조짐을 가장 가깝게 보인 것은 가차 없는 향신료 무역 추진이었다. 네덜란드인들은 향신료의 유통망뿐만 아니라 산지 생산을 장악하려는 시도에서도 특히 적극적이었다. 이런 목적을 위해 17세기에 인도네시아 동부 말루쿠제도의 토착민 일부는 고문당하고 살해되고 추방당했다. 반면에 경쟁하던 영국인들은 조금 낫게 대우했다.[22] 그러나 영국인들은 결국 이 지역의 다른 곳에서 전열을 정비해 향신료와 기타 농산물 수출품의 운송망에서 네덜란드와 어깨를 나란히 하게 됐다. 향신료는 주로 육두구였고, 기타 농산물은 후추와 아선약阿仙藥 따위였다.[23]

여기서 중요한 점은 향신료가 서방 사람들이 현지의 상업, 교환, 그리고 궁극적으로 생산의 회로에 진입하기 위한 품목이었다는 것이다. 이 과정에는 수요, 경쟁, 과잉 생산으로 인한 역사적 부침이 있었지만, 유럽인들은 이 지역의 서로 다른 부분에서 무역 기회(그것은 점차 완전히 가혹한 성격의 기회로 변해간다)를 이용할 수 있는 발판을 얻었다.

그것은 또한 서방 상인들의 도착이 동남아시아의 사회적 무대에서도 큰 변화에 기여했음을 말해준다. 1600년에서 1900년 사이 많은 촌락에서 남성과 여성의 노동 영역이 근본적으로 변화하지는 않았지만, 해안 도시들에서 여성들은 상대적으로 높은 지위(예컨대 중국이나 인도와 비교해서)를 누렸던 것이 '상업의 시대' 이후 악화 쪽으로 결정적인 전환을 겪었다. 이 변화의 대부분은 항구의 '세계주의적' 성격 때문이라고 할 수 있다. 그곳에서는 동남아시아의 가치관이 외국 상인들의 세계종교(이들은 사회구조 안에서 여성에 대한 위치 부여가 덜 평등주의적이었다)와 갈등을 빚었다.[24] 예를 들어 여러 민족이 뒤섞인 항구들에서는 최근에 도입된 가치관에 대응해 매춘이 증가했다. 그 가치관은 근세 시기 토착 사회의 특징이었던 일시적 혼인을 인정하지 않았다.[25]

사실 리드 또한 이 다국적 공동체들에서 벼락부자 상인계층이 성장하고 있었음을 파악했다. 과시적 소비가 일어나고 다른 사람의 세습 신분을 판단할 수 없음(그들이 외국인이기 때문이다)으로 인해서 다양한 문화권 출신의 사람들로 이루어진 새로운 초국가적인 무리가 형성되는 와중이었다. 광범위한 자료는 폭발적인 무역으로 총체적인 문화적 변화가 생겨났음을 시사한다. 시간이 지나면서 토착민과 유럽인 사이에 키 차이가 벌어진 것(유럽인 주민 집단의 영양이 개선됐다는 한 지표다) 같은 일이다. 토착민의 연대기, 동아시아의 항해 일지, 유럽인 목격자는 모두 감염병의 확산을 이야기하고 있다.[26]

영국의 이 지역 진출은 18세기와 19세기에 상업 및 지리정치학적 영역 모두에서 점차 확대됐다. 이 활동의 상당수는 믈라카해협을 중심으로 이루어졌다. 다이앤 루이스는 이 시기 영국의 움직임에 네 가지 주요 요인이 있었음을 밝혀냈다. 해상로의 통제권 장악에 대한 관심, 유럽에서의 호의적인 세력 균형 유지 시도, 자국의 새로운 공산품의 소비 시장 개척, 영국령 인도가 돼가고 있는 땅덩어리를 보호하려는 욕구였다.[27]

17세기가 진행되면서 동남아시아 지배자들은 전체적으로 유럽인 경쟁자들보다는 내부의 다툼에 더 신경 써야 했지만, 1760년대가 되면서 이 지역에서의 영국과 네덜란드 사이의 경쟁(영국의 자유무역 요구와 1786년 피낭 같은 기지 획득이 간간이 끼어들었다)은 지금까지 보지 못했던 새로운 영토 정복의 망령을 만들어냈다.[28] 나폴레옹 전쟁은 영국으로 하여금 동인도 지역을 휩쓸고 자기네 장사를 할 수 있게 했으나, 도서 지역은 나중에 네덜란드에 넘겨주었다. 네덜란드를 유럽 강대국들 사이의 완충 장치로 유지하기 위한 수단이었다.[29]

그 결과로 맺어진 1824년 영국-네덜란드 조약은 믈라카해협 역사의 분수령이 됐다. 말레이어를 사용하던 세계는 처음으로 분할선을 따라 쪼개졌고, 섬들은 네덜란드의 지배하에, 말레이반도는 영국의 영향권에 들어갔다. 좀 더 실무적인 수준에서 공간의 재배치는 영국 무역의 의제를 바탕으로 새로운 경제적·정치적 태세를 개략적으로 드러냈다. 주석과 기타 말레이 술탄국의 산물은 더 남쪽 인도네시아의 산지가 이제 막혔으므로 더 큰 매력을 지니게 됐으며, 현지의 권력관계는 트렝가누와 조호르에 대한 영향력을 유지하는 데 더욱 중요해졌다. 이 두 지역은 떠오르는 영 제국에서 영국의 '배후지'였다.[30]

리드가 이 지역에 대한 유럽 무역의 더 큰 영향을 정리하면서 키를 사용한 것도 그랬지만, 트렝가누는 사실 더 큰 통찰을 향한 흥미로운 사례 연구에 도움이 된다. 니컬러스 탈링Nicholas Tarling 또한 여러 가지 작은 현상들(그것이 굴절돼 전체가 될 수 있다)을 사용해 이 시대의 더 큰 과정들을 조명했다.

정크선 킴엥셍Kim Eng Seng호를 둘러싸고 일어난 열광은 유용한 사례다. 1851년, 싱가포르를 출항한 한 중국 정크선이 클란탄 해안 앞바다에서 말레이 프라후 몇 척을 파괴했다. 이 정크선은 나중에 술탄의 포함에 의해 추격당했고, 승무원들은 붙잡혀 즉결 처형됐다. 싱가포르 정부의 조사에서는 이 정크선이 중무장한 무역선이었으며, 양쪽의 생존한 선원들(탈출했다)의 증언에 따르면 아마도 서로를 해적으로 오인한 것 같다는 사실이 드러났다.

이 사건은 몇 가지 추세를 보여준다. 첫째, 말레이 해안에는 해적이 들끓었고, 이는 특히 영국(이 경우에는 싱가포르)의 무역량 증가 때문이었다. 둘째, 해안 토착민들이 온갖 종류의 이익을 취하려 안달하면서 상인 겸 해적을 위한 이중 역할을 하게 됐다(킴엥셍호에 대포가 잔뜩 실려 있었다는 사실이 이를 시사한다). 해적질과 무역, 그리고 그 둘의 혼합이었다.[31] 킴엥셍호 사건은 또한 국제법, 외교 전략, 정책, 배상 사이에서 생겨나는, 갈수록 복잡해지는 영향력을 시사한다. 문제를 해결하려는 시도가 이루어지고 있는 가운데서다. 기본적으로 고결한 도덕성은 아마도 영국 상인들이 《싱가포르 프리프레스》(1852년 7월 16일자)에 불만을 드러냈을 때 그들 대부분의 의제 꼭대기에 있지는 않았을 것이다.

우리 정부는 상인들이 이 항구를 떠나 토인 라자의 친절한 자비에 몸을 맡기도록 하려는 것 같습니다. 라자는 아무런 근거 없이도 우리의 상품을 몰수하고 아무 죄목이나 걸어 사형에 처할 텐데 말입니다.[32]

무엇보다 중요한 것은 트렝가누 술탄이 요구한 최종 보상 금액이었다. 총 1만 1190달러였는데, 그중 2000달러는 인명 손실에 대한 대가였고 나머지 9190달러는 재산 강탈로 인해 요구한 것이었다. 영국 도덕의 상대적 공정성은 매우 분명했다.

이런 평가는 유익하지만, 우리는 통치권이 자유무역보다 더 중요하게 된 시기에 영국 상업이 미친 영향 또한 추적할 수 있다. 19세기의 전 시기에 이 지역에서 영국의 이해관계는 계속 존재했지만, 영국 해외 제국의 이론과 실제는 결국 엄격한 중상주의에서 이상화된 자유무역으로 바뀌었고 마침내 제국의 영토 점령으로 귀결됐다.

전통적으로 1870년은 많은 논문에서 '식민주의 극성기'로 들어가는 매우 개략적인 구분선으로 생각돼왔다.[33] 이 시기 이전에는 동인도회사나 왕이나 노골적인 폭력보다는 외교를 선호했다. 외교가 같은 목표, 즉 시장을 끝없이 확대하는 데 더 값싼 방법이었기 때문이다. 자유무역이 최선이었다. 요컨대 영국은 무역에서 최고였다. 영국의 크고 작은 공장들(영국 본토와 인도의 공장 포함)은 최고 품질의 수출품을 만들었고, 그 선박들은 어떤 경쟁자보다도 더 싼 값에 더 멀리까지 상품을 실어 날랐다. 1786년에 건설된 피낭은 이 자유무역 철학에서 생겨났고, 1819년에 건설된 싱가포르도 마찬가지였다. 네덜란드도 뒤늦게 이 정책을 모방해 자신들의 자유무역 항구(리아우, 마카사르, 암본)를 건설하려 시도했으나 결국 실패했다.

그러나 19세기가 흘러가면서 영국은 독일, 일본, 미국 같은 신흥 공업국들에 경쟁우위를 잃기 시작했다. 식민지 시장의 확대가 '없다면' 더욱 뼈아프게 되는 과정이었다. 중앙집권화된 정책이 변화했다. 에릭 울프가 보여주었듯이 부와 생산이 있는 기존 지역(예컨대 말레이반도의 경작지와 항구)을 장악하고 오스트레일리아 같은 새로운 영토의 잠재력으로 위험을 분산하는 것이 긴요해졌다. 이 과정이 진행되면서 모든 것을 얻게 되는 사람들은 아시아에 있는 영국 민간 상인들이었고, 그들은 이 과정을 가차 없이 추진해나갔다.[34]

19세기 동안 영국의 미얀마 해안과의 관계는 정치와 무역의 점진적인 교체라는 가설을 매우 분명하게 입증한다. 19세기 초에 영국의 미얀마에 대한 주요 관점은 벵골의 안전과 관련된 것이었다. 무역은 바람직했지만 절박한 것은 아니었고, 존재하는 상업적 가능성은 중국으로 가는 통과무역에 최적이라는 것이지 미얀마의 내재적 가능성에 있지 않았다.

1824년의 국경 전쟁으로 아라칸(현 라카인)과 약간의 "숨 쉴 공간"이 확대되는 벵골 관할구로 편입됐지만, 내륙을 방문한 몇몇 영국인 여행자들이 말한, 이제 엄청난 것으로 생각된 윈난 쪽으로 이어지는 교역 가능성을 분명하게 해주는 역할이 더욱 두드러졌다.[35] 홍옥, 호박, 옥, 티크재材 등이 모두 이 경로에 있었다. 활발한 면화 운송업은 말할 것도 없었다. 영국인들은 그것이 중국 서남부 국경 일대의 4000만 명 인구에게 옷을 제공할 것이라고 기대했다.

아라칸, 테나세림(현 타닌타리 구), 싱가포르, 인도에서 활동하는 현지 영국인 상인들은 곧바로 이 기회의 냄새를 맡았고, 단합된 청원운동(미얀마의 무역 상황을 조작하고 제국의 위신을 위해 위력을 과시함으로써 국가의 명예를 보호해야 한다고 주장했다)을 통해 영국 정부를 움직여 1852년 미얀마 남부를 병합하는 데 성공했다.[36] 미얀마인들은 눈물을 머금고 양보와 우호적인 유연성을 발휘하고 미얀마 땅에 대한 영국의 광범위한 조사와 개발을 허용해 추가적인 재앙을 막아보려 했지만, 무역에서 정복으로의 전환은 19세기 말로 가면서 가속화됐다.[37] 미얀마 북부는 결국 1880년대에 점령됐고, 영국은 "중국의 뒷문"으로 들어갈 가능성과 메콩강 유역을 잠식하는 프랑스의 원정을 주의 깊게 바라보았다.

그러나 영국 무역이 동남아시아 진출에서 이런 변화를 가져온 데 대해 토착민이 어떻게 작용하고 대응했느냐 하는 주제를 유지하기 위해서는 이 원인과 결과에 대한 소묘를 대비되는 성공담으로 마무리하는 것이 좋을 듯하다. 바로 시암의 경우다.

여기서도 역시 유럽인의 무역, 결과적인 잠식, 지배권 확대라는 낯익은 패턴이 펼쳐질 수 있었을 것이다. 그러나 지리적인 특이성과 왕의 영리한 술책으로 그런 일은 일어나지 않았다. 미얀마의 상황에서와 마찬가지로 한편의 영국 본국 및 벵골과 다른 한편의 아시아에 있는 영국 상인 세력 사이에 내내 긴장이 존재했다. 전자는 시암이 미얀마를 상대로 한 잠재적 동맹자이자 프랑스에 대한 귀중한 완충 국가라고 보았고, 후자는 끊임없이 중국 및 시암 시장으로 뚫고 들어가려 하고 이 목표를 이루기 (필요하다면 무력을 써서라도) 위해 영국 정부를 끌어들이려 했다. 시암에서도 미얀마나 중국에서와 마찬가지로 포함외교의 모든 요소가 갖추어져 있었지만, 시암은 직접적인 식민지화를 피하는 데 성공했다. 그러나 시암은 자유의 대가로 활발하던 중국과의 무역이 쇠락하고 경제적 자율성

을 상당 부분 영국에 넘겨야 했다.[38]

몽꿋 왕(그리고 강력한 분낙Bunnak 가문)은 자신들을 둘러싼 유럽 열강의 크게 변화하는 이데올로기적 지형을 민감하게 파악해 올바른 판단을 할 수 있었다. 이웃들처럼 외국인을 배척할 것이 아니라 경제를 개방하는 것이 왕국이 살아남는 유일한 길이라는 것이었다.[39] 탐욕스러운 영국은 아시아에서의 무역에 대한 이해관계에 따라 그들의 시장 개방을 받아들였고, 이로써 정치적 지배에 대한 주요 논거가 사라졌다. 다양한 국적의 유럽인들이 조언자로서 왕에게 쓴소리를 했고 시암의 쌀은 영국 증기선에 실려 이 나라의 부두를 떠났지만, 왕국의 금빛 왕관은 정복의 시대가 한창이던 때에도 쭐라롱껀 왕의 머리 위에 있었다. 거의 400년에 걸친 영국과 유럽 무역의 맹공격을 감안하면 시암의 상황은 다른 어떤 지역 왕국이 희망할 수 있었던 것보다도 더 고무적이었다.

대양의 북쪽 연안

서방 사람들과 인도 토착민들 사이의 교역망과 정치를 분석하면 이들 동남아시아의 추세를 상당한 정도로 보완하고 다른 모습을 보여줄 수 있다.[40] 인도양의 서로 다른 지역에서 이 과정은 어떤 점에서 비슷하고 어떤 점이 달랐을까? 접촉, 무역, 그리고 궁극적으로 강제의 방식은 이들 지역 사이에서 비슷했을까, 상당히 달랐을까?

이런 문제들에 대답하기 위해서는 '인도의 대양' 북쪽 연안 일대의 역사적 역동성에 대한 광범한 이야기들을 정리해 브로델식의 장기적인 관점에서 변화를 다시 기록할 필요가 있다. 그런 다음 이 문제를 가지고 한 발 더 나아가 권력, 상업, 지배의 씨앗이 영국인들의 도착 초기에 어떻게 뒤얽히게 됐는지를 검토할 수 있다. 마지막으로, 시간이 지나면서 나타 난 인도인과 서방 상인 사이의 관계의 성격 변화를 일별할 필요가 있다. 서방 상인들은 점차 인도인들을 새로운 제국의 구조 안에서 종속적 위치 로 밀어냈다.

이런 접근들이 모두 합쳐져 협력과 변화, 그리고 경쟁과 지배에 대한 묘사가 더욱 분명해진다. 애덤 스미스가 인도에서 이루어진 유럽 행정의 "구제할 수 없게 잘못된" 진화라고 불렀던 것이다.[41] 마르크스는 동남아 시아의 경우와 마찬가지로 이 과정의 전개를 전체 생활방식의 파괴로 묘 사했다. 스미스보다도 더 가혹한 평가다.[42]

인도 아대륙과 그 바깥 세계 사이의 교역 관계 발전은 매 세기마다 연대순으로 분석할 수 있다. 다소 인위적이기는 하지만 유용한 분석 방 법이다. 유럽인 도래 이전의 무역에 대한 느낌은 몇 가지 요소를 통해 개 괄할 수 있다. 계절풍은 세계 무역권에 결정적인 중요성을 지녀, 선박의 도착과 출발 일정에 따라 가격과 기회를 좌우했다.[43] 여러 문화권 사이의 교환은 이 지역에서 이미 필수적인 삶의 현실이 됐다. 아대륙 서남부 지 역의 캘리컷(코지코드)과 코친 같은 항구들에 도착한 사람들의 명부가 보 여주듯이 말이다.[44]

인도가 상품 특화에서 차지하는 자리 역시 중요했다. 인도의 직물, 향 신료, 사치품이 이 거대한 대양의 모든 해안에 있는 항구도시들로 갔다. 특히 벵골만이 중요했는데, 이곳에서는 대량의 완제품 면포가 인도 동 부를 떠나 동남아시아로 향했다. 따라서 인도 해안의 움직임은 내향적이기보다는 외향적이었다. 이 확장된 해양 세계의 다른 대부분의 항구들과 마찬가지로 인도양 연안은 흔히 바로 뒤의 배후지보다는 서로 간에 더 많은 공통점이 있었다. 이는 특히 종교 영역에서 그랬다. 상좌부上座部 불교는 스리랑카에서 미얀마와 시암으로 전파된 지 오래였고, 이슬람교 역시 구자라트에서 말레이반도와 인도네시아로 전파됐다. 바람과 조류가 이곳으로 모여 배들이 대양 횡단 여행 중간에 인도의 항구들로 왔고, 그것이 이 아대륙의 중요성을 확인해주었다. 그곳이 지리적으로 대양의 '지붕'에 해당하는 중간 지역이었기 때문이다.

과거의 논문들에서 포르투갈인이(그리고 그 결과로 전쟁이) 도래한 격변기로 그려졌던 16세기가 실은 그만큼 대단한 것은 아니었음을 이제 우리는 알고 있다.[45] 인도 무역의 전반적인 방식과 그 내부 구조는 16세기 동안에 대체로 변하지 않았다. 포르투갈인들은 독자적인 카르타스 cartaz(통행증) 제도를 만들었지만, 현지 상인들이 치르는 비용은 때로 매우 적었다. 많은 인도인이 통과세를 냈지만, 포르투갈인의 감독과 치안 유지가 약한 곳에서는 그냥 피해갔다. 예를 들어 코지코드의 자모린과 코친·칸나노르·콜람의 라자(모두 말라바르 해안에 있었다)는 계속해서 무역을 하고 필요할 때는 포르투갈의 '보호'라는 우산 아래 그들끼리 결속했으나, 다른 시간과 다른 장소에서는 포르투갈인들을 무시했다.

수입을 주로 바다가 '아니라' 땅에서 얻었던 근세 인도인 대부분(특히 무굴 치하의)은 포르투갈 카라벨라선의 영향을 크게 받지 않았다.[46] 무굴 왕궁에서 통하던 경구에 이런 말이 있다. "바다에서의 전쟁은 상인들의 일이고, 왕의 위신과는 아무런 관계가 없다."[47]

서아시아와 동남아시아로 가는 인도의 해외 해운은 유럽인이 도래한 초기에 여전히 대체로 토착민이 장악하고 있었다. 포르투갈인들이 이를 뒤집으려고 열심히 시도했지만 되지 않았다.

인도 상업의 균형에 변화가 시작된 것은 17세기였다. 훨씬 조직적인 네덜란드와 영국 사업체들이 들어온 이후였다. 그러나 여기서조차도 그런 변화는 인도의 무역을 저해하기보다는 도움을 주었다. 얻을 수 있는 자료에 주의를 기울일 필요가 있기는 하지만, 이 기록들은 사실상 북유럽인의 도래가 처음에는 토착민들의 상업에 혜택으로 작용했음을 시사하는 듯하다. 새로운 자본, 선박, 항해 기술, 영업을 제공한 것이다. 이 모두를 인도인들이 이용할 수 있었다.

이렇게 구자라트의 무역은 1660년대에 필리핀 마닐라로까지 확대됐다. 영국의 배와 항로를 이용했지만 흔히 운항 자금은 구자라트 자본이 댔다.[48] 이 시기에 무역과 그 주역들의 다양성이 두드러졌다. 지역, 종교, 언어 집단, 그리고 직업(잉글랜드인 키잡이가 타밀과 벵골 선박을 운항했다)도 매우 다양했다.

그렇지만 어지러운 유럽인들의 진출은 다른 방식으로 변화를 예고하는 역할을 했다. 영국과 네덜란드의 해상 경쟁이 여행의 안전성을 위험에 빠뜨린 것 같은 경우다. 유럽의 후원은 인도 도시들의 '생명 주기'를 재촉했다. 예를 들어 유럽인들이 캄베이만을 선호하면서 그 입구의 수라트가 발전했다. 물론 그런 과정에는 더 큰 국제적인(그리고 심지어 국지적인) 원인도 있지만 말이다.[49] 유럽의 배들은 더 빠르고 안정성이 있었다. 더 튼튼했고(못 대신 판자를 이어 붙였다) 설계도 더 날씬했기 때문이다. 물론 인도인은 이전에 비해 더 많은 보호 비용을 지불해야 했다.[50]

인도의 선택이라는 측면에서 18세기에는 새로운 방향으로 변화가

도판 5.1 인도 케랄라주 코친의 인도인 부두 노동자 (저자 제공)

일어났다. 부정적인 쪽이었다. 유럽인의 무역이 처음에는 대부분의 인도 상인들에게 해를 입히지 않았지만, 인도 해운업은 다른 운명을 겪었다. 운송업이 점점 더 외국 선박에 의해 독점되면서 인도 선단은 축소됐고, 새로운 이른바 지역 상인들과의 경쟁 과정에서 쪼그라들었다. 한때 상당한 규모를 자랑했던 구자라트 선단이 국제무역로에서 밀려나 작은 해안 운송선이라는 시시하고 부차적인 역할을 하기 시작한 것은 본질적으로 다양한 이 특수 이익세력 때문이었다.[51]

그러나 "전제정, 전통적 권리, 역시 전통적인 자유의 이상한 무굴식 복합"(그것이 인도 시골 농촌의 일반적인 교역 및 생산 체제였고, 그것은 항구 상인에서부터 중개인, 하위 중개인, 직공장, 직조공, 쪽 재배자로 이어졌다)을 급격하게 바꾸기 시작한 것은 이 영국계 인도 지역 상인들(그 일부는 동인도회사를 위해 일했고 일부는 '자유 상인'이었다)이었다.[52] 이 문제는 곧 다시 이야기하겠지만, 에릭 울프가 말한 친족형 생산에서 자본형 생산으로의 이행이 희미해지기 시작하는 것은 바로 이 변화였다. 대개 지역 상인들의 도움을 받아서였지만, 서방 사람들은 생산을 전통적인 장소에서 자기네가 생각한 곳으로 옮길 수 있었다.[53] 예를 들어 수라트는 서아시아로 가는 의류 및 염료 수출 도시에서 중국 수출을 위한 동인도회사의 집산지로 바뀌었다.[54]

시골의 전통적인 생산의 '무굴 사다리'는 마침내 서서히 사라졌다. 인도의 중간상은 지역 상인들에게 밀려났다. 그 지역 상인들은 이제 봉급쟁이 사원인 인도인 조력자를 고용했다. 유럽인들(그중에서도 특히 영국인들)은 18세기를 거치면서 인도의 시골로 더 깊숙이 뚫고 들어가 상업 및 생산에서 의존할 수 있는 새로운 끈을 만들었다.[55]

이 의존의 심화 과정과 그 진화에서의 점진적인 변화는 여기서 보다 미묘한 부분까지 탐구할 수 있다. 권력과 정치는 또한 영국 무역의 더 광범위한 활동에서 핵심 부분이었다. 포르투갈인들과 마찬가지로 영국인들은 그저 우월한 화력과 기술을 앞세워 지배를 향한 길을 뚫기만 한 것이 아니었다. 이것은 중요한 점이다. 이 이점이 이후 줄곧 영국에 큰 도움이 되기 때문이다. 유럽 '군사혁명'의 일반적인 원리는 인정할 필요가 있지만, 그런 진보에 의해 만들어진 불균형은 동남아시아에서와 마찬가지로 인도에서도 18세기 중반까지 장기적인 영향을 거의 미치지 않았다.[56] 무역에서의 중대한 변화를 강요하기에는 아대륙에 있는 포르투갈 및 네덜란드 병사들의 수가 너무 적었고, 영국 군대가 대거 몰려왔지만 기본적으로 프랑스를 상대하기 위해서였다.[57] 이때부터 권력과 상업이 상당한 정도로 융합되기 시작했다. 유럽 경쟁자들이 쫓겨나고 잉글랜드가 처음으로 무역에 관한 자기네 구상을 강요할 수 있는 위치를 점하게 된 것이었다.

이런 전개에 대한 인도의 행동과 반응은 정적인 것도 아니었고 상상할 수 없는 것도 아니었다. 무기를 설계했고, 유럽인 용병도 고용했다. 1760년대에 "인도에 오는 배는 거의 예외 없이 인도인들에게 대포와 소형 무기를 팔았다"라고 한 영국인은 말했다.[58] 영국이 1760년대에 벵골의 나와브(토후)와 아와드의 와지르(재상)를 상대로 피의 전쟁을 벌였고, 그 뒤에는 마이소르와 마라타인을 상대로 전쟁을 벌였다는 사실이 이 균형에 가까운 상태를 입증했다.

현지 인도인 지배자들은 동맹자를 찾으려 애썼다. 그 후보자 가운데 하나가 오스만 술탄이었고, "종교적 의무에 따라, 그리고 힌두스탄 자체의 방어를 위해 형제 이슬람교도들"이 노력해야 한다는 답변을 들었다.[59] 그러나 19세기에 균형은 변화했고, 영국이 무역과 그에 수반하는 구조적 변화를 강요할 수 있는 능력도 변화했다. 이 시기는 식민지에 병력을 실어 보내는 비용이 크게 줄어들기 시작한 때였고, 동시에 유럽에서 무기 생산이 증가하던 때였다.

하지만 1784년 이전에 인도 무역에 관한, 진정으로 통합된 영국의 정책은 사실상 존재하지 않았음이 분명하다. 이전에는 동인도회사, 본국 정부, 봄베이(뭄바이)·벵골·마드라스(첸나이)의 개별 관구가 모두 제멋대로 결정을 내렸지만, 이해 1월 이후 런던의 인도통제위원회와 인도 총독이 능률적인 통제권을 확립했다. 이를 뒷받침할 새로운 조직력과 인력을 갖고 있던 영국은 무굴 정치체의 해체 및 프랑스인 추방과 함께 그들이 이전에 알았던 것과는 근본적으로 다른 인도와 맞닥뜨렸다. 동인도회사는 여전히 자신들은 영토 합병을 원치 않는다고 공언했지만, 조직의 상당한 부문들, 즉 육·해군과 상사 조직 '내'의 사적 무역 지분이 바로 그런 취득을 요구했다. 이들은 강제력이 제국의 안정성, 부강, 공공선의 핵심 요소라고 보았다.

통계상으로 1784년은 영국의 투자 증대의 분수령으로 보인다. 동인도회사와 그 대리인들이 인도의 군주들과 무역 협상을 하면서 힘이라는 아주 현실적인 도깨비를 들이댔기 때문이다. 민간 무역상들은 현지의 승계 분쟁에 영향을 미치는 데 이바지하기 위해 '기부금'을 모았고, 내전을 해결하는 데 도움을 준 영국인들에게는 '선물'이 주어졌다. 이 부수입은 처음에 생산의 수익을 주는 형태였다. 직조 마을을 지정해 그 수익을 주거나, 징세권을 주거나, 염료 생산을 허가해주는 식이었다. 그러다 점차 땅을 주는 형태로 바뀌었다.[60] 영국의 무역에 대한 자유방임적 태도는 19세기로 접어들 무렵 직접 관리 쪽으로 분명하게 선회했다.

이러한 역학 변화의 유용한 시험 사례는 아와드 영지에서 찾아볼 수 있다. P. J. 마셜은 아와드가 1764년 영국으로부터 어떻게 공격당하고 1801년 영토의 상당 부분이 병합됐는지를 보여주었다.

그러나 1801년 이전에 지배의 역학은 꾸준한 맹공격을 밀고 나아갔다. 이 지역의 쪽 재배자들과 면직물 업자들은 1764년에 이미 코지코드의 요구에 부응했지만, 이 생산자들은 갈수록 더 영국인의 직접적인(또는 간접적인) 굴레 아래 들어갔다.[61] 1765년에 로버트 클라이브는 아와드에 군대를 주둔시킬 권리를 얻었다. 와지르를 권좌에 다시 올려준 대가였다. 그 직후 추가적인 부대 주둔과 보조금도 요구했다. 같은 해에 나와브 누주뭇다울라Nudjum-ul-Dowlah는 "자비롭게도 벵골, 비하르, 오리사의 디완을 영국 동인도회사에 기쁘게 허여"한다고 선언했다. 자신의 모든 지출을 갚기 위한 연례 수입의 대가였다.[62]

1773년 동인도회사의 한 주차관이 아와드 정부에 들어갔다. 그곳에서 주로 비슷한 지불의 흐름을 원활히 하기 위해서였다. 한편 아와드 와지르는 동인도회사 군인들의 봉급을 지불하고 있었다. 표면적으로는 다른 영토 및 정치체들로부터 보호해주는 대가였다. 영국 민간자본은 재빨리 이 유망한 상황에 편승했다. 주차관과 그 후임들은 초석硝石 생산의 독점권을 얻었고(동인도회사의 지시에 반하는 것이었다), 한편으로 존 스콧 같은 자유 상인들은 피륙을 거래하고 공장을 짓고 도급 계약에 따라 동인도회사에 직물을 공급했다.

비슷한 다른 이야기가 많지만 여기서 중요한 측면은 패턴이다. 지역 상인들은 와지르 궁정에 복종하려 하지 않고 관세 지불을 피하며 자기네의 독자적인 지역 독점을 일궈내고 현지 상인 및 귀족과 자체적인 거래를 성사시켰다. 그들은 자신들이 위협받는다고 생각되면 언제든 동인도회사 측에 보호를 요구할 수 있었다.

그러나 이는 중요한 질문을 제기한다. 이 침투로 가장 손해가 클 것 같은 인도 상인들이 새로운 무역의 제약에 어떻게 대응했느냐 하는 것이다.[63] 유럽인 도래 초기 국면에서 영국과 네덜란드가 서로 협력할 가능성은 매우 높았다. 이때 영국과 인도 상인은 각자의 이익을 극대화하기 위해 흔히 서로를 보완했다. 초기의 지역 상인들은 그저 자기네가 효과적으로 거래할 수 있는 필요 자원이 없었고, 동인도회사가 자신들의 이익과 충돌하는 어떤 행동에 대해서도 좋게 보지 않았기 때문에 영국인들은 다른 곳에 도움을 청해야 했다. 인도인은 다양한 역할을 담당하는 협력자로서 관계를 맺었다. 투자자, 관리자, 대리인, 은행가 같은 일이었다. 그들은 교역과 상품의 흐름을 동인도회사가 무시한 사업체 쪽으로 돌렸다.[64] 이 초기의 협력은 흔히 상사 무역의 '틈새'에서 존재했다. 동인도회사 경영진은 거기서 그들이 장사의 보완 가지로서 번성할 수 있게 했다. 그러나 시간이 지나면서 곁가지들이 엄청난 비율을 차지할 정도로 성장했다. 주로 지역 타밀 상인들과 연계해 일한 마드라스 총독 일라이후 예일 같은 사람들은 엄청난 개인 재산을 축적했다.[65]

우리는 앞서 이 지역 무역의 성장을 살펴보았고, 이미 탐구한 인도 아대륙에서 영국 권력의 부수적인 팽창은 18세기에 협력의 성격을 변화시키는 데 이바지했다.[66] 그러나 '돕는 것'과 '야기하는 것'은 별개의 일이다. 더 큰 구조적 변화가 18세기 중반에 이미 인도 무역을 해치고 있었다. 아대륙에서의 영국의 경제적 압박은 이미 심각하게 약화된 경쟁을 만나고 있었다. 여기서 중요한 사례는 인도의 이슬람교도 해운업자가 경험한 새로운 국제적 불이익이었다. 서아시아의 혼란이 전통적인 구자라트 교역망에 막대한 요구를 강제하고 있었고, 동남아시아의 주요 항구 상당수는 범기독교도의 통제 아래 들어갔다.[67]

이 시기 영국 무역의 운세는 정반대 방향으로 움직이기 시작했다. 수라트 부근(1759), 말라바르 해안(1790년대), 피낭(1786), 붕쿨루(1770년대)의 조차지는 영국 무역을 위축시키는 것이 아니라 확장했다. 사실 인도에서는 영국 영토들 '사이'에 새로운 무역 통로가 만들어졌다. 급증하는 영국 군대에 곡물, 콩, 초석, 술을 운송할 기회가 늘어나면서였다. 인도의 주요 항구를 들르는 선박들의 외관이 이런 변화를 보여주었다.[68] 알기 어려웠던 것은 영국 지역 상인들이 자기네가 한때 다른 사람들에게서 얻은 현지 무역 정보를 축적하고 있었다는 사실이다(이 역시 사실이었던 듯하다). 한때 대등하게 여겨졌던 협력자인 인도인 매판은 영국인의 사업에 꼭 필요하지 않게 되면서 위상이 낮아졌다.[69]

그러나 인도인 상인들을 18세기 상업사에서 빼버리는 것은 심각한 잘못일 것이다. 이들 상인의 적극적인 활동은 새로운 생존 방식을 찾아냈다. 때로 아주 놀라운 것과 연계돼 있었다. 대거 밀려날 처지에 놓인 인도인들은 흔히 자기네가 발견할 수 있는 한 가지 상수에 매달렸다. 바로 영국인들의 사적인 탐욕이었다.

동인도회사와 신생 식민국가의 지시, 정책, 법은 토착 상인층을 질식시키는 것이어서 흔히 지역 상인들에게 부담스러웠다. 여기에 새로운 협력관계의 씨앗이 있었다. 지역 상인들은 그들이 표면상으로 일해주고 있는 동인도회사에 '맞서' 자기네의 이익을 극대화하기 위해 종종 인도인들을 끌어들였다. 가격 담합, 축소 보고, 뇌물 수수, 바가지 등으로 결탁한 것이다. 일종의 협력적인 "약자의 무기"였다.[70] 민간 상인들은 또한 인도인 상인들에게 몰래 안전 통행증을 팔아 자기네 지배자의 세금을 피할 수 있게 했다. 그들의 상품이 이제 "동인도회사 금고로 들어가니 나와

브들은 무리한 세금을 강요할 수 없었다." "가장 낮은 구역 관리에서부터 관구 총독까지, 이런 사업에서의 협력 수준은 영국령 인도 전역으로 퍼졌고, '무한한 다양성과 특색과 움직임'을 지니고 있었다."[71]

인도 상업이 새로운 틈새를 찾은 것은 확대되는 제국 세계의 이 새로운 관계의 복합성에서였다.[72] 인도 토착 상인들은 진화하고 또한 지역 및 지역을 넘어서는 변화의 주기에 적응함으로써 이 광범위한 변화에서 살아남았다. 처음에는 협력자로, 다음에는 경쟁자로, 그리고 마지막으로 하급자로(대부분이 그랬다).

대양의 서쪽 연안

인도양의 상업과 정치에 대한 유럽의 영향에 관한 분석에서 다룰 마지막 무대는 동아프리카 연안이다.[73] 여기서도 이 시대의 두드러진 문제는 인도양 연안 다른 곳의 패턴과 비슷했다. 해안에 위치한 중심 주거지의 변화, 갈수록 중요해지는 배후지의 편입, 현지 주민들(바니안banyan이라는 상인일 수도 있고 노예일 수도 있었다)의 이동 같은 것들이다.[74]

그러나 동아프리카의 경우 이 현상들 가운데 몇 가지 추세가 우선적인 중요성을 지녔다. 아마도 가장 중요한 것이 잔지바르의 부상일 것이다. 이 지역은 17세기에 오만의 전초기지가 됐고, 서서히 상업 제국으로 발전했다. 이 같은 도약은 중상주의적 수단을 통해 이루어진 것이었지만, 잔지바르 '제국'이 일단 건설되자 18세기와 19세기 중에는 근본적인 구조 변화를 겪었다.[75] 이 과정은 〈다르에스살람의 고대사〉 같은 토착민 기록과 당시의 영어 문서에 모두 기록됐는데, 태생적으로 잔지바르와 영국령 인도와의 관계에 연결돼 있었다.[76]

더 넓은 관점에서 이런 발전들은 일반적으로 진화하는 세계 자본주의 세계와, 특수하게는 변화하는 노예제도와 연결돼 있었다. 애덤 스미스는 이 연결에 매혹됐으며, 이 아프리카 연결망의 풍부한 이야기에 관해 많은 글을 썼다. 스미스는 아프리카뿐만 아니라 아메리카의 미래 또한 이 문제와 연결돼 있음을 알았으며, 아프리카인 노예라는 현상이 당대의 핵심적인 도덕적·경제적 문제 가운데 하나라고 보았다.[77]

16세기와 17세기에 길게 쭉 뻗은 동아프리카의 해안선은 끊임없는 전쟁과 소란의 무대였다. 포르투갈인들의 동아프리카 진출은 결과적으로 근본적인 불안정을 초래했을 뿐만 아니라, 해안 무역의 부를 놓고 여러 주역들이 각축을 벌이면서 한 세기에 걸친 폭력과 보복 패턴의 일부가 됐다. 인도양 연안의 다른 지역들보다도 더 심했다. 적어도 토착 스와힐리어 연대기에 따르면, 이 시기 이전에는 해안 지역이 점진적으로 이슬람화하면서 상대적으로 평화로웠다. 이 과정에서는 페르시아인들이 특히 중요했던 듯하다.

전하는 바에 따르면 (시라즈인들은) 킬와에 상륙해 이 나라의 수장인 므림바Mrimba 어르신에게 가서 키시와니(섬)에 정착할 곳을 달라고 요구했다. 그 요구는 받아들여졌다. 그들은 므림바에게 교역 상품과 목걸이를 선물로 주었다. (스와힐리어 전승 〈킬와 키시와니의 고대사〉)

다르에스살람의 본래 이름은 음지지마Mzizima였다. '활기찬 도시'라는 의

미다. 본래 그곳은 수풀이었다. 그러다가 사람들이 왔고, (…) 그들은 도끼, 괭이, 낫으로 그곳을 개간했다. 그들은 숲을 베어버리고 커다란 집들을 지었다. 그곳에 시라즈인들도 왔고, 그들은 바라웨 정착민들과 한 곳에서 연합했다. (스와힐리어 전승 〈다르에스살람의 고대사〉)[78]

오만의 아랍인들은 16~17세기의 보다 대립이 빈번해진 시기에 뛰어들었다. 포르투갈인 및 해안의 아프리카인 공동체들도 마찬가지였다.[79] 처음에는 케냐 몸바사의 헤수스 요새가 이 다툼의 초점이었고, 모든 진영의 강력한 공격을 입증하는 당대의 기록들(목격자의 기록도 있고 고고학적 유적도 있다)이 있다.[80] 그러나 1698~1699년이 되자 이 지역에서 무역과 외교의 중요한 새 인자로 부상한 것은 잔지바르에 있는 별것 아닌 오만의 기지였다. 17세기에서 18세기로 넘어가기 딱 1년 전에 이 작은 항구도시의 영향력은 꾸준히 커졌다.[81]

잔지바르의 기본적인 생산관계와 사회적 관계는 도시가 경제적·정치적으로 더욱 교환망에 편입되면서 새로운 국제관계를 수용하기 위해 변화했다. 마르크스와 프리드리히 엥겔스는 19세기에 아프리카의 이 가치 변동을 이야기했지만, 그 과정은 이미 상당한 기간에 걸쳐 일어나고 있었다.[82]

잔지바르의 정치체는 스스로를 위해 무역을 하는 대신에 아프리카 상품 및 시장과 산업화하는 서방 사이의 '전달 장치'가 됐다. 한때 중상주의적 목적을 위해 사용됐던 다우선과 상인단은 이제 다른 목적으로 방향을 돌렸다. 예를 들어 잔지바르 지배하의 정향 및 식량 생산 농장에 인력을 채우기 위한 노예 구매, 그리고 유럽과 미국에서 높은 값을 받을 수

있는 상아 운송 같은 것들이었다.[83]

물론 제국의 성격이 변하면서 대륙의 사람들에게도 영향을 미쳤다. 약한 정치체들에서는 인구가 줄고 강한 정치체들은 상아나 코팔 수지樹脂 같은 1차 산물을 제공하기 위해 방향을 바꾸었다. 그러나 심지어 본토 자체(잔지바르의 경우에 그 동아프리카 배후지)에서도 변화가 기존 사회 구조를 재편해 새로운 위계가 만들어졌다. 예를 들어 옛 중상주의 국가 치하에서 중요한(그러나 지배적이었던 것은 결코 아니었다) 상인이었던 인도인들은 영국인 친구들로부터 방대한 특혜를 부여받았다. 분명히 아랍인 상인들이 손해를 보게 되는 일이었다.

19세기 중반에 잔지바르의 오만 지배자는 오만 부족의 안정성을 유지하기 위해 영국 군대, 그리고 인도인들이 영국령 인도에서 가져오는 자본에 크게 의존했기 때문에 이러한 변화가 일어나는 것을 막기 위해 할 수 있는 일이 별로 없었다.[84] 오만과 잔지바르는 이 멀리 떨어진 해상 정치체 내부의 불안정 끝에 1861년 '캐닝Charles Canning 재정裁定'으로 공식 결별했고, 1890년 잔지바르는 영국의 보호령이 됐다.

잔지바르의 변화는 복잡한 문제라서 이런 개략적인 설명으로 넘어갈 수밖에 없다. 곧 잔지바르 건너편 대륙에 관해 더 이야기하겠지만, 먼저 월러스틴의 이 '핵심부'가 어떻게 변하고 있었는지를 알아보고 나서 그 파장을 살펴보는 것이 유용할 것이다.

이곳에서 가장 중요한 두 흐름은 정향과 노예였다. 말루쿠제도에서 자라는 정향의 네덜란드 독점은 1770년대에 깨졌고, 정향나무 묘종이 동아프리카 해안 앞바다의 모리셔스에 전해졌다. 잔지바르와 페르시아만 양쪽의 오만 가문들에 대한 영국의 영향력이 증대되던 시기에 정향

생산이 장려됐다. 서방 시장의 잠재적 수요를 아직 채우지 못하고 있었기 때문이다.[85]

그러나 영국의 영향력 증대의 두드러진 부분은 아프리카 노예를 폐지하기 위한 새로운 운동이었다. 이 운동에 대해 일부 학자들은 경제적 침투라는 더 깊숙한 동기를 위한 "인본주의적 겉치레"임을 밝혀냈다.[86] 유럽인과 토착민 자료(《킬와 키시와니의 고대사》 같은) 양쪽 모두를 통해 잔지바르 상인층의 상당수가 주로 서아시아에서 노예제에 의존해 생활했음을 알 수 있다. 그곳에서 아프리카인들이 진주조개 잠수부로, 군인으로, 하인으로, 첩으로 고용됐다.[87] 1822년의 모어스비 협정Moresby Treaty(이 협정으로 모잠비크 델가두곶 이남과 인도 디우 이동에서 노예 거래가 금지됐다) 같은 영국의 명령과 협정으로 이들 상인들은 죔틀에 물렸다. 상인들과 잔지바르가 찾아낸 해법은 노예제 제한과 정향 생산 확대의 두 가지 흐름을 새로운 이데올로기 속에 융합하는 것이었다. 즉 "노예는 수출될 수 없지만 그들 노동의 산물은 수출될 수 있다"는 것이었다.[88]

그 결과로 잔지바르와 펨바섬에서 정향 산업이 폭발적으로 늘어났다. 귀족들과 잔지바르 국가 양쪽이 장려한 이 농업정책은 노예제를 기반으로 했다. 사이드 빈 술타니Said bin Sultani 자신이 많은 필지의 땅을 정향 생산에 돌렸고, 그의 자녀와 첩들도 이를 따랐다. 아프리카 내륙으로 여러 차례 여행하며 충분한 돈을 비축한 육상로 상인들도 여기에 투자했다.

1834년에 잔지바르섬의 키짐바니에만 키 1.5미터에서 6미터 사이의 정향나무가 4000그루 이상 있었으며, 이 정향은 생산 비용 대비 열 배 이상의 수익을 냈다.[89] 펨바와 잔지바르의 '핵심 지역'에서는 소유 열기가 매우 뜨거워, 펨바섬에서는 10년 사이에 삼림 면적이 3분의 1로 줄었다. 섬에서는 곧바로 인구와 사회적 관계의 변화가 뒤따랐다.[90]

잔지바르와의 연결을 통해 움직인 대륙에서는 동아프리카의 변화를 촉진한 영국의 자극이 역시 상당히 중요했다. 킬와 키빈제, 바가모요, 팡가니 같은 공급 항구들이 등장해 상업을 발전시켰다. 이곳들은 모두 동아프리카 내륙으로 뚫고 들어가는 잔지바르 상인 행렬의 종점이자 선적 및 하역의 중심지였다. 동시에 잔지바르의 직접적인 배후지인 므리마 Mrima(해안, 육지)의 남쪽과 북쪽 해안에 대한 그들의 세금 징수와 정치적 통제는 비교적 느슨했다. 이 지역들은 마음만 먹으면 다른 곳과 무역을 할 능력이 있었기 때문이다.

잔지바르 국가는 그 상인들에게 내륙으로 밀고 들어가는 것을 권장했다. 영국과 영국령 인도에 대한 판매(특히 상아의 판매)에서 얻을 이익에 대해 너무도 잘 알고 있었기 때문이다.[91] 상아는 1850년대 말에 이미 잔지바르에서만 수입품 총 가치의 절반을 차지했다. 산지에서 상아를 획득하면 점감식漸減式 징수에 의해 추가적인 보상을 받았다. 이 섬의 경제적 그물에서 멀리 떨어진 곳일수록 세금이 적어지는 구조였다.[92] 이는 잔지바르 상인들이 내륙으로 더 멀리 들어가도록 부추겼다. 많은 사람들은 그곳에 정착해 농사를 짓고 큰 농장을 세웠으며, 교역 기지를 건설했다. 그리고 그 과정에서 현지 지배자로부터 첩이나 아내가 될 여성을 얻어냈다.[93]

그들의 출현은 또한 현지의 권력관계를 재편했다. 전통적인 수장들은 무엇보다도 삼림을 개간해 생존을 위한 영농이 이루어질 수 있게 함으로써 권력을 얻었는데, 이것이 새로운 사람들로 대체됐다. 그들은 문화권을 넘어선 교역으로 돈을 벌 수 있도록 더 잘 주선하는 사람들이었다. 적어도 한 사례, 운얌웨지Unyamwezi의 경우에 이런 변화는 모계사회에서 부계사회로의 이행과 동시에 일어났다. 이 민족은 1890년대에 그들의 생산력을 압둘 셰리프Abdul Sheriff가 말하는 '짐꾼 국가nation of porters'를 만드는 데로 다시 방향을 돌렸다. 이 10년 동안 이 지역 모든 남성의 3분의 1은 직업적인 짐꾼인 파가지pagazi로 일하며 1년 내내 상아를 해안으로 날랐다.[94]

이 변신의 와중에 인도인들의 위치 역시 상당한 변화를 겪었다. 그 과정이 길고 지루하고 매우 복잡하기는 했지만 잔지바르의 인도인들은 기본적으로 오만 상인층의 동맹자에서 영국 세력의 대리인으로 변신했다.[95] 이미 '인도' 부분에서 보았듯이 바니안 상인들은 18세기 인도 아대륙에서 유럽인과 토착 자본 사이의 결정적인 연결을 제공했다. 동아프리카에서 이 관계는 매우 비슷한 방식으로 작동했다. 바니안들(통상 반야Vanya 상인계급의 구자라트인이었다)은 포르투갈인의 이슬람 해운업자 배제 관행이 한몫한 덕분에 초기의 지배권을 획득했다.[96] 이들 아시아 상인들과 관계를 유지하는 것이 오만에게는 편리했다. 그들의 광범위한 연결망 때문이었다.

그리고 〈다르에스살람의 고대사〉는 인도인들이 세금도 내고 사절로 이용되기도 해서 지배층에게 여러모로 중요해졌다고 말한다.[97] 부사이드Busaid 가문을 권좌에 올린 1720년대의 내전에서 아흐메드 빈 사이드Ahmed bin Said는 바니안 상인들에게서 빌린 배로 동아프리카에 증원군을 보냈다. 100년 뒤에 사이드 빈 술타니 또한 그들의 도움을 이용해 자신의 권력 중심지를 무스카트에서 잔지바르로 옮겼다. 바니안은 "그가 몸바사와 전쟁을 벌일 때 추가로 무장한 선박과 인력을 제공"했다.[98] 잔지바르와 거래한 인도인들은 잔지바르와 무스카트 양쪽에서 19세기 중반까지 '순혈' 아랍계 오만인과 동등한 특권을 누렸다. 몇몇은 매우 선망되는 자리인 명예로운 세관장 직책에 임명되기도 했다.[99]

19세기 중반에 영국이 잔지바르에서 더욱 권력을 휘두르게 되면서 이 관계는 변화하기 시작했다. 첫 단계는 해외 인도인의 노예 소유를 불법화하는 입법이었다. 그들의 조상이 있던 본향은 이제 영국이 다스리고 있는 아대륙의 일부였다. 이런 서류상의 법으로 농장 부문은 잔지바르의 오만 가문들에게로 넘어갔다. 제약에 직면한 많은 인도인들은 자기네 자본을 상아와 코팔 수지 무역에 더 집중적으로 투자했고, 이들 연결망(앞서 아프리카 본토에서 살펴보았다)이 더 광범위한 사업 분야를 개척하도록 자극했다(그러나 많은 인도인들은 여전히 대금업과 농장 부문에 투자했다).

그러나 영국의 법은 19세기에 지속적으로 해안에서의 노예 수송을 불법화했고, 아랍인이 대부분이었던 농장주들은 이제 파산에 직면했다. 그들의 담보는 인도인 대금업자들에게 넘어가고 있었다.[100] 노예를 기반으로 하는 농장 경제의 쇠락은 아프리카 해안으로 향하는 운송업에서 인도인이 차지하는 비중의 확대와 어우러져 변화하는 잔지바르에서 인도인 공동체가 새로이 부상하는 계기가 됐다.[101]

두 민족(그들 가운데 한쪽만이 국가의 군수품을 이용할 수 있었다) 사이의 불신은 인도인 상인들을 영국 진영 쪽으로 더 밀어 넣었다. 그들은 인도인들의 투자를 보장할 수 있는 유일한 세력이었다. 잔지바르의 제국이 어떻든 이 시기에 분열되면서 경제 및 정치권력을 흐트러뜨리는 것이 영국에게는 이익이었다.[102] 1840년대의 바니안들은 현지 오만인들과 협력하는 자기네 사업에 영국이 간섭하는 것을 거부했지만, 1890년대에 이르면 제국의 총독에게 감사의 편지를 쓰고 있었다. "이 외국 땅에서 우리의 생명, 재산, 무역의 안전에 관해 우리에게 준 확신"에 대한 감사였다.[103] 이 시기에는 또한 더 많은 인도인들이 동아프리카로 오기 시작했다. 주로 우간다 철도 공사장에서 일하기 위해서였다.

동아프리카의 파동이 여러 가지 측면에서 이 지역의 본국이라 할 수 있는 오만을 어떻게 변화시켰는지를 살펴보는 것 역시 매혹적이다. 19세기 자본 침투의 영향에 관한 에릭 울프의 전 지구적 관점을 유지하면서 말이다. 페르시아만의 이 술탄국은 이 시기 동안 변화를 겪었다. 가장 가시적인 변화의 대부분은 잔지바르의 부로 추적해 들어갈 수 있다. 전체 산업이 오만의 확장하는 외연(그것은 곧 인구와 생산성에서 무스카트의 술탄국을 능가하게 된다)을 수용할 수 있게 발전했다.[104] 무트라는 1830년대에 거대한 직조 중심지가 돼서 아프리카로 수출할 다량의 터번, 사롱, 겉옷을 쏟아냈다. 1836년의 한 영국인 방문자는 이렇게 말했다. "물레 하나도 들여놓지 못한 오두막에서 여자들이 바쁘게 일하고 있었다."[105] 코피야kofiyya로 알려진 수를 놓은 면직 모자가 이 산업에서 두드러졌고, 그것은 결국 잔지바르섬과 펨바섬에서 공식 민족의상의 한 부분이 됐다.[106] 마찬가지로 바티나와 오만 내륙의 대장장이들은 무기를 생산하고 동아프리카로 수출해 유명해졌다. 이 지역 토산의 두껍고 구부러진 잠비야 단검은 잔지바르 사회 상류층에게 들어가 중요한 신분 표지가 됐다. 이브리, 바흘라, 피르크, 수르의 쪽 염색업자들 역시 아프리카 해안에서 시장을 발견했다. 목수, 신발 제작자, 밧줄 제작자들은 순전히 잔지바르의 많은 인구 덕분에 주문을 받을 수 있었다. 이곳은 인구가 희박해 시장이

매우 작은 페르시아만 지역의 산재한 사막 공동체들과는 달랐다.[107]

마지막으로, 이런 여러 가지 변화의 배후에서 인간의 희생은 엄청나게 많았다. 따라서 다시 한번 노예제를 간단하게 언급하지 않을 수 없다. 동아프리카의 노예무역은 서아프리카의 그것만큼 주목을 받지 못했다. 후자의 자료(특히 미국의)가 훨씬 상세하기 때문이기도 하고, 관련된 사람의 수가 서아프리카 쪽이 더 많았기 때문이기도 하다.

그럼에도 불구하고 17세기에서 20세기 사이에 동아프리카 노예의 물결이 서아시아로, 킬와의 프랑스 무역 기지로(특히 1775년에서 1800년 사이), 잔지바르의 정향 농장으로 흘러들어갔다.[108] 쳉윔베Chengwimbe라는 노예가 윌리엄 조지프 램플리William Joseph Rampley 목사에게 들려준 이야기는 동아프리카 해안에서 이 무역이 얼마나 잔인했는지를 보여준다. 매복공격, 가족 분리, 강제 거세 같은 이야기가 가득하다.[109]

실제로 에즈먼드 브래들리 마틴Esmond Bradley Martin은 1770년에서 1800년 사이에 잔지바르에는 매년 평균 3000명의 노예가 수입됐다고 밝혔다. 이 수치는 1830년에는 세 배가 되고, 1860년에는 연간 2만 명으로 늘었다.[110] 그러나 이 전체 기간에 동아프리카 밖으로 팔려나간 노예는 연간 3000명 수준으로 일정해 노예제 자체가 19세기에 훨씬 국지적이고 생산 지향적인 활동으로 변화했음을 보여주었다. '흑인 사냥'은 더이상 단순히 가치 있는 무역 '상품'으로서의 인간 수출은 아니었다. 영국이 잔지바르 술탄 치하의 정향 산업을 조장하면서 이 끔찍한 상업을 부채질했다. 물론 영국은 노예무역 반대를 천명하고 있었다.

일부 학자들은 20세기 동아프리카에서 나타난 빈곤의 상당 부분이 이런 변화들의 이어진 유산이라고 주장했다. 정치체들은 인구가 줄었고,

농장 생산은 확대되는 세계 시장에 부응하기 위해 점차 단작單作으로 변해갔다. 이런 등식에는 분명히 가뭄과 독재자 같은 다른 요인들이 개재됐을 여지가 있지만, 적어도 부분적으로는 타당성이 있는 주장이다. 유럽인과 그들이 옹호한 매우 침략적인 새로운 자본주의가 1600년에서 1900년 사이에 인도양 일대에 큰 낫을 휘두르면서 아프리카인들(그리고 앞서 보았듯이 그들과 함께 남아시아인과 동남아시아인도)이 이 폭풍우에 휘말려 생존을 위한 사투를 벌이게 됐기 때문이다.[111]

현지인의 삶과 전체 사회는 이런 에너지의 발산으로 인해 변화했다. 이 이야기가 제시되는 방식조차도 오랜 시간 동안 유럽인들이 요리했다. 콩고의 유명한 철학자 V. Y. 무딤베Valentin-Yves Mudimbe가 말했듯이 이 상황은 통탄스러운 것이었지만 구제될 약간의 마지막 희망은 있었다.

그러나 그것이 아프리카 세계는 지식의 실체로서 만들어졌다는 이 논의에 들어 있다고도 할 수 있다. 오늘에서야 아프리카인은 자신들의 문화, 역사, 존재를 설명하고 규정하는 방법으로서의 이 논의를 읽고 도전하고 다시 쓸 수 있게 됐다.[112]

맺으며

지난 수백 년 동안의 인도양의 일시적인 진화로 인해 일부 두드러진 변화가 이 지역의 정치경제를 휩쓸게 됐다. 이 바다들을 이리저리 잇는 해상 연결망들이 계속해서 장거리 상업에서 중요한 역할을 했지만, 19세기가 되면서 이는 그저 어떤 더 큰 강제력의 자제에 의해 일어났을 뿐이었다. 애덤 스미스는 이 변화를 일찌감치 인식했다. 1770년대에 그는 이미 수백 년 동안 유럽인들과 토착민들을 집어삼킨 거대한 투쟁의 종말을 예지력 있게 묘사했다.[113] 다른 에너지가 생겨나고 있음은 스미스에게 분명했고, 거의 100년 뒤의 마르크스에게는 더욱 분명했다.

영국이 대양 연안의 몇몇 전략적인 지점에서 점진적으로 생산수단을 장악해나간 것은 19세기 중반이 되면 상업적 경쟁의 장을 엄청나게 변화시켰다. 무역의 에너지는 성격상 좀 더 위계적인 과정들로 변해가기 시작했다. 마르크스는 《자본》에서 이렇게 말했다.

"가혹하고 슬프게 들리겠지만, 인도에서는 한 사람을 다른 사람으로 대체하는 것이 소 한 마리를 다른 소로 대체하는 것보다 더 쉽다."[114]

이것이 언제나 그렇지는 않았지만, 생산 분야에서의 자본주의의 변화는 인도양에 또 다른 현실을 가져왔다. 지역 문명들은 더 이상 대등하거나 거의 대등한 거래 대상이 되지 못했고, 굳어져가는 위계 속의 행위자로 취급됐다. 20세기 중반이 돼서야 독립국가들이 수립되고 발전하면서 이 위계에 실질적이고 중요한 변화가 일어났다.

그러나 서방 무역업체들은 16세기에 지역적이고 초지역적인 회로망에서 여러 가능한 무역업체들 가운데 일부로서 인도양에 왔을 뿐이었다. 그러나 옴 프라카시 등은 이 초기의 진출에서 이미 더 큰 강제력의 씨앗이 들어 있었음을 보여주었다.[115] 중상주의에서 보다 영구적인 어떤 것 (지역 생산수단의 장악 또는 부분적인 장악을 포함해)으로 옮겨갈 잠재력은 파키스탄에서 방글라데시까지 현대 남아시아의 일부를 이루는 곳에서, 그리고 인도양의 다른 지역에서도 영국 동인도회사와 이어 19세기가 진행

되면서 영국 왕권에 의해 가장 완전하게 표현됐다.[116]

그러나 프랑스 또한 특정 시기, 특정 장소에서 이 도약을 시도했다. 다만 이것은 레위니옹, 모리셔스, 세이셸 같은 산발적인 전초기지에서만 제대로 이루어지게 되지만 말이다.[117] 네덜란드 또한 이 패턴을 따르고자 했다. 그들은 오늘날 인도네시아로 알려진 거대하지만 인도양의 먼 구석에서만 결국 성공했다.[118] 덴마크인들 같은 더 작은 기업들의 시도도 있었지만, 이런 노력들은 언제나 궤도에 올라설 가능성이 더 적었다.[119]

지적할 중요한 점은 상업자본주의에서 대양 전체에 걸치는 생산 부문의 자본주의로 도약하는 데 성공한 것은 결국 영국뿐이었다는 것이다. 멀리 떨어져 있지만 통합된 반원형의 지역을 품고 있는 인도양의 광대한 수상 세계에서 이는 결코 평범한 업적이 아니었다.

이런 성공에도 불구하고 영국인들을 그저 이 해안의 중첩된 역사를 형성하는 데 이바지한 여러 해외 이주 상인 무리 가운데 하나로 보는 것은 잘못일 것이다. 틀림없이 다른 많은 사람들이 있었고, 그들 중 상당수는 분명히 유럽인이 '아니었다.' 크리스틴 도빈Christine Dobbin은 이런 과정들을 설명하면서 자신이 '결합공동체conjoint community'라 부른 것의 범위와 폭을 보여주었다. 상품, 교환된 관념, 거대한 규모로 영향을 받은 정치경제를 실어 나른 행위자들의 연결망이다.[120] 또 다른 저자들은 시야를 단일한 해외 이주 공동체(예컨대 아르메니아인)로 좁히고 이 사람들이 독자적으로 이룬 공헌을 지적했다.[121] 이제는 심지어 역사 서술에서 이들 연결망을 따라 여행한 개인들의 부류를 선택하거나, 성직자와 순회 필사공 같은 여행자의 부분집합의 영향을 기술하거나, 이 역사 전개에서 그들이 한 역할을 묘사할 수도 있게 됐다.[122]

영국인은 인도양 무역의 통로를 바꾸는 데서 가장 강력한 역할을 했지만, 망치를 휘두른 유일한 사람들은 아니었다. 여러 집단이 이 운전대를 잡았고, 400년에 걸친 인도양 역사의 발전은 이들 많은 공동체의 공동 노력에 의해 이루어졌다.[123]

3부

물결 위의 종교

3부는 아시아의 해양에서 종교가 어떻게 소용돌이쳤는지를 바라본다. 주로 무역로가 이리저리 굽이치는 것을 따라가면서다. 여기서도 이 과정과 관련된 지역은 방대하다. 우리는 이미 불교의 종파들을 중국에서 한반도로, 이어 한반도에서 일본으로 실어 나른 한국의 선박에 대해 이야기했다. 그러나 바다를 통한 종교 전파는 다른 여러 지역에서도 일어났다.

콩키스타도르('정복자')와 이후의 250년에 걸쳐 '마닐라 갈레온선'〔에스파냐령 아메리카와 필리핀 사이를 오가던 무역선단〕은 가톨릭의 여러 변형과 변화하는 그 명령을 수백 년 동안 망망대해인 태평양을 건너 필리핀에 전달했다.

불교는 배에 고이 모셔져 스리랑카와 인도에서 동남아시아로 왔다. 이동하는 군인, 상인, 승려와 함께 벵골만을 건넜다. 종교는 상좌부 불교가 미얀마, 라오스, 태국, 캄보디아를 지배하면서 곧 동남아시아 사람들의 주된 이데올로기적·종말론적 관점을 형성했고, 오늘날에도 마찬가지다.

이슬람교도 왔다. 처음에는 페르시아와 인도 서부에서 온 것으로 보이지만, 나중에는 아랍에서 직접 왔다. 그리고 잘 연구된 일부 사례를 보면 중국으로부터도 온 듯하다. 이 선지자의 종교는 결국 아체에서 동쪽으로 말루쿠제도까지, 민다나오섬에서 남쪽으로 숨바섬까지 해상무역로를 통해 퍼져나갔다. 이 특별한 전파의 유산은 오늘날에도 여전히 우리와 함께 있다. 인도네시아는 세계 최대의 이슬람 국가이며, 이는 지난 수백 년 동안의 교역망에서 이슬람교가 이동했던 길로 직접 추적해 들어갈 수 있다.

그러나 이슬람교는 다른 방향으로도 퍼졌다. 인도양의 서쪽 해안에서 이슬람교는 이제 소말리아 남부에서 모잠비크 북부에 이르는 활 모양의 스와힐리해안에서 가장 큰 종교로 신봉되고 있다. 바다를 통한 아시아의 무역로는 이 모든 종교의 여행을 촉진하는 데 이바지했고, 지금 우리 앞에 있는 세계 신앙 지도를 만드는 데 일조했다.

이 모든 일은 어떻게 일어났을까? 한 지역에서 시작된 종교가 어떻게 해서 수천 킬로미터 떨어진 다른 무대에서 확산의 호기를 만날 수 있었을까? 그리고 무역로는 어떻게 이 과정을 촉진했을까? 언어, 문화, 고착된 관심 모두가 대규모의 종교적 개종이 일어나는 것을 방해하는 듯한데 말이다.

이 신앙 대부분이 상인들을 통해 전파됐으리라는 사실이 이 과정을 촉진했다고 보는 것이 공정할 듯하다. 노골적인 전도는 대개의 경우 불쾌하고 달갑지 않았을 것이다. 창을 들이댄 강제 개종은 마찬가지로 장기적으로는 성공을 거두지 못했을 것이다. 그러나 불교, 힌두교, 이슬람교, 기독교를 가져온 상인들은 아마도 더 마음에 드는 이야기를 가져왔을 것이다. 이들은 적어도 많은 지방민들이 보기에 성공한 사람들이었다. 그들은 보여줄 수 있는 부, 새로운 생각, 매력적으로 보이는 이동 가능한 삶이라는 몇몇 수단을 가지고 있었다. 결정적으로 그들은 가능성이라는 소식을 함께 가지고 왔다. 새로운 신앙을 선택함으로써 현세에(또는 내세에) 자신의 위치를 변화시킬 수 있다는 가능성 말이다. 상류층에게도 해상무역을 하는 수평선 너머의 비슷하게 연관된 사람들의 더 큰 세력권 안에 편안하게 자리 잡을 수 있다는 생각은 약간의 실질적인 이득을 가져다주었다.

연결망(종교적이든 아니든)은 이런 방식으로 커지고 번성했다. 사람들은 자기네의 연줄을 통해 부유해졌다. 예를 들어 17세기 말에는 모든 동남아시아인 가운데 꼭 절반이, 신봉하는 믿음으로 세계종교 가운데 하나를 택했다. 이것은 근세 이전을 지배했을 국지적이고 다양한 백화점식 신앙 체계와는 대조적이었다. 힌두교와 불교가 제1천년기에 '바람 아래의 땅'을 휩쓸었지만, 이슬람교와 기독교도 다음 1000년 동안에 똑같은 일을 해낼 수 있었다. 무역로를 따라 전해진 종교는 중국 해안 같은 더 먼 곳에서도, 그리고 인도양 건너 서쪽 아프리카에서도 성공을 거두었다. 역사가 기록된 시기의 상당 기간 동안 신앙은 무역과 함께 이동했고, 무역 역시 신앙과 함께 이동했다.

6장은 벵골만에서 이 과정을 바라본다. 수행자와 상인들은 아주 이른 시기에 반도부 시암에 상륙한 듯하다. 거의 2000년 전이었을 것이다. 그들이 가져온 힌두교와 불교의 융합 신앙(때로는 어느 한쪽의 보다 '순수'한 특질을 보이는 경우도 있었지만)은 급속하게 시암 주민들 사이에서 퍼졌다.

이는 고고학 증거들을 통해 알 수 있다. 육지에도 있고 난파선이라는 형태로도 나왔다. 난파선은 안다만해와 타이만 모두에서 여전히 발견되고 있다. 결정적으로 조각상, 부적, 치성판致誠板들이 남아 있다. 축축한 계절풍 기후에서 시간의 시련을 견뎌낸 이 유물 더미에서 두 종교가 어떻게 이동했는지를 알 수 있다. 남아시아로부터 거의 변하지 않은 모습으로 이동한 신도 있고, 동남아시아 공방에서 생겨난 신들의 새로운 화신도 있다. 따라서 신앙의 진화는 먼 과거의 사라진 신호를 읽을 줄 아는 사람들(미술사가, 고고학자, 종교학자)에게 전시되고 있다.

이어 7장에서는 해역(벵골만)을 누비는 해상로에서 시선을 거두어 하나의 항구에 초점을 맞춘다. 민다나오섬의 서쪽 끝에 있는(그리고 적어도 느낌으로는 알려진 세계의 끝에 있는 듯한) 에스파냐의 수비대 주둔 도시 삼보앙가는 세 나라 변경의 종교가 만나는 곳이다. 필리핀의 남쪽 맨 끝에 위치하고 말레이시아와 인도네시아의 최북단 지점에 가까운 이 도시는 다르알이슬람dar al-Islam(서쪽으로 내쳐 모로코까지 뻗어 있는 이슬람 세계)과 확산하는 가톨릭(에스파냐령 마닐라에서 남쪽으로 흘러들었다)이 한 항구에서 만나는 곳이었다.

이 종교들의 접점은 언제나 평화로웠던 것은 아니고, 삼보앙가는 오늘날에도 위험한 곳이다. 그러나 이곳은 또한 변통이 이루어지는 곳이기도 하다. 현지 주민들은 서로 다른 믿음의 이데올로기적·역사적 충돌에도 불구하고 서로 어울리는 법을 배웠다. 7장은 현장연구와 또한 역사 자료를 바탕으로 종교가 어떻게 물결을 타고 이 작은 장소로 이동했는지를 묻는다. 그리고 시간이 지나면서 이 과정이 어떻게 평화적이면서도 동시에 선동적인 방식으로 변화했는지를 묻는다.

6장

부적의 이동

벵골만의 힌두교·불교 전파

> 모든 일(담마)은 원인에서 생기니 여래(타타가타)는 그 원인을 밝혔도다.
> 그 소멸도 밝혔도다. 이것이 사문(슈라마나)의 가르침이니라.
> ─아슈바지트(붓다의 제자)[1]

전근대 세계에서는 오직 선택된 것들만이 드넓은 해양 공간을 넘어 이동할 가치가 있었다. 앞으로 보겠지만 향신료와 해산물이 그런 품목이었다. 이들은 세계의 한구석에서 다른 구석으로 먼 거리의 대양을 건너 운반해 수익을 낼 수 있을 만큼 충분히 가벼웠다(그리고 귀했다).[2]

이동한 것 가운데 또 하나는 종교였고, 특히 물리적 형태를 띤 종교의 상징이었다. 치성판, 작은 조각상, 부적 같은 것이었다.[3] 불교는 그런 점에서 유익한 것이었고, 그 전파는 이 종교의 발상지인 인도·네팔 같은 곳을 이 아대륙에서 멀리 떨어진 일본 같은 먼 섬의 해상 지역과 연결시켰다.[4] 그러나 종교 용품들은 또한 중간 기착지인 다른 해안들에도 들어가 결국 인도네시아로부터 내륙의 라오스와 쪽 펼쳐진 베트남 해안에 이르기까지 많은 곳의 사회들을 변화시켰다. 이는 유령에 대한 묘사에서부터 정치철학 담론에 이르기까지의 많은 창들을 통해 볼 수 있다.[5] 이런 과정은 과거의 것이었지만, 이동하는 불교를 계속해서 신봉함으로써 태국의 사회적 관행으로부터 베트남의 유형의 물건과 캄보디아의 종교 성직 설치 및 유지에 이르기까지 오늘날에도 여전히 우리와 함께하고 있다.[6] 종교는 상품과 똑같이 물결을 타고 이동한다. 아시아에서 이는 일찍부터, 그리고 자주 일어났고, 대양의 여러 먼 곳에서 일어난 그 결과들의 일부는 추적할 수 있다.

이 장은 이런 공간 가운데 한 곳인 벵골만을 바라보며 제1천년기 이후 힌두교와 불교가 어떻게 인도 아대륙에서 동남아시아로 전해졌는지를 묻는다. 이 같은 전파를 가능하게 한 해상 연결 일부를 논의함으로써 이야기를 시작한다. 그것은 오래전 이 지역에서 시작된 대규모 원양 항로의 일부였다. 북쪽의 중국과 중국권 세계를 향한 관심을 살펴보고, 이어 인도양 동부에서 만들어진 해상 연결에 대해 논의할 것이다. 무역과 종교 제도라는 두 측면 모두에서다.

이어 이 장의 두 번째 부분은 시암 남부와 말레이반도의 상대적인 중심성을 주장한다. 힌두교와 초기 불교 모두가 제1천년기에 '상륙'했다고 일반적으로 알려진 초기 무대다. 우리는 이 시기에 이 지역에 출현한 통치 세력을 살펴보고 선박과 난파선에 관한 약간의 자료를 검토할 것이다. 아시아의 이 중요한 길목으로 얼마나 많은 사람들이, 얼마나 자주 왔는지를 이야기해줄 자료다. 마지막으로, 우리는 치성판과 부적 자체에 집중할 것이다. 미술사 및 고고학적 관점과 종교적 관점 모두에서다.

우리는 이 초기 연결에서 힌두교와 불교가 어떻게 물결을 타고 동남

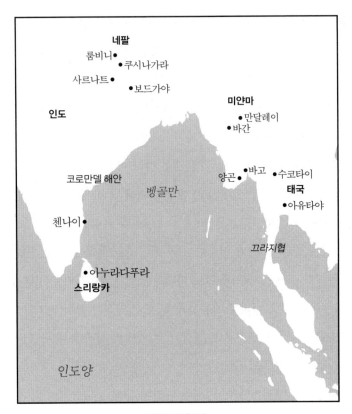

지도 6.1 벵골만

아시아로 퍼졌는지를 정리하고, 이 사상 체계가 지적으로, 그리고 서민들의 일상적인 신앙의 수단으로서 어떻게 확산됐는지를 물을 것이다.

초기의 역사적 교류

장거리 바다 여행(그리고 문화적 접촉)이 낭만적으로 들리겠지만, 전근대 시기의 항해에 대해 우리가 알고 있는 모든 것은 그런 노력이 기껏해야 어려운 일이었을 것임을 시사한다. 포르투갈은 전형적인 '해양 국가'로 그려졌음에도 불구하고 16세기의 한 포르투갈 시는 그런 항해에 대해 대부분이 생각했을 법한 것에 대해 놀랍도록 함축적인 방식으로 이렇게 말한다.

> 폭풍우는 왜 그리 잦고
> 인생과 시대는 왜 이리 고달픈가.
> 언제나 죽음의 문턱이니
> 나는 주저 없이 후추를 포기하려네.[7]

대양 건너에 머무르는 것은 위험한 일이었다. 아시아 바다에 묻힌 수많은 난파선이 이를 분명하게 보여준다.[8] 그러나 사람들은 그 일을 했고, 우리가 이 책에서 관심을 갖는 지구촌의 이 지역에서 그 일을 매우 이른 시기부터 했던 듯하다.

케네스 홀Kenneth Hall은 초기 동남아시아에 관한 인상적인 연구에서 이 초기 사람들의 해상무역 활동에 대한 권역 구분을 제시했다. 그 가운데 이 장의 내용과 관계가 있는 곳 하나는 벵골만을 중심으로 한 지역이고, 또 하나는 시암 남부 끄라지협 부근이며, 세 번째 활동무대는 믈라카 해협이다. 인도에서 오는 여행자들은 흔히 벵골만의 '지붕'을 돌아 동남아시아로 갔을 것이다. 현대의 인도 서벵골주, 방글라데시, 미얀마를 거쳐 동남아시아에 도달하는 여정이다. 그리고 일부 대담한 사람들은 같은 해역의 중위도 횡단을 시도했을 것이다.[9]

이 연결에 이바지하기 위한 모든 직종이 제1천년기에 나타나기 시작했다. 어부, 선원, 기술공, 상인, 선주 같은 사람들이었다. 이주자들은 널리 퍼져나간 공동체들을 연결하기 시작했고, 항구가 점차 발달했다. 처음에는 보잘것없었지만 갈수록 수도 많아지고 규모도 커졌다.[10]

뱅골만은 이 초기 교류가 일어난 유일한 곳이 아니었다. 동남아시아가 떠오르는 인도 문명을 끌어들였지만, 이어 중국도 인도와 매우 흡사한 역할을 했다. 더 북쪽이고 동쪽일 뿐이었다. 여기서 잠시 이 동시적인 끌어당김을 강조해둘 필요가 있다.

제프리 웨이드와 쑨라이천孫來臣은 근세로 접어들고 중국이 '남양' 국가들에 영향력을 확대하기 시작하면서 동남아시아에서 중국의 영향력이 어떻게 달라졌는지를 보여주었다.[11] 이 접촉이 대략 2000년 전으로 거슬러 올라가고 제1천년기에 이미 이루어지기는 하지만, 이 무역과 외교관계가 지금 우리가 동남아시아로 알고 있는 지리적 범위 일대에서 성장한 것은 송과 원 왕조(따라서 대략 10~14세기)에 의해서였다. 도자기 자료와 여러 중국 연대기의 외교 서신도 틀림없이 이 시기에 문명 간 대화가 잘 이루어지고 있었음을 보여준다.[12]

조공 사절은 북쪽으로 갔고, 중국 사절과 상인들은 남쪽을 향했다. 그들의 손에는 여러 가지 상품이 들려 있었다. 그 일부는 의례적인 것이었고, 일부는 실제 무역을 의도한 것이었다.[13] 의류, 비단, 깃발, 북은 전자 가운데 일부였고, 온갖 교역 상품(금속, 도자기, 기타 교역품)은 후자였다. 종교와 이데올로기 역시 남쪽으로 가지고 갔다. 물질적인 관심에 비해 덜 안착한 듯하지만 말이다. 이 장거리 항해는 심지어 중국과 동남아시아가 이 시기에 수백 년에 걸쳐 서로 손을 뻗치면서 남중국해에서 조선

술과 건축 양식의 공유로까지 이어졌음을 우리는 알고 있다.[14]

　그러나 남중국해가 동남아시아에 대체로 물자를 준 것으로 보이는 데 반해(적어도 고고학 및 금석학 기록으로 확인하면 그렇다), 인도양은 아마도 주는 것이 더 다양했던 듯하다. 인도양은 이미 방대한 연구가 축적돼(남중국해보다 훨씬 많다), 페르낭 브로델의 지중해식의 떠오르는 '계系'가 되고 있다. 앞에서 언급한 K. N. 차우두리는 이런 식의 분석을 처음으로 시도한 학자들 가운데 하나였고, 그의 초기 노력은 여러 해에 걸쳐 마이클 피어슨Michael Pearson 등에 의해 다듬어졌다. 그들은 이 특별한 해역이 어떻게 풀려난 에너지(환경적이고 상업적이고 이데올로기적인 것을 동시에 갖춘)의 소용돌이로서 존재하게 됐는지를 보여주려 했다.[15]

　수가타 보스Sugata Bose의 탁월한 책《100개의 수평선A Hundred Horizons》은 이런 연구들 가운데 최신의 것이다. 그러나 이 장에서 우리의 목적을 위해서는 수닐 암리스의 《벵골만 횡단Crossing the Bay of Bengal》이 더 최신의 연구다. 그런 면에서 이 책은 우리의 목적에 더욱 초점을 맞추고 있다.[16] 암리스는 역사적으로 벵골만의 범위를 설정했다. 계절풍 패턴과 그 기후의 측면에서, 그리고 거대한 경제생활의 중심지라는 측면과 그 해안을 순환하기 시작한 무역 상품의 측면에서다.

　결정적으로 암리스 역시 힌두교와 불교가 상품과 함께(그리고 그 배를 부리는 사람들과 함께) 배에 실려 동쪽으로 이동하기 시작해 동남아시아로 스며드는 경로에 초점을 맞추고 있다.[17] 제1천년기에 이런 패턴은 확립됐고, 외래 종교가 인도양의 가장 동쪽 동남아시아 본토의 관문에 '상륙' 하기 시작했다. 물론 초기 동남아시아인들은 이미 다양한 신앙과 풍습을 가지고 있었다. 그러나 인도에서 온 가르침은 쉽게 받아들여졌고, 기존

[표 6.1] 촐라의 침공 지역과 위치

침공 지역	위치
스리위자야Sriwijaya	팔렘방
말라이유르Malaiyur	잠비
마유라딩안Mayuradingan	말레이반도
일랑오상암Ilangosangam	랑카수카
마팔랄람Mapppalalam	미얀마 바고
메빌림방안Mevilimbangan	태국 남부 리고르
발라이파나다루Valaippanadaru	베트남 참프
탈라이틀라콜람Talaitlakkolam	태국 끄라지협
마달링움Madalingum	태국 남부 리고르, 탐브라링가
일라무리데삼Ilamuridesam	수마트라 북부
카다람Kadaram	크다
마빔방안Mavimbangan	필리핀

종교 체계와 나란히(때로는 그 위에) 자리 잡았다. 1030년 인도 남부 탄자부르에 세워진 비문은 위 표와 같이 이 지역에 대한 촐라Chola의 광범위한 습격 또한 입증하고 있다.[18]

우리는 후대의 증거를 통해, 인도 해안을 따라 놀랄 만큼 많은 신전들이 존재했음을 알고 있다. 예를 들어 동남아시아에 면한 인도 해안의 동쪽 끝인 서벵골주에서는 역사적으로 잔존하는 힌두교 신전의 수가 서벵골 고고학박물관부에 의해 여러 구역에서 정리됐다. 하우라에는 42개 유적지에 각기 다른 시대의 힌두교 신전 64개가 아직도 남아 있다. 이들은 적어도 1384년까지 거슬러 올라간다. 후글리에는 102개 마을과 도시에 227개의 신전이 있고, 미드나푸르에는 130개 마을과 도시에 293개의 신전이 있다. 이 두 지역에서는 건축물의 연대가 각기 13세기와 15세기로 거슬러 올라간다. 그러나 놀랍게도 바르다만에서는 70개 마을과 도

시에 700개나 되는 신전이 남아 있다. 이것들 역시 13세기로 거슬러 올라간다.[19]

이렇게 광신에 가까운 밀도는 벵골만을 건너는 무역 여정에 포교자와 성직자들이 동승(각기 이익 추구와 영혼 구제를 항해의 목표로 삼고 있었다)했던 출항 선박들이 얼마나 많았을지를 시사한다. 사실 앤서니 리드는 16~17세기 동남아시아, 특히 지리적으로 대양에 면해 있고 문명적 바탕 위에서 마주치는 많은 것을 받아들인 아체에 관한 글에서 매우 분명한 '서양'에 대한 인식을 이야기했다. 오스만·페르시아와 인도의 많은 측면(힌두교와 이슬람교 모두)은 이 세계관의 일부를 이루었다.[20]

신전의 수도 놀랍지만, 수많은 교역 시장이 인도 해안에 널려 있어 기나긴 해안선(그리고 그 배후의 내륙 농촌)을 먼 동쪽의 동남아시아와 연결하고 있었음을 인식하는 것 역시 마찬가지다.[21] 이 모든 요소가 벵골만을, '영향력'을 발휘하기에 매우 적합한 장소로 만들었다. 상업에서도 그렇고 종교적인 일에서도 마찬가지였다.[22] 이런 상황은 오랫동안 존재했고, 또한 변화했다. 이제 방향을 바꾸어 이 많은 접촉들이 처음 일어난 곳에서 이 영향이 어떻게 받아들여졌는지를 살펴보겠다. 시암 왕국 남부 지역과 그 뒤의 배후 지역이다.

시암의 경우: '접촉'의 시작 지점 시암 남부

인도의 종교는 백지 상태였던 동남아시아에 들어온 것이 아니다. 이 지역에 대한 초기 유럽 연구자가 개략적으로 지적했듯이 동남아시아는 '빈

석판'이 아니었다. 오히려 동남아시아의 여러 지역에서 정치 및 종교 체계는 이미 존재했다. 다만 인도 아대륙에 비해 더 작고 덜 발달된 형태로 존재했을 뿐이다.

미얀마에서는 에야와디강 하구에서 내륙 쪽과 산지 쪽에 9세기부터 13세기까지 바간Bagan이라는 큰 문명이 존재해 해안에서 멀리 떨어진 번영하는 수도작水稻作 문명을 유지했다. 시암에서는 수코타이에서 비슷한 왕국이 발달했다. 이곳에서는 1238년에서 15세기 중반까지 거대한 건축물들이 세워졌다. 동남아시아 대륙의 더 동쪽에서는 다른 비슷한 문명들이 생겨났다. 가장 유명한 것이 앙코르와트 주변을 중심으로 한 크메르 제국(802~1431)이었고,[23] 베트남의 역대 왕국들도 있었다. 그 가운데 일부는 비엣족(중국계 월족越族으로 보는 설명도 있다)이지만, 일부는 오스트로네시아어족에 뿌리를 둔 경우도 있었다. 베트남 중부 해안에 있던 참족 정치체 같은 경우다.

이 모든 정치체는 정도의 차이는 있지만 인도의 문화적·사회적 요소들을 적극적으로 받아들였다. 힌두교가 됐든 불교가 됐든, 아니면 그 둘의 강력한 혼합물이 됐든 말이다. 각자는 이 차용품을 자기네 실정에 맞게 다듬었지만, 또한 이들 대륙 문화 전반에서 쉽게 인식할 수 있는 종교의 특질들은 유지했다. 결정적으로 이 과정은 점진적이고 지속적인 것이었다. 이 모든 차용이 시작되거나 촉발된 확실한 시기 또는 시대라고 학자들이 지적할 수 있는 단일한 영감의 원천은 없었다. 첫 선박이 언제 동남아시아 해안에 도착해 인도의 종교들을 전해주었는지는 알 수 없다.[24] 그보다는 이것이 하나의 과정이고 수백 년에 걸쳐 대화가 급증했다고 보는 것이 더 유용할 것이다. 이것이 스스로의 모습을 분명히 드러내는 데

여러 해가 걸리는 복잡한 상호작용의 뭉치를 해독하는 가장 정확한 방법일 것이다.[25]

가장 좋은 증거 몇 가지는 오늘날의 태국 남부(오랫동안 역사적으로 시암 남부였던 끄라지협 안팎)가 이 상호작용이 처음 일어난 장소 가운데 하나임을 시사한다.[26] 벵골만을 곧바로 건넜거나 그 북쪽 연안을 항해한 인도 선박들은 인도 동해안에서 교역품을 싣고 거의 곧장 이곳으로 왔을 것이다. 그들은 화물과 함께 관념도 가지고 왔을 것이고, 힌두교 및 불교와 관련된 것을 묘사한 약간의 그림이나 조각상도 이 해안을 따라 동남아시아에 상륙했을 것이 분명해 보인다.

서기 1~5세기에 이곳에는 이미 작은 정치체들이 있었다. 끄라지협 자체에 둔순Dunsun이 있었고, 바로 그 남쪽에 판판Panpan이 있었고, 현대의 송클라가 있는 곳 부근에 랑카수카가 있었고, 드바라바티 문명이 있었고, 믈라카해협 가에 크다가 있어 지금의 말레이시아 반도부 북쪽 끝을 차지하고 있었다.[27] 이들 정치체 가운데 둘은 결국 반도를 가로질러 인도양과 남중국해를 연결하는 도로를 냈고, 두 대양 세계 사이에서 상품을 환적할 수 있는 능력을 바탕으로 왕국들을 건설했다. 이것이 끄라지협 바로 남쪽의 탐브라링가와 현대의 빠따니-크다를 연결한 랑카수카였다.[28] 이 두 정치체를 접촉의 '시작점'으로 볼 수 있다.

물론 접촉이 다른 곳에서도 일어났을 듯하기 때문에 지나친 단순화일 수도 있다. 그러나 많은 증거가 적어도 초기의 상륙 일부가 여기서 이루어졌음을 드러내고 있고, 곧 고고학적 증거를 조금 더 살펴보려 한다. 그러나 앞에서 이야기한 본토의 큰 왕국들이 생겨나던 시기에 반도의 이 지역은 점차 타이족의 손에 들어가고 있었다. 15~16세기 동남아시아의 근세가 시작되던 시기에 이 지역 전체는 시암의 손아귀에 들어갔다. 아래로 지금 반도부 말레이시아 국민국가가 있는 중위도 지역까지였다.[29]

앤서니 리드는 이 시기에 동남아시아의 새로운 시대가 열렸다고 말한다. 물론 이전의 무역과 접촉의 방식은 존재했지만, 이 시기에는 모든 이동과 교류의 속도가 빨라지고 관념, 물건, 사람이 더욱 빨리 움직이고 또한 더 많은 양이 움직였다.

차오프라야강 상류에서 더 내륙을 향했던 수코타이가 붕괴하면서 그 승계 국가인 아유타야(1351년 건국)는 바다 및 멀고 가까운 곳에서 주변의 여러 민족들과 보다 분명한 관계를 유지했다. 우선 아유타야는 현대의 방콕 부근에 자리 잡았고, 타이만灣과 이 모든 가속화하는 국제무역에 쉽게 접근할 수 있었다.[30] 리드는 시암이 중국에 보낸 조공 사절의 수를 통해, 그리고 류큐(오키나와)와의 무역 접촉과 기타 해운 통계를 통해 아유타야라는 정치체가 얼마나 해양적(이 말의 모든 감각에서)이었는지를 설득력 있게 보여주었다.

말레이반도가 시암의 손아귀에 들어가자 그곳에서 나는 많은 산물들이 상자에 담겨 이 대양 연결망을 통해 팔려 나갔다. 수천 킬로미터 밖까지 갔다. 16~17세기에 류큐의 '주인선朱印船'과 중국의 정크선이 시암에 도착한 숫자는 충분히 인상적일 테지만, 아유타야는 또한 안다만해에서 서쪽으로 나가 인도양 교역망에서도 장사를 했다. 아유타야는 이런 항해들에 이어 인도 및 스리랑카(그리고 특히 불교)와 더 빈번히 접촉했고, 마침내 이 시기에 동남아시아에서 가장 눈에 띄는 불교 국가 가운데 하나가 됐다.

외교는 상업을 촉진했고 상업은 문화적 유대를 자극했으며, 이 모든 과정은 곧바로 아유타야를 휩쓸었다. 이 나라는 '불교' 왕국이 됐지만, 또한 겉모습과 인적 구성에서는 완전히 국제적이었다. 중국인 상인, 일본인 호위병, 페르시아인 귀족, 심지어 그리스인 외무대신이 도시 성문 안에 살았다.[31] 1630년에 한 네덜란드인이 쓴 이 왕국에 관한 기록을 보면 이 시기 불교의 종교적 혼합에 여성도 단단히 한몫했음을 알 수 있다.

> 남성 성직자 외에 큰 사찰과 연결된 나이 든 여성도 많았다. 이들 역시 삭발을 했다. 이들은 흰 아마포로 지은 옷을 입었고, 모든 설교·노래·의식·기타 이 종교와 관련된 다른 행사들에 참여했다. 그러나 이들은 무슨 특이한 규정에 따라서가 아니라 오직 종교적 열정과 자유의지에서 그렇게 했다.[32]

이런 주장 일부와 불교 설화(타이어로 땀난tamnan과 풍사와단phungsawadan이라 한다)에 대해서도 연대기를 바탕으로 한 기록이 있지만, 이 이른 시기의 시암 왕국들의 상업과 세계주의의 궤적을 확인하는 데는 고고학 자료가 필수적이다.[33]

이런 측면에서 록새나 브라운Roxanna Brown의 작업은 중요했다. 그녀의 연구는 동남아시아의 여러 곳에서 발견된, 이 근세로 들어가는 시기의 도자기 종류에 대한 개관을 제공한다. 브라운은 제품의 종류, 제작 시기, 그리고 시암이 이 시기에 바깥 세계와 가졌을 무역 접촉을 분명히 보여줄 궁극적인 산지에 대한 훌륭한 개관을 제공했다. 사실 이 가운데 일부에 관해 육지에서 나온 증거들도 있지만, 태국의 경우에 난파선은 갈수록 중요해지고 있다. 난파선이 화물을 그 자리에, 비교적 양호한 상태로 보존하고 있기 때문이다.

[표 6.2] 수중고고학 도자기 자료

태국 앞바다에서 발견된, 도자기가 실린 주요 난파선

장소	난파 시기	발견된 도자기 화물
꼬랑꿰엔	1380~1400년 무렵	접시, 저장용 항아리, 갈색 및 초록색 도자기
꼬시충 2호	1405~1424/30년 무렵	저장용 항아리, 수코타이 물고기 및 꽃 모티프, 사완칼록 청자
쁘라새라용	1450년 무렵	싱부리 도자기, 참파 도자기
꼬크람	1450년 무렵	수코타이 접시, 전형적인 청자
꼬시창 2호	1470~1487년 무렵	미얀마 및 베트남 도자기

주: 다른 난파선들에는 여러 유형의 시암 도자기들이 실려 있다. 어떤 경우에는 매우 많다. 이에 관해 비슷한 시기의 것을 상세히 알려면 아래 Miksic를 보라.
자료: Brown(2010) 및 Miksic(2010)에서 추출.

꼬크라닷 난파선에서 발견된 도자기(1979~1980년 발굴)

온전	사완칼록 도자기	46점
	사완칼록 무광택 도자기	1801점
파편	다른 지역의 광택 도자기	8점
	다양한 지역의 석기/도기	747점

유물 목록 : 사완칼록 갈색 도자기(얼룩이 소병, 호리병, 손잡이 병); 사완칼록 흑색 저광택 병(배 모양, 소병, 접시); 사완칼록 흑색 저광택 덮개상자(망고스틴 뚜껑, 연꽃 뚜껑, 일반적인 뚜껑); 백자; 도기; 석기; 중국산 청화백자; 바닥짐.
자료: Jeremy Green, Rosemary Harper, and Sayann Prishanchittara, *The Excavation of the Ko Kradat Wrecksite Thailand, 1979-1980* (Perth: Special Publication of the Department of Maritime Archaeology, Western Australian Museum, 1981); Pensak C. Howitz, *Ceramics from the Sea: Evidence from the Kho Kradad Shipwreck Excavated in 1979* (Bangkok: Archaeology Division of Silpakorn University, 1979)를 참조.

꼬시충Ko Si Chung 2호, 꼬랑꿰엔Ko Rang Kwien, 꼬크람Ko Khram, 쁘라새라용Prasae Rayong, 꼬시창Ko Si Chang 2호 같은 태국 바다의 배들은 모두 이 무역 접촉을 한데 묶었을 도자기와 청자青瓷의 종류를 알 수 있게 해준다. 실제로 15세기의 자기 상당수는 유명한 청화백자青華白瓷가 아니라 청자였으며, 이는 수출의 '명대明代 공백'에 관한 여러 가지 이론을 제기하게 했다. 또한 동남아시아 토착 도기 산업에 대한 관심도 커졌다. 명나라는 적어도 어느 기간 동안은 남쪽으로 가는 무역을 억제한 듯하다.[34]

적어도 한 연구는 이 패턴을 정화의 항해와 관련해, 그리고 이 엄청난 항해가 중국의 남방 기반 상품 수출에 장기적으로 어떤 의미를 지녔는지를 살폈다.[35] 그러나 시암 앞바다의 꼬끄라닷Koh Kradad 같은 단일 난파선을 더 세밀하게 살펴볼 수도 있을 것이다. 이 배는 몇 년 동안 심층적으로 연구됐다.[36] 앞서 이야기한 거시적 관점이든 미시적 관점이든 태국 남부와 미얀마 앞바다에서는 과거 어느 때보다 더 활발하게 무역과 문화 교류가 확산되고 있었다.[37] 힌두교와 불교 도상의 도입은 이 기반의 일부였으며, 그 무역의 틈새를 이제부터 살펴보겠다.

부적의 이동

부적과 치성판은 태국 사회에서 성스러운 위치를 차지하고 있다.[38] 오늘날에도 불교의 호신부는 북쪽 미얀마 및 라오스와의 경계 지역에서부터 먼 남쪽 말레이시아와의 국경에까지 태국인이라면 누구나 금방 알아들을 수 있는 상징이다. 인류학자들은 부적이 우리에게 어떤 이야기를 들려줄 수 있는지 알아보려고 이를 연구했다. 태국인들이 이 세상의 위험을 어떻게 인식하고 있는지, 그리고 부적을 보호 수단으로 몸에 지니거나 속죄의 표시로서 집 안에 붙여놓으면 불교가 재앙을 피하는 데 어떻게 도움을 줄 수 있는지에 관해서다.[39]

크리스 베이커Chris Baker와 빠숙 퐁빠이칫Pasuk Phongpaichit은 이 이야기를 멀리 과거로 끌고 가서 400년 된 태국의 서사시들이 그런 철학을 부추기고 부적 사용이 점차 경전에서 나와 태국 주류 사회의 공통된 믿음이 되는 과정을 보여주었다.[40] 그러나 이야기는 이보다 더 먼 과거로 거슬러 올라간다. 스탠리 탐비아Stanley Tambiah 등도 부적 숭배의 더 이른 형태를 발굴했으며, 때로 산림 승려(시암에서 중요한 탁발 불교도를 이루는 시골의 수행자)와 고전기의 상가saṃgha(교단)의 시작으로까지 거슬러 올라가기도 했다.[41]

우리가 한 걸음 더 물러서서 제1천년기 불교가 태국 앞바다에 도착한 때로 돌아가면 이른바 부적 및 치성판의 효험과 그런 것들이 가지고 있다고 믿는(거의 말 그대로 불교가 시암에 도착한 때부터 오늘날의 가장 현대적인 모습에 이르기까지) 효용 사이에 거의 끊어지지 않는 선이 그어져 있음을 볼 수 있다. 방콕의 택시 운전사는 이 지식 계보를 남부의 동포 어부와 공유하고 있다. 남부 사람들은 1000년도 더 전에 이 도상들을 접했다. 따라서 부적의 도래는 태국 사회 전반에서 신앙의 도구로서 드문 영향력과 존숭의 대상이 됐다.

제1천년기 중·후반에 인도 아대륙에서 온 힌두교와 불교 모두의 부적, 치성판, 작은 조각상이 시암 남부에 상륙하기 시작했다.[42] 그 상당수는 반도의 가장 좁은 지역인 끄라지협과 그 주변으로 몰려들었지만, 그 북쪽과 남쪽의 동남아시아에도 들어왔다.

물론 힌두교는 이 시기에 인도에서 이미 뿌리를 내렸다. 신분제도가 만들어졌고, 여러 대서사시들이 이미 쓰였으며, 힌두교의 남녀 신들이 인도 곳곳에 널려 있었다. 때로는 휘황찬란한 신전에 화려한 석상으로서 있었다.[43] 인도 동남부의 촐라 제국(1279년 멸망)은 이 지역의 큰 해상 세력이 됐고, 결국 동남아시아에 힌두교의 여러 요소를 가져왔다. 때로는 무장한 선박에 병사들과 함께 실려 왔지만, 순회하는 성직자들의 산발적인 노력을 통해서 들어왔을 가능성이 더 높다. 이 성직자들은 이 지역에 파견된 인도 병사들의 영적인 조력자로 활동하면서 동시에 일부 현지인들이 여러 가지 힌두교 관념을 받아들이면서 그들을 상대하는 일도 했을 것이다.

불교도 왔다. 이 종교는 가우타마Gautama라는 역사 속의 인물인 붓다의 생애와 관련된 여러 유적지가 있는 네팔과 인도 북부에서 만들어졌고, 그곳에서 육로로 티베트와 이어 더 먼 동쪽의 중국, 한국, 일본으로 퍼졌다. 바다를 통해 동남아시아로도 퍼졌다. 그리고 그 한 변종인 상좌부 불교가 들어왔다. 상좌부 불교는 오늘날 이 지역에서 갈색 옷을 입은 상가(남녀 수행자들의 공동체)로 가장 잘 눈에 띈다.[44]

불교와 힌두교는 동남아시아에서 의식과 고행 제도로서 쉽게 뒤섞였다. 초기에 두 종교의 여러 형태를 받아들인 사람들은 두 전통(그들끼리도 한 포괄적인 이름 아래 전통이 다양했다)의 다양한 관념들을 숭배했고, 자기네의 일상생활에서 두 사상 조류의 관념이 자유롭고 쉽게 뒤섞였다. 이 지역에서 비슈누와 시바 신전과 도상을(그리고 수리아, 크리슈나, 무루간, 데비, 하리하라 등도) 볼 수 있는 것은 이런 이유 때문이지만, 역시 '불교'의 것이 더 잘 눈에 띈다. 길을 따라 몇 킬로미터 내려가면 다른 건물이나 조각상들이 두 종교가 한 자리에 있었음을 증언할 것이다. 동남아시아는 제시된 전통과 계보에서 자기네가 원하는 것을 빌려왔고, 현지의 필요와 기호에 따라 끊임없이 뒤섞고 맞추었다.

우리는 이 시기 태국 남부의 두 종교 잔존물에서 이 과정이 작동되고 있었음을 볼 수 있다. 미술사가 스탠리 오코너Stanley O'Connor는 지금은 고전적 연구가 된 그의 책《반도부 시암의 힌두교 신들Hindu Gods of Peninsular Siam》에서 남아시아에서 동남아시아로의 종교 전파를 "다리이면서 동시에 장벽"이라고 말했다. 적어도 3세기 이래 두 지역 사이의 종교적·지적 이동의 역사를 함축적이지만 매우 정확하게 기술한 것이다. 태국 남부 말레이반도에서 발견된 조각상 일부(그가 "비정상적인 비슈누 조각상"이라 부른 일군의 조각상 같은 것이다)는 이 틀에 맞는다. 이들은 알아볼 수 있을 정도로 비슈누를 나타냈지만, 외양은 충분히 다르게 바꾸었다(이 경우에는 엉덩이에 소라 껍데기를 그렸다). 팔리어, 팔라바어, 산스크리트어 새김글은 그들을 인도 아대륙과 연결시키지만, 또한 나콘시탐마랏에 있는 일부 새김글은 생각이 '다름'을 드러낸다.

오코너는 동남아시아의 발견물과 마투라에서 나온 쿠샨 도상이나 먼 구자라트주의 빈말Bhinmal에서 나온 비슈누 도상 같은 유사한 작품들을 서로 비교해 보여줌으로써 우리가 영감의 원천을 알 수 있게 한다. 지역들 사이의 현존하는 차이에 대해서도 마찬가지다. 태국 남부 따꾸아빠에서 나온 비슈누 조각상에서도 그는 인도 남부의 팔라바 왕국과의 유사성을 본다. 그리고 이를 시촌, 사팅프라, 펫차부리, 수라타니주에서 나온 다른 것들과 비교한다.

먼 인도의 원천으로부터 영향력이 확산됐음은 분명하지만, 동남아시아 작품의 다양성 또한 분명하다. 이들은 인도와의 연결을 보여주면서도 약간의 변화를 보여준다. 다른 작품들이 현지의 관념과 기호를 반영해 변화한 것이다. 아래 묘사한 대부분의 형상은 대략 6~8세기의 것이기 때문에 이 과정이 얼마나 오래된 것인지, 그리고 이 동남아시아 지역에서 얼마나 오래 이용돼왔는지를 알 수 있다. 또한 인도의 상징들의 한 '상륙 지점'에서 덩어리를 이룬 작품들이 나중에 그 도상들이 다른 곳(앙코르 시대의 캄보디아나 참족의 베트남 같은)에서 되풀이될 때 새로운 의미를 가지게 된다는 것도 알 수 있다.[45]

하이럼 우드워드Hiram Woodward 역시 태국 남부에서 일어난 문명 접촉의 파생물들에 대한 중요한 해석자였다. 그는 이 지역의 불교 유물을 오랫동안 유심히 바라보았다. 그리고 심지어 처음에 동남아시아로 온 힌두교 조각상과 치성판을 만들었던 인도의 일부 공방이 결국 불교 유물도 함께 만드는 것으로 전환했다고 주장했다.

우드워드는 태국 남부에서 발견된 여러 불교 조각상들 사이의 유사성을 지적했다. 예를 들어 차이야에서 나온 성관음聖觀音/Āryā-avalokiteśvara과 쿠부아(40호 스투파)에서 나온 보살菩薩/Bodhisattva 같은 것이다. 조각상 표현에서 얼굴 모형, 머리 모양, 어깨에 걸친 옷 등이나 자세는 모두 비슷한 생산의 (아니면 적어도 도상 착상의 모형화의) 출처를 가리키고 있다. 이 가운데 일부는(그리고 다른 조각상도) 석회석으로 만들어졌지만, 다른 것들은 청동으로 만들어졌다. 그리고 이들 모두는 다른 곳으로 옮겨져 오랜 시간을 버텨내고 유물로 보존됐을 것이다. 우드워드는 이 조각상들을 만드는 데 영감을 주었을 가능성이 있는 곳 중 하나가 인도 중남부의 데칸고원이라고 주장한다. 그러나 가능성이 있는 또 다른 장소로 스리랑카도 배제하지 않는다.

차이야 지역은 8세기부터 10세기 사이에 주요 교차로였던 듯하며, 이 지역에 고고학 기록이 특히 풍부하다. 당 왕조의 도자기도 이 지역에서 발견돼 상업적·영적 세계들 사이의 연결(한쪽은 중국에서 도자기를 싣고 왔고, 다른 쪽은 인도에서 종교적 도상을 싣고 왔다)이 이 지역 안팎에서 만난 듯하다. 전통들이 충돌했고, 이어 지역에서 통합됐다. 신들이 숭배됐다는 점에서도 그렇고, 늘 먹는 음식을 먹어치우는 보다 평범한 관심의 측면에서도 그렇다. 이런 식으로 우리는 다시 이 두 세계를 연결하는 데서 태국 남부 해안이 핵심적인 중요성을 지녔음을 알 수 있다. 한쪽은 드넓은 인도양과 연줄을 가진 안다만해이고, 다른 한쪽은 멀리 북쪽의 중국과 연줄을 가진 타이만이었다.[46]

세 번째 사례는 완나사른 눈숙Wannasarn Noonsuk이 최근 완성한 코넬 대학 박사학위 논문에서 가져올 수 있을 것이다. 눈숙은 자신의 고고학적·미술사학적 노력을 한 장소에 집중시켰다. 바로 태국 남부 탐브라링가 유적지다. 오코너, 우드워드, 그 밖의 사람들은 주로 이 초기 연결의 큰 틀을 설명하는 데 관심을 가졌지만, 눈숙은 시선을 낮추어 한 장소에 맞추고 그곳에서 바깥으로 나아갔다. 어떤 면에서 선배들과 정반대의 길을 걸은 것이다.

앞서 말했듯이 탐브라링가는 제1천년기 중반에 반도의 가장 중요한 두 운송 중심지 가운데 하나가 됐다. 그 길이 인도양과 남중국해 양쪽으로 뻗어 멀리 떨어진 문명들과 물질적·이데올로기적 교류의 장소가 되었다. 눈숙은 이 결과로 발달한 동남아시아 나머지 지역과의 고고학적 연결을 보여준다. 그러나 인도와, 그리고 1만 킬로미터 이상 떨어진 로마와의 연결도 있었다. 타이만 쪽에서는 그 활동을 통해 중국과도 교역을 하고 있었다. 해안에 널린 쓰레기들이 그 사실을 아직도 매우 상세하게 보여주고 있다. 전형적인 동남아시아 물질문화의 인공물인 동고銅鼓

도판 6.1 태국 남부에서 발견된 돌 치성판(8~12세기경)
(영국박물관, AS 107.40)

는 그것이 초기 동남아시아 일대에 확산되면서 보이기 시작했다. 인도에
서 건너온 비슈누 조각상도 마찬가지였다.

　그러나 눈숙은 한 발 더 나아가 탐브라링가 지역의 지리와 환경을 매
우 상세하게 조사한다. 정치체가 현지의 왕래와 매일매일의 상황을 어떻
게 다루었는지를 보여주기 위해서였다. 이렇게 해변은 멀리 떨어진 문
명과의 교류 장소일 뿐만 아니라 먹을 것을 모으는 장소도 된다. 해안 평

원은 주거지였을 뿐만 아니라 '왕국의 곡창'(눈숙의 표현이다)이기도 하다. 구릉과 산지는 탐브라링가에 색다른 부를 가져다준다. 임산물과 기타 구하기 어려운 물건들이다.

마지막으로, 이 정치체는 또한 스리위자야 제국과 이웃하고 있었다는 점도 고려해야 한다. 이 제국은 7세기에서 12세기 사이에 불길하게도 지근거리인 믈라카해협에서 성장하고 있었다. 이런 식의 지리적 분석은 종교의 영향력과 전파에 관한 우리의 질문에 도움이 된다. 그것은 그런 질문이 멀리서 구해오는 식품에서부터 사치품과 종교적인 물건에 이르기까지의 더 큰 사회적 관심의 뭉치 가운데서 중요한 부분임을 보여주기 때문이다.[47]

반도부 시암은 이 모든 연구들을 통해 일종의 연결의 축도로 나타난다. 이곳은 패턴들이 만나는 곳이고, 일부 사회의 덩굴손이 세계로 뻗어 다른 사회의 임시적인 '더듬이'와 상업적으로 또는 이데올로기적으로 만나는 곳이었다.[48] 오코너는 다른 책에서 이곳을 바라보는 시각들을 그저 매우 변수가 많은 '장소'로서 분류하고 고고학, 발견된 사기 그릇, 초기 브라만교 조각상, 먼 지역에 대한 지식을 담은 타밀어(심지어 로마의) 문헌, 앙코르 제국 탄생 직전의 크메르 외교의 시작을 혼합했다.[49]

끄라지협과 그 인근은 지금은 '멀고' '한적하고' '주변적인' 곳이지만 한때는 완전히 반대였음을 짐작할 수 있다. 그러나 이곳을 이런 식으로 보면 종교의 전파 통로를 '재인식'(미술사가 피리야 크라이릭시Piriya Krairiksh의 표현이다)할 수 있고, 이 장소를 대단한 문명적 가치를 지닌 곳으로 볼 수 있다.[50] 중심지 이론에서 이곳은 한때 종교와 상업 측면 모두에서 중심지였던 곳이다. 물론 더 이상 중심지는 아니지만 말이다.

도판 6.2 벵골만의 성관음 조각상(스리랑카, 750년경)
(Sean Pathasema, 버밍엄미술관)

이곳에는 줄리어스 뱁티스타Julius Baptista가 관련된 맥락에서 '사물들의 정수'라고 부른 것이 있었다. 그 사물들은 가지고 갈 대단한 가치가 있는 물리적 대상이었고, 사람들과 함께 이동했다. 그리고 이 여행에는 관념도 따라갔다. 모두가 한 묶음으로 묶여 있었다.[51] 초기에 서로 멀리 떨어진 사회들 사이에 일부 대화가 이루어진 것은 바로 이러한 공간에서였다. 그런 대화가 정확히 어떤 내용이었는지는 알 수 없다. 그러나 문헌

기록은 거의 없더라도 아직 읽어야 할 기록이 있다. 주로 흩어진 파편과 깨진 조각상 같은 것들이다. 그러나 이 일을 할 줄 알고 도구를 가진 사람들이 읽고 해석해야 할 곳은 바로 그곳이다.

그것은 고무적이다. 그런 노력들은 실제로 우리를 옛날의 길에 공감할 수 있게 해줄 것이기 때문이다. 우리는 그들의 세계를 물려받았다. '흔적 없는 바다'의 발자국을 더 이상 읽을 수 있는 상황은 아니지만 말이다.[52]

맺으며

먼 과거에 상품들이 광막한 대양의 공간을 넘어 이동했음은 분명하다. 그리고 때로 아주 먼 거리를 넘어, 우리가 흔히 별개이고 고립된 것이라고 생각하는 문명들을 연결했다. 예를 들어 직물은 오랜 연결의 역사를 갖고 있다. 심지어 고대 로마와 고대 인도도 하나로 연결했다. 사실 일부 개별 품목은 더 먼 곳까지 가서 고대의 지중해와 고대의 중국을 하나의 초대륙적 무역망 속에 감아 넣었을 것이다.[53]

상업 외에 종교도 연결 기능을 어느 정도 해서, 정상적으로는 같은 활동 공간에 함께 있을 이유가 별로 없는 지역들을 이었을 것이다. 초기 힌두교와 불교의 조각상·유물·부적은 이 과정의 일부였고, 이 장소들이 오랜 시간에 걸쳐 교류를 나누게 됐음을 전해주는 매우 유용한 도구다. 직물은 열대의 열기와 습기로 인해 풀어지고 삭아버리지만, 돌과 금속으로 만든 치성판은 아직도 남아 있다. 물론 발견하기가 하늘의 별 따기이기는 하다. 그러나 그 고고학적 분포와 이동을 통해 우리는 고대 세계의 일부 패턴과 지역들이 어떻게 서로 연결돼 있었는지를 알아낼 수 있다.

어떻든 인도 아대륙(스리랑카 포함)과 동남아시아 사이의 초기 무역의 품목은 주로 식료품이었지만 다른 상품들도 거래했을 것임은 의문의 여지가 없다. 촐라와 스리위자야 같은 제국들의 전쟁과 영토 구상 또한 이 문명 간 대화에 이바지했다. 그러나 이 연결에서 종교도 큰 역할을 했다는 사실 역시 이제 의문의 여지가 없는 듯하며, 이 과정을 정리하는 최선의 방법은 한 장소에서 다른 장소로 옮겨간 종교와 관련된 물건들을 분석하는 것이다.

나는 제1천년기 말에 인도양의 동반부는 매우 활발한 거래가 이루어지는 곳이었다고 주장했다. 아대륙의 인도 세계와 동남아시아의 작은 신생 정치체들 사이의 접촉은 이 시기 말에 이미 가속도가 붙었고, 수백 년에 걸친 영향은 동남아시아에 특히 인도의 화상들이 가득 차게 만들었다. 힌두교와 불교의 도상은 이 과정에서 많은 부분을 차지했다. 신들이 이동하면서 문화 또한 이동했다. 그리고 동남아시아의 여러 곳에서 적어도 부분적으로라도 인도를 모델로 한 작은 왕국들이 생겨나기 시작했다. 작고 휴대할 수 있는 신들의 조각상, 그리고 치성판과 몸에 지니기 쉬운 종류의 부적이 수백 년에 걸쳐 이 지역으로 흘러들어왔다.

반도부 시암의 남쪽 지역은 그런 접촉에 특히 최적의 장소가 됐다. 인도 배들이 수백 년에 걸쳐 이 '신세계'에서 행운을 잡기 위해 벵골만을 건넌 수많은 선원, 성직자, 상인을 쏟아내면서다. 그들이 상륙한 곳에서는 힌두교와 불교가 뿌리를 내렸다. 제1천년기 말에는 반도의 많은 중산층 가정에서 이런저런 종류의 '새' 종교의 치성판을 갖고 있었을 것이라고 해도 결코 과장은 아니다. 이들은 들어온, 그리고 여전히 바다를 통해 들어오고 있는 새로운 관념의 표지 노릇을 했다. 어떤 면에서 "바다에서 온 표지판"이었다. 처음에는 독백으로 했던 종교적 설교가 결국 수백 년에 걸친 대화로 대체됐다.

그 대화는 오늘날에도 여전히 계속되고 있다. 이제는 승려와 물건이 흔히 반대 방향으로도 이동한다. 다른 곳도 그렇지만 이곳에서는 대양이 의식에 관한 기법과 도덕적 설화 전통의 교환을 위한 수단을 제공했다. 그 대화의 용어들은 시간이 지나면서 갈수록 이해의 폭이 넓어질 것이다. 건너온 부적들이 해변의 이 옛 도시들에서 갈수록 많이 발견되고 발굴되면서 말이다.

7장

민다나오섬 삼보앙가

세상 끝의 이슬람교와 기독교

이곳의 이슬람교도, 그 조상들은 정말로 모든 곳에서 왔습니다.
그렇게 먼 곳인데도 정말로 아주 중심지답습니다.
— 민다나오섬 삼보앙가의 어느 무슬림 여성[1]

민다나오섬의 서남쪽 '거미 팔' 모양의 반도(그것은 불필요한 부속물처럼 필리핀의 나머지 부분에서 튀어나와 있다) _끄트_머리에 있는 항구도시 삼보앙가는 세계의 _끄트_머리같이 보이고 그렇게 느껴진다. 어떤 면에서 이곳은 세계의 _끄트_머리다. 이곳은 필리핀이 끝나는 곳이고, 말레이 세계가 시작되는 곳이다. 이곳은 말레이 세계와 공유된 종교(이슬람교), 공유된 무역(대양의 산물)의 역사를 통해 연결돼 있다.

그러나 이곳은 다른 측면에서 일종의 변경 도시다. 여기에는 자체의 차바카노어(에스파냐어와 세부어, 기타 언어들의 혼합물)가 있고, 거리를 걸으면 독특한 '느낌'을 분명히 느낄 수 있다. 여기에는 옛 에스파냐, 더 정확하게는 무너져가는 에스파냐 제국의 분위기가 있다. 녹슨 대포가 바다를 바라보며 서 있는 것이 많이 눈에 띈다.

이곳에서는 이슬람교의 상징들도 눈에 띈다. 주름진 함석지붕을 인 수많은 작은 이슬람 사원은 동남아시아 계절풍 바다의 가장 동쪽 끝에 있는 이 종교의 몇몇 상징물들 가운데 하나다. 가장 기독교 교세가 강한 지역인 필리핀 군도여서 가톨릭도 분명히 존재하지만, 그것은 이 이주한 이슬람교의 존재와 동등하게 함께 존재한다. 두 종교는 지금까지 대부분의 시간 동안 평화롭게 뒤섞였다. 이따금씩 긴장이 생기기는 했지만 말이다. 종종 비유적이거나 실제적인 폭발이 일어나 양쪽이 공존하지 못하는 경우가 있었다.[2]

변경 도시지만 이곳은 연구가 미진한 곳이었다. 상당 기간 동안 이곳은 정말로 돌아다니거나 질문을 하기 너무 어려운 곳이었다. 일이 많은 곳이었다. 그러나 삼보앙가는 아주 매력적이다. 이곳은 여러 가지 의미에서 '세계의 끄트머리'다. 필리핀 가톨릭 세계의 끄트머리이고, 이슬람 세계(다르알이슬람)의 끄트머리이고, 몇 개 국민국가의 끄트머리다. 그러나 이곳은 또한 자체의 존재 의의가 있다. 해상 연결과 멀리 떨어진 지역을 묶는 종교가 있는 곳이라는 측면에서 더 중심적인 장소를 상상하기는 어렵다.

이 장은 삼보앙가를 여러 가지 의미에서 끄트머리 장소로 본다. 나는 이 공간들에 (비유적이며 실제적인 의미에서) 그것이 깃들어 있다고 주장한다. 즉시, 그리고 동시에 말이다.

이 장은 대략 비슷한 분량의 세 부분으로 나뉜다.

첫 번째 부분 '역사의 흐름'에서는 이곳이 어떻게 해서 존재하게 됐는지를 살핀다. 아시아의 바다에 점점이 박혀 있던 이슬람 항구 연결망

지도 7.1 술루해

(동아프리카의 킬와에서부터 죽 이어져 동쪽의 삼보앙가까지) 속의 그 초기 기원부터 16세기 에스파냐인의 도래까지다.[3] 술루 술탄국으로 정점에 이르렀던 이 지역의 수백 년에 걸친 이슬람 군주들의 지배는 19세기 말 더 강력한 에스파냐의 개입으로 막을 내렸다. 그 뒤 20세기 직전에 제국주의 세력인 미국이 들어와 기존의 방식 일부를 이어가면서 몇 가지 다른 일을 시작했다. 바로 그 부분을 검토한다.

이어 두 번째 부분 '선동의 시대'는 필리핀 독립 이후 시기, 그리고 우리 시대에 들어오면서 삼보앙가 주변의 긴장을 살핀다. 다양한 모로족 이슬람 조직의 등장을 다루고, 필리핀 남부에서 수십 년 동안 일상이 된 이슬람교도와 기독교도 사이 분쟁의 국내외적 맥락 또한 살핀다.

끝으로 이 장의 마지막 부분 '삼보앙가에서'는 내가 직접 그곳을 돌아다녔던 이야기를 간단히 하겠다. 나는 현지 주민들에게 질문을 하며 이 도시와 그 주변에서 얼마간의 시간을 보냈다. 그곳의 이슬람교도와 기독교도 모두와 이야기를 나누었다. 그리고 이 지역의 문제에서 삼보앙가가 차지하는 위치에 대해 식견 있는 이야기를 들려줄 위치에 있는 다른 사람들도 만났다(주로 마닐라에서였다). 그들의 관찰과 견해로 이 장을 마무리한다. 그들의 정서가 정말로 가장 중요하게 여겨져야 하기 때문이다. 나는 여기서 바닷가의 이 도시에 대한 그들의 생각을 전하는 통로 역할을 할 뿐이다.

역사의 흐름

17세기에 민다나오섬 서남부는 마긴다나오 술탄국의 중심지로 중요해졌다. 지금의 코타바토를 수도로 한 이 정치체는 그 중앙의 행정 중심지에서 모든 방향으로 손을 뻗치고 있었다. 삼보앙가도 거기에 포함됐다. 쿠다라트 술탄은 이 나라의 존속과 성장에서 가장 중요한 인물이었다. 그의 이름은 그가 이룬 성취에 대한 존경의 표시로 지금도 여러 지명에 남아 있다.

　마긴다나오 술탄국은 해안에 위치한 나라였지만, 또한 민다나오섬 내륙과의 활발한 왕래에도 의존했다. 풀랑이강$_{江}$(에스파냐인들은 섬의 중심부로 가면서 리오그란데데민다나오라는 이름을 붙였다)은 장거리 접촉과 상업을 위한 이상적인 통로였고, 삼림 고지에 사는 다양한 사람들과의 상품 교환을 촉진했다. 이 강은 계절적으로 범람해 넓은 호수를 만듦으로써 경작지에 물을 댈 수 있게 했고, 그 덕분에 몇 달 뒤 농작물을 거둘 수 있었다.

마긴다나오는 이 양쪽 길로 나아가 번영을 누렸다. 하나는 상업과 이동을 바탕으로 한 것이었고, 다른 하나는 정주와 농업을 바탕으로 한 것이었다. 그러나 시간이 지나면서 '사람'이 핵심 거래 품목 가운데 하나가됐다. 산악의 소수민족으로서 붙잡히거나 저지대에 팔린 사람들, 마긴다나오와 아주 가까워 발전하는 왕국의 영향권 안에 들어온 해안이나 섬의 작은 공동체에 사는 사람들이었다. 이 술탄국은 매우 크고 강력해져 결국 동남아시아 바다 바깥 멀리에까지 알려졌고, 네덜란드, 잉글랜드, 에스파냐의 대리인들도 자기네의 기록에서 이곳을 언급했다.[4]

이들 열강 가운데 이 무대에서 가장 중요해진 것은 결국 에스파냐였다. 16세기 말부터였다.[5] 에스파냐인들은 물론 마젤란도 항해 때 필리핀중·남부를 지나갔음이 안토니오 피가페타의 기록에 있다. 그러나 16세기는 이 지역 일대에서 에스파냐가 광범위한 활동을 한 시기였다. 그들은 이 일대에서 인도네시아 동부의 '향신료제도'로 불린 말루쿠제도에이르기까지 작은 요새들을 건설했다.[6]

삼보앙가에는 1597년에서 1599년 사이에 에스파냐 요새가 건설됐지만, 그곳은 불과 3년 뒤에 버려졌다. 에스파냐령 세부가 잉글랜드의공격으로 위협받자 본국에서 방어를 위해 주둔지를 삼보앙가에서 세부항구로 옮기기로 결정했기 때문이다. 에스파냐는 1635년에 삼보앙가로돌아왔고, 이때는 돌로 지은 요새를 건설했다. 이 원정을 부추긴 것은 후안 데 차베스Juan de Chavez 선장이었고, 그는 요새를 건설하기 위해 에스파냐 병사 300명과 필리핀 중부의 비사야족 병사 1000명을 동원했다.

그러나 1663년에 역사가 되풀이됐다. 이번에는 마닐라가 새로운 침공 위협을 받았다. 다만 이번에는 유럽 해군의 침입이 아니고 망한 명나라에 충성하는 정성공의 군대였다. 명나라 잔존 세력으로부터 황실 성을 인정받아 콕싱아로 불리던 그는 타이완을 거점으로 위협을 가했다. 삼보앙가의 요새는 다시 버려졌고, 에스파냐는 1718년이 돼서야 돌아왔다.

이 무렵에 삼보앙가 바로 남쪽에 자리 잡은 술루 술탄국이 한껏 지배력을 뽐내고 있었고, 에스파냐는 이 지역에서 이 술탄국의 영향력이 커지는 것에 맞서 균형을 유지할 필요가 있었다. 에스파냐에게 가장 중요했던 것은 수백 명, 결국에는 수천 명의 도망 노예가 결국 삼보앙가로 들어온 것이었다. 술루 술탄국의 노예 사냥선들이 점점 더 동남아시아 섬 지역을 휩쓸고 다니자 그들의 해안 약탈을 피해 도망친 사람들이었다. 대략 이 시기에 삼보앙가에서 소통을 촉진하기 위해 차바카노어가 생겨난 듯하다. 에스파냐어와 이 도시에서 의사소통을 위해 사용되던 여러 비사야계 언어들을 섞은 것이었다.

요새 주변의 정착지는 1865년 무렵부터 본격적으로 성장하기 시작했다. 에스파냐의 쇠락으로 수백 년에 걸친 긴 부재 끝에 예수회 수도사들이 이 도시로 돌아온 것이다.[7] 그들의 전도 노력이 더 많은 사람들을 "종탑 아래로" 데려오면서 삼보앙가는 성장하기 시작했다. 이 사람들 가운데는 다양한 떠돌이(또는 부분적인 떠돌이) '해민海民'들이 있었다. 사말족, 야칸족, 바자우라우트족 들로, 모두 이 도시의 해안을 따라 흩어져 살기 시작했다.

마긴다나오 술탄국은 크기나 세력의 여하를 불문하고 민다나오 서남부에서 가장 먼저 성립된 이슬람 정치체였지만, 이슬람교는 그들이 등장하기 이전에 들어왔고 실제로 이곳에 이슬람교도가 진출한 것은 17세기 쿠다라트 술탄의 전성기 훨씬 전으로 거슬러 올라간다는 분명한 증거가 있다.[8]

세사르 마훌Cesar Majul은 필리핀 남부의 이슬람교도에 관해 연구하는 학자들의 장로였고, 이 초기 역사에 관해 폭넓게 글을 썼으며 발견된 얼마 되지 않는 정보들을 종합함으로써 이 분야에 많은 지원을 했다. 그중에는 술루와 민다나오 일부에 산재한 초기 이슬람교도 묘비에 대한 연구가 있으며, 이는 적어도 15세기까지 거슬러 올라간다. 아랍어로 우아하게 새겨진 이 비문들은 아주 이른 시기(이 종교가 정말로 막 동남아시아에 들어왔을 때다)에 이슬람교도들이 무역로를 따라 동방에 진출했다는 증거다. 술루해 연안에는 이 지역의 초기 이슬람교도의 물리적 흔적 일부가 남아 있다. 마훌은 또한 중국의 연대기들도 검토해, 몽골이 중국을 지배하던 14세기에 중국인들이 이 지역에서 확인한 초기 상태의 이슬람 정치체에 관한 증거도 발견했다.[9]

피터 고잉Peter Gowing을 비롯해 다른 학자들도 이 지역의 이슬람교의 뿌리에 관해 깊고도 지속적인 관심을 기울였으며, 이 지역에 큰 규모의 국가가 아직 들어서지 않은 때에 술탄과 다투datu(군주)가 다스리는 체제를 어떻게 만들 수 있었는지를 정리했다.[10] 이 모든 자료는 술루해 연안에 이슬람 문화가 번성했음을 보여준다. 이 문화는 활기차고 적극적으로 개종을 장려했으며, 현재 작은 공간을 몇 개의 국민국가가 공유하고 있는 지역에서 개종자를 얻어냈다.

그러나 이 지역에서의 이슬람교도와 기독교도 사이의 만남에 대한

가장 수준 높은 연구는 제임스 프랜시스 워런James Francis Warren의 고전이
된 책《술루 지구: 한 동남아시아 해양 국가의 변모 과정에서의 대외무
역, 노예제, 민족성의 역학The Sulu Zone: The Dynamics of External Trade, Slavery,
and Ethnicity in the Transformation of a Southeast Asian Maritime State》다. 더 동쪽 민
다나오 본섬의 마긴다나오 술탄국을 통해 이미 밝혀진 일부 패턴(즉 노예
사냥과 장거리 무역, 그리고 외교적 책략)은 워런이 묘사한 술루 술탄국에 의
해 마긴다나오 정권의 시대 이후에 완성됐다. 술루는 사실상 이 지역에
서 가장 활기 넘치는 이슬람 세력이었던 코타바토 정권을 밀어냈고, 이
때문에 술루 세력의 중심지인 홀로섬(삼보앙가 바로 남쪽의 술루제도에 있던
술루 권력의 중심지였다)은 삼보앙가를 근거지로 한 에스파냐의 팽창 정책
의 응징자가 됐다.

18세기 말부터 19세기 말까지 술루 술탄국은 노예사냥 및 습격 원정
대를 동남아시아 바다 일대에 보냈다. 동쪽의 뉴기니에서부터 믈라카해
협을 거쳐 서쪽으로 멀리 미얀마까지 보냈다. 수십만 명의 포로가 잡혔
는데, 대개 저지 해안 주민들이었고 상당수는 이슬람교도였다. 다양한
이른바 오랑라우트Orang Laut(해민, 한 집단으로 그렇게 불리지만 지역에 따라
여러 이름으로 불린다)들도 붙잡혔고, 그들 모두는 해산물을 조달하는 일에
동원됐다. 해산물은 배에 실려 남중국해를 건너 항상 수요가 넘치는 중
국 시장으로 보내졌다. 술루의 다투들에게는 민다나오, 보르네오, 기타
지역의 하구가 영지로 주어졌다. 내륙의 임산물 역시 뽑아내려는 것이었
고, 이것들은 해산물과 함께 배에 실려 광저우로 갔다.

이 전체 체계는 대략 100년 동안 작동됐고, 이 지역에 에스파냐의 포
함이 들어오면서 서서히 저지당했다. 에스파냐는 이 경제적 이득에 접근

도판 7.1 민다나오섬 삼보앙가의 대포(왼쪽)와 이슬람 사원 팻말(오른쪽) (저자 제공)

하고자 했고, 마닐라 또한 에스파냐 해군이 필리핀 군도를 지나 남쪽으로 진군하면서 왕성한 이슬람 해상 세력이 자기네 문 앞에 오지 못하게 보장해주기를 원했다.[11]

19세기 말에 민다나오 서남부에 대한 에스파냐의 지배가 열매를 맺기 시작했다. 에스파냐의 순양함은 이전에 이 바다로 와서 이따금씩 이슬람 선박들과 교전했고, 그들의 화물을 약탈했다. 상품성이 있는 물건들은 몰수해 삼보앙가나 마닐라 같은 곳에 팔아 돈을 챙겼다. 포로는 현지에 억류됐고, 많은 사람들이 삼보앙가 안팎에서 정착했지만 대부분의 사람들이 맞닥뜨린 현실은 필리핀 남부의 무장한 이슬람 지배자 대신 유럽인의 통제하에서 다른 형태의 노예가 되는 것이었다. 술루 술탄국이 운영될 수 있게 한 타우수그족과 이라눈족은 이 일이 굴러갈 수 있게 만드는 엄청난 수의 계절 노동자를 모을 수 있었으나, 에스파냐 증기선(19

세기 말에는 이제 민다나오 서남쪽 바다에 수시로 나타나기 시작했다) 앞에서 그들은 기술적으로 상대가 되지 않았다.

이는 이 지역의 또 다른 생존력 있는 이슬람 정치세력인 부아얀Buayan의 다투 우토Utto의 경우도 마찬가지였다. 우토는 17세기 초 이래 코타바토 안팎의 마긴다나오 술탄국의 계승자였다. 다투 우토와 술루 술탄국은 모두 술루해와 민다나오 서남부에 폭넓게 뻗은 무역 상대자와 봉신封臣들을 확보하고 있었지만, 에스파냐가 1860년대, 1870년대, 1880년대에 이 지역에서 이슬람 선박을 몰아붙이는 합동작전을 시작하자 둘 다 그들과 경쟁을 할 수 없었다.

두 술탄국(이제 수백 년이 된 이 지역의 독립적인 정치권력의 최종 주자에 해당한다)은 19세기 말 새로운 현실에 굴복했다. 그러나 20세기로 접어들면서 이런 변화 방식을 공고히 하고 새로운 현상status quo을 형성한 것은 새로운 제국주의 세력 미국의 등장이었다.[12]

미국이 에스파냐로부터 필리핀을 넘겨받고 이어 필리핀 토착민들을 정복한 이야기는 다른 곳에서 많이 이야기됐다.[13] 이 책에서는 미국 군대가 민다나오섬의 서남쪽 구석에 도착한 것이 중요한 사건이었다고 말하는 것으로 충분하다. 오래되고 약한 식민 세력이 이제 젊고 훨씬 강한 제국주의 세력으로 대체된 것이다. 필리핀에서 미국의 진격은 특히 루손섬 같은 북부에서 일어났지만, 이슬람교도가 다수를 차지하는 남부(민다나오섬과 술루해 지역 포함) 역시 1899년에서 1903년 사이에 정복됐다.

그 뒤에 미국과 미국령 필리핀 정부는 필리핀의 이슬람교도들에게 미국의 지배에 굴복하는 것이 그들에게 최고의 이익임을 납득시키기 위해 당근과 채찍 정책을 펼쳤다. 이는 부분적으로만 먹혔다. 미국은 학교와 도로를 건설했고, 지역의 농업을 개선할 수 있는 수단을 제공했다. 모두가 이 지역의 이슬람교도들이 원했던 것이었다.

그러나 남부의 미국 사령관 레너드 우드 장군은 콧대가 센 군인이었고, 자신이 취할 수 있는 모든 수단을 동원해 반대자들을 추적했다. 코타바토에서(특히 다투 알리를 추적하기 위해서), 라나오에서(이른바 타라카 원정), 그리고 술루해에서 군사작전이 벌어졌다. 술루에서는 홀로섬과 바실란섬 같은 밀림이 들어찬 섬의 내지에서도 전투가 벌어졌다. 1909년에서 1913년 사이 존 퍼싱 장군이 지휘를 맡았던 시기에 제국으로 나아가는 미국에 대한 이슬람교도의 저항은 흐트러졌고, 이어 사실상 사라졌다. 제국의 소모전은 이제 식민지 점령의 그날그날의 현실이 됐다.[14]

퍼싱은 전임자인 우드와 마찬가지로 군인이었다. 그의 방침과 또한 그의 민다나오 서남 지역 통치의 흐름은 단호하게 군사적인 태도를 취했다. 그러나 1913년 이후 필리핀 남부 이슬람 지역은 전쟁관구가 아니라 통치구역으로 운영됐다. 1914년에서 1920년 사이에 민다나오-술루 관구가 만들어져 프랭크 카펜터의 지도하에 놓였는데, 그는 군인이라기보다는 관료에 가까웠다. 이 무렵에는 공공질서가 대체로 유지됐고, 재정·광업·무역·교육이 제 모습을 갖추었다. 필리핀 군도의 최남단은 수십 년, 어쩌면 수백 년(바다와 강을 근거지로 한 여러 술탄국들의 습격을 고려한다면) 동안 보지 못했던 평화로운 정상 상태의 분위기가 감돌았다.

그러나 이것은 외부자에 의한 달갑지 않은 통치였고, 게다가 기독교도 외부자였다. 미국인들은 이슬람 지도자들의 힘을 뺐다. 그리고 대체로 그들을 이 빠진 존재로 만들었다. 다만 종교적 배려만 남겼는데, 종교는 아직 현지 주민들에게 영향력을 유지하고 있기 때문이었다. 아마도 보다 분명한 것으로, 식민 정부(그들의 정책은 정부의 최고위 수준에서 미국인들에 의해 운영되고 조정됐다)는 기독교도 지역인 필리핀 북부에서 남부 이슬람 지역으로의 이주를 권장했다. 필리핀 남부의 다른 지역에서도 그랬지만 민다나오 서남부는 20세기 중반에 가톨릭 이주자들로 인해 인구 구성이 변화했다. 특히 독립 이후, 한때 이슬람교도가 다수였던 남부의 여러 지역이 몇 년 사이에 이슬람교도 소수 지역이 됐다.

일부 지역에서는 그 결과로 엄청난 불균형이 생겼다. 베니그노 아키노 전 필리핀 상원의원은 민다나오의 일부 해안 지역에서 기독교도가 이제 이슬람교도보다 다섯 배 많다고 말했다. 이는 특히 1945년 이후 그랬고, 이전에 특징적으로 이슬람교도가 많았던 곳에서 그랬다. 그런 인구 불균형이 단기간에, 그것도 수십 년에 걸친 전쟁과 불안정 이후에 일어났기 때문에 삼보앙가에서 사방으로 수 킬로미터 뻗어 있는 이 광대한 해양 지역에 독립 이후 투쟁의 먹구름이 다가온 것은 당연한 일이었던 듯하다.[15]

선동의 시대

1945년 필리핀 독립 이후 국가 권위에 대한 도전이 잇달아 발생했다. 그 대부분은 북부와 시골의 다양한 이데올로기적 색채를 띤 불만 집단들 사이에서 일어났다. 이슬람교도가 많은 남부에서도 정부에 대한 불만의 소리들이 나왔지만, 이 불만들이 어떤 실질적인 응집력을 보인 것은 1969년 모로민족해방전선(MNLF)이 창설되고부터였다. 그 이전에 이 전율의 상당 부분은 타우수그, 마라나오, 야칸, 사말, 수바논 등 민족을 가리지 않았다.

그러나 그해 누르 미수아리Nur Misuari(그에 대해서는 잠시 후 상세히 논의하겠다)는 잡다한 이슬람교도들의 목소리를 한 집단으로 모았고, 이어 필리핀 남부의 한 지역에서 반란이 일어났다. 민다나오섬에서 술루해와 남부의 다른 섬들 일부에 걸친 지역이었다. 모로민족해방전선은 이 신생 영토를 '방사모로Bangsamoro 자치구'로 불렀으며, 그들은 마침내 이슬람협력기구(OIC) 같은 초국가적 조직의 승인을 얻어냈다. 우발적이지만 때로 격렬한 이슬람 반군과 필리핀 정부군 사이의 전투가 여러 곳에서 일어났고, 수십 년에 걸쳐 남부 지역에 전체적으로 불안정의 장막이 쳐져 있는 가운데 수천 명이 폭력으로 죽었다.

모로민족해방전선은 필리핀 정부와의 협상을 열어놓고 있었지만, 살라맛 하심Salamat Hashim이 이끈 모로이슬람해방전선(MILF), 마라나오 왕실 출신의 아불 카히르 알론토Abul Kahyr Alonto가 이끄는 두 번째 집단, 알카에다 계열의 아부 사야프 등이 특히 평화 과정을 훨씬 어렵게 만들었다. 1970년대부터 21세기 초까지 여러 차례의 조약과 쌍무협정이 마침내 조인됐지만, 이 지역에는 아직도 불확실한 평화의 기운이 감돈다.[16] 폭력은 더 큰 이슬람 세계의 이 먼 구석에서 여전히 이슬람교도와 기독교도 사이의 관계를 끊어놓고 있고, 일상생활은 거의 정상적으로 유지되지만 언제 시장에서 폭탄이 터질지, 또는 외부인이 복면을 한 사람들에게 납치될지 안심할 수 없는 상황이다.

남부의 이슬람 세력이 필리핀 정부와 맺은 여러 평화협정은 문제의 어려움을 어느 정도 알 수 있게 해준다. 불과 2년 전에도 양측 사이에서 이런 문서가 더 만들어졌지만, 사실 문서의 내력은 수십 년에 걸쳐 있다.

여러 필리핀 대통령이 협정에 서명했다. 페르디난드 마르코스 대통령은 1976년 트리폴리 협정, 코라손 아키노 대통령은 1989년 민다나오이슬람교도자치구(ARMM) 기본법, 피델 라모스 대통령은 1994년 공동휴전 기본원칙과 1996년 최종평화협정(이것 역시 결국 '최종'은 되지 못했다)에 서명했다.

리비아의 무아마르 카다피가 중재한 1976년 트리폴리 협정은 전투 당사자들에 관한 여러 가지 지침을 협상 대상으로 올렸다. 지역 자치가 최우선적으로 논의될 것이라는 전망이 있었으나, 남부 자치체에서 수행할 외교정책에 대해서는 결말이 나지 않았고 법관 선출, 교육, 행정 체계, 경제 및 재정 체계, 이 지역의 천연자원 채취 역시 마찬가지였다. 이미 수많은 사람들이 희생된 지역에서 휴전을 중재하는 것은 또한 어려운 일이었다.

그러나 당면한 주요 주제는 정말로 자치였다. 이슬람협력기구의 여러 차례 회의(1972년 제다, 1973년 벵가지, 1974년 쿠알라룸푸르, 1976년 이스탄불, 1977년 트리폴리) 의사록은 이를 입증하고 있다. 모로민족해방전선은 이슬람 국민국가들에 도움을 호소했고, 이들 나라는 이에 응답해 필리핀 남부의 이슬람교도들에게 자치권을 더 주도록 필리핀 정부를 설득했다. 산유국의 돈과 서방-소련의 지리정치학이 뒤섞여 움직였다. 이에 따라 두 세계종교의 지리적 세계 끄트머리에서 벌어진 이슬람교도와 기독교도 사이의 지극히 지역적인 다툼이 훨씬 더 큰 의미를 지니게 됐다.[17]

이 모든 것의 최고 대리인은 누르 미수아리였다. 카리스마 넘치는 모로민족해방전선의 지도자이자 필리핀 국내와 해외 모두에서 대표적인 인물이었다. 미수아리는 남부 이슬람교도와 정부 사이의 대화에서 한결

같이 버텨낸 사람이었다. 그의 목소리는 마르코스에서 코라손 아키노까지, 라모스에서 호세 에스트라다와 글로리아 마카파갈아로요까지 수십년에 걸친 필리핀 유력 정치인들을 통해 반영됐다. 그는 이들 모두보다 오래 버텼다. 또한 다른 나라 정상들과도 알았고 친분을 확대했다. 특히 앞서 말했듯이 이슬람 세계의 정상들이었고, 그렇다고 이 집단에 얽매이지도 않았다.

미수아리는 국내외에서 높고 힘센 사람들과 함께할 수 있었지만, 삼보앙가와 그 밖의 지역의 많은 필리핀인 이슬람교도들(그는 이들의 이해관계를 대변하고 있었다)을 설득할 수도 있었다. 그는 그들 가운데 한 사람으로 이야기하고 있었다. 그는 어릴 때 야자나무로 둘러싸인 남부의 마을에서 자랐다. 그는 자신의 견해와 행동 때문에 감옥에 갔고, 이를 명예로운 훈장으로 달고 있었다. 마찬가지로 그는 동포들로부터 존경을 받고 있었다. 미수아리는 1968년의 자비다Jabidah〔이 사건과 관련된 비밀 특공대 작전의 암호명〕 대학살부터 기독교도 암살대와 자신의 억류에 이르기까지 현대의 남부 이슬람교도 반란의 거의 전 기간을 거치면서 살아남았다. 그러나 그는 자신의 목표를 계속 주시했고, 그 결과로 믿을 만한 세력이 됐다. 그는 이슬람교의 관습에 따라 여러 차례 혼인했고, 이런 방식으로도 영향력을 확대했다.

그리고 그는 모든 필리핀인 이슬람교도가 자신의 깃발을 따르도록 설득하지는 못했고 그의 영향력은 시간이 지나면서 어느 정도 쇠퇴했지만(앞서 보았듯이 여러 해에 걸쳐 분리파 집단이 있었다), 필리핀 이슬람교도 반란에서 누구보다도 중요한 인물이었다. 그는 국제적으로 중요한 인물이 됐을 뿐만 아니라 지역적으로도 전설적인 인물이 됐다. 그리고 그의 영

향력은 오늘날에도 필리핀 남부에서 여전히 느낄 수 있다.[18]

누르 미수아리가 해상세계의 이 모퉁이에 사는 이슬람교도와 기독교도 사이의 관계에 지울 수 없는 영향을 미쳤지만, 다양한 정치세력이 이 싸움의 겉모습을 대표하는 서로 다른 의제들을 가졌다는 것이 분명하다. 예를 들어 필리핀의 기성 정치 지배층은 오랫동안(특히 페르디난드 마르코스 치하에서) 이슬람 반항자들을 그저 불한당으로 취급했다. 기본적으로 독재정권하에서 국가 건설의 장애물로 본 것이다. 한편으로 마르코스의 반대파(대표적인 사람이 베니그노 아키노 상원의원이었다)는 남부 이슬람교도를 싸움에서 동맹자로 끌어들이려 노력했지만, 언제나 상당히 엇갈린 효과를 낳았다.[19] 모로민족해방전선의 대표인 누르 미수아리 자신과 방사모로해방기구(BMLO) 수장인 하룬 앗라시드 루크만Haroun al-Rashid Lucman 술탄, 그리고 기타 사람들은 각자 나름의 의제를 갖고 있었고, 다른 불만 세력과 손을 잡는 것이 투쟁을 이어가는 최선의 방법이라고 언제나 확신하지는 않았다.

마르코스 독재정권이 무너진 뒤 후임 대통령들은 평화 구축을 위해 더 열심히 노력했고, 특히 코라손 아키노는 남부 이슬람교도 문제를 처리하는 데서 더욱 동정적인 자세(심지어 때로는 '필리핀의 통일성' 같은 위협적인 말을 하기도 했지만)를 취했다.[20] 강력한 알프레도 벵손Alfredo Bengzon 장관 같은 사람들은 평화가 점진적으로 이루어져야 한다는 관념을 양측에 심어주려 노력했다. 벵손은 실질적이고 지속적인 평화 과정이 장기간에 걸쳐 작동되려면 개인들이 유연성을 갖고 협상에 임해야 한다고 주장했다.[21]

그러나 루손섬 중심부의 땅에서 민다나오섬 주변부의 해양이 이 투쟁에서 정말로 원하는 것이 무엇인지를 찾아내는 것은 어려운 과정이었고, 쉽게 해답이 나온 것도 아니었다. 남부 이슬람교도의 태도에 접근하기 위한 방법 가운데 하나로 사회학적 조사가 실시됐다. 이 조사에서는 삼보앙가 같은 곳의 현지 주민들이 평화의 기회(그리고 선택)를 어떻게 생각하는지에 대해 표본 뭉치의 질문을 던졌다. 이 조사들에서 여러 가지 흥미로운 결과가 나왔고, 그것들은 이제 이 수십 년 묵은 난제와 관련이 있는 대중의 정서를 실제로 일별할 수 있는 정도의 숫자로 이루어지기 시작했다.[22]

여기서 한 조사(1999년에 성인 1000명을 대상으로 한 것이었다)에 초점을 맞추어 보면 '문제'와 관련이 있는 질문에 대해 민다나오 주민들이 어떻게 생각하는지, 이슬람교도 응답자는 어떻게 생각하는지, 집합적인 범필리핀인 집단으로서는 어떻게 생각하는지를 알 수 있다. 예를 들어 정부군이 민다나오 현지 주민들에 대한 식량 공급을 차단한(표면적으로는 시골의 반군을 "굶주리게" 하려는 전략이라고 했다) 일에 대해 이슬람교도 응답자가 다른 응답자들보다 훨씬 더 충격을 받았다. 그들은 또한 종교적이거나 역사적인 기념물을 훼손하려는 군에 대해 '모든 응답자'에 비해 더 큰 분노를 느꼈다. 총과 탄약을 가지고 싸우는 실제 전쟁뿐 아니라 상징적인 전쟁도 있었다는 얘기다.[23] 그러나 동시에 '이슬람교도'와 '민다나오 주민 전체'의 반응은 검증 집단 대비 수치상으로 같거나 아주 비슷했다. 지역, 더 나아가 종교의 기원[이슬람교와 기독교는 유대교와 함께 모두 같은 아브라함계 종교다]을 공유한다는 정서를 바탕으로 서로 다른 종교 공동체 사이의 합의 여지가 있음을 보여준다. 마르코스 시대 이후의 국가는 관련 문제 전체에 관해 삼보앙가 같은 곳에서 필리핀인 이슬람교도들이 어떻게 생각하고 있는지를 좀 더 정확하게 평가하기 위해 이들 조사로부터 배우려 노력했다.

물론 그 대답을 확인하는 가장 좋은 방법은 아마도 필리핀인 이슬람교도에게 직접 듣는 일일 것이다. 이제 소책자, 논문, 책을 내는 작은 출판 산업이 만들어져 어려운 시기의 자기네 정서에 대한 증인으로서 그런 기록을 작성한 사람들의 이런 다채로운 견해를 보여주고 있다. 이들 출판물 가운데 가장 흥미로운 것 하나가《모로 쿠리어Moro Kurier》라는 잡지였다.

이 잡지는 민다나오 안팎의 필리핀인 이슬람교도 공동체에 흥미가 있는 문제에 관한 기사들을 다양하게 싣는다(이 잡지는 필리핀공산당과도 연결돼 있다). 예를 들어 이 잡지에서는 일자리에 관한 소식도 찾을 수 있다. 다양한 곳에 있는 현지 이슬람교도들의 취업 기회를 늘리기 위한 것이다.[24] 일반 대중을 위한 이슬람교 강연과 이슬람교도 공동체 내 더 큰 모로족의 투쟁 안에서 모로 울라마(학자)들이 어떤 역할을 해야 하는가를 논의하기 위한 회의 소식도 상세히 전한다.[25] 현지어로 된 시(누구나 이해할 수 있게 하기 위해 영어 번역을 나란히 실었다)는 남부의 이슬람교도 지배 지역의 힘과 아름다움을 찬미한다. 이들 장소를 직접 보지 못한 독자들에게 출신지에 대한 자긍심을 심어주려는 것이었다. 다시 말해서 "주민들의" 언어와 이 나라의 주된 의사소통 수단인 영어 모두를 통해 독자 대중이 확인되고 유지되고 확대됐다. 어느 누구도 소외시키지 않기 위한 것이다.[26] 심지어 '해방군으로서의 이슬람교'에 관한 기사도 있고 투쟁에서의 모로 여성의 역할에 관한 것도 있다. 둘 다 전체 공동체에 보내는 메시지다.[27] 1985년 12월호에는 심지어 '이슬람 인권선언'을 실어, 이 문제에 관한 더 넓은 세계적인 주제와의 연결과, 먼 남쪽의 필리핀인 이슬람교도를 통해 본 명백하게 지역적인 해석 모두를 보여주었다.[28]

찢어진 나라의 남부를 다시 꿰매 붙이기 위한 노력이 갈수록 많아지고 있음은 분명해졌다. 양쪽에 여전히 완전한 이슬람교도 자치 또는 완전한 통합을 이루어야 한다는 '극단주의자들'이 있지만(2013년에 모로민족해방전선의 한 분파는 잠시 자기네 깃발을 시청에 걸고 방사모로공화국을 선포하고자 했다), 더 많은 수의 '중간 세력'이 지난 10~20년 사이에 형성된 듯하다.

《다르울살람: 민다나오의 평화 전망Dar-ul Salam: A Vision of Peace for Mindanao》(2008)이라는 크고 번쩍거리는 책에서 저자인 프레시아 아리핀카보Pressia Arifin-Cabo, 호엘 디손Joel Dizon, 코메니 만타웰Khomenie Mantawel은 계속되는 남부 이슬람교도들의 투쟁을 어떻게 생각하는지에 대한 양쪽의 의견과 주장을 종합했다. 이 책은 야심차고 내용 그대로 받아들일 수는 없지만, 출간 자체가 메시지를 전하고 있다. 수십 년 전만 하더라도 이런 책의 출간은 생각할 수 없는 일이었기 때문이다.

양쪽 진영에서 가져온 인용들이 있지만, 여기서는 두 가지만 인용함으로써 마무리하겠다. 종교적이고 더 나아가 군사적인 장벽 양쪽의 행위자들이 자기네의 말을 모두가 볼 수 있게 하고 인쇄해서 길이 남게 할 용의가 있었음을 보여주는 것들이다. 필리핀군의 제6보병사단장 라이문도 페레르Raymundo Ferrer 소장은 이렇게 말한다.

"다르울이슬람Dar ul-Islam은 사람들이 논밭에 가고, 전쟁 때문에 방해받지 않고 일을 할 수 있는 곳입니다. 물론 이는 아이들이 적절한 교실과 교사가 있는 학교에 간다는 얘기이기도 합니다. 사람들은 자신을 개선할 수 있는 기회를 가지는 거고요."[29]

모로이슬람해방전선 평화위원회의 협상단장인 모하게르 이크발 Mohagher Iqbal은 이에 동의하는 듯하다. "다르울이슬람은 진정한 평화가 있고 정의가 있는 곳입니다. 전쟁이 없다는 게 평화가 있다는 의미는 아닙니다. 평화가 땅에 내리려면 먼저 정의가 있어야 합니다."[30]

삼보앙가에서

나는 이 연결의 일부를 직접 보고 싶었다. 삼보앙가 같은 곳을 세계 다른 지역의 장소, 역사, 사건들과 묶는 연결망 말이다. 그러나 나는 필리핀 연구자가 아니며, 이 나라에 가본 적이 있지만 남부에 대한 경험이 전혀 없었다. 나는 그곳에 가려고 안달을 했고, 2004년 그곳에서 현장연구를 했을 때 이 지역은 상당한 긴장에 싸여 있었다. 그래서 나는 우선 어떻게 진행할 것인지에 관한 정보를 얻기 위해 필리핀인 동료와 친구에게 의존했고, 그들은 자기네의 전문지식과 연줄을 내게 제공했다.

'조조Jojo' 파트리시오 아비날레스Patricio Abinales 교수는 필리핀 남부, 특히 민다나오섬에 관한 책을 쓴다. 그는 20년 동안 지역 및 초지역적 권력의 패턴과 이 섬에 대한 영향을 연구했다. 주로 정치학의 눈을 통해서였다.[31] 아비날레스는 내 관심을 끈 이슬람-기독교 패턴을 보는 데서의 기대치를 낮춰주었다. 그리고 내가 무엇을 물어야 하는지에 대해 중요한 조언을 해주었고, 무엇을 묻지 '말아야' 하는지에 대해 더욱 중요한 조언을 해주었다(어쨌든 내 생각에 그렇다). 이는 내 안전을 위해서였다. 민다나오 같은 긴장이 있는 곳에서, 특히 미국인이 잘못된 질문을 했다가는 살해당할 수도 있다고 그는 내게 말했다.

노엘레 로드리게스Noelle Rodriguez 교수는 삼보앙가 출신이지만 당시 필리핀 최고의 대학 가운데 하나인 마닐라 아테네오대학에서 가르치고 있었는데(그리고 역사학과장을 맡고 있었다), 역시 내가 갈 방향을 정리해주었다.[32] 그는 물을 것과 묻지 말아야 할 것에 관해 도움을 주었을 뿐만 아니라 지인도 소개해주고 내게 진실하게 대했다. 내가 혼자서, 그리고 삼보앙가의 현지인들에게 미지의 사람으로 남쪽으로 향하게 됐기 때문이었다. 두 사람의 도움이 없었더라면 나는 그곳에서 아무것도 알 수 없었을 것이다.[33] 아마도 무사하지도 못했을 가능성이 높다. 절대 과장이 아니다.

어떻든 나는 마닐라를 통해 필리핀에 입국하게 된다는 말을 들었기 때문에 맨 북쪽의 루손섬에 있는 수도 지역(마닐라/케손시티)에서 사람들에게 물어본 뒤 다시 국내선 여객기를 타고 남쪽 민다나오로 향하는 것이 합리적이었다. 나는 남쪽의 상황에 관해 알고 있는 현지 필리핀 학자와 이야기하고, 내 길을 더욱 탄탄하게 해줄 수도 지역의 이슬람교 기관 사람들과도 이야기해보라는 조언을 들었다. 이런 식의 사전 장치가 가동된 것은 귀중한 일이었다. 나는 태국 남부 지방에서 이슬람교도들을 면담할 때도 비슷한 수순을 밟았다. 그곳 역시 폭동, 폭력, 분리운동이 일상생활의 일부였다.[34]

나는 특히 필리핀대학(딜리만Dilliman) 같은 곳에서 가르치는 몇몇 이슬람 지식인들에게 연락해 약속을 잡았다. 이런 면담이 여럿 있었지만 여기서는 두 학자만 언급하겠다. 카르멘 아부바카르 교수와 훌키플리

와디 교수다.

두 분 모두 처음에는 조심스러워했다. 그들은 내게 면담의 목적이 무엇이냐고 물었다. 내가 몇 개의 해양 세계들이 겹치는 끄트머리에 있는 일종의 종교적 전진기지인 삼보앙가에 관심이 있다고 대답하자 그들은 말이 없었다. 그러나 두 학자는 점차 마음을 열고 갈수록 말이 많아졌다. 아부바카르 교수는 할 수 있다면 삼보앙가의 누르 미수아리의 측근과 이야기를 해보라고 조언했다. 그것이 가능할까? 아부바카르는 확신하지 못했다.[35] 와디 교수는 면담이 끝날 때 똑같이 단호하게 분리나 독립의 더 넓은 길과 연결된 사람들뿐만 아니라 '평범한' 남부 이슬람교도와도 이야기를 해야 한다고 말했다.[36] 나는 두 분의 조언을 따르려고 노력했고, 그 이유는 두 학자가 이야기해준 대로였다.[37]

그러나 루손섬을 떠나기 전에 나는 몇몇 모로족 기관 사무실도 방문했다. 지금도 대체로 필리핀 남부에 살고 있는 수백만 이슬람교도의 관심사에 대해 알아보기 위해서였다. 면담에 가장 긴 시간을 들인 것은 케손시티의 이슬람문제사무국(OMA) 방문이었다. 여기서 나를 도와줄 수 있는 여러 관리들을 만났다. 긴 시간 동안 차를 마시며 이야기를 나눴고, 내 연구가 다루는 여러 문제에 관한 통계도 제공받았다. 여기에는 이슬람 사원 건설과 매년 메카로 떠나는 순례자의 수와 그 출처도 있었다.

나는 미국인이고 낯선 사람이었지만, 큰 환대를 받았으며 그들은 대단히 열린 마음으로 나를 대해주었다(어쨌든 나는 그렇게 느꼈다). 내가 보기에 이미 전화가 한 바퀴 돌았음이 분명했고, 그래서 내가 도착하기도 전에 내가 누구이고 무엇을 알고 싶어 하는지에 대해 알고 있었다. 그들은 내게 남부의 '문제'에 관한 모로족의 입장을 말해주었고, 마닐라 중앙

정부의 입법이 왜 사회 정의, 학교, 빈곤 구호에 중요한지를 이야기했다. 나는 고개를 끄덕였다. 내가 만난 관리들은 모두 해박했다. 그들은 자기네 일에 대해 알고 있었다. 일들(대부분 문제가 있는 것)의 숫자와 규모는 쉽게, 그리고 별다른 혼란 없이 제시됐다.

그들은 내 앞에서 삼보앙가에 전화를 해주었다. 물론 나는 통화 상대가 누구인지, 무어라고 했는지는 알아듣지 못했다. 나는 그저 저쪽에서 나를 기다릴 것이라는 말을 들었다. 그리고 비행기를 타고 필리핀 군도를 지나 그곳에 도착하면 이러이러한 사람에게 연락하라고 했다.

우리는 일어나 작별 인사를 했다. 나는 한 사람의 바짓단이 부자연스럽게 약간 치켜올라가 있음을 알아차렸다. 내 시선은 무심하고도 우연히 거기에 꽂혀 있었지만, 그 사람은 내 시선을 알아차리고는 미소를 지었다. 그가 바짓단을 더 걷어 종아리가 절단된 부위의 크고 흉물스러운 옹이를 보여주었다. 살덩이가 사라진 자리에는 불그죽죽하고 꺼먼 상처가 크게 나 있었다.

"바실란에서 정부군의 포탄이 내 다리의 일부를 앗아갔죠. 사람들이 나를 마을에서 질질 끌고 나올 때 내 옷에는 불이 붙어 있었고요."

그는 바짓단을 내리고, 내 눈을 바라보면서 나와 악수했다. 그와 다른 사람들은 남부로 가는 여행이 안전하고 즐겁기를 바란다고 말했다.[38]

바실란은 내 마음속에 남았다. 삼보앙가 항구 바로 남쪽에 있는 산이 많은 큰 섬이다. 이슬람교도와 정부군 사이의 가장 치열했던 전투 일부가 이곳의 밀림 고지에서 벌어졌고, 삼보앙가의 낭떠러지 해안 도로에서 바라보면 원뿔 모양의 이 섬은 자줏빛으로 흐릿하게 보인다. 내가 이 도시에 갔던 바로 그 무렵에 이슬람 반군이 삼보앙가-바실란 간 연락선에 폭탄을 설치했다.

내가 도착했을 때 무장한 정부군 대병력이 배치돼 있었고, 이들은 모두 미제 M-16 돌격소총을 들고 있었다. 필리핀 최대급의 군사기지가 도시의 입구인 바로 그곳에 있었다.[39] 나는 누구에게 전화를 걸기 전에 며칠 동안 이곳을 돌아다녔다. 이 먼 곳에 있는 전초기지의 공기를 마시고 싶었기 때문이다. 삼보앙가에는 12~13세기까지 거슬러 올라가는 정착지가 있었지만, 실질적인 규모나 튼튼함을 갖춘 첫 건축물은 에스파냐 요새였던 듯하다. 낡은 이베리아 대포가 아직도 바다를 노려보고 있다. 시간이 흘러 시커매졌지만 만만찮고 육중했다. 이곳에서 서방은(그리고 이제 필리핀 가톨릭과 필리핀 정부는) 적이 올 것을 예상하고 있었다. 먼 바다에 떠 있는 바실란은 평평한 이 도시 위로 우뚝 솟아 있는 듯했다.

나는 사람들과 만나 면담을 하기 전에 바랑가이(삼보앙가에는 99개의 바랑가이, 즉 구역이 있다)를 돌아다녔고, 이제 이곳에 조금 익숙해졌다. 도시 자체는 먼지가 많고, 중심가를 벗어나면 대부분 흙투성이 길이며 야자나무 잎과 바나나 등 과일나무들이 작고 밀집된 집들을 갈라놓고 있다. 수탉이 이 조용한 골목길을 활보한다. 사람들이 자기네 작은 집의 그늘 아래서 차바카노어로 이야기하는 것을 들을 수 있고, 수백 년 전에도 이와 매우 흡사한 장면들이 펼쳐졌을 것이라고 상상할 수 있다. 당시에는 콩키스타도르('정복자')들이 말을 타고 이 길을 달렸을 것이다.[40]

삼보앙가에 있을 때 이슬람교도들(그들은 이 도시에서 분명히 소수자였다)과 이야기하는 데 가장 관심이 있었음에도 불구하고 적어도 어느 정도는 현대판 콩키스타도르들과 머물게 됐다. 나는 이 도시 최고의 대학인 삼보앙가 아테네오대학을 운영하는 예수회 신부들이 친절하게(그리

고 무료로) 제공해준 방의 침대에 누웠다. 윌리엄 크루츠 신부는 나를 자신의 보호하에 두었다.[41]

며칠 뒤에 크루츠 신부를 그의 사무실에서 만났는데, 낮에 그를 만난 것은 그때가 유일했다(다른 예수회 수사의 경우도 마찬가지였다). 그곳에 있는 동안 나는 그들을 밤에만 만났다. 이슬람교도는 낮에, 예수회 사람들은 밤에 만났다. 이 적대하는(때로) 두 세력과 접촉하는 것은 거의 마니교적인 이원성二元性을 지니고 있었다.

그러나 예수회는 더 이상 모로족과의 전쟁에 관심을 두지 않았다. 적어도 이들 예수회 사람들은 자신들은 교육을 위해 그곳에 있다고 말했다. 교육과 봉사를 위해서였다. 그 공언된 바람은 내게 분명했다. 다만 전도는 계속됐다(당연한 일이다). 때로는 도시에서도 했지만 서남부 반도의 주변 지역과 민다나오 본토의 중앙 산지에서 하는 경우가 더 많았다. 크루츠 신부는 당시 30년 넘게 필리핀에 거주하고 있었다. 성년 시절 거의 전부를 이 나라에서 보내고 있었던 것이다. 모든 종파의 학생 수천 명이 그의 보살핌 속에서 대학 과정을 마쳤다.

그리고 내가 그로부터 받은 메시지는 온건한 것이었다(적어도 표면상으로는 그랬다). 예수회는 양쪽이 공존하도록 돕기 위해 그곳에 있다는 것이었다. 그래서 역사적으로 소란스러운 이 지역이 어떤 화합의 수단을 얻을 수 있기를 바라는 것이었다. 그들을 믿지 않기는 때로 어려웠다. 그들의 정서도 그렇고 나와 나눈 대화도 매우 진지했기 때문이다(물론 그들의 관점은 특별한 것이긴 했다).

예수회에서는 내가 현지 이슬람교도들을 만날 수 있게 해주었다. 이미 만난 사람도 있었고, 처음 보는 사람도 있었다. 그들은 내게 술도 주고

밥도 먹여주었다(아마도 술 쪽이 중심이었다). 저녁 식사는 두어 시간씩 걸렸다. 여기서도 역사의 향내가 났다.[42] 삼보앙가는 필리핀에서 여섯 번째로 큰 도시일 것이다. 그러나 적어도 식사 속도는 확실히 이곳이 여전히 느리게 움직이는 변경의 도시임을 느끼게 했다.

나는 먼지 나는 소로를 돌아다니며 만날 사람을 찾아 나지막한 대화를 나누었다. 나와 이야기하는 데 동의한 여러 명의 삼보앙가 사람들이었다. 거의 모든 경우에 다른 사람들이 내 보증을 섰다. 그래서 처음에 나는 마닐라의 이슬람교도(그 알 수 없던 전화!)나 삼보앙가 예수회의 연줄에 의존했다. 그러다 마침내 내가 정말 미국인 학자이며 중앙정보국(CIA)이나 국가안보국(NSA) 요원이 아니라는 데 의견이 모인 듯했고, 그때부터는 계속해서 다른 사람들을 연결해주었다.

온 가족이 문제에 대해 자기네가 어떻게 생각하는지를 내게 알려주려 했고, 나는 연결에 대한 이야기, 해양 세계에서 가장 초지역적인 이곳에서 초지역성을 감지하는 현지인들의 이야기를 꿰맞춰나갈 수 있었다. 나는 바실란섬뿐만 아니라 술루군도의 나머지 섬들의 친척과 사업 연줄에 대한 이야기를 들었다. 삼보앙가 사람들은 연락선을 타고 왕래하며 이 오래된 관계가 기계 동력 선박 위에서 유지되게 했다. 이전에 그들은 돛배를 타고 다녔다.

다른 사람들은 삼보앙가의 거미팔 반도를 떠나 코타바토와 죽 펼쳐진 민다나오 '본토'의 이슬람교도가 많은 다른 해안 도시들로 옮겨갔다. 또 다른 사람들은 말레이시아(사바)로 갔고, 일부는 때로 인도네시아로(주로 마나도를 거쳐서), 그리고 마침내 트르나테섬과 말루쿠주 동부까지 갔다. 그들의 이야기에는 옛 왕국들의 자취가 있었다. 말 그대로 수백 년 동안 존재해온 항해 방향으로 이슬람교도들은 이 얕은 바다를 건너 왔다 갔다 했다. 어떤 사람들은 심지어 메카(누군가는 내게 '축복받은 메카'라고 했다)까지 갔다. '지역' 연결망을 통해 그런 벽지를 찾아 상상할 수 있는 가장 먼 여행을 했다.

각 가정에서 나는 대단한 환대를 받았다. 낮은 탁자에 차와 단것을 내놓았고, 아이들은 격자 대나무 벽을 통해 구경했다. 남자 몇 명이 조심스럽게 다리를 개고 둥그렇게 모여 앉아 나와 이야기를 나누었다.[43]

그러나 여기서 마무리로 삼고자 하는 것은 한 여성과 나눈 대화다. 나는 한 가정집에서 열린 모임에 초대받았다. 대략 서른 명쯤이 그곳에 있었고, 여러 이슬람교도 가문의 대표가 참석했다.

이들 가운데 나이 든 여성들의 집단이 눈에 띄었다. 이들은 그 처신으로 보아 분명히 어느 정도의 지위와 신망이 있는 사람들이었다. 그들은 나와 아주 터놓고 이야기했고, 수줍어하는 모습은 보이지 않았다. 심지어 남자들이 모여 있는 자리인데도 그랬다. 특히 두드러진 사람은 술루 왕가의 혈통을 이어받은 한 여성이었다. 이 여성은 몇 년 전 필리핀의 메카 순례단을 이끌었고, 그해에 세계적으로 자기 나라에서 그런 영예를 얻은 유일한 여성이었다. 이 여성은 필리핀인의 순례(그때나 지금이나 필리핀의 무슬림이 신앙의 일부로서 할 수 있는 가장 큰 해외여행이다)에 대해 내게 들려줄 중요한 이야기가 있었다.[44] 나는 우리 모두가 함께 앉아 있는 대단한 사진 몇 장을 가지고 있는데, 그들의 생김새가 다양하다는 것을 알 수 있다. 그리고 수백 년에 걸쳐 "세계의 _끄트머리_"에 있는 이들 섬에 밀려든 문화적 영향의 물결도 볼 수 있을 것이다.

모임이 끝날 무렵에 나는 한 중년 여성을 소개받았다. 이 조용한 여성은 내게 매우 부드럽게 이야기했지만, 맑고 빛나는 눈을 가지고 있었고 몸가짐이 매우 조신하다는 것을 나는 금세 알아차렸다. 알고 보니 누르 미수아리의 아내들 가운데 하나였고, 내게 두 시간 가까이나 이야기를 해주었다. 자신이 헤자즈(사우디아라비아의 홍해 동안 지역)에 있을 때의 이야기와 이슬람교의 여러 의미(지역적으로, 그리고 초지역적으로) 같은 것들이었다. 이 여성은 자신이 메카에 갔던 여행을 이야기하고, 이를 다른 필리핀인들이 순례를 이행하는 것에 대해 갖고 있는 생각의 맥락에 끼워넣었다. 또한 필리핀 남부의 정상화를 위한 적절하고 합리적인 사회 정의의 미래상에 관해서 이야기하면서 가장 고요하고 평온한 모습을 보여주었다. 인상적이고 겸손했다.

내가 떠나려고 일어서자 이 여성은 필요한 정도보다 한 박자 더 길게 내 눈을 응시하며 내가 완전히 주의를 기울이고 있는지 확인했다. 그러고는 이렇게 말했다.

"이제 다른 사람들에게 이야기해주시겠습니까? 네? 우리가 말하고자 하는 것을 사람들이 모두 듣는 게 중요합니다."

나는 그러겠다고 동의했다. 그 조용한 작별에서 수십 년 동안 이어진 투쟁(레너드 우드 장군의 시대로까지 거슬러 올라가 100년, 또는 그 이상의 기간 동안 유혈 위에 쌓아온)이 막을 내릴 수 있을 것이라는 희망을 보았다. 예수회와 모로족은 이 문제에 관해 같은 생각을 가지고 있다. 아니면 적어도 그들 가운데 가장 영향력 있는 사람들은 그렇다.[45] 나는 이 여성에게 감사의 말을 전하고 그날 밤 삼보앙가 아테네오대학으로 돌아갔다. 그리고 오랫동안 그 여성이 한 말을 생각하며 민다나오의 어둠 속에서 조용히 앉아 있었다.

맺으며

삼보앙가는 마음에서, 그리고 나의 기억에서 떠나지 않는 곳 가운데 하나다. 나는 위에서 제국이 끝난 것처럼 보이고 사실이 그러하지만 그것은 또한 어떤 식으로든 그 자신의 세계에서 중심에 있다고 주장했다. 광대한 해역이며, 그 지배권을 중심으로 한 곳이다. 남쪽으로 술루군도, 서쪽으로 팔라완섬, 북쪽으로 비사야제도, 동쪽으로 산이 많은 민다나오 본토로 둘러싸인 이 도시는 그 자신의 환경의 지리적 중심에 놓여 있다. 삼보앙가는 이 모든 곳의 사이에 있고 이들 모두는 바다를 통해 접근할 수 있어 삼보앙가가 수백 년에 걸쳐 그 연줄과 중요성을 축적해왔다.

이슬람교는 그 시작 이야기에서 중요했고, 이곳과 접촉했던 이슬람 정치체들은 묘비와 이슬람 사원들을 남겼다. 그 상당수가 바로 이 도시 안팎에 아직도 남아 있다. 에스파냐인들은 이곳을 중요한 주둔 도시로 만들고 기존 구조물에 대포와 성벽을 추가했다. 이에 따라 대체로 열려 있던 공간들이 이제 상당히 폐쇄적이 됐다. 성벽 안에서는 시간이 지나면서 국제적이지만 매우 독특한 사회가 형성됐다. 자체 언어를 사용하는 사회였지만, 그 성문으로 들어오는 다른 지역 사람들(여러 나라에서 오는 상인이라는 형태의)의 언어 조류에 맞춰가는 사회였다.

미국이라는 제국이 들어오면서 결국 이 연결은 활기를 잃었고, 삼보앙가는 정주 사회에 더 가까워져 갈수록 바다 건너를 보기보다는 안쪽을 바라보게 됐다. 대부분의 시기에는 이 과정이 평화로웠지만, 어떤 때에는 이슬람교도와 기독교도 파견대가 사이좋게 지낼 수 없었다. 독립 이후 상당 기간 동안 상시적인 갈등이 빚어졌다. 이때 삼보앙가는 다시 도시 성문 바로 밖에서 벌어지고 있는 광범위한 불안정에 대비하는 요새가 됐다.

마닐라는 이 나중 시기에 필리핀인이 다스렸지만, 많은 삼보앙가 사람들은 이를 제국의 보루로 생각했다. 에스파냐가 다스릴 때나 미국이 다스릴 때나 별 차이가 없었다. 마닐라의 행동과 의도는 삼보앙가와 그 주변부가 새로운 기독교 국가의 발전을 위해 원자재를 제공하도록 확실히 함으로써 여전히 추출의 대상으로 보는 것이었다. 도시의 모든 사람이 그렇게 생각한 것은 아니었지만, 그것이 민다나오 서남부 대부분(삼보앙가가 그 중심지 노릇을 했다)의 다수 정서였다.

결국 수십 년에 걸친 분쟁, 강압, 개혁 시도는 협상으로 대체됐고, 이 가장 먼 전초기지에서 이슬람교도와 기독교도 사이에 허약한 평화가 이루어졌다. 그것이 당장의 도시 분위기였고, 이때 삼보앙가의 곳곳에서 히잡을 쓴 이슬람 여성과 예수회 사제가 서로 엇갈려 지나가는 모습을 볼 수 있었다. 그러나 이따금씩 평온이 깨지는 일이 있었고, 세계 끄트머리의 이 항구 복합체가 여전히 분노에 차 있고 개인들에게 현재의 상태가 충분치 않음이 분명했다. 병사들이 여전히 M-16 총을 들고 먼지 나는 소로를 순찰했으며, 항구의 중심지 주위에는 상당한 국가 병력이 배치돼 있었다. 안개 낀 바다 멀리 어렴풋이 보이는 바실란섬은 여전히 이슬람 술탄국 건설에 전념하는 활발한 저항운동이 벌어지는 곳이었다.

삼보앙가를 천천히 걷다 보면 이 모든 것의 존재를 느낄 수 있다. 같은 거리에서 현재와 과거가 불편한 협력관계를 맺고 있다. 여러 알려진 세계의 끝이자 다른 세계의 시작인 이곳에서 과거는 여전히 서막일 것이다. 이 도시를 드러내고 이 변경 도시의 미래가 여전히 불확실하다고 생각하게 만드는 것은 바로 그 애증이 엇갈리는 전율이다.

4부

도시와 바다

아시아의 해로를 연결하는 주요 장소 가운데 하나가 항구들이다. 대양의 길에 걸쳐 있는 도시의 줄이 홍해의 아덴에서 내쳐 일본의 에도(도쿄)까지 뻗어 있었다. 문화, 관념, 물자가 모두 다른 장소에서(보호를 받는 크고 작은 후미에서, 도시가 없는 농촌의 해안에서, 심지어 이따금씩 공해에서) 주인이 바뀌었지만, 교환이 이루어지는 주된 장소는 항구였다. 멀고 가까운 곳에서 상인들이 모여들어 장사를 하는 곳이다.

아덴, 무스카트, 카라치, 수라트, 뭄바이, 코친, 첸나이, 콜카타, 양곤, 피낭, 믈라카, 싱가포르 등이 인도양 연안을 따라 늘어서 있었다. 더 동쪽과 이어 북쪽으로는 바타비아, 마카사르, 브루나이, 아유타야, 호찌민, 호이안, 마닐라, 광저우, 마카오, 홍콩, 나가사키, 요코하마가 손짓을 했다. 작고 보다 지역적인 항구도 많았다. 무역은 특정 구역에서 이루어졌고, 상인들은 남중국해, 반다해, 벵골만 같은 지역의 여러 항구들 사이를 오가는 것이 보통이었다. 노출된 해안의 더 작은 범위는 말할 것도 없었다.

그러나 이 경로에서 더 멀리 이동해 정말로 먼 지역을 연결하고 대단한 여행을 한 사람들도 있었다. 그런 여행이 매우 이례적이었던 시절에 말이다.

마르코 폴로는 그중 한 사람이었고(그의 여행기가 모두 믿을 만하다면), 그 여행에서 더 유명한 부분은 육상(유라시아 스텝을 가로질러 카라코룸으로 갔다)에서 이루어졌지만 유럽으로 돌아올 때는 부분적으로 바다를 거쳤다. 중국 해안에서 동남아시아로 가고 인도양으로 들어간 뒤 상인들이 다니는 길을 통해 유럽으로 갔다. 그는 이 여행에서 여러 항구도시들을 지났고, 자신이 받은 인상을 기록으로 남겼다. 더 서쪽에서 온 여행자도 마찬가지였다. 모로코의 법학도 이븐 바투타의 리흘라rihla(여행기)는 반대 방향으로 진행됐다. 그는 이슬람교도 문필가로서 여러 항구와 궁정을 방문했다. 이에 못지않은 것이 이미 언급했던 중국의 제독 정화였다. 그 역시 아시아 계절풍대의 여러 도시들을 차례로 방문했는데, 그 여행 기록은 그의 통역 겸 서기였던 마환이 남겼다.

이 유명한 세 명의 여행자는 전근대 아시아 세계에서 가능했던 도시 생활의 일부를 보여준다. 그들은 모두 여로를 따라 늘어선 도시들(서로 다른 시기, 서로 다른 장소이긴 했지만)에서 사람들을 만나고 환영받았다. 중세에서 근세로 넘어가면서 이 같은 접촉의 기반 노릇을 하는 항구는 점점 늘어갔고, 많은 새 도시 복합체가 생겨나 그런 대화를 촉진했다.

아시아의 해로를 따라 발전한 항구들은 시간이 흐르면서 문화 간 접촉이 확대되는 가장 중요한 조건이었던 듯하다. 항해 기술(뒤에서 살펴볼 것이다)은 그 자체로 중요했지만, 선원·상인·정치가는 가야 할 이유가 있었고 이 회로를 따라 성장하는 큰 항구들은 그들에게 이 항해의 목적을 제공했다. 교역은 한 장소에서 이루어질 필요가 있었고, 항구는 상인, 그들의 상품과 자본을 한 장소에 모았다. 이에 따라 그런 것들을 한 장소에 집적할 가능성이 생겼다. 이 모든 경로에 있는 총명한 지배자들은 이를 이해했고, 계약과 상업을 유치하기 위한 제도들을 고안했다. 오늘날 기업들이 생각하는 것과 흡사한 방식이었다.

그런 제도 가운데 하나가 항만관리소장인 샤흐반다르shāhbandar(페르시아어다)였다. 아시아 해로상의 많은(어쩌면 대부분의) 큰 항구들은 이렇게 표현될 수 있는 사람을 두었고, 이들은 흔히(모두는 아니었다) 외국인이었으며 여러 언어를 구사할 수 있었다. 앞서 중국 송나라의 조여괄을 이야기했지만, 그 밖에도 이렇게 표현될 수 있는 많은 사람들이 있었다. 믈라카, 마카사르, 구자라트의 항구들, 그리고 그 밖의 곳에 말이다. 이들은 항구에서 이루어지는 거래를 보살폈고, 동시에 새로운 거래를 끌어들이기 위한 노력으로 항구의 기존 거래를 유지하고 안정시키고자 했다.

그러나 이 해로상의 중심 도시 체계를 돌아가게 하는 다른 기제들도 있었다. 해외에 접촉자(멀리 떨어진 여러 항구에 대리인을 두고 서로 연락하는 공동체)를 두거나, 여러 곳에 영사관을 설치한 뒤 한 나라의 상업적 이익을 보살피는 방식이었다. 법적 대리인을 두는 것, 또는 적어도 전근대 상황에서 현지 지배자와 연줄을 갖는 것은 중요했다. 자신의 권리가 짓밟히지 않게 하기 위해서다. 이런 모든 제도들은 전근대 시기에 먼 거리에서의 의사소통의 한계를 극복하고 오랜 시간에 걸쳐 상업의 도구 작동을 편리하게 하기 위한 방법이었다.

4부 '도시와 바다'는 서로 연관된 두 장을 통해 이런 현상을 검토한다.

8장은 '광역 동남아시아'에서의 항구도시 형성을 살펴본다. 물론 여기에는 '광역 동남아시아'에 대한 폭넓은 정의가 필요하고, 동남아시아에서 좀 떨어진 다른 도시들(분명히 이 지역과 접촉하고 있는 곳들이다)에 관한 자료들도 포함된다. 따라서 광저우, 홍콩, 그리고 인도 아대륙의 몇몇 항구들 역시 포함된다. 그들이 세계의 이 지역과의 관계에 대해 보여줄 수 있는 것이 있고, 그런 곳들의 도시 형성이 동남아시아의 항구들과 어떻게 다른지를 보여줄 것이기 때문이다. 이 지역 항구도시들의 성장과 지리적 기제를 살펴봄으로써 도시 연결성의 원형을 개괄하고 넓은 시간 범위에 걸쳐 문제를 제기할 수 있다. 이 장은 과거의 역사적 패턴을 다루지만 또한 우리 모두가 사는 현대에 관한 여러 가지 질문을 제기한다. 이 도시들이 어떻게 해서 해로상의 더 큰 도시군의 일부로 진화하는지를 알아보기 위해서다.

9장에서는 아시아 항구들 사이의 연결에 관해 더 크게 조망한다. 8장도 넓었지만(이 장에서는 동남아시아의 도시들을 벵골만과 남중국해를 넘어 상업을 통해 연결된 더 넓은 범위의 항구들 속에서 분석했기 때문이다), 9장은 지리적 대상 범위가 더욱 광대하다. 이스탄불에서 시작해 '아시아'라고 생각할 수 있는 곳의 가장 먼 지역으로부터 항구들의 줄을 한데 묶으며 전체 아시아 해상세계를 따라 구불거리며 천천히 나아간다. 이 줄은 서아시아에서 남아시아로, 이어 동남아시아로부터 한국, 일본, 러시아 극동까지 이어진다.

검토되는 것은 이 항구들이 더 큰 상업 및 정치 대리인의 연결망에서 연결점 노릇을 하는 방식이다. 특히 20세기로 넘어가는 세기말 상황에서다. 외교 서신이 이 검토의 중심을 이루지만, 앞으로 보게 되는 바와 같이 상업과 끊임없이 뒤섞이는 것이 외교다. 이스탄불의 뾰족탑에서 동북아시아의 눈 덮인 벌판까지 1만 5000킬로미터의 해로를 연결해 그 전 노선을 하나로 묶는다. 시작한 곳부터 끝나는 곳까지 모두가 한 대륙에 있다. 이 장은 특히 불안정한 시기였던 수십 년에 집중해, 세계가 바로 눈앞에서 '현대'로 접어드는 시기에 무역, 지배, 의사소통이 먼 거리에서 어떻게 하나가 됐는지를 보여준다.

8장

'광역 동남아시아'에서의
항구도시의 형성

전에는 이런 경계들이 존재하지 않았습니다.
이 모든 바다 전체가 우리 것이었습니다.
— 팍 아드리안 라피안(자카르타, 2006)[1]

현대 지리학의 논의는 서방 이외의 도시가 상당한 중요성을 지닌 별개의
단위이며 세계 경제 및 정치의 상호작용에 필수적임을 인정하는 데 비교
적 느렸다.[2] 아마도 가장 대표적인 곳이 광역 동남아시아의 도시들일 것
이다.[3] 동남아시아에서 몇몇 항구들이 초국가적 지역의 경제 수도로 떠
오른 것은 수백 년에 걸쳐 인구학적 변화가 지속된 결과였을 것이다.[4] 그
러나 이 과정이 이전에 볼 수 없었던 규모로 속도를 내기 시작한 것은 불
과 지난 수십 년 사이였다.[5] 이 과정을 거쳐 떠오른 것은 여러 개의 거대
도시(그 상당수는 해안 또는 해상에 위치했다)의 탄생이었고, 그것은 다시 그
도시들을 둘러싸고 있는 주변부의 개조로 이어졌다. 이 도시들은 남아시
아, 동아시아, 동남아시아 사이의 해상의 모습을 변화시킨 또 다른 세계

를 만들어내는 데 일조했다.

아직도 동남아시아 이웃들의 물건이 흘러넘치는 싱가포르는 믈라카 해협의 전략적 상업 중심지를 위한 19세기 영국의 욕망이 남긴 유산이다. 해운업, 창고업, 금융업, 원거리통신 서비스가 많고 잘 알려진 '싱가포르-바탐-조호르바루 성장 삼각지대'(이 도시국가를 이웃 말레이시아 및 인도네시아와 연결시키는 것이다)의 초점에 위치해 있다.

한때 광역 동남아시아 본토 이웃 정치체들의 연결망에서 한 중심이었던 방콕은 라오스의 강들로부터 막대한 양의 수력 전기를 공급받고 있고, 한때 버림받은 나라였던 미얀마로부터 보석과 티크나무를 들여오고 있으며, 캄보디아의 목재와 난민들의 경유지가 되고 있다.

마지막으로 홍콩(엄밀하게는 동남아시아 바깥이지만 그럼에도 불구하고 광역 해양권의 일부다)은 여전히 19세기 중반 아편전쟁 때 구상했던 중국 동남부의 통로다. 한때 불법 마약 운반자를 유혹했던 이 큰 시장은 이제 광둥 시골의 산물을 동남아시아에 파는 새 세대 상인들을 부르고 있으며, 남양에서 오는 국내 노동자들을 반대 방향으로 부르고 있다.

지역의 국제도시들이 수백 년 전에는 볼 수 없었던 속도로 태어나고 성장하고 있다. 인구통계학자들의 예상에 따르면 21세기 후반에 지구상 최대급의 도시 일부가 동남아시아에서 나올 것이라고 한다.

이 장에서는, 현재 전 세계에서 일어나고 있는 지구촌 도시화에서 일반적인 경향이 나타나고 있지만 몇몇 동남아시아 도시 중심지들은 좀 오래된 현지 모형 안에서 적어도 부분적으로는 새로운 구조와 체제를 채택할 것이라고 주장했다. 이 모형은 이 지역에 특수한 것으로, 전통적으로 동남아시아 문화의 원천으로 생각돼왔던(그러나 약간 틀린 얘기다) 남아시

베이징•

중국

동해

일본

도쿄•
교토• 요코하마

나가사키•

상하이•
항저우•

동중국해

샤먼•
광저우• •취안저우
•홍콩

양곤•

태평양

•아유타야

베트남

남중국해

마닐라•

필리핀

•사이공
(호찌민)

술루제도

브루나이•

술라웨시해

•믈라카
•싱가포르

보르네오

인 도 네 시 아

바타비아 •드막 투반•
(자카르타) •그르식
스마랑 자바

지도 8.1 동남아시아 해양의 항구들

아 및 동아시아의 도시 발전 모형과 일치하지 않으며, 오히려 상충된다.

　'바람 아래의 땅'의 항구들은 본래 다양한 상황에서 나온 독자적인 존재였다.[6] 그러나 이 도시 중심지들이 앞으로 어떻게 될 것인지에 대한 어떤 통찰을 얻는다는 희망을 가질 수 있는 것은 오직 이 도시들의 발전 방식에 대한 첫 검토를 통해서일 뿐이다.[7] 이들 역사적 패턴에 전조가 들어 있다.[8] 적도의 띠 지역에 위치한 새로운 아시아의 '초거대 도시들'이 미래에 어떻게 변모할지를 예측하는 단서를 멀고 또한 아주 가까운 과거의 식민지 시절에서 찾을 수 있다.

과거의 경보

동남아시아 도시 역사의 복합성을 분석하자면 본래 '지역적'인 몇몇 특성에 초점을 맞추게 된다.[9] 이 요인들을 함께 뽑아내 모으면 크고 자주 일어나는 패턴의 발전을 상당 부분 설명할 수 있다. 그 패턴은 지리적인 요소뿐만 아니라 문화적·경제적 힘에 의해서도 좌우된다.[10]

　네 가지 요인이 있다. 첫째, 지역의 국제적 위치 설정, 둘째, 항구와 정치적 관리의 이중 구조, 셋째, 생존 기제로서의 도시의 적응, 넷째, 정치와 경제의 두드러진 균형(정치는 중심에서 밖으로 움직이고, 경제는 반대 방향인 행정 중심부를 향해 움직인다)이다. 먼저 이 개념의 작동을 역사적 맥락 안에서 이해하고 이어 시간상으로 앞으로 나아가 이 문제들이 최근에 어떻게 전개됐는지를 살피는 것이 중요하다. 여기서 몇 가지 짧은 사례를 들어 이 과정을 더 잘 보여줄 수 있게 하고, 이어 그들이 왜 우리 시대의

'광역 동남아시아'에 관해 생각하는 데 유용한지를 설명하겠다.

이 장의 자료는 이 지역의 도서 세계와 본토 모두를 포괄한다. 여기서 묘사된 패턴과 일치하는 것은 주로 본토의 해안이지만 말이다. 흥미롭고도 매우 유용한 역사 서술상의 논쟁이 지난 20년 동안에 벌어졌다. 본토의 장기적인 추세가 정말로 이 지역 섬들에서 일어난 비슷한 과정과 일치하느냐에 관한 것이다.

가장 확실하게 문제가 된 것은 앤서니 리드의 생각이었다. 그의 두 권짜리 책《상업 시대의 동남아시아, 1450~1680》은 이 지역의 역사 발전에 관한 연구를 상당히 바꿔놓았다. 도시의 성장과 기능도 그 가운데 하나였다.[11] 리드의 해석은 근세 동남아시아 도서부와 본토 세계의 발전 사이의 중대한 차이를 강조하지 않았다. 도시사에 관한 그의 저작은 대체로 이 지역 전체에서 역사적인 활기와 추세에서 연속성이 있었다는 전체적인 주장에 매달렸다.

빅터 리버먼은 나중에 이 지역의 역사에 관한 두 권짜리 책《이상한 유사점: 세계 속의 동남아시아Strange Parallels: Southeast Asia in Global Context》 첫 권에서 이 도식에 어느 정도 이의를 제기했다.[12] 리버먼은 역사의 여러 장기적인 패턴이 본토와 도서부 세계 사이에 차이가 있다고 주장했다. 그는 또한 도시의 탄생과 발전 같은 여러 차이에 대해 적극 동의했다. 토니 데이 역시 이런 주장을 부분적으로 거들었다. 다만 그는 도시의 형태 진화보다는 국가 형성 과정에 더 관심을 가졌다.[13] 최근에 수린 루이스 역시 17세기 이후 몰락하는 '세계주의'의 시대 구분에 문제를 제기했다.[14] 여기서 진행 중인 해석 논쟁을 유념하는 것이 좋겠다. 본토 해안 지역의 패턴을 더 큰 도서 세계의 역사와 연결시킴으로써 리드와 리버먼의 접근방식에서 몇 가지 공통 기반을 발견할 수 있기는 하지만 말이다.

바다는 연결한다. 특정 내륙 도시 복합체들과 그 주변 시골과의(그리고 정말로 다른 본토 도시들과의) 관계 사이에 상응하는 유사성이 있기는 하지만, 이 장이 다루는 내용의 상당 부분은 해안의 인구 중심지를 언급한다. 더 큰 패턴에서 약간의 건설적인 통일성이 발견(시간상으로, 그리고 동시에 동남아시아의 펼쳐진 지형에서)되는 것은 이런 방식을 통해서다.

동남아시아의 초지역적 움직임

여러 시대의 동남아시아 도시들은 흔히 국제 상업의 활력 위에 존재했다.[15] 이는 중국, 일본, 인도 아대륙과 뚜렷한 대조를 보인다. 이들 지역에는 주로 내부에 초점이 맞추어지고 대체로 자립적인 대도시들이 있었다. 중세 중국의 쑤저우와 항저우, 일본의 교토, 그리고 심지어 무굴 치하의 델리 같은 대도시들은 일차적으로 국내의 중심지였다. 이 도시들의 경제와 정치 생활은 분명히 흥성했겠지만, 이 활력의 거의 대부분은 국내에 관심을 두고 국내 지향적인 것이었다. 너무 멀리 벗어나 국제무대로 들어가는 경우는 드물었다.

동남아시아의 도시들은 완전히 다른 세계관을 갖고 있었다. 이 해안 도시들은 남중국해와 인도양 사이의 거대한 무역로에 있는 중심지들로 뻗어 나가며 외국의 영향을 환영했고, 사실상 거기에 의존해 살아갔다. 전체 구조와 제도는 무역을 촉진하기 위해 개발됐고, 기민한 지배자들은 자기네 상업을 발전시킬 방법을, 그럼으로써 자기네의 정치적 중요성을 국제적 연결망에 뻗칠 방법을 끊임없이 찾았다. 그런 제도 가운데 하나로 이 과정에 깊숙이 박혀 있고 여기서 잠깐 언급할 필요가 있는 것이 초지역적인 직책이었던 샤흐반다르다.

앞에서 간단하게 언급한 샤흐반다르(페르시아어로 '항구의 주인'이라는 뜻이다)는 동남아시아 대부분의 정치체에서 흔히 두 번째로 중요한 관리였다. 지배자 바로 다음이었다. 그의 주된 임무는 자신이 소속된 도시국가를 대신해 무역을 끌어들이고 관리하고 선전하는 것이었다. 규모를 불문하고 이 지역의 대도시들에는 모두 샤흐반다르가 있었고, 통상 외국인이었다. 그는 여러 언어를 사용했고, 일종의 문화적 '해결사'였다. 자신의 (흔히 채용된) 해양 도시가 어떤 곳인지를 이해하고 있는 사람이었다. 거의 모든 주요 동남아시아 도시국가에 이 직위의 사람이 있었다는 현존 기록이 있다. 7세기 수마트라 팔렘방에 대한 의정義淨의 기록에서부터 16세기 말레이시아 믈라카에 대한 포르투갈 여행가 멘드스 핀투의 기록과 18세기 술라웨시섬의 식민 무역도시 마카사르에 대한 네덜란드와 영국의 기록까지다.[16]

샤흐반다르가 운영하는 항구들에는 공통적인 특성이 있었다. 대외지향성, 감수성, 외부인을 수용할 의지와 능력, 그리고 이런 것들이 만들어낸 다문화주의였다. 명 왕조 말기와 청 왕조 초기의 역사나 1600년 이후 도쿠가와 막부 일본의 기록만 뒤져보더라도 이 문화들이 동남아시아의 이웃들과 대조적으로 가지고 있는 외국인에 대한 일반적으로 엄격한 태도의 사례를 발견할 수 있다.[17] '남양'에서 사고방식은 이와 매우 달랐던 듯하다. 이런 문화와 도시의 차이는 우리 시대에도 반복되고 있음을 느낄 수 있다.

도시와 항구의 이중 기능

기능성은 동남아시아 도시들과 그 북쪽 및 서쪽의 역사 속 도시들 사이의 또 다른 중요한 표준 패턴의 차이다. 적어도 제1천년기 이후 여러 전통적인 동남아시아 정치체의 행정 및 경제 중심지는 '한' 도시로 융합돼 들어간 것이 사실이었다. 이것은 대체로 중국, 일본, 인도의 고전적인 도시들에 관해 기록들이 말하는 것과는 매우 다른 기능 통합이었다.

도쿠가와 시대에 에도(현재의 도쿄)가 일본의 정치 중심지이자 어느 정도는 문화 중심지 노릇을 했지만, 상업과 무역은 2급 도시들에 맡겨졌다. 나가사키와 나중에 요코하마가 되는 곳 같은 항구들이다.[18] 바로 이런 곳들에서 서방 세계와의 접촉이 처음 이루어졌다. 처음에는 포르투갈, 네덜란드, 에스파냐 상인을 통해서였다.[19] 마찬가지로 중국 권력과 권위의 중심은 베이징의 자금성에 있었고, 무역은 아모이(샤먼)와 광저우 같은 남부 해안 도시들에서 이루어졌다. 그러나 이런 유형의 또 다른 사례는 내륙의 델리와 인도의 동부 아라비아해에 면한 수라트, 바루치, 뭄바이 등 해안 도시들에서도 발견할 수 있다.[20]

반면에 우리가 아는 동남아시아 역사의 전근대 사례 상당수는 정치 권력과 상업이 하나의 공간에 집중돼 있었다. 이에 따라 자바섬 북부의 무역항 투반, 드막, 그르식에는 정치적 지배자가 있었을 뿐만 아니라 독자적인 은행가도 있었다. 국가를 떠받치는 데 필요한 돈이 같은 물리적 담장 안에서 흘러 토지개혁과 입법에 영향을 미쳤다.[21] 방콕에서 차오프라야강을 거슬러 올라가 바다가 눈에 보이지도 않는 아유타야는 강을 통해 수마트라의 잠비 및 미얀마의 만달레이(어느 정도)와 같은 패턴을 따

도판 8.1 건설 직후의 싱가포르 항구 (찰스 다이스Charles Dyce, 싱가포르, 1842~1843)

랐다.[22] 조직의 정통성과 상업을 확대해서 얻는 보상을 통합한다는 결정을 과소평가해서는 안 된다. 동남아시아 도시들은 이웃들과 대체로 다르게 발전했다. 이 융합 때문이다. 이 위치에 대한 처음 결정 때문에 도시들은 앞으로도 그럴 것이라는 징후가 다분했다.

동남아시아의 식민지 도시들이 발전 과정에서 이런 패턴의 상당 부분을 이어갔음은 분명하다. 그 패턴은 흔히 이전 시기로부터 물려받은 것이었다. 예를 들어 마닐라는 에스파냐와 미국의 식민지 시기를 거치는 동안 내내 경제와 정치의 중심지였다.[23] 바타비아(자카르타)는 네덜란드가 동인도에서 제국주의를 펼치던 기간에 이 방식을 따랐다. 싱가포르와 양곤은 모두 주요 시장(그리고 경제적 분배 중심지) 노릇을 했고, 동남아시

아 지역에서 영국의 정치 중심지 노릇도 했다.[24]

　이 도시들은 지역 중심지였던 이전의 모습에서 벗어나 이제 식민지 수도가 됐지만, 토착민의 배후지와의 연계를 유지했고 또한 갈수록 식민 사업으로 생겨난 지역 및 세계 시장과도 연결됐다. 따라서 이곳들은 생각과 물자의 도입, 유통, 전파의 초점이 됐다. 식민지 시대가 끝나고 독립을 눈앞에 두었을 때도 이는 또한 갈수록 더 많은 수의 사람과 물자에 대해 진실이었다.

발전과 적응

'적응 방법'에 대해 생각하는 것 역시 동남아시아 도시의 과거를 해독하고자 할 때 유용한 개념이다. 수천 킬로미터의 무역로를 따라 위치한, 죽 이어진 독립 도시국가들의 존재는 매우 불안정했다. 상업의 흐름 또는 방향이 바뀌면 엄청난 부를 가져다줄 수도 있지만, 경고가 미약하거나 전혀 없는 상태에서 갑자기 침체에 빠질 수도 있었다.[25]

　동남아시아 정치체들은 거의가 대륙을 횡단하는 교역 상단의 종점이 아니었다. 중국의 비단 중심지나 유럽의 직물 중심지 같은 '최종 목적지'가 아니었다.[26] 대신에 늘 변화하는 연결망의 중간 지점이었다. 따라서 무역에서의 변화는 경제의 생사를 좌우했고, 성쇠는 때로 권력자나 그 휘하 샤흐반다르의 손을 완전히 벗어나 있었다. 그러나 또 어떤 때는 똑똑한 지배자가 항구 자체의 움직임을 적합하게 만듦으로써(그런 조치가 필요할 경우에) 이 과정에 영향을 미칠 수도 있었다.

동남아시아 역사에 존재하는 이런 식의 멀리 내다본 조절은 여러 사례에서 찾아볼 수 있지만, 15세기 초 믈라카 술탄국의 개창만큼 성공적인 것은 아마도 없었을 것이다. 믈라카는 수마트라의 배반한 왕자 파라메스와라가 도망쳐 와서 건국한 나라로, 흔히 '해적 소굴'이라 불리던 곳에서 50년 사이에 세계 최대급의 상업 중심지로 성장했다.[27]

이 도시는 팔렘방을 근거지로 했던 이 지역의 선배인 스리위자야의 국가 정책을 뒤집음으로써 이를 이루었다.[28] 믈라카는 막대한 재정을 강력한 해군(오로지 믈라카해협을 통과하는 선박을 강제로 항구로 끌어들이고 흔히 불리한 조건으로 교역을 하도록 설계된 것이었다)을 건설하고 유지하는 데 쓰는 대신에 세금을 매우 합리적인 수준으로 '낮추어' 다른 어느 곳보다도 그곳에서 장사하는 것이 더 낫게 만들었다. 이 유례가 없는 조치에 멀리 동아프리카, 이집트, 오키나와에서까지 중세 상인들이 몰려들었다. 자기네 상품을 공정하고 표준화된 가격으로 팔 수 있을 것임을 알고, 자기네가 사려는 상품 역시 그런 감시(그리고 강제)하에 있다고 기대했기 때문이다.[29]

독점적 강제라는 스리위자야의 방식이 틀린 것은 아니었다. 그것은 그저 적절한 상황에서 취한다면 최선의 행동 방침이었다. 즉 동남아시아 역사에서 많은 경쟁 정치체가 나타나기 이전, 즉 대략 1000년 이전에 말이다. 그러나 위의 사례는 또한 적응과 지역의 지리정치학적 변화에 대한 인식이 어떻게 한 도시가 경쟁 도시들을 제물로 삼아 운세를 일으킬 수 있는지를 보여준다. 싱가포르는 이 교훈을 지난 200년에 걸쳐 잘 배웠다. 이 장에서 더 자세히 논의한 바와 같이 이는 또한 호찌민시가 최근 대단한 열의를 가지고 숙고하고 있는 것이다.

정치는 '밖으로', 경제는 '안으로'

되풀이되는 정치 및 경제 교류 모형은 동남아시아 해양 중심지의 네 번째이자 마지막 주요 공헌으로 여기서 언급할 만한 것이다. 이는 산악, 밀림, 그리고 중심 대도시에서 멀리 떨어진 변두리 지역에서 일어나는 정치적 동질화 경향으로 묘사할 수 있다. 이 원심력이 상거래라는 응집력 있는 유대에 의해 어느 정도 견제와 균형이 이루어지지 않는 경우에 말이다.[30] 동남아시아 역사에서는 이 변증법이 작동하는 사례들이 있고, 아마도 그것이 오늘날보다 더 잘 보이는 시기는 없을 것이다. 이런 패턴은 이 지역의 임산물 채취의 역사와 임산물 교역의 정치적 함의를 간단히 살펴보기만 해도 잘 드러날 것이다.

동남아시아 역사에서 특정 정치체(그리고 그 관할 지역에서 나오는 주요 산물)의 주변에 실질적인 대도시가 존재하지 않는 경우는 비교적 적었다. 더 일반적인 것은 이런 모든 부속물들을 거느리면서 국제적 거래에 내놓을 품목을 도시에 공급하는 배후지를 지배하는 것으로 묘사된 중앙의 권력 중심이다. 이 관계는 통상 세 가지 형태 중 하나로 나타났다.

첫 번째는 배로만 갈 수 있는 빽빽한 밀림이나 숲에 거주하는 1차 산품 공급자와 관계될 것이다. 이는 보르네오의 '다약족'이나 수마트라의 바탁족 같은 여러 내륙 종족들의 경우에 해당했다. 그들은 여러 정치체의 상인들(흔히 중국인이었다)에게 무역로의 다른 지역에서 높은 값을 받는 상품을 공급했다. 중국으로 가는 코뿔새, 장뇌, 금 같은 것들이다.[31] 이런 패턴은 활 모양의 동남아시아 도서부 일대에서 일어났다. 믈라카해협에서부터 인도네시아 '중부'를 거쳐 군도의 동부에 이르고 필리핀까지

이어지는 지역이다.[32]

두 번째 가능성은 태국과 미얀마의 여러 산악 소수민족 같은 외딴 산지에 사는 1차 산품 생산자들이었다. 그들은 축산물과 기타 초본 약물을 저지에서 생산한 식료품과 교환하는 거래에 참여했다.[33]

마지막 형태는 이들 '배후지'가 완전히 다른 섬들 또는 군도에 있는 경우다. 14세기 자바의 큰 정치체였던 마자파힛은 동쪽으로 수천 킬로미터 떨어진 '향신료제도'(말루쿠제도)를 속국이라고 주장했다. 그러나 실은 진짜 행정적 연결은 없었고, 그 관계는 경제적 성격이 강했다.[34]

중심부의 주변부 관할이 정치적이기보다는 경제적인 것이었다는 사실은 이 모든 사례에서 나타나는 공통점이었다. 거리 또는 지리적 문제로 사라진 권위는 흔히 양측이 그저 거래를 계속하는 것만으로도 생겨나는 이득으로 인해 다시 강화됐다. 그러나 이 관계에는 긴장 또한 존재했다. 중심부가 너무 많은 복종을 요구하거나 주변부가 너무 많은 자주권을 요구하기 때문이었다. 전자는 종교적 개종, 공물, 정치적 개조 같은 형태이고, 후자는 같은 물건을 자기네가 원하는 다른 상대에게 팔 수 있도록 하는 허가, 생활양식과 신앙의 자유 같은 형태였다. 이 패턴은 이 지역에서 식민지 이전 시기에도 분명했고, 식민지 시기에도 마찬가지였다.

다시 한번 이 변증법은 미얀마와 라오스에서부터 필리핀 남부와 '바깥' 인도네시아 일부에 이르기까지 오늘날 동남아시아의 여러 내부 충돌에서도 분명하다.[35] 이런 전통적인 해양 중심지들의 모습이 당대의 동남아시아에서 어떻게 나타났느냐는 이제 살펴볼 현대 시기와 관련해서 흥미로운 문제다.

현재와 미래

이런 패턴을 파악하는 것은 중요했다. 동남아시아 도시들은 바로 이 역사적 요소들을 자기네 현실에 편입시켰기 때문이다. 플로리다 사람들이 어느 모로 보나 캘리포니아 사람들과 마찬가지로 미국의 일원이라고 생각하는 것은 우연이 아니며, 블라디보스토크 주민과 모스크바 사람들이 러시아의 일원이라고 생각하는 것 역시 마찬가지다. 그러나 아체 주민들은 인도네시아에 대한 소속감이 별로 없다. 태국-미얀마 국경의 카툴리 Kawthoolei 주민들, 필리핀 남부 민다나오섬 주민들, 라오스-베트남 쯔엉선산맥의 고지에 사는 사람들도 이런 소속감을 그리 드러내지 않는다.[36]

왜 그럴까? 그리고 이런 불만은 앞으로 관용해야 할까, 아니면 중앙정부의 권력으로 억눌러야 할까? 어떻게 방편을 이 방정식에 꼭 맞출 수 있고, 동남아시아의 보다 전통적인 문화권들은 새로운 대도시 '주인들'이 '주변부'로 밀고 들어오는 것을 얼마나 깊숙이 허용할 것인가? 그들은 선택권이 있을까? 요컨대 동남아시아 항구들과 그 주변의 현재와 미래 방향('자족 위성도시' 같은 첨단 개념이 풍부한 것이 될지, 아니면 집중적 교환 모델 같은 구식 형태가 될지)은 어떻게 되고, 그 주변은 어떻게 될까?[37]

세계의 움직임

이렇게 전근대 및 식민지 시기 동남아시아의 여러 해양 도시들이 무역, 국제 상업, 외래 관념에 대해 개방적이었음은 분명하다. 많은 중심 도시들이 이런 설계를 염두에 두고 만들어졌다. 동아시아와 인도 아대륙의 많은 사례들과는 반대였다. 이런 움직임이 현재와 미래에도 계속되지 않을 것이라고 주장할 이유는 별로 없다.

사실 동남아시아의 주요 도시 대부분은 당시의 세계 무역권에서 경쟁하는 데서 감탄스러울 정도의 위치에 자리 잡았다. 처방의 가장 중요한 재료 가운데 두 가지(충분한 항만과 왕성한 상인층)는 과거의 유산으로서 이미 존재했다. 도자기, 직물, 종교를 가져온 바로 그 무역로가 인도인, 아랍인, 중국인 정착자와 이주민의 물결 또한 가져왔다. 그들은 이제 자기네 가족 연고와 관시關係(연결망 또는 연줄)를 통해 동남아시아의 무역 연결을 심는다.[38] 이 지역에서 흔히 장사가 계속 이루어지게 하는 것은 이 관시다. 이 지역 일대에서 연결은 혈연, 신용, 공유된 문화적 감각(수백 년 된 것이다)을 바탕으로 형성됐다. 당연히 이 접촉은 동남아시아 이주민 공동체 연합의 바깥으로도 뻗어갔다. 동남아시아와 중국의 원천 국가들로, 그리고 이제 점차 오스트레일리아, 유럽, 북아메리카의 최근 이주 지역으로 퍼졌다.[39]

이 연결은 앞으로 더욱 중요해질 것이다. 서방인들과 아시아의 벼락부자들은 거의 확실하게 이 지역의 1차 산품들을 계속해서 귀하게 여길 것이다. 그것은 임산물과 '이국적인' 의약품 중심이었지만 이제는 석유와 천연가스도 포함된다. 이곳 주민들은 새로 생긴 부를 외국산 제품을 사는 데 쓰고 싶어 할 것이고, 그것은 다시 아세안(동남아시아국가연합) 국가들의 산업화가 더욱 진척되면서 상업과 무역을 갈수록 더 촉진할 것이다.[40]

그러나 이 도시들이 국제 사회에 진입하는 데 매우 성공적이었다는 사실은 또한 진짜 문제를 일으켰다. 미래는 밝은 면만 있는 것이 아니다.

공해, 비싼 세금을 투입한 기반시설, 인구 과잉은 아마도 가장 큰 문제들로 꼽힐 것이다. 불균형은 현대화 곡선에서 가장 진도가 덜 나간 도시들에서 최악이다.

이들 나라에서는 인구가 빠르게 증가하고 있는데, 시골의 많은 빈민이 일자리를 찾아 새 도시들로 이주하기 때문이다.[41] 그 결과 이들 지역은 엄청나게 혼잡해져 이미 압박을 받고 있는 도시 자원에 압박을 가중시키며, 결국 저소득 또는 빈곤한 유리流離 대중을 만들어낸다. 그들은 도시에서 일할 기회가 거의 없어 이미 경고음을 울리기 시작했다. 이런 압박에 대처하기 위한 동남아시아 고유의 몇몇 방식(자바섬 중·서부에서 인류학자들이 찾아낸 어려움을 나누는 방식 같은 것이다)이 있지만, 전망은 이런 추세가 계속되리라는 것이다. 따라서 이들 도시의 구조는 갈수록 천막촌이 늘어나고 영영 취업하지 못하는 사람들이 생기며 암암리에 전반적으로 빈곤이 심화되는 쪽으로 변할 것이다.[42]

도시들이 다시 한번 국제무역의 흐름에서 배제된다는 위험을 느끼는 것은 이런 주기가 통제할 수 없는 정도에 이를 때다. 회사나 정부로서는 지나친 압박을 받아 기능을 상실한 기반시설에 시간과 투자 재원을 쏟는 것은 낭비일 것이다. 1급 도시는 2급 도시가 되고, 2급 도시는 3급 도시로 떨어질 것이다. 동남아시아의 큰 도시들에서 이미 이 과정이 일어났다. 자바섬의 스마랑과 태국의 나콘시탐마랏이 그렇고, 필리핀의 마닐라(물론 이곳에서는 변증법이 좀 더 복잡하기는 하다)도 어느 정도는 그렇다.[43] 인도네시아는 몇 년 안에 자카르타에서 보르네오의 새 수도로 옮겨갈 것이다. 인도네시아의 정책 입안자들이 자카르타가 '살기 어려운' 곳이라고 생각하기 때문이다.

대도시 생애주기의 당연한 일부이긴 하지만, 이런 패턴은 동남아시아의 몇몇 다른 도시들에서도 곧 닥칠 가능성이 있다. 문제를 완화하기 위한 구체적이고 총체적인 조치가 가까운 어느 시기에 취해지지 않는다면 이런 구조적 문제(기후변화에 의해 더욱 악화됐다)는 분명히 앞으로도 이 지역에 존재할 것이다.[44]

정치와 경제의 재통합

이 마지막 생각은 인도네시아인들이 '드위풍시dwifungsi'라 부르는 개념을 떠올리게 한다. '이중 기능'을 의미한다. 앞서 보았지만 동남아시아 정치체들은 처음 탄생한 이래 정치적 역할과 경제적 역할 사이의 구분이 없었다. 이 패턴은 전근대 상당 기간과 식민지 시대 중국 및 인도와 뚜렷한 대조를 보인다. 이 융합의 결과로 오늘날 대부분의 동남아시아 국가들에는 유력한 단일 대도시가 형성됐다. 반면에 다른 몇몇 부차적인 도시들(대개 항구다)은 교환을 위한 지역의 공급 중심지로서 수도를 보완함으로써 국가의 무역 균형을 이루게 하는 경향이 있다.

이 역사의 '직접적인 귀결'은 주변부의 불안정이 동남아시아에서는 예컨대 중국에서처럼 반드시 경제적 바탕이 있지는 않다는 것이다. 원심력은 다른 어느 지역에서나 마찬가지로 동남아시아에서도 늘 존재하지만(잠시 후 더 살펴보겠다), 이런 파벌주의 경향은 돈보다는 종교와 서로 다른 관습에 의해 가중되곤 한다. 그러나 중국에서는 이 이원적 권위 체계(경제적인 것과 정치적인 것)가 초래한 불균형이 절정에 달했다. 그 이유를 알기 위해서는 중국 남해안의 사례를 살펴보면 된다. 이곳은 중국에서 1000년 이상에 걸쳐 해양 동남아시아 및 세계와 접촉하는 주요 지점이었기 때문에 이 문제를 비추는 유용한 거울이다.[45]

몇 년 전, 캘리포니아대학 버클리 캠퍼스의 언론대학원장이자 유명한 중국 전문가인 오빌 셸Orville Schell은 한 인터뷰에서 '중국'의 화신이 기본적으로 셋 있다고 말했다. 사회주의 북부, 자유방임주의 남부, 이슬람 서부(갈수록 국경 너머 중앙아시아 공화국들을 바라보고 있다).[46] 이 사실상의 '정치체'들은 전혀 새로운 것이 아니라고 그는 말했다. 상당한 기간 동안 '중국'의 같은 지시 아래 불편한 상태로 나란히 존재해왔다는 것이다.[47] 그러나 권위주의적인 현재에도 불구하고 끊임없는 변화 상황에서 얼마나 오래 지리정치학적 존재가 가능할 수 있을까?

세계적인 민주주의 함성과 개인의 경제적 운명을 스스로 결정할 권리는 당 왕조 안사安史의 난이나 19세기 말 의화단 봉기에는 들어 있지 않았다.[48] 중국은 그 기록된 역사 4000년 동안 많은 분열기가 있었던 것으로 유명하다. 서기전 5~3세기 전국시대부터 20세기 전반 군벌 경쟁의 혼란기까지 말이다. 위에서 말한 구분을 바탕으로 미래의 어느 시점에 인민공화국이 사실상 분할되는 경우를 생각하는 것이 불가능하지는 않다(미국도 정치 분열기가 있었듯이 다른 어느 나라의 경우에도 마찬가지다). 그 분할의 경우들은 지도를 빼고는 모든 곳에 있는 선을 따라 드러날 이탈 혹은 개조 가능성이다.

그러나 덜 급진적인 사태 변화(기본적으로 여러 가지 같은 특성을 가지고 있지만)는 중간 단계로서 좀 더 믿을 만하다. 선전과 주하이 같은 경제특구를 연료로 삼고 홍콩, 타이완, 해외의 자본과 연결된 광둥과 푸젠은 열광적인 현대화 작업을 계속 추진함으로써 본토 부자와 가난한 사람들 사이의 격차를 확대할 것이다(광둥성에서만 때로 인민공화국으로 들어오는 모든 외국인 투자의 절반을 받기도 했다).

중국은 1949년 혁명 이후 20년 동안 미국과 타이완의 침공을 우려해 국가의 중공업 대부분을 남부 해안을 '피해' 배치했다. 이 정책은 남부 주민들에게 보상을 주었다. 그들은 이제 막대한 국유기업의 비효율성이라는 퇴화한 유산을 훨씬 덜 떠안게 됐다. 광둥과 푸젠에서 공업, 상업, 서비스업은 이 낡은 구조 안에서 움직이지 않고 바닥에서부터 다시 세워지고 있다. 이것은 적어도 한동안은 홍콩 및 타이완 기업가들에 의해 매우 비사회주의적인 방식으로 이루어졌다. 그들(비록 중국인이지만)은 본토 기업가들과는 다른 사업 관행을 개발했다. 내가 만난 푸젠성 샤먼의 한 상인은 이를 가장 잘(아마도) 이야기했다.

"우리는 베이징보다는 타이베이와 홍콩 쪽을 바라보고 있습니다. 베이징은 너무 멀어요."[49]

전통적인 정치체에 가까운 무언가가 중국 동남부에서 개발되고 있다. 독자적인 관습과 조례에 의한 것이며, 그 교환 방식은 흔히 멀리 있는(수천 킬로미터 북쪽이다) 권위 중심과는 반대되는 것이다. 정치체 내부의 연결(언어, 문화, 그리고 갈수록 통화通貨의)은 실질적인 것이다. 이들은 또한 마르코 폴로의 '자이툰Zaitun' 항구(현대의 취안저우)라는 묘사로까지 거슬러 올라가는 더 큰 역사적 연속체의 일부다.[50]

중국 정부가 계속해서 국내 다른 지역의 생활수준을 전체적으로 이들과 같은 수준으로 끌어올리지 않거나 이들이 자기네 통제를 벗어나기 전에 이 초자본주의 브랜드를 꺾어버린다면 추가적인 불안정이 닥쳐올 것이라고 생각할 수도 있다. 우리는 이미 이 과정을 현대의 보도 매체에서 거의 매일 접하고 있다. 베트남도 마찬가지 상황이다. 이곳에서는 정치와 교환의 이원적 권위의 비슷한 역사가 역시 하노이와 번영하는 메콩강 삼각주 사이의 질적 차이의 일부를 보여주고 있다.[51]

두 경우 모두, 결과적으로 나타나는 남부 정치체는 강하고 상업 지향적인 정력적인 존재가 되고, 반면에 북쪽의 정치체는 보다 힘든 경쟁의 시간을 갖게 될 것이다. 그 이유는 경제적인 측면도 있지만 역사적인 측면도 있다. 오늘날 우리가 보고 있는 긴 활은 수백 년 동안 진행될 과정의 발아發芽이지만, 아마도 이전 수십 년보다는 미래에 성공(기술과 가상통신의 도움을 받아서)할 가능성이 높다. 현재 홍콩의 상황은 그저 일시적인 일일 것이다. 이 긴 기간을 생각한다면 말이다. 어떤 경우든 홍콩–선전은 새로운 지역 정치체의 국제도시로서 남중국해의 도시들, 그리고 해양 동남아시아 전체와 서로 도움을 주고받게 될 것이다.[52] 이것이 사회주의 중국의 지시에 의해 일어날지 자본주의 서방의 지시로 일어날지는 아직 불확실하다. 우리 모두는 이 사건이 전개되는 속도를 매일 주시하고 있다.

도시 발전과 도시 경쟁

동남아시아 정치체들이 살아남기 위해 환경에 얼마나 확실하게 전략적으로 적응할 수 있었는지를 생각하면서 이 장 앞부분에서 15세기 믈라카 술탄국을 좋은 사례로 들었다. 믈라카는 낮은 관세 정책과 엄격한 도량형 강제를 통해 공정하고 이윤이 많은 장사를 할 수 있는 유일한 곳으로 세계적인 명성을 얻었다. 이런 노력의 결과로 이 도시는 15세기 말에 세계 최대급의 상업 중심지로 성장했다.[53] 당대의 동남아시아 또한 그러한 성공담을 자랑하고 있었다. 이제 미래에 더 큰 정치체로 발돋움할 존재로 자리매김한 새로운 국제도시들도 마찬가지였다. 그러나 과거 20년 동안 고생을 했고 최근에 국제무역망에 다시 진입한 한 도시를 분석하는 것도 흥미로운 일이다.

그 도시는 숨이 턱 막힌 유럽인 방문자들이 한때 '아시아의 베네치아'라 불렀던 사이공(현재 공식적인 이름은 '호찌민시'다)이다. 사이공의 널린 수로, 북적이는 상업, 프랑스적인 모습은 이 도시를 중국과 동남아시아 사이를 오가는 무역의 교차로로 만들었다. 베트남 상인들, 특히 쩌런으로 알려진 중국인 구역 상인들은 정력적인 거래자이자 중간상으로, 그리고 서로 다른 세계 사이의 살아 있는 통로로 유명했다. 그들 대부분이 적어도 한쪽은 중국인의 피를 물려받았기 때문에 중국어를 술술 말하고 읽었으며, 동시에 동남아시아 문화에 대한 감수성도 지니고 있었다.[54]

그런데 베트남 전쟁이 벌어졌고, 전쟁이 끝나자 사이공은 국제적 연결망으로부터 외면당했다. 나는 몇 년 전 동남아시아에서 여러 사람들과 면담했는데, 그들은 베트남에 많은 가족 연줄이 있었지만 이후 관시가 말라버렸다. 하노이의 지배자들에게 국민의 물질적 행복을 증진하는 것보다 이데올로기적 순수성이 더 중요해졌기 때문이다.[55] 사이공은 5년 사이에 말 그대로 동남아시아 상업 세계에서 물러났다. 사이공 함락 이후 처음으로 이 도시 취재를 허락받은 서방 기자들은 그동안 일어난 변화에 깜짝 놀랐다. 사람들은 먹고살 길이 거의 없는 상태로 접어들기 시작했고, 생활수준은 엄청난 폭으로 떨어졌다. 미국이 주도한 20년 동안의 경제 제재는 이 과정을 가속화했다.

물론 하노이의 이데올로기적 순수성은 이제 상당히 녹아내렸고, 한 세대에 걸친 경제적 동면에서 깨어나기 위해 온갖 노력이 기울여지고 있다. 바깥 세계로부터의 투자 유치도 그 가운데 하나다. 그러나 타격을 입은 상태였다. 호찌민시가 식민지 시기 교역로(이 도시는 중요한 항구로서 번영을 누렸다)의 모습을 좀 더 완전하게 되찾은 것은 비교적 최근의 일이다.[56]

그리고 싱가포르가 있다. 이제 공식적으로 200여 년이 된 이 도시국가는 스펙트럼의 완전히 반대쪽에 있었다. 1819년 '공식' 창건된 이후 이 도시의 존재 이유는 자기네 이웃들보다 한 발만 앞서가려는 노력이었고, 지금도 그러하다.[57] 이는 그 최대한의 부분에 적용된 선택적 적응(역사적으로 동남아시아 항구들과 그 정치체에 매우 중요했다)이라는 기제였다. 싱가포르는 매우 오랫동안 동남아시아의 주요 공급자이자 수집·보관의 중심지였기 때문에 그들이 쌓은 부는 흔히 말레이계 이웃들의 원망을 샀다.[58] 그러나 적어도 현재까지는 바로 그 이웃들에 대한 운송 및 무역 중심지로서의 유효성이 이 지역에서 얻었어야 할 이득의 상당수를 빼내가는 경제적 빨대로서의 역할을 능가했다.

싱가포르는 어떤 수를 쓰더라도 이 생명선의 연장을 모색하고 있다.[59] 이 지역에서 지역 본부를 구하는 다국적기업에 대한 대규모 세금 감면 발표와 이 섬의 모든 자본을 추적할 전국적인 '전산망' 확립에서 이루어진 진전은 이 장점을 제고하기 위한 움직임이다. 빠른 대중교통을 통해 섬을 완전히 연결하는 사업의 마지막 단계를 완성한 것 역시 마찬가지다. 이로써 수십 년 동안 끔찍했던 교통 문제가 어느 정도 해소됐다.

이는 단순히 외부 투자자들에게 중국계 싱가포르가 '후진' 이슬람의 바다(때로 무신경하게, 그리고 불공정하게 그런 식으로 선전돼왔다)에서 여전히 '지적인 섬'이라는 것을 확신시키기 위해 설계된 그럴듯한 꾸밈은 아니다. 오히려 싱가포르계획위원회는 이 섬의 지리가 구조적 및 경제적으로 세계적 조직의 최신 진전과 보조를 맞추고 있음을 확신시키려 애써왔다. 이는 싱가포르가 존립 가능한 지리정치학적 미래에 스스로를 맞출 수 있게 하기 위한 것이었다. 자연의 이점이 별로 없고 위험스러운 약점(물 공급, 인구 부족, 앞서 말한 지역 이슬람교도들의 불만에 대한 인식 등)만 많은 이 도시국가는 선택지가 별로 없음을 분명히 했다.

다른 중심 도시 가운데 어느 곳이 동남아시아 도시 형성의 이 패턴에 적응해 성공적으로 현대 세계로 진입하는 데서 싱가포르와 견줄 수 있을까? 단기적으로는 순전히 기술과 조직 수준의 측면에서 이 도시국가에 필적할 만한 항구가 이 지역에 없지만, 어떤 중심지들은 이 목표를 향해 빠르게 움직이고 있다. 이는 몇몇 도시들의 자유로운 도시 확대, 중간 규모의 공업화, 확대되고 있는 교외로의 부와 권력의 이동의 조합을 통해 살필 수 있다.

왕국 내 원거리통신을 개선하는 데 막대한 지출을 한 방콕은 그런 가능성 있는 도시 가운데 하나다. 방콕과 촌부리 사이의 타이만 연안을 개선하고 현대화하는 데 점점 더 많은 자금을 투입하는 것은 더 효율을 높이는 데 큰 도움이 될 것이고, 램차방 항구(대체로 더 오래되고 더 황폐한 클롱떠이Klong Toey 항구를 대체한 것이다)의 개선 역시 마찬가지일 것이다.

쿠알라룸푸르 또한 상당히 중요해졌다. 특히 이곳이 주변의 어떤 도시보다도 훨씬 더 서방의 '위성 자족도시' 계획의 면모를 보이면서다. 경전철망이 이 말레이시아 수도와 그 위성도시들인 프탈링자야, 샤알람,

숭게이불로, 라왕을 연결한다. 쿠알라룸푸르의 사이버 회랑은 이제 거의 완전하게 구축됐다.

역시 더 복잡한 체계의 중심지가 되고 있는 조금 작은 규모의 도시로는 필리핀 남부의 세부와 메콩강의 라오스 쪽 연안에 있는 비엔티안 등이 있다. 모두 지역 경제가 어떻게 정리되고 재정리되는지에 대해 차이를 낼 수 있는 위치에 자리 잡은 이 도시들은 또한 특정 시장과 무역로에 적응하는 데서 특징적인 자질을 보여준다.

현대 동남아시아의 도시와 집중도

미래 동남아시아 중심 도시들의 마지막이자 치명적인 지표는 이미 논의했던 정치적·경제적 교환의 모형으로 되돌아간다. 앞에서 이미 설명했듯이, 이 왕국들은 두 집단의 이익을 위해 경제적·정치적 긴장의 균형을 맞출 수 있는 능력이 있었다. 적어도 규범적으로, 그리고 균형의 문제로서 중심부나 주변부 모두 이 거래에서 상대가 생각한 것보다 더 많이 받지 않은 것은 공평했다.[60]

교환의 한 요인이 갑자기 크게 다가오고 상대의 추동력보다 더 큰 활력을 지니면서(즉 중앙 쪽의 탐욕 또는 배후지 쪽의 정치적 엔트로피) 균형이 무너졌을 때 항상 긴장이 높아지거나 유대가 무너지는 결과를 가져왔다. 이 변증법은 동남아시아 역사에서 강제된 노예노동 제도에서부터 무장 반란 또는 심지어(때때로) 단기적인 소모전에 이르기까지 여러 형태를 띠었다.[61] 이 지속적인 긴장의 이야기가 이 지역의 역사다(어느 정도 그렇다).

동남아시아의 일부는 지금 이 역학의 측면에서 위험한 흐름에 직면해 있다. 역사가 전개되면서 이 양쪽의 추진력(주변부 쪽의 저항의 정치학과 중심부 쪽의 경제에 대한 중요성 부여 증대)이 대체로 동시에 일어났다. 20세기에 식민 열강들이 자의적으로 그은 경계선 또는 심지어 훨씬 오랜 시간 동안 존재했던 집단 설정에 대해 지난 수십 년 동안 강력한 의문이 제기됐다. 이 긴장은 동남아시아 일대의 여러 곳에서 분명히 존재한다.[62]

부수적으로 이 지역의 현대 국민국가는 점점 더 국내 통합(그리고 아마도 더욱 중요하게는 이데올로기 통일)을 위해 애쓰고 있다. 이전에는 그런 노력이 거의 없었다. 그 동기 가운데 적어도 일부는 경제적인 것이다. 더 많이 통합된다는 것은 더 잘 통제할 수 있다는 의미이고, 더 잘 통제하면 세계 시장에 내놓을 수 있는 자원을 극대화하는 노력을 통해 더 많은 이득을 얻을 수 있다. 최강 세력과의 충돌이 일어나 이 지역 중심 도시들의 발전 또는 퇴화에 영향을 미칠 가능성이 높은 곳은 어디일까?

살펴볼 곳 하나는 태국과 미얀마의 국경이다. 나무가 무성한 산에 자리 잡아 므이강을 내려다보고 있는 요새 도시 마너플라우Manerplaw는 잔혹한 미얀마 정권에 불만을 품은 모든 사람들의 상징이 됐다. 이 정권은 아주 최근까지도 양곤에서 권력을 독점했다. 학생 반란자, 상좌부 불교 승려, 아웅산 수 치 지지세력, 그리고 다른 산악 소수민족(아카족, 라후족, 리수족, 나가족) 전사들이 모두 이 지역에 모여들어 미얀마의 문화적·정치적 패권에 대한 저항 거점으로 삼았다.

이 일대는 또한 몇몇 군벌의 부대가 거점으로 삼았다. 이 군대는 독립적인 아편 재벌이 돈을 대고 모집했다. 이들은 동시에 세계 고급 헤로인 공급의 일정 부분을 담당했다.[63] 하나의 집합체로서 지속적인 불안정이 폭발할 수 있는 이곳은 지역적 연계의 가능성 여하에 따라 확대되기도 하고 축소되기도 한다. 전반적인 불안정은 태국과 미얀마의 장군들이 국경을 넘는 불법상품 거래를 통해 돈을 벌 수 있는 기회를 제공한다.

그러나 미얀마 국경의 상황은 또한 미얀마 국가가 얻을 수 있는 합법적 교역의 수입도 감소시켰다. 미얀마 상품이 지금도 그러하듯이(어쨌든 어느 정도는) 경제적 우회로를 돌아 나갈 필요가 없다면 틀림없이 교환의 속도와 흐름은 방콕보다는 개방된 양곤의 시장으로 훨씬 많은 양이 흘러들어올 것이다. 따라서 현재의 상황은 그 본성상 중심지로서의 방콕의 유효성을 크게 늘려줄 가능성이 있다. 부수적으로 양곤은 심지어 이 지역의 상업망에서 먼 곳보다도 어느 정도 뒤처지고 있다.[64]

인도네시아 군도 또한 이런 점에서 정말로 중요한 곳이다. 인도네시아는 아마도 지리적으로 가장 광범위한 이 문화 간 교환 모델의 역사를 갖고 있지만 미얀마보다 더 응집력 있는 정치체다. 그럼에도 불구하고 현재 자카르타의 정부는 여전히 희망과 위험 양쪽의 접점에 있다.

수마트라의 아체 메르데카Aceh Merdeka('자유 아체') 운동과 1950년대 말 술라웨시 반란 이후 자카르타의 국내 패권에 대한 '바깥 섬'의 도전은 줄었지만, 완전히 사라지지는 않았다. 이 나라의 일부 지역(말루쿠와 기독교도가 많은 서파푸아가 앞서 말한 보다 정통적인 이슬람교를 추구하는 나라의 위험 지역으로 추가돼야 한다)에서는 아직 각 주에 더 많은 자치권을 주어야 한다는 수군거림이 있다. 동티모르는 이미 인도네시아에서 분리돼 독립국 티모르레스트Timor-Leste가 됐다. 이 모든 것은 통일되고 나눌 수 없는 인도네시아라는 국가의 신조가 여전히 때로 의문시돼서 그런 생각이 민족의 통일된 생각과 다소 불협화음을 일으키고 있는 일부 섬들에서 마찰을 일으키고 있는 시기에 나왔다.

인도네시아에 대한 어떤 포괄적인 정치적 분리 제안이 나올 것 같지는 않다. 그러나 다른 곳의 자치를 향한 움직임과 이슬람권 서아시아의 계속되는 위기는 이 지역에도 전해졌고, 여전히 현지의 말로 번역되는 과정에 있다. 그것은 앞으로 여러 해 동안 울려 퍼지게 될 것이다.[65] 수마트라 북부 아체의 현지 이맘Imam이 내게 이렇게 이야기한 적이 있었다 (내가 푸젠에서 들은 중국의 경우와 마찬가지였다).

"자카르타는 여기서 아주 멀어요. 자바인들은 아주 멀리 있습니다. 이곳이 괜히 '메카의 뒷마루'로 불리는 게 아니에요."[66]

마지막으로(그리고 가장 비극적으로) 캄보디아 역시 설명된 교환 모델과 들어맞아 지역에서 중심 도시와 정치체를 이루었다. 수도 프놈펜이 최근 상당히 성장했고 투자자의 신뢰도가 상승하고 있다는 보도가 있지만, 가까운 시일 내에 2급 지역 중심지로 발돋움하는 것조차 어려워 보인다. 지난 40년 동안의 사건들은 부패와 부실 관리가 크메르루주 시절(1975~1979)의 불안정에만 책임이 있는 것은 아님을 아주 분명히 보여주었다. 또한 프놈펜의 이웃들과의 무역 통로가 대규모 밀수품의 출구라는 의심도 계속될 것이다.

문제는 크메르루주가 4년 동안 이 나라의 피를 짜내고 그런 뒤에 1979년 베트남 침략군에게 패했다는 사실에만 있는 것은 아니다.[67] 동시에 프놈펜을 살아남을 수 있는 상업의 경쟁자 자리에 다시 올리는 과정에서 경화硬貨를 제공할 수 있는 홍옥 광산과 티크나무 삼림의 상당수는 국가 발전에는 전혀 관심이 없는 기업연합들이 장악하고 있다. 이 지역들이 거의 폭력배식으로 장악하고 있는 그들의 손에서 벗어나기 전에는 동남아시아 본토 중앙의 중심지로서의 방콕의 패권은 안전할 듯하다.[68] 그러나 진정한 지역 상업 중심지로서 방콕의 잠재력은 여전히 다 발휘되지 않고 있다. 진정한 지역 통합의 시대에 말이다. 이는 발전하는 현대 동남아시아에서의 동심원 교환 모델이라는 양날의 검이다.

맺으며

진화하는 생명체인 항구도시들의 몇몇 역사적 사례를 이 장의 제약 안에서 검토했다. 이유는 간단하다. 이들은 집단으로 볼 때 적어도 부분적으로 많은 동남아시아 중심 도시들의 미래에 대한 이야기를 들려주는 듯하기 때문이다. 정치와 경제에서의 호혜 및 교환 모델은 적어도 1000년 동안 이 지역 도시 역사의 일부였다.[69] 이 모델은 이런저런 형태로 거의 확실하게 미래에도 계속해서 중요한 역할을 할 것이다. 그러나 이 가설은 우리가 모두 상호 연결성이 더 심화되고 이 연결이 갈수록 유동적이고 세계적인 구조(그것은 계속해서 발전하고 변화한다)를 바탕으로 하고 있다는 다가오는 현실에 의해 손상되지는 않을 것이다.

그럼에도 불구하고 동남아시아 항구도시들의 미래에 관해 몇몇 추세는 분명한 듯하다.[70] 세계의 상업 중심지와 시장으로서의 역사는 그 도시들의 기본적인 골격 구조를 결정했다. 성격은 개방적이고 움직임은 적응력이 있으며, 질적으로 다가오는 정신없는 경제 교류의 시대에만 기여를 할 수 있다.[71] 이 포괄적이고 지역적인 틀 안의 일부 도시들, 특히 홍콩, 방콕, 싱가포르는 지리와 이들 무리를 지역의 '거대 도시'로 이끈 21세기 동안의 발전 덕분에 다른 도시들보다 유리한 위치에 있다. 그러나 당대의 도시 구조에 짜맞춰진 엔트로피의 요소들도 있다. 이 관계들을 매우 짧은 시간 안에 크게 재편할 수 있도록 발전할 수 있는 문제들이다.

두 이데올로기적 구애자 진영(하나는 사회주의적이고 변화를 관리하고 통제하는 데 열중하며, 다른 하나는 과도하게 자본주의적이고 세계적이며 이를 가속화하는 데 단호하다)의 연인으로서의 홍콩의 운명은 이곳을 미래에 엄청난 규모의 전쟁터로 만들 수 있다.

방콕 역시 더 부유하게 성장하거나 부패와 기능 장애의 나락으로 떨어질 가능성이 있다. 태국 국경의 상황과 그 시민들이 선출하고자 하는 정부의 종류(이 판단에는 군주의 역할도 포함된다)에 따라서다.

마지막으로 싱가포르는 어떤 면에서 아직 적도 바다에 남아 있는 전통적인 동남아시아 무역항의 '가장 순수한' 사례인데, 그 이웃을 앞서 나가는 질주를 계속할 수도 있고 다른 대도시들처럼 왕좌를 내줄 수도 있다. 그 결말은 적어도 부분적으로는 말레이시아와 인도네시아의 경제 정책 입안자들에 달려 있다. 자국의 장기적인 사업을 위해 남에게 의존하기보다는 단기적인 손실을 보더라도 클랑이나 탄중프리옥 같은 항구를 더 만들도록 고무하는 것이 더 낫다는 결정을 할 수 있느냐가 관건이다. 그러나 싱가포르에서 이는 또한 정치 문제이기도 하다. 인민행동당(PAP)이 아주 오랜 기간 동안 권력을 독점하고 있으니 말이다.

이 지역 도시들의 미래는 그들을 현재로 이끈 마찬가지의 여러 과정에 달려 있을 것이다.[72] 따라서 21세기 초 세계화가 가리키는 바는 우리 앞에 펼쳐져 있는 복잡한 미래에 동남아시아 도시 발전의 속도와 방향을 부분적으로만 보장할 것이다.

9장

아덴에서 뭄바이까지,
싱가포르에서 부산까지

식민지 회로

도시 생활은 천체의 움직임처럼 조용히 흐른다. (…)
그것은 인간의 변덕에 휘둘리지 않는 현상의 필연성을 습득한다.
— 이탈로 칼비노[1]

아시아에서의 유럽인 제국의 발전에 대해 역사가들은 전통적으로 두 가지 시선으로 바라봤다. 첫째로, 제국들을 개별적으로, 나라별로 봤다. 그래서 포르투갈(또는 네덜란드, 프랑스, 영국)의 사업이 아시아 전역을 통틀어 분석되고 흔히 사람과 영토 지배의 요약된 '유형'으로서 제시됐다. 이것은 오랫동안 아시아에서의 서방의 모험에 대한 연구의 역사 서술 취향이었다.[2]

둘째로, 더 최근에 입증된 제국 연구 방법은 지역적인 변이형을 통한 것이었다. 특정 활동무대에서의 패턴을 알아내기 위해서였다. 예를 들어 인도차이나에서의 프랑스, '광역 인도네시아'의 1만 7000개 섬 또는 벵골에서의 네덜란드, 인도 아대륙에서의 영국 등이었다.[3]

이런 역사적 접근들은 각기 장점이 있고, 그런 분석에서 밝혀진 패턴에서 배워야 할 점이 있었다. 그러나 두 접근법은 또한 검토의 출발점에서 제국을 특수 영역에 가둬버린다. 한 유럽 국가의 사업이나 아시아의 한 지역에 초점을 맞추면 불가피하게 옆의 다른 체계에 뻗어 있는 연결 조직에 대한 시선을 제한한다. 이제 이 역사 서술의 기초가 만들어졌고 시간적으로나 공간적으로나 아시아를 누빈 것으로 보이기 때문에 이들 조직의 일부를 체계를 넘어, 그리고 여러 사업들 자체를 넘어 연결하는 것은 타당한 듯하다. 그렇게 함으로써 이전에는 나타나지 않았던(물론 언제나 존재했지만) 다른 패턴을 볼 수 있을 것이다.

이것이 전부다. 물론 이 패턴에서 토착민들이 한 역할은 없다. 그것은 이 장의 주제가 아니다(현지인들과 그들의 이야기는 이 책의 다른 부분들에서 다루었다). 사건들에 관한 '토착민 시각'은 고맙게도 학계에서 갈수록 더 많이 이야기되고 있다. 그리고 갈수록 더욱 정교한 방식이다.[4]

이 장에서는 아시아 해안에 걸쳐 있는 '식민지 회로'를 살핀다. 특히 19세기가 대상이지만 이전 세기들도 포함되며 20세기의 수십 년까지 이어진다.[5] 이 '회로'(정보, 환적, 해외 이주 문제 등과 관련한)를 서쪽에서 동쪽으로 가면서 지역적으로 검토할 것이다. 서아시아, 남아시아, 동남아시아, 동아시아를 포괄해 하나의 전체 속에 넣는다.

이 논의에서 영국이 다른 유럽의 동맹자들이나 경쟁자들에 비해 약간 큰 비중을 차지한다. 이 시기에 영국의 아시아 전역 진출의 규모와 범위가 컸기 때문이다.[6] 그러나 다른 제국 세력들도 여기에 나타났다. 역시 각자의 식민지 회로의 구성요소로서였다. 그리고 그들이 공유하고 있는 '통합 회로'이기도 한, 더 크고 서방이 지배하는 해항 연쇄의 일부이기도 했다.

지도 9.1 식민지 해양 회로

이 장은 바로 아시아의 '입구'인 오스만제국의 보스포루스해협(아시아와 유럽을 갈라놓는다)에서부터 페르시아만과 홍해를 거쳐 인도와 그 아대륙까지, 도서부 동남아시아를 통해 올라가 중국 해안을 지나고 한국과 일본에까지 뻗친다.[7] 나는 이 모든 장소(각각은 다음 장소와 연결되며, 흔히 더 먼 지점들과도 연결된다)에서 식민지 연결의 힘줄이 공간과 시간을 넘어 어떻게 작동했는지에 관한 실마리를 찾을 수 있다고 주장한다. 이를 아시아 항구들의 폭넓은 본보기로 삼아 이들이 다양한 사업들을 넘나들며 발전하는 과정을 통해 이스탄불에서 뭄바이까지, 양곤에서 요코하마까지 식민지 '회로'가 어떻게 형성됐는지를 보여줄 것이다. 세계를 분할하던 시기 동안에 이 항구들은 고립된 '마디' 혹은 '구역'이 아니었고, 다양한 방식으로 서로 연결되고 의존적인 존재가 됐다.

서아시아의 바다

분명한 아시아의 식민지 회로는 바로 대륙의 입구 이스탄불(아시아와 유럽 사이의 다리다)에서 시작됐다. 19세기 말에(이전 수백 년, 어쩌면 수천 년 동안에도 마찬가지였다) 이 도시와 그 전략적 수로인 보스포루스해협에 대한 통제는 매우 긴요한 정치적 고려 사항이었다.[8]

영국은 방대한 제국과 영향력이 전 세계에 뻗어 있었지만 이곳보다 더 중요한 해로는 별로 없었다. 따라서 영국 정치가들은 보스포루스를 '우호적'이거나 적어도 모든 선박에 대해 중립적으로 만들고 잠재적인 경쟁 제국들의 통제 아래 들어가는 것을 막기 위한 방법에 관해 쓰느라 적잖은 잉크를 낭비했다. 1888년에 이 '아시아의 관문'은 러시아가 남부 변경을 튼튼하게 하려는 노력과 관련해 논의의 대상이 됐고, 영국에서는 적 함대가 도착한 뒤 오스만이 이 수로의 통제권을 러시아에 넘길 것이라는 개략적인 전망이 나왔다.[9]

영국은 이를 막기 위해 보스포루스해협에 걸쳐놓을 포대를 어디에 설치할 것인지에 대해 독일 기술자들에게 의견을 구했고, 이런 정보는 이후 해외에 파견된 영 제국의 서로 다른 여러 조직에 나돌았다.[10] 그 기술자들 가운데 한 사람이 '골츠 파샤'로 불린 콜마르 폰 데어 골츠Colmar von der Goltz였다. 그는 기존의 포좌가 기본적으로 '죽음의 덫'이며 이는

도판 9.1 이스탄불 (저자 제공)

러시아가 이 지역을 공격해오기만 하면 쉽게 탈취될 수 있음을 개략적으로 이야기했다.[11] 슈만이라는 또 다른 기술자는 이에 동의하고 심지어 당시 최신 전술의 필요에 따라 요새를 배치하는 더 나은 방법을 요약해주었다.[12] 이런 논의는 영국이 아시아 관문의 상황에 대해 얼마나 심각하게 생각했는지, 그리고 다른 제국들(러시아도 포함되지만 이 나라에만 국한되지는 않았다) 또한 이 해협을 얼마나 국제적으로 중요한 곳이라고 보았는지를 보여준다.

영국의 눈은 더 멀리 동쪽의 나머지 아시아 지역 또한 응시하고 있었다. 영국은 페르시아만에서도 오스만의 전략적 그림자를 느꼈다. 오스만이 몇몇 페르시아만의 샤이흐Shaykh(부족 수장)들을 영국에서 떼어놓기 위해 적극적으로 움직이고 있다는 이야기가 영국 첩자의 귀에 들어갔다.

그 샤이흐들은 이미 영국과 무역 및 지역의 정치적 영향력에 관한 협정을 맺은 사람들이었다. 영국에서는 이 소식을 수긍하기 어려웠다. 특히 만안灣岸의 바레인, 카타르, 오만 같은 곳에서는 기존 해안 상업과 특히 진주 무역의 가치가 결코 작지 않다고 보았기 때문이다.[13]

그러나 많은 식민지 현장 보고가 분명하게 보여주듯이 이런 측면에서 더욱 중요한 것은 홍해였다. 영국은 1890년대에 홍해 해안의 작은 지역을 점령하려는 프랑스의 움직임을 깜짝 놀라 바라보았다. 특히 수로의 남쪽 끄트머리께에 있는 예멘 남부 바벨만데브('눈물의 문')는 인도양으로 나가는 수로 입구의 전략적인 지점이었다. 프랑스 하원에서 있었던 토론 일부가 연구와 전재轉載를 위해 발췌됐는데, 영국이 보기에는 공격적인 의도를 드러낸 것으로 해석된 듯하다.

그들이 이 지역을 차지하면 영원히 홍해의 남쪽 입구를 장악할 것입니다. 셰이크사이드는 1868년 이래 우리 것이었습니다. 우리는 정말로 그곳을 취득하고 그 점유에 대한 대가를 지불했습니다. 1870년에 그것을 보유하게 된 것은 축복이었습니다. 나는 우리가 영구히 그곳을 보유할 수 있도록 하고, 무엇보다도 영국에 빼앗기지 않도록 할 것을 정부에 요구합니다. 그들 쪽에서도 우리에게 결코 아무것도 내주지 않으니 말입니다.[14]

오스만은 앞에 언급한 해안의 작은 지역을 프랑스에 넘기지 못하게 했으나, 현지 샤이흐들의 생각은 달랐다. 그들은 오스만이 정말로 자신들의 문제(정치 문제든 영토 문제든)에 관해 이래라저래라 한 적이 전혀 없다고 프랑스 쪽에 말했다.[15] 그러나 영국은 아무런 기회도 얻지 못했고,

문제의 지역에 대한 상세한 보고서가 작성됐다. 전신선이 부설되고 소금 공장과 저장소가 생겨났음을 이야기하며, 현지 등대의 위치도 보고했다.[16] 시간이 지나면서 자신들의 식민지 회로를 확장하고 경쟁자의 회로를 제한하는 것이 갈수록 더욱 중요해졌으며, 정복해 장악할 수 있는 공간은 갈수록 적어졌다.

홍해는 영국 이외에 다른 열강들도 지배의 야심을 가진 곳이었고, 각기 자기네의 식민지 회로를 만들었다.[17] 포르투갈은 가장 빨리 움직인 축에 속했으며, 몇몇 이슬람교도 군주들과 무역을 했다. 심지어 이 좁은 해역에서 남들과 계속해서 해상 전투를 벌이면서도 무역을 했다.[18] 프랑스는 이 지역에 오랫동안 관심을 갖고 있었고, 19세기가 진행되면서 정치적(영사라는 형태로)으로나 군사적으로나 존재감을 키웠다. 이집트에서 펼친 프랑스의 모험은 이들 활동에서 공격적이고 식민지를 염두에 둔 측면이 있었다. 프랑스의 인도차이나 지배는 19세기 중반에 모양을 갖추기 시작했으며, 전략 입안자들은 아마도 홍해를 현지의 영토적 가치보다는 다른 곳으로 가는 중요한 통로로서 보기 시작한 듯하다.[19] 러시아 역시 이 지역에 정치적으로 진출해 약화되고 있는 이웃 오스만제국을 억눌렀다. 확장된 남쪽 변경에서 이득을 얻으려는 것이었다.[20]

심지어 이탈리아도 이 해상 통로에 관심을 가졌다. 주로 에리트레아와 소말리아의 자기네 식민지의 성장 때문이었고, 지중해를 통해 떠오르고 있는 파시스트의 수도 로마로 들어오는 정보 통로와 공급 통로도 필요했다.[21] 19세기 말 한 이탈리아 학자의 기고문은 이 지역을 더 잘 이해하는 것이 중요함을 이렇게 요약했다. "따라서 다른 모든 문제에 앞서 우리는 헤자즈의 지리기후적 조건에 관해 분명하고 정확한 생각을 할 필요가 있다."[22]

그러나 이 지역에 가장 오래, 그리고 가장 지속적으로 진출한 나라는 네덜란드였다. 물론 이 진출은 규모가 작고 현장의 인원도 얼마 되지 않았다. 네덜란드 동인도회사(VOC)는 근세 시기 이 지역의 커피 무역에 매우 적극적이었고, 모카 같은 곳에 반영구적인 '공장'과 기타 시설을 만들었다. 그곳에서 커피(그러나 다른 상품들도)를 사다가 팔았다.[23]

네덜란드 동인도회사는 예멘과 홍해 지역에서 진지하게 식민지를 주장하지는 않았지만, 분명히 이 수로가 긴요하다고 보았다. 단지 그 지역 시장이나 지중해 동안(그리고 아프리카)과의 연안무역 때문만이 아니라 멀리 동인도에 있는 네덜란드의 주 식민지로 가는 통로였기 때문이다.[24]

네덜란드 동인도회사와 정치적 대표가 결국 홍해의 몇몇 지역에 가게 되지만, 그들은 곧 제다에 붙박혀 주요 진출지로 삼게 된다. 이 도시는 그 자체가 무역 도시였을 뿐만 아니라 연례 하지에 나선 수만 명의 네덜란드령 동인도의 순례자들이 메카로 가는 길의 관문이기도 했다. 제다에서 네덜란드 영사, 학자, 상인들은 수십 년에 걸쳐 마침내 엄청난 연결망을 건설해 광막한 인도양을 건너는(동쪽으로도 가고 서쪽으로도 갔다) 사람, 물자, 정보의 이동을 촉진했다.[25] 이 시기 동안 아라비아해는 분주한 통로가 됐다. 갈수록 더 수준이 높아지는 학술서들이 더 분명하게 밝혀주 듯이 말이다.[26]

남아시아 세계에서

영국은 서아시아보다 훨씬 큰 그들 제국 이해관계의 표현을 결국 인도 (이른바 '왕관의 보석')에서 발견했고, 19세기 중반 영국령 인도 제국을 건설했다. 남아시아는 영국의 아시아 식민지 회로의 중심지가 됐다. 그리고 권위, 지시, 통제가 남아시아 해안에서 아시아 내 영국의 다양한 영역이 되는 다른 여러 곳을 향해 밖으로 퍼져나갔다.

처음에 영국 세력의 주된 관심은 소수의 대도시들에 집중됐다. 그곳들이 결국 관구管區의 중심지가 됐다. 봄베이(뭄바이), 마드라스(첸나이), 캘커타(콜카타)다. 해양의 관점에서 가장 중요한 곳들이었다.[27] 이들 급성장하는 도시들에서 제국의 발톱이 밖으로 뻗었다. 마드라스와 캘커타의 항구에서는 벵골만을 건너고, 봄베이의 경우는 아라비아해를 건넜다.[28] 작은 항구도시들의 연결망이 이 팽창에 결합조직을 제공해 상품, 군인, 물자가 해안을 따라 이동할 수 있게 했다.

그러나 영국의 힘은 결국 인도의 배후지로까지 밀고 들어갔고, 벵골이나 비하르 같은 특정 지역에서는 황마와 특히 아편 같은 수출용 작물 경작을 지원해 영국의 세력을 시골에서까지 확립했다.[29] 여러 인도 군주들이 이 모든 것을 돌아가게 하는 체계에 동원됐다. 이들은 일종의 협력자였지만, 그들 상당수는 협력하는 것 말고는 다른 선택지가 거의 없었다. 반면에 다른 사람들은 할 수 있는 한 위태로운 독립성을 유지하기 위해 최선의 노력을 다했다. 남부 데칸고원 마이소르의 지배자 같은 극소수만이 노골적인 반란을 선택했다.[30] 영국의 회로는 현지의 이 모든 정치적 장애물 주위와 마침내 그들 사이로 뻗쳤고, 19세기 말에는 지금 우리가 인도로 알고 있는 곳 거의 전체가 통합됐다.

이들 항구에서 영국의 권력은 거의 절대적이었다. 앞서 언급한 도시들이 정치적·상업적 중심점이 돼서 영국령 인도 제국이 그곳을 기반으로 삼았음을 쉽게 이해할 수 있다. 각 항구에는 식민 본국의 지배 귀족이 있었지만 또한 인도인 상류층이 있었고, 그 아래 많은 수의 중산층 숙련 노동자가 있었으며, 더 많은 피라미드 바닥의 가난한 노동자들이 있었다. 그러나 그 각각은 또한 자기 나름으로 다양했다.

인종적으로 매우 다양한 하위 민족집단이 도시로 이주해 흔히 계절노동을 했다. 아랍인, 아르메니아인, 파르시인, 기타 아시아 주민들도 가게를 차렸다. 이 공간에 대양 횡단 해운로상의 세계를 구성하는 외국 상인들까지 뛰어들어, 이들 항구는 아시아 해상생활 일반의 축소판이 됐다.[31] 스코틀랜드 기술자가 파르시인 선주와 어울렸고, 미얀마의 선원이 벵골 하역 인부와 함께 붐비는 선창에서 차를 마셨다.

정보는 공식과 비공식 두 통로를 통해 돌아다녔다. 전자는 신문과 통신을 통한 것이었고, 후자는 소문을 통한 것이었다. 그러나 흔히 후자가 전자보다 빨랐다.[32] 배들은 항구와 항구 사이를 항해하며 이 '확인된' 이야기와 '확인되지 않은' 이야기 양쪽의 일부를 해안을 따라 전달했다.

인도 해안의 이 모든 복잡한 일들을 정리하는 것은 버거운 일일 테지만, 이런 방향에서 몇몇 훌륭한 노력들이 이미 이루어졌다.[33] 중요한 것은 해안의 이 세계가 인접한 내륙과도 연결됐지만 또한 지역을 넘어선 곳, 망망대해 수만 리 너머와도 (때로는 훨씬 강력한 방식으로) 연결됐다는 사실이다. 아프리카 사람이 봄베이에 오고, 봄베이 사람이 아프리카에 갔다. 영국령 남아시아는 카라치부터 캘커타까지 이런 식이었고, 그 사

이 해로상의 모든 곳이 마찬가지였다.[34]

　다른 유럽인들은 적어도 처음에는 남아시아에서 자기네 나름의 식민지 회로를 만들었다. 특히 19세기로 접어들 무렵에 그랬다. 포르투갈은 가장 이른 축에 속했고, 고아와 디우에 요새를 건설했다. 그리고 인도의 길게 뻗은 해안선을 따라 몇 곳에 더 진출해 무역을 했다. 포르투갈은 인도에서 많은 곳의 정복에 나서지는 않았다. 인도는 너무 넓었다(그리고 그곳에 진출한 자기네 콩키스타도르는 너무 적었다). 그러나 그들은 분명히 자기네가 할 수 있는 곳에서는 무역을 하고 싶어 했고, 그러지 않고 자기네가 가지고 달아날 곳에서는 재물을 약탈하고 몰수했다. 이 전략은 길게 뻗은 해안의 일부 지역에서는 먹혔고, 다른 일부 지역에서는 덜 성공적이었다. 카르타스 통행증 부과는 학술서에서는 유명했지만 다분히 복불복이었다. 포르투갈인들은 향신료가 많이 나는 말라바르 해안에 무역을 위해 진출했지만 지속적이지는 않았다.[35]

　덴마크인들 또한 인도 해안에 '공장'을 세우고 무역 관계를 개설했다. 자기네 나름의 연결망을 구축하고, 돈을 벌기 위해 남들의 등에 업히기도 했다.[36]

　그러나 영국이 경쟁을 벌여야 했던 것은 프랑스 때문이었다. 적어도 처음에는 그랬지만, 프랑스는 중요한 몇몇 전투에서 영국군에 패하고 압도당했다. 프랑스가 인도를 보는 눈은 정말로 영국이 보는 것과 같지 않았다. 물론 인도는 분명히 얼마간 중요할 수 있는 무역 상대로 보였다. 오늘날 이 넓은 아대륙에서 프랑스의 영향력이 미쳤던 흔적이 조금이라도 남아 있는 곳은 기이하고 오히려 하품이 나는 항구 퐁디셰리뿐이라는 사실이 많은 것을 증언해준다. 프랑스는 퐁디셰리에 무역 요새를 건설하고 상업활동 일부를 조직했다.[37] 인도에서 식민지 패권을 차지하기 위한 싸움은 18세기 말에 끝났고, 그 이후 진정한 영향력은 영국의 식민 회로만이 갖고 있었고 다른 세력들은 쇠퇴했다.

그러나 남아시아와 비교적 안정적이고 발전된 접촉을 했던 제국주의 세력은 네덜란드였고, 이 관계는 주로 스리랑카에서 펼쳐졌다. 네덜란드령 동인도(인도네시아)가 네덜란드의 아시아 식민지 개척의 초점이 되기는 했지만, 17세기와 18세기로 접어드는 시기에 스리랑카 역시 중요하게 여겨졌다.[38] 네덜란드는 남아시아의 다른 지역에도 무역 진출을 했다 (때로는 중요했고 때로는 최소한에 그쳤다). 가장 잘 알려진 곳이 말라바르 해안과 코로만델 해안이었고, 여기서 향신료와 직물을 사서 유럽과 동남아시아로 가져갔다. 거대한 대양 횡단 운송업의 일환이었다.[39] 네덜란드 상인 가운데 상당수는 미얀마에도 갔다. 이들은 한동안 이 시장을 인도 시장과 연결시켰고, 이는 몇몇 최근의 연구에 의해 밝혀졌다.[40]

그러나 스리랑카는 그곳에서 나는 풍부한 농산물이 현지 세력이 아니라 네덜란드가 장악한 농장에서 공급되면서 중요해졌다. 계피는 네덜란드령 스리랑카(당시에는 실론으로 알려져 있었다)의 주요 수출 품목이 됐고, 18세기 말에 이 향신료의 세계 시장 대부분은 이 섬의 네덜란드 땅에서 온 것들이었다. 이 섬의 주민 인구 구성은 혼합적이었다. 주로 타밀인과 싱할라인으로 이루어졌지만, 동남아시아에서 온 말레이인도 있었고 더 멀리서 온 노예도 있었다.

여기서도 식민지 회로는 묘한, 현지에 적응한 모습을 띠었다. 네덜란드 상인들은 현지인과 혼인했고, 특수화하고 매우 특별한 방식으로 지역색을 넘어섰다. 콜롬보는 이 네덜란드 운송로에서 중요한 중심점이 됐다. 먼 서쪽의 호르무즈와 모카를 믈라카와 바타비아, 그리고 더 먼 동쪽의 타이완과 연결했다. 이 식민지 회로는 어느 정도 영국의 것과 유사했지만, 자기네 나름의 모습과 풍취를 가지고 있었다. 네덜란드인과 운송로에 있는 각 지역 현지인들의 생각이 모두 반영된 것이었다.

동남아시아의 버팀대

식민지 회로의 형성은 또한 동남아시아에도 미쳤다. 이곳에서 제국의 경쟁은 남아시아에서보다 더 오래 지속돼 19세기와 심지어 20세기까지도 이어졌다. 인도네시아 군도라는 도서 세계에서 이 상상 속 대결의 대부분은 영국과 네덜란드 사이에서 이루어졌고, 중요한 발화점 가운데 하나가 1873~1903년의 아체 전쟁이었다. 그곳에서 네덜란드와 아체 술탄국 사이에 전쟁이 벌어지면서 바타비아는 해군 소함대를 동원해 아체의 상당 부분을 봉쇄했다. 이 지역으로 들어가는 무기와 탄약을 통제하고 수출 상품(주로 후추)이 바깥으로 나가지 못하게 하려는 것이었다.

영국은 말레이 영지에서 아체에 대한 네덜란드의 정책을 예의주시하면서 수많은 서신을 런던으로 보냈다. 영국 정부에 최신 상황을 알리려는 것이었고, 또한 영국의 이익을 보호하기 위해 행동에 나서야 한다는 주장을 밀어붙이기 위한 것이었다.[41] 영국은 이 지역의 무역과 상업에 영향을 미치는 네덜란드의 해운 규정 통과에 특히 관심을 갖고 있었다. 영국 외교관들은 이 문제에 관한 네덜란드의 법령 번역본을 정기적으로 받아 보고 있었다. 통상 네덜란드 최대 도시에서 발행되는 《암스테르담 무역신

문Amsterdamsche Handelsblad》같은 네덜란드 자료를 번역한 것이었다.[42]

그러나 영국이 관심을 가진 문제는 해운 제도의 변화뿐만이 아니었다. 그들은 또한 네덜란드가 아체 안팎에서 전략적으로 취득하는 것에 관해서도 알고 싶어 했다. 아체의 수도 반다아체 바로 북쪽에 있는 웨섬의 새로운 저탄소貯炭所 설치 같은 것이었다.[43] 그러나 유명한 동양학자 스누크 휘르흐로네Snouck Hurgronje 같은 네덜란드 사상가와 정책 담당자들의 번역된 글도 수요가 있었다. 베네룩스 지역의 영국의 동맹자 겸 경쟁자가 아체 전쟁을 어떻게 수행하고 (아마도) 승리하는지에 관해 네덜란드에서 떠돌고 있는 전략적 사고에 관해 알아보기 위해서였다.[44]

영국에게 핵심 문제는 사실 영토가 아니었다. 아체는 동남아시아에서 확실히 네덜란드의 이익 범위에 들어 있었고, 1874년 조약에 따라 유럽 열강도 그 사실을 인정했다. 그러나 아체 해안의 무역은 수익성이 있었다. 인도양과 남중국해 사이를 지나 중국으로 가는 영국 상인들뿐만 아니라, 특히 영국의 믈라카해협에 있는 두 주요 항구 중 하나인 피낭의 상인들에게도 마찬가지였다.

해협식민지 총독 찰스 미첼Charles Mitchell이 1894년 본국의 담당 관료에게 보낸 편지에서 말했듯이 피낭의 공식 무역은 아체 지역에서 20년 동안 벌어진 전쟁으로 인해 거의 허물어졌다. 1870년대 초 전쟁이 시작된 이후다. 그는 이어 밀수가 성행하면서 그 공백을 채우고 있는 것이 사실이지만 이 무역이 언제나 피낭의 정식 금고로 들어가지는 않는다고 했다. 식민지의 많은 아시아 상인은 부자가 됐지만 본국의 국고에는 별로 도움이 안 됐다.[45]

피낭 상주참사관은 1826년(이 서신을 쓸 때에 비해 무역이 훨씬 활발했다)

으로 돌아가 아체, 델리, 랑캇, 그리고 기타 북수마트라 소국에서 식민지로 들어온 수입 물량을 제시함으로써 이 분석 방향을 부연했다. 그에 반해서 1880년대와 1890년대의 아마포, 면화, 기타 주력 상품에서 나오는 수익은 꾸준한 감소세를 보였다.[46]

이런 많은 서신과 재무제표가 본국에서 돌았지만 특정 시기에 제한된 효과만 있었다. 본국에서는 이에 대해, 어려움은 잘 알지만 같은 유럽 국가이자 이전의 동맹자로서 네덜란드의 아체 진압 노력을 지원하는 것이 영국 정부의 정책이라고 답변했다.[47] 여기서 식민지에서의 공격적인 사고방식(그리고 본국의 무력 개입에 대한 더 큰 침묵)이라는 공통의 주제를 볼 수 있다. 이 경우는 영국 기업들을 통한 것이지만, 흔히 다른 유럽 열강들 사이의 거래에서도 마찬가지였다.

방금 보았듯이 영국이 피낭이나 아체 같은 곳에서 끊임없이 동남아시아 식민지 회로를 유지하고 확장하기 위해 노리고 있었지만, 그들의 이전 동맹자이자 이 지역에서의 경쟁자였던 네덜란드도 다르지 않았다. 더 남쪽의 믈라카해협에서 네덜란드의 전략적 구상은 떠오르는 중심지 싱가포르에 초점이 맞추어져 있었고, 대안과 보완이 바타비아에서 만들어져 이 지역에서 영국의 영향력과 싸우고 동시에 그것을 집어삼키고자 했다.[48]

싱가포르가 동남아시아에서 가장 중요한 항구로 성장하면서 네덜란드는 도시 바로 남쪽의 리아우제도에 부두, 창고, 하역 시설을 건설해 그곳을 지나는 해상 물동량을 이용하는 데 집중했다.[49] 블라캉파당 같은 곳에서도 항구 건설 열기가 일었지만 싱가포르를 대체하는 데는 성공하지 못하고 약간의 자투리 무역만이 이곳을 거쳐감으로써 네덜란드의 금고

를 약간 채워주었다.[50]

이 지역의 이슬람 술탄들(말레이어로 쓰인 편지들이 남아 있다)은 바타비아가 이들 섬을 조사하고 결국 합병하는 동안 묵묵히 따르는 수밖에 다른 도리가 별로 없었다. 해상 운송을 기반으로 한 이익의 유혹은 너무나 커서 네덜란드로서도 무시하기 어려웠다.[51] 바타비아는 결국 이 지역의 토착 군주들과 협상해 네덜란드의 영향력을 남중국해의 섬들로까지 확대하고 보상이라는 수단을 사용해 현지 항구들에 네덜란드의 의지를 강제하고자 노력했다.[52] 결국 20세기로 접어들 무렵 네덜란드는 리아우, 방카, 블리퉁, 나투나, 아남바스 등의 섬들에 제국의 발자국을 남겨 이 지역 대부분을 일종의 식민지 해상보호구로 만들었다. 이로써 정복할 영토는 갈수록 줄어들었다.[53]

그러나 동남아시아에서 비교적 늦게까지 여전히 테라인코니타terra incognita('미지의 땅')였던 곳 하나가 보르네오섬이었다. 이 지역의 지리적 중심에 있는 크고 숲이 우거진 섬이다. 식민지 회로 조성은 20세기로 접어들 무렵에 이곳, 세계에서 가장 마지막이자 가장 덜 탐험된 지역에서도 진행됐다.

유럽인들은 수백 년 동안 보르네오 해안을 언급했다. 심지어 16~17세기의 초기 이베리아 탐험가들로까지 거슬러 올라간다.[54] 이 초기 접촉에 이어 여러 나라 출신의 모험가와 콩키스타도르 지망자들(일부는 실제로 콩키스타도르가 됐다)의 이상하고 초라한 행렬이 이어졌다. 네덜란드인, 미국인, 실패한 이탈리아 유형지, 그리고 물론 100여 년 동안 이어진 영국 브룩 가문의 정권 등이었다.[55]

그러나 19세기 말에 마지막 남은 지망자는 영국과 네덜란드의 제국주의 사업이었다. 그들은 군도를 자기네끼리 나누었다. 양쪽은 보르네오의 개발되지 않은 부가 광물을 캐는 잠재적인 금광, 목재, 수익성 있는 농장 건설 등일 것이라고 생각했다.[56] 안티몬, 주석, 금, 금강석, 그리고 특히 석탄(증기선이 발전하는 시대였다) 등 때문에 보르네오는 적도 일대의 팽창하는 식민지 영향권에 편입시킬 가치가 매우 큰 곳이 됐다.[57] 영국과 네덜란드는 모두 이를 기민하고 의욕적으로 추진해, 이 장의 앞에서 봤던 패턴을 아체에서부터 피낭과 남중국해까지 펼쳐놓았다. 19세기 말에 도서부 동남아시아의 한가운데에 있던 보르네오는 결의에 찬 제국의 발자국이 이리저리 찍히는 곳이 됐다. 양국의 식민사업은 심지어 식민지 개척자들이 이 지역의 숲으로 뒤덮인 '공백 지대'로 생각했던 곳에까지 침투했다.

중국 해안에서

동남아시아에서 북쪽으로 남중국해를 거쳐 중국 해안으로 향하면 제국에 의한 섬뜩한 식민지 영향력의 침략과 팽창의 모습은 상당히 비슷했다. 유럽인들이 향신료를 얻기 위해 동남아시아에 관심을 갖게 된 근세 이후, 중국은 19세기부터 진행되고 있던 서방의 아시아 잠식에서 가장 큰 먹잇감이 됐다. 물론 이 이야기는 잘 알려져 있고, 유럽 열강이 중국 해안을 따라 건설했던 식민지 회로는 세계 식민지 개척의 역사를 서술하는 데서 식상한 바큇자국이다.

그러나 이것은 결코 쉬운 노력은 아니었고, 이 과정에서 빚어진 불안정은 수십 년 동안 지속됐다. 식민 세력과 토착 세력이 뒤섞인 항구도시 안팎에서 빈번하게 일어난 봉기는 언제나 진압됐지만(물론 때로 태평천국 太平天國 운동이나 의화단 운동 같은 큰 반란들은 적어도 한동안은 그렇지 않았다), 흔히 그 이후 푸저우나 톈진 같은 곳에 거대한 파괴의 흔적을 남겼다.[58]

반기독교적인 벽보, 전단, 물건들의 유포는 흔히 이런 불안정에서 중요한 부분이었고, 이런 것들이 유포되고 있다는 소식이 영국, 독일, 기타 나라의 파견원들에게 전해졌다. 그들은 서로에게 사건 소식을 알려주었다.[59] 때로 번역된 중국 문서(가톨릭 확산에 반대해 유럽인 선교사와 종교 지지자들에 대한 무력 조치를 청하는 광시廣西의 공식 청원 같은 것)들이 유럽인의 서류철에 들어갔다. 이 문서들 가운데 일부는 매우 흥미로운 읽을거리가 된다. 이 특별한 청원은 다음과 같다.

"이 그림 벽보는 정말로 교회 안의 장면을 나타낸 것입니다. 종교를 선전하면서 중국인과 외국인 여성이 서로 안아주고 안기고 있습니다. 이것은 가장 고약한 짓이며, 눈을 버리게 하고 있습니다."[60]

《런던-중국 통신The London and China Telegraph》은 선교사들이 항구에 체류하는 것은 조약에 따른 것인데 중국인들은 이를 거의 용납하지 않는다고 마무리하면서 지친 듯했다. 이런 상황은 당시 중국 해안에 서방 사람들이 들어오는 것에 대한 중국인의 정서를 이야기할 때 자주 언급됐다.[61] 최근의 여러 연구는 중국을 연구하는 서방 학자들이 이전에 이야기했던 것에 비해 중국 국가가 서방의 침략에 대해 더 강력하게 저항했음을 보여주었다. 몇 가지만 예를 들자면 왕국의 국경, 해외 이주, 해군 육성 등을 살피면서다.[62]

항구에서 전해진 것은 기독교만이 아니었다. 무기 또한 이동했고, 이

것 역시 중국 조정과 유럽 열강(특히 영국) 사이에서 큰 문제를 일으켰다. 예를 들어 홍콩 총독은 때때로 이 식민지에서 중국 해안의 다른 항구들로 무기를 수출하는 것을 금지할 권한이 있었다. 이는 사실 '비밀결사' 활동이 더 활발해진 1892년 같은 불안정한 시기에 이용된 특권이었다.[63] 그러나 해로를 따라 실제로 무기와 탄약이 수송되는 범위에는 언제나 금지 범위를 넘어섰다. 해로는 이론상 영국의 기지들 사이에서만 뻗어 있었지만, 실제로는 여러 방향으로 수천 킬로미터나 뻗어 있는 항구들의 연결망에 영향을 미쳤다.

따라서 1892년 오스트리아헝가리 대사관에서 로이드 증기선 편에 유럽에서 홍콩과 상하이로 무기 수송을 할 수 있게 허락해달라고 홍콩 총독에게 청했을 때 홍콩과 상하이 두 도시만이 아니라 훨씬 넓은 도시의 회로가 개입돼 있었다.[64] 이 특별한 경우는 단순한 화물처럼 보이는 소총 및 탄약통과 관련된 것이지만, 출항한 증기선이 들르는 항구의 범위는 아덴, 콜롬보, 피낭, 싱가포르, 홍콩을 거쳐 상하이까지 포함됐다.[65] 아시아 전권대사의 문의를 받은 본국에서는 콜롬보, 피낭, 싱가포르는 중국에 대한 무기 수출을 금지하지 않지만 아덴, 봄베이는 규정이 다르다고 지적했다. 따라서 외무부가 나서서 이 요청에 개입해야 했다.[66] 이에 따라 성격상 상당히 지역적(홍콩에서 상하이로 보내는)인 것으로 보였던 식민지 회로는 그보다 훨씬 더 초지역적인 것으로 드러나, 방대한 인도양 일대에 죽 뻗어 있는 영국 항구들의 규례를 포괄해야 했다.

길게 뻗은 중국 해안에 도착한 다른 열강(영국과 오스트리아헝가리 외에도) 역시 이 해안을 자기네 나름의 식민지 회로에 맞추었다. 네덜란드는 19세기 말에 유럽 열강의 주요국으로 간주되지는 않았지만, 그들은 남중국 해안의 중요성을 과장했다. 그곳에서 남쪽의 네덜란드령 동인도로 수송해갈 많은 수의 중국인 노동자('쿨리苦力') 때문이었다. 쿨리들은 우선 싱가포르를 거쳤다. 그곳은 인간 노동력의 집산지였다. 19세기 말에 그 수는 매년 수만 명에 달했는데, 그들 대부분은 다시 배에 실려 네덜란드령 동인도 제국의 농장과 광산으로 갔다. 다른 사람들은 도중의 시암이나 프랑스령 인도차이나로 갔고, 말레이반도의 영국령으로도 갔다.[67]

이 시기의 네덜란드 신문들은 이 경제적 이주가 그들의 귀환 시에 동인도와 남중국 모두에게 얼마나 의미가 있었는지를 잘 보여준다.《알허메인 무역신문Algemeen Handelsblad》은 1890년 2월, 전해에 고향으로 돌아간 노동자 1500명이 8만 해협달러 이상을 가져갔다고 보도했다.[68] 같은 해(1890) 4월에 남중국해의 모든 항구가 결국 쿨리 모집을 위해 개방될 것이라고 부왕이 보고하자《신新로테르담 신문Nieuwe Rotterdamsche Courant》은 대대적인 축하와 기쁨 속에 이 소식을 대서특필했다.[69]

같은 해 하멜P. S. Hamel이 아모이의 네덜란드 영사로 임명된 것은 네덜란드가 이 개방을 얼마나 진지하게 사업 확장의 징조로 보았는지를 보여주었다.[70] 수십만 명의 가난한 중국 노동자들이 이제 배에 실려 동인도로 올 수 있게 됐다. 모두가 네덜란드의 사업과 네덜란드의 제국에 이익이 되는 것이었다. 네덜란드인이 중국인에 대해 잘 모른다는 것은 중요하지 않았다. 스스로의 평가로도 그랬다. "그들의 생각의 흐름, 그들의 내적 생활, 그들의 종교와 도덕과 관습, 그들이 하는 모든 것의 주요 추동력인 조상 전래의 관습, 이 모든 것에 대해 우리는 아직 알지 못한다."[71]

그러나 사업은 챙길 필요가 있었다. 이 상태는 몇 년에 걸친 상황이 합쳐진 것이었다. 바로 1년 전인 1889년에 네덜란드는 중국이 기존의 노동 제도를 공식적으로 지원하지 않아 쿨리 사업이 온갖 부패에 무방비로 노출돼 있다고 중국의 총리아문總理衙門에 시끄럽게 불평했었다.[72]

이에 대한 증거는 쿨리들의 말로 제시됐다. 그들 중 상당수는 쿨리 무역에 대한 사법 심리에서 증언해 그들의 말이 법정에서 청취되고 번역됐다. 이들 기록은 1891년 방대한 보고서로 취합됐고, 그것은 남중국 해안과 동남아시아 해안 사이의 노동력 조달 체계가 시간이 지나면서 얼마나 거대하고 잔인해졌는지를 보여주었다. 노동력 상인들도 인터뷰했는데, 이들은 수마트라 동북부의 큰 농장 복합체로 사람들을 보냈다.[73]

쿨리들이 실제로 기대할 수 있는 임금 또한 파악됐다. 자료는 해안에서 활동하는 쿨리 모집 회사의 감독자 건R. J. Gunn 같은 전문가가 제공했다.[74] 보르네오로 수송된 쿨리들은 수마트라로 보내진 사람들보다 돈을 덜 받는 것으로 밝혀졌다. 이 사실이 결국 남중국의 노동자들에게 알려지게 되면서, 최종 목적지가 보르네오라는 것을 알게 됐을 때 선상 반란을 촉발했다.[75] 생활 역시 보르네오에서 훨씬 더 어려웠음이 밝혀졌다. 따라서 많은 경우 돈을 덜 주는 곳이 일을 더 많이 시키고 대우도 가혹했다. 이 보고는 모집에서의 속임수의 유형을 밝혀내는 방법도 제시했다. "특히 약하고 노쇠한 쿨리를 강하고 건강한 사람으로 대체하면서, (…) 최근 모집한 집단 가운데 (…) 50퍼센트는 프랑스 남부에 보내더라도 6개월 이내에 죽을 것이라고 어느 농장의 의사는 단언했다."[76]

유럽인 모집자들과 심지어 이 분야의 의료 전문가들은 이 수치가 농담임을 알 것이다. 그러나 6개월에 50퍼센트라는 사망률은 이 분야가 전체적으로 얼마나 잔혹했는지를 보여준다. 그것은 수십 년에 걸쳐 남중국과 동남아시아의 항구들을 연결한 고통과 죽음의 컨베이어벨트였다.

동북아시아 바다에서

도판 9.2 푸치니의 〈나비 부인〉
(첫 악보 표지, Leopoldo Metlicovitz)

북쪽의 일본 역시 이 초국가적인 해양 연결망으로 들어왔다. 일본이 19세기 말에 이 아시아의 바다라는 발전하는 세계에 들어온 무용담은 이미 널리 이야기됐다. 이는 물론 역사적 사실이다. 그러나 이는 또한 푸치니의 오페라 〈나비 부인〉 같은 문화 유물과 당대의 다른 사회적 기록을 통해 쓰인 이야기다.

해로상의 새로운 국제 규범이 축적되는 과정에서 가장 중요한 요소 중 하나는 일본과 다른 아시아 지역(중국 같은)의 조약항 개항이었다. 일본에서 항구는 순차적으로 열렸고, 흔히 '수출 특수 항구'로 불렸다. 서방 선박은 일본 정부가 부과한 명시적인 조건에서만 이들 항구에 들어갈 수 있었다. 곡물, 밀가루, 석탄, 유황이 예컨대 시모노세키, 모지, 무로란, 오타루에서 흘러나왔고, 나하 같은 일부 항구도시는 중국과의 무역에 특화됐으며 또 어떤 곳은 한국(후시키)과 러시아 극동(미야즈)에 기댔다.[77]

때로 명부는 이 구조 안에 있는 개항장 전부를 반영해 만들어졌고, 특정 기간 동안 여러 조약항에 들르는 선박의 수와 톤수도 기록했다 (다음 표 9.1 참조).[78] 통계는 또한 서방 열강별로 더 좁힐 수 있었고(일본 해안의 새로 열린 항구들에서 영국이 한 역할 같은 식으로), 타이완 같은 일본의 떠오르는 식민지에서의 비슷한 패턴 역시 정리됐다.[79] 대체로 19세기 말에

[표 9.1] 일본의 추가 개항장(1899)과 항구별 선박 수 및 톤수(1898)

칙령에 따른 일본의 새 개항장(1899)

항구	지역	항구	지역
시미즈清水	스루가駿河	시시미鹿見	쓰시마對馬
다케토요武豊	오와리尾張	하마다濱田	이와미石見
욧카이치四日市	이세伊勢	사카이境	호키伯耆
시모노세키下關	나가토長門	미야즈宮津	단고丹後
모지門司	부젠豊前	이스루기石動	에치젠越前
하카타博多	치쿠젠筑前	나나오七尾	노토能登
가라쓰唐津	히젠肥前	후시키伏木	엣추越中
구치노쓰口之津	히고肥後	오타루小樽	시리베시後志總
미즈미三角	히고肥後	구시로釧路	구시로釧路
이즈하라嚴原	쓰시마對馬	무로란室蘭	이부리膽振
사스나佐須奈	쓰시마對馬		

일본 항구의 선박 수와 톤수(1898)

장소	선박 수	톤수	장소	선박 수	톤수
욧카이치	4	2,420	사스나	170	7,458
시모노세키	814	594,228	나하那霸	3	54
모지	525	821,429	하마다	15	346
하카타	38	3,980	사카이	66	722
가라쓰	62	45,802	후시키	6	236
구치노쓰	170	257,903	무로란	38	47,472
이즈하라	154	22,667	오타루	28	24,957
시시미	226	1,826			

자료: *Official Gazette*, 13 July 1899, Imperial Ordinance no. 342; Sir E. Satow to Merquess of Salisbury, 20 July 1899, no. 122, both in *BDFA*, Part I, Series E, vol. 6, 125-26.

이 식민지 회로가 어떻게 메이지 이후의 일본을 이리저리 가로지르기 시작했는지에 관해 아주 잘 그려낼 수 있다. 남쪽의 규슈에서부터 일본 열도 북쪽의 홋카이도까지 말이다.

동북아시아의 한 곳을 자세히 살펴본다는 차원에서 19세기 말의 한국 또한 검토할 수 있다. 그리고 이 '은자隱者의 왕국'이 이 시기에 자기네 해안에 관해 러시아 제국과 거래한 것까지 포함해서다.

러시아는 예컨대 부산항과 그 부근에 상륙할 수 있게 하려고 애를 썼다. 러시아군의 훈련장으로 사용하고 또한 러시아 극동함대를 위한 저탄 시설을 만들기 위해서였다.[80] 영국은 이런 움직임을 약간의 불안감을 지닌 채 주시했다. 예를 들어 1897년 러시아 순양함 만주르호가 부산에 오자 그 직후에 이 기항에 대한 영국의 통신이 곧바로 이어졌다. 러시아 극동함대 제독의 참모가 승선했다는 점에서 단순히 기지 후보지를 살펴보는 '지나는 항해'가 아니었다.[81]

실제로 러시아는 그들이 부산에 군사적으로 진출하는 것을 한국이 '원했다'고 국제사회에 말했다. 이미 한국에 상당한 영향력을 행사하고 있던 일본에 대한 쐐기로서였다. 많은 일본인이 19세기 말에 한국으로 이주해 여러 도시에서 장사를 하고 수출 및 수입에 종사하고 있었다.[82] 부산에는 이미 세 개의 외국인 거류지가 있었다. 중국인, 일본인, 그리고 세 번째는 다른 모든 열강을 위한 것이었다.[83] 러시아는 분명히 '구역 내' 진출을 늘리려 애쓰고 있었다.

영국은 이를 알아챘고, 또한 러시아가 이 지역에서 독자적인 공식 러시아 정착지라는 목표를 위해 어느 곳을 노리고 있는지를 꼼꼼하게 분석했다.[84] 따라서 지역 정치와 해상무역은 본질상 매우 초지역적이었다. 이 특수하고 특별한 무역과 권력의 집합체는 해로상의 더 넓은 지역 및 회로와 연결돼 있었다.

이는 단지 동북아시아뿐만 아니라 더 광범위한 지역에서 발견할 수 있다. 일본은 또한 먼 남쪽 대양의 동남아시아 나라들과도 연결됐다. 영국의 일본 조약항 개방에 대한 정리와 러시아의 한국에 대한 계획은 여전히 성격상 가장 지역적이었다. 일본의 동남아시아와의 연계는 거리상 또 다른 상황이었다.

여기서 네덜란드의 통신이 이들 '식민지 회로' 형성을 살피는 데 도움이 된다. 이 회로들은 역시 많은 경우 인간의 손과 노력으로 만들어진 것이었다. 네덜란드는 밀입국한 일본인 이주자들이 네덜란드령 동인도에 나타나기 시작했음을 알아차렸다. 때로는 만주와 한국의 일본인 거류지에서 오는 사람들이었다. 그곳에서 그들은 합법 신분이었지만 그 뒤 네덜란드가 보기에 '불법' 신분이 돼서 배를 타고 더 먼 남쪽 지역으로 온 것이다.[85] 이 소식은 중국 신문, 그리고 이어 일본 신문에 보도됐고, 그 뒤 통신을 통해 다양한 수준의 네덜란드 정부 인사들에게 보고됐다.[86] 네덜란드가 보기에 미국과 캐나다의 이민 제한이 이 일본인 이주자들을 다른 지역으로 내몰았고, 그 노동자들 중 많은 수가 동남아시아로 향한 것이 분명했다.[87] 바타비아 총독은 이 소식을 네덜란드령 동인도 각 지역의 관리들에게 회람시켰다. 지역 정부가 이를 감시할 수 있게 한 것이다.[88]

그러나 아시아의 해로를 따라 이동하는 밀입국 일본인들에 대한 주시는 결국 다른 지역에까지도 이르렀다. 홍콩, 프랑스령 인도차이나, 시암, 말레이반도, 필리핀, 그리고 심지어 멕시코와 페루까지였다.[89]

이런 불법 이민(그들 중 상당수는 제5열이 될 가능성이 높아 보였다)과 관련된 상황이 한 문제였다면 일본의 공식 해군력이 정비되는 것은 또 다른 문제였다. 유럽 정부들은 20세기로 접어들 무렵 일본 해군의 강화 역시 세밀하게 주시하고 있었다. 이렇게 일본이 동북아시아와 결국 더 먼 곳까지 진출하리라는 전망은 서방 열강에게 걱정스러운 일이었다.[90] 일본이 급성장하는 해군의 진출을 통해 결국 해로를 장악하게 된다면 아시아 무역의 식민지 회로는 무용지물이 될 수 있었다.

그러나 유럽 각국은 이 바다에서 발휘할 수 있는 서로의 능력 또한 주시하고 있었다. 각국은 남들보다 너무 뒤처지지 않도록 확실히 하려고 노력했다. 런던의 《타임스》는 1909년 영국이 '아시아 기지'(중국, 동인도, 오스트레일리아)에 39척의 전함을 보유하고 있다고 보도했다. 그러나 같은 신문의 다른 기사는 매우 중요한 중국 기지에서는 단 네 척만이 진정한 전함으로 보이고, 동인도의 부속 기지에는 한 척도 없다고 말했다.[91]

네덜란드는 외교 전문에서 아시아 해상에 있는 유럽의 배들 가운데 실질적인 힘이나 '공격력'을 가진 것은 별로 없으며, 이 허약함은 1905년 러일전쟁 해전에서 일본이 순식간에 나가 싸워서 승리를 거둔 것으로 분명해졌다고 내부적으로 평가했다. 런던에 주재하는 네덜란드 영사는 본국의 외무부 장관에게, 모든 배에는 군사적 업무를 담당할 소수의 핵심 요원을 배치해 전투가 벌어지면 배들 사이에서 승무원들을 교환할 수 있어야 한다고 말했다.[92] 이것은 아시아 지역에서 빈약한 자원을 잘 활용하는 한 방법이었다. 그곳은 전쟁보다는 무역이 더 분명한 일상의 현실이었지만, 19세기 말과 20세기 초에 큰불은 늘 수평선 바로 너머에 있었다.

맺으며

이 장은 보스포루스해협이 보르네오섬과 연결되고 동해가 인도네시아로 내려와 거래하는 세계를 개괄했다. 나는 아시아가 서에서 동으로, 북에서 남으로 하나의 크고 갈수록 여러 가지 방식으로 연결된 '회로'로 발전했다고 주장한다. 이들 장소를 연결한 실은 무역이었지만, 특정한 유형의 무역이었다. 제국의 날개 위에 탄 상업, 또는 아마도 더 중요하게는 다른 제국들과 경쟁하고 협력하는 제국에 의해 추동된 상업이었다. 이는 여기서 19세기 말에 전 세계적인 현상이 됐다. 그러나 아시아 일대에서 이 패턴은 특히 분명했다. 지역의 중심지에서나 먼 거리를 가로질러 확산된 유럽의 특정 사업의 우월한 위치에서나 마찬가지였다.

포르투갈과 네덜란드는 자기네의 확장된 무역 체제로 아시아를 채우려 한 초기 주자들이었다. 그러나 19세기에 전체의 가능성은 어떤 것이고 제국이 일종의 상업(결국 그들이 가장 잘할 수 있는 것이었다)을 통해 얼마나 멀리까지 연결될 수 있는지를 세계에 보여준 것은 영국이었다. 포르투갈, 네덜란드, 프랑스의 상인과 정치가들도 아시아 해로의 모든 곳에 나타났지만, 결국 영국이 다른 어느 열강보다도 더 많은 대표단과 더 많은 상인을 이 국제 해상무역로에 보냈다. 이 사람들은 무역을 하고 정치를 했으며, 또한 남들의 활동에 대해 꼼꼼히 기록했다. 그 기록을 통해 우리는 그들이 만든 서로 연결된 세계에 대해 실감할 수 있다.

19세기 말과 20세기 초의 아시아 무역 세계는 언어, 민족, 상업적 성향 측면에서 많은 굴곡이 있었지만, 그것은 분명히 다른, 이전에 만들어진 식민지 세계의 것과는 다른 방식으로 연결돼 있었다. 이는 일종의 '발전'이었지만, 이들 제국이 이 지역의 기존 주민들에게 휘두른 권력이라는 측면에서 어떤 희생을 치르고 얻은 발전이었다.

우리는 오스만제국과 페르시아만에서, 그리고 좁지만 중요한 회랑인 홍해에서 세계가 펼쳐졌음을 보았다. 홍해는 그곳을 지나는 여러 나라의 배들이 귀중하게 여긴 통로였다. 유럽에 있는 그 정치적 주인들은 더 말할 것도 없다. 남아시아 역시 무역과 지배에서 중요한 곳임이 드러났다. 물론 이곳에서는 다른 대부분의 곳들보다 더 영국이 권력을 행사했다. 당대의 어떤 경쟁자도 필적할 수 없었던 정도의 권력이었다. 동남아시아는 달랐다. 영국은 여기에도 있었지만 프랑스, 네덜란드, 포르투갈, 기타 나라들이 모두 무역을 기대하고 있었다. 따라서 여기서 전개되는 양상은 성격상 훨씬 파편화됐다. 마지막으로, 중국 해안은 한동안 유럽 영향력의 각축장이 됐다. 특히 조약항에서 그랬다. 그러나 이곳은 또한 아시아 해로에서는 이전에 볼 수 없었던 규모로 인간 노동력의 이동 통로가 됐다. 그리고 이 시기의 한국과 일본에서 마무리하면서 사람의 이동과 러시아(그리고 일본) 같은 강대국의 책략을 살폈는데, 여기서 이 체계가 얼마나 복잡하고 서로 뒤얽혀 있었는지를(그리고 100년이 지난 지금까지도 어느 정도는 뒤얽혀 있는지를) 알 수 있었다.

무역은 정치를 낳고, 정치는 다시 흔히 제국이 통제할 수 있는 상황을 만들어냈다고 나는 주장한다. 식민지와 영향권은 최종 산물이다. 이 책의 다른 장에서는 이 비전이 어떻게 현지의 토착 행위자들과 결합됐는지를 볼 수 있지만, 여기서는 이 풀려난 에너지들 가운데 예정된 것은 없다는 점을 기억해둘 필요가 있다. 사실 이 과정은 심지어 지금까지도 어느 정도는 여전히 진행되고 있다. 이른바 탈식민주의 시대에 말이다.

5부

대양의 산물

5부에서는 아시아 바다의 역사를 해독하는 또 다른 창으로서 환경의 역사를 살핀다. 아시아 생태계의 자산은 관심을 가진 여러 곳에서 수요가 있었다. 이 소비자의 일부는 유럽과 북아메리카의 사람들이었지만, 또 다른 일부는 아시아 내부의 사람들이었다.

상어 가죽, 물고기 부레, 진주 같은 해산물에서부터 기타 생태계의 산물(이들은 땅에서 기르고 거두었을지라도 결국 바다를 통해 운송됐다)에 이르기까지 매우 폭넓은 산물들이 운송됐다. 예를 들어 페르시아만에서는 진주가 큰 사업이 됐고, 아시아의 다양한 상인들에게 거래됐다. 그러다가 유럽인들이 오면서 시장이 그들의 목적에 맞게 왜곡되기 시작했다. 인도네시아 동부에도 진주가 많았고, 일본인들이 결국 선두주자가 됐다. 진주조개를 잡기 위해 처음으로 프리다이빙을 하고, 이어 20세기에는 진주를 양식하고자 했다. 진주는 또한 역사적으로 중국 해안에서도 났다. 그곳에서 해안 주민들이 채취했고, 홍콩이나 광저우 같은 큰 항구에서 사고팔았다. 진주는 중국의 큰 도시들로 보내져 가구, 장신구, 심지어 전통 의약품으로도 사용됐다. 이것은 한 가지 산물일 뿐이어서 축소판인 셈이다.

그러나 아시아 생태계의 산물은 끊임없이 이어진다. 참으로 토착민 저자와 외국 상인이 모두 이 지역의 자연에서 나는 산물과 그것을 사고파는 방법과 장소에 관한 두꺼운 책을 썼다. 전자는 13세기의 제거시박사 조여괄이 대표적이고, 후자는 19세기에 아시아 무역품 일람표를 만든 윌리엄 달림플William Dalrymple 같은 사람들이다. 600년쯤 떨어진 이 두 관찰자 사이의 점들을 연결해보면 이 광범위한 상품들에 대한 수요가 얼마나 연속성이 있는지, 그리고 자연의 산물들이 어떻게 내부자와 외부자 모두의 상상력을 사로잡았는지 알 수 있다. 일본산 녹비, 필리핀산 식용 해삼, 인도네시아산 제비집, 미얀마산 바닷말, 각종 인도산 향신료 등 모든 것이 배에 실려 운송됐다. 이 배들은 세계를 돌며 아시아의 특산물을 세계 구석구석에 전달했다. 시간이 지나면서 그 물량은 늘어만 갔다.

소비자들은 왜 이들 상품에 그렇게 관심을 가졌을까? 사람들이 때로 희귀한 나무껍질, 씨앗, 말린 동물 기관에 엄청난 액수의 돈을 지불하는 이유는 무엇일까? 어떤 문화적 규범이 이 체계를 앞으로 나아가게 하고, 성격상 순전히 경제적인 전체 체계의 전달 장치가 되는 것일까? 이에 따라 시장 세력들이 공급과 수요를 좌우하고 이 균형의 결과가 그저 이 모든 품목이 얼마의 가격에 어디로 갈 것인지를 결정했다. 이 서로 연결된 질문들에 대한 대답은 복합적이지만, 문화와 시장 모두가 이들 교역의 조건을 형성하는 데 기여했다고 봐야 할 것이다.

아시아 자연의 산물 가운데 일부 상품은 귀한 것으로 생각돼 많은 돈을 주고라도 구매할 가치가 있었다. 페르시아의 사프란 같은 특정 향신료나 두세 가지 희귀 등급의 태국산 제비집이 이런 부류에 들었다. 일정 품질의 진주나 인도네시아 동부 일부에서 나는 진주모 껍데기는 이 일반적인 범주의 또 다른 상품이었을 것이다. 그러나 산지가 보다 흔하고 가격이 높지 않으며 대량으로 운송된 품목들도 아시아의 해로를 돌아다녔다. 후추는 결국 이 범주의 상품으로 들어갔다. 과잉 공급으로 인해 근세 시기의 고가는 19세기 세계에서 유물 같은 것이 됐다. 이후 일부 향신료는 최고급의 사치품에서 점차 산적 상품으로 변해 장거리 상품 사슬을 따라 운송됐고, 대량 운송을 통해 중간 정도의 이문을 남기고 팔렸다.

이 모든 무역의 범위는 넓은 지역에 걸쳐 있었다. 페르시아만의 진주와 홍해의 진홍산호에서부터 말라바르와 코로만델의 강황과 커민, 남중국해의 상어 지느러미 화물에 이르기까지다. 이 모든 산물은 시장을 향해 무역로를 따라 이동하며 아시아의 해안을 돌았다. 취향이 변하고 특정 품목에 대한 수요 또한 변했다. 그러나 수백 년에 걸쳐 변하지 않았던 것 중 하나는 배들이 끊임없이 이동하면서 여러 사회의 문화적 필요와 시장의 수요에 부응하려 노력했다는 것이다. 이것은 서아시아에서 남아시아 아대륙을 거치고 동남아시아에서 올라가 중국과 일본까지에 걸쳐 일어났다.

10장에서는 이 복잡하고 서로 연결된 무역을 상세히 살펴본다. 18~19세기 중국과 동남아시아 사이의 해산물 운송이다. 중국의 수요는 이 책에서 다루고 있는 해당 시기 상당 기간 동안 동남아시아의 해산물 무역에 무척이나 매력적이었다. 국가 건설 사업은 이들 산물의 공급 주변에 달라붙었고, 방대한 노동 체계가 조직돼 이 상품들은 전근대의 조건에서 기업 규모의 물량으로 공급했다. 그런 품목들을 찾아 나선 것이 동남아시아 일부 지역의 서방 기지 설립의 이유 가운데 하나였고, 식민사업이 여기서 출발했으며, 결국에는 제국 설계의 발판이 됐다.

이 지역의 일부는 동남아시아 해산물의 비축 창고가 됐고, 그 해산물은 다시 남중국(주로 광저우였지만, 나중에 홍콩도 추가됐다)을 왔다 갔다 하며 중국 상품들과 교환됐다. 술루와 보르네오에서는 외부자인 제국들이 아니라 토착 지배자들이 상품을 시장에 내놓기 위한 나름의 체계를 갖추었다. 이 장은 여러 아시아의 행위자들(중국인과 동남아시아 상인을 포함해)이 이 지역의 해산물을 중국 시장으로 보내기 위해 어떻게 협력하고 경쟁했는지를 보여준다.

이어 11장에서는 시선을 서쪽 인도양으로 옮겨 말라바르 해안과 코로만델 해안이 어떻게 해서 과거에 '향신료 중심지'가 됐고 지금도 여전히(어느 정도) 그러한지를 묻는다. 인도 남부의 이 풍요로운 지역은 각종 자연산 향신료가 나는 곳이다. 모두가 세계의 다른 지역에서 수요가 있는 것들이다. 후추, 강황, 커민, 고수가 여기서 자란다. 그때나 지금이나 마찬가지다.

무역과 교환의 방대한 회로가 이 품목들에서 개발돼 근세 시기에 이 세계를 탐험자들에게 개방하고 그런 품목들을 아시아 내부의 또 다른 곳, 즉 말레이시아나 싱가포르 등으로 운송하는 일을 부채질하는 데 일조했다. 역사 자료와 또한 현대의 현장연구를 통해 이 무역의 개략적인 모습이 제시돼, 그런 패턴이 현대 세계가 발전하는 과정에서 무역과 해외 이산에 관해 우리에게 무엇을 보여줄 수 있는지를 알게 됐다.

향신료는 바다에서 나는 것은 아니었지만 가치 기준으로 아시아 무역에서 다른 어떤 자연의 산물보다 중요해졌다. 적어도 한때는 말이다. 그때나 지금이나 남인도의 향신료는 거의 전적으로 배에 실려 시장으로 보내졌다. 이 장에서는 그 복잡한 역사를 살펴보고, 향신료 무역의 유산이 어떻게 해서 오늘날에도 여전히 우리와 함께 있는지를 묻는다. 향신료가 생산되는 지역과 해외의 양쪽 모두에서다.

10장

지느러미, 해삼, 진주

해산물과 중국-동남아시아

우리 가족은 대대로 이 일을 해왔습니다만,
아마 우리가 마지막 세대일 것 같습니다.
— 싱가포르의 어느 상인[1]

'이방인'의 역설적인 본질은 저명한 사회학자 게오르크 지멜이 묘사한
것으로 유명하다. 어떤 특정 지역사회에서 낯설고 동시에 불편한 존재
이지만 또한 이 신분을 추가적인 경제적 목적이나 심지어 정치적 목적
(흔히 거래와 관련된)에 이용할 수 있다는 것이다.[2] 그의 연구는 이 과정에
관해 생각했던 다른 사람들의 토대 위에 덧붙인 것이었다. 가장 유명한
것이 막스 베버와 그의 이른바 프로테스탄트 윤리에 대한 의문이었다.
이 역사적 '윤리'가 의미한다고 하는 그 모든 것에도 불구하고 말이다.[3]

많은 당대의 학자들은 동아프리카의 인도인, 유럽의 유대인, 그리고
심지어 서아시아 일대에 퍼져 있는 아르메니아인을 포괄하는 자기네 연
구 영역의 '이방인 공동체'의 구조를 연구하기 위해 이 생각을 이용했다.[4]

해외 중국인 공동체 연구자들도 예외는 아니었다. 해외 이산 공동체와 그들의 무역 및 장거리 사업과의 연결에 관한 가장 중요한 연구 가운데 일부는 이런 사람들에게 초점을 맞추었다. 중국인들이(그리고 그들과 사업을 한 사람들이) 아주 좋은 기록들을 남겼다는 것이 그 이유 중 하나였다. 그러나 언어의 차이와 중국인 상인들이 접했던 사회를 넘어 이들 기록에 접근하는 것은 쉬운 일이 아니었다.[5]

이 장에서는 주로 과거와 당대의 해산물 무역이라는 하나의 문을 통해 해외 중국인 연결망을 검토한다. 해산물 무역은 수백 년 동안 중국과 동남아시아의 여러 나라를 하나의 경제적 울타리 안에서 연결했다.[6]

이 장의 첫 3분의 1에서 이 공동체들을 검토하기 위한 이론적·역사 서술적·역사적 개요를 설명하고 역사적 시간을 넘어 나아간다. 이 연결에 관해서는 다른 곳에서 더 상세히 썼기 때문에[7] 여기에서는 상당히 간략한 형태가 될 것이다.

나머지 3분의 2에서는 이 역사적 여행을 현재 중국과 동남아시아 사이의 해산물 무역이 어떻게 이루어지고 있느냐와 연결한다. 이 부분은 학술 저작들을 바탕으로 하고 있지만, 또한 동아시아 및 동남아시아 일대 항구의 상인들과 나눈 구술사 면담, 그리고 이들 상품의 채취 및 환적 장소 방문 기록도 상당히 포함됐다. 나는 과거와 현재의 측면 모두에서 이 상업의 넓은 범위와 지난 수백 년에 걸친 중국과 동남아시아 사이의 중요한 연결 관계를 보여주고자 한다.

해산물 운송은 바다에서 채취한 낯설고 흔히 이국적인 물건에 대한 낡은 무역이기보다는 역사 속의 대양을 넘는 연결의 중요한 흔적으로 볼 수 있다. 이 교환은 매혹적이고 흔히 우수에 젖은 방식으로 과거를 되풀이한다. 그러나 그것은 또한 상인들이 자기네 이야기를 자기네 말로 할 기회를 얻었을 때 했던 그들의 말에서 드러나듯이 미래를 향해 발전하고 있었음을 보여준다.

해산물과 그 무역의 역사

공유 영역: 중국-동남아시아

과거 중국 경제의 원동력과 규모에 대한 이해는 지난 20~30년 동안 상당히 발전했다.[8] 이들 연구 일부는 동업조합과 가문의 유대에 초점을 맞추었다. 윌리엄 스키너G. William Skinner 등이 1970년대와 그 이전에 매우 상세하게 연구했던 유명한 '궁쓰公司'다.[9] 다른 연구들은《명 실록明實錄》과 푸젠 같은 특정 성省의 기록을 뒤졌다. 상업활동이 19세기에 빈도, 중요성, 규모가 말 그대로 폭발하기 전인 근세 시기에 어떻게 확대됐는지에 대한 실마리를 찾기 위해서였다.[10]

이들 초기 연구 대부분은 상업의 덩굴손이 중국 정치체에서 뻗어 나간 것으로 조사되자 대양을 살폈으나, 이제 그런 연구는 또한 육상 연결까지 상세하고 정교한 방식으로 다루고 있다.[11] 심지어 최근에는 특정 상품을 강조하고 그것들을 이 과정을 밝히는 '추적자'로서 살피려는 노력도 있었다. 그런 측면에서 아편 같은 상품이 특히 유용했던 것으로 드러났다.[12] 문제의 핵심은 중국인 경제권을 이해하는 일에 관한 한 과거에 통계의 영역이었던 것이 이제 훨씬 미묘한 차원의 역사 서술의 영역이 됐다는 것이다.[13]

아시아 횡단 연결망에서 중국인 상인의 역할은 중국 사회사 및 경제사의 본질에 관한 가장 긴급한 현대의 연구 과제 중 하나였다. 이 연구는 스키너, R. 빈 웡Roy Bin Wong, 피터 퍼듀Peter Purdue, 윌리엄 로William Rowe의 토대가 되는 몇몇 연구 위에 세워졌고, 이제 중국에서 상업이 어떻게 작동됐느냐에 관한 광범위한 의문을 제기한다. 특히 지난 200년 사이 중요해진 상품 이동의 몇몇 요소 가운데 하나로서다.[14] 이런 측면에서 서방 회사들과의 연결에 대한 문제가 제기됐고, 일본 회사들과의 연결 및 상업적 편승도 마찬가지였다.[15]

일부 연구는 이 과정을 미시 및 거시 규모로 살피는 창으로서 특정 방언을 쓰는 하위집단을 살폈고, 또 다른 연구들은 여러 행위자들(중국인, 프랑스인, 네덜란드인, 영국인, 에스파냐인, 그리고 심지어 페르시아인)의 노력이 어떻게 어우러져 아시아 여러 곳에서 전례 없는 규모로 특정 품목을 밀고 당겼는지를 검토했다.[16] 흔히 이야기됐던 중국 경제의 '제한적 개방'이 중국 정부의 명령이었다는 말은 더 이상 인정할 수 없다. 이는 매우 많은 연구가 교역망이 중국 자체에서 다른 지역으로(그중 일부는 멀리 남·북아메리카까지) 뻗어 나간 방식과 관련된 것이기 때문이다.[17]

중국 상인과 이주자들은 정말로 '신세계' 같은 먼 곳에도 나타났다. 그러나 이 시기 동안 중국인의 이주와 그들의 상업 확대의 주요 목적지는 '남양', 즉 동남아시아였음이 분명하다. 이는 해산물 조달의 역사에서 특히 사실이지만, 사업 및 노력의 대부분의 분야에 대해서도 대체로 사실이다. 결국 여러 해에 걸쳐 이 지역으로 떠난 중국인의 수가 이를 입증한다.

프랑스 학자들(프랑스어로 썼다)은 이 연결을 이론화하는 데 특히 뛰어났다. 그들은 남중국해가 이동의 받침대이자 접촉과 이산(심지어 멀리 자바섬까지 갔다)의 중심점 역할을 했음을 보여주었다.[18] 영어로 된 연구물들도 이 연결에 관해 다루었다. 장기적인 역사도 있고, 중국인의 영리 농업(중국과 동남아시아를 연결하는 요소로서의) 같은 특정 제도라는 유리한 위치를 통하기도 했다.[19] 일본인 저자들(영어로 번역됐다)과 중국 학자들 역시 뛰어들었다. 그들은 이 현상들을 설명하려는 시도가 모두 서방 사회과학의 이론만을 바탕으로 한 것은 아님을 확인해주었다.[20]

전체적으로 보아 공동체는 우리가 역사적 여행의 원형을 이해하는데 도움을 주는 매우 유용한 특질을 형성했다. 이는 해산물 무역이나 해외 이주를 초래한 것으로 보이는 다른 어떤 상업 방식에 대한 우리의 이야기와 상관없이 사실이다.

남방의 해상세계

남양에서 중국인 상인과 이주자들이 오랜 역사적 위상을 유지한 목적지 가운데 하나가 자바섬이었다. 자바는 중국과 접촉한 지 오래됐지만, 17세기로 접어들 무렵 네덜란드가 바타비아에 진출하면서 중국인 상인, 기술공, 노동자에 대한 수요가 늘었다. 독재적인 총독 얀 쿤Jan Coen은 도시의 폭군이었으나, 네덜란드어 연구물들은 중국인 카피탄(우두머리)들이 금세 중국인 주민들을 보살폈음을 보여준다. 특히 네덜란드가 승인한 방침에 따라 상업을 규제하는 일과 관련해서다.[21]

처음에는 일이 부드럽게 진행됐지만, 18세기가 되자 상당한 문제가 생겼다. 중국인 주민들에 대한 대학살도 있었다.[22] 섬의 식민지 지배자가 그런 무자비한 방식으로 중국인 주민들을 주기적으로 제거할 수 없게 되자 그들은 경제의 많은 부분에서 네덜란드 상업을 확장하는 데 이용됐다. 소규모 무역, 농업, 그리고 점차 찬두(소매용 아편) 판매 같은 것들이었다.[23] 현지 여성과의 혼인이 대규모로 이루어졌고, 자바 중국인들은 점차 별개의 공동체를 이루거나 토착민들과 뒤섞인 혼혈 사회를 이루기도 했다.[24] 실제로 많은 중국인들은 자바섬 해안의 다른 항구도시들로 흩어졌으며, 해산물을 거래하고 큰 도시들로 수송하는 데서 큰 역할을 담당했다. 해산물 같은 품목들이 먼 목적지로 가도록 묶이 지어지는 것은 이런 항구들에서였다.

네덜란드어 연구물들은 중국인(특히 해산물 상인)들이 자바섬의 네덜란드 권력 중심지에서 밖으로 나와 동인도 식민지의 나머지 부분으로 빠르게 확산되는 모습을 다른 어떤 역사 서술 전통에 비해서도 잘 보여준다.[25] 경제적으로 이 공동체는 네덜란드인들이 자기네 식민지에서 수익을 내는 데 필요한 모든 것을 공급하는 중요한 역할을 맡기 시작했다. 특히 건어물, 진주, 물고기 부레 같은 것들이었다.

이 군도에서 가장 유명한 어업 기지는 수마트라 중북부 해안 앞바다의 바간 시아피아피Bagan Si Api-api에 위치했고, 여기서 채취하고 말리고 판매를 위해 포장하는 해산물은 19세기 말과 20세기 초에 엄청난 양에 이르렀다. 적어도 큰 항구와 초지역적인 해운 연결망을 가진 영국 통제 하의 싱가포르와의 유사성은 바간 시아피아피 남쪽의 믈라카해협 입구와 떨어져 있는 바타비아의 네덜란드인 중심 도시(항구)와의 연결만큼이나 중요했다.[26]

그러나 중국인들은 다른 곳에도 나타났다. 길게 뻗은 보르네오의 해안, 술라웨시, 인도네시아 동부, 그리고 특히 리아우 같은 곳이었다. 그들은 어부였고, 해산물 건조 일꾼, 채집자, 포장 일꾼이었다.[27] 다른 중국인 상인들과의 동족 사업 연줄 및 네덜란드인 식민지 관리들과의 연줄은 이 산물 상당수가 네덜란드와 외국 시장에 빠르고 상당히 효율적으로 도달할 수 있게 보장했다. 네덜란드는 이 중국인 공동체들을 매우 중요하게 여겨 면밀하게 감시했다. 그 이유는 물론 이윤에서 자기네 몫을 챙기기 위해서였다.[28]

중국인 공동체 및 해산물 채집과 관련한 비슷한 상황은 더 북쪽의 영국 영토인 말레이반도와 보르네오의 바다에도 있었다. 보르네오에서는 오늘날 말레이시아의 사라왁주 및 사바주, 그리고 브루나이 술탄국 모두에서 중국인들이 해산물을 채집하고 무역을 조직하는 분주한 역할을 했다.[29] 보르네오 해안은 다른 장소들에 비해 덜 개발된 것으로 드러났다. 이에 따라 중국 상인들과 때때로 작은 회사들은 흔히 가게, 건조 시설, 구매 장소, 기타 이 사업에 필요한 시설들을 만들 장소로 이곳을 선택했다.[30] 아편이나 술 같은 다른 산품에 더 관심을 가진 영리 농업 회사들은 때로 이런 일을 매끄럽게 처리하는 데 도움을 주었다.[31]

말레이반도에서는 코그룹Khaw Group 같은 중국인 회사들이 경제적 지배력을 갖고 있는 피낭 같은 곳에서 해산물과 중국 사업 조직의 효율적인 형태 사이의 연결이 더욱 두드러졌다. 특히 인근에 먹일 필요가 있는 많은 주민(중국인 및 기타 민족 노동자)이 있었기 때문이다.[32] 해산물을 구매하고 분류하고 포장하고 선적하는 것은 피낭에서 지역 경제의 중요한 부분이었다. 그곳에서 이 지역의 영국 무역업체들은 그들이 장악하고 있는 미얀마, 태국, 말레이반도, 아체를 연결하는 커다란 수산물 삼각지대를 형성했다.[33]

도판 10.1 거북 껍데기 (저자 제공)

도판 10.2 진주 (저자 제공)

도판 10.3 식용 해삼 (저자 제공)

처음에 에스파냐의 지배를 받다가 미국의 지배(반세기 동안)를 받게 된 필리핀에서도 현지의 교환은 달랐지만 상황은 비슷했다. 중국인들은 수백 년 전에 필리핀에 왔고, 동남아시아의 다른 지역에 비해 많은 수가 왔다. 이 군도가 가깝고 계절풍 지역의 지배적인 바람과 조류 패턴을 이용해 쉽게 도달할 수 있기 때문이었다.

7000여 개의 섬이 있는 이곳에서 중국인들은 매우 손쉽게 식민지 필리핀의 해산물 무역에 깊숙이 관여하게 됐다. 흔히 자기네가 타고 온 배를 이용했다. 그 배는 처음에는 수송용 선박이었다가 해산물 운송선이 돼 푸젠으로 돌아갔다.[34] 필리핀의 해산물 무역은 대단히 중요했다. 우선은 마닐라나 세부 같은 도시들에 식료품을 공급하기 위한 것이었지만, 군도 남쪽 술루해 바다의 풍부한 해산물을 이용하는 것도 중요했다. 그곳에서는 진주, 진주모, 상어 지느러미, 물고기 내장을 대량으로 조달할 수 있었다. 중국인들은 이 풍요를 이용하기 위해 남중국에서 왔지만, 나중에는 싱가포르와 다른 동남아시아 항구들에서도 왔다. 모두 이 풍성한 바다에서 밥벌이를 하기 위한 노력이었다.[35]

에스파냐가 이따금씩 도시 밖의 지역 무역에 중국인이 지나치게 개입하는 것을 막기 위한 법을 만들었지만, 실제로 시행되는 경우는 드물었다. 에스파냐가 약하기도 했고, 섬들이 너무 널려 있기 때문이었다.[36] 20세기 초 미국인들이 들어온 뒤에도 중국인들은 계속 이 무역에 관여했다. 그러나 결국 다른 농작물들(적어도 대공황 때까지는 세계 시장에서 높은 가격에 팔린)이 전체 아시아 상업에서 중요한 교역품인 해산물의 역할을 위축시켰다.[37]

요컨대 중국인이 동남아시아 해산물 무역에 관여한 것은 오래된 일이었고, 지난 수백 년 동안 상당히 꾸준했다. 중국 해안 지방에 대한 연구 (그리고 당시 상인들의 실용적인 소책자)는 해산물 무역으로 생계를 꾸리려는 많은 중국인 상인들에게 동남아시아가 중요한 목적지였음을 알려준다.[38] 더 남쪽 동남아시아의 바다에서는 이 무역이 호황을 누렸고 실제로 상당 기간 동안 지속됐음이 여러 서방 상인들과 정치가들의 기록을 통해 알려져 있다. 그들이 이 지역에서 정보를 수집하기 위해 이용했던 정보 제공자들이 이야기한 내용이다.[39]

이것은 지역으로서의 동남아시아 일대에서 분명히 사실이었다. 물론 일부 지역은 수집 중심지로서, 그리고 이 무역에 생계를 의존하는 사람들의 이산의 장소로서 다른 곳들보다 더 중요했다. 술루해는 그런 곳에 있었다. 그곳의 광범위한 해산물 조달 체계에 대해서는 제임스 프랜시스 워런James Francis Warren과 헤더 서덜랜드Heather Sutherland 등이 매우 상세하게 정리했다. 모두 이 지역의 이슬람 술탄국들이 추진한 것이었다.[40] 서남 술라웨시에서 나온(그러나 그 덩굴손은 해양 동남아시아의 여러 방향으로 뻗쳤다) 부기족 이산자들은 이 무역의 또 다른 주역이었다. 다만 이들의 해산물 조달은 술루해 같은 특정 지역을 바탕으로 한 것이기보다는 망망대해의 상당 부분을 이리저리 가로지르는 연결망을 바탕으로 한 것이었다.[41]

마지막으로, 해외 이산을 연구하는 학자와 역사가들은 이 연결의 세부 내용을 보다 일반적으로 보여주는 데 기여했다. 중국인들의 연결점은 이 널리 펼쳐진 해상 변경에서 중요했던 여럿 가운데 하나일 뿐이었다.[42] 역사적으로 이 모든 움직임이 하나의 체계를 만들었고, 이에 따라 여러 지역에서 난 해산물이 중국 해안으로 갔다. 시간이 지나면서 그 양은 점점 더 많아졌다.

현대의 격자: 해산물의 공급망

중국인의 중심점: 이론과 실천

20세기의 마지막 수십 년과 21세기의 첫 몇 년으로 빨리감기를 해보면 중국과 동남아시아 사이의 해산물 운송에서 변화와 연속성의 놀라운 모습이 나타난다. 1780년부터 1860년까지가 이 상업의 전성기였다면, 그 뒤 이른바 식민지 절정기에 훨씬 많은 상품의 이동이 이 무역을 압도하면서 그 중요성이 감퇴했고, 이어 지난 30년 동안에는 이 품목들이 되살아났다. 중국과 동남아시아 국가들의 비약적인 경제 성장이 이런 파급효과를 낳았다.

1930년대의 세계적인 경기 침체, 2차 세계대전, 그리고 탈식민지 이후 동남아시아 국민국가들의 초기에 해산물은 19세기 말 이래의 다른 보다 중요한 상업 분야의 그늘에 가려져 있는 패턴이 유지됐지만, 1980년대 이후 동아시아 및 동남아시아의 폭발적인 경제 성장이 두 지역 사이의 이 전통적인 무역 통로를 새롭고도 흥미로운 방식으로 다시 활성화했다. 이 성장의 상당 부분은 지역 경제의 전반적인 활기 덕분이었다. 그 경제는 수백 년 동안 전통적으로 서로 교역을 해왔던 소지역 사이의 활발한 상품 흐름을 부추겼다.

그러나 해산물 운송이 더 큰 경제의 성공담에서 중요한 하위 범주가 됐다는 것은 주목할 만하며, 이 무역이 왜, 그리고 어떻게 더 큰 성장 이야기에 들어맞게 됐느냐는 질문을 제기한다.[43] 아래에서 나는 이 주제에 관한 사회과학 논문을 통해, 그리고 내가 중국, 타이완, 동남아시아 여러 지역의 중국인 해산물 상인들과 면담한 기록을 통해 이 문제를 다루겠다. 이런 접근은 해산물 상인 및 채취자들(모두 광역 동남아시아 지역의 사람들이다)을 대상으로 한 나의 현장연구로 보완하겠다.

20세기 중반 식민 세력의 몰락 이후 동남아시아 일대에서 중국인들의 사업이 다시 목소리를 내는 데 성공했고, 이 현상을 설명하기 위해 사회과학자들이 많은 관심을 가졌다. 이 활력에 대해 내놓은 설명들은 다양했다. 가문의 유대와 언어 및 방언 집단의 중요성에서부터 '관시' 개념과 전통적 연결망, 동남아시아 곳곳에 흩어져 있는 중국인 상인들을 위한 활동 방식으로서 '중국 자본주의'의 성격을 되돌아보는 흥미로운 맥락에 이르기까지다.[44]

이런 설명 가운데 일부는 상대적으로 수준이 높지만, 이 모두는 중국인의 사업이 지난 사반세기 동안 중국·홍콩·타이완 등 '광역권 중국'에서만이 아니라 수백 년 동안 중국인 상인들의 전통적인 활동무대였던 동남아시아(뭉뚱그려 '남양'으로 불린다)에서도 성장세에 있다는 견해와 세계관을 가리키고 있다.[45] 몇몇 중요한 학자들은 구체적으로 중국에서 동남아시아에 이르는 이 상호작용의 활력(과거와 우리 시대로 이어지는 시기 모두)을 살폈다.[46] 또 어떤 학자들은 동남아시아 쪽에 좀 더 집중해, 동아시아 전체의 이주와 상인 활동이 나가는 지역에서가 아니라 이런 흐름을 받아들이는 나라들에서의 패턴을 분석했다.[47]

선택한 접근법과 상관없이 두 지역 사이의 해산물의 이동은 이 연구들을 매우 잘 연결 지으며, 작동되고 있는 이들 상업과 활동에 참여한 민족의 구조 일부를 보여주는 데 분명히 도움이 된다. 이 사방으로 퍼져나가는 사업은 매우 넓은 영역에서 수행되며, 옛날 상업의 틀이 어떻게 우리 시대에도 유지되고 있는가에 관해 많은 것을 이야기해주고 있다.

홍콩, 타이완, 중국의 해안은 이 상품 흐름의 주요 종점이다. 대부분의 상품은 동남아시아에서 오지만 때로는 더 먼 곳에서도 온다.[48] 이곳에서 점포 주인들과 한 면담은 그들의 접촉이 얼마나 초국가적일 수 있는지를 보여준다. 그들은 자기네가 더 큰 지리적 조직 안에 박혀 있음을 흥미로운 방식으로 암시했다. 홍콩 주룽九龍의 킨상健生 약방 같은 일부 점포는 사슬의 아주 아래쪽에 있다. 그들은 이들 상품의 말단 판매점일 뿐이며, 그런 물건을 아주 적은 양의 꾸러미로 현지 소비자들에게 판다. 약방의 한 상인은 이렇게 말했다.

"우리는 시장의 밑바닥이에요. 우리는 이곳 사람들에게만 팔지 도매는 하지 않습니다."[49]

이런 가게는 홍콩에 흔하다. 그러나 중국 본토에도 있는데, 그곳에서는 비교적 적은 수의 대형 회사들이 바깥 세계와 거래한다.

이는 푸젠성 샤먼(중국에서 가장 '연결망이 좋은' 곳 가운데 하나다)에서 분명히 진실이지만, 광둥성 광저우에서도 역시 진실이다. 심지어 그곳의 칭핑淸平 시장에서도 그렇다. 이 시장에서는 수십 명의 상인이 늘어서서 말린 해산물을 판다.[50] 바깥 세계 해산물과의 연결은 보통 더 큰 회사들의 중개를 통한다. 중개자들은 정부와 든든한 연줄을 가지고 있고, 필요한 면허도 얻을 수 있다.

다시 홍콩으로 돌아가, 킨상 약방에서 불과 몇 구역 떨어진 곳에 있는 시티허브는 아주 다른 종류의 곳이다. 빛나고 인상적인 그곳의 물건들은 멀리 남양에서 배에 실려 왔다. 약용으로 팔리는 말린 물고기 부레는 내가 아시아에서 면담하면서 본 것 중 가장 크고 보존 상태도 가장 양호한 축에 속했다.[51]

지도 10.1 중국과 동남아시아

그러나 이 약방조차도 타이베이에 본사를 둔 허성탕合勝堂과는 비교

가 되지 않는다. 허성탕은 세계의 바다를 누비는 타이완의 큰 어로 선단

으로부터 그 상어 지느러미를 사들였으며, 전복은 너른 태평양 건너 멕

시코와 캘리포니아에서 왔다. 식용 해삼은 여러 등급의 동남아시아산

뿐만 아니라 작고 값비싼 일본산도 있었다. 타이완 돈으로 개당 9800위

안元(미화 300달러)에 판다.[52] 위에서 언급한 몇몇 수입품들과 비교할 때

이것은 바깥 세계에 대한 다른 종류의 접근법을 대표하는 것으로, 최고

급의 최종 소비자를 겨냥한 것이다. 따라서 이것은 다른 차원의 상업이

이루어지고 있음을 상징한다.[53]

동남아시아 본토 해안

동남아시아 본토 해안은 그런 산물을 북쪽으로 운송한 매우 오랜 역사를 갖고 있다. 물론 중국, 홍콩, 타이완에서는 남양의 여러 지역에서 해산물과 건어물을 수입한다. 베트남은 동남아시아에서 중국에 가장 가까운 이웃이며, 길게 쭉 뻗은 해안선 덕분에 물고기가 매우 흔하게 남중국으로 운송됐다. 중국계 베트남 상인이 하는 경우가 많았다. 때로는 세관의 순찰을 피해 어부가 직접 가지고 가는 경우도 있었다. 그들은 어디에 배를 대고 많은 양의 귀중한 물고기를 몰래 내려놓을 수 있는지 알고 있었다.

베트남 경제생활 관찰자들은 흔히 중국과 베트남 경제를 연결하는 데서 호찌민시 쩌런을 중심으로 한(그러나 이 나라의 다른 여러 지역에도 있다) 중국계 상인 공동체의 중요성을 이야기한다.[54] 해산물과 말린 천연 산물의 세계에서 이런 상업적 연결이 매우 중요했다는 것은 분명하다.

캄보디아에서도 해산물 산업은 중요했다. 국민의 먹을거리이기도 했고, 이윤을 위한 수출(흔히 중국으로 갔다) 산업에서도 중요했다. 놀라 쿠크 Nola Cooke는 19~20세기의 이 패턴의 일부에 관해 연구했다. 특히 캄보디아에서 가장 큰 호수인 톤레사프에서 나는 물고기 및 수중 생물과 관련된 것이었다.[55] 학자들은 이 호수가 세계에서 물고기가 가장 풍부한 곳이라고 말한다. 그리고 그 많은 물고기의 일부는 말린 상태로 매년 중국으로 보내진다. 계절에 따라 캄보디아 시장에 와서 물건을 사가는 방법을 아는 중국 상인들과 현지에 사는 중국계 크메르인 상인들이 이 일에 종사하고 있다.

태국 차오프라야강 유역의 평탄한 고원 일대에서도 상황은 거의 비슷하다. 중국계 태국 상인이 이 나라에서도 중요하며, 이 왕국(역시 길고 쭉 뻗은 해안선을 자랑한다)과 중국 사이의 경제적 통로를 형성하는 데 이바지한다. 중국은 흔히 타이만과 안다만해 양쪽에서 잡힌 해산물이 목적지로 삼는 시장이다. 남부 만안의 송클라에서 실시한 현장연구에 따르면 가래상어와 여러 종의 가오리를 포함하는 많은 어종이 중국에 팔리는 것이 분명하다. 모두 사람과 동물(일부 어종은 갈아서 동물에게 먹인다)이 먹을 것들이다.[56] 이런 해산물 무역은 중국의 축산업에도 매우 중요하다.

인도양의 안다만해를 끼고 있는 태국 남부의 해안은 약간 다른 역학이 이들 상품의 판매를 규정하고 있다. 끄라비(관광객들이 몰려드는 푸껫과 기타 해안의 섬들과 달리 서방 사람들이 즐겨 찾는 작은 휴양 도시다) 바로 북쪽의 이슬람교도 어촌 아오프라낭 같은 곳에서는 어업경제의 상당 부분이 수출에 초점이 맞춰져 있다. 여기서는 계절과 물때에 따라 대체로 여성들이 얕은 갯벌에서 채집한 조개와 갑각류를 상자에 담아 수집 창고에 보내면, 그곳에서 중국 시장으로 팔려 나간다.[57]

같은 해안의 더 북쪽으로 미얀마의 남쪽 끝 부근에 있는 국경 도시 라농 역시 태국의 해산물 수출을 위한 어로 및 채집 중심지다. 이곳에서는 아오낭과 달리 이 산업이 기업 규모여서 대양으로 가는 큰 저인망 어선이 매일 라농 부두에서 출항한다. 이 배들은 태국 바다와 공해에서 어로 작업을 할 뿐만 아니라 때로는 미얀마와 말레이시아 바다로도 나간다(불법이다). 내가 부두에서 면담하면서 들은 바에 따르면 여기서도 해산물의 상당 부분은 말린 다음 배에 실어 홍콩과 중국 시장으로 보낸다.[58] 중국과 중국어 사용 세계의 시장은 계속 커지고 있다. 현대에 들어 늘 그랬다.

지난 반세기 동안 세계에서 가장 고립된 나라 가운데 하나였던 미얀마(1962년 정변으로 군부가 권좌에 올랐기 때문이다) 역시 전통적으로 해산물을 대량으로 중국에 보냈다. 공식 기록된 자료는 그 일부분일 뿐이다. 여기서는 홍콩의 가게나 약방과 마찬가지로 서로 다른 종류의 업체들이 서로 다른 정도로 해산물 거래에 관여하고 있다.

양곤에 있는 작은 가게들은 이 무역에 전통적인 뿌리가 있고, 시간이 지나면서 대대로 가게를 물려받았다. 우밍세인의 부모 중 한 쪽은 미얀마인이고 한 쪽은 중국 윈난성 출신이다. 그는 약전에 있는 품목들을 사고파는 일을 어떻게 해야 하는지를 부모에게서 배웠다.

"할아버지는 윈난성 출신입니다. 그분이 이 사업을 시작하셨고, 내게 이 일을 가르쳐주셨어요. 할아버지는 미얀마에 사는 중국인을 많이 알았습니다."[59]

역시 양곤에 있는 인근 가게는 뿌리가 더 깊었고, 미얀마가 비교적 고립돼 있는 탓에 가게에 진열된 물건 다수가 내게는 생소했다. 미얀마 바깥의 시장에서는 본 적이 없는 것들이었다. 건어물(어떤 것은 검은색이었고, 어떤 것은 흰색이었다)도 몇 가지 종류가 있었지만, 값비싼 해삼류도 진열돼 있었다. 미얀마는 가난한 나라였기 때문에 나로서는 놀라지 않을 수 없었다.[60]

방글라데시와의 국경에서 그리 멀지 않은 아라칸 해안에서 한 현장 연구 역시 어업이 공동체를 기반으로 해서 소규모로 이루어지고 있고 기업이 소유한 큰 어선이 동원되지는 않고 있음을 확인시켜주었다. 나는 한 마을에서만 커다란 건조용 멍석에 몇 종류의 생선들을 널어놓고 햇볕에 말리고 있는 것을 보았다. 인도멸치(학명 *Stolephorus commersonnii*), 병어(학명 *Pampus argenteus*), 긴지느러미게레치(학명 *Pentaprion longimanus*)

같은 것들이었다.[61] 한 중국인 상인에게 이 건어물들이 어디로 가느냐고 묻자, 그는 일부가 현지 소비용이라고 대답했다. 다른 일부는 양곤이나 미얀마의 대도시에서 소비되고, 또 일부는 멀리 떨어진 곳이기는 하지만 그대로 중국 시장으로 간다고 말했다.

다도해 세계

우리가 일부 집중적인 연구를 통해 동남아시아 본토 해안에서 볼 수 있는 것은 도서부 동남아시아 거의 모든 곳에서 볼 수 있다. 그곳에는 말 그대로 어디에나 바다가 있고, 해산물을 쉽게 구해 수송할 수 있다.

예를 들어 현대 필리핀의 중국인 상업의 덩굴손을 연구한 많은 논문들이 나왔다. 이곳에서는 중국인 가문들이 수백 년에 걸쳐 현지 필리핀인들과 혼혈인 공동체에서 뒤섞였다.[62] 이 연결망 가운데 일부는 필리핀의 '종주 도시'이자 단연 가장 중요한 경제의 원동력인 마닐라를 중심으로 하고 있지만, 지방에도 중요한 중국 상인들의 업체가 있다. 특히 비사야제도의 일로일로 같은 곳이다.[63]

비논도Binondo구와 디비소리오Divisorio구 등 마닐라 북부 창고 지구의 중국인 해산물 판매업자들은 자기네가 중국(홍콩과 중국 본토 모두)으로부터 해산물을 대량 주문받은 일에 대해 내게 말했다. 이 상인들 대부분은 푸젠 방언을 사용한다. 조상들이 푸젠에서 필리핀으로 건너왔기 때문이다. 많은 사람들은 아직 좋은 연줄이 있고, 친족들이 남중국 일대에 흩어져 살고 있었다. 홍콩에 보다 공식적인 제휴 업체들도 있었다.[64]

이 중국계 필리핀인 가족에게 아들딸이 사업을 돕는 것은 매우 주목할 만한 공헌이다. 특히 그들 상당수는 영어를 잘하고, 그 덕분에 단지 중국어로만 하는 것에 비해 더 넓은 범위의 조달처를 확보할 수 있기 때문이다. 필리핀은 약 7000개의 섬으로 이루어진 세계 최대급의 군도인 만큼 이 광범위한 무역을 위해 산물을 공급해줄 해양 환경이 무궁무진하다. 이들 가족의 연줄은 남쪽 멀리 삼보앙가와 술루해에까지 뻗어 있다. 이곳은 물론 역사적으로 해산물을 위한 가장 중요한 어업 무대 가운데 하나였다. 15세기, 어쩌면 그 이전까지 거슬러 올라간다.[65]

필리핀에서 분명한 것은 인도네시아에서는 더욱 분명하다. 이곳은 세계 최대의 군도이며, 해산물 조달이 광범위하게 이루어지는 곳이다. 인도네시아의 1만 7000여 개 섬에는 큰 중국계 상인 공동체가 흩어져 있다. 그중 일부는 이곳에 온 지 수백 년이 됐고, 더 최근에 중국·싱가포르·말레이시아 등 동아시아와 동남아시아의 다른 곳에서 온 사람들도 있다. 중국인 상인들은 이 지역에서 아주 오랫동안 해산물 무역에 종사해왔으며, 그들 사업의 덩굴손과 제휴처는 아주 멀리까지 뻗어 있다.[66] 이 현상에는 서방 사회과학자뿐만 아니라 인도네시아 학자들(중국인의 후손이 많지만 일부는 그렇지 않다)도 관심을 가지고 있다. 인도네시아 학자들도 이 현상에 관해 썼는데, 영어로 쓰기도 했고 인도네시아어로 쓰기도 했다.[67]

누사퉁가라의 롬복, 술라웨시의 마카사르, 인도네시아 동부 말루쿠의 트르나테와 반다 같은 채취 지역에서 실시한 현장연구는 이 널리 퍼져 있는 군도의 많은 곳에서 해산물을 수집하는 일에 대규모 중국 자본이 들어가고 있음을 보여주었다.[68]

"중국인들은 아주 오랫동안 우리 해산물을 사기 위해 사람들을 보냈습니다. 여기서 말린 해삼은 모두 중국으로 갑니다."[69]

자카르타는 흔히 나라 안에서 수집한 상품들의 창고 노릇을 하지만, 상품들은 중간상인 단계를 건너뛰고 곧바로 싱가포르나 때로는 홍콩으로 보내지기도 한다.[70] 이 물건들은 거의 언제나 현지인들이 바다에서 채취하지만, 시장에 들어가자마자 여러 단계의 분류와 판매를 통해 중국계 상인들을 거친다. 이 상인들은 흔히 현지에서 태어난 사람들이지만, 점차 취득지에서 갈수록 먼 곳을 근거지로 삼고 있다. 이것은 동남아시아 일대에서 일반적인 패턴이다. 물고기 부레, 해삼, 또는 진주모를 수집하려면 이 모든 물건은 중국인이 지배하는 복잡한 교환망을 거쳐야 한다.

말레이시아에서 중국계 해산물 상인과 대화를 나누는 것은 문제 될 것이 없다. 중국계 인도네시아인들과 면담할 때 나타났던 불편함(또는 심지어 뚜렷한 공포)이 별로 없으며, 이곳에서도 해산물 분야의 상업활동이 많이 이루어지고 있다. 말레이시아의 여러 주요 도시에서 상인과 이야기하는 것은 오랜 시간에 걸친 중국인들의 이산을 추적하고 그 전체 모습을 파악하는 데 도움이 된다. 모두가 한 분야의 상품을 취급하고 있는 사람들이다.

쿠알라룸푸르에서는 이들 상인의 다수가 광둥성 출신이다. 과거에 이 도시로 이주하던 패턴이 유지됐다. 반면에 피낭과 이포에서는 대부분 푸젠성 출신이다.[71] 말레이시아령 보르네오에서는 중국인 이주자들이 중국의 서로 다른 지역에서, 그리고 서로 다른 이유로 왔다. 주류는 하카客家인이다.[72] 이들 상인의 혈통은 여러 갈래이지만 대부분은 같은 물건을 거래하는 듯하다. 물론 가급적 같은 방언권을 따라가기는 한다. 다른 경우에 이들 상인들은 공통어로 표준 중국어를 사용한다. 말레이시아 일대, 동남아시아, 그리고 동아시아 본토에 흩어져 있는 다른 해산물 상인들과의 사이에서다.

중국계 말레이시아 상인 상당수는 '전통적 방식'으로 장사를 한다고 이야기한다. 그들은 일상적인 업무 처리에서 컴퓨터, 팩시밀리, 텔렉스를 이용한다. 그러나 그들의 사업에는 주판과 고급 차茶도 필요하다. 그들의 아버지들이 그랬던 것처럼, 그리고 아마도 그 아버지들의 아버지들이 그랬던 것처럼 말이다. 이런 과거와의 연결은 흥미롭고 일반적이며, 중국의 전통적인 상업 방식에 아직 관심을 갖는 많은 상인들에게 정서적이면서도 실용적인 가치관인 듯하다. 이 나라의 중국인 기업들에 대한 연구에 따르면 이것은 해산물 무역뿐만 아니라 다른 상품군에 대해서도 마찬가지인 듯하다.[73]

중심축: 싱가포르

전통적인 (그리고 현대의) 중국인 해산물 무역의 구조, 그리고 그 오랜 역사와의 연결 및 불협화음은 아마도 싱가포르에서 가장 잘 연구된 듯하다. 과거에(지금도 마찬가지지만) 싱가포르는 동남아시아 바다의 해산물 무역 체제의 중심축이었다. 싱가포르는 몇 가지 이유에서 중국인 상업의 이모저모를 연구하고자 할 때 가장 선호되는 장소였다. 특히 중국이 매우 오랫동안 그러한 연구에 대해 닫혀 있었고, 싱가포르 상인들이 영어에 유창해 중국어와 영어를 함께 동원해 연구를 할 수 있었기 때문이다.

그 결과로 싱가포르에는 중국인 상업에 관한 연구가 특히 많다. 그 가운데는 이전에 중국 본토라는 맥락에서 해내기 어려웠던 수준으로 세밀하게 연구한 비교적 최근의 학위 논문들도 있다.[74] 중국인 상인의 행동에 대한 정교한 이론들이 싱가포르 현장 사례에서 도출됐고, 흔히 어떤 면에서 더 넓은 범위의 지역에서 중국인의 사업 관행 전반의 특징으로 제시되기도 했다.[75] 이런 주장들에는 일부 진실이 있었다. 그러나 이 작은 한 곳에서 이루어진 중국인 사업이 중국 상업 전반의 활력과 구조를 얼마나 잘 상징할 수 있느냐를 평가하는 데는 (아마도) 약간의 지나친 확대 해석이 있었다. 이것은 동아시아나 동남아시아의 바다, 또는 그들을 연결하는 공간에서도 마찬가지다.

이런 패턴은 해산물과 건어물 판매에서 매우 분명하다. 다만 그것은 중국인 공동체의 무역과 민족성에 관한 연구에서는 오직 드물게만 언급됐다.

싱가포르에서 이 무역이 이루어지는 주요 장소는 전통적인 차이나타운인 사우스브리지로드 및 그 교차 가로, 그리고 센튼가街 부근을 중심으로 한 현대의 금융단지 북쪽이다.[76] 이 가게들로 걸어 들어가는 것은 어떤 의미에서 다른 시대로 걸어 들어가는 것이나 마찬가지다. 표본이 든 커다란 삼베 자루가 바닥에 여기저기 놓여 있고, 자루에는 여러 나라의 항구 이름이 찍혀 있다. 인도네시아 동부 아루섬의 도보, 필리핀 남부 민다나오섬의 다바오, 심지어 오스트레일리아의 항구(일부 해삼은 다윈섬에서 멀리 북쪽으로 오는데, 이곳은 계절풍 기후여서 오스트레일리아보다는 동남아시아 해양 주기와 더 연결돼 있다)도 있다. 이곳이 현대 통신설비를 갖추고 세계 구석구석에서 오는(또는 그리로 나가는) 주문을 받는 회사 본사지만, 표본을 만져보고 맛볼 수도 있다.

많은 중국인 해산물 상인들이 이 지역에 가게를 두고 있다는 사실은 그 자체로 중요하다. 이는 전통을 이어가는 것이다. 다른 부동산이 이제 마찬가지로 좋지만(모든 면에서) 의식적으로 선택하는 것이다. 방언 집단에 대한 편중 역시 아직 이 공동체에서 분명하다. 그저 싱가포르가 크기 때문에 그곳의 중국인 주민들은 동남아시아 다른 대부분의 지역에 비해 뿌리가 더 다양하며, 따라서 소통 방식도 복잡하다.

그러나 여기서 많은 역사적 패턴의 발전이 일어났음은 분명하다. 반세기나 한 세기 전에는 아들들이 부모의 사업에 참여해 장사를 배우고 그날그날의 업무를 도와주었다. 그러나 지금은 달라졌다. 나와 이야기를 나눈 대부분의 가게 주인들은 아들들이 가업을 물려받지 않으려 한다고 한탄했다. 물론 기꺼이 부모의 가업을 잇는 것을 생계를 꾸리는 경쟁력 있는 방식으로 받아들이는 자식도 있다고 했다. 어떤 부모들은 보다 이성적이었다. 그들은 자식들이 더 나은 교육을 받기를 원했다. 그래서 자식들만큼은 자기들처럼 아시아 여러 곳의 냄새 나고 소금에 전 물건이나 만지는 일을 하지 않기를 바랐다.[77]

싱가포르는 여전히 동남아시아에서 이 무역의 중심지다. 그곳은 여전히 많은 양의 바다 산물들을 수집하고 환적하는 장소다. 동남아시아의 다른 곳에서 수집돼 중국, 홍콩, 타이완으로 운송될 물건들이다. 그러나 이 경쟁우위(그리고 과거와의 연결)조차도 사라져가고 있다. 다른 남양 국가들의 중국인 업체들이 동아시아와 독자적인 거래를 하고, 비용을 절감하기 위해 싱가포르 중간상을 거치지 않고 더 빠르게 물건을 구해 시장에 내놓고 있기 때문이다. 이 무역에는 가차 없는 논리가 작동한다. 다른 무역 분야도 마찬가지지만 해산물 운송은 거친 세계 시장에서 경쟁해야 한다는 것이다.[78]

해삼, 해마, 물고기 부레, 진주 제품, 다양한 건어물, 전복, 그리고 전통적 무역 품목들이 여전히 싱가포르를 거쳐가지만, 이 도시가 이 무역의 중개자로서 활동할 날은 얼마 남지 않았을 것이다. 어떤 의미에서 싱가포르는 지구촌 경제에서 '너무' 잘 경쟁해왔다. 그들은 자기네 경제의 생애주기에서 이 무역을 건너뛰었다. 지난 수십 년 동안 나와 이야기를 나눈 상인들은 이 상업을 지배하는 마지막 세대가 될 것이다. 그것이 싱가포르에서 다도해의 더 넓은 지역으로 옮겨가고 있기 때문이다.

맺으며

지난 200~300년 동안의 세계 정치경제학이 자본주의의 확산에 크게 영향을 받았음은 논란의 여지가 없다. 무역을 추구하는 새로운 방식이 지구의 구석까지 밀어닥쳤다. 이 과정은 식민지 개척과 기존 무역 패턴이라는 더 큰 구조 안에서 논의돼왔다. 필립 커틴Philip Curtin 등의 학자는 이것이 지난 수백 년 동안에 얼마나 다양한 곳에서, 얼마나 다양한 시기에 일어났는지를 보여주었다.[79]

이 논의에 결정적이었던 것은 민족 배경을 가진 중개자의 역할이었다. 그들은 전진하는 서방의 제국 사업과 경쟁하고 나중에는 협력한 사람들이었지만, 또한 상업의 새로운 한계 안에서 자기네의 영역을 만들어내기도 했다. 이 민족에 기반한 연결망은 여러 제국과 살며시 다가오는 식민지 개척사업에서 볼 수 있었다. 더 큰 경제구조 안에 그러한 공동체들이 자기네 영역을 만들 수 있는 틈새 공간이 있었음을 보여주는 것이다.[80] 중국인 해산물 상인들은 그런 집단들 가운데 하나였다. 제국의 지배가 시작되기 수백 년 전 이전의 중요한 위치에서 이동해 19세기와

20세기 초에 매판買辦(외세의 착취의 매개자 노릇을 하는 사람)이 됐다. 그들은 태평양전쟁이 끝난 뒤 이 지역의 다양한 신생국에서 자치가 시작되면서 새로운 역할을 맡게 됐다.

해산물 상인들이 한때 지역 간 교환 체계를 떠받치는 데 기여했던 역할의 중요성은 이제 메아리로만 남아 있지만, 수량과 가치 측면에서 이 무역은 사실 역사상 그 어느 때보다도 더 크고 더 풍부하다. 이는 아시아와 세계 시장의 성장과 일치하며, 또한 바다의 다양한 부를 더욱 많이 끌어낼 수 있는 인간의 능력 증대와도 일치한다.

이 영역에서 수백 년 된 '장사' 방식 일부가 동아시아와 동남아시아의 중국인 해산물 상인들에게 아직 남아 있다는 것, 그리고 공동체로서의 그들 고유의 특성과 전통 일부는 사라졌거나 지금 빠르게 사라져가고 있다는 것은 분명하다. 이것은 세월의 흐름 때문이기도 하지만, 중국인 가족과 중국인 가족 회사에 무엇이 중요하고 수익성 있고 바람직한 것인지에 대한 인식의 변화와도 관련이 있다. 그들의 이익은 과거에 서로 겹쳤었고, 아마도 오늘날 흔히 그러한 것보다도 더했을 것이다.[81]

널리 퍼진 중국인 해산물 상인 공동체는 이 같은 상업사의 변화들에 대해 질문하고 정리하는 데 매우 유용하다. 다른 많은 분야와 마찬가지로 이 무역이 현대 상업 세계의 요구에 스스로를 맞추려 하고 있기 때문이다.[82] 역사학과 민족지학의 방법론을 결합해 사용하면 이들 변화를 시간과 공간을 넘어 볼 수 있다. 그것은 또한 오늘날 이 무역을 하는 사람들을 이 지역의 수백 년 전으로 거슬러 올라가는 가족과 이주의 역사적 연장의 일부로 볼 수 있게 한다.[83]

11장

부두에서

인도 남해안은 어떻게
'향신료의 중심지'가 됐나

우리는 이들 향신료를 모든 곳에 팝니다.
인도는 이 무역의 어머니입니다.
— 말라얄람 향신료 도매업자(인도 남부의 케랄라주 코친)[1]

유명한 동남아시아사 연구자이자 정치학자인 루스 맥베이Ruth McVey는
중요하지만 자주 인용되지 않는(내 생각에 그렇다) 논문에서 스스로 동남
아시아 역사 속의 이 지역 기업가의 '출현'이라고 한 것을 검토했다.[2] 맥
베이는 '물건'과 민족 배경을 가진 상인들(그들은 이 해양 세계에서 멀고 가까운
곳의 모든 종류의 상품을 운송했다)을 연결시키며, 이미 세계 다른 곳과 더 긴
시간대의 무역 용어에서 중요해진 개념을 지역적으로 다루었다. 사실 에
드나 보나시치Edna Bonacich와 로널드 로빈슨Ronald Robinson 같은 선구자
들은 이미 소수민족 중간상들에 대한 이론적 토대를 검토했다. 그들의 모
든 다양한 형태, 그리고 제국 시대의 구조 속에서 그들이 한 역할에 대해서
다. 두 개념은 1980~1990년대 민족이론의 발전에서 중요한 것이 됐다.[3]

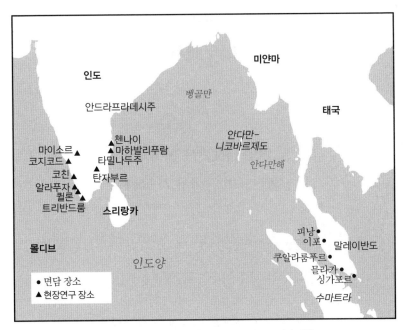

지도 11.1 남아시아의 바다: 말라바르 해안과 코로만델 해안

    이 연구 분야의 다른 초기 옹호자들 또한 그들이 무역 이산자 조직의 '문화 전략'이라 부른 것과 상인자본의 민족적 모순에 관해 살폈다. 인도와 식민지 동아프리카 같은 곳에서다.[4] 참으로 가족과 '친족'의 경제학은 자본주의와 발전 모두의 역사적 연구에서 중요한 새 가능성 가운데 하나가 됐다. 아마르티아 센 같은 토대를 쌓은 학자들은 기존 세대 학자들의 통념에 의문을 제기했다. 그들 대부분은 이 문제의 전개에서 꾸준히 마르크스와 엥겔스를 먹고 자란 사람들이었다.[5]

    이 장에서는 인도 남부와 말레이반도라는 두 지역이 시간이 지나면서 향신료 해상무역을 통해 어떻게 연결됐는지를 검토한다.[6] 이 작업은 역사 발전을 들여다보는 창으로서 특정 상품을 살피는 최근의 역사 연구

경향을 따른다.[7] 나는 이 장을 여러 집단의 상인들이 형성한 연줄을 분석하면서 민족성(이 경우에는 중국인, 유대인, 인도인이며, 모두 무역 공동체로서 보호됐다)의 더 넓은 이론적 함의 일부를 살피는 것으로 시작하겠다. 이어 두 번째 부분에서는 향신료 해상 환적을 위한 장소로서 인도 해안들의 역사적 발전을 살펴본다. 주로 근세 시기지만, 이 운송의 극성기 약간 전과 후도 포함된다.

이 장의 마지막 부분(가장 긴 부분이기도 하다)은 내가 인도 남부의 말라바르 해안과 코로만델 해안, 그리고 이 인도 무대에서 벵골만을 건너 말레이시아와 싱가포르에서 수행한 구술사 면담과 현장연구로 이루어져 있다. 인도인 향신료 무역상들과 했던 스무 차례쯤의 면담은 이 해양 향신료 무역의 현대적 유산 일부를 보여준다. 제국의 시대 이후 지금 우리 세계에서 일어나고 있는 모습 그대로다.

나는 이 장에서 향신료 운송이 이전에 대체로(완전히는 아니지만) 분리돼 있던 세계들을 연결해주었고, 또한 이 과정에서 인도양 동부의 동남아시아 쪽에 인도인의 씨앗을 뿌렸음을 주장한다. 다시 말해 여기서 이주와 상업은 서로 긴밀하게 연결돼 있었다. 과거에나 현재에나 마찬가지다. 상인들과의 대화로 우리는 이 연결을 알 수 있다. 그들은 이 유동적인 지역에서 향신료 무역의 날개를 타고 더 긴 무역과 이동의 역사에 연결돼 있다.

비교의 차원

여러 문화권에서 자본주의와 민족 기업이 한 역할을 생각해보는 것은 유익한 일이다. 이들 패턴은 모든 곳에서 똑같은 방식으로 일어나지도 않고 동시에 일어나지도 않기 때문이다. 이 장에서 나는 벵골만을 넘어서, 그리고 인도인 상인과 그들이 거래한 향신료라는 창을 통해 이 역학의 일부를 살펴보려 한다.

그러나 민족성이라는 관념 자체와 그것의 상업과의 연결이 여러 가지 모습으로 학자들의 마음속에 크게 자리 잡았음은 분명하다. 물론 이 관심은 내력이 있으며, 그 일부는 시간적으로 상당히 거슬러 올라간다.[8] 그리고 이들 초기 관념의 일부는 다른 사람들이 덜 연구된 지역들의 무역과 민족 공동체를 살피기 위해 이른바 민족 예외론이라는 통찰을 이용하려 하면서 가져다 썼다.[9]

그러나 다른 학자들 역시 바로 이것을 가져다가 개념적으로 이용했다. 아마도 가장 유명한 것이 필립 커틴과 많은 찬사를 받은 그의 책《세계 무역의 역사 Cross-Cultural Trade in World History》일 것이다.[10] 커틴은 이 책에서, 서로 다른 시기에 서로 다른 지역과 다양한 상품을 교역하는 데서 민족 공동체가 했던 역할을 분석하고, 자신이 본 것을 가지고 역사를 초월한 모델을 제시했다. 그 뒤 1990년대에, 이 논리를 당시 나타났던 자본주의의 보편적인 폭발에 적용하기 위한 다른 노력들(때로는 덜 진지한)이 기울여졌다. 그 결과 출판물이 쏟아졌다. 이때 냉정한(그리고 때로는 덜 냉정한) 연구들이 한꺼번에 나왔고, 이 모두는 초자본주의적 세계에서의 민족기업의 성장을 설명하고자 했다.[11]

이 주제의 저작 상당수가 유럽에서 시작됐기 때문에 흔히 이런 분석과 연결됐던 첫 집단은 유럽의 '민족' 집단(이 경우에는 유대인)이었다. 유럽의 유대인 공동체는 오랫동안 일종의 '국외자 민족'으로 간주됐다. 사업에서 기민하고(그렇게 생각됐다), 중개인 역할에 능숙하며, 그 결과 대륙 일대의 다양한 상류층에 의해 기용됐다. 민족 상업 분석의 출발점 상당수는 유럽의 서로 다른 지역에 있던 유대인 상인들로부터, 17~18세기 동안 그들의 자본주의 등장과의 연결로 시작됐다. 이야기하는 데 시간이 좀 걸리기는 했지만 마침내 보다 냉정한 설명이 나왔다. 유대인은 대개 다른 쪽의 차별적 관행으로 인해 그런 역할을 할 수밖에 없었다는 것이다. 예를 들어 토지 소유에서 차별을 받았고 그 밖에 다른 차별들이 있었다.[12]

국외자로서의 유대인에 관한 연구는 많지만, 대부분 이 장의 범위를 벗어난다. 그러나 오래지 않아 유대인이 상업적 소수자라는 딱지를 공유한 것으로 보이는 다른 집단들과 비교되기 시작했다는 점은 주목할 필요가 있다. 이런 식의 비교 검토는 수십 년 전에 시작됐지만, 정말로 진전을 이룬 것은 1990년대였다. 세계 자본주의가 (다시 한번) 활발하고 팽창세를 보였으며, 그 여러 속성들(공동체별로 분류된 행위자들 같은)에 대한 설명이 필요했기 때문이다.[13] 흔히 이런 식의 분석에서 유대인과 처음으로 짝을 이룬 소수민족 집단은 중국인이었다. 특히 세계 여러 사회에서 국외자로 간주되는 경우였다.[14]

중국인은 유럽의 유대인을 보기 위한 유용한 대조물이었다. 그들이 역사적으로 적어도 유대인 공동체만큼이나 멀리까지 퍼져나갔고, 흔히 '주인' 사회로부터 그다지 존중받지 못했기 때문이다. 중국인과 유대인은 흔히 기생적이며 토착민에게는 불필요한 존재로 묘사됐기 때문에 그들의 행복 추구에서 같은 구조적인 장애에 시달렸다. 해외 상업활동에서 그들을 뒷받침해줄 용의가 있는 국가가 없었던 것이다.

세계 팽창의 시대에 다양한 특색의 유럽인들은 나름의 경제활동과 관련해 이와는 사뭇 다른 지원을 받았다. 영국인들은 많은 경우에(모든 경우는 아니지만) 영국 정부가 자기네의 이익을 챙겨줄 것이라고 기대할 수 있었다. 프랑스인, 네덜란드인, 포르투갈인, 에스파냐인으로 대표되는 유럽의 무역 공동체들도 마찬가지였다. 하지만 중국인들은 해외로 나갈 때 본국 정부가 자기네의 이익을 지켜줄 것이라고 거의 기대할 수 없었고, 이 핵심적인 정치적 현실을 매일마다 경제적으로 고려하며 상업활동 방식을 개발해야 했다.

따라서 중국인 친족 및 방언권 모임(19세기와 심지어 20세기 서방 저작에 흔히 '궁쓰'로 나오는)의 지원이 본국에서 오는 어떤 거시적이고 정치적인 지원보다도 더욱 중요했다.[15] 대부분의 중국인 상인과 사실상 공동체가 정착하게 된 동남아시아에서 이는 이주 패턴을 좌우했다. 즉 푸젠인은 흔히 푸젠인을 따라가고, 광둥인은 광둥인을 따라가고, 하카客家人는 다른 하카가 많이 사는 곳으로 이주했다. 동남아시아 일대에 포진한 중국인 공동체들은 심지어 지금도 이런 성향과 이런 선택을 입증하고 있다.[16] 오늘날에도 특히 방콕에서 차오저우潮州 방언을 쓰는 사람을 쉽게 볼 수 있는 것은 우연이 아니다. 쿠알라룸푸르에 광둥 방언을 쓰는 사람이 많고, 보르네오 서부에 하카 후예 공동체들이 많은 것도 마찬가지다. 상업은 이주를 촉진했고, 이주는 다시 상업의 확대를 촉진했다. 이것이 대체로 동남아시아 해양의 넓은 지역에서 나타난 중국인의 패턴이었다.[17]

동남아시아에서 자리 잡은 중국인 공동체들의 이산이 이런 모습이었지만, 같은 지역의 인도인 공동체들도 이런 여러 특성을 공유했다. 인도인 대금업자(오랫동안 동남아시아의 특정 지역에서 비유적으로 사용됐다)가 같은 방식으로 어떤 지역을 지배했다면, 중국인 타우케頭家는 다른 지역을 지배했다. 소수민족 사업가로서 이들 사이에 일부 실질적인 차이가 있기는 했지만, 지난 수십 년 동안에 그들이 각기 얽혀사는 사회에서의 비슷한 기능을 비교하는 데서 몇몇 중대한 진전이 있었다.[18] 특히 체티아르 chettiar로 불리는 집단은 이 지역의 토착민들에게 기생충 같은 존재로 멸시당했다. 이들은 결국 인도 동남부 출신의 계급으로, 식민지 동남아시아 일대에서(적어도 식민 기업과 가까운) 직업으로서의 대금업과 동의어가 됐다.[19]

중국인 상인은 '바람 아래의 땅' 전역에서 볼 수 있었지만 인도인 상인의 가장 분명한 사례는 흔히 미얀마에서 발견됐다. 영국령 인도 제국에서 지리적으로 가장 가까웠고, 인도로서는 이주자가 쏟아져 들어간 곳이었다.[20] 그곳, 지금 우리가 남아시아와 동남아시아로 이야기하는 지역들을 갈라놓는 변경 지역에서 인도인 상인 소수집단들은 우리가 별개의 세계로 보는(물론 이 구분은 대체로 학술적인 것이고 지역 연구 목적이다) 곳들을 연결했다. 그러나 이런 측면에서 인도인 상인과 중국인 상인도 이 구분이 얼마나 인위적인 것이었는지를(그리고 지금도 그러한지를) 까발린다.

이 상업적 소수자들은 수백 년에 걸쳐 그들의 물건과 이주 행위를 통해 연결의 동력을 제공했다. 예컨대 인도인들은 여행을 통해 만나게 된 벵골만 양쪽의 세계를 연결했다. 이제 이 세계들의 건설을 역사적으로 (특히 근세 시기에 대해) 살펴보겠다.

역사적 차원

세계를 하나로 묶는 데서 향신료가 한 역할에 대해서는 연구가 잘 이루어져 있다. 향신료가 지난 500년에 걸쳐 세계사의 형성에 이바지한 것만큼 많은 영향을 미치고 많은 것을 이끌어낸 운송 품목은 거의 없었다.

콜럼버스가 우연히 아메리카 대륙을 '발견'했을 때 그가 찾고 있던 것은 물론 향신료였지만, 우리의 목적에는 바스쿠 다 가마와 아폰수 드 알부케르크 등 다른 여러 탐험가들이 더 적절하다. 여기서는 포르투갈인들(그리고 그 뒤에 네덜란드인, 프랑스인, 영국인)이 15세기 말, 16세기, 17세기에 인도양으로 몰려갔을 때 향신료 무역은 이미 성행하고 있었고 인도가 여러 측면에서 그 중심에 있었음을 이야기하는 것으로 충분하다.

인도의 향신료는 페르시아만과 홍해를 통해 고대의 지중해 세계로 갔고, 알렉산드리아는 여러 나라의 유럽 상인들을 통해 아시아의 향신료를 살 수 있는 곳으로 지중해 연안 일대에서 유명해졌다.[21] 이스탄불은 이 무렵에 오스만 세계가 떠오르면서 나중에 같은 기능을 떠맡았다. 멀리 인도네시아 동부와, 심지어 중국의 영향을 받은 일부 세계에서 온 향신료를 이른 시기부터 유럽에서 구할 수 있었음은 분명해 보이지만, 서쪽으로 가는 이 대양 횡단 무역에서 가장 소중하게 여겨졌던 것은 인도의 향료였다. 사실 향신료 무역의 역사는 가내 수공업 출판 같은 것이 됐다. 이제 많은 책들이 다양한 수준의 학문적 권위를 가지고 이에 대해 이야기하고 있다.[22]

인도 또한 이런 연구 결과 일부를 산출했다. 인도 학자들은 자기네 항구와 지역들의 근세사를 쓰기 시작했다. 특히 독립과 국가 건설 이후인 1970년대에 그랬다. 상품 무역과 관련한 이 이야기의 상당 부분은 구자라트에서 시작됐다. 구자라트는 인도 서부에 있는 기후가 건조한 주로, 15세기 말 이후 인도 서부 대외 접촉의 출발점 같은 곳이었다.[23] 구자라트는 무굴 제국의 중심지인 델리에서 그리 멀지 않았다. 따라서 문명 간 접촉에 관한 기록이 양쪽 모두에 보존됐다. 접촉의 원동력이 된 것은 이 지역의 향신료와 기타 농산품이었다. 수라트는 이 세계들이 연결된 초기에 가장 중요한 항구였다. 물론 이곳은 어떤 면에서 그 역사가 로마 시대로까지 거슬러 올라가는 바리가자(바루치) 같은 이전에 나타났던 해안 도시들을 재현한 곳일 뿐이었다.[24]

포르투갈은 이 근세 시기 무역에 깊숙이 관여했고, 결국 디우(그리고 더 남쪽의 고아) 같은 항구들이 아시아 일대를 도는 포르투갈 제국의 더 큰 연결망에 포함됐다.[25] 그러나 네덜란드는 17세기 말에 구자라트의 물건을 세계의 다른 지역으로 보내는 데서 포르투갈보다 훨씬 중요한 행위자가 됐다. 네덜란드는 인도에서 많은 영토를 손에 넣지는 못했지만(이전의 포르투갈보다 적었고, 이후의 영국보다는 당연히 훨씬 적었다), 그들의 경제적 덩굴손은 포르투갈의 연결망에 비해 훨씬 활기가 있었다. 그리고 시간이 지나면서 구자라트의 초목, 나무껍질, 나뭇진이 포르투갈 배보다 더 자주 네덜란드 배에 실려 운송됐다.[26]

그 남쪽의 인도에는 향신료의 재배와 공급에 큰 역할을 한, 이 아대륙의 길게 뻗은 두 해안이 있었다.[27] 인도 동남부의 코로만델 해안은 특히 향신료(그리고 다른 상품들)를 동남아시아에 공급하는 데서 중요해졌다. 이 이야기는 여기서 매우 중요하게 다루어질 것이다.[28] 이곳의 상인 대부분은 힌두교도였고(물론 이 무역에 종사하는 이슬람교도도 일부 있기는 했다),

도판 11.1 스리랑카산 계수나무 (저자 제공)

이들 힌두교도 상인은 흔히 대대로 특정 교역 품목을 취급해온 계급 출신이었다. 구자라트와 달리 코로만델 해안에는 중요한 천연 항구가 거의 없었고, 따라서 무역은 해안을 따라 훨씬 더 흩어져 있었다. 시간이 지나면서 여러 도시국가 및 그 배후 지역의 정치에 따라 부침을 거듭했다. 계절풍은 한 해의 어느 시점에는 무역을 매우 가능성이 높고 수익성 있는 것으로 만들지만, 다른 시기에는 거의 불가능하게 만들어 이 지역의 자연적인 이점을 무력화했다. 계절풍 때문에 대부분의 지역 상인들은 같은 배를 타게 되므로 남들보다 나을 것이 별로 없었다. 또한 구자라트와 달리 포르투갈의 압박도 인도 동남부에서는 캄베이만에서보다는 덜했다.

물론 나가파티남, 마일라푸르(상투메), 벨라르강 변의 파랑기페타이(포르투노부Porto Novo) 등에 무역 정착지가 있기는 했다. 이들 상관은 동남아시아로 가는 무역에 이바지했지만, 인도 해안을 따라 더 북쪽으로 올라가 벵골의 후글리에 진출하고 결국 미얀마로 옮겨갔다.[29]

그러나 인도 아대륙에서 향신료 무역 하면 반도의 서남부 말라바르 해안이었다. 단검처럼 인도양의 한가운데를 가리키고 있는 지역이다.[30] 이곳이 대체로 향신료가 가장 잘 자라는 곳이었다. 비가 거의 수직을 이룬 서고츠산맥에서 내려(여기에 토양 염도도 적당했다) 그런 작물 생산에 알맞은 조건을 만들어냈다.[31] 후추, 강황, 고수, 기타 향신료가 자연적으로 자랐고 매우 풍부했다. 특히 후추는 인도양 향신료 무역의 원동력이 됐다.[32]

근세 시기에 말라바르 해안에서 활기를 띠었던 도시국가들은 국제적이고 다양했다. 힌두교도, 이슬람교도, 기독교도, 유대교도가 모두 항구에서 함께 어울렸고, 코지코드와 코친 같은 곳은 향신료를 대량으로 수집하고 판매하고 환적하는 세계적으로 유명한 중심지가 됐다. 포르투갈인들은 이 무역을 장악하기 위해 안간힘을 썼다. 그렇게 하면 자기네가 세계 시장에서 이 상품으로 부자가 될 수 있음을 안 것이다. 이 상품들은 유럽에서 엄청난 가격을 받을 수 있었을 뿐만 아니라 운송로상의 다른 곳에서도 매우 귀중하게 여겨졌다.

유명한 포르투갈의 카르타스(통행증)는 이 해안에서 만들어졌는데, 현지인들이 향신료를 포르투갈인에게만 판매하고 수송하도록 단속하고 강제하기 위한 것이었다.[33] 이런 식으로 독점이 이루어질 수 있었다. 그러나 완전하게 작동하지는 않았고, 이 바다에 포르투갈 세력이 진출한 것은 이곳의 무역에 대한 초기 연구에서 과장됐다. 포르투갈인들이 15~16세기에 향신료 운송과 공급에 큰 영향을 미쳤다는 것은 의문의 여지가 없다. 그러나 17세기 말에는 포르투갈이 국제정치에서 저무는 해였고, 네덜란드와 다른 세력이 이 중계무역에 더욱 관여해 향신료를 말

도판 11.2 말라바르 해안 풍경 (저자 제공)

라바르 해안에서 온 세계로 운송했다.

이 초목 일부는 네덜란드인, 영국인, 프랑스인에 의해 열대지방의 다른 전초기지에서 재배됐고, 심지어 유럽 본국의 식물원에서도 재배됐다. 19세기에는 향신료가 매우 흔해져 더 이상 이전의 명성(그리고 환금 가치)을 유지하지 못했지만, 여전히 재배되고 해상의 먼 거리를 운송할 만한 가치가 있었다. 이제 우리가 살펴볼 것은 그 이야기다. 식민지 인도인들이 이 상품을 가지고 인도양의 다른 지역으로 나가기 시작한 것이다.[34]

현대적 차원

이 장의 후반부에서는 현재 남아시아와 동남아시아 사이의 향신료 운송이 어떤 방식으로 이루어졌는지를 살핀다. 주로 동남아시아 지역의 가족 경영 향신료 회사들과의 면담이라는 창을 통해서다. 나는 싱가포르, 쿠알라룸푸르, 이포, 피낭(서쪽으로 벵골만에 면한 말레이반도 전역의 항구와 도시들이다)의 인도인 가족 향신료 회사와 스무 번쯤 면담했다. 나는 또한 싱가포르제조업협회(SMA)와 쿠알라룸푸르인도인상업회의소(KLICC)와도 이야기를 나누었다. 그들은 이 향신료 무역의 패턴을 더 넓은 거시경제적 렌즈를 통해 보고 있었다. 다양한 면담을 통해 얻은 정보들을 아래에 소개할 것이다.

마지막으로, 나는 또한 코로만델 해안과 말라바르 해안에 있는 남아시아의 여러 장소에서 여러 차례 현장연구를 했다. 인도의 향신료가 어떻게 자라고 넘겨지고 선적돼 벵골만을 건너 동남아시아로 향하는지를 살피기 위해서였다(향신료는 또한 다른 방향으로도 갔다. 예컨대 부록 3의 예멘 약초상을 참조하라. 그 역시 인도로부터 일부를 공급받고 있다). 이 과정은 간략하게만 언급할 것이다. 그 정보의 상당 부분에 대해서는 다른 곳에서 출판을 위해 별도로 쓰고 있기 때문이다.

나는 인도 남부에서 현장연구를 위해 첸나이에서 남쪽으로 타밀나두주 한가운데의 마하발리푸람과 탄자부르로, 그리고 말라바르 해안의 트리반드룸, 퀼론, 알라푸자, 코친, 코지코드까지 갔다. 인도의 주요 향신료 산지가 있는 곳들이다. 따라서 이 여정은 타밀나두주의 매우 건조하고 견디기 힘든 지역에서 케랄라주의 아주 푸르고 습한 지역으로 갔다가 결국 데칸고원의 마이소르와 이어 벵갈루루로 이어졌다.[35] 이 모든 곳에서 나는 산물인 향신료가 어디로 운송되는지를 살폈을 뿐만 아니라, 이 상품이 자라고 운송되고 판매되는 방식이 지역의 생활과 문화에 미친 영향 또한 살폈다.

이 장에서 나는 향신료의 이동과 결국 동남아시아로 간 인도인 공동체의 이동(이 상업을 통해 생계를 꾸렸다)에 초점을 맞추고 있기 때문에 여기서 이 연구의 일부인 동남아시아 현장연구에 대해 간단하게만 이야기하겠다.

나는 두 차례의 인도 남부 현장연구 활동(1990년과 2012년으로, 20여 년의 간격이 있었다)에서 자유롭게 돌아다니며 향신료 생산이 현지 공동체에 들어온 방식을, 그리고 동시에 더 광범위한 대양 횡단 교환망에 편입된 방식을 살필 수 있었다. 첸나이, 마하발리푸람, 탄자부르 등에서 이 패턴은 주로 사람의 이주를 통해 동남아시아와 연결됐다.

사실 내가 앞에서 언급한, 현재 싱가포르 및 말레이시아의 도시에 살면서 일하고 있는 대부분의 인도인들은 타밀나두 출신으로, 본인 또는 부모, 조부모, (더 흔하게는) 증조부모들이 그곳에서 태어났다.[36] 이 계보는 몇 세대를 거슬러 올라간다. 18세기 말에 말레이반도 해안에 정착지를 건설한 첫 영국 선박 일부의 기록에 인도인 노동자와 기술공들이 언급되기 때문이다. 나는 다른 곳에서 이 역사적 과정을 매우 상세하게 묘사했지만, 여기서의 우리 목적을 위해서는 인도 동남쪽 타밀나두가 흔히 우리가 관심을 가진 벵골만 향신료 이산에 인적 요소를 제공했다는 사실을 분명히 해야 한다.[37]

이 교환의 보다 물질적인 요소는 흔히 케랄라주(따라서 코로만델 해안이 아니라 말라바르 해안)에서 제공했다. 향신료 자체는 대체로 인도반도 동남쪽이 아니라 이 주에서 더 많이 왔다. 내가 케랄라주 해안을 올라가며 사람들과 이야기하고, 많은 향신료 가운데 특히 후추, 강황, 커민, 고수 등이 자라고 묶이고 운송되는 것을 살펴보니 그 가운데 일부는 동쪽의 동남아시아로 가는 것이 분명했다.[38] 거의 수직인 서고츠산맥에서 쏟아져 내리는 많은 비가 케랄라의 땅을 흠뻑 적셔주어 향신료 작물이 자라는 데 완벽한 조건을 형성한다.

내가 데칸고원의 마이소르와 벵갈루루로 올라가니(말하자면 세 번째 국지 기후 속으로 들어간 것이었다) 그곳은 단향목과 기타 향기 있는 나무들의 세상이었다. 여기서 환경 및 기후계 사이의 차이를 확연하게 느낄 수 있었다. 소축척 지도에서 보면 지리적으로 서로 가까이 있는데도 말이다.[39]

향신료 생산지에 직접 가보는 것은 인도 남부에서 운송이 어떻게 시작되는지를 아는 데 중요했다. 그러나 벵골만 건너편에서는 이 향신료 일부의 '목적지'를 볼 수 있었고, 또한 이 무역을 촉진하고자 그곳에 온 인도인 상인들도 만날 수 있었다. 가야트리 스피박이 자주 인용되는 자신의 글 〈종속집단은 말할 수 있는가Can the Subaltern Speak〉에서 이야기한 대로 이 가족들 일부와 대화하려 노력하는 것이 중요한 듯했다. 특히 스피박은 이렇게 말하기 때문이다. "지금의 국제 분업은 19세기 제국주의 시대에 나뉘었던 분야를 대체한 것이다."[40] 따라서 이곳 벵골만 너머에는 강한 연결이 있다. 그것은 시간적인 것이면서도 공간적인 것이다.

이 장의 나머지 대부분에서는 내가 벵골만 건너편에서 이 상인 가족들과 가졌던 면담을 소개한다. 그러나 나는 또한 남아시아와 동남아시아 사이의 향신료 무역 관리를 돕는 두 기관도 방문했는데, 그 덕분에 이 무역에 대해 더 잘 알 수 있게 됐다. 이 기관들은 싱가포르제조업협회(SMA)와 쿠알라룸푸르인도인상업회의소(KLICC)였다.

앞의 기관은 그곳이 자기네 기록을 통해 싱가포르를 향신료 무역의 세계 최강자 대열에 합류시킨 그 무역의 규모를 보여주기 때문에 중요하다. 협회는 또한 여기에 관련된 여러 행위자들에 대해서도 알 수 있게 해준다.

협회는 이 도시국가의 인도계 행위자들을 위해 인도상업협회 같은 하위 기관들을 거느리고 있는데, 이 협회는 향신료 무역을 지원하기 위한 세 개의 인도계 금융기관인 인도은행(BOI), 인디언은행(IB), 인도해외은행(IOB)과 연결돼 있다. 역시 SMA를 통해 일하고 있는 곳이 인도의 향신료 무역회사인 라만랄K. Ramanlal and Co.과 란탄싱Ratansing and Co.이며, 라티프앤드선즈Latiff and Sons는 향신료 사업의 제조를 돕고 있다. 인도-중국 합작 향신료 회사인 님스Nims 유한회사에 대한 기록은 이윤을 늘리기 위해 민족을 넘어선 합작도 이루어졌음을 보여주었다.

이것은 몇몇 행위자에 관한 이야기지만, 향신료 자체는 어떨까? 싱가포르의 인도인들은 인도 남부의 향신료를 구해 아시아의 열대 지역에서 더 먼 곳으로 보내는 데 매우 중요한 역할을 했다. SMA의 기록을 보면 싱가포르는 일종의 집산지 같은 곳임이 분명했다. 예컨대 SMA의 무역에서 물량 기준으로 가장 가치 있는 단일 향신료인 인도의 검은후추를 미국, 이집트, 파키스탄(이 향신료가 가장 많이 보내지는 세 곳이다) 등으로 보냈다. 흰후추는 일반적인 검은후추와 달리 독일로 갔다. 고추는 말레이시아로, 계피는 방글라데시로 갔는데, 아마도 커리용이었을 것이다. 커민은 예멘으로 운송되고, 생강은 파키스탄으로, 인삼은 홍콩으로 갔다. SMA의 기록을 뒤져보면 이런 식으로 인도와 동남아시아 사이의 향신료 무역 전반에 관한 거시적 관점을 잘 파악할 수 있다.[41]

말레이시아에서는 비슷하지만 조금 특화된 기능을 KLICC가 수행하고 있었다. KLICC는 1928년 인도인 향신료 및 직물 상인들이 설립했다. 초대 회장인 모하메드 카심은 향신료 거물이었고, 이 무역을 통해 돈을 벌었다.

나와 이야기를 나눈 KLICC 직원들은 거의 즉각적으로 인도인들이 말레이시아에서 향신료 무역을 취급하는 데서 중국인들에게 밀린다고 알려주었다. 인도 사업체들은 향신료 운송을 중국인에게 의존하고 있으며, 중국인들이 이제 많은 물량을 처리하고 있었다. 인도인들은 말레이시아에서 서쪽으로(동남아시아 전반이 아니라) 가는 향신료 무역에서 더 낫다고 그들은 말했다. 서아시아, 아프리카, 그리고 옛 소련권 국가들(냉전 시기에 맺은 인연 때문이다) 쪽으로 뻗은 인도인의 연결망은 향신료 무역에서는 아직 지배권을 쥐고 있다. 싱가포르는 사실 두 민족 영향권의 분할 선이었다. 싱가포르 서쪽은 인도 자본이 향신료 무역의 대부분을 장악하고 있고, 이 도시국가의 동쪽과 북쪽은 중국인 회사들이 점점 더 중요해지고 있다.

효율성이 핵심이라고 그들은 말했다. 말레이시아와 인도네시아의 향신료 상인들은 이제 스스로 이 무역을 운영할 수 있어야 하지만 그러지 못한다고 했다. 대규모로 자본을 모으고 유지하는 '현대적' 사업 기법을 배우지 못했기 때문이다. 그들은 인도인 공동체 안에서 힌두교도와 이슬람교도의 차이는 이들 집단 사이의 경쟁이나 대결의 요인이 되지 않는다고 말했다. 친근성이 너무 강해서 모두가 같은 인도인이고, (적어도 향신료 산업 측면에서) '적'은 자기네 공동체 안의 종교적 '타자'가 아니라 중국인이다.

이 모든 관찰은 매혹적이었고, 특히 전통적으로 향신료 무역의 주요 지배자였던 인도인들이 한때 훨씬 더 온전하게 자기네 전유물이었던 것에서 기본적으로 포위돼 있다고 보는 데서 드러난 자기인식이 그랬다.[42] 나는 이런 질문들과 함께 개별 인도인 상인 및 그들이 소유한 회사에 대해 더 물어보았는데, 아래에서 그 이야기를 해보겠다.

이 인도인 상인들이 어디서 왔는지를 파악하는 것이 도움이 된다. 면담할 때 나는 언제나 먼저 혈통에 대해 물었고, 동남아시아에 체류한 기간을 물었다. 여기서는 그 정보들 가운데 오직 일부만 이야기할 수 있지만, 내가 이들 면담에서 이야기한 상인들의 구성에 대해 충분히 감을 잡을 수 있을 것이다.

싱가포르의 S. 라수 씨는 상당히 전형적이었다. 그의 가족은 본래 타밀나두주 나가파티남 출신의 힌두교도이고, 그의 아버지는 1916년에 동남아시아로 왔으며 1935년에 이 사업을 시작했다.[43] 압둘라티프의 아버지 역시 1940년대 초 첸나이 부근 간다르바코타이에서 건너와 향신료 사업을 시작했다. 라수의 아버지와 마찬가지로 K. S. 압둘라티프의 아버지도 고무나무 농장의 계약 노동자로 시작했고 나중에야 향신료 무역으로 옮겨갔다.[44] T. S. 압둘자바르의 가족 역시 나가파티남 출신이며, 자신이 1940년대에 오기 20년 전에 아버지가 벵골만을 건너 싱가포르로 올 때 증기선으로 닷새 걸렸다는 말을 들은 것으로 기억했다.[45] K. S. 모하메드 하니파의 가족은 약간 나중인 1950년대 초에 첸나이에서 왔고, 탄다파니Thandapani 상사의 주인은 1950년대에 마두라이에서 온 할아버지가 세운 사업체를 물려받았다.[46]

마지막으로 유용한 사례는 키르티카르 메흐타에게서 발견할 수 있다. 그의 가족은 남부 타밀이 아니라 구자라트의 아마다바드에서 왔는데, 이는 인도계 싱가포르 향신료 상인에게는 드문 일이었다. 그의 아버지는 1924년 싱가포르에 왔고, 친척 밑에서 일하며 사업을 배웠다. 아버지는 나중에 향신료 회사를 아들들에게 넘겨주었고, 그들이 지금까지 회사를 경영하고 있다.[47]

말레이시아에서도 이 나라의 인도양에 면한 도시와 항구에 정착한 인도인 향신료 상인들은 같은 도착과 혈통 패턴을 보여주었다. 예를 들어 믈라카의 H. P. 자말 모하메드의 가족은 첸나이에서 600여 킬로미터 떨어진 킬라유르Keelayoor에서 왔다. 그의 아버지는 다른 인도인 향신료 가게에서 일하면서 사업을 배웠고, 마침내 자신의 가게를 차렸다. 그의 할아버지는 대략 100년 전에 피낭에서 사업을 했으나 결국 파산하는 바람에 모하메드의 아버지는 처음부터 다시 시작해야 했다.[48]

쿠알라룸푸르의 A. K. 무탄 체티아르의 아버지는 버터기름(주로 힌두교 신전에서 사용하는 정제 버터) 사업을 했으나, 나중에는 향신료 사업도 겸하게 됐다. 그의 가족은 마두라이 부근 딘두굴 출신의 힌두교도였고, 대대로 향신료 무역에 종사했다.[49] P. A. 압둘와하브의 가족은 1930년대에 타밀나두에서 쿠알라룸푸르의 항구인 클랑으로 이주했다. 압둘와하브의 아버지는 당시 인도인 향신료 회사로서는 가장 큰 규모에 속하는 회사를 세웠고, 나중에는 미얀마, 콜카타, 첸나이 등에 지점을 두었다.[50]

수도에서 더 북쪽 이포(영국령 말레이에서 매우 중요한 주석 광산이 있던 도시다)에서 만난 시니 나이나 모하메드의 가족은 타밀 해안 앞바다의 작은 섬 팜반(스리랑카에서 가깝다) 출신이었다. 그곳 주인은 이 섬이 19세기에 독일인들이 건설한 다리로 본토와 연결돼 있었다고 말했다. 그의 할아버지는 1922년 이포에서 향신료 일을 시작했지만, 이제 그의 친척들은 모두 이 일에서 손을 뗐고 그만이 유일하게 남아 있다.[51] 향신료 사업을 접는 것은 이 가게만의 독특한 현상이 아니었다.

피낭에서는 유소프앤드모하메드앤드선즈Eusoff and Mohamed and Sons의 부지배인 모하마드 유소프 같은 사람들이 또한 침체된 세계에 '빠졌다'는 느낌을 털어놓았다. 그의 가족은 뭄바이 출신인데 인도 남부 출신이 주류인 이 집단에서 이례적인 존재였다. 그들은 1916년부터 피낭에 살았지만, 1948년 아대륙이 분할될 때 회사의 주요 임원들은 카라치로 이주했다.[52]

이런 가족의 전력은 모두 흥미로운데, 여기서는 간단히 다루었다. 나는 앞에서 면담의 일부만 언급했다. 안다만해를 건넌 혈통에 대해 대충 감을 잡게 하기 위해서다. 대를 이어 사업을 하는 것은 눈에 띄는 한 가지 요소다. 우선 이들 가족 상당수는 2세대, 3세대, 심지어 4세대 향신료 상인이었다.

싱가포르의 K. S. 압둘라티프는 성인이 된 두 아들이 모두 선박 기관사 자격을 가지고 있는데 언젠가 가업을 물려받기 위해 돌아올 것이라고 믿고 있었다. 그들이 해운회사를 그만둔다면 언제든지 사업을 물려줄 것이라고 했다. 해운회사에서 일하는 것보다 돈을 더 많이 벌 수 있다는 게 그의 생각이다. 그의 사업이 나날이 변하고 새로운 도전으로 가득하기 때문이다.[53]

S. 라수는 덜 낙관적이었다. 이제 향신료 사업은 하락세이고, 자식들은 이 일에 뛰어들 만한 경험이 부족했다. 따라서 이 사업은 "자신과 함께 끝날 것"이라고 약간 서글픈 어조로 말했다.[54]

탄다파니 상인 가문은 장사를 시작하기 위해 이주해온 또 다른 사례였다. 한동안 형제들이 같이 일하다가 나중에는 자신의 사업 분야를 택해 떠났다. 형 하나가 지금 이 일을 맡고 있지만, 다른 곳들과 마찬가지로 여기서도 시간이 지나면서 처음의 가족 단위가 상당히 쪼개졌고 아들들은 각자 돈벌이에 나섰다.[55]

키르티카르 메흐타와 라메시 메흐타가 경영하는 구자라트 회사 라만랄은 그 첫 세대가 와서 이 사업을 시작했을 때 거의 맨손이었다고 말했는데, 아마도 많은 향신료 상인들이 그랬을 것이다. 그는 인도에서 공식 교육을 받지 못했기 때문에 일자리를 얻을 수 없었고, 동남아시아로 이주해서 부딪쳐 보기로 했다. 그는 사업을 일구는 데 필요한 경험을 쌓기 위해 15년의 세월을 보냈지만, 실제로 무역회사를 차릴 자본은 다른 곳에서 나왔다. 그의 아버지는 일하는 데 필요한 지식은 있었지만 돈이 없

었다. 20세기의 향신료 무역에서 성공하려면 둘 다 필요했다.[56]

말레이시아 향신료 상인들은 대체로 비슷한 패턴을 보였다. 물론 일부 뚜렷하게 다른 경우도 있었다. 인도계 말레이시아 상인들의 공통점은 이 사업을 시작한 그들의 조상이 먼저 싱가포르로 왔다는 것이었다. 그들은 벵골만을 건너 증기선에서 내린 뒤 말레이반도 위쪽으로 올라가 막노동 일자리를 찾았다(전부는 아니지만 통상 고무농장 일꾼이었다). 아니면 인도인 이민 공동체에 식량을 공급하는 일이나 향신료 상인으로서 모험을 했다.[57]

이들 상인에게 '거리'는 더 문제가 됐다. 그들은 싱가포르 상인들이 그랬던 것보다 더 이 문제에 매달려야 했다. 때로는 인도에서 오는 향신료를 운송하기 위해 5톤 트럭을 빌려 말레이시아 간선도로를 달려야 했고, 어떤 때는 10톤 트럭을 빌려야 했다. 무엇이 얼마나 많이 오느냐에 따라 달랐다.[58] 말레이시아 북부의 주석 산지였던 이포의 한 상인은 자신이 피낭, 클랑 항구, 싱가포르의 도매상들에게 향신료를 주문하느라 계속 전화통에 매달려 있었다고 내게 말했다. 그러고 나면 이 상품들을 더 깊숙한 목적지로 싣고 갈 배달업자들과 접촉해야 했다.[59]

"나는 하루 종일 전화통에 매달려 있었어요. 거의 매일요. 날이 더워지기 전에 출근해 전화를 붙잡고 있다가 서늘해지기 시작하면 퇴근했는데, 여전히 전화를 하고 있었습니다."[60]

피낭의 아흐메드샤흐모하메드술탄R. A. Ahamedsah Mohamed Sultan and Co.의 R. A. 아지즈는 이 항구 '시장 거리'의 중개인이 외국 시장과 말레이반도 사이의 물류 대부분을 장악하고 있다고 이야기했다. 그리고 그들 대부분이 인도 남부 출신이라고 했다.[61] 의사소통은 우선 타밀어로 하고,

그다음은 영어였다. 특히 남부 출신과 북부 출신 사이에서는 영어를 썼는데, 남인도인은 북인도인과 이야기할 때 기본적으로 힌디어를 쓰지 않았다. 실제로 이것이 거래 시의 흔한 언어 사용 방식이었다. 타밀어로 거래를 할 수 있으면 그렇게 했지만, 외국인과 거래하려면 영어를 할 필요가 있었다. 말레이시아 국내에서 이루어지는 거래에서는 말레이어도 흔히 사용됐다.

어떤 향신료가 거래되고, 이 모든 연결은 어디에서 어디로 이어졌을까? 나는 여러 달에 걸친 면담에서 많은 것을 기록했고, 아래에 기술하는 것은 오직 그 일부일 뿐이다. 그러나 쉽게 대답하자면 이렇다. 많은 종류의 향신료가 사방에서 와서 다른 사방으로 갔다. 동남아시아의 인도인 상인은 뛰어난 중간상이었고, 이 지구촌 향신료의 세계에서 싸게 사다가 비싸게 파는 법을 알았다. 싱가포르에서 내가 들은(그리고 바닥의 자루에 든 것을 보았다) 상품 목록은 한 가게의 것만 가지고도 이들 상품이 어디서 왔는지 대충 감을 잡을 수 있게 해주었다.

모하메드하니파K. S. Mohamed Haniffa and Co.는 다음과 같은 품목을 다음과 같은 장소에서 (주로) 들여왔다. 소두구는 아프리카에서, 강황과 고수는 인도에서, 검은후추와 흰후추는 각각 수마트라섬과 자바섬에서, 호로파는 인도에서, 겨자는 네덜란드에서, 계피는 인도네시아에서, 강황은 인도에서, '결합 두구'는 네팔에서, 정향은 잔지바르와 마다가스카르에서, 팔각은 중국에서, 회향 씨는 인도와 베이루트에서, 커민은 이란과 튀르키예에서, 빈랑나무 열매는 말레이시아에서, 고수 씨는 인도에서 왔다.[62]

물론 그때 나는 이들 품목 대부분에 대해 잘 알고 있었지만, 다른 가게에서는 널리 거래되지 않는 향신료도 볼 수 있었다. 인도에서 온 백겨자 씨, 인도네시아에서 온 보치라bochra 같은 것들이 탄다파니 가게에 있었다.[63] S. 라수는 인도 약초와 인도 대체의학에서 쓰이는 약초도 구할 수 있다고 말했다. 아위阿魏 같은 것인데(그 밖에도 많다), 고객의 주문이 있을 때만 구해준다고 했다.[64] 이것은 중요했다. 중국인 향신료 및 약초상과 서로 약속이 돼 있는 것이 분명했기 때문이다. 상대 민족과 관련된 품목일 경우 중국인 상인이 인도인 가게에 가고, 인도인이 중국인 가게에 가는 식이다(압둘라티프에게서 들은 이야기다).[65]

그러나 현재 많은 향신료가 여러 지역에서 재배되고 판매된다. 같은 상인은 소두구를 인도에서 많이 받았지만, 지금은 과테말라에서도 많은 양을 괜찮은 가격에 구할 수 있다고 내게 말했다. 이는 샤익다우드앤드선즈Shaik Dawood and Sons의 T. S. 압둘자바르에게 확인한 사실이다.[66]

말레이시아에서는 믈라카에서 쿠알라룸푸르, 이포, 피낭에 이르기까지 당황스러울 정도로 많은 수출입 품목이 진열돼 있었다. 믈라카에서 나는 살 수 있는 고추의 종류에 대해 들었다. 중국산은 더 맵고, 인도산은 더 떫어서 비축물량은 유행하는 기호에 따라 구매한다고 했다. "나야 당신이 원하는 것을 팔면 그만이지만, 중국산은 피하는 게 좋을 겁니다. 당신은 어쨌든 그곳 출신이 아니니 말입니다."[67]

심지어 인도 안에서도 구분을 해야 한다. 간푸르Ganpoor나 인두르Indur(모두 인도 북부)에서 온 고수, 벵갈루루(남부) 부근의 농지에서 온 강황 같은 식이다. 상인들(이 경우는 믈라카의 H. P. 자말 모하메드다)은 내가 자기네처럼 이 차이를 이해했는지 확인했다. 그래야 시장을 이해할 수 있기 때문이다.[68]

인도 남부는 분명히 벵골만을 건너 들어오는 여러 향신료의 주요 공

[표 11.1] SMA의 향신료 통계(1989)

향신료 총수출(1989년 6월 및 1989년 1~6월, 단위는 1천 싱가포르달러)

나라	1989.6	1989.1~6	나라	1989.6	1989.1~6
스리랑카	40	1,053	말레이시아	1,987	13,734
방글라데시	2,291	6,683	태국	75	429
네팔	1,084	4,842	브루나이	193	1,034
인도	265	10,738	홍콩	594	1,798
파키스탄	936	11,450	타이완	323	2,655
예멘	121	432	중국	미상	11
사우디아라비아	1,089	4,927	한국	932	3,986
쿠웨이트	262	1,141	일본	1,271	7,057

통검은후추 수출(1989년 6월, 단위는 톤 및 1천 싱가포르달러)

나라	중량	가격	나라	중량	가격
방글라데시	11.0	45	오스트레일리아	22.2	103
예멘	25.0	102	칠레	6.0	24
바레인	5.0	20	콜롬비아	3.0	13
벨기에	20.0	94	캐나다	55.5	257
덴마크	12.0	69			

싱가포르의 수출 향신료와 주 수입국(1989년 6월)

순위	향신료	수입국	순위	향신료	수입국
1	흰후추	독일	6	소두구	파키스탄
2	기타 후추	인도	7	고수	말레이시아
3	고추(말린 것/간 것)	말레이시아	8	커민	예멘
4	계피	방글라데시	9	생강	파키스탄
5	육두구	네덜란드			

자료: 저자가 SMA 기록관에서 연구할 때 수집한 통계(1989).

급처였지만, 이미 지적한 어떤 역사적인 구분에 따라 뭄바이가 여전히 강력한 흡인력을 가지고 있음도 분명했다. 커민, 회향, 호로파가 모두 그곳에서 대량으로 들어왔고, 통상 영어를 이용해 거래됐다(앞서 언급한 인도 남부와 북부의 언어 차이로 인한 것이다).[69] 이런 면에서 뭄바이는 과거를 떠올리게 하고 거래 형태라는 측면에서 다른 시대와의 연결을 떠올리게 하지만, 중국과의 연결 또한 동시에 그런 역할을 할 수 있다. 팔각이 광저우에서 말레이반도로 온 것처럼 말이다. 여기서도 이들 거래에는 영어가 사용됐다.[70]

심지어 이 장의 앞에서 이야기했던 민족 또는 그 하위집단의 구분도 때때로 고개를 들었다. 내가 쿠알라룸푸르에서 압둘와하브앤드선즈P. A. Abdul Wahab and Sons는 아위와 겨자를 이슬람교도 인도인 상인으로부터만 구한다는 이야기를 들었을 때처럼 말이다.[71] 그러나 또 다른 상인(피낭의 이슬람교도 상인)이 내게 말했듯이 배로 벵골만을 건너는 이슬람교도와 힌두교도 운송업자들 사이에는 아무런 문제가 없었다. 그는 이렇게 말했다. "누구든 가격만 잘 주면 됩니다. 내 고객 대부분은 사실 힌두교도예요."[72]

이들과의 면담이 정말로 즐거웠던 때가 그렇지 않은 때보다 더 많았던 것은 바로 이런 개방성 덕분이었다. 이제 이 면담 가운데 둘을 빠르게 들여다보는 것으로 마무리하겠다. 각기 싱가포르와 말레이시아에서 했던 면담이다. 나는 여기서 개별 상인 두 사람과 그들의 가게에 대해, 그리고 그들의 세계관에 대해 축소판으로라도 조금 더 이야기하겠다.

싱가포르에서 구자라트 회사 라만랄의 키르티카르 메흐타는 내게 깊은 인상을 주었다. 그는 자기 사업에 대해 빠르고 쉽게 이야기했으며, 향신료 사업의 구석구석을 환히 알고 있었다. 자기 손바닥을 들여다보는 듯했다. 벽의 시계는 샌프란시스코, 뉴욕, 런던, 더반(남아프리카공화국), 바레인, 뭄바이, 싱가포르, 도쿄의 시간을 동시에 보여주고 있었다. 아마도(아닐지도 모르지만) 자신의 사업이 멀리까지 뻗어 있다는 과시인 듯했다. 메흐타 씨는 작고 참새 같았다. 그는 이야기하는 도중에 우유를 넣은 자신의 차에 흰 알약 하나를 떨어뜨렸다. 그의 책상 위에는 달빛 어린 대양의 그림이 걸려 있었고, 사무실은 깔끔하고 단정했다. 책상 다섯 개에는 다섯 사람이 각기 앉아서 전화 응대를 하고 있었고, 메흐타 씨 자신은 탁송품을 점검하기 위해 하루에 적어도 열 번씩 인도네시아에 전화를 한다고 말했다. 나는 전화기를 통해 벌어지는 실랑이 일부를 듣고 미소를 지었다. 그의 직원 한 사람이 알 수 없는 곳에 있는 알 수 없는 구매자와 통화를 하고 있었다. 그는 이렇게 말했다. "제가 그걸 900에는 드릴 수 있습니다. 그 이하는 안 돼요, 절대로."

두 명의 중국인 여비서와 남녀 각 한 명의 말레이인 사무 보조원이 더 있었다. 이곳은 틀림없이 가족 회사이겠지만, 협력관계나 사업 범위는 국제적이었다. 내가 보는 앞에서 향신료가 라만랄로 쏟아져 들어왔다가 나갔다. 텔렉스와 팩시밀리 위에서였다.

이 작은 가족 회사는 수십 년 동안 자기네가 가장 잘 아는 일을 하고 있었다. 1924년에 창업자가 동남아시아로 와서 사업을 일으켰다. 그로부터 사반세기 후에 그는 자신의 사업체를 차렸다. 그 이전에 이 지역의 수많은 인도인 향신료 상인들이 했듯이 말이다.[73]

말레이시아에서는 이포의 높은 언덕 위에 비슷한 장면이 펼쳐졌다. 곰팡내 나고 어두운 시니나이나모하메드Seeni Naina Mohamed and Co.의 사무실은 천국 같은 냄새가 났다. 그러나 작고 빈약한 모습의 그 사장(콧수염을 길렀고, 인도식 사롱 위에 서양식 사무용 셔츠를 입었다)은 불안정했다. 그는 괴롭고 패배한 느낌이라고 토로했다. 향신료 사업은 예전 같지 않았다. 인도산 차, 재스민, 피클이 벽을 장식하고 있었고, 공기 중에는 꿀, 올리브유, 장미꽃물 냄새가 배어 있었다. 사장은 이 사업을 접고 싶다고 솔직하게 말했다. 이포는 죽어가고 있었고, 식민지 시절의 영화는 오래전의 일이었다. 그리고 시니나이나모하메드의 향신료 무역 역시 정확히 같은 상황일 것이다. 그의 아들들은 이 사업을 이어가지 않을 것이다.

그는 내게 예쁘고 작은 주석 병을 하나 주었다. 코르크 마개가 달렸고, 백단유가 반쯤 차 있었다. 데칸고원 마이소르에서 온 것이었다. 그는 격식을 갖추어 그것을 내게 주면서 아쉬운 듯이 바라보았다. '방광 결석'에 좋으니 가져가라고 내게 말했다. 덜 익은 코코넛워터 한 컵에 한 방울씩 떨어뜨려 열흘 동안 마시면 나을 것이라고 했다. 결석이 깨져 소변을 통해 배출된다는 것이었다. 나는 신장 결석이나 '방광 결석'은 없었지만 병을 받으면서 감사의 뜻을 표했다. 나는 그저 주석 병을 받아서, 그리고 이 수백 년 된 무역에 그가 수십 년 동안 관여한 이야기를 들을 수 있어서 기뻤을 뿐이다. 둘 다 내게는 소중했다.[74]

맺으며

나는 위에서 인도와 동남아시아 사이의 바다를 통한 향신료 무역이 여러 가지 측면에서, 유동적인 거래 공간이 어떻게 큰 바다를 건너 연결되는지를 알 수 있는 완벽한 수단이라고 주장했다. 향신료가 두 지역 사이에서 이동하기 시작한 것이 언제부터였는지는 역사 속에서 찾을 수 없지만, 근세가 시작될 때는 이 두 지역 사이에서 자연의 산물이 정말로 이동하고 있었음이 분명하다. 향신료(직물 같은 다른 고가의 사치품도 있었지만)는 그 교환에서 중요한 자리를 차지하고 있었다.

그런 의미에서 유럽인의 도래는 새로운 장을 시작한 것이 아니라 이전에 있었던 일의 흐름을 빠르게 했을 뿐이다. 향신료가 이 두 지역 사이에서 거래되는 속도는 폭발적으로 빨라졌고, 더 멀리까지 나갔다. 말라바르 해안과 코로만델 해안은 한동안 '향신료의 중심지'가 됐고, 그런 산물을 재배하고 판매하는 세계에서 가장 중요한 두 곳 가운데 하나(다른 하나는 인도네시아 동부였다)가 됐다. 후추, 고수, 강황, 커민이 날렵한 돛배에 실려 동남아시아로 가는 길을 재촉했고, 결국 더 먼 시장으로까지 갔다.

여러 나라의 동인도회사들과 식민지 시기의 해운회사들이 이 과정을 촉진했지만, 오랫동안 이 무역에 활력을 제공한 것은 아시아 상인들이었다. 벵골만 건너로 이주한 인도인들도 그 가운데 하나였다. 19세기 '식민주의 극성기'가 되자 인도인 상인들은 이 특별한 바다의 해안을 따라 거의 모든 곳에 진출해 향신료와 기타 상품들을 갈수록 더 많은 시장으로 실어 날랐다. 식민지 항구들이 이전의 토착민 항구들을 대체하기 시작했고, 향신료 운송은 관심을 가진 모든 사람에게 엄청난 사업이 됐다. 아시아인이나 유럽인이나 마찬가지였다.

이 과정에서 일부 인도인들이 벵골만을 건너 퍼져나간 것을 일부 추적함으로써 우리는 민족이 어떻게 해서 이 무역의 발전에서 핵심적인 구성요소가 됐는지를 알 수 있었다. 여러 언어와 방언 집단의 인도인들이 바다를 건너 이주해 무역 회사를 세우고 서로 거래했으며, 다른 아시아인과 유럽인들이 서서히 시장 상황에 영향을 미치기 시작하면서 이들과도 거래를 했다.

처음에 이들 상거래의 상당 부분은 계약 없는 형태로 이루어졌다. 이 다양한 민족 출신의 행위자들이 단지 공간(벵골만이라는 바다로 분리된 지역)을 넘어서뿐만이 아니라 민족의 차이까지 넘어서 향신료 사업이 돌아가게 만드는 방법을 알게 됐기 때문이다.[75] 그러나 18세기와 19세기에 들어서 사업의 규모 자체가 폭발하면서 계약에 의한 거래가 갈수록 표준화됐다.[76] 인도인들은 향신료 무역에서 귀중하고 수익성 있는 영역을 창출해냈다. 중국인들이 해산물 조달, 구매, 판매에서 했던 것과 마찬가지였다.[77]

제국의 아시아 진출에 관한 역사 기록과 최근에 이루어진 수많은 연구의 축적은 우리에게 이 이야기를 들려주지만, 인도인들이 이 사업을 만들어내면서 그것이 그들 자신에게 어떻게 보였는지 하는 여러 가지 '속사정'을 알 수 있게 된 것은 오직 인도인 가족 회사 면담을 통해서였다. 이 초기 상인들의 후예는 아직 분주하게 이 사업에 종사하고 있다. 말레이반도의 싱가포르, 이포, 피낭 같은 곳에 남아 있는 길거리 건물의 가게에서는 지나간 시대의 메아리가 들리는 듯하다. 아직 혈연적으로 말라바르 해안 및 코로만델 해안과 연결돼 있는 이들 가족은 향신료 무역의 연륜과 범위를 말해줄 산 증인이다. 이 상업은 한때 알려진 세계의 윙윙대는 엔진이었다.

6부

바다의 기술

이 책의 마지막 부는 바다에서의 기술을 다룬다. 상업과 무역이 이 책에서 상술한 여러 해상 회로의 뒤에 있는 듯하고 힘과 지배하고자 하는 욕망 또한 중요하지만, 이 여행을 가능하게 한 특정 기술이 없었다면 이런 본능은 어느 것도 실현되지 못했을 것이다. 바다에서의 기술은 상업적 교환과 힘의 표출에 영향을 미쳤다.

이들 기술은 추가적으로 어떤 일은 가능하게 하고 어떤 일은 불가능하게 했다. 특정한 기술이 만들어진 시기에 달린 것이었다. 따라서 1869년 수에즈 운하 개통은 여러 가지 문제에서 근본적인 역할을 했다. 몇 가지만 들자면 식민지로 가는 데 걸리는 시간과 정보의 확산, 큰 증기선 회사의 등장을 통한 농장 인력의 충원, 제국을 건설하려는 유럽인들의 충동 가속화 같은 것들이다. 이 모든 것이 수에즈 운하 개통으로 점차 실행 가능해졌다. 비슷한 문제는 다른 곳에서도 볼 수 있다. 항구 설계와 항만 건설, 기상 관측소와 해양 관리국 설치 같은 것들이다.

지식은 기술 추구를 자극했고, 기술은 다시 특정한 일을 성취하기 위한 더 많은 요령 습득을 촉진했다. 19세기 말에는 바다를 다루는 데 필요한 자료와 능력의 중요 부분을 누가 가지고 있느냐에 대해 더 이상 의문의 여지가 없었다. 여기서는 서방이 최고였다. 아시아의 토착 세력들은 갈수록 정교한 배들이 자기네 해안 앞바다에 나타나는 것을 부러운 눈으로 쳐다보아야만 했다. 이것은 예컨대 16~17세기와는 상당히 다른 상황이었다. 그때는 해상 기술의 수준이 서로 비슷했었다.

전통적인 역사 서술은 서방 세력이 아시아 바다에 출현한 사건이 성격상 대재앙에 가까운 것이고 처음부터 기술적 우위가 뚜렷했다고 이야기하지만, 이런 표현은 옳지 않다. 기술적 문제들을 해결하는 데는 대체로 시간이 더 필요했다.

작동하는 요인들의 덩어리로서 이 우위는 문명들 사이의 '접촉' 초기 이후 공격성과 정복의 본질과 속도에 깊숙한 영향을 주었을 뿐이다.

다른 방식으로 생각하고 싶을지 모르겠지만, 바다의 기술에 관해서는 처음부터 타협이 이루어졌다. 그 초기 타협 가운데 하나는 수로 안내 분야의 협력이었다. 유럽의 배들은 아시아 대부분의 바다에 무턱대고 들어올 수 없었다(그리고 그러지 않았다). 대신에 그들은 아시아의 키잡이들이 자기네 배의 키를 잡아 현지 항구로 인도해 들어가게 했다. 이런 종류의 바다에 대한 지식은 소중한 것이었고, 서방은 현지 사회에 처음 접근하면서 이를 확실하게 이용하고자 했다.

인도 남부 코친의 외팔보 어망 같은 기술이나 선박 설계(인도양의 '다우선'이나 남중국해의 '정크선', 그리고 물론 동남아시아 바다의 '프라후'까지)에서 흔히 유럽의 디자인이 들어갔다. 이 과정에서 때로 혼성 선박이 나타나기도 했다. 당시 아시아 바다에서 무역하던 배에 아시아와 유럽 사람들이 함께 배에 탄 것이다. 물론 맡은 일의 종류는 달랐다. 배들은 아시아의 것도 유럽의 것도 아니었고, 그 둘의 기묘한 혼합물이었다.

풍향계, 계절풍, 조류에 대한 지식에 대해서도 같은 이야기를 할 수 있다. 먼 곳을 항해하는 전통이 이들 바다에서 뒤섞이기 시작하면서다. 예를 들어 돛 설계 기술은 시간이 지나면서 변화했고, 수백 년에 걸쳐 점차 원양 항해에 나서는 선박은 더 날씬해지고 흘수가 더 깊고 갈수록 물에서 더 낮게 운행해 거친 바다에서도 안정성을 지니게 됐다. 그러나 주전자형 바다의 배들도 만들어졌는데, 좁거나 얕은 만(흔히 지역민들과의 거래가 일어나는 곳이었다)을 지나는 데 적합했다.

항해 기술은 흔히 토착민과 서방의 과학 개념이 만나는 창끝이었다. 이 특별한 지식 분야는 양쪽 부류의 사람들 모두에게 중요했기 때문이다. 그래서 지난 수백 년 동안의 이런 문화 간 만남의 양상에 대해서는 매우 좋은 자료가 있다. 공해公海에 관한 것도 있고 항구에 관한 것도 있다. 그것이 아시아 바다에서 양쪽이 접촉하는 표준적인 '출발점'이었다.

12장에서는 아시아 바다의 발전하는 기술력의 한 사례 연구로서 등대를 다룬다. 미셸 푸코의 유명한 원형감옥(파놉티콘)과 흡사하게 등대는 기본적으로 같은 기능을 발휘한다. 그것은 둥그런 구조물로서, 그 주위의 모든 것이 드러나 있다. 식민국가가 신민들을 더 용이하게 '감시'하기 위한 노력이었다. 이것은 중요한 사업이었다. 아시아의 선박들이 모든 방향에서 무역을 했고(특히 밤에), 그들 상당수는 식민국가가 허용하는 곳 바깥의 금지된 항로에서 움직였기 때문이다.

등대는 분명히 선박을 보호하기 위한 시설이었지만, 또한 기단이 있는 탑으로 만들어진 것이기도 했다. 사람들이 때로 관광 중에 그곳에 올라가 몇 달씩 보낼 수도 있었다. 마침내 이 거창한 설계물은 도서부 동남아시아 일대(특히 세계 최대의 군도인 네덜란드령 동인도)에 퍼져 현지 주민들에 대한 거대한 감시 요새가 됐다. 19세기 말과 20세기 초에 조명 기술이 발달하면서 조명 기구 자체가 화려하고 갈수록 강력해졌으며, 원형 조명(그리고 이어 굴절 조명과 전광全光 반사 조명)을 도입했다. 조명의 정치학 또한 화려하고 복잡해졌다. 영국과 네덜란드는 자기네가 활동하는 바다를 밝히는 과정에서 협력도 하고 경쟁도 했다.

13장에서는 이 논의를 이어가지만, 다루는 것은 등대가 아니라 지도다. 해도 작성은 전근대 세계에서 가장 중요한 지식 기술 가운데 하나였다. 바다의 지도를 그릴 수 있는 사람들은 남들에 비해 그 함의와 가능성을 이해(궁극적으로)할 수 있는 힘을 가진 것이었다. 식민지에는 수로 측량 기관들이 만들어졌다. 물론 유럽의 본국에는 더 크고 더 완전한 기구에 인원이 채워져 아시아 정복에 관한 자료를 모두 한곳에서 관리하는 책임을 맡았다. 아시아 바다의 지도가 갈수록 세밀하게 만들어지자 제국의 사업은 이 공간에 대한 인식을 이용했고, 그런 습득된 지식을 이용하면서 보완됐다.

 푸코는 다시 한번 이 패러다임을 이해했을 것이다. 다만 이번에는 원형감옥 밖에서다. 지식은 권력을 낳고, 권력은 다시 더 많은 지식을 중심부로 보냈다. 이 책 마지막 부의 두 장은 아시아 해상무역의 전근대 세계가 갈수록 점차 '현대적'이고 우리의 눈에 익은 모습으로 변해가는 가운데 현장에서 이 과정들이 어떻게 뒤얽혀 있었는지를 보여준다.

12장

푸코의 또 다른 원형감옥,
또는 식민지 동남아시아 밝히기

등대들에 둘러싸여 앉은 듯하다.
각 등대는 잃어버린 시간을 떠올리게 해준다.[1]

제국의 사업과 관련된 기술의 역사는 지난 20여 년 동안 역사 연구의 발전하는 한 하위 분야가 됐다.[2] 이에 대한 증거는 지리적으로 광범위하다.

프랑스령 카리브해 같은 곳에 대해서는 역사가들이 선교사인 박물학자, 의사인 행정가, 경제적 관심을 가진 식물학자, 그리고 기상학자의 활동과 그들이 합쳐 이룬 이 지역의 프랑스 영향력 확대에 대한 공헌을 연구했다.[3] 그러나 이 관심은 아마도 영국령 인도에 대해 더욱 두드러졌을 것이다. 여기서는 여러 연구가 박물관, 만국박람회, 고고학, 갠지스강 증기선, 그리고 심지어 이들 사업에 대한 현지의 저항(훨씬 드물기는 하다)을 검토했다. 이 모든 것이 팽창하는 영국령 인도 제국의 범위 안에 있었다.[4] 과학, 기술, 제국의 관계는 심지어 고대 지중해 연구에까지 뻗어 있다. 더 최근의 작가들은 신체와 별에 대한 과학이 로마 제국과 멀리 떨어진 그 속국의 건강, 판도, 세력 범위에 미친 영향을 살폈다.[5]

그러나 기술, 제국, 과학을 대상으로 한 검토의 백미는 그래도 19세기다. 이 시기에 지구 표면의 대부분이 100년도 되지 않는 사이에 유럽인의 지배 아래로 들어왔다. 웬만한 크기의 산업이 근세 시기(유럽의 해외 팽창이 정말로 시작된 시기다)의 이들 변화와 패턴 연구를 통해 발전한 것도 사실이지만, 제국의 기술을 연구하는 역사가 대부분의 관심을 끈 것은 역시 19세기였다.[6]

대니얼 헤드릭Daniel Headrick의 책들이 지구 무대에서의 이런 연결을 탐구한 초기의 결과물이지만, 마이클 아다스Michael Adas 역시 인도와 중국에서부터 기술과 아프리카 노예무역에 이르기까지 이런 분명한 패턴을 살폈다.[7] 최근의 기술에 대한 관심은 마르크스와 엥겔스의 시대까지 뻗어 있고 현대사의 여러 주요 사상가들(존 앳킨슨 홉슨, 블라디미르 레닌, 한나 아렌트, 존 갤러거와 로널드 로빈슨, 에릭 홉스봄을 포함하는)을 빨아들인 유럽 제국주의의 본질에 관한 논쟁에 다시 불을 붙였다.[8] 그러나 적어도 한 역사가는 이렇게 지적했다(과학과 제국에 관한 일반적인 경향의 많은 사람들이 살을 붙였다). "어떤 형태의 도구가 충분히 보급돼 행동과 관계의 변화를 일으키게 된 시점을 정확하게 짚어내는 데는 여전히 어려움이 있다."[9]

유럽의 팽창에서 등대, 수로 표지, 부표의 역사는 이에 대한 흥미로운 사례를 제공한다.[10] 과학과 제국주의에 관한 연구에서 이상하게도 소외됐지만, 이들의 확산은 제국 사업의 성격에 관해 중요한 것을 말해준다. 그리고 이것은 특히 동남아시아의 경우에 사실이었다. 이곳에서는 제국주의 확산에 중요한 힘이 됐던 등대와 이런 해상의 도구들이 거의 완전

지도 12.1 주요 등대의 위치

히 무시됐다.[11]

12장에서는 등대라는 특수한 렌즈를 통해 이동, 기술, 식민지 개척의 국지적 발전을 분석한다. 여기서는 대체로 19세기 후반에 영국과 네덜란드의 식민지 국가 형성 작업에서 등대, 수로 표지, 부표가 어떤 공헌을 했는지를 평가하고자 한다.

이 장의 첫 부분에서는 등대의 역사에 대한 간단한 토대를 깔고, 어느 곳에서 이 구조물들이 해상 기술이라는 더 큰 체계 및 이 시기 동남아시아에서의 팽창과 잘 맞아떨어졌는지를 묻는다. 이 장의 다음 부분에서는 이 '제국의 도구'들이 분포된 지역과 시기를 탐구한다. 왜 어느 지역에는 등대가 세워지고 어느 지역은 새로운 세기가 지나갈 때까지 무시됐을까? 이런 결정을 내리는 데 어떤 기준이 적용됐을까? 세 번째 부분에서는 등대의 정치학을 묻는다. 치열한 협력과 경쟁(영국과 네덜란드 사이, 그리고 양 진영 내부에서의)이 현장의 전개를 지시하는 데 도움을 주었다. 이런 시야 개선의 모든 이득에 대해 누가 돈을 대야 했을까? 이 장은 조명 기술의 변화에 대한 검토로 마무리된다. 렌즈, 연료, 건설의 새로운 발전은 어떤 구조물을 금세 폐물로 만들었다.

여기서는 등대가 권력의 상징이자 그 구조 노릇을 했으며, 이 지역에서의 서방의 전진에 중요한 역할을 하고 이 광대한 해상 공간에서 제국의 비전의 얼개를 짰다고 주장한다. 영국과 네덜란드는 1860년대에 그랬던 것처럼 컴컴한 섬들의 미로와 맞닥뜨리지 않고 1910년에는 이 지역을 "불 켜진 다도해"로 변모시켰다. 이 바다는 이제 20세기로 접어들면서 감시할 수 있는, 그것도 갈수록 더 활발한 방식으로 감시할 수 있는 지역이 됐다.

지리와 섬 세계에서의 제국의 전진

네덜란드와 영국의 관리 집단들은 각자의 식민지 개척사업에 관해 많은 보고서를 썼다. 이 문헌들에는 틀림없이 제국의 이득 증대에서 과학이 한 역할을 검토한 자료도 있을 것이다. 영어로 된 이런 자료들의 분량은 놀랍지 않다. 영 제국의 수중에 방대한 영토가 들어 있었기 때문이다. 그러나 네덜란드 역시 자기네 나름의 출판 활동을 활발히 했다. 자기네의 제국과 영토의 과거를 주제로 삼은 책들이었다. 등대와 조명 도구가 어떻게 해서 이 지역 해상 확장의 일반적인 구조에 맞춰졌는지를 이해하기 위한 출발점은 바로 이런 연구들의 모음을 살피는 것이다.

예컨대 동인도의 상당 부분은 심지어 19세기가 끝날 때까지도 여전히 유럽인들이 들어가지(그리고 올라가지) 못한 '미지의 땅'이었지만, 식민지의 해안과 바다의 상당 부분은 1870년대와 1880년대에 해도가 만들어졌다.[12] 이것은 의욕적인 정책이었다. 네덜란드와 영국의 동남아시아 식민지 본부 바타비아와 싱가포르의 중앙 기획자들이 결정했다. 그리고 그것은 또한 이 지역의 천문학, 지구물리학, 의학 연구를 포함하는 더 큰 계획의 일환이었다.[13]

특히 네덜란드의 통치권이 확대되면서 사방으로 원정대가 파견됐고, 이들 여행의 상당수는 지도 작성의 원칙과 방법에 관심을 가졌다.[14] 동인도를 조사하는 더 큰 계획들(다음 장 참조)이 흔히 네덜란드군 파견대와 협력했다는 것은 놀랄 일이 아니다. 바타비아의 공무원들이 방대한 식민지의 구석구석을 지도로 만들면서 이들은 수마트라, 보르네오, 뉴기니 등 동인도의 '바깥 섬들'에서 그 어느 때보다도 더 주목을 끌었다.[15]

해양부 동남아시아의 쭉 펼쳐진 섬들에 증기선이 등장한 것은 이 과정이 전개되는 데 부채질을 했다. 1869년 수에즈 운하 개통이 싱가포르 같은 항구에 미친 중대한 효과는 잘 알려져 있다. 운송 거리가 단축되고 증기의 힘이 더해져 식민지는 본국 시장과 더욱 가까워졌다. 덜 알려진 사실은, 증기선의 등장이 어떻게 네덜란드의 동인도 팽창을 자극해 거대한 조선소의 성장으로 이어졌는지 하는 것이다.

바타비아 앞바다 온러스트섬과 수라바야 항만의 공장은 모두 군도의 흩어진 항구들을 돌아다니는 여러 세대의 증기선들을 수리하는 일을 담당했다.[16] 사실 '바깥 섬들'에 매우 제한된 자원을 가지고 있던 바타비아는 마침내 동인도의 증기선 회사들과 협력 협정을 맺었다. 이 지역에서 기업과 제국 모두의 이익을 위해 사기업에 돈을 댔다(그리고 나중에 그들로부터 돈을 받았다). 네덜란드동인도증기선운송(NISM)과 그 뒤의 왕국화물운송(KPM)은 정부의 여객 및 화물 운송에 대한 독점 계약을 따냈다. 그것이 네덜란드의 해양 주변부 침투를 촉진했다.[17]

여러 갈래의 네덜란드 해상 세력은 본국의 적은 자금을 놓고 다투며 술책을 썼는데, 바타비아는 자원을 극대화하는 최선의 길은 자기들의 이익을 민간 분야의 이익과 연결시키는 것이라고 결정했다.[18] 따라서 이런 상황에서 군도의 해상 기반시설이 발전했고, 등대는 다분히 이 공적·사적 부문의 재정이 낳은 아이였다.

제국 건설을 위한 기능적 도구인 등대는 군도 전역으로 확산됐다. 이런 까닭에 분석의 틀로 보다 흔한 국민국가의 중심지가 버려지고 더 넓고 더 포괄적인 지역이 선호됐다. 그것이 전개되는 더 큰 해상 공간의 패턴을 드러내준다. 세계의 다른 지역에서는 이런 식의 초국가적인 역사 서술을 향한 출발이 이루어졌지만, 동남아시아는 최근까지 이 발전하는 지리적 패러다임에서 뒤처졌다. 물론 이제 변화의 조짐이 드러나기는 하지만 말이다.[19]

이 바다에서 영국과 네덜란드의 길고도 서로 뒤얽힌 역사, 이 이야기가 시작될 때까지 거의 300년에 걸친 동맹과 적대, 그리고 해상이라는 경기장의 본질 자체는 이 시각 변화를 현명한 것으로 만드는 듯하다.[20] 동인도 역사는 최근까지도 자바 중심으로 서술하는 것이 일반적이었지만, 이런 최근의 발전 이후 분석은 육지를 기반으로 한 제국이 아니라 이들 두 열강을 갈라놓은 바다에 초점을 맞추고 있다.[21] 따라서 믈라카해협과 남중국해(그것이 영국령 말레이반도, 해협식민지, 사라왁, 영국 북보르네오상사를 네덜란드의 모든 영토와 갈라놓았다)는 이 장에서 중요한 장소다. 이곳은 해상의 통로로서 등대 설치가 필요한 중요한 '지역'이었다. 적어도 영역국가의 관점에서는 말이다.[22]

선호한 해안, 중요한 통로: 어두운 다도해 밝히기(1860~1910)

19세기 말 동남아시아처럼 해상 교통이 빠르게 확대된 지역을 찾으려면 열심히 뒤져봐야 할 것이다. 이 지역의 복잡한 수로 때문에 영어로 된 선원 편람이 자주 출판됐다. 여러 나라의 상선들을 위해 이 지역의 바람, 폭풍우, 조류 등을 개괄했다.[23] 해도海圖 판매는 큰 출판 사업이 됐고, 갈수록 소축척 지도가 만들어졌다.[24]

그러나 항해술의 발전이 이 지역 사람들에게 얼마나 중요했는지를 알아보는 가장 좋은 방법 중 하나는 당시 말레이어 신문을 살펴보는 것이다. 영국, 홍콩, 네덜란드, 뉴질랜드의 해운 보험회사들이 동남아시아 고객을 잡기 위해 이 신문들에 자기네 보험(그리고 자기네의 긴 '업력業歷')을 알리는 광고를 실었기 때문이다.

아래 언급된 우리 회사는 위에 말한 회사가 현재의 시장 가격으로 해상보험을 팔도록 허락했기 때문에 대리인이 됐습니다.[25]

외국과 현지의 이 보험업자들은 지역 상인들로부터 가장 많은 고객을 끌어들이기 위한 노력으로 자기네의 자본금과 보험료 지급에 대해 자랑했다.[26] 그 결과로 아시아인과 유럽인 모두가 지역 상업에 깊숙이 참여한 총체적인 해운 환경이 만들어졌다. 선박들이 서쪽 수에즈와 인도양으로, 북쪽 중국과 일본으로, 그리고 심지어 남쪽의 확대되는 영국령 오스트레일리아의 항구들로 달려갔다. 선박의 수가 늘면서 사고도 잦아졌다. 인도네시아어로 글을 쓴 인도네시아 역사가들이 그것을 말해준다. 빈번해진 사고는 갈수록 많은 배가 이 지역 바다에 숨겨진 여러 위험에 의해 좌초했기 때문이었다.[27]

네덜란드령 동인도의 초기 증기선 가운데 하나인 빌럼1세호는 군도 첫 항해에서 이런 운명을 맞았다. 1837년 암본섬 앞바다에서 좌초했는데, 승무원들은 그곳에 발이 묶여 있다가 민다나오에서 온 해적들의 공격을 받았다. 그들은 나중에 현금, 아편, 귀중한 아마포를 몸값으로 주고 풀려났다. 영국 선박들 역시 보이지 않는 바위와 암초로 인해 좌초했다. 싱가포르 선적의 기앙안Giang Ann호 같은 배들인데, 이 배는 동인도 수도인 바타비아에서 멀지 않은 스리부제도('천 개의 섬')에서 침몰했다.[28] 선박 사고는 계속해서 매우 흔했고(누출, 화재, 기타 불운으로 인해) 심지어 항구에서 발생하기도 했지만, 가장 위험한 것은 해상에서 발생하는 사고였다.[29]

아미르라는 이름의 자바 노동자가 큰 화물 상자가 떨어지는 바람에 죽었다. 그는 탄중프리옥 항구에서 더클레르크호라는 증기선의 화물을 하역하던 중이었다.

침몰한 것으로 생각됐던 증기선 남용호가 어젯밤 안전하게 이곳에 도착했다. 보고에 따르면 배에 물이 새는 것을 발견한 선장 니콜이 배를 소레토Soreto섬 부근의 만灣으로 끌고 가서 새는 곳을 때우게 했다. 수리를 마친 뒤 배는 싱가포르를 향해 떠났다.

이런 일은 앞서 이야기한 바타비아 사건처럼 큰 항구 바깥에서도 일어났지만, 영국령 라부안 같은 작은 지역에서도 있었다. 이곳에서는 1897년에 독일 증기선 트리톤호가 침몰했다.[30] 이 지역의 '변두리' 해안(길고 쭉 뻗은 영국령 보르네오 해안 같은 곳이다)에서는 사고가 더욱 빈번했다. 심지어 1913년에도 한 영국인 상선 선장은 이 해안의 조명 상황을 '영원한 망신거리'라고 부르고, 영국의 지역 당국이 선박의 안전을 지키기 위해 요금을 물리면 상황이 개선될 수 있을지 물었다.[31]

따라서 이 지역의 걱정스러운 해상 환경에서 야간의 시야 개선은 식민지 권력들에게 중대한 일로 보였다. 일반적으로 해운의 이익, 더 특수하게는 제국을 위해 필요한 일이었다. '선진' 식민국가들은 이런 면에서 '부족해' 보이고 싶지 않았다. 금전 손실이 상당하겠지만, 이 시기의 유럽인들에게 체면이 깎이는 것은 더욱 타격이 컸다.

그러나 특히 여기서 이야기하는 초기에 자원은 부족하고 이들 국가의 힘이 미치는 범위도 제한적이었다. 조명, 수로 표지, 부표를 담당하는 네덜란드의 하위 부서 해사관리국(이에 대해서는 잠시 뒤에 더 이야기하겠다)은 이런 모든 조명 시설과 장치를 상시적으로 운영하기는 어렵다는 사실을 깨달았다. 해사관리국은 이미 동인도 지역에 건설된 등대, 수로 표지, 부표에 음식과 연료를 공급하고 수리하는 일을 맡고 있었지만, 다른 일들도 많이 맡고 있었다. 동인도 지역 바다에서 '해적'을 소탕하는 일, '밀수꾼'에 대비해 순항하는 일, 수로를 측량하는 일, 어려움에 빠진 선박을 돕는 일, 행정 관리와 보급품을 수송하는 일, 기타 잡일 등이다.

40년 동안 이어진 수마트라 북부의 아체 전쟁이 시작된 1873년 이후 여기에 새로운 임무가 더해졌다. 해사관리국 선박이 동인도 함대에 편입돼 위험한 아체 앞바다에서 전쟁 수행에 나서야 했다. 해사관리국이 이전 몇 년 동안 사용했던 오래된 수로 표지들이 파도에 쓸려 떠내려가고, 1870년에 특히 이런 임무들을 위해 징발됐던 첫 증기선이 심하게 부서져 거의 쓸모없게 되는 바람에 신속한 대체가 필요해진 것도 악재였다.[32] 1860년대 말과 1870년대 초에 싱가포르 역시 비슷하게 비용이 들어갈 일이 너무 많아졌다. 지역 관리들이 빈번하게 이야기한 상황이었다.[33]

시간이 지나면서 해상 교통량의 증가, 선박 난파의 손실, 희소한 천연자원에 대한 국가 팽창 사업 전용 같은 요소들이 합쳐져 특히 네덜란드령 동인도에서 등대, 수로 표지, 부표의 조직 구조의 변경을 초래했다. 군도의 첫 등대가 1851년 순다해협의 안예르에 처음 세워지고 자바 북쪽 해안에 다른 등대들도 곧 뒤따라 세워졌지만, 등대·수로 표지·수로 안내 감독관청은 1854년이 돼서야 만들어졌다. 윌렌벡P. F. Uhlenbeck이 동인도의 초대 감독관으로 임명됐다. 그는 내무부와 네덜란드 해군 양쪽의 지휘를 받았다. 곧이어 1859년에 군도 일대에 50개의 등대를 더 설치한다는 정부 결정이 내려졌다. 해상의 전략적 위치에 설치되며, 비용은 이후 25년에 걸쳐 지불하기로 했다.

1861년에는 해사관리국이 만들어졌고, 1867년 조직 개편으로 등대에 관한 모든 책임은 해사부 소관이 됐다. 1880년대와 1890년대에도 재편이 이어져 등대, 수로 표지, 수로 안내가 해사관리국의 소관이 되기도 하고 때로는 더 큰 해사부 산하의 별도 조직으로 독립하기도 했다. 여기서 중요한 것은 등대가 마침내 동인도에서 자리를 잡았다는 점이다. 바타비아는 1860년에 마침내 어두운 동인도 바다의 등대를 제국의 새로운 사업에서 우선순위로 삼기로 결정했다.[34]

물론 계획도를 내놓는 일과 실제로 구조물을 건설하는 것은 다른 일이었다. 영국과 네덜란드 세력권으로 나뉜 동남아시아 해상에 등대를 설치하는 과정은 이후 50년 가까이 걸렸다. 이 과정을 시간적·공간적으로 세 덩어리로 나누어 볼 수 있다.

첫 번째는 1860~1880년의 기간이다. 이 20년 동안에 해상 등대 설치의 기초를 놓았다. 이 초기에는 섬과 여울, 중요한 수로, 주요 항구 접근로, 보이지 않는 바위가 관심의 대상이었다. 영국과 네덜란드는 각기 싱가포르와 바타비아를 지나는 선박들을 끌어들이기 위해 경쟁했고, 그 방법 중 하나가 등대 설치였다.

영국의 바다에서 1860년대에 29미터 높이의 탑 위에 조명이 설치됐다. 싱가포르 부근 호스버그Horsburgh 등대였다. 믈라카와 싱가포르에서 아주 가까운 곳에도 몇 개가 설치됐다. 그 가운데 일부는 등대선이었다.[35]

네덜란드의 등대는 약간 뒤까지 그다지 많지 않았다. 바타비아에는 자체 등대가 있었고, 방카해협에도 있었으며, 여기에 안예르와 앞서 언급한 자바 북부 해안에도 등대들이 있었다.[36] 그러나 1870년대에는 특히 네덜란드 바다에서 대규모 확대 계획이 나왔다. 수십 개의 등대가 가동되기 시작했다. 등대, 등대선, 수로 표지가 군도의 서쪽 절반 지역에 산재했다.[37] 수마트라 일부, 남중국해의 섬들, 보르네오의 해로에 등대가 설

치돼 동인도 해상 경계를 둘러싼 고리를 이루면서 북쪽의 영국 영토에
맞섰다.

1880년대와 1890년대에는 해협 양쪽에서 부산스러운 발전이 이루
어졌다. 큰 항구, 위험한 이상 지형, 국제 수로에서 이전 수십 년 동안에
최우선적으로 등대가 설치됐고, 두 나라가 세력 범위를 확대하면서 해상
세계의 상당 부분에 추가로 수로 표지가 설치됐다.

〈해협식민지 블루북〉은 이들 새 등대가 언제 어떻게 건설됐는지에
대한 수치를 보여준다. 거기에는 관리자 봉급, 등잔 기름, 식량, 보수에
들어가는 비용도 있다. 이들은 피낭 남쪽에서부터 싱가포르 주변, 싱가
포르 북쪽과 보르네오 본토 앞바다 라부안섬에까지 걸쳐 있다.[38]

《동인도 관영신문Indische Staatsbladen》과 《네덜란드령 동인도 통치 연
감Regeerings Almanak voor Nederlandsch Indië》 또한 이 확산에 대한 공식 자료
를 제공한다. 이 시기에 보르네오 해안, 술라웨시, 리아우제도, 심지어 먼
나투나제도와 아남바스제도도 지도가 작성된 뒤 등대가 설치됐다. 여기
서도 이들 제국의 도구의 인적 요소를 매우 자세히 볼 수 있다. 몇 세대
등대지기의 이름과 배정된 업무가 전 시기에 걸쳐 기록돼 있다.[39] 이 시
기에 속도가 빨라진 네덜란드의 등대 설치는 동인도 함대의 팽창 및 현
대화와 함께 이루어졌다. 이 함대는 너른 동인도에 대한 공격이 있을 경
우 너무 작고 비효율적이라고 여겨졌다(정책 담당자나 네덜란드의 식자층 모
두가 그랬다). 공학 기술과 경험, 심지어 유럽 지리 관련 단체들의 격려가
이 구조물을 갈수록 더 먼 변방으로 밀어냈다. 등대는 산재하는 건축물
의 형태로 국가권력의 상징물이 됐다.[40]

20세기 초에 접어들자 등대, 수로 표지, 부표 등의 도구들은 해양부

동남아시아 일대에서 아주 흔해졌다. 이전 시기에는 모든 가용 자원(영국과 네덜란드 모두)이 분명하게 제시된 목적을 위해 중요한 해역에 등대를 설치하는 데 들어갔는데, 20세기로 접어들면서 네덜란드어로 아프론딩afronding('마무리')이 일어났다. 싱가포르와 바타비아가 아직 컴컴한 나머지 공간에 등대를 설치하려고 노력하면서다.

동인도 동반부의 일부는 이 시기에 부표와 등대가 설치됐다. 누사틍가라와 말루쿠 일부, 그리고 이리안자야의 긴 해안 일부였다.[41] 해협의 영국 쪽에서는 역시 보르네오 해안선의 상당 부분에 걸쳐 등대가 늘어갔다. 물론 해안선의 모든 부분은 아니었다(1913년에 있었던 라이트슨Wrightson 선장의 폄훼 발언이 입증한다).[42]

군도 서반부의 중요한 해로, 여울, 항구의 등대 설치는 계속 확대됐다. 두 식민 정권은 모두 수로 표지와 부표를 더 설치하면 변경을 따라 많은 곳에 행정력이 더 잘 침투할 수 있다고 생각했다. 1900년 무렵에 군도 서부(믈라카해협, 남중국해, 자바해 서반부)의 통로 가운데 불이 켜진 곳이 많았고, 그것이 선박들로 하여금 상업과 두 식민 정권에 훤히 보이는 길로 물리적 이동을 하도록 촉진했다.[43]

이 모든 등대가 국가가 승인한 팽창 덕분이라고 할 수 있을까? 영국과 네덜란드 모두에서 이 콘크리트 구조물에 대한 구체적인 정책을 찾고 싶겠지만, 대답은 아마도 부정적일 것이다. 여기서 다시 말레이어 신문들을 통해 더 큰 그림을 볼 수 있다. 예컨대 수마트라와 싱가포르 사이에서 현지 중국인 해운회사가 등장한 것은 믈라카해협에서 통상적인 무역을 위해 더 많은 등대를 건설하기 위한 추진력을 제공하는 데 도움이 됐다.[44] 번창하는 대형 원양 증기선 노선에 민간(그 가운데 일부는 토착민이었다)의 참여가 증가한 것 역시 등대 증설의 발판을 마련하는 데 이바지했다.[45] 라부안탄전 같은 큰 회사들은 등대, 부표, 수로 표지 시설을 늘리고 위험하기로 악명 높은 바다에서 자기네 투자를 더 잘 보호해달라고 런던의 식민지부를 졸라댔다. 해협의 영국과 네덜란드 양쪽의 큰 회사들도 똑같이 했다.

그러나 국가의 관여는 대부분의 지역에서 분명했고, 틀림없이 등대와 부표 설치 속도를 가속화했다. 물론 싱가포르와 바타비아는 다른 발전과 고려의 영향도 받았다. 이는 수마트라와 보르네오에서 등대와 석유산업이 동반 성장한 것에서 알 수 있다. 석유는 블라완델리Belawan Deli, 팔렘방, 마카사르해협 서부에서 산출됐다. 이는 또한 등대가 발전하는 해운로를 따라 설치된 것으로도 알 수 있다. 이 해운로는 동인도의 농산물을 오스트레일리아와 일본으로 운송했다(비교적 덜 이용된 해로였다).[46] 제국의 발자국은 항구에서 갈수록 더 작은 배에까지 조명을 밝히며 감시를 늘리는 데서도 분명했다.

화요일에 부기족의 배 한 척이 항구에서 항만관리소장에게 붙잡혔다. 이 배는 돛에 한껏 바람을 받고 있었고, 파인애플을 화물로 싣고 있었다.[47]

이는 또한 등대를 가능한 한 표준화하려는 프로그램에서도 일어났다. 이는 네덜란드령 동인도 식민지 전역에서 실행됐다.[48] 모든 면에서 우리는 제임스 스콧의 작업이 함축하고 있는 모든 의미에서 "국가처럼 보기"라는 선포된 프로그램을 볼 수 있다. 여기서는 매우 독특한 방식이지만 말이다.[49]

등대 설치와 그 정치적 함의

바타비아와 싱가포르는 광대하고 한껏 펼쳐진 해상 변경을 공유하고 있었기 때문에 협상과 간헐적인 충돌은 이 지역에서 식민지 공존의 중요한 부분이었다.[50] 아마도 가장 중요한 사실은 각 식민지의 대양에 관한 정책들이 상대에게 영향을 미쳤다는 점일 것이다. 예를 들어 믈라카해협 한쪽에서 만든 등대는 배의 최종 목적지와 상관없이 이 수로를 지나는 선박들을 위한 수로 표지 역할을 했다. 그러므로 이 국제적인 구분선을 넘어 적극적인 논의(그리고 노골적인 다툼)가 끊임없이 일어났다.

그러나 또 다른 정치적 현실은 해협식민지가 이 지역의 더 큰 식민사업의 일부에 불과하다는 사실에 있었다. 영국의 영토는 말레이연방(그리고 나중의 비연방 속주들), 보르네오 육상과 해상의 사라왁 '백인 라자Raja', 그리고 사라왁의 북쪽 이웃인 영국령 북보르네오가 있었다. 이 구분은 흔히 정책 결정에도 어두운 그림자를 던졌다.

마지막으로, 그림을 더욱 복잡하게 만든 것은 런던과 헤이그에서 권한을 쥐고 통제하려는 본국의 시도였다. 그들은 등대 설치를 해운로와 거대 전략을 위한 제국 규모 계획의 일부로 보았다.[51] 심지어 두 식민지 안에서도 흔히 길항하는 정치세력들이 움직이고 있었다. 동인도에서 이것은 최근에 등대를 획일화하려는 형태로 나타났고(이는 방금 언급했다), 동시에 분권화 충동은 이 같은 시설물에 대한 관할권을 지역에 따라 나누었다.[52]

그러나 등대를 둘러싸고 벌어진 가장 중요한 갈등 가운데 하나는 영국 식민지와 본국 사이에서 벌어진 내부 논쟁이었다. 해협식민지가 본국과의 관계에서 가졌던 필요(그리고 욕구)는 여기서 그 한 사례가 될 수 있다. 1870년대 초에 해협식민지는 새로운 부표를 설치해 항만 수로를 표시해달라고 본국 식민지부에 계속해서 청원했다. 동남아시아에 새로운 신기술의 부표를 설치하는 비용 일부를 내겠다는 제안까지 했다. 같은 과정은 1901년에 다시 일어났다. 이번에는 수로 표지였다. 해협식민지 당국은 두 식민지 기관(총독과 식민지부)에 싸움을 붙여 피낭이 새 수로 표지를 좋은 가격에 얻을 수 있게 하려 했다.[53]

새로운 장비와 시설물에 돈을 지불하는 문제는 언제나 런던과 식민지 사이의 마찰의 근원이었다. 예컨대 식민지의 항만관리소장이 피상섬에 새로운 등대를 설치하자고 제안하자 도선사협회는 이에 반대하고 대신에 새 가스 부표를 보내면서 비용 문제를 거론했다. 이는 두 정부 기관 사이에서 빈번히 일어났다. 1887년 포모사 여울의 등대선 설치, 1904년 래플스 등대의 새로운 등 설치를 둘러싼 문제 같은 것들이었다.[54] 일반적인 영국의 이익을 추구해야 한다는 생각은 안중에 없는 듯했다. 런던과 싱가포르는 각자 자신들에게 무엇이 가장 중요한지를 따졌으며, 이에 따라 그들이 주고받은 통신에는 흔히 신랄한 어조가 담겼다.

영국령 사라왁과 싱가포르 및 런던과의 관계는 등대 문제에 관해 더욱 자극적이었다. 1907년에 일련의 긴 편지들이 사라왁의 라자 찰스 브룩Charles Brooke과 식민지 관리들(런던과 싱가포르 모두의) 사이에서 오갔다. 브룩은 반독립적인 '라자'로서 영국이 요구하는 것에 대해 별로 부담을 갖지 않았다. 브룩은 무아라의 브룩턴 등대를 허물고자 했는데, 식민지부에서는 피해를 입을 라부안의 무역을 생각해달라고 그에게 사정했다. "우리는 어떻게든 징발을 피해야 합니다. 가격에 어려움이 있을 것이고, 브룩 경을 성가시게 해서 그가 또 다른 술수를 부리게 할 것입니다."[55] 영국 해군장교 하나가 보르네오로 파견돼 브룩턴 등대 폐쇄의 영향을 평가했으며, 그는 라자가 기존 등대를 허물 경우 인근에(그러나 앞바다에) 즉각 새로운 등대를 건설해야 한다고 권고했다.

찰스 브룩은 결국 등대를 허물지 않기로 결정했다. 분명히 그는 등대를 허물 경우 보르네오 해안의 그 부분에 대한 자신의 영향력이 축소되리라고 생각했을 것이다(등대는 사실 브루나이 땅에 있었지만 사라왁에서 관리했는데, 이는 그 지역이 누구 땅인지가 아직 불분명했기 때문이다). 그러나 그는 이 자제를 이용해 런던과의 협상에서 유리한 위치를 차지했다. 브룩은 자신이 해안의 이 지역에서 발을 빼면 무정부상태가 될 것이라고 주장했다. "브루나이 술탄 전하께서 내게 양도한 권리 가운데 어느 것 하나라도 내주는 것은 나의 바람이 아닙니다."[56]

이렇게 등대 건설(그리고 파괴)은 지역 정치에서 협상 도구로 사용됐다. 부근 바다에서 다른 사람들의 무역을 돕는(또는 해치는) 데서 유용하게 쓸 수 있는 카드였다.

사라왁의 지방 정치에서 드러난 변화는 북보르네오에서도 볼 수 있었다. 해안 앞바다에 있는 영국의 작은 섬 전초기지인 라부안은 19세기에 중국으로 가는 도중 3분의 1 지점에 있는 전략적인 중간 기착지로 간주됐다. 해적의 위험 또한 식민지부가 이 섬을 중시하게 된 요인이었다. 라부안은 "몇몇 이상한 이웃"을 갖고 있는 것으로 생각됐다.[57] 그러나 20세기로 접어들 무렵에 라부안의 중요성은 감퇴했고, 영국 정부는 자기네 해안에 등대를 더 설치해달라는 북보르네오상사(BNBC)의 요청을 거절하느라 내내 분주했다. 식민지부는 상사가 이 문제를 책임져야 한다고 생각했다. 상사는 자신들의 이익을 추구하면서 한편으로 영국 정부에게 무언가를 해달라고 틈나는 대로 졸랐다.

1907년이 되자 영국 정부조차도 길게 뻗은 북보르네오 해안이 위험할 정도로 어두우며, 이는 지역 안전에 수많은 함의를 지니고 있음을 인정해야 했다. 선박 손실의 가능성도 있었다.[58] 한 식민지 관리는 영국 정부의 분위기를 훌륭하게 요약했다. 그는 북보르네오에 등대를 설치하는 것이 "바람직하지만, 바람직한 일을 할 충분한 돈이 없다"고 말했다.[59]

상사는 이듬해 등대 몇 개에 대한 돈을 지불했고 식민지부는 보르네오 해안의 다른 지역의 등대 설치를 담당했다. 그러나 누구도 이 해법에 만족하지 못한 듯했다. 문제는 1913년 상사가 미국령 필리핀에 접근해 계약을 통해 보르네오의 등대 일부를 설치함으로써 충분히 떠넘겼다. 그들은 처음 이런 제안을 떠올렸을 때부터 식민지부에 계속해서 항의와 불신을 표명했다.[60]

이 등대 설치의 정치학은 대체로 등대와 그에 수반되는 유지 비용이 매우 많이 든다는 사실을 바탕으로 하고 있었다. 언급했듯이 바타비아는 1859년 동인도에 등대, 수로 표지, 부표를 설치하는 대규모 계획을 수립했다. 이후 25년 동안 몫으로 650만 플로레인을 책정했다. 1급 등대 10개, 2급 등대 18개, 3급 등대 10개, 그리고 항구 조명 12개를 설치한다는 계획이었다. 이 거창한 계획은 나중에 약간 수정되기는 했지만, 1897년 동인도에는 30여 개의 등대와 수로 표지가 설치돼 있었고, 항구 조명은 이보다 더 많았다.[61]

등대 건설에 관한 해양부 문서고 자료를 검토해보면 왜 그렇게 많은 비용이 드는지 알 수 있다. 예를 들어 1870년 무렵에 철제 등탑들이 발리

해협에 건설됐고, 자바해의 다른 등대들을 위해서는 석축 기단이 만들어졌으며, 바타비아(작은 '천 개의 섬' 다도해)에 더 많은 등대 설치가 계획됐다.[62] 1880년대에 이 건설 계획은 더욱 확장됐다. 스마랑에도 새 등대가 생겼고, 수마트라 서남쪽 구석에도 만들어졌다. 산호초에도 불이 밝혀졌고, 방카의 수로에도 조명이 들어왔다.[63] 동인도에 등대를 설치하는 비용이 엄청나게 증가했지만, 네덜란드의 기획자들은 충분히 지불할 만한 가치가 있다고 확신했다. 섬들의 많은 부분에 빠르게 조명이 들어왔기 때문이다.[64]

해협식민지에서 영국령 동남아시아의 등대, 수로 표지, 부표의 설치에 필요한(그리고 배정된) 비용은 계속해서 증가했다. 예를 들어 1867년에 탄중투안(하샤두곶) 등대에는 매년 1344달러가 배정됐다. 호스버그 등대에는 3024달러, 래플스 등대에는 900달러였다. 해협식민지의 모든 등대를 합쳐 7520달러였다. 이 돈은 등대지기의 봉급과 등대를 오가는 수송비로 지불됐고, 각 시설의 수리 및 가스·석유 대금으로도 지출됐다. 그러나 1883년에는 해협의 아홉 개 등대 전체의 연간 비용으로 싱가포르 당국은 2만 2501달러를 썼다. 1910년에는 3만 8997달러로 늘었다.[65]

그러나 투자와 물자의 이 막대한 지출은 등대세라는 형태로 벌충됐다. 해협 당국은 이 지역 바다를 지나는 선박들에 제공하는 서비스에 대해 갈수록 많은 요금을 물렸다. 1883년에 싱가포르는 이를 통해 3만 4987달러를 벌었고, 이듬해에는 3만 7377달러로 늘었다.[66]

세기가 넘어갈 무렵에 해협 당국은 봉급으로 연간 1만 5000달러가 들었고, 석유와 비품은 연간 거의 5000달러에 달했다. 등대지기의 식량은 7500달러가 넘었다. 일부 비용은 등대세로 벌충했지만, 새 등대를 설치하는 데는 상당히 많은 돈이 들 수 있었다. 작거나 구식인 등대는 전체 건설비가 대략 3000~5000달러에 불과했지만, 더 크고 새로운 시설은 20세기로 접어들 무렵에 5만 달러대에 육박했다.[67]

이처럼 다도해에 등대를 설치하는 데 많은 비용이 들다 보니 싱가포르와 바타비아가 이 문제를 놓고 협력도 하고 경쟁도 하는 것은 자연스러운 일이었다. 영국이 보기에 문제의 상당 부분은 바타비아가 자기네 동인도 바다에 등대를 제대로 설치하지 않고 있다는 데서 비롯됐다. 이것은 싱가포르에도(그리고 심지어 영국 본국에도) 문제였다. 매우 많은 영국 배가 바로 그 바다를 지나고 있기 때문이었다.

따라서 영국의 해법은 네덜란드의 '부족함'을 사적으로 비난해 바타비아가 그들이 공유하고 있는 국제 수로에 등대를 더 많이 설치하도록 하는 것이었다. 네덜란드에 파견된 영국 외교관은 네덜란드의 식민지 담당 장관에게 빌럼 등대, 브라스섬, 다이아몬드포인트(모두 수마트라 북부)의 등대 상황을 개선하라고 요구했다. 영국 무역청은 사견으로 싱가포르가 그 개선 비용을 내는 것은 어렵지 않겠느냐고 의문을 제기했다. 무역청은 이렇게 말했다. "우리는 현재로서는 심지어 외교부 측에도 해협 정부가 이 등대 개선 비용 일부를 지불해야 한다는 암시를 할 필요가 없습니다."

영국은 먼저 네덜란드가 자기네 돈을 들여 등대 시설을 개선할지를 두고 보고자 했다.[68] 그러나 무역청은 또한 술수가 덜 섞인 일에도 적극적으로 나서, 동인도에 다른 등대들이 부실하거나 심지어 아주 위험할 때 이를 영국 선박들에 통지했다. 이런 상황은 예컨대 1883년 순다해협에서 일어났다. 크라카타우 화산이 폭발하면서 발생한 화재로 참사 현장

도판 12.1 카리마타해협의 원형감옥 등대(1909)
(네덜란드 레이던대학, KITLV 컬렉션)

부근에 있던 네덜란드의 모든 수로 표지와 등대가 파괴됐다.[69]

이 문제에 대한 네덜란드 쪽 관리들의 생각은 달랐다. 네덜란드는 자기네 원양 선박의 안전을 위해서도 믈라카해협 건너편의 영국 등대가 필요했다. 따라서 이들 두 식민국가 사이의 우호는 또한 네덜란드의 기획자 집단에서도 중요한 부분이었다. 동인도 무역의 상당 부분은 영국 소유 선박을 통해 이루어졌기 때문에 식민지 등대에 관한 논의에서도 흔히 자연스럽게 협력이 이루어졌다.

그러나 많은 네덜란드인들은 또한 자기네의 제국 사업이 지나치게 영국의 힘과 기술에 의존하고 있다고 생각했으며, 이는 특히 해상 영토에서 진실인 듯했다. 네덜란드의 저자들은 이 문제에 관한 자기네의 불만을 환기시키기 위해 자주 책을 써서, 바타비아가 스스로 일을 하는 대신 영국의 등대, 수로 표지, 수로 측량에 의존하려 한다고 비난했다. 이 비난의 일부는 고용과 관련된 것이었다. 그런 사업들을 위한 계약이 현지 네덜란드 업체가 아니라 영국 회사나 해협 정부의 손아귀에 있음을 본 사람들의 악담이었다. 그러나 이 불만의 상당 부분은 또한 참으로 국가주의적인 것으로 보인다. 동인도는 '진정한' 제국 세력에 부과된 모든 의무를 수행할 수 없다는 사실에 대해 탄식한 것이다(이 상황은 수로 측량에 관해 이야기하는 다음 장에서 반복될 것이다).[70]

따라서 이들 식민 정권은 모두 그들이 공유한 해상 변경에 등대를 설치하는 일에 대해 상대에게 기대했지만, 이 일치의 뒤에 있는 추론과 근거는 상당히 달랐던 듯하다. 영국과 그 피보호자들은 자기네가 네덜란드 및 등대에 관한 그들의 불충분한 능력에 '갇힌' 것으로 보았다. 반면에 바타비아는 자기네가 해협 북쪽에 있는 이웃의 요구와 기술적 능력 모두에 의해 소외되고 있다고 보았다.

제국 다도해의 과학기술

식민사업의 일환이었던 등대의 마지막 구성요소 하나는 논의가 필요하며, 그것은 제국 건설의 이면에 있는 기술이다. 이 지역의 등대, 수로 표지, 부표는 어떻게 만들어졌고, 그 렌즈는 어떻게 작동하며, 여러 시설 뒤에 있는 과학은 어떤 것일까?

분명히 19세기 후반에 그런 도구들에 관한 기술이 개선됐기 때문에 이들 '제국의 도구'는 싱가포르와 바타비아에서 그들이 공유하고 있는 해상 변경을 따라 이동을 감시하고 통과시키는 데서 그 어느 때보다도 중요한 역할을 했다. 그런 의미에서 기술은 제국의 성숙에 중요했다. 등대와 관련한 도구가 개선됐다는 것은 이 나라들이 광대한 식민지 다도해의 바다를 통제하고 주목하고 감시하는 능력을 향상시켰다는 얘기였다. 이 장의 마지막 부분에서는 조명과 부표의 특정 기술에서 일어난 변화 일부를 검토하고, 이 도구들이 제국 사업을 좀 더 총체화하는 진화 쪽을 향하고 있었음을 살핀다.

식민지 동남아시아의 등대의 구조와 물리적 특성은 매우 다양했다. 해당 지역의 토양 및(또는) 기반암에 따라, 그리고 현지의 바람과 조류에 따라 다양한 설계와 시공이 이루어질 수 있었다. 예컨대 이 구조물 아래의 토양이 모래가 많고 부스러지기 쉬우면 나선말뚝 설계를 했다. 창처럼 생긴 긴 다리의 구부러진 날이 단단히 붙잡아 조명이나 수로 표지가 쉽게 뒤집어지지 않게 한다.

바람이나 조류가 강한 곳에서는 거대한 구조물이 자연의 에너지와 세찬 힘을 더('덜'이 아니다) 끌어들일 따름인데, 이런 곳에서는 철제 다리 구조물이 개발됐다. 이것은 표면의 면적과 무게를 줄이고 또한 그런 구조물을 운반하기 쉽게 한다.[71] 이런 구조물들은 이론가 롤랑 바르트의 말에 따르면 '비어 있는 중심'으로 이루어졌다. 이 개념은 바르트가 도쿄 중심부의 '비어 있는' 궁궐 경내를 묘사하는 데 사용해 큰 영향을 미쳤다. 도쿄는 역설적으로 세계에서 가장 인구가 밀집되고 혼잡한 도시다. "따라서 현대성은 불투명한 고리 주위에 만들어졌다. (…) 바로 그 중심은 증발한 관념에 지나지 않는다."[72] 동인도의 여러 등대들을 바르트의 비어 있는 중심 관념과 관련한 같은 방식으로 생각할 수 있다. 이들은 대부분이 공기로 세워졌다.

다른 곳에서는 석축 기단이 사용됐다. 곶이나 넓게 펼쳐진 탁 트인 해안에 건설된 많은 등대가 이런 형태다.[73] 이런 모든 지형과 지질은 도서부 동남아시아의 넓게 펼쳐진 육지와 바다에서 발견된다.

등대선 또한 널리 사용됐다. 배의 잔해에 등을 달아 위험을 표시하는, 계류된 폐선이다. 등대의 구조물이 높으면 더 멀리서 선원들이 등대를 볼 수 있다. 때로는 수십 킬로미터 밖에서도 볼 수 있다.[74] 이 모든 구조물 뒤의 기술은 시간이 지나면서 변화했다. 과학자와 기술자들은 변형을 막고 이들 물체의 기초를 강화하는 방법을 계속해서 발견해냈다.

조명, 연료 공급, 렌즈의 기술 또한 시간이 지나면서 발전했다. 초기 이 지역의 등대와 수로 표지는 기름으로 불을 밝히는 방식이었다. 이것은 위험(화재 가능성 때문이다)하기도 하고 유지하기도 어려운 방법이었다. 특히 이 광대한 다도해의 외딴 곳에서는 그랬다. 이어 가스로 등을 밝히는 방식이 개발됐고, 이 방법은 동인도, 특히 수마트라 북부에서 많은 양의 천연가스와 석유가 발견된 뒤 채택됐다.[75]

그러나 큰 기술적 도약은 거울과 렌즈에서 일어났다. 세계적으로 광학 연구가 발전하고, 지역에서는 영국과 네덜란드 모두의 바다에서 적용됐다. 조명의 반사 장치가 개발돼 반사와 거울을 이용하게 됐다. 이런 종류의 빛은 고정되거나 회전하거나 번쩍이거나 간헐적인 빛을 내쏘았다. 언제나 중앙의 거울이 모인 곳을 통해 반사됐다. 광선을 잡기 위해 광을 낸 구리로 기하학적으로 완벽한 포물선 형태를 만들었다. 그러면 빛은 한 곳으로 모여 한 방향으로 발산됐다. 구리는 비교적 전성展性이 있고 동남아시아의 엄혹한 열대 기후에서 부식에 강하기 때문에 사용됐다.

마침내 파라볼라 안에 복수의 램프를 끼워 넣을 수 있게 됐고, 갈수록 더 많은 빛을 발산하게 됐다. 단일 패널에 최대 열두 개까지 사용됐고, 그것들은 서로 다른 방향으로 회전할 수 있었다.[76] 도판 12.2가 보여주듯이 광원을 파라볼라 반사경의 초점에 두면 모든 광선이 서로 평행을 이룬다. 매우 밝은 단일 광선이 발산되므로 다도해의 광대한 해상 공간을 비추는 데 매우 중요했다.[77]

굴절된 빛과 렌즈에 의존하는 굴절 장치 또한 활용됐다. 이 경우에도 발산되는 빛의 본질과 특성은 현지의 상황과 필요에 따라 달라질 수 있었다. 광속光束은 굴절의 연속을 통해 조직화된다. 그것은 이어 단일하고 연속된 광선을 발산한다. 분광기, 집광기, 공선형화기co-linearizer가 모두 활용돼 광선을 탄탄하게 한다. 그래야 빛이 최대한 밀집해 뭉치게 된다.[78] 그 뒤에 등대와 수로 표지에 사용할 전광全光 반사광의 발전 또한 이루어졌다. 빛의 스펙트럼 범위를 이전의 두 장치보다 더 효과적으로 이용(방위각 집광을 통해서다)하는 것이다.[79] 이것은 열대지방에서 특히 중요했다. 계절풍이 부는 기간에는 해양 동남아시아의 상당 부분에 안개가 끼고 많은 비가 내리기 때문이다.

마지막으로, 20세기에 들어선 뒤 전등 또한 등대에서 실험됐다. 다만 네덜란드는 이를 도입하는 데 영국보다 뒤처진 듯하다.[80] 1912년, 스웨덴 기술자 닐스 구스타프 달렌Nils Gustaf Dalén은 가스등을 조절하는 자동 밸브를 발명해 노벨 물리학상을 받았다. 이것이 대규모의 무인 등대 도입으로 이어졌고, 이후 동인도에서 확산됐다.

20세기 이후 부표 관련 기술 역시 발전했다. 작고 자주 말썽을 일으켰던 도구에서 크고 더 효율적인 것으로 바뀌었고, 이 모든 것이 다도해 바다를 둘러싸기 시작했다. 부표 제작에 철을 사용하게 되자 이 장치는 동남아시아의 세찬 열대 폭풍우에서 부서져 나갈 염려가 훨씬 줄었다. 표면의 이 부표는 강한 사슬로 해저의 무거운 장애물과 연결했다.

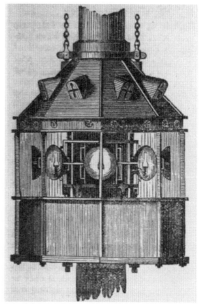

도판 12.2 나선말뚝 등대와 굴절 렌즈

(Alexander Findlay, *A Description and List of the Lighthouses of the World* (London, 1861), 5, 24.)

이 부표는 여러 가지 방법 가운데 어느 것으로도 만들 수 있었다. 방향에 따라 수로의 서로 다른 쪽을 구별하기 위해 붉은색과 검은색이 사용됐다. 초록색 부표는 물결 아래에 위험한 난파선이 있다는 표시였다. 꼭대기 표지는 숫자를 스텐실로 찍었는데, 공식적으로 바람직하다고 인정되는 항로로 선박을 인도하기 위한 것이었다.[81] 이 방향을 따라가는 것은 물론 국가에서 보는 가운데 이동한다는 얘기였다. 선박은 이런 의미에서 '안전'한 곳으로의 '몰이'가 될 수 있었지만, 또한 통치권력의 시야 안에 있었다. 따라서 비용이 증가함에도 불구하고 영국과 네덜란드는 이런 도구들로 열심히 바다에 표시를 했다. 지나가는 배들을 관리하기 위한 노력이었다.

부표는 예를 들어 피낭에서 끊임없이 주문했다. 이 섬과 말레이반도 사이의 수로에 설치하기 위해서였다. 여기에는 영국 본국과의 협상이 필요했다. 특히 비용을 누가 대느냐가 문제였다.[82] 네덜란드령 동인도에서도 부표를 자주 주문했고, 식민지에 보내(나중에는 지역에서 만들었다) 주변 바다의 지도를 작성하게 했다.[83]《네덜란드 선원 잡지Tijdschrift voor het Zeewezen》는 부표가 폰티아낙에서부터 팔렘방과 술라웨시 서남부에 이르기까지 여러 먼 지역에 걸쳐 진행된 이 과정에 대해 상세하게 설명한다.[84] 19세기 말이 되면 식민 세력들은 다도해 공간의 상당 부분에 이 장치를 설치했으며, 그렇게 해서 만들어진 틀 안으로 선박을 이동시켰다.

이 광대한 해상 공간에서 항구의 개선은 국가 해양 기술 진보의 또 다른 중요한 부분이었다. 19세기 후반에 많은 지역 항구들이 규모와 중요성이 커지면서 분주하고 무질서한 상업 중심지가 됐다. 국가(통치권력의 중심에 있는)조차도 이들 지역에서 벌어지는 모든 활동을 감시하기가 어려웠다. 항구 개선 계획은 바타비아와 싱가포르에 마구잡이 성장에 대한 통제권을 장악할 기회를 제공했다. 항구의 물리적 범위를 계획된 모습과 형태로 바꿈으로써였다.

항구 개선 작업은 아주 작은 항구들에서 일어났다. 1890년대 초 슬랑오르 해안 같은 곳이었다. 그러나 피낭처럼 훨씬 큰 항구들에서도 일어났다. 피낭에는 20세기로 넘어갈 무렵 새로운 수로 표지와 등대가 다수 설치됐다. 심지어 싱가포르도 계속해서 이런 거대한 '성형수술'을 했다. 이 항구가 더 기능적이고 국가에 도움이 될 수 있게 하려는 것이었다.[85]

항구의 부표는 문젯거리였고 19세기 중반까지는 동인도에서 신뢰감을 주지 않았으나 이 시기쯤에는 변화하기 시작했다. 19세기 말에 더 엄격하게 감독하려는 시도가 이루어진 것이다. 예를 들어 1871년에 바타비아의 정박지에는 한 해 동안 42개 이상의 새로운(또는 수리된) 조명 시설 또는 부표가 설치됐다. 특히 1877년에서 1885년 사이에 탄중프리옥이 건설되면서 확장 및 개발 계획이 이후 수십 년 동안 계속됐다.[86]

도서부 동남아시아의 등대, 수로 표지, 부표가 식민지 국가 형성과 어떤 관련이 있는지에 대한 검토는 특별한 등대 두 사례를 일별하는 것으로 마무리 지을 수 있다. 둘 다 믈라카해협에 있다.

첫 번째는 20세기로 접어들 무렵의 싱가포르 동쪽 접근로와 관련된 것이다. 이곳에 등대가 긴급하게 필요하다는 개인적인 제안이 싱가포르 정부에 들어왔다. 많은 배들이 싱가포르에서 홍콩까지 가는 데 1300해리 동안 등대나 수로 표지가 하나도 없다는 것이었다.[87]

그러나 아오르Aor라는 작은 섬을 대상으로 하는 이 사업은 복잡한 일임이 드러났다. 우선 이 섬은 조호르 술탄의 소유였기 때문에 술탄의 명시적 허락이 없으면 아무것도 할 수 없었다. 이렇게 외교가 등대 설치 문제를 복잡하게 만들었다. 해협 건너편의 포모사 여울에서는 없었던 문제였다. 술탄은 결국 영국이 이 섬에 등대를 설치하는 것을 허락했지만, 비용을 내는 것은 거부했다.[88] 아오르섬 등대의 또 다른 문제는 불운하게도 더 큰 등대 설치 계획과 동시에 제안됐다는 것이다. 해협에서 가장 중요한 등대 가운데 하나인 포트캐닝의 등대가 세기가 끝날 무렵에 현대화 및 수리 계획을 세우는 중이었다. 대부분의 자원과 행정적 관심이 중요하고 돈이 많이 드는 그 수리 및 개선에 쏠려 있었다.[89] 아오르섬에는 결국 작은 철제 등대가 세워졌지만, 싱가포르의 동쪽 접근로와 조호르

(싱가포르의 북쪽 이웃이다)에 접한 바다들은 부차적인 관심사로 밀려났다.[90] 따라서 국제적 외교의 균형과 본국 중앙의 설계가 등대 설치에 중요했다. 관련 공무원들의 구상과 바람 역시 마찬가지였다.

믈라카해협 건너 네덜란드의 바다에서도 등대 설치를 둘러싼 논쟁은 마찬가지로 복잡했다. 이 구조물의 중요성(특히 아체 같은 전쟁 지역에서의)은 관리들에게 더욱 분명했다. 그들은 등대를 설치하는 것이 무역 촉진에 이바지할 뿐만 아니라 현지의 동향을 놓치지 않고 살필 수 있는 일임을 분명하게 알고 있었다.

네덜란드가 아체에서 해안 교두보를 마련한 뒤 처음 건설한 구조물 중 하나가 등대였다. 등대는 해안 앞바다 브라스섬에 세워졌다. 등탑 설치는 예상보다 훨씬 오래 걸렸다. 전쟁으로 인한 피해와 소개 때문이었다. 그러나 1874년에 초석을 놓았고, 이듬해에 등을 달았다. 1876년에 구조물은 심각한 첫 지진을 견뎌냈다. 160미터 높이의 이 등대는 50킬로미터 밖에서도 볼 수 있었다.[91] 1876년에 이 시설에 두 번째 등이 설치돼 바다에서 일어나는 위험 가능성에 대해 서북쪽에서 네덜란드인들에게 경고했다. 길게 뻗은 아체 동해안에도 등대 몇 개가 더 설치됐고, 수마트라섬 맨 북쪽의 웨섬과 함께 이 지역은 동인도 전체에서 가장 등대가 많은 지역 가운데 하나가 됐다.[92]

그렇다고 놀랄 일은 아니다. 넓고 얕은 해협에 위치한 이 지역은 우리가 이야기하는 시기 내내 동남아시아의 등대를 특징 지었던 모든 속성과 조건을 제공했다. 많은 선박이 지나갔고, 무역은 증가일로를 걸었다. 토착민들은 스스로 지역 바다에 등대를 설치할 수 없기 때문에 현대적인 항해를 위해 도움을 받아야 한다고 유럽인들은 생각했다. 그리고 또 하나의 식민 세력(영국)이 수평선 바로 너머에 있었다. 그들도 남쪽을 비추는 당당한 구조물을 가지고 있었다. 이 두 세력의 등대들은 조용히 상대를 살폈고, 1940~1950년대 식민지 해방이 이루어질 때까지 이런 상황이 이어졌다. 동맹자가 되기도 하고 때로 적이 되기도 한 양측은 서로 공유한 영역 건너를 끊임없이 비추고자 했다.

맺으며

해양부 동남아시아의 등대의 발전과 식민지 시기 국가의 등대 설치는 세계의 이 지역에 대한 제국의 통제가 진화하는 속도와 그 성격을 분명히 보여준다. 식민 통치의 다른 기술들과 흡사하게 등대는 해상 안전과 해운에 대한 국가의 관심이 늘면서 갈수록 많이 생겨났다.[93]

처음에 등대들은 이들 식민 세력에 매우 중요한 곳들에 세워졌다. 주요 항구 바깥, 붐비는 해운로, 난파선이나 암초 같은 위험에 가까운 장소 등이다. 그러나 등대는 점차 이 지역의 해안 풍경에 점점이 들어섰다. 바타비아와 싱가포르가 20세기의 급증하는 선박들을 위해 자기네가 공유하는 다도해의 등대 설치를 늘려갔기 때문이다. 1910년이 되면 이 지역의 가장 붐비는 항구들에는 이들 정부에 의해 등대가 설치됐고, 이 광대한 도서 세계의 가장 먼 해양 변경 여러 곳에도 등대가 세워졌다.

광대한 지역과 어려운 환경이 20세기 초에 여전히 유럽인의 식민지 개척의 진전을 방해할 수 있었지만, 이런 상황은 오래가지 않았다. 그러나 이 시기에 대양은 대체로 서방에 의해 정복됐고, 그렇게 적은 수의 세력이 마침내 세계 최대급의 다도해를 지배할 수 있게 도운 것은 바로 해양을 통제하기 위한 기술들이었다.

이 변증법의 일환으로 거대한 등대를 건설하는 것은 언제나 다툼이 있는 현상이었고(나는 그렇게 주장했다), 단순히 '획일적'인 국가가 위에서 지시한 것이 아니었다.[94] 이 지역의 여러 행위자들은 서로 다른 관심을 가지고 있었고, 등대 설치의 경우에 이 계획들은 가끔씩만 한 군데로 모아졌다. 예를 들어 이 지역에서 영국의 권력이 흩어져 있던 것은 등대 설치에서 정책 협력을 어렵게 만들었다. 해협식민지, 영국령 북보르네오, 사라왁은 등대 설치의 책임이 누구에게 있고 그 비용을 누가 대야 하는지에 대해 거의 합의를 이루지 못했다.

영국과 네덜란드 본국의 정책 또한 등대 설치에 관해서는 현지 식민지의 이해관계와 엇박자를 냈다. 어떤 경우에는 비용을 누가 대야 하느냐의 문제였고, 어떤 때는 어느 곳에 먼저 설치하느냐에 대한 이견 때문이었다.

마지막으로, 국제 외교 역시 이견이 있었다. 영국과 네덜란드 사이에서도 그렇고, 이들 유럽 정권들과 현지 지배층 사이에서도 그랬다. 동남아시아인들은 이 기술을 현지 해안 풍광에 받아들이는 것이 권력에 중요한 함의를 지닌다는 것을 알았다. 조호르의 술탄은 자신의 땅에 영국의 등대 설치를 허락하는 대가로 싱가포르로부터 수입을 얻기 위해 권력을 사용했다. 반대로 해협 건너 수마트라 북부에서는 아체인들이 자기네 술탄국을 네덜란드에 빼앗겼는데, 이는 부분적으로 바타비아가 브라스섬에 세운 거대한 등대가 해군의 항해에 도움을 주었기 때문이다. 두 경우 모두 중요한 '제국의 도구'인 등대 설치가 토착 권력의 유지 또는 소멸의 신호가 됐다. 상당한 규모의, 때로는 하늘 높이 치솟은 등대의 존재는 '식민지 개척 극성기'의 새로운 권력 위계에서 누가 지배(부차 등급의 속국 군주지만)를 할 수 있고 누가 언제나 강경한 식민 정부에 권력을 내놓느냐를 결정하는 데서 어느 정도 역할을 했다.

세기말 동남아시아에서 네덜란드와 영국의 통치권력은 더욱 중요해지고 더욱 커졌다. 이것은 제국이 관심을 가지고 있는 다른 여러 지역들(예컨대 보르네오와 수마트라의 '미정복 산지들')보다 해양 지역에서 더 잘 찾아볼 수 있었다. 그리고 그 이유 가운데 하나는 등대, 수로 표지, 부표의 설치 확대였다.

이 장치들은 변경을 따라 여러 곳에서 무역과 해운이 비교적 안전한 운항을 통해 이루어질 수 있게 했다. 그런 구조물은 또한 상업과 이동이 국가가 알아볼 수 있고 통제된 통로로 유도될 수 있게 했다.[95] 지정된 해로를 벗어나 항해하는 선박들을 갈수록 인가된 경로 쪽으로 밀어넣을 수 있었다. 국가는 이제 상업활동의 흐름과 방향을 더 잘 통제할 수 있게 되었다. 수로 표지, 부표, 전략적인 곳에 설치된 등대는 이것이 이루어질 수 있도록 보장했다.

바타비아와 싱가포르는 이 규제를 더욱 넓은 지역으로 확대할 수 있게 해주는 새로운 조명 기술을 장착하고 해양 동남아시아의 많은 지역에서 갈수록 등대를 늘려갔다. '깜깜이' 해운이 이루어지고 있던 제국의 모든 지역이 일거에 사라지거나, 세계 최대 다도해의 여러 먼 지역에서 똑같은 속도로 사라지지는 않았다. 그러나 20세기 초가 되면 이전 세기와는 상당히 다르게 도서부 동남아시아의 수많은 섬들 상당수가 두 주요 식민 정권의 광학 도구에 의해 불이 밝혀졌다. 이 경우에 패권은 이를 가능케 한 기술을 동반했다.

수평선 가장자리까지 등대들이 펼쳐져 있는 바다 풍경은 많은 사람에게 해상이 더욱 안전해졌다는 의미였지만, 앞으로 더 걱정스럽고 감시로 가득 찬 세계가 오리라 예고하는 것이기도 했다.[96]

13장

지도와 인간

수로 측량과 제국

바다는 해변이 되고, 해변은 바다가 된다.
― 인도네시아 선원들의 격언[1]

식민지 지도 작성에 대한 연구에서 바다는 항상 육지에 미치지 못했다.[2] 타당한 이유가 많이 있다. 1차 세계대전 직전에 세계 육지의 90퍼센트 가까이가 서방의 통제하에 들어왔고, 역사가들은 분명히 이 테라피르마 terra firma(육지) 정복을 설명하는 것만으로도 바쁘다고 생각했을 것이다. 육지는 문화적 접촉의 '출발점'이었다. 분명히 육지 지역은 지배에 대한 설명을 드러내는 데 최적의 장소였다.

그러나 정복과 편입 과정은 바다에서도 매우 중요했고, '공간' 인식을 지도로 변환하는 것은 이 영역에서도 일어났다.[3] 이것은 전 세계에 걸쳐 일어났지만, 특히 섬이 많은 지역에서 일어났다. 도서부 동남아시아(현재 인도네시아, 말레이시아, 싱가포르, 브루나이, 필리핀으로 이루어진 지역) 같은 곳이었다.[4] 여기서 '마무리' 같은 현상이 일어났다. 유럽인들이 수로 측량을 통해 공해로 분리돼 있는 제국을 통제하면서다. 식민 세력들은 이 지역에서 조심스럽게 서로를 살피며 세계의 해상 분할에서 경쟁하고 때로는 협력했다.

당대의 역사가들은 이 지도 제작 과정 역시 들여다보기 시작했다. 해적 행위는 팽창하는 식민국가에 대한 저항의 한 형태라고 보았으며, 일본의 해양 조사는 나중의 동남아시아에 대한 무력 침략의 예비 행위로 보았고, 다른 것들도 그런 식이었다.[5] 학자들은 지금 다시 문서보관소를 뒤지며 바다를 다시 한번 복잡한 문화적 교환의 장소로서 분석하고 있다.[6] 그 결과로 나온 새로운 연구 방식은 과학, 식민지 개척, 제국의 경계를 한데 모아 가능한 여러 지역에 걸쳐 그들 모두가 모여드는 지점에 관해 검토한다.

13장에서는 19세기 말 동남아시아에서의 수로 측량, 기술, 강압의 중첩된 역할을 분석함으로써 이 늘어가는 연구에 하나를 더 보탠다.[7] 여기서 다루는 곳은 특히 현재 말레이시아, 싱가포르, 인도네시아로 불리는 곳의 바다이다. 수마트라 북부에서 동쪽으로 서파푸아까지, 티모르에서 북쪽으로 민다나오까지다. 미국 대륙 만한 이 거대한 해상 영역에서 수로학 지식의 개선은 제국의 진출 증가와 맞물려 있었다. 내가 보기에 해도의 발전은 무역 확대에 의해 결정되는 측면이 있지만(본국은 수로학 지식이 늘면 해상 재난이 줄고 따라서 수입이 증가한다는 것을 알고 있었다), 이런 발전은 통상 식민지 확대와도 연결돼 있었다(나는 그렇게 주장한다). 제임스 스콧은 이렇게 물었다.

국가는 어떻게 해서 점차 그 신민과 그 환경을 관리하게 됐을까? 갑자기 (여러) 과정들이 (…) 이해가 되는 듯했다. 가독성과 단순화를 위한 시도가 이루어지면서다. 각각의 경우에 관리들은 이례적으로 복잡하고 파악하기 어려우며 지역적인 실상을 가지고 (…) 표준적인 지도를 만들어내 중앙에서 기록하고 감시할 수 있게 했다.[8]

우리는 위의 상호관계를 세 부분으로 나누어 살펴볼 것이다. 첫째로, 선박(현지 선박이든 외부 선박이든)의 '침투'가 어떻게 발전하는 영국과 네덜란드 해양 공간을 건너 자유로운 무역과 해운 방식(이제 지역 정권들이 지도 제작을 포함해 예의주시하는 것이었다)을 지속했는지를 검토한다. 둘째로, 두 식민 세력이 이들 해상 영역을 어떻게 탐험하고 지도로 만들기 시작했는지를 분석한다. 그들은 자기네의 떠오르는 제국의 한계와 범위를 더 잘 이해하기 위한 도구로서 수로학을 이용했다. 마지막으로, 이 지식 증가가 국가 경영과 강제를 위해 어떻게 적용됐는지를 알아본다. 영국과 네덜란드의 제국 사업은 동남아시아의 해상 환경을 각자가 통제하는 두 영역으로 분명하게 구분했다. 언제나 부분적이긴 했지만 말이다.[9]

해양 지도 제작의 동시 진전이 없었다면 동남아시아에서 식민지 공고화는 큰 어려움을 겪으면서 이루어졌을 것이다. 앞서 말한 대로 지도 제작의 역사는 전통적으로 육지를 기반으로 한 연구 방식이지만, 세계의 이 지역에서 바다와 바다'에 대한' 지식은 제국 사업을 이룩하는 데 결정적이었다.

도서부 동남아시아의 지형 조사는 처음부터 이 문제를 규정했다. 널리 펼쳐진 수많은 섬, 넓지만 얕은 바다, 광범위한 내륙 하천계를 지닌 이

지도 13.1 영국과 네덜란드가 수로를 측량하고 지도를 작성한 주요 섬들

지역에서 제국 권력의 강제와 구현은 해상의 수단을 통해서만 이루어질 수 있었다. 그러나 지역 해양 환경은 유럽의 정치적 책략이 금세 먹혀드는 곳이 아니었다. 이곳을 자기네 목적을 위해 사용하고자 하는 사람들이 지도를 만들고 이해할 필요가 있었다. 따라서 지역 바다들을 정리하고 표현하고 연구하는 과정은 이 두 식민국가에게 결정적인 중요성을 지니게 됐다. 여기에는 해저의 물리적 형태와 그곳의 구조물 및 형성물도 포함됐지만, 광범위한 지역 바다의 해류·조수·특성을 이해하고 묘사하

는 일도 마찬가지였다.

영국과 네덜란드는 19세기 중반에 그 세기말과는 달리 이 방대한 해양 공간을 어떻게 그렸을까? 어떻게 수로학이 세계의 이 지역에서 제국 사업을 펼치는 과정에서 협력하고 경쟁하는 데 중심적인 역할을 했을까?

19세기 말에 중앙아시아에서 러시아, 영국, 중국의 세 제국은 깊숙한 스텝의 광대한 공간을 지도로 만들기 위해 경쟁을 벌였다.[10] 같은 시기에 식민 열강들은 아프리카 상당 부분에서 이 대륙의 광대한 열대 중심부 일대에 걸쳐 우림지대의 내부 세계를 지도로 만들기 위해 애를 썼다.[11] 그러나 동남아시아에서는 경쟁 지역(정치적인 생각이든 지적인 생각이든)이 대체로 본질상 해양이었다. 그런 무대는 지역적으로 매우 이례적인 환경의 복합이 지배하지 않을 수 없게 만들었고, 이는 다시 19세기가 저물어가는 시기에 권력, 지식, 정치가 한데 묶이는 방식에 이바지했다.[12]

감독과 현지인 활동의 '침투'

해양 무대로서의 동남아시아는 세기말 무렵에 커다란 변화의 문턱에 있었다. 이 지역의 매우 개방적인 해상무역의 움직임(이에 대해서는 많은 역사가들이 서로 다른 렌즈를 통해 논의한 바 있다)에 중대한 변화가 시작되고 있었다.[13]

19세기 초에 이런 변화가 처음으로 문서로 드러난 것은 1824년 영국-네덜란드 조약이었다. 이 조약은 믈라카해협을 지리적으로 나눈 게 아니라 남과 북의 두 '영향권'으로 나누었다. 영국은 이 상상의 선 북쪽의 육지와 바다에 대한 지배권을 물려받았고, 네덜란드는 자바섬에 있는 그들의 기지에서 도서 세계의 남쪽으로 자유롭게 확장할 수 있었다. 이 협정에는 실무적인 파생 문제(가장 대표적인 것이 말레이반도에 있는 네덜란드령 믈라카와 수마트라 서부의 영국령 븡쿨루를 교환하는 것이었다)가 있었지만, 영국과 네덜란드가 이 해상 변경 전체를 관리할 능력은 여전히 매우 제한적이었다.

서방의 초기 말레이반도 지도의 전사傳寫와 번역에서 알 수 있듯이, 유럽인들은 여전히 이 지역의 지형 측량뿐만 아니라 용어까지도 받아들이고 있었다. 초기 현지 지도 가운데 하나의 언어적 표현에서 장소에 대한 자부심은 주로 수로학 용어로(내가 여기에 포함시키지 않은 지명들에 더해) 부여되고 있었다.

ayer = 개울	padang = 평원
bakau = 홍수림	perenggan = 변경
batu = 바위	pulau = 섬
benua = 대륙	selat = 해협
besar = 큰	sunggai = 강
beting = 여울	tanah = 영토
gunong = 산	tanjong = 곶
kechil = 작은	tasik = 항구[14]

그러나 이후 수십 년 동안에 이 관리 능력은 서서히 향상되기 시작했다. 그리고 1871년 새 조약이 발효되면서, 반세기 전에는 대체로 명목상으로 존재했던 것이 강화되기 시작했다. 1871년 조약으로 바타비아는

자유롭게 수마트라의 나머지 토착민 지역으로 확장할 수 있게 됐다. 본래의 해협 분계선 이남에서 영국의 상업적 특권을 보장한 대가였다.

그 직후에 말레이반도와 '인도네시아' 바다 모두에서 침략과 영향력 확대가 빠르게 진행됐다. 1873년에 네덜란드는 아체를 공격했다. 크기를 막론하고 동인도에서 마지막으로 남아 있던 술탄국이었다. 1874년에는 영국의 독자적인 '전진 운동'이 시작됐다. 그해의 팡코르 약정Pangkor Engagement을 통해서였다. 1878년에는 북보르네오가 영국 북보르네오상사에 의해 합병됐고, 1896년이 되면 말레이반도 절반 이상의 지역에서 영국의 영향력이 확고해졌다. 세기말 무렵에 두 유럽 세력은 이 지역에서, 우리 시대의 독립 이후 말레이시아와 인도네시아의 모습과 거의 비슷해 보이는 식민지를 거느렸다.

그러나 이들 제국을 건설하는 것은 그렇다 치고, 그것을 유지하는 것은 완전히 다른 문제였다. 국경 형성의 관점에서 말이다.[15] 이는 이 지역의 떠오르는 영국-네덜란드 경계선을 따라 거의 모든 지역에서 분명했다. 믈라카해협에서는 잠비의 술탄 타하Taha Saifuddin의 부하들이 끊임없이 해상 경계선을 넘어 싱가포르로 가서 식량과 무기를 가져다가 네덜란드에 대항하는 타하의 산악 저항 활동에 투입할 수 있었다.[16] 이 보급 활동은 1880년대에 매우 성공적이어서, 피낭의 네덜란드 영사는 바타비아에 통과 상인들의 서약을 받으라고 요구했다. 수마트라의 저항 세력에게 들어가는 어떤 밀수품도 운반하지 않겠다는 내용의 서약이었다.[17]

그러나 해협을 지나는 상상의 경계선을 강화하려는 네덜란드의 시도는 결국 영국 쪽 상인들의 분노에 찬 목소리를 불러왔다. 이들은 엄격한 경계선을 적용하려는 어떠한 시도도 자기네의 경제적 기회를 갉아먹는 것으로 보았다.[18] 20세기로 접어드는 시기(네덜란드 해군 순찰이 이 얕은 바다를 건너는 무역 활동에 대한 통제를 강화할 수 있게 된 시기다)에 이 분노는 지역 당국을 넘어 심지어 유럽의 본국에까지 목소리를 전했다. 그러나 이 시기 영국의 공식 정책은 네덜란드가 수마트라의 토착 술탄국들을 정복하게 하는 것이었다. 해협에서 영국 상인들의 무역이 일시적으로 줄어드는 것을 감수하고서라도 말이다.[19] 이에 따라 대양의 국가 간 경계는 점점 강화됐고, 이런 상황은 적어도 부분적으로는 이 군도 지역에서의 기존 무역 현실과 기회를 유지하려는 영국의 욕망에 따른 것이었다.

그러나 이는 믈라카해협에서만 진실인 것은 아니었다. 대규모 육상 진출이 있었던 보르네오 또한 명목상 분리된 영역을 넘어 막대한 양의 '무역 침투'가 있었다. 적어도 20세기로 접어들 무렵까지 그랬다. 이미 지적했듯이 1824년과 1871년의 조약은 동남아시아에서 영국 및 네덜란드의 외교적 한계를 설정하고, 양국 식민사업 사이의 고정된 경계선을 그렸다.

그럼에도 현재 경계 지역에 잔존하는 소소한 역사 이야기들은 이 경계선이 다양한 방법으로 침범당했음을 보여준다. 그 가운데 하나가 이 거대한 삼림 미개척지를 뚫고 흐르는 강을 통하는 것이었다. 예를 들어 제임스 워런은 실존 인물인 린가드Lingard 선장(그는 나중에 조지프 콘래드의 소설에 등장해 유명해진다)이 보르네오 동부 내륙으로 들어가 아편, 소금, 총을 교환했음을 보여주었다. 대체로 지역의 몇몇 강을 따라 올라가는 여행을 통한 것이었다. 린가드는 팽창하는 북보르네오상사의 영토로부터 이동과 무역의 '침투 효과'를 시작했다. 현지 상인들이 남쪽 바타비아의 영역으로 향할 때였다.[20] 워런은 또한 보르네오 동부의 부기족 무역

기지가 어떻게 내륙의 타우수그족 요새와 중첩되고 떠오르는 변경 일대에서 동맹, 경쟁, 상업의 광범위한 연결망을 형성하는지를 보여주었다.[21]

경계의 반대쪽인 영국령 사라왁에 관해 연구한 대니얼 추Daniel Chew는 내륙 중국인 상인들의 국경을 넘나드는 활동을 밝혀냈다. 그들은 하류의 더 유력한 중국 상인들에게 진 채무를 피해 달아나, 네덜란드 국경을 넘어 조용히 사라졌다.[22] 여러 학자들은 바타비아가 세기말에 이런 확산을 막는 데 무척 애를 먹었음을 해명했다. 이때는 네덜란드가 두 제국 사이의 경계가 어디에서 시작되고 어디에서 끝나는지 확신하지 못하고 있었다.[23]

이 지역의 해상무역 폭발은 반대되는 두 경향을 보여주었다.[24] 대양을 통한 무역은 통제가 된다면 성장의 추진력으로서, 그리고 국가의 강압을 위해 유용할 수 있었다. 그러나 그것은 또한 국가의 감시 밖에서 무역하고자 하는 사람들에 의해 이용될 수도 있었다. 따라서 1880년대와 1890년대에 식민국가 쪽에서 이 과정을 통제하기 위해 노력하고 해상의 성장을 국가 자체의 목표로 돌리려는 새로운 노력이 이루어졌다.

네덜란드령 동인도에서 왕립화물운송(KPM)이 1891년 바타비아의 주문으로 군도의 나머지 지역과 해운 연결을 확장하는 첫 계약을 따냈다.[25] 욥 아캄포Joop à Campo는 KPM의 팽창이 보르네오의 강들을 서서히 거슬러 올라가고 동인도의 더 먼 바닷가 일부에도 도달해, 이후 수십 년 사이에 군도를 하나의 연결망으로 묶었음을 보여주었다.[26] 네덜란드는 KPM을 이용했고, 스켑파르트레헬링언scheepvaartregelingen(해운 규정)이라는 일련의 배타적 해운 규정을 통해 동남아시아의 자기네 해상 제국에서 무역과 해운 방식을 독점하고자 했다.

Rif Samuel, Zuidoostelijk van Zuid Pageh-eiland, Sumatra, W. kust. — Volgens bekendmaking is door den Gezagvoerder van het N.I. schip Samuel, ZO. lijk van Zuid Pageh-eiland, een rif gezien, kenbaar aan verkleuring van water, op de peiling:
Mongo-eiland NW., Zuidhoek van Zuid Pageh ZW. t. W. ⅓ W.
Ligging ongeveer: 3° 16′ Z. Br., 100° 32′ 30″ O. L.

Onderzoek naar reven NO. van Bangka. — Volgens bekendmaking van den Kommandant der Zeemacht te Batavia, is door Zr. Ms. Opnemingsvaartuig Hydrograaf, een nauwkeurig onderzoek ingesteld naar de reven NO. van Bangka, waaromtrent het navolgende wordt medegedeeld:
A. De volgende reven bestaan niet:
1. Columbia-rif op 2° 21′ Z.Br. en 106° 46′ 30″ O.L.
2. Rif » 2° 11′ » » 106° 51′ »
3. Rif » 1° 42′ » » 106° 14′ »
4. Aeteon-rif » 1° 40′ » » 106° 36′ »
5. Branding gezien » 2° 4′ » » 106° 34′ »
6. Scheveningen-rif » 1° 19′ 30″ » » 106° 40′ »
7. Catharina-rif » 1° 30′ » » 107° 1′ 30″ »
8. Pratt-rots » 1° 31′ 30″ » » 107° 23′ »
9. Atwick-rots » 1° 48′ 30″ » » 107° 31′ »
10. Lawrick-rif » 1° 52′ 30″ » » 107° 1′ »
B. De volgende reeds bekende reven werden gevonden en nader bepaald:
1. Sillard-rif op 2° 10′ 30″ Z.Br. en 106° 44″ O.L., gevonden op 2° 11′ 32″ Z. Br. en 106° 44′ 42″ O. L., is steil en 700 m. groot. De minste diepte bedraagt 2,7 m. (1½ vad.) en rondom staat 21,6 à 32,4 m. (12 à 18 vadem).
2. Rif op 2° 1′ 30″ Z. Br. en 106° 31′ O. L., gevonden op 2° 2′ 5″ Z. Br. en 106° 30′ 46″ O. L., is steil en 500 m. groot. De minste diepte bedraagt 3,2 m. (1¾ vadem), en rondom staat 18 à 22,2 m. (10 à 14 vadem).

3. Rif op 2° 5′ Z. Br. en 106° 31′ O. L., gevonden op 2° 4′ 30″ Z. Br. en 106° 30′ 55″ O. L., is steil en 150 m. groot. De minste diepte bedraagt 3,6 m. (2 vadem), en rondom staat 18 à 23,4 m. (10 à 13 vadem).
4. Rif op 2° 2′ Z. Br. en 106° 36′ O. L., gevonden op 2° 1′ 47″ Z. Br. en 106° 36′ 56″ O. L., is steil en in de richting ZW. en NO. 500 m groot. De minste diepte bedraagt 8,1 m. (4½ vadem), en rondom staat 25,2 à 28,8 m. (14 à 16 vadem).
5. Rif op 1° 57′ Z. Br. en 106° 24′ O. L., gevonden op 1° 57′ 54″ Z. Br. en 106° 21′ 52″ O. L., is steil en 500 m. groot. De minste diepte bedraagt 2,2 m. (1¼ vadem), en rondom staat 18 à 23,4 m. (10 à 13 vad.)
6. Rif op 1° 57′ 30″ Z. Br. en 106° 25′ O. L. (Palmer-reven), gevonden op 1° 58′ 10″ Z. Br. en 106° 22′ 42″ O.L., is steil en 400 m. groot. De minste diepte bedraagt 2,7 m. (2½ vad.) en rondom staat 18 à 23,4 m. (10 à 13 vad.)
7. Iwan-rif op 1° 40′ Z. Br. en 106° 16′ O. L., gevonden op 1° 40′ 10″ Z. Br. en 106° 17′ 32″ O. L., is steil en 350 m. groot. De minste diepte bedraagt 3,2 m. (1¾ vad.) en rondom staat 25,2 à 27 m. (14 à 15 vadem).
8. Severn-rif op 1° 40′ Z. Br. en 106° 28′ O. L., gevonden op 1° 37′ 10″ Z. Br. en 106° 30′ 22″ O. L., is steil en 400 m. groot. De minste diepte bedraagt 3,2 m. (1¾ vadem), en rondom staat 30,6 à 32,4 m. (17 à 18 vadem).
9. Wild Pigeon-rif op 1° 11′ 30″ Z. Br. en 106° 40′ 30″ O. L., gevonden op 1° 12′ 12″ Z. Br. en 106° 41′ 45″, bestaat uit twee reven, op 100 m. afstand van elkander, en ieder 100 m. groot. De minste diepte op het eene rif bedraagt 5,4 m. (3 vad.), en op het andere 2,2 m. (1¼ vadem); tusschen de beide reven staat 25,2 m. (14 vad.) en rondom 30,6 à 36 m. (17 à 20 vadem).
10. Celestial-reven. Een rif op 1° 15′ 30″ Z. Br. en 106° 46′ 30″ O. L., gevonden op 1° 12′ 20″ Z. Br. en 106° 46′ 40″ O. L., is in de richting WNW. en OZO. 100 m. lang en 30 m. breed. De minste diepte bedraagt 3,2 m. (1¾ vadem).

(1880)

도판 13.1 네덜란드 식민지 암초 안내
(《네덜란드 선원 잡지Tijdschrift voor het Zeewezen》, 1880, p. 801)

그러나 식민국가의 해운 조직이 확장되는 가운데서도 영국, 프랑스, 중국, 그리고 동남아시아 현지 해운회사들은 계속해서 군도를 돌아다녔다. 이들 나라의 깃발을 단 돛배와 증기선들이 변경 일대에서 온갖 종류의 무역품을 실어 나르며 장사를 했다.[27]

이들 상품 상당수는 법적인 교환 범위를 넘어 이동했고, 이는 네덜란드 공무원들(동인도 및 본국 모두의)의 마음에 걸렸다. 무역에서 거두는 세금이 없으면 제국을 건설하기 어려웠다. 제국을 유지하는 병사들에게 월급을 주는 것은 말할 것도 없었다.

그러나 이 일들과 관련된 정치학 또한 있었다. 영국의 한 동인도 사절은 해협을 넘는 밀수의 수준에 관한 네덜란드의 불만을 지적하며, 증기선 해운 사업이 완전히 공정한 방식으로 이루어진다면 많은 네덜란드인이 손해를 볼 것임을 시사했다. 스켑파르트레헬링언은 이 운송 사업에서 특정 형태의 외국인 참여를 제한했다. 사실 바타비아는 자기네의 과세를 설명하면서 너무 많은 무역이 합법적인 수로 바깥으로 빠져나갔음을 노골적으로 지적했다.[28] 따라서 해상무역 및 이동의 통제는 네덜란드에 심각한 정책적 관심사가 됐으며, 이는 특히 인접한 영국령으로부터 나오는 영국 상선과 관련해서 그랬다.

20세기로 접어들 무렵에 두 식민국가의 해상 팽창은 지금의 말레이시아와 인도네시아 지역 전체에 미쳤으며, 이 해상 공간을 정리하고 이해하고 규정할 필요성은 커졌다. 특히 바타비아에게 그랬다. 1869년 수에즈 운하가 개통된 지 불과 2년 후에 싱가포르 항구의 증기선 수가 돛배 수보다 많아졌지만, 정크선과 프라후선이 증가하고 있었던 것은 또한 이 항로가 다양한 선박들로 가득 차 있었음을 의미한다.[29] 유럽 식민 정부들(그러나 특히 바타비아)은 지역 바다의 성격과 규모를 이해할 필요가 있으며, 또한 가능하다는 결론에 이르렀다.

지도 작성과 대양 탐험

영국과 네덜란드가 장기적인 해운 패턴(그것은 변하기 쉽지만 광범위한 특정 형태를 통해 확인할 수 있다)을 바꾼 중요한 방식은 해양 변경의 지도 작성과 탐험을 통한 것이었다.[30] 이는 여러 곳에서 일어났지만, 먼저 우리의 시야를 동남아시아 바다의 최남단 지역 섬들의 미로에 초점을 맞출 수 있다. 이 섬들 일부의 토착 정치체들은 오래전부터 네덜란드인들에게 알려져 있었고, 이들 민족 상당수는 이 지역에서 광역 말레이 정치 및 무역과 빈번하게 접촉했다.

학자들은 17~18세기 방카와 18~19세기 리아우에 관해 이를 보여주었다. 싱가포르 바로 남쪽의 해상 지역이다.[31] 다른 학자들은 이 섬들이 광업과 중국의 진출(둘 다 19세기에 증가일로를 걸었다)을 통해 지역 무역망과 동맹에 점진적으로 편입된 것에 관해 연구했다.[32] 방카와 블리퉁은 세기 중반 훨씬 이전부터 무역과 생산의 중심지였으며, 그곳을 탐험하는 것은 본질적으로 네덜란드인에게 이미 알려진 공간을 채우는 일이었다.[33]

그러나 남중국해에 가까이 있는 아남바스, 나투나, 탐블란Tambelan 등의 제도들은 국제 해운 교차로에서 더 멀리 떨어져 있어 후대까지도 바타비아로부터 별다른 관심을 받지 못했다. 네덜란드령 동인도의 기획자들은 이들 군도가 중국인, 부기인, 말레이인, 오랑라우트가 뒤섞인 다민족 혼성체임을 알았지만, 그곳의 일상적인 현실(문화권 간 접촉 및 상업과 관련된 것 같은)에 관해서는 거의 아는 바가 없었다.[34]

그러나 20세기로 접어들면서 이 남중국해 군도들에 대한 무지는 정책에 의해, 그리고 명령에 의해 바뀌기 시작했다. 이 섬들의 지리에 관한 선장들의 기록이 편집되고 대조되기 시작했다. 크고 작은 새로운 만灣이 기록되고, 패덤fathom(약 1.83미터에 해당하는 수심 단위)으로 표시된 측심도測深圖가 제시됐으며, 식수원이 표시됐고, 상인과 정치가 모두에게 섬들을 더 분명히 알 수 있게 했다.[35] 1894년에서 1896년 사이에 이루어진 탐사 원정은 특히 도움이 됐다. 이전의 이 지역 지도에는 존재하지 않는 섬이 표시돼 있거나 단순히 잘못된 장소에 그려 여행자들이 희생됐음을 보여주었다.

이 정보는 네덜란드인이 편집했지만, 그 보고의 출처는 문제가 있을 수 있었다. 대부분의 수정은 영국 해군본부 지도를 참고했다. 몇 년 전 이 지역에서 완성한 것이었고, 훌륭한 지도를 만들어냈다. 이 지도들은 바타비아의 승인 아래 만들어졌지만, 네덜란드의 수로학자들은 네덜란드 탐험가들이 이런 측정을 했어야 한다고 지적했다. 이 섬들이 (결국) 네덜란드령 동인도의 영향권 안에 있었기 때문이다.[36]

그 뒤에 만들어진 지역 주민들의 어휘 목록, 현지 해안 지형의 사진, 민족지학 기록은 다도해의 북부 지역에 관한 네덜란드인들의 지식을 새로운 수준으로 올려놓았다.[37] 20세기로 넘어가는 바로 이 시기에 바타비아로부터 더 일반적인 명령이 내려오기 시작했다. 광범위한 집단의 관리들에게 이런 종류의 정보를 가능한 한 많이 수도로 보내라는 요구였다. 이에 따라 동인도 정부의 여러 행정 조직들을 통해 중요한 자료(주변 바다에 관한 것뿐만 아니라 다른 것들도)가 수집되고 정리되고 연구됐다.[38]

20세기에 들어서서 다도해 조사는 식민국가에 더욱더 중요해졌다. 광업 회사들이 새로운 조사 활동과 원정에 앞장서, 방카섬에 대한 아주 상세한 지도를 만들었다. 곧이어 1894년 이후 블리퉁섬과 심지어 블리퉁 해안의 작은 섬들까지도 조사했다.[39]

인도네시아 사서에 따르면 싱가포르를 마주 보고 있는 리아우제도의 블라캉파당 주변 바다 또한 이 시기에 광범위하게 조사됐다.[40] 바타비아

[표 13.1] 네덜란드령 동인도의 수로 측량을 통한 지도 작성

해양 조사

조사 시기	지역	선박
1858~1865	방카해협	필라데스호
1865~1870	방카섬 북해안	필라데스호, 스타보런호
1871~1879	방카섬 동해안	스타보런호, 히드로흐라프호
1880~1881	블리퉁섬	히드로흐라프호
1881~1884	카리마타해협	히드로흐라프호
1884~1890	남자바해	히드로흐라프호
1890~1892	보르네오섬 동남해안	반다호
1892~	마카사르해협	반다호
1883~1891	남자바해	블로멘달호, 멜빌판카른베호
1890~1896	수마트라섬 동해안	블로멘달호, 멜빌판카른베호
1894~	리아우/링가제도	블로멘달호, 멜빌판카른베호

네덜란드령 동인도 수로 측량 조사 선박

구분	선박	조사 시기
증기선	필라데스호	1858~1868
	스타보런호	1868~1873
	히드로흐라프호	1874~1890
	반다호	1890~1899
돛배	블로멘달호	1883~1899
	멜빌판카른베호	1883~1899

동인도 바다의 암초 및 환초 조사 상세 내역(《네덜란드 선원 잡지》)

연도	내역	연도	내역
1871	135-40, 273	1876	256, 463-64
1872	100-1, 431	1877	221, 360-61
1873	213, 339-40	1878	98, 100-1, 198, 212, 321, 331
1874	자료 없음	1879	9, 82-83, 168, 236
1875	78-79, 241	1880	66, 76-77, 80-84, 315

자료: 저자의 *Tijdschrift voor het Zeewezen* 잡지 조사; Christiaan Biezen, "De waardigheid van een koloniale mogendheid: De hydrografische Dienst en de kartering van de Indische Archipel tussen 1874 an 1894," *Tijdschrift voor Zeegeschiedenis*, 18, no. 2, 1999: 23~36, appendix (p. 37).

에서는 이전에 이 섬을 쓸모없는 땅뙈기로 보았지만(천연자원이 별로 없고 인구도 적었다), 20세기로 접어들면서 네덜란드 기획자들은 블라캉파당을 싱가포르를 보완하는 항구로 보았다. 저탄소, 부두 시설, 여러 개의 서로 연결된 등대를 갖추었다.[41]

이런 식의 해양 탐사(여기에는 체계적인 '개발' 계획이 뒤따랐다)는 영국-네덜란드 국경 전 지역에 걸친 유럽인의 발견 과정의 마지막 단계였다. 심지어 말레이반도와 동인도제도의 해상 경계 일대(아체에서부터 동쪽으로 술라웨시와 술루까지)의 암초와 환초까지도 19세기 말 수십 년 동안에 해양학자들에 의해 탐험되기 시작했다.[42]

이 관심의 일부는 순전히 과학적인 것이었고, 아니면 네덜란드와 영국의 국기로 다도해의 경계선을 표시하기 위한, 떠오르는 국가주의적 충동에 의해 촉발된 것이었다. 그러나 그 상당 부분은 또한 경제적이고 실용적인 것이었다. 탐사는 국가가 새로운 자원과 부의 소재지를 찾아내는 데 이바지하려는 경향이 있었다. 바다 지역의 지도 작성은 식민국가의 정책이면서 '동시에' 사업이 됐고, 갈수록 두 범주를 분리하기는 어려워졌다. 네덜란드 군대가 이 일에 투입되면서 이 시기 지도 작성의 '군-산 복합체'가 아주 분명해졌다.

이 과정은 보르네오 해안 앞바다 라부안섬과 수마트라 북부 아체의 인도양 연안에서도 볼 수 있다. 라부안의 지형에 대해서는 1840년대 식민지가 건설된 이후 30년이 지나서도 제대로 된 지도가 없었다. 이 섬은 중국으로 가는 해로의 일부로서 수로학적 조사가 이루어졌지만, 그 지역 자체의 맥락에서 상세한 조사는 없었다. 이 누락으로 영국은 제국으로서 보르네오 서부 해상에서 시야가 제한됐다.[43] 이런 상황이 계속 이어지다가 20세기로 접어들 무렵에 정부 관리와 기업인들이 지역의 수로 측량이 불충분한 탓에 무역과 치안에 모두 문제가 있다는 불만을 제기했다.[44]

네덜란드의 팽창에 수로 측량 사업이 결정적으로 중요했음을 가장 잘 보여주는 것이 아체의 사례다. 이곳에서는 해도 작성이 네덜란드 침략군의 사활이 걸린 문제였다. 네덜란드 해군의 정찰 항해는 해안에 대한 삼각측량을 시작했고, 다른 선박들은 아체의 강들을 거슬러 올라가며 저항 세력이 숨어 있는 내륙 수로의 지도를 만들었다.[45] 해안과 강에서 이루어진 이 두 가지 활동은 아체에서 네덜란드군이 팽창하는 데 중요했다. 당대의 인도네시아 역사가들에 따르면 바타비아의 군대는 전쟁 초기 열 달 동안 일제히 육지에 들어갈 수 없었고, 이 때문에 정찰 정보를 얻기 위해서는 다른 수단을 써야 했다.[46]

따라서 바다의 지도를 만들고 바다로부터 해안선의 지도를 만드는 것은 제국의 동남아시아 정복 과정에서 가장 중요한 일 가운데 하나였다. 아체 같은 일부 지역에서는 이른 시기에 이런 일이 일어났지만, 라부안 같은 다른 유럽인들의 섬 전초기지에서는 이런 계획을 실현하는 데 더 많은 시간이 걸렸다. 정치와 재정 양쪽의 요구가 어우러져 흔히 어느 지역을 배로 조사하고 어떤 목적으로 해야 하는지를 결정하는 데 도움을 주었다.

이 절박한 사정은 마지막으로 다도해의 중요한 해양 도시들의 안팎에서 찾아볼 수 있다. 식민지 무역에서 가치 있는 중요한 항구들은 이른 시기에 관심을 받아 지도가 만들어졌다. 이는 1870년대와 1880년대에 매우 뚜렷했다(다만 수심 측정은 심지어 17세기 초까지 거슬러 올라간다).[47] 19세기 말에 변경 지역에 우선순위가 주어지고 갈수록 수로 측량에 의한 지도가 만들어지면서(라부안, 아체, 남중국해의 섬들 같은 곳으로, 이곳들에 대해서는 모두 앞에서 논의했다), 동남아시아의 주요 항구들은 다시 한번 주목을 받았다. 이 국가의 지식을 지역적으로 완벽하게 만들기 위한 것이었다.

이런 개선은 특히 해협의 영국 쪽에서 찾아볼 수 있다. 1899년 7월에 피낭은 그 항구에 대한 광범위한 해양 조사 수행이 허가됐고, 2년 뒤 믈라카는 비슷한 개선 준비를 시작했다.[48] 1902년에는 바로 이 지역 영국 세력의 중심지인 싱가포르가 싱가포르강 하구에서 발파 작업을 하기 시작했다. 세계에서 가장 붐비는 항구 중 하나인 이곳으로 들어가는 운송 수로를 개선하기 위한 것이었다.[49] 이런 활동은 이 중심지 바로 바깥의 퇴堆와 산호의 노두露頭에 대해서도 이루어졌다. 싱가포르 바로 바깥의 에이잭스숄Ajax Shoal 같은 곳이다.[50]

영국과 네덜란드는 서서히 자기네 영토 전체를 국가의 해양 조망 체계 안으로 편입시키는 데 성공했다. 그러나 그러한 조망 능력은 또한 유럽 본국으로부터 멀리 동남아시아 바다의 상업, 치안, 식민지 통제를 다시 활성화시켰다.

광역권과 바다의 과학

1900년대와 1910년대에 이 지역의 수로 측량을 통한 지도 작성은 갈수록 고도화되고 국제적인 지식이 됐다. 불과 반세기 전과 비교해서도 그랬다. 그러한 발전은 주로 서로 연결된 몇몇 요인들로 인해 일어났다.

가장 먼저, 앞서 보았듯이 제국의 강제와 제국의 사업이 어우러진 요

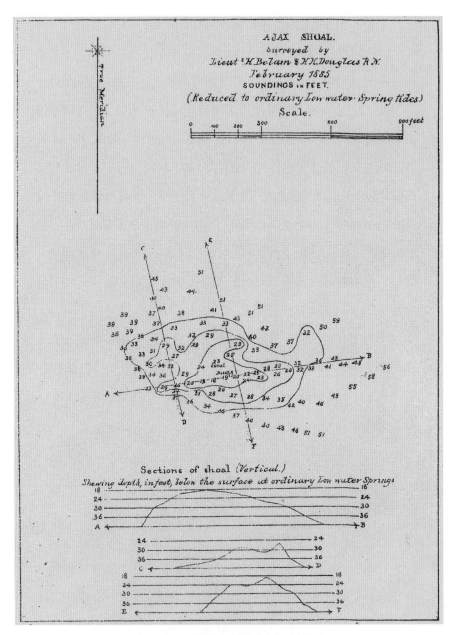

도판 13.2 해양 조사를 통해 정리된 에이잭스숄 지형 정보
(Straits Settlements Legislative Proceedings, 1885, p. C135)

구가 있었다. 두 가지는 모두 식민국가에 필요한 도구로서 수로 측량을 불가피하게 했다.

지도 제작 발전의 다른 이유들은 과학에 대한 대중의 관심 증대와 국민적 자부심에서 찾을 수 있다. 제국 지도 제작자들은 동남아시아 바다들에 대한 자기네의 자료를 가지고 국제 학술회의에 참가했고, 유럽 본국의 언론들도 이를 알게 되면서 새로운 지식을 더 광범위한 독자 대중에게 전달했다.[51] 심지어 1870년대 초에 이미 바타비아는 해협 건너 영국에 자기네의 해양 공지 사항을 제공하기 시작했다. 그러면 이 자료는 지역 영어 신문들에 경고와 알림으로 실렸다.[52] 마찬가지로, 네덜란드 해양부는 영어로 된 수심 측정치와 관측을 번역하기 위한 자금을 확보했다. 네덜란드 선원들에게 이 지역의 최신 해도를 제공하려는 것이었다.[53]

팽창의 세 번째이자 마지막 요소는 논란이 있는 해상 경계선 자체의 성격에서 찾을 수 있다. 영국과 네덜란드는 경계선이 결국 어디에 그어져야 하느냐를 놓고 각자 술수를 부렸기 때문에 정확한 수로학 지식이 국제 외교보다 우선적인 문제가 됐다. 이런 중요성 변화는 이 시기의 해양 지도, 특히 국경에 가까운 지역들의 당시 지도에서 찾아볼 수 있다.[54]

당연히 이들 식민 세력과 그들이 공유하는 경계선에 인접한 아주 작은 정치체들 사이에 수로학에 관한 모종의 합류점(기존의 의사소통 수단)이 필요했다. 그러나 유럽 세력은 19세기 말까지 특히 수로 측량에서 여전히 불충분한 상태였기 때문에 이들 관계를 묶기 위해 복잡한 장치가 만들어졌다.[55] 예를 들어 잠비에서는 계약을 통해 술탄이 네덜란드 난파선 선원들의 안전에 대한 책임을 맡았다. 이런 사람들이 때때로 잠비 해안에 밀려왔기 때문이다.[56] 한편 보르네오 동부 구눙타부르의 술탄은 해적 행위를 지원하는 일에 연루돼 처벌을 받았다. 그의 해안 앞바다에서 지도 제작자와 상인들이 종종 사라졌는데, 분명히 이 지배자의 묵인에 의한 것이었다.[57] 남아 있는 인도네시아어 편지들을 보면 리아우에서는 현지 지배자들에게 지도 작성 원정이 강제됐다. 그들은 자기네 영토에 대한 조사를 허용할지 말지에 대해 갈수록 발언권이 줄었다.[58]

사실 바타비아와 싱가포르 양쪽은 조약에 의해 현지 권력자들과 맺은 모든 협정의 사본을 상대에게 보내도록 의무화돼 있었다. 경계선을 따라 이루어지는 접촉의 성격을 각기 자기네 본국 수도에서 알아야 하기 때문이었다.[59] 그러나 양측은 이 의무에 관해 꾀를 부렸다. 새로운 계약이 체결돼도 흔히 능장을 부렸다(때로는 아예 알리지 않았다). 지역의 토착 지배자들은 또한 이 복잡한 체계에서 빠져나갈 구멍에 대해 예리한 관심을 기울였다. 그들은 흔히 서방 세력들 사이에 싸움을 붙이고자 했다. 얼마 되지 않는 자기네의 자유를 보장하기 위한 시도였다.[60]

영국의 해양 자료가 점차 축적되면서 다도해의 땅과 바다에 대한 영국의 권리 주장은 더욱 강력해졌다. 그러자 네덜란드도 곧 따라 했다. 그러나 이 과정은 꾸준하지는 않았다. 1909년에 외교적 사건이 하나 일어났다. 영국에 파견된 네덜란드 외교관이 보르네오 동부에서의 네덜란드의 해양 권리에 대해 잘 모르고 있다는 사실이 드러나면서 깜짝 놀란 네덜란드 당국이 모든 해외 근무 직원들에게 동인도에서의 '진짜 경계'를 숙지하도록 하는 계기가 됐다.[61] 네덜란드 대사인 헤리커Gericke 남작은 1909년 보르네오 동부 앞바다의 해적 행위로 인해 영국과 네덜란드 해군의 협력이 필요한 상황에서 네덜란드 해안 영토가 어디까지인지 헷갈렸다. 그 이후 네덜란드의 식민지 담당 각료와 외교 담당 각료가 사적으

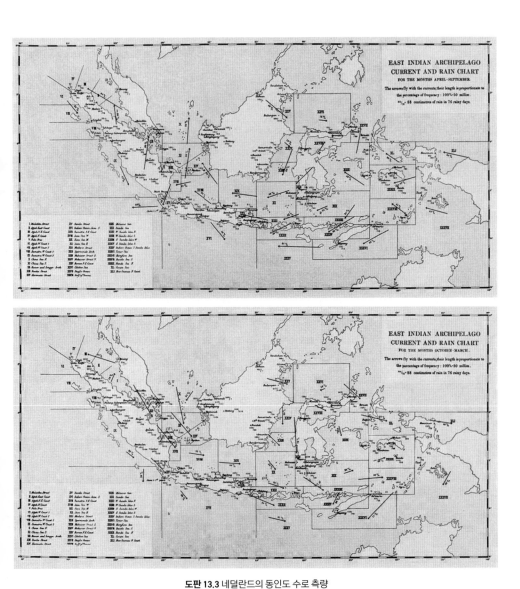

도판 13.3 네덜란드의 동인도 수로 측량

(J. P. van der Strok, *Wind and Weather, Currents, Tides, and Tidal Streams in the East Indian Archipelago,*
[Batavia: Government Printing Office, 1897])

로 주고받은 서신에서 그들은 모두 네덜란드 외교관들이 동인도에서 네덜란드의 영토가 어디까지인지 알아야 한다고 강조했다. 그 직후에 낱장 지도와 지도첩, 해도가 베를린, 런던, 도쿄, 베이징, 파리, 이스탄불, 상트페테르부르크, 워싱턴 등 세계 각국 수도에 파견된 네덜란드 대표들에게 전달됐다.

이 해상 경계의 성격과 정확한 위치에 관한 정보는 영국-네덜란드 경계 일대에서도 공유됐다. 사실 1891년에 이미 바타비아는 보르네오 서부 지사에 변경의 지도와 현지 하천계의 수심을 이웃 사라왁의 라자인 찰스 브룩에게 보내라고 지시했다. 이렇게 지도 작성과 수로학 조사 과정은 지역 정치의 전개에 중요했으며, 흔히 이 지역 식민지들의 협상에 이용됐다.

그럼에도 불구하고 이 지역 바다의 개략을 식별할 수 있는 두 세력의 능력은 여전히 고르지 않았다. 마카사르해협 동반부 같은 주요 국제 수로, 그리고 심지어 싱가포르와 자바 사이의 해로는 여전히 불충분하게 조사돼 20세기로 접어들 무렵에도 통과하는 해운 선박들이 위험했다.[62] 현지 기록에 따르면 영국의 바다에서는 1900년까지도 라부안으로 가는 길이 여전히 "안전하지도, 쉽지도 않았다." 바위와 얕은 모래톱이 항해를 위태롭게 했다.[63] 해양 동남아시아 일부 지역의 유럽인들은 여전히 시야를 제대로 확보하기 어려웠고, 이 때문에 자기네 영토를 통과하는 선박들이 쉽게 국가의 감시를 벗어났다.

국가의 입장에서 사태를 더욱 악화시키는 정치적 변화는 흔히 상황정리를 매우 어렵게 만들었다. 영국 바다의 각기 다른 행정 주체들(해협 정부, 영국 북보르네오상사, 사라왁 라자, 말레이연방)은 수로 측정 개선을 위한 비용을 누가 부담할 것인가를 두고 끊임없이 티격태격했다.[64] 여러 중심지들 사이에서 오간 통신을 보면 분명하게 알 수 있다. 그 상당수는 수로측량을 통한 지도 작성 비용을 누가 대느냐에 관한 것이었다.

이런 상황에서 '밀수꾼', '해적', '반란자'(또는 식민국가들에 의해 '범법자'로 규정된 어떤 다른 행위자)가 큰 방해를 받지 않고 이 지역을 지나가는 것은 전혀 어려운 일이 아니었다. 영국의 감시가 잘 작동된 지역도 있었지만, 심지어 19세기 말 이후에도 사실상 감시를 벗어난 해안 지역이 길게 존재했다.

이 세기말 시기에 식민지 경쟁자들 사이에서 '군비 확장 경쟁'이 시작됐다는 사실은 수로학 조사의 속도를 끌어올리는 데도 이바지했다. 세계 해군 역량에서 이루어진 기술 진보 속도는 이 무렵 네덜란드 해양 정책 담당자들 사이에서 하나의 촉매로 작용했다. 청일전쟁이 벌어지던 1895년에 전 세계의 네덜란드 외교관들에게 긴급 공문이 전달됐다. 주요 열강이 자기네 해군력에 얼마나 돈을 들이고 있고 그 작업이 어떤 형태를 띠고 있는지 알아내라는 것이었다. 이 절박한 요구는 유럽의 네덜란드 대표들뿐만 아니라 세계 나머지 지역의 대표들에게도 보내졌다. 비유럽 국가들이 자기네 해군의 어떤 변화를 추구하고 있는지 알아보기 위해서였다.[65]

바타비아는 파리의 네덜란드 외교관을 통해 프랑스 함대의 확대가 임박했으며 특히 즉각적인 행동을 목표로 한 식민지 항구 개선도 계획되고 있음을 파악했다.[66] 베를린의 네덜란드 대표를 통해서는 태평양에서의 독일 해군의 역량에 관한 추가 정보를 입수했다. 독일이 이 지역에서 해운업체를 증강하고 있다는 사실은 바타비아에게 중요했다.[67] 그러나 네덜란드에게 정말로 경종을 울린 것은 해협의 영국 해군력에 비해 자국의 동인도 해군이 분명히 불충분하다는 사실이었다. 영국 군함의 장갑판 실험, 증기선 시도, 흘수선이 낮은 선체 건조는 이 다도해에서 네덜란드 선박들을 금세 무용지물로 만들고 있었다. 이런 상태는 두 세력이 우호 관계에 있다 하더라도 내키지 않는 것이었지만, 장기적으로 볼 때 명백히 위험한 일로 판단됐다.[68]

세기말 이후 일본이 영국보다 더 기술 수준이 높은 선박을 건조하고 있다는 서방 군사 정보가 들어왔다. 이에 대한 공포는 바타비아가 자기네의 동남아시아 진출이 동인도의 가까운 이웃들과 비교해 낡은 것임을 인식하면서 더욱 확대됐다.[69] 그러한 상황 전개는 네덜란드가 동인도 식민지 바다를 조사하는 데 더 많은 돈을 투입하고 더 많은 관심을 갖도록 일조했다. 네덜란드령 인도네시아가 해상의 전쟁터가 된다면 네덜란드는 적어도 다른 어떤 서방 정권보다도 더 완전하게 이 바다의 한계를 알게 될 것이라고 네덜란드 관리들은 생각했다.

맺으며

루이스 멈퍼드Lewis Mumford는 그의 획기적인 연구서 《기술과 문명Technics and Civilization》에서 이렇게 말했다. "실용 도구로서의 기계는 (인간의) 환경을 엄청나게 복잡하게 만들었다." 그는 이어 "땅에 직접 박힌 구식 거리의 자갈을 아스팔트 밑에 묻힌 전선, 배관, 지하철"과 비교하며 기계가 우리의 생활뿐만 아니라 인간의 환경까지도 동시에 변화시켰음을 이야기하고 있다.[70] 물론 멈퍼드의 주장은 일리가 있지만, 과학과 자연계 사이의 끈은 반대 방향으로도 이어진다. 기계는 환경과 인간 사이의 상호 작용을 복잡하게 만들지만, 환경을 단순하게 만들기도 한다. 수로학 조사 선박과 같이 인식에 도움이 되는 도구들은 모든 곳의 국가 건설자들이 자연을 알고 변형시킬 수 있게 만들었다. 그것들은 제국 건설의 수단으로서 국가에 특히 유용했다. 기계를 가장 많이 다루고 자기네 목적에 맞게 이용한 것은 국가였기 때문이다.[71]

나는 여기서, 이것이 19세기 후반에 해양부 동남아시아에서 일어난 일이라고 주장한다. 식민 정권들(이 경우에는 말레이반도의 영국과 네덜란드령 동인도의 네덜란드다)은 과학과 그 기계를 이용해 환경을 지배했고, 동시에 이 환경 속에 사는 지역민들을 장악했다.[72] 이 과정은 분명히 육상에서 수행됐지만, 식민 통치의 구조는 해양에서 역시 이런 기계와 생각의 편리함을 필요로 했다. 해도 작성은 서방 제국들이 동남아시아의 문화 간 접촉의 유동적인 해양의 현실을 얼마간 재해석하고 현지 세계를 제국의 패권에 훨씬 더 적합한 모습으로 강제로 재편할 수 있게 보장했다.[73] 인도네시아의 유명한 해양사가 아드리안 라피안Adrian B. Lapian은 비교를 통해 이렇게 말했다.

> 이런 의미에서 '모로Moro 해적'에 대한 역사 서술은 서방(기독교 세계)에서 지중해의 '바르바리아 해적'(그들은 아프리카 북안에서 왔다)이라 부르는 것에 대한 그들의 평가와 유사점이 있다.[74]

그러나 이 과정의 발전은 여러 해에 걸쳐, 그리고 분명히 우연한 방식으로 일어났다.[75] 이 과정에서 '전환점'은 별로 나타나지 않았고, 해도

가 식민 통제의 시계추를 불가역적으로 서방 쪽으로 향하게 한 순간도 별로 없었다.[76]

수마트라 북부에서 수로 측량은 네덜란드의 침공 초기부터 이용돼, 서방의 통제에 대한 말레이 세계 최후의 실질적인 도전을 진압하기 위한 전투에서 중요하게 여겨졌다. 반면 라부안에서는 수로 측량이 19세기 말에야 국지적으로 이루어졌고, 이 식민지를 영국의 더 큰 제국의 해로 상에 위치시키는 데만 이용됐다. 따라서 멀리 떨어진 변경, 전쟁 지역, 외진 무역항에 대해서는 이런 기술들이 서로 다른 속도로 적용됐다. 그러나 수로 측량은 점차 양쪽의 식민국가들이 자기네 해상 환경에 대해 더 잘 알 수 있게 해주었으며, 이 지식을 해석해 인력, 물자, 감시를 배치함으로써 제국의 정책을 진전시켰다.[77]

19세기 중반에 해양 공간에 대한 서방의 이해는 상당히 불충분했고, 이 지역의 통제를 보장하는 실질적인 수단은 실행하기가 거의 불가능했다. 그러나 1900년이 되면 이 거대한 도서 지역의 지도 작성이 광범위하게 진행됐고, 이런 활동의 영향이 이 지역에(가장 대표적으로 지리정치적 통제의 영역에서) 깊숙이 뿌리를 내렸다.[78]

14장

결론

중국이 바다를 지배한다면

✦

천 년 전에 이곳은 세계의 중심이었습니다.
— 중국 광저우의 이슬람교도 묘지 관리인[1]

몇 년 전 중국은 자국의 최신 군사 장비를 전 세계에 공개했다. 거대한 항공모함이었다. 깃발로 장식하고 제복을 입은 병사들이 차렷 자세를 취한 가운데 이 나라 북쪽의 한 항구에서 선을 보였다. 자료 사진을 보면 이 항공모함은 상당히 인상적인 모습이었다. 그러나 더 살펴보니 처음의 인상이 조금 바래는 듯했다. 극적이고 날카로운 곡선의 비행갑판이 옛 (그러나 개장한) 선체 위에 올려져 있었다. 이 항공모함은 우크라이나 해군에게서 간접적으로 구매한 것이었다. 우크라이나는 더 이상 이 배를 운용할 자금이 없었다.[2] 이런 전력에도 불구하고 이 배는 전 세계의 언론 앞에서 행진을 했다.

거의 즉각적으로 중국 군사력에 대한 전망과 이 나라 해안에서 출발하는 원양 해군 건설에 관한 평가들이 나오기 시작했다. 몇몇 도서 분쟁 (일본과 댜오위다오/센카쿠열도, 동남아시아의 여러 나라들과 남중국해의 스프래틀리제도 및 파라셀제도를 둘러싼 분쟁이 있다)이 배경에 있는 상황에서 이 배의 공개는 의사 표시처럼 보였다.[3] 분쟁 중인 남중국해의 환초 중 적어도 몇 곳에서 썰물 때만 드러나는 암초를 실질적인 작은 섬으로 확장하는 작업이 이미 시작됐다. 모래를 준설하고 육지 부분을 확대해 수많은 붉은 중국 국기가 휘날리는 진짜 섬들로 만들었다.[4]

중국은 아시아 바다에서의 자기네 영토 범위를 주장하면서 기본적으로 그 해안에서 갈 수 있는 거의 모든 바다에 금을 그어 그곳이 전형적인 (그리고 결정적으로, 역사적인) '중국' 영토라고 말한다. 불가피한 반대의 아우성이 여러 관련 집단에서 나왔다. 도쿄에서 남쪽으로 자카르타까지, 마닐라에서 동쪽으로 워싱턴까지 이르는 지역에서였다. 이런 주장들에 어떻게 대응할 수 있을까? 중국이 해상 지배권을 그 목표의 하나로 삼는 새로운 영토 강국이 된다면 아시아 바다의 운명은 어떻게 될까?[5] 요컨대 중국이 바다를 지배한다면 무슨 일이 일어날까?

역사적 관점에서 중국의 대형 선박이 본토 해안을 떠나 아시아를 향해 밖으로 나선 것이 이번이 처음은 아니라는 점에 주목할 필요가 있다. 거의 600년 전에 정화 제독 함대의 기함이 정박한 채 3만 명 가까운 사람들이 수많은 배를 타고 동남아시아를 향해 내려가는 원정에 합류하기 위해 기다리고 있었다. 이 함대의 주 임무는 단순했다. 중국의 깃발을 휘날리며 아시아 무역로상에 있는 속국들에게 한족의 중국이 다시 세계적 강자로서 우뚝 섰음을 알리는 것이었다. 이 서곡은 앞서 보았듯이 명나라의 창건과 함께 울려 퍼졌다. 100년에 가까운 유목민 지배로 중국의 한족 왕조 역사의 흐름이 중단됐다가 다시 이어진 것이었다.

정화의 함대는 1405년에서 1433년 사이에 동남아시아로 내려갔고 (일곱 차례의 대원정에서 모두 동남아시아의 이곳저곳에 들렀다), 현지 세력들이 어느 날 아침 이 배들이 수평선에 나타난 것을 보고 무슨 생각을 했을지는 상상만 할 수 있을 뿐이다.[6] 전날 밤, 그들은 빈 하늘이 바다를 내려다보고 있는 가운데 잠자리에 들었다. 동이 트자 현실이 바뀌었고, 해로상에 줄지어 있던 정치체들에게 권력 개념 역시 바뀌었다. 중국은 오랫동안 멀리 있는 가능성으로 존재했고, 공물을 바쳐야 할 곳이었다. 현지에 미치는 영향력은 그리 크지 않았고, 다만 '중국'에서 오는 상품들과 그것을 배에 싣고 이따금씩 오는 상인들이 있었을 것이다.[7] 그러나 이전에 불분명했던 것이 이제 분명해졌다. 정화 함대의 도착은 해양부 아시아의 나머지 지역에, 자기네를 훨씬 능가하는 정치와 영토와 문화를 가진 현존 세력이 있음을 보여주었다. 실제로 중국은 두 지역 사이에서 간간이 이루어진 무역에서 자기네가 가져갈 만한 물건은 없다고 단언했다. 그 항해는 적어도 부분적으로는 상징적인 것이었고, 실제 교역과는 거의 아무런 관련이 없었다.

그러나 이 방문은 몇 가지를 남겼다. 커다란 청동 종, 거대한 쇠닻, 그리고 떠나는 제독을 숭배하도록 기부된 몇몇 사원 등이었다. 이중 일부 (실제의 것이든 원정 자체보다 훨씬 후대에 떠올린 것이든)는 아직도 이 지역에서 볼 수 있다.[8] 그러나 진실과 허구를 구분해 어느 것은 진짜이고 어느 것은 그저 관광업을 돌아가게 하는 연료 역할을 했을 뿐이라고 단정하기는 어렵다. 해양사를 연구하는 중국의 어느 학자는 한 학계 행사에서 내게 중국어로 이렇게 말했다. "정화는 어디에나 있고, 아무 데도 없습니다.

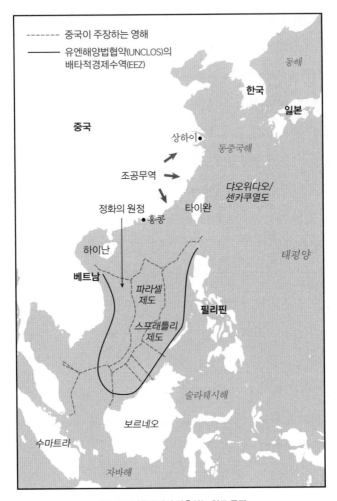

지도 14.1 남중국해의 상충하는 영토 주장

그가 실제로 어디를 갔느냐보다는 그가 어떤 의미를 지녔느냐가 더욱 중요합니다."[9]

그러나 한 가지는 분명히 이 배들에 실려 이동했다. 2장에서 봤던 기린이었다. 아름답고 매우 건강한(아마도) 그 동물은 아프리카 동부에서 인도양을 건너고 동남아시아를 거쳐 중국 조정에까지 이르렀다. 이 모든 것이 한 생애 동안에 이루어졌다. 앞서 보았듯이 이 기린은 1415년 그림으로 그려져 영원히 남았다. 이 짐승의 머리를 감탄스럽게 올려다보고 있는 하인의 고삐에 매인 모습이다.[10]

어느 날 아침 수평선에 거대한 함대가 나타나 어렴풋했던 것이 분명해진 경우에도 마찬가지였지만, 이 장면을 난징의 행인들이 처음 보았을 때 무슨 생각을 했을지는 알 수 없다. 기린은 수도의 거리를 행진한 뒤 궁정으로 보내져 황제가 자세히 살펴볼 수 있게 했다. 그 동물은 '기린'으로 선언됐다. 이 신화 속 동물의 존재가 마침내 중국 사람들의 눈앞에서 입증된 것이다.[11]

그것은 중국 국가와 그들이 지배한 아시아 해로 모두의 장래성에 대한 표현으로서 그것을 본 모든 사람이 알 수 있는 상징이었다. 황제는 세계의 모든 것을 수도로 가져와 조사할 수 있었다. 심지어 존재한다는 소문만 있고 어느 누구도 직접 본 적이 없는 것까지도 그랬다. 사실 기린은 육신으로 표현된 길이었다. 알려진 세계의 드넓은 지역을 묶어준 해로를 살, 힘줄, 피로 완전하게 표현한 것이었다. 그리고 그것은 운송할 수 있었다. 중국의 무역으로 인해 가능해진 상업과 연결을 나타내는 움직이는 표현물이었다.

중국의 제거시박사 조여괄은 그보다 200년쯤 전에 이미 인도양 맨 서쪽의 물건에 관해, 그리고 그곳에서 어떤 종류의 상품을 발견할 수 있는지에 관해 썼다.[12] 그러나 지금 중국의 문 앞에 와 있는 것은 무역로의 가장 먼 지역에서 온 산물이었다. 그리고 그것이 살아 숨 쉰다는 것은 (수천 킬로미터나 되는 해로의 온갖 어려움을 견디고 살아남았다) 그 출현을 더욱 놀라운 것으로 만들었다. 이것이 무역의 힘이었다.[13] 이것이 해상 연결망의 해로와 항구들을 통제하는 힘이었다. 그 연결망은 세계에서 가장 역동적인 나라의 신민이 되는 것을 더없이 보람 있는 일로 만들었다.

이 책은 위에서 말한 권력과 정치보다는 결합된 바다(서아시아와 일본을 연결하며 그 사이에 있는 모든 해상 영역과 가능성을 품고 있는 바다들을 합친 것이다)라는 관념에 초점을 맞춘 아시아 해양사의 비전을 주장했다. 이 장소들을 연결하는 통로가 하나의 세계를 이루었다. 이 해로와 통행이 말 그대로 2000년이나 지속된 대화의 역사를 만들어냈다. 지난 500년쯤의 유산은 특히 중요했고, 오늘날에도 여전히 남아 있다. 아덴과 도쿄 사이의 해상무역로는 우리가 당대인으로서 일상 현실을 생각하는 것의 한계에 영향을 미치는 데 한몫했다고 나는 주장했다.[14]

커피는 이 연결망에서 쏟아져 나왔다. 에티오피아 원산이지만 결국 홍해 회랑의 예멘에서 재배돼 수출됐으며, 이후 이 무역로가 통할 수 있는 거의 모든 곳에 상륙했다.[15] 향신료 또한 아시아 바다의 역사에서 중요했다. 그 매력으로 인해 아주 먼 곳에 있는 사람들까지 끌어들였고, 결국 이 지역에 광대하고 멀리까지 뻗은 제국들을 만들어내는 데 기여했다. 중국인과 인도인 노동자들이 이 길을 통해 동남아시아와 서쪽으로 아프리카까지 진출했고, 시간이 지나면서 이 회로 바깥으로도 나갔다.[16] 그들의 후예는 지금도 스와힐리 해안에서부터 멀리 일본까지 널리 펼쳐진 이들 지역의 해외 이주지에서 살고 있다.

사람의 이동에 더해 기술과 관념, 언어와 생물도 이동했다. 이 모두는 이 통로로 이동해 한 장소에서 다른 장소로 옮겨갔고, 그 뒤에 다시 더 먼 지역으로 옮겨갔다. 이런 이동에 관해 확실하게 말할 수 있는 것 중 하나는 그것들이 정태적이지 않고 끊임없이 진화했다는 것이다. 기회는 끊임없이 나타났고, 그런 뒤에 통로는 변화했다.[17] 종교는 한 장소에서 시작되고 그런 뒤에 다른 사람들에게 씨가 뿌려졌다. 이에 대해서는 앞부분에서 인도의 신앙을 통해 살펴보았고, 거의 1000년 뒤 기독교와 이슬람교도 마찬가지였다. 항구들이 나타나 영향을 받았다. 이전에는 조용한 해안선만 있던 곳들이었다. 소비와 인구의 역사는 점차 변화했다. 어느 시기에는 인구가 수천 명이었지만 (결국) 수백만 명으로 늘었다. 이 책은 시간이 흐르면서 일어나는 과정들을 살피고, 제공된 서로 다른 창을 통해 이 연결이 지역의 모습을 어떻게 변화시켰는지를 물었다.

흔히 말하듯이 지나고 보면 잘 보이지만, 이 거대한 패턴을 바라보는 데서 유일하게 확실한 것은 역사가 분명히 다르게 전개될 수 있었다는 것이다. 상좌부 불교 대신 힌두교가 동쪽으로 이동한 이주자들을 지배할 수 있었다. 향신료는 제국들의 발생과 전개에 중심적인 역할을 하지 않고 서쪽으로 그다지 이동하지 않을 수 있었다.[18] "아시아에서 지중해까지" 뻗은 이 방대한 해로를 넘어서 생각하는 것은 이런 가능성 일부를 볼 수 있게 해준다.[19] 길게 뻗은 활 모양의 아시아 해로에서 사태가 그렇게 전개됐다는 사실은 역사가 언제나 생각지 않았던 방향으로 전개된다는 것을 입증하고 있다. 그것은 경로에서도 생각을 벗어날 뿐만 아니라 또한 최종적인 결과에서도 생각을 벗어났다.

––––––

중국-우크라이나 혼혈의 항공모함보다 훨씬 오래된 것이기는 하지만,

정화 함대 역시 권력과 상업이 대규모로 아시아 해로를 따라 이동한 첫 번째 사례는 아니었다. 조여괄은 1225년에 쓴 무역로에 관한 주목할 만한 개론서《제번지諸蕃誌》에서 정화가 출항하기 200년 전의 아프리카 산물에 대해 이야기했다.

그러나 이 해로에서 상업과 권력이 이전에는 불가능했던 방식으로 뒤얽히는 시초를 보여준 것은 같은 세기 나중에 이루어진 일련의 항해였고, 그 정점은 1274년과 1281년의 두 차례 원정이었다. 바로 그 두 해에 중국 제국의 정복자로 막 들어선 몽골이 중세 중국의 주요 무역 상대국이었던 봉건 일본을 정복하기 위한 대규모 함대를 파견했다. 1274년의 첫 침공에서는 8000명의 고려 병사와 1만 5000명의 몽골 및(또는) 중국 병사들을 보냈다. 1000척 가까운 배가 동원됐다. 1281년의 두 번째 침공은 더 규모가 컸다. 4만 명의 원나라 병사를 실은 900척의 배가 고려에서 출발했고, 또 다른 3500척의 배가 남중국에서 10만 명의 병력을 싣고 갔다. 두 차례의 함대는 모두 일본 해안 앞바다에서 침몰했다. 전투 중에 침몰한 게 아니라 거대한 태풍 때문이었다. 일본 전승에 나오는 이른바 가미카제神風다. 두 함대는 절름거리며 귀국했다(또는 사라졌다). 스스로에게 그림자를 드리웠을 뿐, 일본의 무역이나 정치적 자주성 어느 것도 손상시키지는 못했다. 그렇다고 몽골이 재침략을 완전히 단념한 것은 아니었다. 1293년에 침략 함대가 더 먼 곳으로 갔다. 2만에서 3만 명의 병력이 자바섬에 상륙해 결국 토착 싱하사리 왕국을 몰아내는 데 일조했다.[20]

그러나 모든 경우에서 교훈은 똑같다. 해로상의 총명한 지배자들은 무역이 권력 증대로 이어지지만 수평선 너머에는 더 위협적인 정치체가 있어 시장에서 자기네 몫을 늘리는 데 열심이라는 사실을 알고 있었다.[21]

중세 아시아의 해로는 접촉과 무역의 연속체로 존재했지만, 그것은 물고 물리는 세계였다. 그 세계에서 수평선 너머의 가장 큰 잠재적 위협은 언제나 중국이었다.

그러나 근세 시기에는 상황이 변하기 시작했다. 중국과 중국 왕조로 들어선 몽골(1279~1368년에 존속했던 원나라로 알려진 나라다)이 지배했던 남중국해에 16세기가 되자 새로운 세력이 나타났다. 그들은 상업과 강제에 대한 이 이전 가정 일부에 도전했다.

포르투갈인들은 15세기 말에 인도양에 들어왔지만, 16세기에는 이 드넓은 바다의 여러 지역에서 일종의 새로운 경찰 같은 존재가 됐다. '이스타두 다 인디아Estado da Índia'(포르투갈령 인도)는 중국처럼 공식적인 조공 제도에 관심을 갖기보다는 거래 수익에 건마다 세금을 부과하는 데 관심이 있었다. 그들은 카르타스라는 유사 통행증 제도를 강요하고 자기네 통제권을 벗어나 이동하는 선박에 대해서는 예외 없이 벌금을 물렸다.[22]

앞서 보았듯이 카르타스 제도는 완벽하게 작동하지 않았고, 많은 선박이 그들의 강요에서 벗어날 수 있었다. 협상을 하거나, 무시하거나, 포르투갈인과 현지 지배자들 사이에서 노골적으로 뇌물을 주거나 하는 방식이었다. 그러나 더 많은 사람들은 세금을 내야 했고, 포르투갈인들은 인도의 해안과 때로는 더 먼 곳(특히 페르시아만과 아라비아해)에서 기존의 해상무역 패턴을 바꾸고 결국 이를 한동안 중단시킬 수 있었다.[23]

자신의 힘을 발휘할 수 있는 포르투갈의 능력은 오래 지속하기에는 충분하지 않았다. 그것을 유지하고 인원을 채우기에는 도무지 포르투갈 선박과 콩키스타도르가 충분하지 않았고, 인도양은 무역을 하기 위한 넓은 무대였다. 그곳은 이 특정 시점에 지속적으로 경찰 노릇을 하기에는 너무 넓었다. 그러나 정책의 방향은 정해졌고, 남들이 주목하는 곳에서는 충분히 효과적임이 드러났다. 아시아 무역로의 현실을 어떻게 다루어야 하는지에 대한 생각의 발아(그리고 그 환상적인 가능성)는 다른 사람들에게 개선을 위해 제시됐다.

이 생각(독점 또는 가능한 한 가장 독점에 가까운 것)은 네덜란드 선박들이 17세기에 아시아 무역 무대에 들어오면서 그들에 의해 채택됐다. 네덜란드 역시 아시아 무역로의 활력에서 이득을 얻기를 원했고, 그들은 같은 세기 중반에 상업과 강제를 연결시키며 자기네의 의향을 내비쳤다.

네덜란드 동인도회사가 단순히 독점을 추구하는 것을 넘어서 금령을 어기는 자들을 공공연히 살해하기까지 한 것은 바로 이 시기, 유명한 인도네시아 동부의 '향신료제도'에서였다.[24] 잉글랜드 상인들은 이런 사고방식에 따라 처형된 초기의, 그리고 가장 유명한 사람들이었다. 그러나 시간이 지나면서 유럽 상인들과 비교해 더 많은 아시아 상인이 같은 운명을 겪었다. 현재 남아 있는 당시 기록(거의 모두가 유럽인의 것이다)에서 유럽 상인들에 더 비중을 두었을 뿐이다. 네덜란드의 정책이 군도의 다른 지역에서는 덜 가혹했지만(살인은 적었지만 주석 원광과 기타 가치 있는 산물에 대한 독점 시도의 빈도는 마찬가지였다), 의도는 여전히 분명했다.[25] 아시아 무역로는 이용할 수 있었지만, 상업은 그 방법 가운데 하나일 뿐이었고 필요하다면 무력도 사용할 수 있었다.

18세기가 지나는 동안에 네덜란드의 사업이 쪼그라들면서 같은 북유럽인인 영국인이 이들 바다에서의 사업 경영에 더 큰 영향을 미치기 시작했다. 처음에는 인도에서 시작했지만 점차 이 해로상의 다른 지역에도 진출했다. 영국 선박들은 갈수록 더 많은 항구에, 더 자주 드나들었다. 시간이 지나고 19세기가 무르익자 영국인들은 이 대륙을 감싸는 해상 통로에서 주요 세력이 됐으며, 영국 정부의 정치적 지시가 선박들에 의해 수행됐다. 흔히(그러나 늘 그런 것은 아니었다) 정책과 무역을 한데 묶는 형태였다.

5장에서 보았듯이 인도양 일대의 여러 사회에서 영어가 상업의 통용어가 된 것은 우연이 아니었다. 케이프타운에서 케냐와 탄자니아까지, 그리고 파키스탄·방글라데시·인도·스리랑카·미얀마에서 말레이시아·싱가포르까지, 그리고 궁극적으로 오스트레일리아까지 말이다. 영국의 무역은 이들 사회를 해상의 이웃 같은 것으로 한데 묶었고, 그들을 연결한 무역로에는 다른 어느 나라의 선박보다 더 많은 영국 선박이 돌아다녔다. 로이드나 P&O 같은 회사들이었다.[26]

아시아 바다의 이런 상황은 20세기 초반에 도전받기 시작했다. 일본은 1868년 메이지유신明治維新 이래 '근대 국가'가 되는 일에 매달리게 됐고, 매우 무자비하고 정확하게 이 목표의 성취를 추구했다.[27] 국가 산업과 대규모 상업은 이런 노력을 통해 하나가 됐고, 큰 회사들(그리고 여러 작은 회사들 또한)은 자기네 사업의 대상을 아시아의 나머지 지역으로 확장하기 시작했다.

처음에 이 업체 대부분은 아주 보잘것없었다. 인도네시아 동부의 소규모 진주조개 채취업자, 지금의 말레이시아를 뒤지고 다니는 목재 상인, 일본인 노동자를 필리핀으로 보내는 밀거래업자 같은 사람들이었다.[28] 그러나 결국 부정기 증기선 회사들이 일본과 동남아시아 사이의 해로에서 상당한 사업 이득을 올렸고, 중간의 중국 항구들을 돌아다니면서 방금 말한 아시아의 남쪽 지역과 북쪽 지역을 연결했다.[29] 일본과 아시아 사이의 상업은 해로의 이 '결합조직'을 통해 번성을 누렸다.

일본은 해군도 건설하기 시작했다. 타이완 등지의 해외 투자를 보호하기 위한 것이기도 했지만, 보다 이데올로기적 충동에 따른 이유도 있었다. 불과 수십 년 사이에 일본의 해군력은 아시아 바다에서 거의 어느 세력에 비해서도 뒤지지 않게 됐으며, 사실상 유럽의 몇몇 해군과 비견될 정도가 됐다. 일본은 1905년 대한해협 동수로東水路에서 러시아 함대를 전멸시켜 이를 입증했다. 러시아 함대는 유럽의 바다에서 출발해 대륙을 도는 장거리 여행의 막바지에 있었다.

이 승리 이후 일본은 더욱 팽창했다. 한국으로, 만주로, 그리고 마침내 세기 중반에는 나머지 아시아 지역으로 진출해 서방 선박들은 더 이상 어떤 실질적인 보호도 기대할 수 없게 됐다. 아시아의 해상무역로는 이제 일본을 가리키는 쪽으로 '리오리엔트'(서론에서 말한 안드레 군더 프랑크의 구절을 다시 빌리자면)됐다. 대재앙의 전쟁과 파괴를 겪고 나서야 반세기에 걸쳐 쌓아올린 패턴이 멈췄고, 이 해로는 보다 국제적이고 자본주의적인 성격을 회복했다.[30]

그것이 지금 21세기의 인류가 물려받은 해로다. 개방적이고 널리 뻗어 있고 여러 방향으로 달리며, 여러 항구들의 정박지를 경유한다. 그 역사는 길고 복잡하다. 그러나 그 발전은 접촉과 교환의 더 긴 역사의 범위 안에서 이해해야 한다. 물론 앤 스톨러Ann Stoler가 우아하게 상기시켜주듯이 우리가 아직 "제국 잔재의 정치 생활, 오랫동안 유지된 지배 구조, 식민지 구조 탈피 속도의 불균등" 속에 있지만 말이다.[31]

이 책은 이 해로의 지배 시도에 관한 것이라기보다는 시간의 흐름에 따른 아시아 해상 통로의 생활에 관한 이야기다. 이 책은 서로 다른 종류의 창들을 통해 이 해로가 어떤 모습이었는지를 살짝 들여다본 것이다. 근세에서 제국주의 시대로 넘어가고, 우리 시대도 잠깐 살폈다.

1부에서는 해상의 연결을 이야기했지만, 아주 다른 종류의 접근법을 통해서였다. 2장에서는 해상 회로 전체를 다루었다. '극동'의 중국을 인도양 가장 서쪽 끝과 연결해 동아프리카 해안에 도달했다. 그 역사는 길지만 잘 알려지지 않았기도 하다. 그것은 문서와 역사에 쓰여 있기도 하지만 DNA 가닥과 항아리 파편에 표시돼 있기도 하다. 시간이 지나자 해로의 양쪽 끝 사이의 진정한 연결이 이루어졌다. 그러나 접촉은 간헐적이었고, 그 일부 순간들만이 이 무역의 '개화기開花期'였다. 정화 함대가 동아프리카에 갔던 때나 아프리카인들이 상인 및(또는) 용병으로서 광저우에 나타났던 것 같은 경우다.

3장은 전혀 다른 장소에서 시작했다. 단일 정치체의 해안으로, 여기서는 베트남의 바다다. 이 한 정치체의 무역을 시간적으로 검토함으로써 베트남이 근세 시기에 스스로를 더 넓은 대양 경제권들과 연결시키기 위해 만들어낸 복잡한 연결망을 살필 수 있었다. 이 연결은 지속적이지도 않았고 아주 활력이 넘치지도 않았다. 베트남에서는 통상 내부에 대한 관심이 더 중요한 것으로 생각됐다. 그러나 때때로 베트남을 중국과, 그리고 동남아시아와 연결시키는 것이 중요한 시기가 있었다. 그런 연결들을 통해 베트남은 세계를 향해 문을 열었지만, 대개는 마지못해 그렇게 했다. 적어도 유교가 지배하던 시기에는 그랬다. 이 옹고집은 4장이 분명하게 보여주듯이 오늘날에도 여전히 어느 정도는 남아 있다. 빠르게 사라져가고는 있지만 말이다.

2부는 해역에 초점을 맞추었으며, 아시아의 양대 '내부 바다'를 검토함으로써 그렇게 했다. 두 바다는 남중국해와 인도양으로, 하나의 계系로 보았다. 앞서 말했듯이 4장에서는 베트남뿐만 아니라 남중국해의 다른 사회들 또한 살폈다. 그들의 역사가 밀수 행태를 통해 어떻게 연결될 수 있는지를 알기 위해서였다. 역사적으로 이들 행태는 이 특정 해역에서 매우 두드러졌다. 밀수는 인간 역사에서 거의 어느 곳에서나 있었지만, 고위험-고수익의 상업적 기회는 수백 년 동안 남중국해에서 두드러졌다. 이 장에서는 이런 경향을 장기적인 관점에서 살폈지만, 이어 우리 시대의 지역 해상 밀수 추구의 경향 역시 검토했다.

밀수가 해역으로서의 남중국해를 내적 체계 안에 개념화하는 한 방법이었지만, 5장에서 보았듯이 인도양 역시 그런 점에서 가능성을 갖고 있었다. 인도양에서는 다른 여러 지역에 비해 일찍 대양 규모의 기반을 가진 무역이 출현했지만, K. N. 차우두리 등이 보여주었듯이 이런 패턴이 상당히 빈번하게 일어나기 시작할 때까지는 진정한 체계 같은 것은 아니었다. 그러나 일단 대규모 상업의 얼개가 모습을 드러내자 이 해역이 무역 주위에 엉겨 붙었다. 기록된 인류의 역사 속에서 그런 역할을 했던 해안은 별로 없었다. 남아프리카공화국 케이프타운에서 오스트레일리아 퍼스까지, 여러 나라의 선박들에 의해 추동돼 반경은 수평선 너머로 뻗어나갔다. 5장은 이들 모든 사업 가운데 영국이 어떻게 해서 가장 큰 성공을 거두게 됐는지에 초점을 맞추었다. 특히 근세에서 18~19세기 제국의 시대로 넘어가는 시기에 말이다. 새로운 '중심지'와 새로운 '변두리'가 만들어졌지만, 영국은 이 발전하는 지역들을 무역을 통해, 그리고 대륙 규모로 이루어지는 지역 간 관계의 씨뿌리기를 통해 한데 묶었다.

3부에서는 '물결 위의 종교'를 살피고 이런 모든 발전에 신앙이 어떤 영향을 미쳤는지를 물었다. 6장은 근세가 시작되기 이전 수백 년 동안에 힌두교와 불교가 남아시아에서 동남아시아로 전파된 것을 통해 이를 살폈다. 구세계 인도에서 보낸 선발대 격이었던 이 두 종교는 주로 상인들을 통해 '신'세계 동남아시아로 전해졌다. 그러나 그것은 또한 신앙을 가진 사람들을 통한 것이기도 했다. 그들 가운데 일부는 인도 남부 드라비다계 촐라의 공격 같은 침략군의 뒤를 따라 상륙했을 것이다. 오늘날 우리는 역사적으로 '힌두교와 불교'가 바다를 건너 동남아시아의 여러 지역으로 들어갔다고 생각하지만, 그것은 다만 동남아시아 본토, 특히 에야와디강, 차오프라야강, 메콩강 같은 큰 강 유역의 쌀 산지들에서 정말로 뿌리를 내렸을 뿐이다. 벵골만을 건너는 바다 여행을 한 뒤에 이 관념 이동의 나머지 대부분은 육상을 통해 이루어졌을 것이다. 문화와 종교 관념들이 이 개별 왕국들에 전파됐다. 태국 초기의 끄라지협과 그 주변은 아마도 이 전파가 이루어진 특히 중요한 통과 지점이었을 것이다. 여기서는 이곳에 특별한 관심을 기울였다.

이어 7장에서는 바다로 나가 삼보앙가에 상륙했다. 필리핀 남부의 맨 끝에 있지만 현대 말레이시아와 인도네시아의 끝 지점과도 마주하고 있는 항구다. 약간 오래된 에스파냐의 항구도시 삼보앙가에서 이슬람교도와 기독교도는 수백 년 동안 대화를 해왔다. 그 대화가 성격상 평화적이었던 것은 오직 가끔씩뿐이었다. 술루해의 넓은 연안을 끼고 있는 삼보앙가는 중요한 무역로의 핵심 부근에 있었고, 이 지역에 여러 술탄국들이 들어섰다는 사실은 이슬람교가 이 지역에서 일상적이고 중요한 세력이었다는 뜻이다. 그러나 기독교 또한 있었다. 이곳이 아시아에서 이루어진 에스파냐 제국 사업의 말단이기도 했기 때문이다. 역사 기록을 통해, 그리고 구술사 면담을 통해 이 대화가 여기에 제시됐다. 두 관념은 이 항구에서 서로 경쟁했고, 이 때문에 지금도 이곳이 어떤 면에서 세계의 끄트머리라는 느낌을 준다.

삼보앙가가 지역적으로 중요하기는 했지만, 그곳은 길게 뻗은 활 모양의 아시아 무역로에서 그런 얘기를 들어야 할 많은 도시들 가운데 하나일 뿐이었다. 4부에서는 이 대화의 일부로서의 도시 생활을 다루었으며, 그 핵심적인 탐구로서 도시와 바다를 살펴보았다. 8장에서는 이를 지역적으로 다루었으며, 동남아시아 전체를 바탕으로 해서 '바람 아래의 땅'에서 항구도시가 어떻게 형성됐는지를 검토했다. 이 장은 흔히 사회과학자들이 압도적으로 오스트로네시아어족의 언어를 사용하는 단일의 실체로 묘사하는 도서부 동남아시아 세계를 다루었지만, 이 이야기의 일부인 동남아시아 본토의 해안 지역도 살폈다. 따라서 이 장은 이 지역을 연구하는 다른 역사가들(대표적으로 각기 개척적인 연구를 한 앤서니 리드와 빅터 리버먼이 있다)이 모호하게 나눈 영역으로 보았던 세계들을 한데 묶었다. 동남아시아의 밀수를 다룬 4장에서도 그랬지만 이 장은 역사적 접근법과 보다 당대적인 접근법 모두를 이용해 시간의 경과에 따른 도시의 등장을 살폈다. 우리 자신의 현대 세계를 포함해서다.

9장에서는 다시 범위를 바꾸어 더 넓고 더 포괄적인 지역에서 도시의 개념을 살폈다. 이 '식민지 회로'는 아시아의 관문인 이스탄불에서 출발해 서아시아를 거치고 남아시아·동남아시아·동아시아를 통과해 구불구불 나아간 뒤 마지막으로 식민지 한국의 항구 부산에 상륙했다. 이 장은 이 모든 시간 동안 놀랍도록 광대한 너른 물의 세계인 바다로 연결된 아시아 해로의 전역에 걸쳐 식민지 회로가 어떻게 만들어지고 유지됐는지를 물었다. 여기서는 영국의 사업이 중심 무대를 차지하지만, 네덜란드·프랑스·일본의 식민지 회로 역시 질문의 대상이 됐다. 우리는 오늘날 영향력과 통신이 공간을 넘어 매우 쉽게 행사되는 것을 당연하게 여기지만, 오랜 시간 동안 그렇지가 않았다. 이 장은 이 위업이 역사적으로 어떻게 성취됐는지를 보여주었다. 제국들이 자기네가 얻은 것을 서로 연결된 하나의 망으로 묶고자 하면서 아시아 해로에 통일성이 생겼다.

5부에서는 시선을 생태학 수준으로 낮추어 중국과 동남아시아 사이의 해산물 무역을 인도 남부의 향신료(이른바 유럽인의 '발견의 시대'를 여는 데 이바지한 품목)와 한데 묶었다. 두 부류의 산물들은 아시아의 해상무역로를 중요하고 수백 년 된 무역의 동맥에서 보다 퇴화한 상업 노선으로 변모시키는 데 일조했지만, 그럼에도 불구하고 그것은 오랜 시간 동안 활력을 지니고 있었다.

10장에서는 남중국해에서 이 일을 달성한 동아시아 및 동남아시아의 물고기 지느러미, 해삼, 진주를 살펴보았다. 이 품목들의 운송의 결과로 연결된 이 해역의 남쪽과 북쪽의 해안선도 마찬가지다. 브뤼노 라투르Bruno Latour라면 이 바다 생물들을 '유사 물체'라 부를 것이다. 그는 이런 식으로 "한때는 산 것"이었지만 이제는 생명이 없는 물건들을 "'엄연한' 자연의 일부에 비해 훨씬 사회적이고 훨씬 허구적이며 훨씬 집합적"인 것으로 보았다. 그러나 그것들은 우리가 생각하는 것에 비해 "훨씬 실

제적이고 비인간적이며 객관적"이었다.[32]

이 역사는 오랜 것이다. 물론 해산물 무역에 관한 기록은 흔히 찾기 어렵고, 증거 자체는 열대 기후에서 시간이 지나면서 파괴돼 사라진 지 오래다. 그러나 18세기 중반부터 19세기 말까지 이 상업은 아시아의 바다에서 매우 중요했다. 그런 품목들을 손에 넣어 권력을 확립했던 토착 술탄국들이 상품을 광저우로 전달했다. 이는 유럽인들의 주목을 끌었고, 그들은 다시 방대한 중국 경제를 비집고 들어가기 위한 시도로 이들 상품 수출을 추구하기 시작했다. 나는 이 운송을 역사학적으로, 그리고 민족지학적으로 검토했다. 채집 장소와 아직도 이런 물건들을 팔고 있는 상인들의 가게를 돌아다니며 해산물이 운송된 이야기를 한데 엮고자 했다.

이어 11장에서는 비슷한 이야기를 찾아 훨씬 서쪽을 바라보았다. 향신료가 인도 남부에서 나가 초국가적·초지역적인 회로로 들어가는 이야기였다. 후추, 강황, 커민 같은 인도의 향신료들은 이른 시기부터 사람들을 그 해안으로 끌어들였지만, 이런 냄새가 나는 씨앗, 나무껍질, 나무의 운송이 대량으로 이루어지기 시작한 것은 근세 시기에 들어서였다. 이들 가운데 일부는 서쪽으로 갔고, 고전고대에 '동방Orient'에 관한 관념의 씨앗을 뿌리는 데 이바지했다. 이 관념은 그 이후 서방의 상상 속에서 여러 세기 동안 머물러 있었다. 그러나 이 운송의 일부는 또한 말레이반도 같은 동쪽으로도 갔다. 그곳에서는 인도 상인들이 이주해 대대로 무역에 종사했으며 심지어 우리 시대에까지 이어졌다. 역사 기록을 통해, 그리고 남아시아 및 동남아시아에서의 면담과 현장연구를 통해서도 향신료 운송에 대해 검토했다. 해외의 선박들을 끌어들인 아시아의 모든 생태학적 무역 가운데 아마도 가장 중요한 품목일 것이다.

마지막으로, 6부에서는 바다와 관련된 기술과 아시아 해양사의 전개 과정에서의 기술적 규범을 전반적으로 살폈다. 이 주제의 역사 연구는 기술에 대한 이해 없이는 마무리되지 않을 것이다. 기술이 선박을 운항하게 만들었고, 애초에 선원·투기꾼·보험업자로 하여금 배를 어느 곳으로 보내야 할지를 결정할 수 있게 했기 때문이다.

12장에서는 등대, 수로 표지, 부표의 역할을 분석했다. 가시적이고 노골적인 아시아 정복이 대륙 규모로 일어날 수 있게 해준 '제국의 도구'(빌려온 말이다)다. 그러나 등대는 보는 것을 가능하게 만들었다. 예컨 대 도서부 동남아시아에서 등대를 건설하기 전에는 식민사업 확장에서 자기네 신민들이 밤에 배를 타고 어디로 나가고 무슨 목적으로 나가는지 거의 또는 전혀 알 길이 없었다. 이 새로운 도구는 포로로 잡힌 사람들을 감시하는 데 도움을 주었고, 사실상 "통제가 필요한 사람들"을 통제하기 위한 방법으로서 푸코의 유명한 원형감옥과 공통점이 많은 도구였다. 서방 열강은 이 등대들을, 지역의 해상 활동이 이루어지는 수로를 자국의 목적에 맞게 몰아가는 데 사용했다.

13장에서는 또 다른 가공할 도구인 수로 측량을 통한 지도를 살펴보았다. 지도는 서방이 '그 나머지'를 통제하기 위한 또 다른 도구였다. 수로 측량을 통한 지도 작성은 아마도 초기 아시아 해로 정복에서 가장 중요한 혁신이었을 것이다. 새로 얻은 지식을 끊임없이 개선하고, 실제로 시간이 흐르면서 계속 개선됐기 때문이다. 지도는 제국의 인식 속에서 공간이 행동으로 변환될 수 있게 했다. 유럽 선박들은 적어도 아시아인 들만큼이나 이 지역 바다를 잘 알게 됐다. 아시아인들은 오랜 시간 동안 접촉 시에 '현지 사정'에 관해 결정적인 이점을 갖고 있었다. 전쟁과 상업 모두에서 서방은 마침내 이 현지인들의 지식수준을 따라잡았고, 이후 시간이 흐르면서 이 바다에 대한 인식이 깊어지면서 이 관계에 새로운 조건을 강요할 수 있었다. 따라서 마찬가지로 유명한 푸코의 권력과 지식 패러다임이 이들 사례에 모두 적용된다.

이 책의 결론에 해당하는 14장은 장기적인 관점에서 이 패턴이 역사적으로, 그리고 우리 시대에 어떤 의미를 지니는지를 물으면서 책을 마무리한다. 중국이라는 유령이 이 해로에 다시 강자로 떠오른다면 그 결과는 어떻게 될까? 중국은 위에서 묘사한 모든 방식으로 이 해상 통로에 영향을 미칠까? 그런 점에서 역사는 우리에게 어떤 실마리를 제공할까? 그리고 우리는 앞으로 일어날 사건들의 바탕으로서 과거의 패턴에 얼마나 의존할 수 있을까?

———

아시아의 상당 지역에서 바다는 오랫동안 자유로운 곳으로 생각돼왔다. 그러다가 모두의 관념 속에서 정치적 의지가 강제적인 방식으로 그 표면에 가해질 수 있는 곳이 됐다. 역사가들은 네덜란드 법학자 하위흐 더 흐로트Huig de Groot(그로티우스)가 1609년 《자유로운 바다Mare Liberum》를 쓴 것이 국제법적 맥락에서 이런 관념의 일부가 시작된 때라고 지적한다.[33] 그러나 실체적인 진실은 이 관념, 즉 누구나 바다를 통해 무역을 할 수 있고, 방해받지 않을 자유가 있다는 관념이 세계의 이 지역에서 그 이전에 오랫동안 존재했다는 것이다.

흐로트가 그런 언명을 하기 훨씬 전에도 우리가 몽골과 명나라의 사례에서 보았듯이 공해상에서 '무력시위'는 계속 있었지만, 여러 가지 측면에서 '닫힌 바다mare clausum' 관념의 시작을 알린 것은 포르투갈인들의 도래였다. 이 바다 일부는 통과 시에 강제력이 먹히는 운송 공간으로 인식됐고, 무장 해군력과 초보적인 '통행증'이 감시 활동의 발전을 촉진했다. 이런 언명을 뒷받침할 능력은 한꺼번에 생겨나지는 않았다. 우리가 아는 한 많은 아시아 지배자들은 이 해로에서 새로이 전개되는 무역의 현실에 대처하는 방법을 모색했고, 그것은 (실제로) 한동안 지속돼 아직도 볼 수 있다. 적어도 지역에 따라서는 말이다.

그러나 서방은 아시아의 항구들을 연결한 해로와 바다를 하나씩 하나씩, 그리고 결국은 전체의 모습에 대해 연구하기 시작했다. 해가 갈수록 더 많은 자료가 수집되고 더 많은 해역에 대해 더 잘 알게 됐다. 결정적으로 모든 정보가 이 지식을 경제적인(그리고 점차 정치적인) 목적을 위해 사용한다는 분명한 생각에 따라 보관됐다. 계절풍이 정리되고 그 시간표가 기록됐다. 여러 해안을 연결하는 조류의 흐름이 기록되고 경도에 대한 과학의 발전이 이 과정에 도움을 주었다.[34] 이 해로는 연결체로서 점점 더 많이 알려졌고, 점점 더 많은 외국인들이 이 지식을 이용해 이득을 얻고자 했다. 세계는 내가 서론에서 언급한 '접촉의 시대' 및 '신속화' 이후 수백 년이 지나는 동안에 더 작은 곳이 됐다.[35] 아시아의 해로가 점차 알려지고 연구된 존재로서 규명된 것이 이 일이 일어난 중요한 원인이었다.

이 해로는 오늘날에도 여전히 존재한다. 다만 형태가 바뀌었을 뿐이다. 몇몇 큰 배들이 여전히 이 해로를 끝에서 끝까지 다니며 페르시아만의 정유공장을(또는 유럽으로 가는 홍해 수로를) 동아시아의 거대하고 인구가 많은 시장(특히 중국, 한국, 일본)과 연결한다. 유조선과 자동차 운반선이 이 회로를 항해하고 있지만, 대형 컨테이너선에서는 거의 모든 종류의 상품을 볼 수 있다. 그러나 나는 이 오래된 무역의 속삭임이 여전히 가장 잘 들리는 곳은 해로에서 더 작고 더 지역적인 구간이라고 말하고 싶다.

몇 년 전에 나는 인도양의 서쪽 끝 부분(정화 함대가 기린을 찾기 위해 상륙했던 곳에서 그리 멀지 않은 곳이다)에서 탄자니아의 잔지바르를 떠나 케냐 몸바사로 가는 배를 밤새 타고 갔다. 낡은 증기선은 현지 주민들과 그들의 짐을 과적했고, 한밤중에 배는 좌현 쪽으로 위험스럽게 기우뚱거리기 시작했다. 너무 많이 실은 탓이었다. 우리는 서쪽의 먼 해안에서 빛이 반짝거리는 것을 볼 수 있었다. 그러나 우리는 해안에서 너무 멀었고, 나는 의심스러운 눈초리로 조류, 바다의 깊이, 해안에서의 거리를 가늠해 보았다. 뜻밖에 하게 될지도 모르는 한밤의 수영에 대비한 것이었다. 이 바다에는 상어도 많았다. 다행히 배는 이튿날 아침 항구에 도착했다. 그러나 이 항로에서 여러 척의 연락선이 침몰했고, 심지어 최근에도 침몰하고 있다. 그런 일이 일어날 때는 흔히 수십 명, 심지어 수백 명의 승객이 목숨을 잃는다.[36]

그날 밤, 나는 인도양 무역의 가장 먼 서쪽 지평선을 응시하면서 이런 일이 얼마나 자주 일어났을까 생각했다. 갑판에 있던 사람들은 바다를 바라보며 무엇이든 자연이 그들에게 가하는 것을 벗어날 가능성이 얼마나 적은지를 생각했다. 수백 년 동안 사람들은 홍수紅樹 막대기를 이리로 나르고 상아 팔찌를 저리로 나르기 위해 배를 타고 이 길을 지나갔지만, 언제나 더 많은 영혼을 부르는 깊은 바다가 그곳에 있었다. 그들이 바닥에 널려 있다.[37] 해로 바깥의 이들 바다에서 항해로 밥벌이를 하는 것은 언제나 엄혹한 일이었다. 이 해로의 낭만은 사실 어른이 된 이후 모든 나날을, 이 상업의 회로를 이리저리 돌아다니며 생계를 꾸리지 않아도 되는 사람들을 위한 것이다.

나는 또 어느 밤에 다른 배를 타고 인도양을 건너고 심지어 자바해를 거의 다 건너면서 비슷한 생각을 했다. 역시 어둠 속에서였다. 나는 술라웨시섬의 마카사르에서 자바섬의 수라바야로 가면서 부기족의 프라후피니시prahu-pinisi를 탔다. 큰 돛이 많고 거대하고 물매진 이물을 가진 낡은 스쿠너였다. 부기족은 지난 수백 년 동안 때로 해적질을 했다. 영어의 '부기맨bogeyman'(귀신)이라는 멸칭은 그들의 민족명에서 온 것이었다. "부기맨이 너를 잡으러 간다"는 식으로 쓰였다. 부기족 선원들은 과거에 인도네시아의 거의 모든 바다를 항해했고, 지금도 마찬가지다. 세계에서 석유가 떨어진다 해도 인도네시아 경제는 다른 대부분의 나라들보다 더 오래 돌아갈 것이라는 평가가 있었다. 바람의 힘만으로 상품을 수송할 수 있는 부기족의 대형 선박이 아직 많기 때문이다.

그날 밤 술라웨시와 자바의 중간 어느 곳에서 갑판의 소금가마 위에서 잠을 청하면서 나는 사람들이 얼마나 오랫동안 이 항로를 다녔으며 그들이 무엇을 찾고 싶었는지에 대해 생각했다. 부기족의 조상들은 멀리 오스트레일리아 북쪽까지 항해해 그 지역의 얕은 바다에서 식용 해삼을 잡아 광저우의 중국인들에게 보냈다. 오스트레일리아 토착민들은 그들이 온 것을 다윈 부근의 동굴에 그림으로 그렸다. 부기족의 배들은 적어도 300~400년 동안 계절적으로 그곳에 갔던 것으로 여겨지고 있다.[38] 여기서도 역시 가동 중인 항로의 힘은 분명하며, 그 반향 역시 마찬가지다.

무역풍을 타고 알려진 세계를 이리저리 돌아다니며 사실상 새로운 영역을 개척한 검은 돛을 단 그 배들은 제임스 쿡의 오스트레일리아 항해보다 100년 이상(어쩌면 훨씬 더) 앞선 것이다.

여행에서 얻은 산물들은 멀리 북쪽으로 올라가 주장珠江 어귀 어느 곳의 부유한 상인의 식탁에 올랐다. 사람들이 해삼을 먹고 있을 때 광저우의 등대들은 어둠 속에서 반짝이고 있었다. 무역로는 오래된 비밀을 갖고 있을까? 중국인들은 강장 해삼죽을 먹으면서 그 해삼들이 얼마나 먼 거리를 이동해왔는지 알고 있었을까? 확실한 것은 알기 어렵다. 그러나 중세의 제거시박사 조여괄의 경우에서 보았듯이 중국인의 해로에 대한 지식의 갈증이 적어도 일시적으로라도 유럽인만큼 강했다면 유럽인들은 수백 년 뒤에나 아시아에 왔을 것이다.[39]

그렇다면 이 장 첫머리에서 물었듯이 중국이 이 바다들을 지배할까? 오랜 역사를 가진 아시아의 해로는 중국이 다시(환관 정화 제독의 시대와 마찬가지로) 이 대양의 주인이 돼서 모두가 해안에서 경외감 속에, 그리고 어쩌면 두려움에 휩싸여 바라볼 권력의 깃발을 날리는 가까운 미래에 정점을 맞이하게 될까? 그것을 알기는 불가능할 것이고, 이런 순간에 나는 보다 예측을 해야 하는 학문이 아니라 역사학을 한 것이 다행스럽다. 그러나 역사는 다시 약간의 실마리를 주는 듯하다.

이 해로에서 항공모함의 형태로 설계된 권력의 큰 발자국을 찾기보다는 아마도 작은 것을 찾는 편이 나을 것이다. 비문 연구가 볼프강 프랑케Wolfgang Franke는 중국인들이 말레이 세계에 남긴 놀랄 만큼 많은 옛 비문들(말 그대로 수천 개에 이른다)을 정리했다. 사원, 동굴, 말뚝, 때로는 인적이 끊긴 곳에서도 찾아냈다. 이들은 과거 중국인들이 이동한 것을 기록하고 있다. 그들 모두는 이 해로를 통해 이동했다.[40] 우리는 다른 연구(그중 일부는 심지어 파푸아뉴기니와, 학술적으로 동남아시아 바깥으로 생각돼 현재 오세아니아로 분류되는 섬들에 초점을 맞춘 것도 있다)를 통해서도 중국인들이 이 길을 통해 갔음을 알고 있다. 그들은 먼 해안에서 조개와 코코넛을 거래했고, 심지어 더 외딴 산호섬에까지 갔다.[41] 그들이 간 것에 관한 기록은 별로 없고, 그들의 여행에 관한 역사는 아주 희귀하다.

그러나 DNA는 거짓말을 하지 않으며, 우리는 특히 그런 실마리로부터 그렇게 먼 곳까지 간 일이 이 이야기의 일부임을 안다. 아시아의 해로는 동아프리카에서부터 멀리 뻗어 태평양 중간에까지 이른다. 이 해로는 끊임없이 변화했지만, 변하지 '않은' 것은 두려움 없는 상인들의 욕망과 능력이었다. 발소리는 조용했지만 그 이동의 유산은 아직 우리와 함께 있다. 혈통과 이주 안에, 그리고 식민지와 무역 연결망 안에.

가장 좋은 증거는 믈라카의 완만한 산에 있을 것이다. 그것은 한때 아시아 계절풍 무역의 '가장' 중요한 중심지였고, 16세기에 세계 최대급의 항구였을 것이다. 그곳 항구의 빤히 보이는 곳에 부킷치나Bukit Cina('중국 산', 중국명 삼보산三寶山)가 있다. 그곳에 해외 중국인 세계에서 가장 큰 묘지 가운데 하나가 있다. 이곳은 섬뜩하고 놀라운 곳이다. 향수의 분위기가 물씬 풍기고, 작은 종소리가 바람결에 딸랑거리는 곳이다.[42] 바로 그 바람은 수백 년 동안 이 항해자들을 이곳으로 실어 보냈고, 무덤 일부의 날짜는 명나라 때로 거슬러 올라간다. 그곳에서, 아시아 해상로의 분위기가 아마도 다른 어느 곳에 비해서도 더 잘 느껴질 것이다. 실려온 모든 것 속에서, 남아 있는 모든 것 속에서.

부록 1

아시아 바다의 기초 연대기

서쪽 바다

(1) 인도양 서부

동아프리카 해안

서기 780	이슬람교의 샹가 도착
1050	킬와의 이슬람 왕조
	이후 스와힐리 해안 사회 발전
15세기 전반	정화의 원정
1450	예멘, 에티오피아 커피 재배
1503	포르투갈인 잔지바르 진출
1530	이슬람 소말리아와 기독교 에티오피아의 갈등
1698	오만 함대 포르투갈 격파(몸바사와 잔지바르)
1837	잔지바르, 오만 제국 중심지로 부상
1873	영국 영사, 잔지바르 노예무역 중지
1883	수단의 마흐디 반란
1885	에리트레아에 이탈리아인 진출
1890	잔지바르, 영국 보호령으로 편입
1891	독일, 독일령 동아프리카 보호령 직접 통치
1895	케냐, 영국 보호령으로 편입

서아시아/아라비아해

750	아바스 왕조 창건
762	바그다드 건설
977	가즈나 왕조 창건
1220	페르시아에 몽골군 첫 출현
1258	바그다드 약탈
1250~1517	맘루크 술탄국
1508	페르시아 해안에 포르투갈인 출현
1501~1736	사파비 제국
1623	네덜란드 동인도회사, 아바스 샤흐와 협정 체결
1650	포르투갈, 영국 동인도회사에 의해 페르시아만에서 퇴출
1664	프랑스 동인도회사 설립
1517~1923	오스만제국
1869	수에즈 운하 개통
1898	페르시아, 인도, 유럽 전신선 연결
1920	페르시아, 국제연맹 가입

(2) 인도 아대륙

초기 전개

서기전 900	초기 힌두교 발전
서기전 500	불교 탄생 (인도/네팔)
서기 320~500	굽타 제국
455~528	훈족 침입
650~1335	라지푸트 왕조들
711	아랍군의 신드 점령
997~1027	가즈나 마흐무드의 습격

1192~1526	델리 술탄국
1336~1646	비자야나가라 제국
1498	포르투갈의 인도 도래
1526~1858	무굴 제국
1609	네덜란드와 무역 시작
1612	영국과 무역 시작
1674	프랑스와 무역 시작
	유럽인의 해안 무역 성장

영국령 인도

1615	동인도회사, 봄베이 땅 첫 병합
1748	인도에서 영국-프랑스 전쟁
1757	플라시 전투
1792	동인도회사, 티푸 술탄 격파
1806	벨로르 반란
1857	1차 인도독립전쟁(1858년 진압)
1858	마지막 무굴 황제 퇴위(무굴의 인도 지배 종식)
	동인도회사의 인도 지배 종식, 영국령 인도 제국 시작
1869	마하트마 간디 출생(구자라트)
1877	빅토리아 여왕, 인도 황제 겸임
1885	인도국민회의 창립
1897	빅토리아 즉위 60주년
1914	1차 세계대전 발발

* OxfordReference.com(동아프리카); AsiaforEducators.columbia.edu(인도 아대륙); *Encyclopaedia Iranica* 수정 및 증보.

동쪽 바다

(1) 동남아시아

동남아시아 본토 서부

200~840 무렵	퓨 도시국가 시대
950~1300 무렵	바간 왕국
1365~1555	아바 왕조 시대
1300~1539 무렵	독립 라마냐 정치체
1486~1599 무렵	1차 따웅우 왕조
1597~1752	부흥 따웅우 왕조
1824, 1852, 1888	영국-미얀마 전쟁

동남아시아 본토 중부

200~600 무렵	부남
550~900 무렵	드바라바티 시대
600~800 무렵	앙코르 이전 캄보디아
802/889~1440 무렵	앙코르
1351~1569	초기 아유타야 시대
1569~1767	후기 아유타야 시대
1767~1782	딱신 대왕
1782~현재	짜끄리 왕조
1932~	현대 태국

동남아시아 본토 동부

43~938	중국 제국 시대
1009~1225	리 왕조

1225~1400	쩐 왕조
1407~1427	명의 정복
1428~1788	레 왕조
1527~1592	탕롱의 막 왕조
1592~1786	쩐 시대
1600 무렵~1802	응우옌 (남부)
1771~1802	떠이선 시대
1802~1945	응우옌 왕조
1859~	프랑스 점령기

동남아시아 도서부

7~12세기	스리위자야 제국
650~1350/1500	'헌장 시대'
1293~1500 무렵	마자파힛 왕국
1300~1500	헌장 시대 붕괴
1511~1660	유럽의 개입
1519~1522	마젤란 항해
17세기	네덜란드인 도래, VOC의 인도네시아 지배(1799/1800까지)
1830~1870	재배 체제
1870~1900	'자유 시대'
1900~	'윤리 시대'
1786	영국의 피낭 도래
1819	영국의 싱가포르 도래
1825~1830	자바 전쟁(1873~1903 아체 전쟁)
1824, 1874	믈라카해협 분할
1898~1900	미국-에스파냐 전쟁(필리핀)
1900~1945	필리핀의 미국 점령기

(2) 동아시아

중국

618~907	당 왕조
960~1279	송 왕조
1279~1368	원 왕조
1368~1644	명 왕조
1644~1911	청 왕조
1912~1949	공화국 및 내전기

일본

900~1280	헤이안 중심의 정치체
1280~1467	가마쿠라 막부 말기 및 아시카가 막부 전기
1467~1603	전국시대/재통일
1603~1854	도쿠가와 막부
1868	메이지유신

* Lieberman, *Strange Parallels: Southeast Asia in Global Context, 800-1830*, vols. 1 and 2 (Cambridge: Cambridge University Press, 2003)의 여러 부분에서 수정 및 증보.

부록 2

스와힐리 해안의 구술사 기록

킬와 키시와니의 고대사

그리고 술탄 하산의 아들 술탄 이수푸Isufu가 통치했다. 사람들은 그의 통치력이 강하기 때문에 동의하고 곡물에 대한 세금을 냈다. 그들의 직업은 어업, 농업, 상업이었다. 그들이 많은 수익을 올린 직업은 (…) 노예무역이었다. 그리고 앞서 말했듯이 그곳에 프랑스인들이 있었다. 이 술탄은 샹가니 구역의 오래된 성채에 살았고, 그것을 확장했다. (…)

그 뒤에 사이이드 알리 빈 세푸 알부사이디Sayyid Ali bin Sefu al-Busaidi가 키시와니에 왔다. 그는 무스카트에서 왔다. 그는 지배자에게 갔고, 지배자는 그에게 현재의 시장 근처에 있는 감옥을 주어 거기서 살게 했다. 이 사이이드 알리 빈 세푸는 많은 사람과 함께 왔고, 배와 부하와 상품을 갖고 왔다. 이것이 사이드 빈 술타니 시대의 시작이었다.

그와 이수푸 술탄 사이의 관계는 매우 우호적이었다. 사이드 빈 술타니는 자신의 부하를 키시와니에 보냈다. 마르훈 빈 알리Marhun bin Ali라는 아랍인이었고, 그가 키시와니에 와서 정착했다. (…) 사이드 빈 술타니는 이곳 사람들 및 지배자와 매우 친했다. 그는 그해부터 옷감 두 필을 보내 그 지배자와 와말린디Wamalindi에게 주는 일을 시작했고, 이는 해마다 반복됐다. 사이드 빈 술타니가 선물을 보낸 이유는 해안이 소란스러워서 상인 행렬이 출발할 수 없었기 때문이다. (…)

린디의 고대사

어떤 상인이 이 나라에 온다면 그는 술탄에게 약 40레알을 내야 교역을 허락받을 수 있다. 그 돈은 도시의 장로들에게로 넘어간다. 이것은 오랜 관습이다. 상인이 그 도시 토박이라면 그는 아무것도 내지 않는다. (…) 어떤 사람이 이 나라에 와서 돈을 많이 번 뒤에 고국으로 돌아가고 싶어 한다면 술탄은 이렇게 말한다. "당신의 재산을 우리에게 나누어주지 않으면 갈 수 없다. 그 재산을 이곳에서 얻었기 때문이다."

마콘데족이 그 이웃인데, 그들은 윗입술을 뚫어 나무를 꿴다. 이는 페르시아의 관습과 비슷하며, 윗입술에 한다. 그들은 그것이 아름답다고 생각한다.

다르에스살람의 고대사

그때 아랍인들이 무스카트를 떠나 잔지바르로 와서 정착했다. 그들 가운데 한 사람이 사이드 빈 술타니로 불렸다. 그는 자신의 배를 타고 와서 잔지바르에 상륙했다. 그는 원주민인 하디무Hadimu족과 툼바투Tumbatu족을 보자 그들과 싸워 이겼다. 그들은 그에 맞서 싸울 힘이 없었다. 그는 잔지바르를 정복한 뒤 그곳에 정착하고 돌로 큰 집들을 지었다. (…)

그 뒤 사이드가 무스카트에 전갈을 보내자 많은 아랍인들이 왔다. 아랍인들이 잔지바르에 정착한 뒤 유럽인(잉글랜드인)들이 왔고, 그들은 아랍인들에게 큰 집을 요구했다. 그는 그것을 주었고, 잉글랜드인들이 정착했다. 나중에 그는 이렇게 말했다.

"나는 나 자신의 깃발을 걸고 싶소."

잔지바르 술탄은 이렇게 대답했다.

"허락해주겠다. 그러나 깃발은 내 지시에 따라야 한다."

* 이상은 모두 G. S. P. Freeman-Grenville, *The East African Coast: Select Documents from the First to the Earlier Nineteenth Century* (Oxford: Clarendon Press, 1962), 223, 232, 233에서 인용한 것이다.

부록 3

사나 현장연구 초록: 아랍인 약초상

시장에서 한 약초상과 나눈 심야 대화다. 우리는 통역의 도움을 받아 대략 40분 정도
이야기했다.

　그의 가게에 진열된 유리 단지에는 다양한 치료약과 치료에 사용되는 천연 물품
들이 가득 차 있었다. 여기에는 유향과 몰약, 그리고 남부 및 동부 아라비아반도 원산

의 기타 온갖 고무수지가 포함돼 있었다. 작은 추와 저울도 있었고, 말린 상품을 담은 큰 통도 있었다. 일부는 내가 알아볼 수 있었고, 일부는 전혀 알 수 없는 것이었다. 그는 밝은 청색의 비소 원료가 담긴 항아리 몇 개를 가지고 있었고, 나는 그것을 조금 사서 그날 자 예멘 신문지에 쌌다. 집으로 가져오기 위해서였다. 소두구(초록색), 정향(갈색), 고추(붉은색), 생강(황갈색) 더미 역시 가게에 흩어져 있었다. 가게는 좁고 갑갑했으며, 벽마다 그런 물건들이 온통 늘어서 있고 주인 외에 다른 사람이 앉을 틈도 거의 없었다.

　그는 이 의술이 죽어가고 있다고 걱정했으며, 노인인 자신의 스승과 이미 죽은 그 스승의 스승의 사진을 들어 보였다. 그는 오랜 역사를 가진 이 사업이 지구상에서 사라지는 것을 걱정하고 있음이 분명했다. 통역은 그가 매우 점잖고 정직하고 신뢰할 수 있는 사람으로 시장에서 유명하다고 말했다. 그는 자신의 치료제에 대해 알고 있었고, 사람들은 그를 믿었다. 그는 시장에서 아주 오랫동안 자신의 지식과 약을 팔아왔다.

* Gisho Honda, Wataru Miki, and Saito Mitsuko, *Herb Drugs and Herbalists in Syria and North Yemen* (Tokyo: Institute for the Study of Languages and Cultures of Asia and Africa, 1990)도 보라.

인도와 말레이시아의 인도인 향신료 상인들

말라바르 해안 현장연구 초록

(케랄라주 서고츠산맥 소도시들, 1990)

이곳 고츠산맥의 수직 급경사면은 매우 가파르다. 이 산에서 떨어지면 곧바로 평원에 이르고 이어 바다로 간다. 아주 짙고 습한 기후여서 향신료들이 매우 축축한 조건에서 자란다. 공기 중의 습기가 느껴질 정도며, 고츠산맥의 영향을 받았다. 바람은 멀지 않은 바다에서 불어온다. 이곳은 수직 지형이어서 습기가 계속 환류하고 땅으로 스며들며, 그 땅은 적갈색을 띠고 매우 비옥하다. 향신료는 자연환경 조건이 아주 완벽하기 때문에 여기서 매우 잘 자란다.

이 산들에는 노동력이 투입돼 있고, 산속에 길이 나 있어 많은 양의 향신료를 실어 내갈 수 있다. 그런 뒤에 화물차들이 향신료를 해안의 창고로 실어 나른다. 거기서 코친과 트리반드룸으로 향하고, 그 뒤에 말레이시아와 싱가포르 등의 인도인 이주자 공동체로 간다. 물론 다른 많은 곳으로도 간다.

시니나이나모하메드 사와의 면담 초록

(말레이시아 이포, 1989년 11월 3일)

"우리 가족은 본래 타밀나두주의 람나타푸람구區에서 왔습니다. 우리는 이슬람교도 가정입니다. 우리 할아버지가 1922년에 말레이시아로 왔습니다. 그분은 인도에서 다른 향신료 상인 밑에서 일했는데, 여기 와서 자기 사업을 시작했습니다. 우리 형제들은 젊었을 때 이 일에 참여했지만 지금은 모두 손을 뗐습니다. 현재 한 사람은 교수, 한 사람은 회계사, 한 사람은 법률가, 한 사람은 의사입니다. 이 일은 지루하고 시

Regd. Buss. Cert. No. 10543
Telegram : " NAINAMCO "
Telephone No. 3128
Post Box No. 26

TRADE   MARK

M № 000893

60 JALAN SULTAN ISKANDAR
(Hugh Low Street) IPOH

Bought of

30 000 IPOH..................19....

SEENI NAINA MOHAMED & CO.
(ESTABLISHED 1932)
Menjual Barang Barang Runcit
GENERAL MERCHANTS, WHOLESALE AND RETAIL DEALERS.
சீனி நெய்னு முகம்மது அன் கம்பெனி
பலசரக்கு வியாபாரம்

간이 많이 드는 일입니다. 한눈팔 시간이 거의 없습니다."

그는 자신의 아들들이 생계를 위해 이 일을 하지 않을 것이라고 생각한다. 세상은 현대화하고 경쟁이 아주 심하다. 현재 중국인 상인들과의 경쟁이 매우 치열하다. 이포에서는 중국인들이 사업에서 우위를 점하고 있다. 그는 자신의 전체 사업이 대략 소매 80퍼센트, 도매 20퍼센트라고 말한다.

그는 내가 알아본 삼베 자루 속의 많은 향신료들(그의 고수풀, 호로파, 사프란, 강황, 커민, 소두구, 흰후추 및 검은후추 등의 산지에 관한 기록 참조) 외에 의료 목적의 아위도 가지고 있었다. 그는 면담을 끝내면서 내게 작은 마이소르산 백단유 통을 주었다.

부록 5

네덜란드령 동인도의 현지 해양 국가들에 관한 규정: 시작과 끝(그리고 그 중간의 해안 등대 설치)

19세기 말

링가리아우 술탄국은 스리파두카투안Sri Paduka Tuan 술탄 아둘라흐만 마아즈잠 샤흐'Adulrrahman Ma'azhzham Sjah가 이 조약이 규정한 조항들을 충실하고 철저하게 따른다는 그의 분명한 약속에 따라 술탄에게 계속 대여된다.

* *Surat-Surat Perdjandj ian A ntara Kesultanan Riau dengan Pemerintaban (2) V.O.C. dan Hindia-Belanda 1784-1909* (Jakarta: Arsip Nasional Indonesia, 1970), 239~40을 보라.

세기 전환기

정박 중인 증기선 싱카왕Singkawang호는 최근 몇 차례의 인드라기리Indragiri 운항에서 정부 여객, 현금, 상품을 실어 날랐고, 링가 동남부 모퉁이로는 해안 등대 건설 인부들을 실어 날랐다. (…) 12월에는 탄종종Tanjong Jong 해안 등대 건설도 모색됐다.

* F. C. Backer Dirks, *De Gouvernments Marine*, 317 (Weesp: De Boer Maritiem, 1985)에 수록된 *Verrichtingen en Bewegingen der Stoomschapen van de Gouvernments Marine, Atjeh*, 1897, Vierde Kwartal.

20세기 초

(리아우링가의) 술탄은 이에 따라 그의 직함을 잃는다. 정치적 계약에 반해 여러 차례 반란을 일으켰기 때문이다. 바타비아 총독과 탄중피낭 지사는 여러 차례 그에게 충

고했다. (이것은) 술탄이 지켜야 할 협정을 무시하거나 깬 결과다. 이제 모든 법률과 총독 및 그 대리인의 명령을 작성함에 있어 다시 정치적 계약을 깨는 일은 없을 것이다.

* Tengku Ahmad Abubakar and Hasan Junus, *Sekelumit Kesan Peninggalan Sejarah Riau* (Asmar Ras, 1972)를 보라.

부록 6

동아시아 및 동남아시아의 중국인 해산물 상인들

면담 초록(양곤)

여기서는 두 종류의 해삼을 판매한다. 하나는 소금에 절이지 않은 것으로, 색깔이 노랗다. 또 하나는 보다 일반적인 것으로, 회백색 품종이다. 두 종류 모두 드물고, 내가 본 동남아시아의 다른 지역에서는 보지 못한 것이다. 말린 것은 하나에 1만 키아트다. 그것은 무겁고, 집어보니 대략 내 손 크기만 했다. 여기에는 더 큰 국제 시장에 알려지지 않은 품종이 있다. 이것이 폐쇄적인 미얀마의 현실이다.

면담 초록(타이베이)

타이베이 리싱순李興順의 가게는 온갖 종류의 자연산 해산물을 갖추고 있다. 그의 아버지는 1946년 푸젠에서 타이완으로 왔다. 중국에서 내전이 벌어지고 있던 때였다. 다양한 등급의 해삼도 있고, 포장된 거북 껍데기도 있다. 전신의 매부리바다거북이

벽에 걸려 있고, 그 옆에는 뿔이 있는 온전한 사슴 머리가 있다. 사슴 꼬리는 유리 진열장 안에 있다. 진열장 뒤에는 여러 개의 큰 인삼 더미가 있다. 내가 본 것 중 가장 큰 상어 지느러미 역시 진열장 뒤에 있다. 매우 비싼 것이다.

면담 초록(홍콩)

엘사는 나와 좋은 이야기를 나누었고, 검은색의 진액을 내게 주었다. 피를 맑게 하고 눈의 충혈도 가시게 한다고 했다. 여기에는 커다란 버섯 종류도 있어 윤기를 내며 아름답게 진열돼 있다. 사슴뿔은 잘라서 얇은 조각으로 저며놓았다. 바로 약으로 쓸 수 있는 형태다. 물고기 부레는 내가 여태까지 본 것 가운데 가장 컸다. 실로 엮여 있고, 노란색이었다. 구석에는 바닷가 동굴에서 채취한 식용 제비집이 있었다.

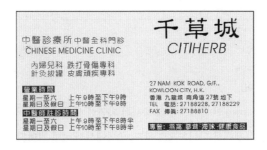

면담 초록(홍콩)

이곳은 아주 작은 가게다. 도매보다는 소매가 훨씬 많다. 상품의 상당 부분은 이미 손질을 한 것이어서 곧바로 약용으로 쓸 수 있다. 그러나 여기서도 바다에서 난 물건들이 어떻게 해서 상품 사슬의 종착지인 인간의 위와 순환계로 들어가는지를 볼 수 있다. 여기서는 표준 중국어를 별로 쓰지 않고 광둥어를 훨씬 많이 쓴다. 나와 이야기한 사람은 매우 친절해서 자기네가 가진 해산물들을 내게 보여주었다.

*dial 161 Directory assistance;
ask for Museum Director; Nat'l Museum
for tour

1. 你的家庭是从什么地方来的

Canton

NAM YONG MARINE PRODUCTS
#45, N. CANAL ROAD, SING 0105

南荣海真私人有限公司
Nam Yong Marine Products (Pte) Ltd.
新加坡恕干奎律門牌四十五號
No. 45, NORTH CANAL ROAD,
SINGAPORE 0105.

劉 選 彬
LOW SWAN PIANG

TEL: 5337286
5358938
RES: 2257250

owner? exact some as so sys ...
many of the same businesses in this area
N. Canal Road / S. Bridge Road intersection

2. 你做这个生意做多久了?

dad at age 17 came here
came as coolie
become his own boss at 42   Company started 1951 } 38 years total

这是你家的祖传的生意吗?

no. Grandfather was Guangdong farmer

已经有几代了?

φ   [2]

3. 你家移民来这儿多久了?

↰ 2.

4. 你在东南亚的别的国家有没有亲戚朋友? yes. Malaysia
Penang. (Relatives)

他們也做香料的生意吗?

no. not in marine products.

Chinese: Indians:
marine products,   food.
medicine (abacus)

1

446

5. 你的家庭是直接移民到这儿来的吗？

directly from Canton → Singapore

还是先到过别的地方？

那些地方？

你在开始你的生意的时候，你的家庭在经济上给了
你帮助吗？ *No. Money saved from being coolie.*
Married & had children

你们移民的路线跟你们的亲戚有关系吗？

all dad's relatives stay in China. 1 brother, but
he died in China.

跟你们的生意，也有关系吗？

No.

6. 你们的香料是在那儿采购的？

这些香料的产地在那儿？ *back page* 没有

7. 种香料的人是那种人？ *back page*

2

8. 你想把你的生意传给你的后代吗？

    Yes. Definitely. Can't learn from books,
    only experience.

    你要你的后代继续做你的生意吗？

    15 years old.
    Gots to be his own boss; kept in family
    (Yes)

9. 你觉得你的生意对在东南亚发扬中华文化有贡献吗？

    Yes. Because majority of items eaten by chinese.

10. 阿拉伯跟印度的商人在东南亚有很大的影响力，这对
    你有竞争的压力吗？

    No trust Indian/Arab vs. Chinese
    Marine Products Association }Guild
    22 Companies in Singapore

    那个压力比较大？

11. 你知不知道他们卖什么样的香料？ Indians move Food:
    from Indonesia
    + India.

    他们卖的跟你们卖的差不多吗？ Entirely different
    markets.

3

448

중국인 해산물 무역 관련 신문 기사(타이완 타이베이)

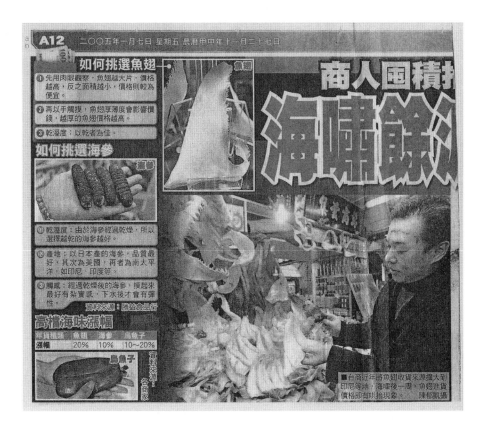

감사의 말

역사가는 자신의 학술적 전공 분야를 넘어선 더 큰 범위의 글을 쓰게 되면 흔히 '거창한 생각'을 전하려 애쓴다. 이 경우 그 책은 수백 년 전의 세계를(또는 그 어느 부분을) 어떻게 보느냐에 관한 진술이 될 것이다. 내 생각에 그것은 감탄스럽다.

거기에 비하면 이 책의 목표는 소박하다. 이 책에 나오는 공간과 시간은 방대하지만, 내가 주로 하고자 했던 것은 간단하다. 다른 창들을 통해 바라보면 아시아의 역사에서 바다가 한 역할에 관해 어떤 흥미로운 이야기가 나올지 궁금했다. 그 창들은 우리에게 바다의 여러 가지 이점, 그리고 이 지역이 세계에서 차지하는 중요성을 보여준다. 거리(1부), 지역(2부), 종교(3부), 도시 생활(4부), 환경(5부), 기술(6부)이라는 프리즘을 통해서다. 이런 창들을 통해 좀 더 연결된 방식으로 아시아 역사를 볼 수 있을 것 같았다. 이 지역의 여러 부분들은 학계에서 여러 지역 연구 범주에 분산돼 각기 자기네 나름의 '자리'가 배정돼 있기 때문이다.

이에 관한 나의 생각은 어느 정도 중년기의 산물일 것이다. 나는 이제까지 여러 지역들을 돌아다니며 많은 시간을 보냈다. '연구 주제'로서 제각각이라고 생각되고, 잠시 뒤에 내가 다른 곳에서 공감이 가는 무언가를 이미 보지 못했는지를 종종 자문한다는 사실에도 불구하고 말이다.

그 불편한 자각의 정서는 내가 이 일에 뛰어든 이유 가운데 하나였다. 또 하나는 세계가 점점 작아지면서(적어도 우리의 인식으로는) 사물들 사이의 연결이 더욱 분명해지고 더욱 현저해졌다는 것이다. 그것이 시간이 흐를 수록 더욱 분명해지면서 나는 그 정서를 기록하고 싶었다.

안전지대 밖으로 나가려면 또한 다른 사람의 전문적인 조언이 필요 한 법이다. 초고 전체를 읽어준 프린스턴대학의 평자들뿐만 아니라 각자 의 전공 분야에 속하는 장을 읽고 논평과 비판을 해준 스물다섯 분의 동 료 및 친구들에게 감사드린다.

중국과 아프리카의 초기 관계에 관한 2장의 내용에 대해 정확한 사 실을 알려주고 바로잡아준 탄센 셴(뉴욕대학 상하이 캠퍼스)과 제프리 웨 이드(전 싱가포르국립대학 아시아연구소)에게 감사한다. 베트남의 해안에 관 한 3장과 관련해 눙쩐(토론토대학)과 리 타나(전 캔버라 오스트레일리아국 립대학)에게 감사한다. 남중국해의 밀수 통로에 관한 4장과 관련해서는 로버트 앤터니(마카오대학)와 정양원鄭揚文(맨체스터대학)에게 감사한다. 인 도양에 관한 5장과 관련해 파하드 비샤라(버지니아대학)와 이사벨 호프메 이르(남아프리카공화국의 비트바테르스란트대학)에게 감사드린다. 벵골만의 불교 부적에 관한 6장과 관련해 앤 블랙번(코넬대학)과 저스틴 맥대니얼 (펜대학)에게 감사한다. 삼보앙가의 이슬람교와 기독교에 관한 7장 원고 를 읽고 신중한 논평을 해준 조조 아비날레스(하와이대학), 마이클 라판 (프린스턴대학), 노엘레 로드리게스(전 마닐라 아테네오대학)에게 감사한다. '광역' 동남아시아의 도시 생활을 다룬 8장과 관련해서는 마이클 리프 (브리티시컬럼비아대학)와 수린 루이스(브리스틀대학)에게 감사한다. 식민 지 회로에 관한 9장과 관련해 레이첼 리오(케임브리지대학)와 렘코 라번

(암스테르담대학)에게 감사한다. 해산물 생산에 관한 10장과 관련해 페드로 마차도(인디애나대학)와 에디타 로스코(베르겐대학)에게 감사한다. 벵골만의 향신료를 검토한 11장과 관련해 프라센짓 두아라(듀크대학)와 서배스천 프랜지(브리티시컬럼비아대학)에게 감사한다. 아시아 바다들의 등대를 살펴본 12장과 관련해서는 피터 쿠니치(홍콩대학)와 로버트 엘슨(전 퀸즐랜드대학)에게 감사한다. 마지막으로 수로 측량에 관한 13장과 관련해 존 버처(머독대학)와 수잰 문(네브래스카대학)에게 감사드린다.

지금까지 여러 해에 걸쳐 많은 사람들과 바다에 관한 대화를 나누었다. 가장 중요한 사람들을 들자면 시마 알라비, 수닐 암리스, 수가타 보스, 케리 워드 등이다. 모두 바다에 관한, 그리고 인생에 관한 나 자신의 생각에 많은 영향을 주었다. 마찬가지로 다른 학자들 역시 바다에 대해 내게 가르침을 주었다는 점에서 중요했다. 데이비드 빅스, 제니 게이너, 존 가이, 하마시타 다케시, 팀 하퍼, 로버트 헬리어, 엥셍 호, 이사벨 호프메이르, 셀리아 로웨, 맷 마쓰다, 딜립 메논, 오타 아쓰시, 로널드 포, 토니 리드, 탄센 센, 싱기 술리스티요노, 헤더 서덜랜드, 낸시 엄, 짐 워런 등이다.

학계에 있는 더 많은 학자들이 어느 시점에서든 이 책에 나오는 많은 생각들에 관해 나와 이야기를 나누었다. 바버라 왓슨 안다야, 레너드 안다야, 마이트리 아웅트윈, 팀 바너드, 즈비 벤도르, 레오나르드 블뤼세, 셸리 찬, 애덤 클루로, 로버트 크립, 디라바트 나 폼베지라, 돈 에머슨, 마이클 피너, 앤 게릿슨, 발레리 핸슨, 로버트 헬리어, 데이비드 헨리, 맷 호퍼, 호소다 나오미, 다이애나 김, 도러시 코, 마이클 라판, 유지니아 린, 레이철 리오, 빅터 리버먼, 만다나 림버트, 모나 로한다, 데이비드 러든, 푸아드 마키, 레이철 맥더못, 아르나우트 판 데르메이르, 루돌프 므라제크,

우나 파레데스, 로레인 패터슨, 피터 퍼듀, 제임스 피켓, 켄 포메란츠, 제러미 프레스트홀트, 제프 로빈슨, 제임스 러시, 다닐린 러더퍼드, 신윤환, 시라이시 다카시, 존 시델, 메건 토머스, 징 추, 우샤오안, 예원신, 찰스 휠러, 양빈, 피터 지노먼에게 감사드린다.

헬렌 시우와 앤절라 리엉은 양쪽 모두에 속한다. 여러 해에 걸친 그들의 지원과 우정은 바다와 생각 모두를 건너다녔다. 잔지바르 앞바다에서 함께 '근무'한 것은 지금도 지난 30년 사이의 좋은 기억으로 남아 있다. 이 명단에는 많은 사람들이 누락돼 있겠지만, 어떤 식으로든 지적인 빚을 갚을 수 있게 되기를 바란다.

그러나 이 모든 빚은 한 군데에서 시작됐는데, 바로 대학원에서다. 나는 아직도 예일대학의 스승들에게 엄청난 빚을 지고 있다. 벤 키어넌, 짐 스콧, 조녀선 스펜스는 내가 길을 나설 수 있게 도와주었다.

특별히 일곱 명의 동년배 동료들에게 깊은 감사를 드리고 싶다. 이 '여행 동무들'은 지난 세월 동안 이런저런 방식으로 내게 도움을 주었다. 이 자리를 빌려 감사를 표하고 싶다. 그들 가운데 역사가는 없고, 그 결과 모두가 내게 새로운 세계를 열어주었다.

조슈아 바커(인류학, 토론토대학)는 지금까지 15년 넘게 잡지 《인도네시아》를 편집하는 데서 나의 '공범자'였다. 이 일을 함께하는 데 그보다 더 적합한 사람을 생각할 수 없다. 그는 모든 면에서 모범 시민이다. 이 사실을 그도 알았으면 좋겠다. 싯다르트 찬드라(경제학, 미시간주립대학) 역시 내게 중요한 도움을 주었다. 주로 그가 맡은 미국 인도네시아학연구소(AIFIS) 직책 덕분이지만, 진정한 지적 유대감 덕분이기도 했다. 그 역시 이를 알아주기 바란다. 장원친張雯勤(인류학, 타이완 중앙연구원)과 나는 책 두 권을 함께 편집했다. 그때 우리는 정말로 내게 중요했던 다른 모든 일들을 가지고 웃으며 보냈다. 그 대담함은 주로 책상머리에서 글을 쓰던 우리 모두에게 자극이 됐다. 캐럴 하우(문학, 교토대학)는 친절하게 많은 것을 가르쳐주었다. 특히 교토에서 나눈 차 한 잔은 내게 정말 중요했다. 그 덕분에 그를 더 잘 알 수 있었다. 그는 여러 가지로 내게 자극을 주었다. 나타샤 라이클(미술사, 샌프란시스코 아시아미술박물관)은 시애틀에서 열린 동남아시아 여름학교(SEASSI) 고급 인도네시아어반에서 만난 이래 좋은 친구로 지냈다. 그가 보여준 따스함과 차분한 지혜는 어른이 된 이후 내 인생의 중요한 장면 중 하나였고, 너무도 좋았다. 로니트 리치(종교학, 히브리대학) 역시 내게 매우 중요한 대화 상대였다. 단지 그런 정도가 아니라 내 말을 잘 경청해주었다. '바다 건너'의 친구였다. 그 바다가 자주 변하기는 했지만 말이다. 마지막으로, 앤드루 윌퍼드(인류학, 코넬대학)는 20여 년 동안 내 삶의 인도자였다. 자신이 모르는 게 얼마나 많은지 알려면 앤드루와 함께 책을 만들어보면 된다. 그의 지성과 도덕적 기준은 늘 놀랍고도 환상적인 방식으로 나에게 가르침을 주었다.

나는 이타카의 코넬대학에서 가르치면서 이 책을 쓰는 데 많은 도움을 받았다. 나는 코넬대학에서 여러 해 동안 인도양에 관한 강의를 했으며, '대양과 인류 역사'라는 좀 더 일반적인 강의도 했다. 6~7년 전에는 '태평양의 수평선'이라는 새로운 강의를 시작했다. 친구이자 라틴아메리카를 연구하는 동료 레이 크라이브와 함께였다. 이 강의 덕분에 나는 나중에 크라이브 교수 및 에르네스토 바시 교수와 함께 박사학위 심사위원이 됐다. 여기서 나는 주로 라틴아메리카를 전공하는 학생들을 위한 일반적인 '해양 연구자'였다. 나는 남아시아 전공의 박사학위 심사위원으로 거의 비슷한 역할(인도양에 관한)을 맡았다. 두르바 고시 및 로버트 트래버스와 함께였다. 이런 경험은 결국 이 책에 녹아든 몇몇 문제들에 관해 보다 일반적으로 생각하도록 나를 이끌었다.

마지막으로, '탐험의 역사'라는 최근 강좌가 있었다. 코넬대학에서 칼 세이건의 자리를 이어받은 천문학자 스티브 스콰이어스와 함께 이 강좌를 맡았다(나중에 그는 제프 베이조스의 우주 신사업체 블루오리진으로 옮겨 공학자들을 이끌었다). 이 강좌는 이런 패턴들을 더 큰 범위에서 생각하도록 자극했다. 나는 육상과 특히 해상을 통한 탐험의 역사에 관해 가르쳤고, 스콰이어스 교수는 지구의 주변에서 일어나는 모든 일을 다루었다. 이 강좌는 이 책을 쓰는 데 또 다른 관점을 제공했다.

운 좋게도 코넬에서 가르치게 된 대학원생들과 심지어 일부 학부생들은 내가 이 문제에 그 어느 때보다도 더 집중하게 만들었다. 그들을 가르치지 않았던 그 어느 때보다도 말이다. 나는 코넬의 모든 구성원들로부터 여러 해에 걸쳐 가르침을 받는 은혜를 입었다.

그런 측면에서 역사학과 동료들 역시 매우 중요했다. 아시아를 전공하는 동료들은 여러 세대에 걸친 놀랄 만한 분들이다. 나는 또한 몇 년 위나 아래이기는 하지만 대체로 동년배인 학과 동료들을 만나는 행운을 누렸다. 그들은 이타카에서 같은 시간과 공간에 있었다. 그들에게 감사를 표하고 싶다. 에드 뱁티스트, 에르네스토 바시, 주디 바이필드, 데릭 창, 레이 크라이브, 폴 프리들랜드, 마리아 크리스티나 가르시아, 두르바 고시, 래리 글릭먼, TJ 힌릭스, 타마라 루스(동남아시아에 관한 탁월한 '공모자'), 모스타파 미나위, 러셀 릭퍼드, 배리 스트라우스, 로버트 트래버스, 클라우디아 버호벤. 새 동료 쑨페이둥 또한 빠뜨려서는 안 될 것이다.

가장 기본적인 형태의 용기가 어떤 것인지 가르쳐준 사례였다. 이들은 모두 나의 동료이자 좋은 친구였다. 그들은 스스로가 어떤 사람인지 알았다.

나는 또한 코넬대학에서 여러 직책을 맡았고, 필연적으로 관련자들로부터 내가 가르쳐준 것보다 더 많은 것을 배웠다. 이슬람사회비교연구 프로그램을 이끈 것은 특히 중요했다. 코넬대학의 현대 인도네시아 프로젝트를 운영한 것도 마찬가지였다. 역시 이런 범주에 속하는 것이 잡지 《인도네시아》편집이었다. 이 일은 베네딕트 앤더슨 및 짐 시겔로부터 물려받았다(역시 조슈아 바커와 함께였다).

몇 년 전에는 여기에 또 하나의 일이 추가됐다. 학내의 이주연구지원 프로그램을 공동으로 이끌라는 요구였다. 이 큰 프로그램은 넓은 범위에 걸친 것이었고 이주자들에 초점을 맞추었는데, 역시 이 책에 들어간 생각에 직접적인 영향을 미쳤다. 이 일을 함께 이끈 사람들은 정말 환상적인 동료였다. 섀넌 글리슨, 구니샤 카우르, 스티브 예일로어, 레이철 리들, 웬디 윌퍼드는 한 집단 안에서 함께 일하는 법에 대해 많은 것을 가르쳐주었다. 주민이 이동하는 세계를 보는 법에 대한 그들의 관점은 분명히 내가 세계를 보는 법에도 영향을 미쳤다. 그들이 속한 다양한 학문(사회학, 의학, 법학, 정치학, 지리학)의 입장에서다.

코넬대학 동료 가운데 일부는 최근 몇 년 사이에 학교를 떠났다. 그들 가운데 몇몇의 이름을 적고자 한다. 내 인생(지적인 부분이든 다른 부분이든)에서 차지하는 중요성이 그만큼 크기 때문이다. 린디 윌리엄스는 막 은퇴했지만, 코넬의 동남아시아 프로그램을 맡았던 그분이 무척 그리울 것이다. 우리 학과에서는 홀리 케이스가 브라운대학으로 떠났다. 그러나 몸은 비록 이곳에 없더라도 정신적으로는 여전히 이곳 이타카에 우리와 함께 있다. 이치 헐은 몇 년 전 은퇴했지만, 누구나 되고 싶어 하는 학자의 본보기로(나와 다른 모든 사람에게) 남아 있다. 성실성과 명랑함을 통해서다.

래리 무어 역시 지금은 떠났지만 잊히지 않았다. 그동안 함께했던 재미있고 유쾌했던 점심 식사가 그립다. 래리는 내가 이곳에 온 뒤 친절하게 대해준 여러 선배 아메리카 연구자들 가운데 가장 중요했고, 나는 그 사실을 결코 잊지 않고 있다. 그와 연관된 맥락에서 나는 새벽 1시까지 대학의 맥그로홀에서 강의안을 쓰다가 집에 가기 위해 편지를 가지러 갔던 일을 아직도 기억한다. 그때 월트 르피버가 눈에 띄었고, 나도 더 남아서 일을 했다. 이렇게 생각했던 것으로 기억한다.

"이런, 월트가 1시에 여기 있다면 나는 3시까지 있어야지."

이는 아메리카 연구자들의 열성을 보여주는 한 단면일 뿐이었다. 20년이 지난 뒤에도 내 마음속에 남아 있는 한 사례다.

그러나 누구보다도 중요한 사람은 섐 코크런이었다. 그는 몇 년 전에 은퇴했지만 나의 삶에 엄청난 영향을 미쳤다. 섐은 모든 면에서 하나의 모범이었다. 그의 사례는 훌륭한 삶이란 어떤 것인지를 제시한다. 학문이든 다른 영역에서든 말이다. 우리 공통의 스승이었던 예일대학의 조너선 스펜스의 80회 생일을 축하하기 위해 함께 여행한 것은 어른이 된 이후 최고의 순간 가운데 하나였다. 출발부터 다시 돌아오기까지 열두 시간 동안 나눌 이야기가 충분히 있을까? 나는 의문스러웠다. 그런데 여행에서 돌아와서 다시 그의 집으로 갔던 일과 모든 운전이 끝나고 그를 건너다보던 것을 기억한다.

"라스베이거스 갈까요?"

나는 그렇게 말하고 다시 자동차에 키를 꽂았다. 섬은 나에게 온전한 의미의 스승이었다. 그가 이를 알았으면 한다. 물론 겸손한 사람이라 자신이 누군가의 삶에 영향을 미쳤다는 것을 온전히 받아들이려고 할지는 모르겠지만 말이다.

여러 편집자와 편집보들(대부분 프린스턴대학 출판부의)이 이 책을 만드는 데 많은 도움을 주었다. 브리지타 밴라인버그는 이 책의 출판을 승인했다. 에릭 크라한은 점검을 이끌었다. 프리야 넬슨은 출간을 마무리 지었다. 세 분 모두에게 진심으로 감사드린다. 실무 편집자 나탈리 반 또한 이 책이 나오는 데 아주 많은 도움을 주었고, 앤 체리는 정확한 교열자였다. 탈리아 리프와 애비게일 존슨은 필요한 모든 일을 확실하게 했고, 그 과정에서 나를 이끌어주었다. 애비 클레이먼은 몇몇 중요한 편집 작업에 기여했다.

몇몇 게재지는 다른 곳에 최초 기고로 실렸던 글들을 수정해 출판할 수 있게 허락해주었다. 다음 장들의 게재지에 감사드린다.

4장: *Critical Asian Studies* 34, no. 2 (2002), 193~220.

5장: *Itinerario* 26, no. 1 (2002), 75~106.

8장: *Journal of Urban History* 33, no. 6 (2007), 911~932.

10장: *Chinese Circulations* (Eric Tagliacozzo and Wen-Chin Chang eds., Duke University Press, 2011), 저자 기고 장.

12장: *Technology and Culture* 46, no. 2 (2005), 306~328.

13장: *Archipel* 65 (2003), 89~107.

북아메리카와 유럽의 여러 기관들이 초청 강연에서 이 내용들을 검증할 수 있도록 허락해주었다. 이 대학들에 진심으로 감사드린다. 특히 이 책에 나오는 생각들에 관해 그것이 나오는 과정을 따라 그때그때 이야기할 기회를 얻은 데 대해 감사한다. 따라서 교토대학의 동남아시아 프로그램, 홍콩대학 홍콩인문사회연구소(HKIHSS), 타이완 중앙연구원, 싱가포르국립대학의 아시아연구소(ARI), 말레이시아국립대학, 이스턴& 오리엔탈호텔(피낭), 미국-인도네시아협회(USINDO, 자카르타), 네타지연구소(콜카타), 코넬의과대학(카타르), 예일대학의 '중국/아프리카' 학술회의(나이로비), 그리고 마지막으로 예일/HKIHSS 연구 모임(잔지바르)에 감사드린다.

홍콩 HKIHSS와 타이완 중앙연구원은 또한 내게 특별연구원 자리를 주어 글을 쓸 수 있게 했다. 깊이 감사드린다. 두 곳의 교수와 직원들은 훌륭했고 정말로 내가 환영받고 있음을 느끼게 했다.

마지막으로 내 번역을 검토해준 티네케 헬윅(고대 말레이어), 미켈라 바랄디(이탈리아어), 리온 삭스와 응우옌피반(프랑스어) 등의 학자들에게 감사드리고 싶다. 베트남어 발음 부호를 가르쳐준 쯔이쩐비엣에게도 감사한다. 중국어 구술사 면담과 네덜란드어 자료 번역은 내가 직접 했다.

다양한 친구 집단이 지금까지 오랫동안 여러 가지 형태로 나와 함께 했다. 이들 역시 그동안 내 인생 행로에서 중요한 역할을 했기에 언급할 필요가 있다.

서울의 박분순은 내 한국인 형이다. 이제 30년쯤 됐다. 우리의 교류가 이렇게 오래 지속된 것이 아직도 놀랍다. 타이베이의 천밍치도 나의 중요한 친구가 됐다. 특히 내가 타이완에 있을 때였다. 그와 그의 가족은 어려운 환경 속에서 우아함을 지닌다는 것이 어떤 것인지를 일깨워주었다. 독일에서는 비르테 자거와 슈바르처 부부(페터와 사비아)가 여러 해 동안 내 의식 속에서 우뚝 서 있다(서로 알지는 못한다). 두 경우 모두 처음 한 해의 만남에서 출발해 수십 년 동안 이어지고 여러 대륙으로 확대됐다.

대학 친구 모건 홀, 존 헬러, 마이크 스타인버거는 여전히 내 인생의 중요한 시금석이고, 그것은 행복한 일이다. 두 명의 대학원 친구 존 존스와 브루스 매킴이 일찍 세상을 떠난 것은 인간이 약한 존재임을 일깨워주었다. 그로 인한 유일한 예기치 못한 축복은 연락이 거의 끊겼던 예일 시절의 몇몇 친구들과 약간 더 가까워졌다는 것이다. 특히 펠리페 에르난데스, 조앤 림, 조엘 셸처 등은 소중한 옛 친구들이다.

그러나 누구보다도 오랜 우정을 쌓은 것은 브롱크스과학고등학교 동창들이다. 모두 40년 지기이며, 일부는 더 오래돼서 초등학교까지 거슬러 올라간다. 존 아우어바크, 에릭 배런, 톰 크로, 마크 드리우, 쉬시 곤잘레스, 김상호, 딕 라우, 마크 모크린, 제임스 오셰이, 피터 스테파노폴루스, 톰 스테프니에프스키, 로버트 야쿠브. 나는 이들과 평생 우정을 쌓았다. 코로나19 팬데믹이 만들어낸 유일한 기여는 아마도 화상 회의 '줌'이었을 것이다. 우리는 지난 2년 동안 매주 목요일과 일요일에 컴퓨터 화면 앞으로 모여들었다. 수제맥주 회사들은 손쉽게 큰돈을 벌었다.

마지막으로, 나의 가족 역시 이 책에 깊숙이 관여했다. 아내 캐서린 페이푸 리, 그리고 우리 아이들 클라라와 루카는 내가 책을 집필하느라 식구 노릇을 하지 못하는 것을 감내해야 했다. 클라라는 첫 책이 출간됐을 때 아기였고, 루카는 아직 태어나지도 않았다. 둘 다 이제는 10대이고, 클라라는 독립하기 직전이다. 이는 세월이 흐르는 것에 대해 불길한 생각을 갖게 한다. 내 여동생과 그 가족은 또한 이런 가족관계를 갖게 된 것이 얼마나 운이 좋은 것인지 알 수 있게 해주었다.

여러 해 전, 아버지가 50대가 되기 전에 갑자기 돌아가셨다. 내 첫 논문은 아버지에게 바쳤다. 두 번째 책은 이곳 이타카에 있는 가족에게 헌정했다. 지금 이 책은 어머니에게 바친다. 아버지가 돌아가신 뒤 우리 모두를 위해 헌신하셨다. 당시 나와 여동생은 아직 10대였다. 나는 열아홉 살의 대학 2학년생이었고, 곧 열일곱 살이 되는 여동생은 막 고등학교를 졸업했다. 어머니는 이후 나를 독립시켰고, 여동생까지 대학에 보내셨다. 당시 우리 가족은 아버지를 여읜 슬픔에 빠져 있었고, 어머니에게는 버거운 일이었을 것이다. 그러나 어머니가 얼마나 힘들었을지를 나는 아마 실감하지 못했을 것이고 아직도 마찬가지다. 이제 내 아이들이 독립해야 할 시기인데 말이다.

나는 대학을 졸업한 뒤 더 먼 곳으로 여행을 떠나 아시아의 해로 속으로 사라졌다. 특별연구원으로서 향신료 및 해산물 상인의 이야기를 듣기 위해서였다. 그 가운데 상당 기간을 배로 여행했다. 1년여 동안 나는 그야말로 '밖에'(당시 그곳에는 인터넷이 없었다) 있었다. 인도양 연안의 어느 곳에 있었고, 남중국해를 누비고 다녔다. 어머니는 우리 인생을 시작하게 해주었다. 거기에는 상당한 의지가 필요했을 것이고 큰 상실감을 느껴야 했을 테지만 말이다. 나를 바다로 향해 나아가게 하고 팔을 벌리고 기다리는 세계로 보내준 것을 감사하는 마음으로 이 책을 어머니께 바친다.

옮긴이의 말

'동양'과 '서양'은 사전에 각기 '유라시아 대륙의 동부 지역', '유럽과 남북 아메리카의 여러 나라를 통틀어 이르는 말'이라고 설명돼 있다. 뭐, 웬만큼 수긍할 수 있는 설명이지만 가만 생각해보면 좀 이상하다. 두 단어에 들어간 '양洋'이 '바다'여서 이 말들은 '동쪽 바다', '서쪽 바다'여야 할 텐데 모두 육지를 이야기하고 있으니 말이다.

이 말들이 본래는 '바다'를 가리켰던 것은 맞다. 중국 남해안의 무역 중심지였던 취안저우나 광저우에서 출항해 나가면서 동쪽의 목적지로 갈 때 거치는 바다가 동양, 반대의 경우가 서양이었다. 명나라 때 나온 《동서양고東西洋考》라는 책에는 '문래文萊'(브루나이) 이동이 동양이라고 못을 박았다. 브루나이가 광저우에서 거의 정남쪽에 있으니 광저우-브루나이 선의 동쪽이 동양, 서쪽이 서양이라는 인식이다.

따라서 인도양도 본래는 서양이었다. 유명한 정화의 일곱 차례 해양 원정을 중국에서는 '하서양下西洋'(서양으로 내려감)이라고 하는데, 그가 누빈 바다가 주로 인도양이었고 그것이 서양이었다. 동양을 대동양·소동양으로, 서양을 대서양·소서양으로 세분하기도 했기 때문에 인도양은 서양 중에서도 대서양이었다(물론 기록들이 단편적이고 들쭉날쭉해서 어폐가 있을 수는 있다). 그러다가 서양의 해양 명칭 체계가 동양에 들어오면서 태평양과 인도양은 서양어를 번역한 이름을 갖게 됐고, 서양 전설 속의 섬 아틀란티스에서 딴 서양 이름을 갖고 있는 대서양은 서양 원어와 상관없이 동양의 대양 체계에서 나온 이름을 가져갔다. 인도양이 버린 이름을 더 서쪽에 있는 바다에 줘버린 것이다.

어떻든 바다를 가리키던 동양·서양은 곧 그 바다에 면한 육지를 가리키는 말이 됐다. 이른바 전성轉成(말을 만들자면 전성轉性이라 해도 되겠다)이 된 것이다. 사실 역사는 인간의 이야기이고 인간은 주로 육지에서 생활하기 때문에 역사 속에서 동양·서양은 육지를 가리키는 것이 당연하다. 그러나 역사는 육지에서만 이루어지는 것이 아니다. 바다도 중요한 역사의 무대다. 이 책은 바로 그것을 보여주려는 책이다.

저자도 서론에서 언급했지만 바다를 중심으로 한 역사를 개척한 사람은 페르낭 브로델이었다. 서양인인 그는 당연히 마레노스트룸Mare Nostrum('우리 바다'), 즉 지중해를 대상으로 삼았다. 이후 역사학에 엄청난 영향을 준 대작이었지만, 2차 세계대전 직후의 어려운 사정 탓인지 자비 출판이었다고 한다. 짠하다. 더구나 1600쪽을 한 권으로 묶은 '벽돌책'이었다.

브로델의 작업을, 대상을 바꾸어 하는 이 책이 다루는 것은 아시아의 바다이다. 아시아 대륙 자체가 광활하니 그곳을 싸고 있는 바다 역시 지중해와는 비교가 되지 않을 정도로 넓다. 인도양 전체와 태평양 서부다. 앞서 말한 정화의 함대가 중국에서 아프리카 동해안까지 갔으니, 그가 누빈 바다가 이 책의 대상인 셈이다. 물론 대상이 훨씬 넓은 만큼, 얇은 책 한 권에서 브로델 정도의 임팩트를 기대하기는 어렵다.

바다에서 이루어진 활동 가운데 가장 중요한 것이 무역이다. 지역적으로 이루어진 소소한 무역은 일일이 이야기할 것도 없지만, 이 바다에서 이루어진 가장 중요한 무역은 향신료 무역이었다. 그것은 세계 규모의 무역이었다. 인도와 인도네시아 등지에서 산출되는 다양한 향신료가 유럽으로 가서 고가에 팔렸다. 사실 콜럼버스의 아메리카 대륙 '발견'도 이 향신료 무역에서 자극을 받아 이루어진 것이었다. 그가 서쪽 항해에서 '실패'(그러나 엉뚱한 '대성공'이 그것을 덮고도 훨씬 남았다)한 이후 곧바로 아프리카 대륙을 도는 동쪽 항해가 성공했다. 그러면서 서양인들이 '아시아의 바다'에 들어왔다. 향신료 등의 무역이 더욱 탄력을 받은 것은 물론이고, 그들이 이 바다로 들어오면서 다른 역사의 전개 역시 이야깃거리가 많아졌다.

바다를 통해서는 무역만 이루어지는 것이 아니다. 문화 역시 전파된다. 대표적인 것이 종교다. 동남아시아에는 인도 아대륙에서 바다를 통해 힌두교, 불교, 이슬람교가 전해졌다. 좀 뜻밖이지만 이슬람교가 인도양을 통해서만이 아니라 중국을 통해서도 동남아시아로 전파됐다고 한다(역시 바다일 수밖에 없다). 종교뿐만이 아니다. 인도의 산스크리트어도 바다를 통해 동남아시아로 갔다. 동남아시아는 상당 기간 동안 산스크리트어 문화권이었다. '인도차이나반도'라는 이름이 상징하듯이 이 지역은 바다를 통해 인도와 중국(차이나)의 문화가 전파되고 사람들이 이주했다. 물론 중국으로부터는 육지를 통한 전파와 이주도 많았지만 말이다.

바다가 넓은 만큼, 책 한 권으로 아시아 바다에서 일어난 모든 역사를 살필 수는 없다. 한 술에 배가 부를 수 없듯이 바다를 무대로 한 역사를 지속적으로 섭취해야 한다. 아시아의 바다는 '우리 바다'이기 때문에 더욱 관심을 가지지 않을 수 없다.

주

1장 나가사키에서 남쪽으로, 호르무즈에서 동쪽으로

1 일본과의 접촉 초기 가톨릭 선교사들의 활동과 양 방향으로의 항해에 대해 알아보려면 다음을 보라. G. O. Schurhammer, "Il contributo dei missionary cattolici nei secoli XVI e XVII alla conoscenza del Giappone," in *Le missioni cattoliche e la cultura dell'Oriente. Conferenze 'Massimo Piccinini'* (Rome: Istituto italiano per il Medio ed Estremo Oriente, 1943), 115-17; G. Berchet, *Le antiche ambasciate giapponesi in Italia: Saggio storico con documenti* (Venice 1877), 53-54; "Ragionamento I che contiene la partenza dall'Isole Filippine a quelle del Giappone ed altre cose notabili di quel paese," in *Ragionamenti di Francesco Carletti fiorentino sopra le cose da lui vedute ne'suoi viaggi si dell'Indie Occidentali, e Orientali come d'altri paesi. All'Illustriss. Sig. Marchese Cosimo da Castiglione gentiluomo della Camera del Serenissimo Granduca di Toscana* (Florence 1701), part II: *Ragionamenti . . . sopra le cose da lui vedute ne' suoi viaggi dell'Indie Orientali, e d'altri paesi*, 35-36.

2 이 접촉을 포괄적으로 보기 위해서는 다음을 참조하라. Matsukata Fuyoko, "From the Threat of Roman Catholicism to the Shadow of Western Imperialism," in *Large and Broad: The Dutch Impact on Early Modern Asia, ed. Yoko Nagazumi* (Tokyo: Toyo Bunko, 2010); Adam Clulow, *The Company and the Shogun: The Dutch Encounters with Tokugawa Japan* (New York: Columbia University, 2013); Robert Hellyer, *Defining Engagement: Japan and Global Contexts, 1640-1868* (Cambridge: Harvard University Asia Center, 2009); Leonard Blussé, *Visible Cities* (Cambridge: Harvard University Press, 2008).

3 최근 역사를 대국적으로 생각하기 위해 바다를 살피는 데서 작은 문예부흥이 있었다. 예를 들어 Lincoln Paine, *The Sea and Civilization: A Maritime History of the World* (New York: Alfred Knopf, 2013); Philip de Souza, *Seafaring and Civilization: Maritime Perspectives on World History* (London: Profile Books, 2001); Jerry Bentley, Renate Bridenthal, and Karen Wigen, eds., *Seascapes: Maritime Histories, Littoral Cultures, and Transoceanic Exchanges* (Honolulu: University of Hawai'i Press, 2007); Kären Wigen, "Oceans of History," *American Historical Review*, 111, no. 3 (2006): 717-21; Barry Cunliffe, *By Steppe, Desert, and Ocean: The Birth of Eurasia* (Oxford: Oxford

University Press, 2015); Tsukaya Mizushima, George Souza, and Dennis Flynn, eds., *Hinterlands and Commodities: Place, Space, Time and the Political Economic Development of Asia over the Long Eighteenth Century* (Leiden: Brill, 2015); Lin Yuju and Madeleine Zelin, eds., *Merchant Communities in Asia, 1600-1800* (London: Routledge, 2016); Alain Forest, "L'Asie du sud-est continentale vue de la mer," in *Commerce et navigation en Asie du sud-est (XIVe-XIXe siècles)*, ed. Nguyễn Thế Anh and Yoshiaki Ishizawa, 7-30 (Paris: L'Harmattan, 1999); Geoffrey Gunn, *History without Borders: The Making of an Asian World Region, 1000-1800* (Hong Kong: Hong Kong University Press, 2011)을 보라.

4   Martin Lewis and Karen Wigen, *The Myth of Continents: A Critique of Metageography* (Berkeley: University of California Press, 1997)를 보라. 또한 Lauren Benton and Nathan Perl-Rosenthal, eds., *A World at Sea: Maritime Practices and Global History* (Philadelphia: University of Pennsylvania Press, 2020)를 보라.

5   내가 조금 더 시간대를 넓히는 것이 유용하다고 생각하는 몇몇 부분에서는 이야기가 시간적으로 더 거슬러 올라간다. 특히 2장, 6장, 8장을 보라.

6   Janet Abu-Lughod, *Before European Hegemony: The World System AD 1250-1350* (New York: Oxford University Press, 1989), 368.

7   일부 학자들은 이미 이런 방향으로 옮겨가고 있다. 결코 내가 처음이 아니다. 나는 이런 여러 연구들에 대해 이 서론 뒷부분의 주석에서 개괄했다. 그러나 이 문제에 대한 유용한 개관은 Markus Vink, "Indian Ocean Studies and the New Thalassology," *Journal of Global History* 2, 2007: 41-62를 보라.

8   몇몇 가능성을 제한적으로 보려면 다음을 참조하라. David Armitage, Alison Bashford, Sujit Sivasundaram, eds., *Oceanic Histories* (New York: Cambridge University Press, 2017); Jerry H. Bentley, "Sea and Ocean Basins as Frameworks of Historical Analysis," *Geographical Review* 89, no. 2 (April 1999), 215-24; Beernhard Klein and Gesa Mackenthun, eds., *Sea Changes: Historicizing the Ocean* (New York: Routledge, 2004); Martin Lewis, "Dividing the Ocean Sea," *Geographical Review* 89, no. 2 (April 1999): 188-214; Philip E. Steinberg, *The Social Construction of the Ocean* (New York: Cambridge University Press, 2001); Daniel Finamore, ed., *Maritime History As World History* (Gainesville: University Press of Florida, 2004); Jennifer L. Gaynor, "Maritime Ideologies and Ethnic Anomalies: Sea Space and the Structure of Subalternality in the Southeast Asian Littoral," in *Seascapes: Maritime Histories, Littoral Cultures, and Transoceanic Exchanges*, ed. Jerry H. Bentley, Renate Bridenthal, and Karen Wigen, 53-68 (Honolulu: University of Hawai'i Press, 2007); Bernhard Klein and Gesa Mackenthun, eds., *Sea Changes: Historicizing the Ocean* (London and New York: Routledge, 2004).

9   Fernand Braudel, *The Mediterranean and the Mediterranean World in the Age of Phillip II* (Berkeley: University of California Press Reprints, 1996), 2 vols.

10   Bernard Bailyn, *The Ideological Origins of the American Revolution* (Cambridge,

MA: Harvard University Press, 1967); Bernard Bailyn, *The Peopling of British North America* (New York: Vintage Press, 1988); Bernard Bailyn, *Voyagers to the West: A Passage in the Peopling of America on the Eve of the Revolution* (New York: Vintage Press, 1988). 베일린의 몇몇 지적 후예에 대해서는 다음을 보라.Jorge Canizares-Esguerra and Erik R. Seeman, eds., *The Atlantic in Global History, 1500-2000*, 2nd. ed. (New York: Routledge, 2018); Jack P. Greene and Philip D. Morgan, eds., *Atlantic History: A Critical Appraisal* (New York: Oxford University Press, 2009); Michael Pye, *The Edge of the World: A Cultural History of the North Sea and the Transformation of Europe* (New York: Pegasus Books, 2014); Daviken Studnicki-Gizbert, *A Nation upon the Ocean Sea: Portugal's Atlantic Diaspora and the Crisis of the Spanish Empire, 1492-1640* (New York: Oxford University Press, 2007); Julius S. Scott, *The Common Wind: Afro-American Currents in the Age of the Haitian Revolution* (New York: Verso, 2020); John Thornton, *Africa and Africans in the Making of the Atlantic World, 1400-1800*, 2nd. ed. (New York: Cambridge University Press, 1998); Jace Weaver, *The Red Atlantic: American Indigenes and the Making of the Modern World, 1000-1927* (Chapel Hill: The University of North Carolina Press, 2014).

11 Paul Gilroy, *The Black Atlantic: Modernity and Double Consciousness* (Cambridge, MA: Harvard University Press, 1993).

12 Marcus Rediker, *Between the Devil and the Deep Blue Sea: Merchant Seamen, Pirates, and the Anglo-American Maritime World, 1700-1750* (Cambridge: Cambridge University Press, 1989); and (with Peter Linebaugh), *The Many-Headed Hydra: Sailors, Slaves, Commoners, and the Hidden History of the Revolutionary Atlantic* (New York: Beacon Press, 2013); Lance Grahn, *The Political Economy of Smuggling: Regional Informal Economies in Early Bourbon New Granada* (Boulder, CO: Westview Press, 1997); and see Ernesto Bassi, *An Aqueous Territory: Sailor Geographies and New Granada's Transimperial Greater Caribbean World* (Durham: Duke University Press, 2016).

13 Frank Sherry, *Pacific Passions: The European Struggle for Power in the Great Ocean in the Age of Exploration* (New York: William Morrow, 1994); and Walter McDougall, *Let the Sea Make a Noise: Four Hundred Years of Cataclysm, Conquest, War and Folly in the North Pacific* (New York: Avon Books, 1993).

14 이런 규정의 초기의 예외 두 가지는 다음과 같다. Greg Dening, *Islands and Beaches: Discourse on a Silent Land; Marquesas 1774-1880* (Chicago: Dorsey Press, 1980) 과 David A. Chappell, *Double Ghosts: Oceanian Voyagers on Euroamerican Ships* (New York: M. E. Sharpe, 1997). 여러 가지 보다 새롭고 포괄적인 접근을 위해서는 다음을 보라. Stuart Banner, *Possessing the Pacific: Lands, Settlers, and Indigenous People from Australia to Alaska* (Cambridge: Harvard University Press, 2007); David Igler, *The Great Ocean: Pacific Worlds from Captain Cook to the Gold Rush* (New York:

Oxford University Press, 2013); Rainer F. Buschmann, Edward R. Slack Jr., and James B. Tueller, *Navigating the Spanish Lake: The Pacific in the Iberian World, 1521-1898* (Honolulu: University of Hawai'i Press, 2014); David A. Chang, *The World and All the Things upon It: Native Hawaiian Geographies of Exploration* (Minneapolis: University of Minnesota Press, 2016).

15 예를 들어 Epeli Hau'ofa, *We Are the Ocean: Selected Works* (Honolulu: University of Hawai'i Press), 2008; Epeli Hau'ofa, "Our Sea of Islands," *The Contemporary Pacific* 6, no. 1 (1994); K. R. Howe, *Nature, Culture and History: The "Knowing" of Oceania* (Honolulu: University of Hawai'i Press, 2000)를 보라. 또한 Kealani Cook, *Return to Kahiki: Native Hawaiians in Oceania* (New York: Cambridge University Press, 2018)를 보라.

16 Matt Matsuda, *Pacific Worlds: A History of Seas, Peoples, and Cultures* (New York: Cambridge University Press, 2012); Lorenz Gonschor, *A Power in the World: The Hawaiian Kingdom in Oceania* (Honolulu: University of Hawai'i Press, 2019); Ricardo Padron, *The Indies of the Setting Sun: How Early Modern Spain Mapped the Far East as the Transpacific West* (Chicago: University of Chicago Press, 2020); and Nicholas Thomas, *Islanders: The Pacific in the Age of Empire* (New Haven: Yale University Press, 2010).

17 가장 가까운 것은 Amrith의 훌륭한 연구다. 그러나 이는 이 책과는 아주 다른 종류의 작업이다. 그것은 모든 형태의 수역을 다루고 있고, 인도양을 중심으로 하고 있기 때문이다. Sunil Amrith, *Unruly Waters: How Rains, Rivers, Coasts, and Seas Have Shaped Asia's History* (New York: Basic Books, 2018)를 보라.

18 Andre Gunder Frank, *ReOrient: Global Economy in the Asian Age* (Berkeley: University of California Press, 1998).

19 좀 더 비교적인 접근을 위해서는(똑같이 훌륭하다) 다음을 보라. Kenneth Pomeranz, *The Great Divergence: China, Europe, and the Making of the Modern World Economy* (Princeton: Princeton University Press, 2000).

20 Takeshi Hamashita, *China, East Asia, and the Global Economy: Regional and Historical Perspectives* (New York: Routledge, 2013); Takeshi Hamashita, "The Tribute Trade System and Modern Asia," trans. Neil Burton and Christian Daniels, in Takeshi Hamashita, *China, East Asia, and the Global Economy: Regional and Historical Perspectives*, eds. Linda Grove and Mark Selden, 12-26 (London and New York: Routledge, 2008); Takeshi Hamashita, "The Intra-regional System in East Asia in Modern Times," in *Network Power: Japan and Asia*, ed. Peter J. Katzenstein and Takashi Shiraishi, 113-35 (Ithaca, NY: Cornell University Press, 1997).

21 몇 가지만 들자면 다음과 같다. Giovanni Arrighi, Takeshi Hamashita, and Mark Selden, "Introduction: The Rise of East Asia in Regional and World Historical Perspective," in *The Resurgence of East Asia: 500, 150 and 50 Year Perspectives*, ed. Arrighi et al., 1-16 (London and New York: Routledge, 2003); Angela Schottenhammer, ed.,

The East Asian Maritime World 1400-1800: Its Fabrics of Power and Dynamics of Exchanges (Wiesbaden: Harrassowitz Verlag, 2007); John E. Wills, "Maritime Asia 1500-800: The Interactive Emergence of European Domination," *American Historical Review* 98, no. 1 (1993): 83-105; Charlotte von Verschuer, *Across the Perilous Sea: Japanese Trade with China and Korea from the Seventh to the Sixteenth Centuries*, trans. Kristen Lee Hunter (Ithaca, NY: Cornell University Press, 2006); and William D. Wray, "The Seventeenth-century Japanese Diaspora: Questions of Boundary and Policy," in *Diaspora Entrepreneurial Networks: Four Centuries of History*, ed. Ina Baghdiantz McCabe, Gelina Harlaftis, and Ioanna Pepelasis Minoglu, 73-79 (Oxford and New York: Berg, 2005).

22 Dian Murray, *Pirates of the South China Coast, 1790-1810* (Palo Alto: Stanford University Press, 1987).

23 Derek Heng, "Trans-Regionalism and Economic Co-dependency in the South China Sea: The Case of China and the Malay Region (Tenth to Fourteenth Centuries AD)," *International History Review* 35, no. 3 (2013): 486-510; David C. Kang, *East Asia before the West: Five Centuries of Trade and Tribute* (New York: Columbia University Press, 2010); Geoffrey C. Gunn, *History without Borders: The Making of an Asian World Region, 1000-1800* (Hong Kong: Hong Kong University Press, 2011).

24 Anthony Reid, *Southeast Asia in the Age of Commerce: The Lands beneath the Winds* (New Haven: Yale University Press, 1993 and 1998).

25 이를 수정하는 중요한 두 비판이 다음에서 제기됐다. Victor Lieberman, *Strange Parallels* (Cambridge: Cambridge University Press, 2003); Barbara Watson Andaya, *The Flaming Womb: Repositioning Women in Early Modern Southeast Asian History* (Honolulu: University of Hawai'i Press, 2006).

26 Denys Lombard, *Le carrefour javanais: Essai d'histoire globale* (Paris: Ecole Hautes Etudes en Sciences Sociales, 1990); James Francis Warren, *The Sulu Zone* (Singapore: Singapore University Press, 1981).

27 Roy Ellen, *On the Edge of the Banda Zone: Past and Present in the Social Organization of a Moluccan Trading Network* (Honolulu: University of Hawai'i Press, 2003); Dianne Lewis, *Jan Compagnie in the Straits of Malacca* (Columbus: Ohio University Press, 1995); Leonard Andaya, *Leaves from the Same Tree: Trade and Ethnicity in the Straits of Melaka* (Honolulu: University of Hawai'i Press, 2008).

28 이에 더해, Alain Forest, "L'Asie du Sud-est continentale vue de la mer," in *Commerce et navigation*, ed. Nguyễn and Ishizawa, 7-30; Peter Boomgaard, ed., *A World of Water: Rain, Rivers, and Seas in Southeast Asian Histories* (Leiden: KITLV Press, 2007)를 보라.

29 K. N. Chaudhuri, *Trade and Civilisation in the Indian Ocean: An Economic History from the Rise of Islam to 1750* (Cambridge: Cambridge University Press, 1985).

30 Ashin Das Gupta, *Merchants of Maritime India: Collected Studies, 1500-1800* (Ashgate: Variorum, 1994); Sanjay Subhramanyam, *The Political Economy of Commerce: Southern India 1500-1650* (Cambridge: Cambridge University Press, 2002); Michael Pearson, *The Indian Ocean* (New York: Routledge, 2003); Sugata Bose, *A Hundred Horizons: The Indian Ocean in the Age of Global Empire* (Cambridge: Harvard University Press, 2006); and Kerry Ward, *Networks of Empire: Forced Migration in the Dutch East India Company* (New York: Cambridge University Press, 2009).

31 Engseng Ho, *The Graves of Tarim: Genealogy and Mobility across the Indian Ocean* (Berkeley: University of California Press, 2006); Engseng Ho, "Empire through Diasporic Eyes: A View from the Other Boat," *Comparative Studies in Society and History* 46, no. 2 (Apr. 2004); Clare Anderson, *Subaltern Lives: Biographies of Colonialism in the Indian Ocean World, 1790-1920* (Cambridge: Cambridge University Press, 2012); Michael Laffan, *The Makings of Indonesian Islam: Orientalism and the Narraiton of a Sufi Past* (Princeton: Princeton University Press, 2011); Isabel Hofmeyer, "The Complicating Sea: The Indian Ocean as Method," *Comparative Studies of South Asia, Africa and the Middle East* 32, no. 3 (2012): 584-90; Ronit Ricci, *Islam Translated* (Chicago: University of Chicago Press, 2011); Sebouh Aslanian, *From the Indian Ocean to the Mediterranean: The Global Trade Networks of Armenian Merchants from New Julfa* (Berkeley: University of California Press, 2011); Gwyn Campbell, *Africa and the Indian Ocean World from Early Times to circa 1900* (Cambridge: Cambridge University Press, 2019)을 보라. 또한 약간 더 전문화된 성격의 책으로는 Robert Harms, Bernard K. Freamon, and David W. Blight, eds., *Indian Ocean Slavery in the Age of Abolition* (New Haven: Yale University Press, 2013)을, 그리고 보다 넓은 시각의 접근으로는 Thomas Metcalf, *Imperial Connections: India in the Indian Ocean Arena, 1860-1920* (Berkeley and Los Angeles: University of California Press, 2007); Leila Tarazi Fawaz and C. A. Bayly, eds., *Modernity and Culture: From the Mediterranean to the Indian Ocean* (New York: Columbia University Press, 2002)을 보라.

32 Rene J. Barendse, *The Arabian Seas: The Indian Ocean World of the Seventeenth Century* (New York: Routledge, 2014); Sunil Amrith, *Crossing the Bay of Bengal: The Furies of Nature and the Fortunes of Migrants* (Cambridge, MA: Harvard University Press, 2013).

33 S. Z. Qasim, "Concepts of Tides, Navigation and Trade in Ancient India," *Journal of Indian Ocean Studies* 8, nos. 1/2 (2000): 97-102; T. S. S. Rao and Ray Griffiths, *Understanding the Indian Ocean: Perspectives on Oceanography* (Paris: UNESCO, 1998), 21-60; Zahoor Qasim, "The Indian Ocean and Cyclones," *Journal of Indian Ocean Studies* 1, no. 2 (1994): 30-40; Zahoor Qasim, "The Indian Ocean and Mangroves," *Journal of Indian Ocean Studies* 2, no. 1 (1994): 1-10을 보라.

34 Martin Krieger, "Danish Country Trade on the Indian Ocean in the 17th and 18th Centuries," in ed., *Indian Ocean and Cultural Interaction, 1400-1800*, ed. K. S. Mathew, 122-29 (Pondicherry: Pondicherry University, 1996); Vahe Baladouni and Margaret Makepeace, eds., *Armenian Merchants of the Early Seventeenth and Early Eighteenth Centuries* (Philadelphia: American Philosophical Society, 1998); and Charles Borges, "Intercultural Movements in the Indian Ocean Region: Churchmen, Travelers, and Chroniclers in Voyage and in Action," in *Indian Ocean and Cultural Interaction*, ed. Mathew, 21-34.

35 예를 들어 16세기에 관해서는 다음을 보라. K. S. Mathew, "Trade in the Indian Ocean During the Sixteenth Century and the Portuguese," in *Studies in Maritime History*, ed. K. S. Mathew (Pondicherry: Pondicherry University, 1990): 13-28; Sanjay Subrahmanyam, "Profit at the Apostle's Feet: The Portuguese Settlement of Mylapur in the Sixteenth Century," in *Sanjay Subrahmanyam, Improvising Empire: Portuguese Trade and Settlement in the Bay of Bengal* (Delhi: Oxford University Press, 1990): 47-67; Syed Hasan Askarai, "Mughal Naval Weakness and Aurangzeb's Attitude Towards the Traders and Pirates on the Western Coast," *Journal of Indian Ocean Studies* 2, no. 3 (1995): 236-42. 17세기에 관해서는 다음을 보라. Shireen Moosvi, "The Gujarat Ports and Their Hinterland: The Economic Relationship," in *Ports and Their Hinterlands in India, 1700-1950*, ed. Indu Banga (Delhi: Manohar, 1992), 121-30; Aniruddha Ray, "Cambay and Its Hinterland: The Early Eighteenth Century," in *Ports and Their Hinterlands*, ed. Banga, 131-52. 18세기에 관해서는 다음을 보라. Lakshmi Subramanian, "Western India in the Eighteenth Century: Ports, Inland Towns, and States" in *Ports and Their Hinterlands*, ed. Banga, 153-80; Rajat Datta, "Merchants and Peasants: A Study of the Structure of Local Trade in Grain in Late Eighteenth Century Bengal," in *Merchants, Markets, and the State in Early Modern India*, ed. Sanjay Subrahmanyam, 139-62 (Delhi: Oxford University Press, 1990).

36 Edmund Leach, *Political Systems of Highland Burma: A Study of Kachin Social Structure* (Cambridge, MA: Harvard University Press, 1954); Renato Rosaldo, *Ilongot Headhunting* (Palo Alto: Stanford University Press, 1980); Eric Wolf, *Europe and the People without History* (Berkeley: University of California Press, 1982).

37 19세기 말의 아시아 상당 부분에 관해 이를 해낸 빼어난 새 책으로 다음을 보라. Tim Harper, *Underground Asia: Global Revolutionaries and the Overthrow of Europe's Empires in the East* (London: Allen Lane, 2019).

2장 중국에서 아프리카로

1 In Frederick Hirth and W. W. Rockhill, *Chau Ju Kua: His Work on the Chinese and Arab Trade in the 12th and 13th Centuries, Entitled Chu Fan Chi* (New York: Paragon Book Reprint Co., 1966), 149.

2   이 연결을 살펴보기에 좋은 출발점으로는 Helen Siu and Mike McGovern, "China-Africa Encounters: Historical Legacies and Contemporary Realities," *Annual Review of Anthropology* 46 (2017): 337-55; Dorian Fuller, Nicole Boivin, et al., "Across the Indian Ocean: The Prehistoric Movement of Plants and Animals," *Antiquity* (June 2011): 544-58을 보라.

3   동남아시아의 선사시대와 그 역사의 일부로서의 항해에 관해서는 다음을 보라. Peter Bellwood, *Prehistory of the Indo-Malaysian Archipelago* (Honolulu: University of Hawai'i Press, 1997); Robert Blust, "The Prehistory of the Austronesian-Speaking Peoples: A View from Language," *Journal of World Prehistory* 9, no. 4 (1995): 453-510; J. Dars, "Les jonques chinoises de haute mer sous les Song et les Yuan," *Archipel* 18 (1979): 41-56.

4   Michel Mollat [du Jourdin], "Les contacts historiques de l'Afrique et de Madagascar avec l'Asie du sud et du sud-est: Le role de l'Ocean indien," *Archipel* 21 (1981): 37.

5   Tatiana M. Karafet et al., "Major East-West Division Underlines Y Chromosome Stratification across Indonesia," *Molecular Biology and Evolution* 27-28 (2010): 1833-1844; Mark Lipson et al., "Reconstruction Austronesian Population History in Island Southeast Asia," *Nature Communications* 19 August 2014 (5:4689; DOI 10.1038/ncomms 5689; Gabriel Ferrand, "Les voyages des Javanais a Madagascar," *Journal Asiatique, series* 10, no. 15 (1910), 281-330.

6   이들 몇몇 가설과 주장에서의 보르네오의 위치에 관해서는 다음을 보라. K. Alexander Adelaar, "Borneo as a Cross-Roads for Comparative Austronesian Linguistics," in *The Austronesians: Historical and Comparative Perspectives*, ed. Peter Bellwood, James Fox, and Darrell Tryon, 75-95 (Canberra: Department of Anthropology, Research School of Pacific and Asian Studies, Australian National University, 1995).

7   M. E. Hurles, B. C. Sykes, M. A. Jobling, and P. Forster, "The Dual Origin of the Malagasy in Island Southeast Asia and East Africa: Evidence from Maternal and Paternal Lineages," *American Journal of Human Genetics* 76 (2005:): 894-901.

8   동남아시아에 관한 언어학적 증거를 개관하려면 다음을 보라. Roger Blench, "Was There an Austroasiatic Presence in Island Southeast Asia Prior to the Austronesian Expansion?," *Bulletin of the Indo-Pacific Prehistory Association* 30 (2010): 133-44; Cristian Capelli et al., "A Predominantly Indigenous Paternal Heritage for the Austronesian-Speaking Peoples of Insular Southeast Asia and Oceania," *American Journal of Human Genetics* 68, no. 2 (2001): 432-43; Mark Donohue and Tim Denham, "Farming and Language in Island Southeast Asia: Reframing Austronesian History," *Current Anthropology* 51, no. 2 (2010): 223-56.

9   Mark Lipson, Po-Ru Loh, Nick Patterson, Priya Moorjani, Ying-Chin Ko, Mark Stoneking, Bonnie Berger, and David Reich, "Reconstructing Austronesian Population History in Island Southeast Asia," *Nature Communications* 19 (August 2014): 4, no. 5: 4689; DOI: 10.1038/ncomms 5689.

10 Alexander Adelaar, "The Indonesian Migrations to Madagascar: Making Sense of the Multidisciplinary Evidence," in *Austronesian Diaspora and the Ethnogenesis of People in Indonesian Archipelago: Proceedings of the International Symposium*, ed. Truman Simanjuntak, Ingrid H. E. Pojoh, and Muhammad Hisyam, 1 and passim (Jakarta: LIPI Press: 2006)에 제시된 증거를 보라. Adelaar는 세계의 이 두 지역 사이의 연결을 어떻게 개념화할 수 있는지(특히 언어학적 증거를 통해)에 대한 가장 설득력 있는 설명 가운데 하나를 제공한다.

11 Engelbert Kaempfer, *The History of Japan, Together with a Description of the Kingdom of Siam* (Richmond, Surrey: Curzon Press, 1993; reprint of 1906 edition), 194.

12 이 두 단락의 일부는 다음에서 간추렸다. Ann Kumar, "'The Single Most Astonishing Fact of Human Geography': Indonesia's Far West Colony," *Indonesia* 92 (2011): 59-95.

13 Michel Mollat [du Jourdin], "Les contacts historiques de l'Afrique et de Madagascar avec l'Asie du sud et du sud-est: Le role de l'Ocean indien," *Archipel* 21 (1981): 35-54.

14 Peter Bellwood, *Prehistory of the Indo-Malaysian Archipelago*.

15 Branislaw Malinowski, *Argonauts of the Western Pacific* (London: Routledge & Kegan Paul, 1922).

16 부기족 같은 인도네시아인들 역시 전근대 시기에 식용 해삼을 찾아 오스트레일리아로 여행했다. A. A. Cense, "Makassarsche-Boeginese paruwvaart op Noord-Australie," Bijdragen tot de Taal-Land-en Volkenkunde 108 (1952): 248-65; D. Soelaiman, "Selayang pandang pelayaran di Indonesia," *Suluh Nautika* 9, no. 3 (1959): 40-43을 보라.

17 Neville Chittick, *Kilwa: An Islamic Trading City on the East African Coast* (Nairobi: British Institute in Eastern Africa, 1974).

18 G. S. P. Freeman-Grenville, *The East African Coast: Select Documents from the First to the Earlier Nineteenth Century* (Oxford: Clarendon Press, 1962), 1-4. Freeman-Grenville의 선집은 동아프리카 해안의 국제적 성격에 관한 초기 증거 상당수를 한곳에 모아놓아 매우 유용하다.

19 J. W. McCrindle, *The Christian Topography of Cosmas, an Egyptian Monk* (London: Hakluyt Society, 1897), 37-40, 51-4.

20 M. Reinaud, *Géographie d'Aboul-feda* (Paris, 1848), 206-8; C. Defremery and B. R. Sanguinetti, *Les voyages d'Ibn Batoutah* (Paris, 1854), 2:179-96; M. Guillain, *Documents sur l'histoire, la géographie et le commerce de l'Afrique orientale* (Paris, 1856), 1:299-300.

21 R. E. Latham, *The Travels of Marco Polo* (New York: Penguin Books, 1958), 275-77.

22 Arjun Appadurai, ed., *The Social Life of Things* (Cambridge: Cambridge University Press, 1986), 2-3.

23 Mark Horton, *Shanga* (London: British Institute in Eastern Africa, 1996), 303-10.

24 Timothy Insoll, *The Archaeology of Islam in Sub-Saharan Africa* (Cambridge: Cambridge University Press, 2003), 188.

25 Andrea Montella, "Chinese Porcelain as a Symbol of Power on the East African Coast from the 14th Century Onward," *Ming Qing Yanjiu* 20, no. 1 (2016): 74-93.

26 Zhao Bing, "La ceramique chinoise importee en Afrique orientale (IXe-XVIe siecles): Un cas de changement de valeur marchande et symbolique dans le commerce global," *Afrique: Débats, méthodes et terrains d'histoire*, https://doi.org/10.4000/afriques.1836.

27 Zhao Bing, "Global Trade and Swahili Cosmopolitan Material Culture: Chinese-Style Ceramic Shards from Sanje ya Kati and Songo Mnara (Kilwa, Tanzania)," *Journal of World History* 23, no. 1 (2012): 41-85; Dashu Qin, "Archaeological Investigations of Chinese Ceramics Excavated from Kenya," in *Ancient Silk Trade Routes: Selected Works from Symposium on Cross Cultural Exchanges and Their Legacies in Asia*, ed. Qin Dashu and Jian Yuan, chapter 4 (World Scientific, 2015).

28 Philip Snow, *The Star Raft: China's Encounter with Africa* (New York: Weidenfeld & Nicholson, 1988), 2.

29 Chen Dasheng and Denys Lombard, "Foreign Merchants in Maritime Trade in Quanzhou ('Zaitun'): Thirteenth and Fourteenth Centuries," in *Asian Merchants and Businessmen in the Indian Ocean and the China Sea*, ed. Denys Lombard and Jan Aubin (Oxford: Oxford University Press, 2000); Michel Cartier, "The Chinese Perspective on Trade in the Indian Ocean," in *Asian Merchants and Businessmen*, ed. Lombard and Aubin.

30 Chen Dasheng and Denys Lombard, "Foreign Merchants in Maritime Trade"; Michel Cartier, "The Chinese Perspective on Trade in the Indian Ocean," in *Asian Merchants and Businessmen*, ed. Lombard and Aubin.

31 G. S. P. Freeman-Grenville, *The East African Coast* (Oxford: Oxford University Press, 1962), 8; 또한 Michel Cartier, "La vision chinoise des etrangers: Reflexions sur la constitution d'une pensee anthropologique," in *Asia Maritima: Images et réalité: Bilder und Wirklichkeit 1200-1800*, ed. Denys Lombard and Roderich Ptak (Wiesbaden: Harrassowitz Verlag, 1994)을 보라.

32 John Shen, "New Thoughts on the Use of Chinese Documents in the Reconstruction of Early Swahili History," *History in Africa* 22 (1995), 349-58.

33 Paul Wheatley, "Analecta Sino-Africana Recensa," in *East Africa and the Orient*, ed. H. Neville Chittick and Robert Rotberg, 76-114 (New York, 1975).

34 Michel Cartier, "La vision chinoise du monde, Taiwan dans la litterature geographique ancienne," in *Actes du IIIe colloque international de sinologie, Chantilly 1980*, 1-12 (Paris: Les Belles Lettres, 1983); Charles Le Blanc et Remi Mathieu, "Voir a ce propos Remi Mathieu, Étude sur la mythologie et l'ethnologie de

la Chine ancienne: Traduction annotée du Shanhaijng (Paris, 1983); Remi Mathieu, "L'inquietante etrangete," in *Mythe et philosophie a l'aube de la Chine impériale: Études sur le Huainan zi*, 15-26 (Montreal and Paris, 1992)을 보라.

35 Louise Levathes, *When China Ruled the Seas: The Treasure Fleet of the Dragon Throne, 1405-1433* (New York: Oxford University Press, 1994), 97. 또한 Edward J. Dreyer, *Zheng He: China and the Oceans in the Early Ming Dynasty, 1405-1433* (New York: Pearson Longman, 2007)을 보라.

36 Li Kangying, *The Ming Maritime Trade Policy in Transition, 1368 to 1567* (Wiesbaden: Harrassowitz Verlag, 2010); Roderich Ptak, "Ming Maritime Trade to Southeast Asia, 1368-1567: Visions of a 'System,'" in *From the Mediterranean to the China Sea: Miscellaneous Notes*, ed. Claude Guillot, Denys Lombard, and Roderich Ptak (Wiesbaden: Harrassowitz Verlag, 1998), 157-91; Pierre-Yves Manguin, "Trading Ships of the South China Sea: Shipbuilding Techniques and Their Role in the History of the Development of Asian Trade Networks," *JESHO* 36, no. 2 (1993), 253-80을 보라.

37 E. H. L. Schwarz. "The Chinese Connection with Africa," *Journal of Bengal Branch, Royal Asiatic Society, Letters* 4 (1938): 175-93.

38 Teobaldo Filesi, "I viaggi dei Cinesi in Africa nel medioevo" [The voyages of the Chinese in Africa in the medieval period], *Africa: Rivista trimestrale di studi e documentazione dell'Istituto italiano per l'Africa e l'Oriente* 16, no. 6 (1961): 275-88.

39 Kuei-sheng Chang, "The Ming Maritime Enterprise and China's Knowledge of Africa prior to the Age of Great Discoveries," *Terrae Incognitae* 3, no. 1 (1971): 33-44.

40 Joseph Needham, ed., *Science and Civilisation in China* (Cambridge: Cambridge University Press, 1971), vol. 4, part 3.

41 여기서는 Pierre-Yves Manguin의 작업이 중요하다. 그의 전체 작업은 방대하지만, 현재의 목적을 위해서는 다음을 보라. Pierre-Yves Manguin, "Trading Ships of the South China Sea: Shipbuilding Techniques and Their Role in the Development of Asian Trade Networks," *Journal of the Economic and Social History of the Orient* 36: 253-80을 보라.

42 Levathes, *When China Ruled the Seas*, 21. 또한 크기 비교 문제에 관해서는 Sally Church 등을 보라. 아직 정확한 크기를 확신할 수는 없지만, 중국의 배들이 유럽인의 배들보다 훨씬 컸다는 것은 분명하다. 또한 다음을 보라. Christopher Wake, "The Myth of Zheng He's Great Treasure Ships," *International Journal of Maritime History* 16, no. 1 (2004), 59-75.

43 J. V. G. Mills, trans., *Ying-yai Sheng-lan: The Overall Survey of the Ocean's Shores, by Ma Huan* (London: Haklyut Society, 1970)을 보라.

44 Stewart Gordon, *When Asia Was the World* (Philadelphia: Da Capo, 2008), 117-37.

45 Ibid., facing p. 113.

46 Ibid., 141-42.

47 Geoffrey Wade, *Southeast Asia in the Ming Shi-lu: An Open Access Resource* (Singapore: Asia Research Institute and the Singapore E-Press, National University of Singapore, http://epress.nus.edu.sg/msl.

48 Geoffrey Wade, "The Zheng He Voyages: A Reassessment," *Journal of the Malaysian Branch of the Royal Asiatic Society* 78, no. 1 (2005): 37-58; and Geoffrey Wade, "Engaging the South: Ming China and Southeast Asia in the Fifteenth Century," *Journal of the Economic and Social History of the Orient* 51, no. 4 (2008): 578-638.

49 Geoffrey Wade, "Ming China's Violence against Neighboring Polities and Its Representation in Chinese Historiography," in *Asian Encounters: Exploring Connected Histories*, ed. Upinder Singh and Parul Dhar, 20-41 (New Delhi: Oxford University Press, 2014).

50 Tansen Sen, "The Formation of Chinese Maritime Networks to Southern Asia, 1200-1450," *Journal of the Social and Economic History of the Orient* 49, no. 4 (2006): 421-53.

51 Tansen Sen, "Diplomacy, Trade, and the Quest for the Buddha's Tooth: The Yongle Emperor and Ming China's South Asian Frontier," in *Ming China: Courts and Contacts, 1400-1450*, ed. Craig Clunas, Jessica Harrison-Hall, and Luk Yu-Ping (London: British Museum, 2016).

52 Tansen Sen, "Maritime Interactions between China and India: Coastal India and the Ascendancy of Chinese Maritime Power in the Indian Ocean," *Journal of Central Eurasian Studies* 2 (2011): 41-82.

53 Tansen Sen, "The Impact of Zheng He's Expeditions on Indian Ocean Interactions," *Bulletin of the School of Oriental and African Studies* 79, no. 3 (2016): 609-36.

54 '중국의 남방에 대한 관심'이라는 틀에 관한 몇 가지 좋은 문헌으로는 Zhang Yangwen, *China on the Sea: How the Maritime World Shaped Modern China* (Leiden: Brill, 2012); Xing Hang, *Conflict and Commerce in Maritime East Asia: The Zheng Family and the Shaping of the Modern World, 1620-1720* (Cambridge: Cambridge University Press, 2016); Xing Hang and Tonio Andrade, eds., *Sea Rovers, Silver, and Samurai: Maritime East Asia in Global History, 1550-1700* (Honolulu: University of Hawai'i Press, 2016); Ronald Po, *The Blue Frontier: Maritime Vision and Power in the Qing Empire* (Cambridge: Cambridge University Press, 2018); Geoffrey Wade, "The Southern Chinese Borders in History" in G. Evans, C. Hutton, and K. E. Kuah, eds., *Where China Meets Southeast Asia: Social and Cultural Change in the Border Regions* (Singapore: ISEAS Press, 2000), 28-50; Geoffrey Wade, "Engaging the South: Ming China and Southeast Asia in the Fifteenth Century," *JESHO* 51 (2008): 578-638 을 보라.

55 Don Wyatt, *The Blacks of Premodern China* (Philadelphia: University of Pennsylvania Press, 2010).

56 Gwyn Campbell, *Africa and the Indian Ocean World from Early Times to Circa 1900* (Cambridge: Cambridge University Press, 2019), 261.

57 약간의 맥락 파악을 위해 P. M. D'Elia, *Galileo in Cina: Relazioni attraverso il Collegio Romano tra Galileo e i gesuiti scienziati missionari in Cina (1610-1640)* (Rome: 1947), 21; 그리고 같은 저자의 *Fonti Ricciane: Documenti originali concernenti Matteo Ricci e la storia delle prime relazioni tra l'Europa e la Cina (1579-1615)*, ed. P.M. D'Elia, (Rome, 1942), I:259 n. 310을 보라.

58 John Clements, *Coxinga and the Fall of the Ming Dynasty* (Phoenix Mill: Sutton Publishing, 2005), 17, 79.

59 Frederic Wakeman, *The Great Enterprise* (Berkeley: University of California Press, 1985), 317.

60 Donatella Guida, "Immagini del Nanyang: Realta e stereotipi nella storiografia cinese verso la fine della dinastia Ming (Naples: Istituto Universitario Orientale di Napoli, 1991); and Denys Lombard and Roderich Ptak, eds., *Asia Maritima: Images et réalité: Bilder und Wirklichkeit 1200-1800* (Wiesbaden: Harrassowitz Verlag, 1994)을 보라.

3장 베트남의 해상무역권

1 2009년의 호찌민시(사이공)와 후에 방문, 그리고 2009년 및 2016년의 하노이 방문이 이 장을 쓰는 데 많은 도움이 됐다. 대략 연대순으로 이 세계에 대한 유용한 설명을 보려면 다음을 보라. Momoki Shiro, "Dai Viet and the South China Sea Trade from the 10th to the 15th Century," *Crossroads*, 12, no. 1 (1998): 1-34; Patrizia Carioti, "The Zheng's Maritime Power in the International Context of the Seventeenth Century Far Eastern Seas: The Rise of a 'Centralized Piratical Organization' and Its Gradual Development into an Informal State," *Ming Qing Yanjiu* (Napoli, 1996): 29-67; Tonio Andrade, "The Company's Chinese Pirates: How the Dutch East India Company Tried to Lead a Coalition of Pirates to War against China, 1621-1662," *Journal of World History* 15, no. 4 (2004), pp. 415-44; Timothy Brook, "Trade and Conflict in the South China Sea: Portugal and China, 1514-23," in *A Global History of Trade and Conflict since 1500*, ed. Lucia Coppolaro and Francine McKenzie, 20, 37 (Basingstoke: Palgrave Macmillan, 2013); William S. Atwill, "Ming China and the Emerging World Economy, c.1470-650," in *The Cambridge History of China*, vol. 8: *The Ming Dynasty, 1368-1644, Part 2*, eds. Denis Twitchett and Frederick Mote, 376-416 (Cambridge: Cambridge University Press, 1998); Robert Antony, *Like Froth Floating on the Sea: The World of Pirates and Seafarers in Late Imperial China* (Berkeley: Institute for East Asian Studies, 2003).

2 여기서 유용한 것으로는 Charles Wheeler, "Re-thinking the Sea in Vietnamese History: The Littoral Integration of Thuận-Quảng, Seventeenth-Eighteenth Centuries," *Journal of Southeast Asian Studies* 17, no. 1 (Feb. 2006): 123-53;

Charlotte Pham, "The Vietnamese Coastline: A Maritime Cultural Landscape," in *The Sea, Identity and History: From the Bay of Bengal to the South China Sea*, ed. Satish Chandra and Himanshu Prabha Ray, 137-67 (Delhi: Society for Indian Ocean Studies, 2013)이다.

3   이 무역에서 인간이 남방으로 간 것에 대한 유용한 성격 규정은 G. William Skinner, "Creolized Chinese Societies in Southeast Asia," in *Sojourners and Settlers: Histories of Southeast Asia and the Chinese*, ed. Anthony Reid, 51-93 (Honolulu: University of Hawai'i Press, 2001)을 보라. 중국-베트남 접촉의 더 긴 역사에 대해서는 초기의 경우 Dian Murray, *Conflict and Coexistence: The Sino-Vietnamese Maritime Boundaries in Historical Perspective* (Madison: Center for Southeast Asian Studies, University of Wisconsin, 1988); and Jamie Anderson, "Slipping through Holes: The Late Tenth and Early Eleventh Century Sino-Vietnamese Coastal Frontier as a Subaltern Trade Network" in Nola Cooke, Tana Li, and Jamie Anderson, eds., *The Tongking Gulf through History* (Philadelphia: University of Pennsylvania Press, 2011), 87-100을 보라. 장기적인 것에 관해서는 Niu Junkai and Li Qingxin, "Chinese 'Political Pirates' in the Seventeenth-Century Gulf of Tongking," in *The Tongking Gulf*, ed. Cooke, Li, and Anderson, 133-42; Vu Duong Luan and Nola Cooke, "Chinese Merchants and Mariners in Nineteenth-Century Tongking," in *The Tongking Gulf*, ed. Cooke, Tana, and Anderson, 143-59; James Kong Chin, "The Junk Trade between South China and Nguyen Vietnam in the Late Eighteenth and Early Nineteenth Centuries," in *Water Frontier: Commerce and the Chinese in the Lower Mekong Region, 1750-1880*, ed. Nola Cooke and Tana Li, 53-70 (Lanham, MD: Rowman & Littlefield, 2004); Choi Byung Wook, "The Nguyen Dynasty's Policy toward Chinese on the Water Frontier in the First Half of the Nineteenth Century," in *Water Frontier*, ed. Cooke and Tana, 85-100을 보라.

4   Milton Osborne은 John White의 1824년 연구 *A Voyage to Cochin China* (Kuala Lumpur, Oxford University Press Historical Reprints 1972)의 서문(xv)에서 베트남의 대외무역사는 영어 기록이 프랑스어 기록과 같거나 더 많은 가치를 지니는 드문 분야 가운데 하나일 것이라고 지적한다. 1860년대 이전의 베트남에 관한 프랑스 문헌 대부분은 선교사들이 썼거나 선교사들에 관한 것이며, 경제와 무역 분야의 일에 대해서는 거의 관심을 기울이지 않았다. 영국인들은 다른 기대를 가지고, 다른 사업의 일환으로 이 나라에 왔다. 이 언어 구분이 유효한 또 다른 분명한 사례는 베트남 전쟁일 것이다.

5   Keith W. Taylor, "Regional Conflicts among the Viet People between the 13th and 19th Centuries," in *Guerre et paix en Asie du sud-est*, ed. Nguyễn Thế Anh and Alain Forest, 109-33 (Paris: L'Harmattan, 1998)을 보라. 또한 Keith W. Taylor, "The Literati Revival in Seventeenth-Century Vietnam," *Journal of Southeast Asian Studies*, 18, no. 1 (1997): 1-23을 보라. 또한 Khac Thuan, Dinh, "Contribution a l'histoire de la Dynastie des Mac au Viet Nam," PhD thesis, Universite de Paris, 2002를 보라.

6   베트남의 남쪽 끝 땅의 중요성에 관해서는 Christopher Borri, "An Account of Cochin-

China," in *A Collection of the Best and Most Interesting Voyages and Travels in All Parts of the World*, ed. John Pinkerton, vol. 11 (London 1811): Anthony Reid, "The End of Dutch Relations with the Nguyen State, 1651-2: Excerpts Translated by Anthony Reid," in *Southern Vietnam under the Nguyen: Documents on the Economic History of Cochin China* (Dang Trong), 1602-1777. Singapore: ISEAS, 1993; Yang Baoyun, *Contribution a l'histoire de la principauté des Nguyen au Vietnam méridional* (1600-1775) (Geneva: Editions Olizane, 1992)을 보라. 또한 Joseph Buttinger, *The Smaller Dragon* (New York: Praeger, 1958), 171을 보라. 그런 믿기 어려운 영토 확장은 전적으로 이 시기 베트남의 인구 폭발 통제에 기인했을 것이라고 마지막 저자는 지적한다.

7   John Adams and Nancy Hancock, "Land and Economy in Traditional Vietnam," *JSEAS* 1, no. 2 (1970, n. 90. 이 시기 동안의 북쪽 통킹에 관한 약간의 유용한 연구로는 Nguyễn Thua Hy, *Economic History of Hanoi in the 17th, 18th and 19th Centuries* (Hanoi: ST Publisher, 2002); David E. Cartwright, "Tonkin Tides Revisited," *The Royal Society*, 57, no. 2 (2003); P. W. Klein, "De Tonkinees-Japanse zijdehandel van de Vereenigde Oost-indische Compagine en het inter-Aziatische verkeer in de 17e eeuw," in *Bewogen en bewegen: Dehistoricus in het spanningsveld tussen economie and cultuur*, ed. W. Frijhoff and M. Hiemstra (Tilburg: Gianotten, 1986)를 보라. 일차적인 당대의 기록은 Samuel Baron, "A Description of the Kingdom of Tonqueen," in *A Collection of the Best and Most Interesting Voyages and Travels in All Parts of the World*, vol. IX, ed. John Pinkerton (London, 1811); J. M. Dixon, "Voyage of the Dutch Ship 'Groll' from Hirado to Tongking," *Transactions of the Asiatic Society of Japan XI* (Yokohama, 1883); C. C. van der Plas, Tonkin 1644/45, *Journal van de Reis van Anthonio Brouckhorst* (Amsterdam: Koninklijk Instituut voor de Trompen, Mededeling No. CXVII, 1995)를 보라.

8   P. J. B. Truong-Vinh-Ky, trans. P. J. Honey, *Voyage to Tanking in the Year 1876* (London: SOAS, 1982), 94. 베트남 역사 속의 지역주의에 관한 흥미로운 논의는 Iioka Naoko, "The Trading Environment and the Failure of Tongking's Mid-Seventeenth-century Commercial Resurgence," in *The Tongking Gulf*, ed. Cooke, Li, and Anderson, 117-32; Choi Byung Wook, "The Nguyen Dynasty's Policy toward Chinese on the Water Frontier in the First Half of the Nineteenth Century," in *Water Frontier*, ed. Cooke and Li, 85-100 (Lanham, MD: Rowman & Littlefield, 2004)을 보라.

9   초기 증거에 따른 베트남의 유럽인 일반에 대해서는 Pierre-Yves Manguin, *Les portugais sur les côtes du Viet-Nam et du Campa: Étude sur les routes maritimes et les relations commercialistes, d'apres les sources portugaises (XVIe, XVIIe, XVIIIe siecles)* (Paris: EFEO, 1972)를 보라. 보다 일반적으로는 Frederic Mantienne, "Indochinese Societies and European Traders: Different Worlds of Trade?" in *Commerce et navigation en Asia du sud-est (XIV-XIX Siecle)*, ed. Nguyễn Thế Anh and Yoshiaki Ishizawa, 113-26 (Paris: L'Harmattan, 1999)을 보라.

10 베트남의 포르투갈인에 관해서는 Manguin, Les portugais sur les côtes du Viet-Nam et du Campā; George B. Souza, *The Survival of Empire: Portuguese Trade and Society in China and the South China Sea 1930-1754* (Cambridge: Cambridge University Press, 1986); Pierre-Yves Manguin, *Les Nguyen, Macau et la Portugal: Aspects politiques et commerciaux d'une relation privilégiée en Mer de Chine, 1773-1802* (Paris: Ecole francaise d'Extreme-Orient, 1984)를 보라.

11 영국의 베트남과의 초기 교섭에 관한 이야기는 C. B. Maybon, "Une factorerie anglaise au Tonkin au XVIIe siecle (1672-697)," *BEFEO* 10 (1910); A. Lamb, *The Mandarin Road to Old Hué: Narratives of Anglo-Vietnamese Diplomacy from the 17th Century to the Eve of the Trench Conquest* (London: Chatto & Windus, 1970)에서 볼 수 있다.

12 Buttinger, *The Smaller Dragon*, 200. 베트남에서의 네덜란드인에 관한 좋은 1차 자료로는 L. C. D. van Dijk, *Neerlands vroegste betrekkingen met Borneo, den Solo Archipel, Cambodja, Siam en Cochinchina* (Amsterdam: J. H. Scheltema, 1862); *The Deshima Dagregisters XI (1641-50) and XII (1651-60)*, ed. Cynthia Vialle and Leonard Blusse (Leiden: Intercontinenta Nos. 23 and 25, 2001 and 2005)를 보라. 특히 VOC에 관해서는 W. J. M. Buch, "La Compagnie des Indes Neerlandaises et l'Indochine," *BEFEO* 36 (1936) and 37 (1937); W. J. M. Buch, *"De Oost-Indische Compagine en Quinam: De betrekkingen der Nederlanders met Annam in de XVIIe eeuw"* (Amsterdam/Paris, 1929)를 보라. 이웃의 라오스와 캄보디아에 관해서는 H. P. N. Muller, *De Oost-Indische Compagnie in Cambodja en Laos* (The Hague: Martinus Nijhoff, 1917)를 보라. 아시아 무역에서의 네덜란드의 역할은 전체적으로 보아 결정적이었다. Leonard Blusse, "No Boats to China: The Dutch East India Company and the Changing Pattern of the China Sea Trade, 1635-1690," *Modern Asian Studies* 30, no. 1 (1996); Femme Gaastra, *The Dutch East India Company, Expansion and Decline* (Zutphen: Walburg Pers, 2003); Femme Gaastra, "Geld tegen goederen: Een structurele verandering in het Nederlands-Aziatisch handelsverkeer," *Bijdragen en Mededelingen Betreffende de Geschiedenis der Nederlanden* 91, no. 2 (1976); Els M. Jacobs, *Koopman in Azië: De handel van de Vernigde Oost-Indische Companie tijdens de 18de eeuw* (Zutphen: Walburg Pers, 2000)를 보라.

13 Hoang Anh Tuán, *Silk for Silver: Dutch-Vietnamese Relations, 1637-1700* (Leiden: Brill, 2007), 123.

14 이 세계에 대한 설득력 있는 설명은 George Dutton, *A Vietnamese Moses: Philippe Binh and the Geographies of Early Modern Capitalism* (Berkeley: University of California Press, 2016)을 보라.

15 John Whitmore, *Vietnam and the Precious Metals in the Later Medieval and Early Modern Worlds* (Durham, NC: Carolina Academic Press, 1983); John Whitmore, "Vietnam and the Monetary Flow of Asia, 13-18th Centuries," in *Precious Metals in the Later Medieval and Early Modern Worlds*, ed. J. F. Richards, 363-96 (Durham,

NC: Carolina Academic Press, 1983).

16 이 문제에 관해서는 또한 다음을 보라. Ryuto Shimada, *The Intra-Asian Trade in Japanese Copper by the Dutch East India Company during the Eighteenth Century* (Leiden: Brill, 2005).

17 예를 들어 Whitmore, "Vietnam and the Monetary Flow," 363-4에 실린 조여괄의 글 (1225)과 마환의 글(1433)을 보라.

18 Birgit Tremml-Werner, ed., *Spain, China, and Japan in Manila, 1571-1644* (Amsterdam University Press, 2015), 124, 191, 304를 보라.

19 Lin Yu-ju and Madeleine Zelin, eds., *Merchant Communities in Asia, 1600-1980* (Brookfield: Pickering & Chatto, 2015), especially chapters 3 and 4.

20 Ryoto Shimada, "Hinterlands and Port Cities in Southeast Asia's Economic Development in the Eighteenth Century" in *Hinterlands and Commodities: Place, Space, Time and the Political Economic Development of Asia over the Long Eighteenth Century*, ed. Tsukasa Mizushima, George Bryan Souza, and Dennis Flynn (Leiden: Brill, 2015): 197-214; and Ei Murakami, "Trade and Crisis: China's Hinterlands in the Eighteenth Century," in *Hinterlands and Commodities*, ed. Mizushima, Souza, and Flynn, 215-34.

21 Claudine Salmon, "Regards de quelques voyageurs chinois sur le Vietnam du XVIIesiecle," in *Asia Maritima: Images et réalité: Bilder und Wirklichkeit 1200-1800*, ed. Denys Lombard and Roderich Ptak (Wiesbaden: Harrassowitz Verlag, 1994)를 보라.

22 베트남은 18세기에 구리 광산 8개, 금광과 은광 각각 2개, 아연과 주석 광산 각각 1개를 보유했다. 주석은 보조 통화로 사용된 아연과 주석의 합금인 튜터내그를 만드는 데 필요했다. Whitmore, "Vietnam and the Monetary Flow," 372를 보라.

23 Angela Schottenhammer, "The 'China Seas' in World History: A General Outline of the Role of Chinese and East Asian Maritime Space from Its Origin to c. 1800," *Journal of Marine and Island Culture* 1 (2012): 63-89; Nhung Tuyet Tran and Anthony J. S. Reid, eds., Việt Nam: Borderless Histories (Madison: University of Wisconsin Press, 2006).

24 Nguyễn Thế Anh, "Trade Relations between Vietnam and the Countries of the Southern Seas in the First Half of the Nineteenth Century," in *Commerce et navigation*, ed. Nguyễn and Ishizawa, 171-85; Momoki Shiro, "Was Dai Viet a Rival of Ryukyu within the Tributary Trade System of the Ming during the Early Le Period, 1428-1527?" in *Commerce et navigation*, ed. Nguyễn and Ishizawa, 101-12; Geoff Wade, "A Maritime Route in the Vietnamese Text 'Xiem-la-quoc lo-trinh tap-luc' (1810)," in *Commerce et navigation*, ed. Nguyễn and Ishizawa, 137-70.

25 C. R. Boxer, *South China in the 16th Century* (London: Crown Press, 1953), 73.

26 A. Lamb, *The Mandarin Road to Old Hué* (London: Chatto & Windus, 1970), 21.

27 특히 도자기에 관해서는 다음을 보라. Christian Jorg and Michael Flecker, *Porcelain*

from the Vung Tau Wreck (London: Sun Tree Publishing, 2001); Aoyagi Yoji, "Production and Trade of Champa Ceramics in the Fifteenth Century" in *Commerce et navigation*, ed. Nguyễn and Ishizawa, 91-100.

28 Charles Wheeler, "One Region, Two Histories: Cham Precedents in the History of Hoi An Region," in *Việt Nam: Borderless Histories*, ed. Tran and Reid, 163-93.

29 Tuấn, *Silk for Silver*, 72.

30 William Schurz, *The Manila Galleon* (New York, 1939), 26-27.

31 William Atwell, "Notes on Silver, Foreign Trade, and the Late Ming Economy," *Ch'ing Shih Wen-t'i* 3 (1977): 2-3; Seiichi Iwao, "Japanese Foreign Trade in the 16th and 17th Centuries," *Acta Asiatica* 30 (1976): 10; John Wills, *Pepper, Guns, and Parleys* (Cambridge: Harvard University Press, 1974), 9-10, 20에 제시된 수치들을 보라.

32 William Skinner, *Chinese Society in Thailand* (Ithaca: Cornell University Press), 1957, 7-13.

33 Alexander Woodside, *Vietnam and the Chinese Model* (Cambridge: Harvard University Press, 1971), 276-78. 남중국해의 복잡한 경제와 그 경제에서의 여러 세기에 걸친 베트남의 위치에 관해 보다 상세한 내용은 다음을 보라. Shiro, "Dai Viet and the South China Sea Trade; G. V. Scammell, "European Exiles, Renegades and Outlaws and the Maritime Economy of Asia, c. 1500-1750," *Modern Asian Studies* 26, no. 4 (1992): 641-61; Yoneo Ishii, ed., *The Junk Trade from Southeast Asia: Translations from the Tosen Fusetsu-gaki, 1674-1723* (Canberra: Research School of Pacific and Asian Studies, Australian National University, and Singapore: ISEAS, 1998).

34 이 별개지만 연결된 세계들에 관한 흥미로운 두 견해는 다음을 보라. Frederic Mantienne, "Indochinese Societies and European Traders: Different Worlds of Trade? (17th-18th Centuries)," in *Commerce et navigation*, ed. Nguyễn and Ishizawa; Nguyễn Thế Anh, "Ambivalence and Ambiguity: Traditional Vietnam's Incorporation of External Cultural and Technical Contributions," *East Asian Science* 40, no. 4 (2003): 94-113.

35 선교사의 역할에 대해서는 Alain Forest, *Les missionaires français au Tonkin et au Siam, XVIIe-XVIIIe siecles: Analyse comparée d'un relatif succes et d'un total échec*, vol. 2: *Histoires du Tonkin* (Paris: l'Harmattan, 1998); Patrick Tuck, *French Colonial Missionaries and the Politics of Imperialism in Vietnam, 1857-1914: A Documentary Survey* (Liverpool: Liverpool University Press, 1987)를 보라.

36 Buttinger, *The Smaller Dragon*, 225 n. 60. 섬을 장악하기 위해 영국이 남겨놓은 분견대는 주로 술라웨시의 마카사르족 용병으로 이루어져 있었는데, 1705년 봉급과 보급품 지급이 늦어지자 영국인 장교들을 살해했다. 동인도회사는 그 직후 꼰선섬을 포기했다.

37 George Dutton, *The Tay Son Uprising: Society and Rebellion in Eighteenth-Century Vietnam* (Honolulu: University of Hawai'i Press, 2006).

38 Alastair Lamb의 1793년 조사는 "British Missions to Cochin China 1778-1882," *JMBRAS* 34, Pts. 3, 4 (1961)로 공표됐는데, 98쪽 뒤의 "A Chart of Part of the Coast of

Cochin China Including Turon Harbor and the Island of Callao"라는 제목의 지도는 흥미로운 사례다. 이 지도는 19세기 중반 이전에 베트남에 대해 얼마나 아는 것이 적었는 지를 보여준다. 몇 군데의 수심 측량, 희미한 해안 산의 인상, 내륙의 흰 공지로 사라지는 강, 몇 개의 "기이한 대리석 바위"의 존재가 있을 뿐이다.

39 그 예외에 관해서는 18세기 남부 및 사이공의 무역에 관한 연구인 Claudine Ang, *Poetic Transformations: Eighteenth Century Cultural Projects on the Mekong Plains* (Cambridge: Harvard East Asia Monographs, 2019)를 보라.

40 특히 John Barrow, *A Voyage to Cochin China* (Kuala Lumpur: Oxford University Press, 1975 [orig. 1806]), 342를 보라.

41 이 품목은 특히 중요했다. Louise Allison Cort, "Vietnamese Ceramics in Japanese Contexts," in *Vietnamese Ceramics: A Separate Tradition*, ed. John Stevenson and John Guy (Michigan: Art Media Resources, 1994; repr. Chicago: Art Media Resources, 1997); John Guy, "Vietnamese Ceramics in International Trade," in Vietnamese Ceramics, ed. Stevenson and Guy; John Guy, "Vietnamese Ceramics in International Trade," in *Vietnamese Ceramics*, ed. Stevenson and Guy; Nguyen Long Kerry, "Vietnamese Ceramic Trade to the Philippines in the Seventeenth Century," *Journal of Southeast Asian Studies* 30, no. 1 (1999); John Stevenson, "The Evolution of Vietnamese Ceramics," in *Vietnamese Ceramics*, ed. Stevenson and Guy, 22-45; 그리고 보다 일반적으로 Bennet Bronson, "Export Porcelain in Economic Perspective: The Asian Ceramic Trade in the 17th Century," in *Ancient Ceramic Kiln Technology in Asia*, ed. Ho Chumei (Hong Kong: University of Hong Kong, 1990)를 보라.

42 John Stevenson, "The Evolution of Vietnamese Ceramics," In *Vietnamese Ceramics*, ed. Stevenson and Guy, 22-45.

43 White, *A Voyage to Cochin China*, 244를 보라.

44 Milburn, *Oriental Commerce*, II:450-51. 권총, 동물 꼬리, 군도(軍刀), 우단도 좋아하는 선물이었다.

45 White, *A Voyage to Cochin China*, 257-59.

46 Mendes Pinto, *The Travels of Mendes Pinto*, trans. Rebecca Catz (University of Chicago Press, 1990), 71. 물론 핀투의 기록이 사실에 입각한 것이라고 일반적으로 받아 들여지지는 않았기 때문에 그의 묘사가 완전히 '실제' 사실이라고 보는 데는 조심할 필요 가 있다.

47 Ibid., 190.

48 Edward Brown, *A Seaman's Narrative of His Adventures during a Captivity among Chinese·Pirates on the Coast of Cochin China* (London: Charles Westerton, 1861), 66; 74-76. 또한 Charles Wheeler, "Placing the 'Chinese Pirates' of the Gulf of Tonking at the End of the Eighteenth Century," in *Asia Inside Out: Connected Places*, ed. Eric Tagliacozzo, Helen F. Siu, and Peter C. Perdue, 30-63 (Cambridge, MA: Harvard University Press, 2015)을 보라.

49 Barrow, *Voyage to Cochin China*, 305.

50 Milburn, *Oriental Commerce*, II:455.

51 White, *A Voyage to Cochin China*, 246; Milburn, *Oriental Commerce*, II:455를 보라. 밀번은 최선의 선택은 "중국인의 미망인"이라고 조언했다.

52 White, *A Voyage to Cochin China*, 268. 19세기 초로 이어지는 이 시기 베트남 여성의 삶이 유럽인들에게 어떻게 비쳤는지에 대한 교정을 위해 매우 유용한 책으로는 다음을 보라. Nhung Tran, *Familial Properties: Gender, State, and Society in Early Modern Vietnam, 1463-1778* (Honolulu: University of Hawai'i Press, 2018).

53 배경을 알려면 Baoyum Yang, *Contribution a l'histoire de la principauté des Nguyen au Vietnam méridional (1600-1775)* (Geneva, 1992), 123을 보라.

54 Ibid., 261.

55 Whitmore, "Precious Metals," 385.

56 John Crawfurd, *Journal of an Embassy to the Courts of Siam and Cochin China* [orig. 1822] (Kuala Lumpur: Oxford University Press, 1967), 470.

57 예를 들어 Edyta Roszko, "Fishers and Territorial Anxieties in China and Vietnam: Narratives of the South China Sea Beyond the Frame of the Nation," *Cross-Currents: East Asian History and Culture Review* 21 (2016): 19-46; Edyta Roszko, "Geographies of Connection and Disconnection: Narratives of Seafaring in Ly Son," in *Connected and Disconnected in Vietnam: Remaking Social Relationships in a Post-Socialist Nation*, ed. Philip Taylor, 347-77 (Canberra: Australian National University Press, 2016)을 보라.

58 이 이전의 긴 시기에 관해서는 가장 중요한 학자의 글인 Tana Li, "An alternative Vietnam? The Nguyen Kingdom in the Seventeenth and Eighteenth Centuries," *Journal of Southeast Asian Studies* 29, no. 1 (1998); Tana Li, *Nguyun Cochinchina: Southern Vietnam in the Seventeenth and Eighteenth Centuries* (Ithaca: SEAP, 1998); Tana Li, "A View from the Sea: Perspectives on the Northern and Central Vietnam Coast," *Journal of Southeast Asian Studies* 37, no. 1 (2006); Tana Li and Anthony Reid, eds., *Southern Vietnam under the Nguyen: Documents on the Economic History of Cochin China* (Dang Trong), 1602-1777 (Singapore: ISEAS, 1993)을 보라.

59 유럽인이 이 지역에 올 때 두 동남아시아 국가 사이의 접촉에 관한 흥미로운 설명은 Christopher E. Goscha, "La presence vietnamienne au royaume du Siam du XVIIeme siecle: Vers une perspective peninsulaire," in *Guerre et paix en Asie du sud-est*, ed. Nguyên Thê Anh and Alain Forest (Paris: L'Harmattan, 1998)를 보라. 베트남과 동남아시아 본토의 그 이웃들 사이의 계속되는 무역 관계에 관해서는 Pierre-Bernard Lafont, ed., *Les frontieres du Vietnam: Histoires et frontieres de la péninsule indochinoise*, (Paris: Editions l'Harmattan, 1989); Rungwasdisab Puangthong, "Siam and the Control of the Trans-Mekong Trading Networks," in *Water Frontier*, ed. Cooke and Li, 101-18을 보라.

60 Claudio J. Katz, "Karl Marx on the Transition from Feudalism to Capitalism," *Theory and Society* 22 (1993); Avner Greif, Paul Milgrom, and Barry R. Weingast,

"Coordination, Commitment, and Enforcement: The Case of the Merchant Guild," *Journal of Political Economy* 102, no. 4 (1994): 745-76; Avner Greif, *Institutions and the Path to the Modern Economy: Lessons from Medieval Trade* (Stanford: Stanford University Press, 2006)를 보라.

61 White, *A Voyage to Cochin China*, 259. 그럼에도 불구하고 베트남 대중은 적어도 어떤 곳에서는 여전히 바다에 큰 가치를 두고 있었다. 역사적 사례에 관해 연구가 잘된 자료로는 다음을 보라. Nguyen Quoc-Thanh, *Le culte de la baleine: Un héritage multiculturel du Vietnam maritime* (Aix: Presses Universitaires de Provence, 2017); Charles Macdonald, "Le culte de la baleine, une exception vietnamienne?" *Aseanie* 12 (2003): 123-36; Nguyen Quoc Thanh, "The Whaler Cult in Central Vietnam: A Multicultural Heritage in Southeast Asia," in *Memory and Knowledge of the Sea in Southeast Asia*, ed. Danny Wong Tze Kin, 77-95 (Kuala Lumpur: Institute of Ocean and Earth Sciences, University of Malaya, 2008); Truong Van Mon, "The Raja Praong Ritual: A Memory of the Sea in Cham-Malay Relations," in *Memory and Knowledge*, ed. Kin, 97-111.

62 White, *A Voyage to Cochin China*, 247.

4장 남중국해의 밀수

1 저자의 현장연구 기록(2012년 1월, 저자 번역).

2 최근의 개관을 위해서는 Eric Tagliacozzo, "The South China Sea," in *Oceanic Histories*, ed. David Armitage, Alison Bashford, and Sujit Sivasundaram, 113-33 (Cambridge: Cambridge University Press, 2018)을 보라.

3 Humphrey Hawksley, *Asian Waters: The Struggle over the South China Sea and the Strategy of Chinese Expansion* (New York: Abrams, 2018).

4 이 교환은 역사가 길다. 이 이야기의 근세의 배경을 알려면 다음을 보라. Tonio Andrade, *The Gunpowder Age: China, Military Innovation, and the Rise of the West in World History* (Princeton University Press, 2016). 또한 Ronald Po, *The Blue Frontier: Maritime Vision and Power in the Qing Empire* (Cambridge: Cambridge University Press, 2018); Robert Antony, *Unruly People: Crime, Community and State in Late Imperial South China* (Hong Kong: Hong Kong University Press, 2016); Robert Antony, ed., *Elusive Pirates, Pervasive Smugglers: Violence and Clandestine Trade in the Greater China Seas* (Hong Kong University Press, 2010); Robert Antony, *Like Froth Floating on the Sea: The World of Pirates and Seafarers in Late Imperial South China* (Berkeley: UC Institute of East Asian Studies, 2003); Paul Van Dyke, *Merchants of Canton and Macao: Politics and Strategies in Eighteenth Century Chinese Trade* (Hong Kong University Press, 2011); Paul Van Dyke, *The Canton Trade: Life and Enterprise on the China Coast, 1700-1845* (Hong Kong University Press, 2007); Philip Thai, *China's War on Smuggling: Law, Economic Life, and the Making of the Modern State* (New York: Columbia University Press, 2018)를 보라.

5   이 역사는 참으로 길다. Pin-tsun Chang. "Maritime China in Historical Perspective," *International Journal of Maritime History* 4, no. 2 (1992), 239-55; Hugh R. Clark, "Frontier Discourse and China's Maritime Frontier: China's Frontiers and the Encounter with the Sea through Early Imperial History," *Journal of World History* 20, no. 1 (2009), 1-33; James Chin, "Merchants, Smugglers, and Pirates: Multinational Clandestine Trade on the South China Coast, 1520-50," in *Elusive Pirates, Pervasive Smugglers: Violence and Clandestine Trade in the Greater China Seas*, ed. Robert J. Antony, 43-57 (Hong Kong University Press, 2010)을 보라.

6   이 장에서 논의된 일부 주제에 대한, 지도를 바탕으로 한 접근은 Pierre-Arnoud Chouvy, *An Atlas of Trafficking in Southeast Asia: The Illegal Trade in Arms, Drugs, People, Counterfeit Goods, and Natural Resources in Mainland Southeast Asia* (London: Bloomsbury, 2013)를 보라.

7   예를 들어 [Anon.], *Catalogue of the Latest and Most Approved Charts, Pilots, and Navigation Books Sold or Purchased* (London: James Imray and Sons, 1866)를 보라.

8   W. H. Coates, *The Old Country Trade of the East Indies* (London: Imray, Laurie, Nurie, and Wilson, 1911), 58-59; Robert Kubicek, "The Role of Shallow-Draft Steamboats in the Expansion of the British Empire, 1820-1914," *International Journal of Maritime History* VI (June 1994), 86 and passim.

9   C. Northcote Parkinson, *Trade in the Eastern Seas (1793-1813)* (Cambridge University Press, 1937), 351. 현직 총독에 대한 중국인들의 뇌물 제공과 관련한 추문에 대해서는 또한 F. de Haan, *Oud Batavia* (Batavia: Kolff, 1922), I:498을 보라.

10 Paul Van Dyke, *Americans and Macao: Trade, Smuggling and Diplomacy on the South China Coast* (Hong Kong: Hong Kong University Press, 2012)를 보라.

11 Coates, *The Old Country Trade*, 81-82.

12 Sarasin Viraphol, *Tribute and Profit: Sino-Siamese Trade 1652-1853* (Cambridge: Harvard University Press, 1977), 124. 또한 Yen-Ping Hao, *The Commercial Revolution in Nineteenth Century China: The Rise of Sino-Western Capitalism* (Berkeley, University of California Press, 1986)을 보라.

13 John Crawfurd, *Journal of an Embassy from the Governor General of India to the Courts of Siam and Cochin-China* (Oxford Historical reprints, 1967 [orig. London: Henry Colburn, 1828]), 160-61.

14 James Francis Warren, *The Sulu Zone* (Singapore University Press, 1981), 8.

15 Anthony Reid, "The Unthreatening Alternative: Chinese Shipping in Southeast Asia 1567-1842," *RIMA* 27, nos. 1-2 (1993): 2.

16 Sarasin Viraphol, *Tribute and Profit: Sino-Siamese Trade 1652-1853* (Cambridge: Harvard University Press, 1977), 127. 해적 패거리 역시 상황이 되면 그런 돈을 요구했고, 폴 밴다이크는 다른 것들과 마찬가지로 이에 대해서도 썼다.

17 제국 말기 중국 상인들이 정말로 얼마나 자유로웠는지에 대한 흥미로운 언급은 Madeleine Zelin, "Economic Freedom in Late Imperial China," in *Realms of Freedom in Modern*

China, ed. William Kirby (Palo Alto: Stanford University Press, 2004)를 보라.

18　동남아시아 일대의 전자에 관한 광범위한 새 연구는 Diana Kim, *Empires of Vice: The Rise of Opium Prohibition across Southeast Asia* (Princeton: Princeton University Press, 2020)를 보라.

19　ANRI, Maandrapport der Residentie Banka 1879 (Banka no. 105)를 보라.

20　"Mr. Everett's Journal at Papar, 1879-0, 5 December, 1879, Volume 73," in PRO/CO/874/Boxes 67-77, Resident's Diaries를 보라. Robert Antony는 스프래틀리제도가 그런 움직임이 있었던 곳 가운데 하나임을 이야기한다. 지금 이 섬들의 중요성을 생각하면 대단한 역설이다.

21　바타비아에 관해서는 "Jualan Chandu Gelap Dalam Betawi," *Utusan Malayu* (2 February 1909): 2를, 싱가포르에 관해서는 *Bintang Timur, 4 January* 1895, p. 2를 보라.

22　ARA, 1892, MR no. 1144; 1896, MR no. 743; 1898, MR no. 379에 개괄된 베르티용식 (Bertillon-式) 인체식별법에 대한 검토, 논의, 입법을 보라.

23　1913년 8월 9일 영국령 북보르네오 총독이 선포한 "Secret Societies Amendment Proclamation of 1913," in PRO/CO/874/Box 803, "Secret Societies"를 보라.

24　Officer of the Committee of the Privy Council for Trade to Herman Merivale, Esq., 17 June 1850, in CO 144/6; Extracts from the Minutes of the Legislative Council of Labuan, 3 January 1853, in CO 144/11; Gov Labuan to CO, 9 January 1872, no. 2, in CO 144/36; CO Jacket (Mr. Fairfield, and Mr. Wingfield), 21 May 1896, in CO 144/70; Gov Labuan to BNB HQ, London, 13 November 1896, in CO 144/70.

25　Enactment no. 6 of 1915, Malay States, 그리고 *Bintang Timor*, 6 December 1894, p. 2 를 보라.

26　*Straits Settlements Blue Books* (Singapore: Spirit Imports and Exports, 1873), 329, 379-80.

27　ANRI, Politiek Verslag Residentie West Borneo 1872 (no. 2/10); ARA, Extract Uit het Register der Besluiten, GGNEI, 2 January 1881, no. 7, in 1881, MR no. 18.

28　ARA, First Government Secretary to Director of Finances, 6 November 1889, no. 2585, in 1889, MR no. 773; 또한 First Government Secretary to Resident Timor, 8 March 1892, no. 600, in 1892, MR no. 217; ARA, Dutch Consul, Manila to MvBZ, 5 April 1897, no. 32; MvBZ to MvK, 24 May 1897, no. 5768, both in (MvBZ/A Dossiers/223/A.111/"Verbod Invoer Wapens en Alcohol"); ARA, Dutch Consul, London to MvBZ, 28 Jan 1893, no. 37, and GGNEI to MvK, 27 Nov 1892, no. 2268/14, both in (MvBZ/A Dossiers/223/A.111/"Still Zuidzee").

29　Diana Kim이 최근 출간한 책에 더해, 19세기 동남아시아의 아편의 역사에 관한 뛰어난 두 논문은 Carl Trocki, *Opium, Empire, and the Global Political Economy* (London: Routledge, 1999); James Rush, *Opium to Java: Revenue Farming and Chinese Enterprise in Colonial Indonesia, 1800-1910* (Ithaca: Cornell University Press, 1990)이다. 또한 James Warren, *The Sulu Zone, 1768-1898: The Dynamics of*

External Trade, Slavery, and Ethnicity in the Transformation of a Southeast Asian Maritime State (National University of Singapore Press, 1981); Eric Tagliacozzo, "Kettle on a Slow Boil: Batavia's Threat Perceptions in the Indies' Outer Islands," *Journal of Southeast Asian Studies* 31, no. 1 (2000), 70-100을 보라.

30 *Utusan Malayu*, 2 February 1909, 2 (저자 번역).

31 ARA, Chief Inspector of the Opium Regie to Gov Gen NEI, 30 Oct 1903, no. 3017/R in Verbaal 13 Jan 1904, no. 34.

32 정부는 아편 남용을 막기 위해 가격을 올렸다. 정부가 이 거래를 장악하기 위한 도덕적 명분의 하나였다.

33 CO/882 Eastern, 9, no. 114에는 말레이반도에 대한 규정 일부가 나와 있다. 그곳이 해안 지방이냐 내륙 지방이냐에 따라 서로 다른 법이 있었다. 인종적으로는 21세 이상의 중국인 남성만이 허가된 업소 등에서 아편 흡입이 허용됐다. 이 문서는 마약 관련 입법의 범위와 복잡성을 개관하는 데 좋은 자료다.

34 예를 들어 John Jennings, *The Opium Empire: Japanese Imperialism and Drug Trafficking in Asia, 1895-1945* (Westport: Praeger, 1997); Carl Trocki, *Opium, Empire, and the Global Political Economy: A Study of the Asian Opium Trade* (New York: Routledge, 1999)를 보라.

35 Thongchai Winichakul, *Siam Mapped* (Honolulu: University of Hawai'i Press, 1994)의 논의를 보라. 국경의 본질(그리고 진화)에 관한 이론적 논의는 J. R. V. Prescott, *Political Frontiers and Political Boundaries* (London: Allen & Unwin, 1987)를 보라.

36 "Bersaing Di Langit Terbuka BIMP-EAGA," *Suara Pembaruan*, 25 November 1997, 16; and "Mindanao Bakal Unggul Di Timur ASEAN," *Suara Pembaruan*, 25 January 1997, 17.

37 익명의 싱가포르 해양국 관리(저자의 현장연구 기록, 1997년 4월).

38 "Pos Pelintas Batas RI-Filipina Ditambah," *Kompas*, 12 October 1997: 8; "Tenaga Willing to Supply Power to Sumatra via Bridge Link," *Straits Times*, 29 June 1997; "Malaysia Undecided Where Bridge to Indonesia Will Begin," *Straits Times*, 26 June 1997. 칼리만탄(보르네오) 육상 국경에 대한 경계 협정에 관해서는 다음을 보라. *Laporan Delegasi Republik Indonesia Mengenai Pertemuan Panitia Teknis Bersama Perbatasan Indonesia-Malaysia Yang Ke-12 Tentang Survey dan Penegasan Bersama Perbatasan Darat Antara Indonesia and Malaysia* (Jakarta: Taud ABRI, 1981).

39 "Other ASEAN States Urged to Follow Singapore-KL Joint Approach to Crime," *Straits Times*, 10 June 1997; "Vietnam, Cambodia Police Sign Police Accord," *Weekly Review of the Cambodia Daily*, 3 March 1997, 8; "Lao Police Delegation Back from Interpol Meeting in Beijing," *Vientiane Times*, 3 March 1997, 4.

40 인도네시아는 이런 방식으로 변경 민족의 문화도 정리했다. Suwarsono, *Daerah Perbatasan Kalimantan Barat: Suatu Observasi Terhadap Karekteristik Sosial Budaya Dua Daurah Lintas Batas* (Jakarta: Pusat Penilitian dan Pengembangan Kemasyarakatan

dan Kebudayaan [LIPI], 1997); "Eye on Ships," *Straits Times*, 7 June 1997; "Seminar on New Lao Mapping and Survey Network Held in Vientiane," *Vientiane Times*, 11/5-7/97: 4; "Border Market to Be Opened," *Jakarta Post*, 10 November 1997, 2 를 보라. 앞서 이야기한 다른 사례를 위해서는 "AFP Waging High-Tech War vs. Abus," *Philippine Daily Inquirer*, 9 April 2001, 2를 보라.

41 "Struggle or Smuggle," *Far Eastern Economic Review*, 22 February 1997, 26 and passim.

42 이 면담들은 1998년 8월과 9월 자카르타의 순다클라파 선창에서 부기족 선원들과 한 것이다. 나는 분명한 이유가 있어 이들 선원(또는 그들의 배)의 이름을 적지 않는다. 이 선원들은 사실 인도네시아 바다의 해양경찰 신분인 진짜 '무법자'에 대해 이야기했다. 이 요원들은 지나가는 배를 털고도 거의 처벌을 받지 않았다. 면담은 또한 싱가포르의 인도네시아인 노동자들(직업은 매우 다양했다)과도 했다.

43 "Believe It or Not," *Far Eastern Economic Review*, 27 October 1997, 23.

44 Warren Bailey and Lan Truong, "Opium and Empire: Some Evidence from Colonial-Era Asian Stock and Commodity Markets," *Journal of Southeast Asian Studies* 32 (2001): 173-94, Figure 1.

45 특히 Alfred McCoy, *The Politics of Heroin: CIA Complicity in the Global Drug Trade* (New York: Hill Books, 1991), 193-261의 매우 상세한 설명을 보라.

46 *Synthetic Drugs in East and Southeast Asia: Latest Developments and Challenges*, 2021 (New York: United Nations Office on Drugs and Crime, 2021).

47 "Indonesia Sudah Lama Jadi Pemasaran Narkotika," *Angkatan Bersenjata*, 4 November 1997, 12; "Philippine Police Seize Huge Volume of Drugs This Year," *Vientiane Times*, 29-31 October 1997, 6.

48 "Drugs Blacklist," *Phnom Penh Post*, 16-29 March, 2001, 2; "PM Warns of Takeover by Drug Merchants," *Weekly Review of the Cambodia Daily*, 24 April 1997, 12; "Medellin on the Mekong," *Far Eastern Economic Review*, 7 September 1995, 29-30; "Medellin on the Mekong," *Far Eastern Economic Review*, 23 November 1997, 24-6.

49 "Dadah Musush Utama Masyarakat," *Pelita Brunei*, 2 July 1997, 1.

50 "Pakistanis Tried for Trafficking Heroin," *Jakarta Post*, 1 December 1997, 3; "Drug Bust," *Straits Times*, 26 June 1997; "4 Chinese Nabbed in Drug Swoop," *Philippine Daily Inquirer*, 10 November 1997, 24; "3 Die in Drug Bust," *Philippine Daily Inquirer*, 19 November 1997, 20; "Drug Dealers Find 'Open' Market in Philippines," *Straits Times*, 21 June 1997.

51 더 넓은, 전 아시아적인 패턴에 관해서는 다음을 보라. Timothy Brook and Bob Tadashi Wakabayashi, eds., *Opium Regimes: China, Britain, and Japan, 1839-1952* (Berkeley: University of California Press, 2000); Kathryn Meyer and Terry Parssinen, *Webs of Smoke: Smugglers, Warlords, Spies, and the History of the International Drug Trade*, (Lanham: Rowman & Littlefield Publishers, 1998).

52 Michele Ford, Lenore Lyons, and Willem van Schendel, eds. *Labour Migrations and*

Human Trafficking in Southeast Asia: Critical Perspectives (London: Routledge, 2014).

53 M. M. Kritz and C. B. Keely, "Introduction," in their edited volume, *Global Trends in Migration: Theory and Research on International Migration Movements* (Staten Island: Center for Migration Studies, 1981): xiii–xiv.

54 Netsanet Tesfay. *Impact of Livelihood Recovery Initiatives on Reducing Vulnerability to Human Trafficking and Illegal Recruitment: Lessons from Typhoon Haiyan* (Geneva: International Organization for Migration and International Labour Organization, 2015).

55 "Foreign Maids Fight Modern Day Slavery," *Philippine News*, 4 April 2001, 2; "Labour Migration in Southeast Asia: Analysis, Cooperation Needed," *TRENDS* (Singapore: Journal of the Institute of Southeast Asia Studies,), 27 September 1997; "AIDS Time Bomb Ticks Away among Asia's Migrant Labor," *Viet Nam News*, 2 November 1997, 12.

56 "Illegal Workers Dumped Far from Shore," *Straits Times*, 18 November 1997; "Colour-Coded Tags for 1.2 Million Foreign Workers," *New Straits Times* (Malaysia), 27 November 1997, 4; "Foreign Workers May Be Sent to Key Sectors," *New Straits Times* (Malaysia), 8 December 1997, 14.

57 James Francis Warren, *Ah Ku and Karayuki-san: Prostitution in Singapore* (1880–1940) (Singapore: Oxford University Press, 1993).

58 네덜란드령 동인도(인도네시아)의 사례에 관해서는 예컨대 Terence Hull, Endang Sulistyaningsih, and Gavin Jones, eds., *Pelacuran di Indonesia: Sejarah dan Perkembangannya* (Jakarta: Pusat Sinar Harapan, 1997): 1–17; Hanneke Ming, "Barracks-Concubinage in the Indies, 1887–1920," *Indonesia* 35 (1983); Ann Stoler, *Capitalism and Confrontation in Sumatra's Plantation Belt 1870–1979* (New Haven: Yale University Press, 1986)를 보라.

59 동남아시아의 매춘의 동향에 관한 몇몇 우수한 연구들이 최근 출판됐다. 특히 다음을 보라. Lisa Law, *Sex Work in Southeast Asia: A Place of Desire in a Time of AIDS* (New York: Routledge, 2000); Lin Leam Lim, *The Sex Sector: The Economic and Social Bases of Prostitution in Southeast Asia* (Geneva: International Labour Office, 1998); Siriporn Skrobanek, *The Traffic in Women: Human Realities of the International Sex Trade* (New York: Zed Books, 1997); Thanh-Dam Truong, *Sex, Money, and Morality: Prostitution and Tourism in Southeast Asia* (London: Zed Books, 1990).

60 "Ten Foreign Women Held in Anti-Vice Operation," *New Straits Times*, 13 November 2000, 8; "Arrests in Singapore," *Manila Bulletin*, 12 November 1997, 12; "Crackdown on Rings That Bring in Foreign Call Girls," *Straits Times*, 14 July 1997; "First Students, Then Call Girls," *Straits Times*, 22 July 1997.

61 "Banyak Wanita di Bawah Umur Melacur," *Angkatan Bersenjata*, 25 July 1997, 7; "Fishermen Involved in Prostitution," *Jakarta Post*, 29 November 1997, 2; "Banyak

Tempat Hiburan Jadi Tempat Prostitutsi," *Angkatan Bersenjata*, 12 November 1997, 6. '주변부'가 아닌 중심부로부터의 관점을 보려면 훌륭한 민족지학 저술인 Allison Murray, *No Money, No Honey: A Study of Street Traders and Prostitutes in Jakarta* (Singapore: Oxford University Press, 1991)를 보라.

62 "Alleged Call Girls Detained," *Borneo Bulletin*, 12 November 1997, 1; "Pimps Jailed, Call Girls Fined," *Borneo Bulletin*, 13 November 1997, 3.

63 밀수 문제를 이야기하고 있는 사람들과 관련해 이 문제를 장기적인 관점에서 보려면 Simon Harvey, *Smuggling: Seven Centuries of Contraband* (London: Reaktion Books, 2016)를 보라.

64 밀무역이 남중국해의 과거와 현재에 관한 보다 폭넓은 이야기의 어떤 측면에서 적합한지를 일별하려면 Robert Kaplan, *Asia's Cauldron: The South China Sea and the End of a Stable Pacific* (New York: Random House, 2014)을 보라.

5장 중심과 주변부

1 *New York Daily Tribune*, 8 August 1853.

2 최근의 두 공동 연구인 Angela Schottenhammer, ed., *Early Global Interconnectivity in the Indian Ocean World* (London: Palgrave Series in the Indian Ocean World, 2019) 및 Martha Chaiklin, Philip Gooding, and Gwyn Campbell, eds., *Animal Trade Histories in the Indian Ocean World* (London: Palgrave Series in the Indian Ocean World, 2020)를 보라.

3 Vijay Lakshmi Labh, "Some Aspects of Piracy in the Indian Ocean during the Early Modern Period," *Journal of Indian Ocean Studies* 2, no. 3 (1995): 259-69; John Anderson, "Piracy and World History: An Economic Perspective on Maritime Predation," in C. R. Pennell, *Bandits at Sea* (New York University Press, 1991), 82-105. 또한 Sebastian Prange, "Measuring by the Bushel: Reweighing the Indian Ocean Pepper Trade," *Historical Research* 84, no. 224 (May 2011): 212-35를 보라.

4 T. S. S. Rao and Ray Griffiths, *Understanding the Indian Ocean: Perspectives on Oceanography* (Paris: UNESCO, 1998); Vivian Louis Forbes, *The Maritime Boundaries of the Indian Ocean Region* (Singapore University Press, 1995).

5 M. N. Pearson, *Spices in the Indian Ocean World* (Ashgate: Variorum, 1996); Osmand Bopearachichi, ed., *Origin, Evolution, and Circulation of Foreign Coins in the Indian Ocean* (Delhi: Manohar, 1988); Om Prakash, *Precious Metals and Commerce: The Dutch East India Company and the Indian Ocean Trade* (Ashgate: Variorum, 1994); C. Scholten, *De Munten van de Nederlandsche Gebiedsdeelen Overzee*, 1601-1948 (Amsterdam: J. Schulman, 1951); Jeremy Green, "Maritime Aspects of History and Archaeology in the Indian Ocean, Southeast and East Asia," in S. R. Rao, *The Role of Universities and Research Institutes in Marine Archaeology: Proceedings of the Third Indian Conference of Marine Archaeology* (Goa: National Institute of Oceanography 1994); S. R. Rao, ed., *Recent Advances in Marine*

Archaeology: Proceedings of the Second Indian Conference on Marine Archaeology of the Indian Ocean (Goa: National Institute of Oceanography 1991); Tom Vosmer, "Maritime Archaeology, Ethnography and History in the Indian Ocean: An Emerging Partnership," in Himanshu Prabha Ray, *Archaeology of Seafaring* (Delhi: Pragati Publications, 1999).

6 Eric Wolf, *Europe and the People without History* (Berkeley: University of California Press, 1982)에서 펼친 주장을 보라. 또한 이런 맥락에서 흥미로운 새 책 Sujit Sivasundaram, *Waves across the South: A New History of Revolution and Empire* (University of Chicago Press, 2020)를 보라. 이 책은 혁명이라는 렌즈를 통해 이 광대한 공간의 진화하는 근대성에 대해 이야기하고 있다.

7 Adam Smith, *An Inquiry into the Nature and Causes of the Wealth of Nations* (Clarendon: Oxford University Press, 1976), I:223-24; Ted Benton, "Adam Smith and the Limits to Growth" in Stephen Copley and Kathryn Sutherland, eds., *Adam Smith's Wealth of Nations: New Interdisciplinary Essays* (Manchester University Press, 1995) 144-70.

8 Karl Marx, *Capital* (New York: International Publishers, 1976), III:451.

9 Richard Mardsen, *The Nature of Capital: Marx after Foucault* (London: Routledge, 1999)를 보라. 근대성에 관한 흥미로운 푸코의 비판은 또한 Thomas Flynn, "Foucault and the Eclipse of Vision," in David Michael Levin, *Modernity and the Hegemony of Vision* (Berkeley: University of California Press, 1993), 273-86, 특히 283을 보라.

10 K. N. Chaudhuri, *Trade and Civilisation in the Indian Ocean: An Economic History from the Rise of Islam to 1750* (Cambridge University Press, 1985).

11 Denys Lombard and Jean Aubin, eds., *Marchands et hommes d'affaires asiatiques dans l'Océan Indien et la Mer de Chine 13-20 siecles* (Paris: Editions de l'Ecole des Hautes Etudes en Sciences Sociales, 1988); Sanjay Surahmanyam, *The Political Economy of Commerce: Southern India, 1500-1650* (Cambridge University Press, 1990); Kenneth McPherson, *The Indian Ocean: A History of People and the Sea* (Delhi: Oxford University Press, 1993).

12 Immanuel Wallerstein, *The Capitalist World-Economy* (Cambridge: Cambridge University Press, 1979), 1-36; Andre Gunder Frank, *ReOrient: Global Economy in the Asian Age* (Berkeley: University of California Press, 1998); David Landes, *The Wealth and Poverty of Nations: Why Some Are So Rich, and Some So Poor* (New York: W. W. Norton, 1998); Kenneth Pomeranz, *The Great Divergence: Europe, China, and the Making of the Modern World Economy* (Princeton University Press, 2000); A. J. R. Russell-Wood, "The Expansion of Europe Revisited: The European Impact on World History and Global Interaction, 1450-1800," *Itinerario*, 23, no. 1 (1994): 89-94; and Johan Matthew, *Margins of the Market: Trafficking and Capitalism across the Arabian Sea* (Berkeley: University of California Press, 2016).

13 아라비아반도, 홍해, 페르시아만은 여기서 인도양의 별개 해안으로 간주되지 않는다. 물

론 이들이 인도와 특히 동아프리카 이야기에 등장하기는 하지만 말이다. 그럼에도 불구하고 나는 Rene J. Barendse의 연구로부터 큰 도움을 받았다. 특히 그의 "Reflections on the Arabian Seas in the Eighteenth Century," *Itinerario* 25, no. 1 (2000): 25-50 및 그의 책 *The Arabian Seas: The Indian Ocean World of the Seventeenth Century* (Armonk: M. E. Sharpe, 2002)을 보라.

14 이 시기가 시작되기 전에 이 세계가 어떤 모습이었는지 일별하려면 다음을 보라. Kenneth R. Hall, "Multi-Dimensional Networking: Fifteenth-Century Indian Ocean Maritime Diaspora in Southeast Asian Perspective," *JESHO* 49, no. 4 (2006): 454-8.

15 Smith, *Wealth of Nations*, I:91.

16 Marx, *Capital*, III:422.

17 Anthony Reid, *Southeast Asia in the Age of Commerce: The Lands Beneath the Winds* (New Haven: Yale University Press, 1988 and 1993).

18 Reid의 산적 상품 강조는 Jacob van Leur가 교역품이 "호화롭지만 소량"인 것으로 규정지은 데 대한 문제 제기였다. J. C. van Leur, *Indonesian Trade and Society: Essays in Asian Social and Economic History* (The Hague: W. van Hoeve, 1955)를 보라. 자기의 역할에 관해서는 Barbara Harrison, *Pusaka: Heirloom Jars of Borneo* (Singapore: Oxford University Press, 1986); Roxanna Brown, *The Ceramics of South-East Asia: Their Dating and Identification* (Singapore: Oxford University Press, 1988), 57-79를 보라.

19 1597년 자바 동북부에서 고장이 난 한 네덜란드 선박은 거의 즉각 수십 척의 현지 프라후들에 의해 약탈당했다. 1609년 민다나오의 에스파냐 병사들은 망가진 자기네 카라벨라선에서 못을 모두 뺐냈다. 그것이 이슬람교도의 손에 들어가지 못하게 하기 위해서였다. 이 동남아시아의 금속 기근의 흥미로운 귀결로서 현지인들은 흔히 특정 금속에 대해 문화적 가치관 지표에 의거해 더 많은 값을 지불했다. 이는 자바 파시시르 정치체들에서 일어났는데, 그곳에서는 크리스 단검(날에 니켈을 에칭을 한 소용돌이 디자인을 바탕으로 해서 만들었다)을 만드는 데 유럽인들과 중국인들이 들여온 값싼 수입 철보다 니켈이 많이 함유된 술라웨시의 철을 선호했다. Reid, *Southeast Asia in the Age of Commerce*, I:107, 110을 보라.

20 용병은 일본, 아라비아, 네덜란드, 프랑스, 페르시아로부터 고용됐다. Dhiravat da Pombejra, "Ayutthaya at the End of the Seventeenth Century: Was There a Shift to Isolation?," in Reid, ed., *Southeast Asia in the Early Modern Era*, 250-72를 보라. 또한 Anthony Reid, "Europe and Southeast Asia: The Military Balance," *James Cook University of North Queensland, Occasional Paper* 16 (Townsville: Queensland University Press, 1982), 1을 보라.

21 Barbara Watson Andaya, "Cash-Cropping and Upstream/Downstream Tensions: The Case of Jambi in the 17th and 18th-Centuries," in Reid, ed., *Southeast Asia in the Early Modern Era*, 108을 보라. 인도양에서의 네덜란드인의 활동에 대한 요약은 다음을 보라. Eric Tagliacozzo, "The Dutch in Indian Ocean History," in *The Cambridge History of the Indian Ocean*, ed. Sugata Bose; vol. I, ed. Seema Alavi, Sunil Amrith,

and Eric Tagliacozzo (Cambridge: Cambridge University Press, forthcoming).

22 Leonard Andaya, *The World of Maluku: Eastern Indonesia in the Early Modern Period* (Honolulu: University of Hawai'i Press, 1993); Chris van Frassen, "Ternate, de Molukken and de Indonesische Archipel," PhD thesis, Leiden University, 2 vols., 1987 및 Patricia Spyers, *The Memory of Trade* (Durham: Duke University Press, 2000)의 초기 역사에 관한 장들을 보라.

23 John Bastin, "The Changing Balance of the Southeast Asian Pepper Trade," in M. N. Pearson, *Spices in the Indian Ocean World* (Ashgate: Variorum, 1996), 283-316.

24 Anthony Reid, "Islamization and Christianization in Southeast Asia: The Critical Phase, 1550-1650," in Reid, ed., *Southeast Asia in the Early Modern Era*, 151-79.

25 근세 시기 항구들에서의 젠더 역학에 관해서는 다음을 보라. Barbara Watson Andaya, ed. *Other Pasts: Women, Gender and History in Early Modern Southeast Asia* (Honolulu: University of Hawai'i Press, 2000).

26 리드는 측정의 시계열을 이용해 17세기에 유럽인과 필리핀인의 신장이 157.5센티미터로 거의 비슷함을 보여주었는데(Robert Fox의 카탈라간Calatagan 발굴에 근거한 것이다), 200년 뒤 서방 남성들의 평균 신장은 167.6센티미터였다. 질병 발생에 관해 현지의 전승, 중국 및 일본의 무역 관계 기록, 유럽인 선장들의 항해일지를 상호 참조한 것 역시 인상적이다. Robert Fox, "The Calatagan Excavations," *Philippine Studies* 7, no. 3 (1959): 325-90; Reid, *Southeast Asia in the Age of Commerce*, I:47-8, 61을 보라.

27 한편 네덜란드는 18세기가 되면서 뒤처지기 시작했다. Dianne Lewis, *Jan Compagnie in the Straits of Malacca, 1641-1795* (Athens, OH: Ohio University Press, 1995)를 보라.

28 J. A. de Moor, " 'A Very Unpleasant Relationship': Trade and Strategy in the Eastern Seas, Anglo-Dutch Relations in the Nineteenth Century from a Colonial Perspective," in G. J. A Raven and N. A. M Rodger, eds., *Navies and Armies: The Anglo-Dutch Relationship in War and Peace 1688-1988* (Edinburgh: Donald Co., 1990), 46-69.

29 J. H. Zeeman, *De Kustvaart in Nederlandsch-Indië, Bechouwd in Verband met het Londensch Tractaat van 17 Maart 1824* (Amsterdam: Zeeman, 1936).

30 조호르에서의 이 과정에 대한 약간의 역사적 맥락을 이해하려면 Leonard Andaya, *The Kingdom of Johor, 1641-1728: A Study of Economic and Political Developments in the Straits of Malacca* (Kuala Lumpur: Oxford University Press, 1975)를 보라.

31 이는 오늘날에도 같은 바다에 어느 정도 존재하는 해적질과 무역의 모호성을 반영하고 있다. 믈라카해협에서 해적 행위를 하는 일부 선박은 상황을 봐가며 그렇게 하며, 항해 중의 다른 순간에는 자기네의 주 활동인 장사를 한다. Tagliacozzo, 1990 fieldwork notes, 239.

32 Nicholas Tarling, *Imperial Britain in Southeast Asia* (Kuala Lumpur: Oxford University Press, 1975) 81.

33 Eric Hobsbawm, *The Age of Empire 1875-1914* (New York: Pantheon, 1987.)

34 Eric Wolf, *Europe and the People without History*; Anthony Webster, *Gentleman*

Capitalists: British Imperialism in South East Asia 1770-1890 (London: Tauris, 1998).

35 Andrew Turton, "Ethnography of Embassy: Anthropological Readings of Records of Diplomatic Encounters Between Britain and Tai States in the Early Nineteenth Century," *South East Asia Research* 5, no. 2 (1997): 175.

36 이 운동 배후의 '진짜' 발의의 상당수는 점령이 이미 이루어진 이후의 소소한 행동들에서 볼 수 있다. 미얀마 남부와 북부 사이의 경계를 당초 합의된 선에서 80킬로미터 북쪽으로 끌어올려 귀중한 티크나무 숲을 포함시킨 것 같은 일이다. A. G. Pointon, *The Bombay-Burma Trading Corporation* (Southampton: Milbrook Press, 1964), 12.

37 *British Documents on Foreign Affairs: Reports and Papers from the Foreign Office Confidential Print*, vol. E26 (Washington, D.C.: University Press of America, 1995), 104-5에 수록된, 번역된 미얀마 편지(아마도 1876년에 쓰인 듯하다)를 보라.

38 중국의 정크선은 보링 조약(1856) 이후 10년도 되지 않아 연간 400척에서 연간 100척 이하로 떨어졌고, 1892년에 영국 선박이 태국 화물의 87퍼센트를 수송했다. 당대의 한 영국인은 태국인들이 쌀을 방앗간으로 가져오지만 그들의 경제적 역할은 그걸로 끝이라고 으스댔다. 기계는 영국 것이고, 삼베 부대는 콜카타에서 만든 것이고, 증기선은 런던에서 온 것이고, 전체 운영의 돈을 대는 은행과 보험업자도 역시 영국의 것이었다. D. R. Sardesai, *British Trade and Expansion in Southeast Asia, 1830-1914* (Delhi: Allied Publishers, 1977), 92-93을 보라. 또한 Jennifer Cushman, *Fields from the Sea: Chinese Junk Trade with Siam during the Late 18th and Early 19th Centuries* (Ithaca: Cornell Southeast Asia Program, 1993); Ian Brown, *The Elite and the Economy in Siam, 1890-1920* (Oxford: Oxford University Press, 1988)을 보라.

39 Pasuk Phongpaichit and Chris Baker, *Thailand: Economy and Politics* (Kuala Lumpur: Oxford University Press, 1995).

40 국제적인 상황을 알려면 특히 다음을 보라. Sugata Bose, ed., *South Asia and World Capitalism* (Oxford: Oxford University Press, 1991); Nile Green, *Bombay Islam: The Religious Economy of the Western Indian Ocean, 1840-1915* (New York: Cambridge University Press, 2011); Pier Martin Larson, *Ocean of Letters: Language and Creolization in an Indian Ocean Diaspora* (Cambridge: Cambridge University Press, 2009); Ronit Ricci, *Islam Translated: Literature, Conversion and the Arabic Cosmopolis of South and Southeast Asia* (Chicago: University of Chicago Press, 2011).

41 Smith, *Wealth of Nations*, II:638.

42 Karl Marx, *Capital*, III:452.

43 S. Z. Qasim, "Concepts of Tides, Navigation and Trade in Ancient India," *Journal of Indian Ocean Studies* 8, no. 1/2 (2000): 97-102.

44 아랍인, 페르시아인, 시리아인, 이집트인, 마그레브인, 수마트라인, 미얀마 바고 출신, 중국인이 모두 이들 도시에 온 사람들로 언급됐다. 이들 유럽인 도래 이전 공동체들의 흔적은 예컨대 코친 같은 곳에서 아직도 볼 수 있다. '유대인촌길'에 유대교 회당과 유대인 공

동체가 있고, 중국의 외팔보 어망(13세기에 대칸의 사절이 가져온 것이다)이 코친 항구에 걸쳐져 있다. 인도 남서부의 해양과의 초기 관계에 대해 더 자세한 내용은 다음을 보라. Haraprasad Ray, "Sino-Indian Historical Relations: Quilon and China," *Journal of Indian Ocean Studies 8*, nos. 1/2 (2000): 116-28.

45 두 수정주의적 역사 K. S. Mathew, "Trade in the Indian Ocean during the Sixteenth Century and the Portuguese," in K. S. Mathew, ed., *Studies in Maritime History* (Pondicherry: Pondicherry University Press, 1990) 13-28; Sanjay Subrahmanyam, "Profit at the Apostle's Feet: The Portuguese Settlement of Mylapur in the Sixteenth Century," in *Sanjay Subrahmanyam, Improvising Empire: Portuguese Trade and Settlement in the Bay of Bengal* (Delhi: Oxford University Press, 1990), 47-67을 보라.

46 포르투갈의 사업의 덕을 보지 않은 유럽인들이 초기에 본 무굴 궁정에 대해서는 다음 이탈리아어 자료들을 보라. G. Tucci, "Del supposto architetto del Taj e di altri italiani alla Corte dei Mogul," *Nuova Antologia* CCLXXI (1930), 77-90; G. Tucci, *Pionieri italiani in India, Asiatica* 2(1936), 3-11; G. Tucci, *Pionieri italiani in India*, in G. Tucci, *Forme dello spirito asiatico* (Milan and Messina, 1940), 30-49.

47 M. N. Pearson, "India and the Indian Ocean in the Sixteenth Century," in *India and the Indian Ocean 1500-1800*, ed. Ashin Das Gupta and M. N. Pearson (Calcutta: Oxford University Press, 1987), 71-93, at 79. 또한 Syed Hasan Askarai, "Mughal Naval Weakness and Aurangzeb's Attitude towards the Traders and Pirates on the Western Coast," *Journal of Indian Ocean Studies 2*, no. 3 (1995): 236-42.

48 마닐라로 가는 이 무역이 지속적으로(심지어 100년 후에도) 다양성을 보인 것에 대한 설명은 Thomas and Mary McHale, eds, *The Journal of Nathaniel Bowditch in Manila, 1796* (New Haven: Yale University Southeast Asian Studies, 1962)을 보라.

49 이 캄베이의 활기의 영향은 정말로 지금도 느낄 수 있다. 이곳은 지금 보다 번성한 수라트와 비교하면 한적한 '변두리 도시'다(Tagliacozzo, 1990 fieldwork notes, 380). 나중에 무굴에게 확실한 통과 항구가 필요했던 것도 캄베이 대신 수라트에 도움을 주었다. 17세기 아라비아반도에서는 하지에 나선 순례자의 증가(그리고 상품으로서의 커피 가격 상승)로 무스카트 대신 모카가 도약했다. 구자라트 무역의 몇몇 변화에 대해서는 다음을 보라. Shireen Moosvi, "The Gujarat Ports and Their Hinterland: The Economic Relationship," in Indu Banga, ed., *Ports and Their Hinterlands in India, 1700-1950* (Delhi: Manohar, 1992), 121-30; Aniruddha Ray, "Cambay and Its Hinterland: The Early Eighteenth Century," in Banga, ed., *Ports and Their Hinterlands*, 131-52; Ashin Das Gupta, "The Merchants of Surat," in *Elites in South Asia*, ed. Edmund Leach and S. N. Mukherjee (Cambridge: Cambridge University Press, 1970).

50 Baldeo Sahai, *Indian Shipping: A Historical Survey* (Delhi: Ministry of Information, 1996), 208-51.

51 Savitri Chandra, "Sea and Seafaring as Reflected in Hindi Literary Works During the 15th to 18th Centuries," in Matthew, ed., *Studies in Maritime History*, 84-91; and R. Tirumalai, "A Ship Song of the Late 18th Century in Tamil," in Matthew, ed., *Studies*

in Maritime History, 159-64. 또한 이 책의 다른 곳에 인용된 Pedro Machado의 최근 연구를 보라.

52 Ashin Das Gupta, "India and the Indian Ocean in the Eighteenth Century," in *India and the Indian Ocean*, ed. Gupta and Pearson, 136.

53 이 문제에 관한 광범위한 논의는 다음을 참조하라. *Sugata Bose, Peasant Labour and Colonial Capital: Rural Bengal Since 1770* (Cambridge: Cambridge University Press 1993); Kum Kum Banerjee, "Grain Traders and the East India Company: Patna and Its Hinterland in the Late Eighteenth and Early Nineteenth Centuries," in Sanjay Subrahmanyam, ed., *Merchants, Markets, and the State in Early Modern India* (Delhi: Oxford University Press, 1990), 163-89; Lakshmi Subramanian, "Western India in the Eighteenth Century: Ports, Inland Towns, and States," in *Ports and Their Hinterlands*, ed. Banga, 153-80.

54 Dilbagh Singh and Ashok Rajshirke, "The Merchant Communities in Surat: Trade, Trade Practices, and Institutions in the Late Eighteenth Century," in *Ports and Their Hinterlands*, ed. Banga, 181-98.

55 Philip Stern, *The Company-State: Corporate Sovereignty and the Early Modern Foundations of the British Empire in India* (New York: Oxford University Press, 2011).

56 대규모 육·해군, 전문성 강화, 직업화, 높은 훈련 규범, 국가의 통제 강화가 이런 원리 가운데 일부다. Geoffrey Parker, *The Military Revolution: Military Innovation and the Rise of the West, 1500-1800* (Cambridge: Cambridge University Press, 1996)을 보라.

57 네덜란드와 프랑스의 인도 진출에 관해서는 다음을 보라. H. K. s'Jacob, "De VOC en de Malabarkust in de 17de eeuw," in M. A. P. Meilink-Roelofsz, ed., *De VOC in Azië* (Bussum: Unieboek, 1976), 85-99; Om Prakash, *The Dutch Factories in India, 1617-1623* (Delhi: Munshiram, 1984); Indrani Ray, ed., *The French East India Company and the Trade of the Indian Ocean* (Calcutta: Munshiram, 1999).

58 P. J. Marshall, *Trade and Conquest: Studies on the Rise of British Dominance in India* (Aldershot: Variorum, 1993). 용병에 관해서는 G. V. Scammell, "European Exiles, Renegades and Outlaws and the Maritime Economy of Asia," in Mathew, *Mariners, Merchants, and Oceans*, 121-42를 보라.

59 Kabir Kausar, compiler, *Secret Correspondence of Tipu Sultan* (New Delhi: Manohar, 1980), 253-65에 실린, 1798년 9월 20일 Sultan Salim이 Tipu Sultan에게 보낸 편지를 보라.

60 이 복잡한 흐름은 다음 저작들에 잘 설명돼 있다. P. J. Marshall, "Private Trade in the Indian Ocean Before 1800," in *India and the Indian Ocean*, ed. Gupta and Pearson, 276-300; S. Arasaratnam, "Weavers, Merchants, and Company: The Handloom Industry in South-Eastern India 1750-1790," in *Merchants, Markets*, ed. Sanjay Subrahmanyam, 190-214; Bruce Watson, "Indian Merchants and English Private Interests: 1659-1760," in *India and the Indian Ocean*, ed. Gupta and Pearson, 301-

16; Ashin Das Gupta, *Merchants of Maritime India, 1500-1800* (Ashgate: Variorum, 1994), chapter 14.

61 벵골의 직물은 유럽과 미국에서 아주 잘 팔렸고, 면직물 수요는 아와드(이곳은 그 가격이 더 쌌다)에도 밀려들었다. 1800년 무렵에는 "콜카타로 금은괴를 들여오는 모든 외국 배는 이것으로 특히 아와드의 피륙을 샀다"고 한다. Marshall, Trade and Conquest, 475-6을 보라. 또한 Joseph Brennig, "Textile Producers and Production in Late Seventeenth Century Coromandel," in *Merchants, Markets*, ed. Subrahmanyam, 66-89를 보라.

62 "Agreement between the Nabob Nudjum-ul-Dowlah and the Company, 12 August 1765," in Barbara Harlow and Mia Carter, eds., *Imperialism and Orientalism: A Documentary Sourcebook* (Oxford: Wiley, 1999), 6.

63 이 문제에 관해서는 Bose, *Peasant Labour and Colonial Capital*을 보라.

64 S. Arasaratnam, *Maritime India in the Seventeenth Century* (Delhi: Oxford University Press, 1994), chapter 7. 동시에 일어난 젠더를 반영한 협력은 말할 것도 없다. Durba Ghosh, *Sex and the Family in Colonial India: The Making of Empire* (New York: Cambridge University Press, 2006)를 보라.

65 Arasaratnam, *Maritime Trade*, chapter 3.

66 이 분명한 관념, 특히 사상 영역의 관념에 대해서는 Robert Travers, *Ideology and Empire in Eighteenth-Century India* (Cambridge: Cambridge University Press, 2009)를 보라. 이 과정에 대한 좀 더 지역에 기반한 검토는 또한 Andrew Sartori, *Bengal in Global Concept History: Culturalism in the Age of Capital* (Chicago: University of Chicago Press, 2008)을 보라.

67 Patricia Risso, *Merchants and Faith: Muslim Commerce and Culture in the Indian Ocean* (Boulder: Westview Press, 1995), 77-98.

68 1777년에 콜카타 항구에 등록된 영국 민간 무역선은 모두 290척이었다. 인도 등기소에 남아 있는 80톤 이상 선박 총 통행량의 고작 5퍼센트였다. Bruce Watson, *Foundation for Empire: English Trade in India 1659-1760* (New Delhi: Vikas, 1980)을 보라.

69 Holden Furber, *Private Fortunes and Company Profits in the India Trade in the 18th Century* (Aldershot: Variorum, 1997).

70 물론 이 말은 James Scott의 표현이다. 그의 *Weapons of the Weak: Everyday Forms of Peasant Resistance* (New Haven: Yale University Press, 1985)를 보라.

71 예를 들어 마드라스에서는 세인트조지 요새 총독 에드워드 윈터Edward Winter가 주로 베리 팀만나Beri Timmanna라는 상인과 협력했고, 수라트 관구장인 조지 옥슨덴George Oxenden이 빈지 파락Bhinji Parak과 가장 긴밀한 관계를 맺었다. 1721년에 헤이스팅스는 사적 거래로 인해 해임되고, 그의 타밀인 협력자 크리슈나마 벤카타파티Khrishnama Venkatapati 또한 심문을 받았다. 인도인 상인들은 상당한 연줄을 갖추고 또한 매우 강력한 존재로 성장할 수 있었다. 마드라스 총독 리처드 베니언Richard Benyon의 도바시dobash (통역)인 아디아파 나라얀Adiappa Narayan은 인도인 쿨리, 필수품 상인, 다른 도바시, 기술공, 타밀 세티아르Chettiar(남인도의 상인 계급), 지역 인도인 고관, 주재 포르투갈인, 영국령 마드라스의 상류층과 관련된 일을 했다. Bruce Watson, Foundation for Empire: 309-

12를 보라.

72 이 새로운 상황의 복잡성에 관해서는 다음을 보라. Om Prakash, "European Corporate Enterprises and the Politics of Trade in India, 1600-1800," in *Politics and Trade in the Indian Ocean World*, ed. R. Mukherjee and L. Subramanian (Delhi: Oxford University Press, 1998), 165-82; Sanjay Subrahmanyam and C. A. Bayly, "Portfolio Capitalists and the Political Economy of Early Modern India," in Subrahmanyam, ed., *Merchants, Markets*, 242-65.

73 몇몇 최근 연구로 Gijsbert Oonk, *The Karimjee Jiwanjee Family, Merchant Princes of East Africa, 1800-2000* (Amsterdam: Pallas, 2009); Erik Gilbert, *Dhows and the Colonial Economy of Zanzibar, 1860-1970* (Athens, OH: Ohio University Press, 2004); Jeremy Prestholdt, *Domesticating the World: African Consumerism and the Genealogies of Globalization* (Berkeley: University of California Press, 2008); Abdul Sheriff, *Dhow Cultures of the Indian Ocean: Cosmopolitanism, Commerce, and Islam* (New York: Columbia University Press, 2010)을 보라.

74 Edward Alpers, *The Indian Ocean in World History* (New York: Oxford University Press, 2013); Abdul Sheriff, "The Persian Gulf and the Swahili Coast: A History of Acculturation over the Longue Duree," in Lawrence Potter, ed. *The Persian Gulf in History* (New York: Palgrave Macmillan, 2009): 173-88; Gwyn Campbell, *Africa and the Indian Ocean World from Early Times to Circa 1900* (Cambridge: Cambridge University Press, 2019)을 보라.

75 이 시기 동안의 오만과 잔지바르에 대한 설명은 Rene J. Barendse, "Reflections on the Arabian Seas in the Eighteenth Century," *Itinerario* 25, no. 1 (2000): 25-50을 보라. 수백 년 동안에 걸친 이 무역 접촉의 결과로 발전한 동아프리카 해안의 스와힐리 문명들에 관해서는 Mark Horton and John Middleton, *The Swahili: The Social Landscape of a Mercantile Society* (Oxford: Blackwell, 1988), 5-26을 보라.

76 전자에 대해서는 "The Ancient History of Dar es-Salaam," in G. S. P. Freeman-Grenville, *The East African Coast: Select Documents from the First to the Earlier Nineteenth Century* (Oxford: Oxford University Press, 1962), 233-37을 보라.

77 예를 들어 Smith, *Wealth of Nations*, II:571, 578, 586-87, 939를 보라.

78 Freeman-Grenville, *The East African Coast*, 221, 234에서 재인용.

79 Jean Aubin, "Merchants in the Red Sea and the Persian Gulf at the Turn of the Fifteenth and Sixteenth Centuries," in *Asian Merchants and Businessmen*, ed. Lombard and Aubin을 보라.

80 예를 들어 Zoe Marsh, ed., *East Africa through Contemporary Records* (Cambridge: Cambridge University Press, 1961), 19-22에 실린 Manuel de Faria y Sousa의 기록을 보라. 이 요새를 찾아가 그 작은 박물관 수집품을 보면 매우 유익하다.

81 Michael Pearson, *Port Cities and Intruders: The Swahili Coast, India, and Portugal in the Early Modern Era* (Baltimore: Johns Hopkins University Press, 1998)를 보라.

82 특히 Marx, *Capital*, III:1047의 Engels의 주장을 보라.

83 동아프리카와 보다 일반적으로 인도양의 노예 구매는 이 시점에 오랜 전력을 갖고 있었다. S. Arasaratnam, "Slave Trade in the Indian Ocean in the Seventeenth Century," in Mathew, *Mariners, Merchants*, 95-208을 보라. 동아프리카 해안에서 미국인의 역할 역시 중요해졌다. 그 상인들은 많은 양의 상아, 코팔 수지, 기타 상품들을 세일럼과 기타 동북부 항구들로 가져갔다.

84 Iftikhar Ahmad Khan, "Merchant Shipping in the Arabian Sea — First Half of the 19th Century," *Journal of Indian Ocean Studies* 7, nos. 2/3 (2000): 163-73.

85 주로 네덜란드인들이 동인도 지역에서 얻을 수 있는 정향의 아주 일부만 수출했기 때문이었다. 인위적으로 높은 가격을 유지하기 위해서였다.

86 이것이 Abdul Sheriff가 내놓은 것(그의 *Slaves, Spices, and Ivory in Zanzibar: The Integration of an East African Commercial Enterprise into the World Economy 1770-1873*, Athens, OH: Ohio University Press, 1987) 같은 민족주의적 역사가 아마도 약간 마니교적이라고 생각되는 부분 가운데 하나다. 저자는 이 운동에서 오직 음모만을 본다. 보다 현실적인 회색의 기미 대신 주역(잔지바르인)과 적수(영국인)를 뚜렷하게 대비시킨다. 자신의 종교적 확신 때문에, 또는 순수한 인본주의적 견지에서 무역과 팽창이라는 영국의 정책에 빠져들지 않고 노예제 반대운동을 신봉한 영국인들이 있었다. 마찬가지로 노예제를 출세를 위한 수단으로 생각한 동아프리카 상류층도 있었다. 이 문제를 더 새롭고 포괄적으로 다룬 Matthew Hopper, *Globalization and Slavery in Arabia in the Age of Empire* (New Haven: Yale University Press, 2015)를 보라.

87 Freeman-Grenville, *The East African Coast*, 191 및 223에 나란히 소개된 Monsieur Morice(1776)의 말과 킬와 키시와니 연대기를 비교해보라. 노예제는 여기서 유럽인 (Monsieur Morice 같은)과 특정한 스와힐리인 모두에게 분명히 바람직한 경제적 장치였다. 또한 Shaikh al-Amin bin 'Ali al Mazru'i, *The History of the Mazru'i Dynasty* (London: Oxford University Press, 1995)를 보라.

88 Sheriff, *Slaves, Spices, and Ivory*, 48.

89 이 나무들의 키가 평균적으로 작은 것은 얼마나 최근에(그리고 한꺼번에) 심어졌는지를 보여준다. 나는 1990년 비교를 위해 인도네시아 북말루쿠주 트르나테섬의 화산에 올라 충케아푸Cengkeh Afu를 찾았다. 이 섬에 관한 17세기의 포르투갈과 네덜란드 기록에 묘사된 거대한 정향나무다. 이 나무는 400년 가까이 지난 1990년에도 여전히 서 있었고, 한 해에 600킬로그램의 정향을 산출했다. Tagliacozzo, 1990 fieldwork notes, 451.

90 이 패턴에 대한 두 권의 훌륭한 장기적 분석인 다음 책을 보라. Edward Alpers, *Ivory and Slaves: The Changing Pattern of International Trade in East Central Africa to the Later Nineteenth Century* (Berkeley: University of California Press, 1975); C. S. Nicholls, *The Swahili Coast: Politics, Diplomacy, and Trade on the East African Littoral, 1798-1856* (London: Allen & Unwin, 1971). 펨바의 풍광(지리적 및 사회적 의미 모두에서)은 1830년대에 완전히 바뀌었다. 펨바는 한때 몸바사와 아랍의 곡창이었지만, 현지 농민들이 공유 토지에서 밀려나고 잔지바르 상류층이 농장을 세우면서 풍경이 일변했다. 노예가 수천 명씩 들어왔지만, 사이드 빈 술타니가 이전 농민들의 노동력을 전통적인 공납 방식으로 이용하려 하면서 그들 역시 징발됐다. 1834년에 이는 인두세로 전환됐다.

농민들은 이제 생계를 위한 영농을 하는 대신에 잔지바르 궁이 도입한 세금을 내기 위해 정향을 재배하게 됐다. Sheriff, *Slaves, Spices, and Ivory*, 55-59를 보라.

91 해안과 내륙 사이의 관계에 대해서는 Michael Pearson, *Port Cities and Intruders*, 63-100; Richard Hall, *Empires of the Monsoon: A History of the Indian Ocean and Its Invaders* (London: Harper Collins, 1996), chapters 26 and 50을 보라.

92 잔지바르 이북 케냐 해안에서의 이러한 과정의 전개에 관해서는 Marguerite Ylvisaker, *Lamu in the Nineteenth Century: Land, Trade, and Politics* (Boston: Boston University African Studies Association, 1979); Sir John Gray, *The British in Mombasa, 1824-1826* (London: MacMillan, 1957)을 보라.

93 한 상인은 자기 집을 짓는 데 수천 달러를 들였다. 잔지바르 주택에서 특징적인 문과 서까래의 조각이 있는 것이었다. Burton은 일부 상인들이 200~300명의 여성을 첩실로 들였다고 말했다. 무역을 그쪽으로 끌어오려는 유인책이었다. R. F. Burton, *The Lake Regions of Central Africa* (London, 1860), I:270, 376; R. F. Burton, *Zanzibar: City, Island and Coast* (London: Tinesly, 1872), II:297을 보라. 또한 Mark Horton and John Middleton, *The Swahili: The Social Landscape of a Mercantile Society* (Oxford: Blackwell, 2000), 103-9를 보라.

94 Sheriff, *Slaves, Spices, and Ivory*, 182. 한때 지역에서 호구지책으로 삼았던 계절적인 활동이었지만, 1890년대에는 8만에서 10만 명의 이곳 사람들이 해안으로 짐을 나르는 일에 종사했다. 생산, 성별 조직, 지도력 등을 바탕으로 한 이 모든 변화는 자본주의가 친족 질서 사회에 미친 영향에 관한 Eric Wolf의 논제와 아주 잘 부합한다. Eric Wolf, *Europe and the People without History*, 77-100을 보라.

95 M. N. Pearson, "Indians in East Africa: The Early Modern Period," in *Politics and Trade in the Indian Ocean World* ed. Mukherjee and Subramanian, 227-49.

96 예를 들어 Luis Frederico Dias Antunes, "The Trade Activities of the Banyans in Mozambique: Private Indian Dynamics in the Portuguese State Economy, 1686-1777," in Mathew, *Mariners, Merchants*, 301-32를 보라. 포르투갈인들은 인도나 동남아시아에 비해 근세 동아프리카 해안에서의 이러한 노력에서 상대적으로 성공을 거두었다. 물론 이곳에서도 그들의 영향력은 결국 단기에 그쳤다(모잠비크 제외).

97 "The Ancient History of Dar es-Salaam," in Freeman-Grenville, *The East African Coast*, 234.

98 M. Reda Bhacker, *Trade and Empire in Muscat and Zanzibar: Roots of British Domination* (London: Routledge, 1992), 71.

99 V. S. Sheth, "Dynamics of Indian Diaspora in East and South Africa," *Journal of Indian Ocean Studies*, 8, no. 3 (2000): 217-27.

100 Richard Hall, *Empires of the Monsoon: A History of the Indian Ocean and its Invaders* (London: Harper and Collins, 1996), chapter 52.

101 이 주제에 관해 전반적으로 Marina Carter, Alessandor Stanziani, Patrick Harries의 연구를 보라. 또한 Clare Anderson의 수송, 노예제, 고용 계약에 관한 매우 포괄적인 다음 연구들을 보라. Clare Anderson, *Subaltern Lives: Biographies of Colonialism in*

the Indian Ocean World (Cambridge: Cambridge University Press, 2012); Clare Anderson, *Convicts in the Indian Ocean: Transportation from South Asia to Mauritius, 1815-1853* (London: Palgrave, 2000).

102 W. E. F. Ward and L. W. White, *East Africa: A Century of Change 1870-1970* (New York: Africana Publishing Company, 1972).

103 Bhacker, *Trade and Empire*, 178.

104 수백 년에 걸친 오만과 잔지바르 사이의 수지에 관해서는 Patricia Risso, *Oman and Muscat: An Early Modern History* (New York: St. Martin's Press, 1986)를 보라.

105 Bhacker, *Trade and Empire*, 133.

106 19세기의 영국인 여행자들은 대부분의 스와힐리 남성들이 코피야를 쓰고 아랍인처럼 옷을 입었다고 말했다. 물론 이 모자는 오늘날 중국 대륙에서 대량생산된 싸구려 모자로 대체됐다. 1990년대에 나는 웅구자섬, 몸바사, 라무섬에서 전통 코피야 가게의 사진을 찍을 수 있었다. 현지 가게 주인들은 아직도 고급 서아시아 모자가 값을 지불할 용의가 있는 스와힐리인들에게 팔리고 있다고 내게 말해주었다. Tagliacozzo, 1990 fieldwork notes, 623.

107 Fahad Bishara, *A Sea of Debt: Law and Economic Life in the Western Indian Ocean, 1780-1850* (New York: Cambridge University Press, 2017), chapter 7; Thomas McDow, *Buying Time: Debt and Mobility in the Western Indian Ocean* (Athens, OH: Ohio University Press, 2020).

108 이 과정의 결말에 관한 최고의 연구서 두 편은 Frederick Cooper, *From Slaves to Squatters: Plantation Labor and Agriculture in Zanzibar and Coastal Kenya, 1890-1925* (New Haven: Yale University Press, 1980); Jonathan Glassman, *Feasts and Riot: Revelry, Rebellion, and Popular Consciousness on the Swahili Coast, 1856-1888* (London: Heinemann, 1995)이다.

109 Zoe Marsh, ed., *East Africa through Contemporary Records*, 35-41에 실린 쳉윔베의 이야기를 참조하라. 그러나 물론 선교사의 기록은 이 해안에 간 목적 때문에 조심스럽게 읽어야 한다.

110 Esmond Bradley Martin, *Cargoes of the East: The Ports, Trade, and Culture of the Arabian Seas and Western Indian Ocean* (London: Elm Tree Books, 1978), 29.

111 동아프리카와 근세 세계 경제에 관한 논의는 Michael Pearson, *Port Cities and Intruders: The Swahili Coast, India, and Portugal in the Early Modern Era* (Baltimore: Johns Hopkins University Press, 1998), 101-28을 보라.

112 V. Y. Mudimbe, *The Invention of Africa* (Bloomington: Indiana University Press, 1988), introduction.

113 Smith, *Wealth of Nations*, II:631.

114 Marx, *Capital*, II:314.

115 Om Prakash, ed., *European Commercial Expansion in Early Modern Asia* (Aldershot: Variorum, 1997).

116 John Keay, *The Honourable Company: A History of the English East India*

Company (New York: HarperCollins, 1993).

117 시간을 뒤로 돌려 Paul Bois et al, *L'ancre et la croix du Sud: La marine française dans l'expansion coloniale en Afrique noire et dans l'Océan Indien, de 1815 a 1900* (Vincennes: Service Historique de la Marine, 1998); Indrani Ray, ed, *The French East India Company and the Trade of the Indian Ocean* (Calcutta: Munshiram, 1999); Ananda Abeydeera, "Anatomy of an Occupation: The Attempts of the French to Establish a Trading Settlement on the Eastern Coast of Sri Lanka in 1672," in Giorgio Borsa, *Trade and Politics in the Indian Ocean* (Delhi: Manohar, 1990)을 보라.

118 역시 뒤로 돌려 다음을 보라. J. Steur, *Herstel of Ondergang: De voorstellen tot redres van de VOC, 1740-1795* (Utrecht: H & S Publishers, 1984), 17-27; Harm Stevens, *De VOC in Bedrijf, 1602-1799* (Amsterdam: Walburg, 1998); Femme Gaastra, *Bewind en Beleid bij de VOC, 1672-1702* (Amsterdam: Walburg, 1989).

119 Martin Krieger, "Danish Country Trade on the Indian Ocean in the 17th and 18th Centuries," in *Indian Ocean and Cultural Interaction*, ed. Mathew.

120 Christine Dobbin, *Asian Entrepreneurial Minorities: Conjoint Communities in the Making of the World-Economy, 1570-1940* (London: Curzon, 1996).

121 Vahe Baladouni and Margaret Makepeace, eds., *Armenian Merchants of the Early Seventeenth and Early Eighteenth Centuries* (Philadelphia: American Philosophical Society, 1998).

122 Charles Borges, "Intercultural Movements in the Indian Ocean Region: Churchmen, Travelers, and Chroniclers in Voyage and in Action," in *Indian Ocean and Cultural Interaction*, ed. Mathew; Karl Haellquist, ed., *Asian Trade Routes: Continental and Maritime* (London: Curzon Press, 1991).

123 여기 제시된 패턴 일부의 이전 역사에 관해서는 Krish Seetah, ed., *Connecting Continents: Archaeology and History in the Indian Ocean World* (Athens, OH: Ohio University Press, 2018)를 보라. 이들 흐름의 구조에 관해서는 Michael Pearson, ed., *Trade, Circulation, and Flow in the Indian Ocean World* (London. Palgrave Series in the Indian Ocean World, 2015)를 보라.

6장 부적의 이동

1 Peter Skilling, "Traces of the Dharma: Preliminary Reports on Some Ye Dhamma and Ye Dharma Inscriptions from Mainland Southeast Asia," *Bulletin de l'École française d'Extreme-Orient* 90/91 (2003/4): 273-87의 273쪽에서 인용.

2 태국 남부에서 1989년과 이어 2006년에 추가로 실시한 현장 및 박물관 연구가 이 장에 많은 도움이 됐다. Elizabeth Ann Pollard, "Indian Spices and Roman 'Magic' in Imperial and Late Antique Indo-Mediterranean," *Journal of World History* 24, no. 1 (2013): 1-23을 보라.

3 '종교'는 복잡한 용어이며 학술 문헌에서 문제 삼아야 할 대상이다. 예를 들어 Talal Asad,

"Anthropological Conceptions of Religion: Reflections on Geertz," *Man* 18, no. 2 (1983): 237-59; Tomoko Masuzawa, *The Invention of World Religions* (Chicago: University of Chicago Press, 2005)를 보라.

4   James Ford, "Buddhist Materiality: A Cultural History of Objects in Japanese Buddhism," *Journal of Japanese Studies* 35, no. 2 (2009): 368-73. 개관을 위해서는 Tansen Sen, *Buddhism, Diplomacy, and Trade: The Realignment of Sino-Indian Relations, 600-1400* (Honolulu: University of Hawai'i Press, 2003); Tansen Sen, ed., *Buddhism across Asia: Networks of Material, Cultural and Intellectual Exchange* (Singapore: ISEAS, 2014)를 보라.

5   예를 들어 다음을 보라. Arlo Griffiths, "Written Traces of the Buddhist Past: Mantras and Dharais in Indonesian Inscriptions," *Bulletin of the School of Oriental and African Studies* 77, no. 1 (2014): 137-94; Patrice Ladwig, "Haunting the State: Rumours, Spectral Apparitions and the Longing for Buddhist Charisma in Laos," *Asian Studies Review* 37, no. 4 (2013): 509-26; Nguyễn Thế Anh, "From Indra to Maitreya: Buddhist Influence in Vietnamese Political Thought," *Journal of Southeast Asian Studies* 33, no. 2 (2002): 225-41.

6   Duncan McCargo, "The Politics of Buddhist Identity in Thailand's Deep South: The Demise of Civil Religion" *Journal of Southeast Asian Studies* 40, no. 1 (2009): 11-32; Laurel Kendall, "Popular Religion and the Sacred Life of Material Goods in Contemporary Vietnam," *Asian Ethnology* 67, no. 2 (2008): 177-99; and John Marston, "Death, Memory and Building: The Non-Cremation of a Cambodian Monk," *Journal of Southeast Asian Studies* 37, no. 3 (2006): 491-505.

7   Michael Pearson, "Studying the Indian Ocean World: Problems and Opportunities," in *Cross Currents and Community Networks: The History of the the Indian Ocean World*, ed. Himanshu Prabha Ray and Edward Alpers, 22 (New Delhi: Oxford University Press, 2007).

8   이들 중요한 난파선 가운데 하나에 대한 아주 좋은 연구로 John Guy, "The Intan Shipwreck: A Tenth Century Cargo in Southeast Asian Waters," in *Song Ceramics: Art History, Archaeology and Technology*, ed. S. Pearson, 171-92 (London: Percival David Foundation, 2004)를 보라. 또한 Justin McDaniel, "This Hindu Holy Man Is a Thai Buddhist," *South East Asia Research* 20, no. 2 (2013): 191-209를 보라.

9   Kenneth Hall, *A History of Early Southeast Asia: Maritime Trade and Societal Development, 100-1500* (Lanham, MD: Rowman & Littlefield, 2011), 30, 38, 47. 벵골 만을 건너는 참혹한 항해는 태국 벽화와 팔리어 설화의 아주 흔한 소재가 됐다. 태국 벽화들과 마니메칼라 및 마하자나카 보살 이야기의 난파선들은 흔히 이를 묘사하고 있다. 이러한 사실을 알려준 Justin McDaniel에게 감사드린다.

10 Kenneth McPherson, "Maritime Communities: An Overview," in *Cross Currents and Community Networks*, ed. Ray and Alpers, 36.

11 Geoff Wade and Sun Laichen, eds., *Southeast Asia in the Fifteenth Century: The*

China Factor (Singapore: NUS Press, 2010)를 보라. 이 책에 수집된 생각의 범위(몇 가지만 들자면 베트남의 문서 업무, 동남아시아의 토점土占, 미얀마의 보석, 중국의 은 등에 관한 중국인들의 접촉이다)는 정말로 인상적이다.

12 B. Ph. Groslier, "La ceramique chinoise en Asie du Sud-est: Quelques points de methode," *Archipel* 21 (1981): 93-121.

13 Derek Heng, *Sino-Malay Trade and Diplomacy from the Tenth through the Fourteenth Century* (Athens, OH: Ohio University Southeast Asian Studies, 2009).

14 Pierre-Yves Manguin, "New Ships for New Networks: Trends in Shipbuilding in the South China Sea in the Fifteenth and Sixteenth Centuries," in *Southeast Asia in the Fifteenth Century*, ed. Wade and Laichen, 333-58.

15 K. N. Chaudhuri, *Trade and Civilisation in the Indian Ocean: An Economic History from the Rise of Islam to 1750* (Cambridge: Cambridge University Press, 1985); Michael Pearson, *The Indian Ocean* (London: Routledge, 2003)을 보라. 이들은 가장 좋은 사례들 가운데 단 두 개만 든 것이다. 인도양의 역사에 관해서는 고를 수 있는 좋은 책이 더 많이 있다.

16 Sugata Bose, *A Hundred Horizons: The Indian Ocean in the Age of Global Empire* (Cambridge: Harvard University Press, 2006).

17 Sunil Amrith, *Crossing the Bay of Bengal: The Furies of Nature and the Fortunes of Migrants* (Cambridge, MA: Harvard University Press, 2013)를 보라. 우리의 목적을 위해서는 종교가 이동하는 것으로 묘사된 88~101쪽 부분이 특히 유용하다. 그러나 책 전체가 아주 읽을 만하다.

18 Celine Arokiasawang, *Tamil Influences in Malaysia, Indonesia, and the Philippines* (Manila: no publisher; Xerox typescript, Cornell University Library, 2000), 37-41.

19 Ray, "Crossing the Seas," 71.

20 Anthony Reid, "Aceh between Two Worlds: An Intersection of Southeast Asia and the Indian Ocean," in *Cross Currents and Community Networks*, ed. Ray and Alpers, 100-22.

21 Himanshu Prabha Ray, in *Cross Currents and Community Networks*, ed. Ray and Alpers, 6. 또한 McDaniel, "This Hindu Holy Man Is a Thai Buddhist"를 보라.

22 Prapod Assavairulkaharn, *Ascending of the Theravada Buddhism in Southeast Asia* (Bangkok: Silkworm, 1984)를 보라.

23 B. Ph. Groslier, "Angkor et le Cambodge au XVI siecle," *Annales du Musée Guimet* (Paris, PUF, 1958)에 제시된 배경을 보라.

24 이 시기의 가장 이른 새김글들에 관해 연구한 가장 중요한 학자들은 Peter Skilling, Hans Penth, Michael Vickery, Hiram Woodward 등이다. 이 장의 뒷부분에서 그들의 작업을 검토한다.

25 Kenneth Hall, *A History of Early Southeast Asia: Maritime Trade and Societal Development, 100-1500* (Lanham, MD: Rowman & Littlefield, 2011), chapters 7 and 8. 또한 Anne Blackburn, "Localizing Lineage: Importing Higher Ordination in

Theravadin South and Southeast Asia," in *Constituting Communities: Theravada Buddhism and the Religious Cultures of South and Southeast Asia*, John Clifford Holt, ed. Jacob N. Kinnard and Jonathan S. Walters (Albany: State University of New York Press, 2003), chapter 7을 보라.

26 Guy Lubeigt, "Ancient Transpeninsular Trade Roads and Rivalries over the Tenasserim Coasts," in *Commerce et navigation en Asie du Sud-est (XIV-XIX siecles)*, ed. Nguyễn Thế Anh and Yoshiaki Ishizawa, 47-76 (Paris: L'Harmattan, 1999).

27 Pattaratorn Chirapravati, *The Votive Tablets in Thailand: Origins, Styles, and Usages* (Oxford: Oxford University Press, 1999).

28 Paul Michel Munoz, *Early Kingdoms of the Indonesian Archipelago and the Malay Peninsula* (Paris: Editions Didier Millet, 2006), 85, 100.

29 Charles Higham and Rachanie Thosarat, *Early Thailand: From Prehistory to Sukothai* (Bangkok: River Books, 2012), 223-234, 236-24; Betty Gosling, *Sukothai: Its History, Culture, and Art* (Oxford: Oxford University Press, 1991; Charles Higham and Rachanie Thosarat, *Prehistoric Thailand: From Early Settlement to Sukothai* (Bangkok: River Books, 1998), 187-89; and Paul Michel Munoz, *Early Kingdoms of the Indonesian Archipelago and the Malay Peninsula* (Paris: Editions Didier Millet, 2006), 197.

30 개관을 위해서는 다음을 보라. Dhiravat na Pombejra, "Port, Palace, and Profit: An Overview of Siamese Crown Trade and the European Presence in Siam in the Seventeenth Century," in *Port Cities and Trade in Western Southeast Asia* [Anon.], 65-84 (Bangkok: Institute of Asian Studies, Chulalongkorn University, 1998); U San Nyein, "Trans Peninsular Trade and Cross Regional Warfare between the Maritiem Kingdoms of Ayudhya and Pegu in mid-16th century-mid 17th century" in [Anon.], *Port Cities and Trade*, 55-64; Barend Ter Weil, "Early Ayyuthaya and Foreign Trade, Some Questions," in *Commerce et navigation*, ed. Nguyễn and Ishizawa, 77-90.

31 Anthony Reid, *Charting the Shape of Early Modern Southeast Asian History* (Chiang Mai, Silkworm, 1999), chapter 5; and Anthony Reid, "Hybrid Identities in the Fifteenth-Century Straits," in *Southeast Asia in the Fifteenth Century*, ed. Wade and Laichen, 307-32.

32 Jeremias van Vleet, "Description of the Kingdom of Siam" translated by L.F. van Ravenswaay, *Journal of the Siam Society*, 7, no. 1 (1910): 1-105, at 77.

33 Charnvit Kasetsiri, *The Rise of Ayudhya* (Kuala Lumpur: Oxford University Press, 1976). 또한 그런 기록을 '역사'로 이용하는 데 대한 이견은 Michael Vickery, "A New Tamnan about Ayudhya," *Journal of the Siam Society* 67, no. 2 (1979)를 보라.

34 Roxanna Brown, "A Ming Gap? Data from Southeast Asian Shipwreck Cargoes," in *Southeast Asia in the Fifteenth Century*, ed. Wade and Laichen, 359-83.

35 John Miksic, "Before and after Zheng He: Comparing Some Southeast Asian

Archaeological Sites of the Fourteenth and Fifteenth Centuries," in *Southeast Asia in the Fifteenth Century*, ed. Wade and Laichen, 384-408.

36 Pensak Howitz, *Ceramics from the Sea: Evidence from the Kho Kradad Shipwreck Excavated in 1979* (Bangkok: Archaeology Division of Silpakorn University, 1979); and Jeremy Green, Rosemary Harper, Sayann Prishanchittara, *The Excavation of the Ko Kradat Wrecksite Thailand, 1979-1980* (Perth: Special Publication of the Department of Maritime Archaeology, Western Australian Museum, 1981).

37 Sunait Chutintaranond, "Mergui and Tenasserim as Leading Port Cities in the Context of Autonomous History," in Port Cities and Trade, 1-14; Khin Maung Myunt, "Pegu as an Urban Commercial Centre for the Mon and Myanmar Kingdoms of Lower Myanmar," in *Port Cities and Trade*, 15-36.

38 불교에서 부적과 사리가 어떤 역할을 하는지에 관한 일반적인 고찰은 Kevin Trainor, *Relics, Ritual, and Representation* (Cambridge: Cambridge University Press, 1997)을 보라.

39 Pattana Kitiarsa, *Mediums, Monks, and Amulets: Thai Popular Buddhism Today* (Chiang Mai: Silkworm Books, 2012).

40 Chris Baker and Pasuk Phongpaichit, "Protection and Power in Siam: From Khun Chang Khun Phaen to the Buddhist Amulet," *Southeast Asian Studies* 2, no. 2 (2013): 215-42. 또한 다음을 보라. Chris Baker and Pasuk Phongpaichit, *A History of Ayutthaya: Siam in the Early Modern World* (Cambridge: Cambridge University Press, 2017).

41 Stanley Tambiah, *The Buddhist Saints of the Forest and the Cult of Amulets: A Study in Charisma, Hagiography, Sectarianism, and Millennial Buddhism* (Cambridge: Cambridge University Press, 1984). 또한 James McDermott, "The Buddhist Saints of the Forest and the Cult of the Amulets: A Study in Charisma, Hagiography, Sectarianism, and Millennial Buddhism by Stanley Tambiah," *Journal of the American Oriental Society* 106, no. 2 (1986): 350을 보라.

42 매우 좋은 평론으로 John Guy, *Lost Kingdoms: Hindu-Buddhist Sculpture of Early Southeast Asia* (New York and New Haven: Metropolitan Museum of Art and Yale University Press, 2018)를 보라.

43 힌두교에 대한 역사적 설명은 다음을 보라. David Lorenzon, "Who Invented Hinduism?" *Comparative Studies in Society and History* 41, no. 4 (1999): 630-59.

44 상좌부 불교의 상이점, 정의, 진화에 관해서는 다음을 보라. Anne Blackburn and others in Peter Skilling et al., *How Theravada Is Theravada? Exploring Buddhist Identities* (Seattle: University of Washington Press, 2012); Juliane Schober et al., *Theravada Encounters with Modernity* (London: Routledge, 2019).

45 Stanley O'Connor, *Hindu Gods of Peninsular Siam* (Ascona, Switzerland: Artibus Asiae Publishers, 1972), 11-18, 19, 27, 32-37, 41-48.

46 Hiram Woodward, *The Art and Architecture of Thailand from Prehistoric Times*

through the Thirteenth Century (Leiden: Brill, 2003), 82-86.

47 Wannasarn Noonsuk, "Archaeology and Cultural Geography of Tambralinga in Peninsular Siam," PhD thesis (Ithaca, NY: Cornell University, History of Art Department, 2012).

48 이 패턴에 대한 훌륭하고 매우 새로운 설명은 Berenice Bellina, *Khao Sam Kaeo: An Early Port-City Between the Indian Ocean and the South China Sea* (Paris: EFEO, 2017)에서 볼 수 있다.

49 Stanley O'Connor, ed., *The Archaeology of Peninsular Siam* (Bangkok: The Siam Society, 1986).

50 Piriya Krairiksh, "Review Article: Re-Visioning Buddhist Art in Thailand," *Journal of Southeast Asian Studies* 45, no. 1: 113-18.

51 Julius Bautista, ed., *The Spirit of Things: Materiality and Religious Diversity in Southeast Asia* (Ithaca, NY: Cornell University Southeast Asia Program, 2012).

52 O'Connor as quoted in Ronald Bernier, "Review of Hindu Gods of Peninsular Siam by Stanley O'Connor," *Journal of Asian Studies* 33, no. 4 (1974): 732-33을 보라.

53 John Peter Wild and Felicity Wild, "Rome and India: Early Indian Cotton Textiles from Berenike, Red Sea Coast of Egypt," in *Textiles in Indian Ocean Societies*, ed. Ruth Barnes, 11-16 (New York: Routledge, 2005); Himanshu Prabha Ray, "Far-flung Fabrics—Indian Textiles in Ancient Maritime Trade," in *Textiles in Indian Ocean Societies*, ed. Barnes, 17-37.

7장 민다나오섬 삼보앙가

1 저자의 현장연구 기록(2004년 8월).

2 이런 일은 사실 바로 내가 그곳에 갔을 때쯤 발생했다. 이슬람 폭도들이 바실란-삼보앙가 간 연락선에 설치한 폭탄이 터져 30명가량 죽었다. 파트리시오 아비날레스Patricio Abinales 는 내게, 삼보앙가가 "국제 도시(말레이인, 에스파냐인, 중국인, 타갈로그인, 비사야인, 인 도인, 중국인, 영국인 등이 거주하는)지만, 또한 다분히 이 나라의 양대 술탄국에 둘러싸인 '고립'되고 포위된 소小성채"라고 말했다. "이 술탄국들과 이따금씩 전쟁을 하고" 있었다. 2018년 9월의 사적 편지.

3 배경을 알려면 다음을 보라. H. Grosset-Grange, "Les procedes arabes de navigation en Ocean indien au moment des grandes decouvertes," in *Sociétés et compagnies de commerce en Orient et dans l'OcéanIindien*, ed. M. Mollat, 227-46 (Paris: SEVPEN, 1970). 이 지역에서의 이슬람 세력의 더 광범위한 맥락을 이해하려면 다음을 참조하라. Michael Laffan, *Islamic Nationhood and Colonial Indonesia: The Umma Below the Winds* (London: Routledge, 2003); Michael Laffan, *The Makings of Indonesian Islam: Orientalism and the Narraiton of a Sufi Past* (Princeton: Princeton University Press, 2011); Michael Feener and Terenjit Sevea, eds., *Islamic Connections: Muslim Societies in South and Southeast Asia* (Singapore: SIEAS Press, 2009).

4 Eric Casino, *Mindanao Statecraft and Ecology: Moros, Lumads, and Settlers across*

the Lowland-Highland Continuum (Cotabato: Notre Dame University, 2000), 2, 6, 20-22.

5 이를 다룬 최근의 두 책 Arturo Giraldez, *The Age of Trade: The Manila Galleons and the Dawn of the Global Economy* (Lanham: Rowman and Littlefield, 2015): Birgit Tremml-Werner, *Spain, China and Japan in Manila, 1571-1644: Local Comparisons and Global Connections* (Amsterdam: University of Amsterdam Press, 2015)를 보라.

6 Ricardo Padron, *The Indies of the Settling Sun: How Early Modern Spain Mapped the Far East and the Transpacific West* (Chicago: University of Chicago Press, 2020)를 보라.

7 Noelle Rodriguez, *Zamboanga: A World Between Worlds, Cradle of an Emerging Civilization* (Pasig City: Fundacion Santiago, 2003).

8 나중에 이 장의 민족지학 부분에서 보겠지만, 이 영향력과 혈통의 일부는 페르시아에서 왔다. 이들 초기 이동의 배경에 대해서는 다음을 보라. Jean Calmard, "The Iranian Merchants: Formation and Rise of a Pressure Group between the Sixteenth and Nineteenth Centuries," in *Asian Merchants and Businessmen in the Indian Ocean and the China Sea*, ed. Denys Lombard and Jan Aubin (Oxford: Oxford University Press, 2000); Gerard Naulleau, "Islam and Trade: The Case of Some Merchant Families from the Gulf," in *Asian Merchants and Businessmen*, ed. Lombard and Aubin.

9 Cesar Adib Majul, *Muslims in the Philippines* (Quezon City: University of the Philippines Press, 1973). 마훌이 시작한 것을 이어 다른 사람들이 물려받았다. 초기 필리핀의 중국과의 관계 연구는 최근 유행하는 주제가 됐다.

10 Peter Gowing and Robert McAmis, eds., *The Muslim Filipinos* (Manila: Solidaridad Publishing, 1974). 1970년대는 필리핀 남부의 이슬람교도에 관한 저술이 늘어난 시기였다. 마르코스 정권 치하에서 그곳의 긴장이 높아지는 것을 설명하기 위해 개발된 가내공업 같은 수준의 것이었다.

11 James Francis Warren, *The Sulu Zone: The Dynamics of External Trade, Slavery, and Ethnicity in the Transformation of a Southeast Asian Maritime State* (Singapore: Singapore University Press, 1981).

12 Reynaldo Ileto, *Magindanao, 1860-1888: The Career of Datu Utto of Buayan* (Manila: Anvil, 2007)을 보라.

13 Rey Ileto, *Pasyon and Revolution: Popular Movements in the Philippines, 1840-1910* (Manila: Ateneo de Manila Press, 1997); Glenn May, *The Battle for Batangas: A Philippine Province at War* (New Haven: Yale University Press, 1991).

14 Peter Gowing, *Mandate in Moroland: The American Government of Muslim Filipinos, 1899-1920* (Dillliman: University of the Philippines Press, 1977)을 보라.

15 Ibid.; 또한 Benigno Aquino, "The Historical Background of the Moro Problem in the Southern Philippines," in [Anon.], *Compilation of Government Pronouncements*

and Relevant Documents on Peace and Development for Mindanao, 1-16 (Manila: Office of the Press Secretary, 1988)을 보라.

16 [Anon.] *Autonomy and Peace Review* (Cotabato: Institute for Autonomy and Governance in Collaboration with the Konrad-Adenauer Stiftung, 2001); Florangel Rosario-Braid, ed., *Muslim and Christian Cultures: In Search of Commonalities* (Manila: Asian Institute of Journalism and Communication, 2002); and Patricio Abinales, *Orthodoxy and History in the Muslim-Mindanao Narrative* (Quezon City: Ateneo de Manila Press, 2010).

17 [Anon.], *Selected Documents and Studies for the Conference on the Tripoli Agreement: Problems and Prospects* (Quezon City: International Studies Institute of the Philippines, 1985).

18 Tom Stern, *Nur Misuari: An Authorized Biography* (Manila: Anvil Publishing, 2012).

19 Benigno Aquino, "The Historical Background of the Moro Problem in the Southern Philippines," in [Anon.], *Compilation*, 1-16; Benigno Aquino, "From Negotiations to Concensus-Building: The New Parameters for Peace" in Ibid., 17-21.

20 Benigno Aquino, "From Negotiations to Consensus-Building: The New Parameters for Peace," in [Anon.], *Compilation*, 17-21; Corazon Aquino, "ROCC: The Start of a New Kind of Political Involvement" in Ibid., 22-25; Corazon Aquino, "Responsibility to Preserve Unity," in Ibid., 26-28.

21 Alfredo Bengzon, "Now That We Have Freedom, Let Us Seek Peace" in [Anon.], *Compilation*, 29-33; Alfredo Bengzon, "Each of Us Is Really a Peace Commissioner," in Ibid., 34-38.

22 Al Tyrone B. Dy et al., eds., *SWS Surveybook of Muslim Values, Attitudes, and Opinions, 1995-2000* (Manila: Social Weather Stations, 2000)을 보라. 이 조사의 몇 몇 제목은 시사적이다. "이슬람교도 필리핀인은 무엇을 생각하는가?" (2000년 5월 29일), "이슬람교도 역시 국가 통일성을 선호한다"(1999년 9월 24일), "인질극에 대한 여론조 사"(2000년 6월 2일) 같은 것들이다.

23 Ibid., 53-62.

24 [Anon.], "MPRC Launches CSW," *Moro Kurier* 1, no. 1 (1985): 3.

25 Ibid., 4; [Anon.], "First Ulama Consultation," *Moro Kurier* 1, no. 1 (1985): 4.

26 [Anon.], "Legacy to the New Generation," *Moro Kurier 1*, no. 1 (1985): 9를 보라. 인쇄 자본주의와 독서 대중이 어떻게 만들어지는지에 관한 Benedict Anderson의 견해는 여기 서 유용하다. Benedict Anderson, *Imagined Communities: Reflections on the Origins and Spread of Nationalism* (London: Verso, 2006).

27 [Anon.], "Islam as a Liberating Force," *Moro Kurier* 1, no. 1 (1985): 12; [Anon.], "Moro Women Seminar Launched," *Moro Kurier* 1, no. 2 (1985): 4.

28 [Anon.], "New Muslim Declaration on Human Rights," *Moro Kurier* 1, no. 2 (1985): 8.

29 Pressia Arifin-Cabo, Joel Dizon, and Khomenie Mentawel, *Dar-ul Salam: A Vision of Peace for Mindanao* (Cotabato: Kadtuntaya Foundation, 2008), p 112.

30 Ibid., 113.

31 Patricio Abinales, *Making Mindanao: Cotabato and Davao in the Formation of the Philippine Nation State* (Honolulu: University of Hawai'i Press, 2000).

32 Rodriguez, *Zamboanga*.

33 처음에 아비날레스 교수와 로드리게스 교수가 내게 준 도움은 과소평가할 수 없다. 그들은 정말로 내 발이 올바른 방향으로 향하게 가르쳐주었고, 복잡하고 때로 위험한 상황에서 내가 올바른 종류의 질문을 할 수 있게 도와주었다. 두 분 모두에게 깊이 감사드린다.

34 태국 남부 빠따니, 나라티와트, 얄라에서 면담을 진행하면서 나는 상호작용의 역학이 민다나오섬에서 작동되는 것과 아주 흡사하다는 사실을 발견했다. 여기서도 역시 더 넓은 해양 이슬람 세계와 오랜 연계를 가진 남부가 비이슬람교도가 다수인 국민국가에 편입돼 있었다(물론 이 경우에 다수는 가톨릭이 아니라 상좌부 불교다). 그러나 일상의 생활방식 대부분과 다수의 편입 노력에 대한 저항은 두 경우가 마찬가지였다. 태국 남부 이슬람교도와 그런 면담을 할 때 귀중한 도움을 준 사로자 도라이라주Saroja Dorairajoo(싱가포르국립대학, 사회학)에게 이 자리를 빌려 감사드린다.

35 아부바카르 교수는 처음 만났을 때 눈에 띄게 과묵했다. 교수는 틀림없이 이전에 나 같은 외국인 연구자를 여럿 만났을 것이다(흔히 선의였을 것이라고 나는 생각한다). 내가 연구의 초점은 정말로 민다나오의 '문제' 자체가 아니고 해상 세계 다른 곳과의 장·단거리 연계에 맞추어져 있다고 설명하자 점차 마음을 열고 대답을 했다. 나는 이 과묵함을 이해했다(그리고 고마워했다). 필리핀 남부 이슬람교도에 관한 서방의 저작은 언제나 현지의 주장 또는 현지의 관점에 아주 동조적이지는 않았다.

36 훌키플리 와디는 처음부터 나와의 면담에 더 여유가 있었다. 나는 *The Longest Journey: Southeast Asians and the Pilgrimage to Mecca* (New York: Oxford University Press, 2013), chapter 14에서 필리핀의 이슬람교에 관한 그 자신의 경험을 들려준 이야기의 일부를 썼다.

37 삼각측량을 하듯이 필리핀 남부에서 이슬람교가 어떤 것인지를 알아내는 데서는 이것이 유일하게 해야 할 일이라고 나는 생각한다. 누르 미수아리와 폭동 및 분리운동의 '유력자'들 주위의 상층부 견해는 분명히 중요하고, 이 멋진 곳의 여러 이야기들을 점차 알아가는 데서 우리가 필요한 것들을 말해준다. 그러나 '거리의' 보통 사람들의 관찰과 정서 또한 내게 중요하다. 그들은 이 드넓은 해상 세계의 중요한 정치적 문제에 관해서는 많은 이야기를 하지 못하겠지만, 삼보앙가의 지역성과 이 진화하는 변증법에서의 그 위치에 대한 그들의 관찰은 결코 덜 중요하거나 덜 흥미로운 것이 아니다.

38 케손시티와 마닐라에서 면담한 사람들 가운데는 특히 남부의 전쟁에 참전했던 용사들도 있었다.

39 이곳이 서西민다나오사령부의 주요 작전 기지인 바실리오 나바로Basilio Navarro 장군 기지다. 삼보앙가에는 중요한 공군 시설도 자리 잡고 있다.

40 필리핀에 에스파냐인들이 들어온 곳 가운데 삼보앙가가 정복과 지역 적응의 분위기를 가장 많이 지니고 있다. 이런 측면에서 유일하게 경쟁할 수 있는 지역은 바로 마닐라의 인트라무로스Intramuros 복합단지다. 그 담장과 녹슨 대포는 삼보앙가의 분위기와 매우 흡사하지만, 삼보앙가는 해로상에서 멀리 떨어지고 비교적 고립돼 있어 민다나오에서 이 환경 및

과거와의 연결을 더욱 강하게 만든다.

41 윌리엄 크루츠 신부는 지금은 다시 마닐라로 돌아가 근무하지만, 민다나오 서남부에서 거의 전설적인 인물이었다. 그는 그곳의 활력을 어느 누구보다도 잘 안다고 얘기하고 싶다. 그는 1963년에 처음 필리핀에 왔고, 이후 줄곧 그곳에 머물렀다. 50여 년에 걸쳐 쌓은 필리핀인의 활력과 집단들 사이의 요동치는 사회 과정에 대한 그의 현장 지식은 누구도 필적하기가 어렵다.

42 예수회는 물론 지식에 전념하는 것으로 유명했지만, 때로 풍요를 좋아하는 것으로도 유명했다. 교회의 풍요, 책과 학문의 풍요, 그리고(물론) 식탁의 풍요도 있었다. 물론 예수회 단원들이 자기네 교단의 초석 가운데 하나로 빈곤 준수를 서약하지만 말이다. 이 예수회의 아시아와의 역사적인 만남과 특히 연관된 감성에 대해서 자세히 알려면 Jonathan Spence, *The Memory Palace of Matteo Ricci* (New York: Penguin Books, 1985)를 보라.

43 나는 삼보앙가의 '평범한' 이슬람교도들과 이야기하면서 정말 많은 것을 배웠다. 이곳에서 이슬람교도들과 이야기하면서 금세 분명해진 것 한 가지는 이 공동체가 민족적으로 얼마나 다양한지 하는 것이었다. 극소수만이 혈통상 순수한 '모로족'이었다. 일부는 분명히 중국인의 피를 물려받았고, 어떤 사람들은 페르시아 혈통이었다. 이는 그들의 얼굴 모습과 골상으로 알 수 있었다. 그러나 흔히 사람들은 자기네 조상 일부가 어디서 왔는지를 보여주는 정교한 계보도를 가지고 있었다. 어느 시기에, 해외의 어느 특정 지점에서 왔는지를 말이다. 이 계보도 일부의 과장이나 현대의 융통성(또는 둘 다)을 허용하더라도 삼보앙가에서 '이슬람교도'가 되는 것은 엄청나게 다양한 과정이었다.

44 더 긴 설명을 위해 다시 나의 *The Longest Journey*, chapter 14를 보라.

45 이것은 내가 이 연구를 하는 동안에 삼보앙가, 마닐라, 케손시티, 기타 여러 곳에서 가진 면담 중 가장 인상적인 것이었다. 어떤 사람들은 정보를 간직하는 방법뿐만 아니라 그것을 이야기하는 방법도 안다. 그 여성이 바로 그런 사람 가운데 하나였다. 흥미롭게도 이 여성의 경우와 크루츠 신부의 경우 모두에서 대화의 가능성을 가장 강하게 엿볼 수 있었다. 이는 한 사람은 바로 누르 미수아리와 혼인했고 다른 한 사람은 예수회(교리 측면에서 아마도 가장 부끄럽지 않을 기독교 교단이며, 그 단원은 이유가 있어 '그리스도의 병사'로 불렸다) 단원이었음에도 불구하고 그러하다.

8장 '광역 동남아시아'에서의 항구도시의 형성

1 저자의 면담 기록(저자 번역).

2 예를 들어 Lewis Mumford의 고전 *The City in History* (New York: Harcourt, Brace, Jovanovich, 1961; repr. 1989)를 보라. 이는 수천 년에 걸친 여러 도시들의 성격과 발전을 묘사하고 있으나, 서방 이외의 도시들은 분석에서 완전히 배제되고 있다. 이 누락에 대한 수정은 빠르고 거세게 나왔지만, 서방 이외 도시들의 구조와 성장에 대한 묘사는 들쭉날쭉한 수준을 보여준다. 아시아에 관해 가장 정교한 지역 도시 연구는 아마도 William Rowe의 두 권짜리 책 *Hankow* (Stanford: Stanford University Press, 1984 and 1989)일 것이다. 이는 현대 세계자본주의 시대로 접어드는 시기의 중국 중부의 도시 한커우를 다루었다. 동남아시아에 관해서는 Terry McGee의 선구적인 연구 *The Southeast Asian City: A Social Geography of the Primate Cities of Southeast Asia* (London: Bell, 1967)를 보

라. 이는 1960년대 동남아시아 도시 연구의 무대를 마련했으며, 이어 그가 최근 공동 편집한 새로운 이 지역 도시 연구 T. G. McGee and Ira Robinson, eds., *The Mega-Urban Regions of Southeast Asia* (Vancouver: UBC Press, 1995)로 이어졌다. '제3세계' 도시를 전체적으로 어떻게 생각할 것인지에 관한 약간의 견해를 검토하려면 M. Santos, *The Shared Space: The Two Circuits of the Urban Economy Underdevelopment Concept* (London: Methuen, 1979)를 보라.

3 여기서 말하는 '광역 동남아시아'는 현재 동남아시아국가연합(ASEAN)을 구성하는 11개 국민국가에다 이 지역 역사에 연결된 인근 남중국해 및 인도양 해안 일부를 더한 것이다. 내가 말하는 '형성morphogenesis'은 도시 자체의 모습(시설의 물리적 배열, 종교적 건물 및 민족집단 구역의 공간적 배치, 기능성 등)뿐만 아니라 해상무역로상의 항구 체계를 갖춘 전반적인 도시 형태의 진화까지 포함한 것이다.

4 이를 위한 노력의 시작으로 다음을 보라. Geoffrey Gunn, *Overcoming Ptolemy: The Making of an Asian World Region* (Lexington: Rowman and Littlefield, 2018); Geoffrey Gunn, *History without Borders: The Making of an Asian World Region, 1000-1800* (Hong Kong: Hong Kong University Press, 2011).

5 Hans-Dieter Evers and Rudiger Korff, *Southeast Asian Urbanism: The Meaning and Power of Social Space* (Singapore: ISEAS, 2000).

6 Anthony Reid가 쓴 말이다. 근세 시기 동남아시아 도시들의 발전을 파악하려면 그의 *Southeast Asia in the Age of Commerce*, 2 vols. (New Haven: Yale University Press, 1988 and 1993), 특히 vol. II, chapter 2, "The City and Its Commerce"를 보라.

7 현존 자료의 성격이 이 작업에서 제시한 비교 일부를 결정하는 데 이바지했다는 사실을 먼저 이야기해야 할 것이다. 전근대와 식민지 시기 동남아시아 항구도시들에 관한 자료는 그들을 둘러싸고 있는 배후지들에 비해 상대적으로 풍부하다. 그들은 또한 남아시아와 동아시아의 과거에 관해 남아 있는 자료에 비해서도 비교적 풍부하다(비율로 보아). 과거에 도시들은 흔히 그저 더 큰 정치체의 일부였다. 개인 서신을 통해 "요컨대 내륙 도시들은 기존 문화를 재생했지만 항구도시들은 새로운 문화를 만들어냈음"을 지적해준 지리학자 Michael Leaf에게 감사드린다.

8 이 논문에서 언급된 많은 과거의 도시들은 영토국가 안에 있었다. 국가의 유형, 이들 국가의 규모, 여러 중심지들(이는 흔히 지배층의 본거지이면서 동시에 서로 겹치는 이산 상인들의 이동 기지였다) 사이의 관계는 국가의 유형 및 시간상의 장기성 모두에 따라 달랐다. 이 전반적인 논점은 주장의 더 큰 윤곽 안에서 만들어질 필요가 있다.

9 지역의 '기풍'에 관한 흥미로운 논의로는 다음을 보라. Zaharah binti Haji Mahmud, "The Malay Concept of Tanah Air: The Geographer's Perspective," in *Memory and Knowledge of the Sea in Southeast Asia*, ed. Danny Wong Tze Ken, 5-14 (Kuala Lumpur: Institute of Ocean and Earth Sciences, University of Malaya, 2008). 나는 이하 몇 페이지의 일부 논의에 대한 자극을 다음 자료에서 받았다. J. K. Wells and John Villiers, eds., *The Southeast Asian Port and Polity: Rise and Demise* (Singapore: Singapore University Press, 1990); Bennet Bronson, "Exchange at the Upstream and Downstream Ends: Notes toward a Functional Model of the Coastal States in

Southeast Asia," in *Economic Exchange and Social Interaction in Southeast Asia: Perspectives from Prehistory, History, and Ethnography*, ed. K. L. Hutterer (Ann Arbor: University of Michigan Southeast Asia Program, 1977).

10 아시아의 지역 상품 교역의 더 큰 흐름 안에서의 동남아시아에 관해서는 Mizushima Tsukaya, George Souza, and Dennis Flynn, eds., *Hinterlands and Commodities: Place, Space, Time and the Political Economic Development of Asia over the Long Eighteenth Century* (Leiden: Brill, 2015)를 보라.

11 Reid, *Southeast Asia in the Age of Commerce*, 2 volumes (1988 and 1993).

12 Victor Lieberman, *Strange Parallels: Southeast Asia in Global Context, 800-1830*, vol. 1: *Integration on the Mainland* (Cambridge: Cambridge University Press, 2003).

13 Tony Day, *Fluid Iron: State Formation in Southeast Asia* (Honolulu: University of Hawai'i Press, 2002).

14 Su Lin Lewis, *Cities in Motion: Urban Life and Cosmopolitanism in Southeast Asia, 1920-1940* (Cambridge: Cambridge University Press, 2016). Lewis는 이 논문을 쓰면서 Milner를 원용했고, 어떤 나라들(미얀마 같은)은 토착 상업을 억제하고 외국 상인을 환영했다고 주장한다.

15 물론 성격상 바다에 의존하지 않고 주로 종교와 농경을 기반으로 한 고전기 동남아시아의 중심 도시들이 있었다. 앙코르, 바간, 하노이는 이런 도시들의 좋은 사례지만, '장소' 범주로서 이들은 수백 년 동안 이 글에서 논의한 항구-정치체 결합에 비해 수가 적었던 듯하다. 이들 내륙 도시들에 대한 추가 정보는 다음을 보라. Georges Coedes, *The Indianized States of Southeast Asia* (Honolulu: East-West Press, 1968); Kenneth Hall and John Whitmore, eds., *Explorations in Early Southeast Asian History: The Origins of Southeast Asian Statecraft* (Ann Arbor: Center for South and Southeast Asian Studies, University of Michigan, 1976).

16 O. W. Wolters, *Early Indonesian Commerce: A Study of the Origins of Srivijaya* (Ithaca: Cornell University Press, 1967); Rebecca D. Catz, trans. and ed., *The Travels of Mendes Pinto / Fernao Mendes Pinto* (Chicago: University of Chicago Press, 1989); Heather Sutherland, "Trepang and Wangkang: The China Trade of Eighteenth Century Makassar," in *Authority and Enterprise among the Peoples of South Sulawesi*, ed. R. Tol, K. van Dijk, and G. Accioli (Leiden: KITLV Press, 2000). 또한 이런 측면에서 일반적으로 Kenneth Hall, *Maritime Trade and State Development in Early Southeast Asia* (Honolulu: University of Hawai'i Press, 1985); Paul Wheatley, *The Golden Chersonese: Studies in the Historical Geography of the Malay Peninsula Before AD 1500* (Kuala Lumpur: University of Malaya Press, 1961)을 보라.

17 David E. Mungello, *The Great Encounter of China and the West, 1500-1800* (Lanham: Rowman & Littlefield Publishers, 1999); Michael Smitka, *The Japanese Economy in the Tokugawa Era, 1600-1868* (New York: Garland Publishers, 1998)을 보라. 이 시기 중국과 일본의 외국인 혐오에 대한 분석은 최근 수십 년 사이에 John Wills, Jonathan Spence, Joanna Waley-Cohen, Ronald Toby, Martha Chaiklin의 연구

에 의해 상당히 수정됐다. 예를 들어 다음을 보라. John Wills, *Embassies and Illusions: Dutch and Portuguese Envoys to K'ang-hsi, 1666-1687* (Cambridge, MA: Harvard University East Asian Studies, 1984); Jonathan Spence and John Wills, eds., *From Ming to Ch'ing: Conquest, Region, and Continuity in 17th-Century China* (New Haven: Yale University Press, 1979); Joanna Waley-Cohen, *The Sextants of Beijing: Global Currents in Chinese History* (New York: W. W. Norton Press, 1999); Ronald Toby, *State and Diplomacy in Early Modern Japan: Asia in the Development of the Tokugawa Bakufu* (Princeton: Princeton University Press, 1984); Martha Chaiklin, *Cultural Commerce and Dutch Commercial Culture: The Influence of European Material Culture on Japan, 1700-1850* (Leiden: CNWS, 2003).

18 Edward Seidensticker, *Low City, High City: Tokyo from Edo to the Earthquake; How the Shogun's Ancient Capital Became a Great Modern City, 1867-1923* (Cambridge, MA: Harvard University Press, 1991).

19 Chaiklin, *Cultural Commerce.*

20 Chin Keong Ng, *Trade and Society: The Amoy Network on the China Coast* (Singapore: Singapore University Press, 1983; John Keay, *The Honourable Company: A History of the English East India Company* (New York: HarperCollins, 1993).

21 이 문제에 관해서는 Knaap (1996) 제1장을 보라. 이는 Knapp의 18세기에 관한 논의에 앞서 자바 북부 파시시르의 역사를 정리하고 있다. Gerrit Knaap, *Shallow Waters, Rising Tide: Shipping and Trade in Java Around 1775* (Leiden: KITLV Press, 1996). 또한 Atsushi Ota, *Changes of Regime and Social Dynamics in West Java Society, State, and the Outer World of Banten, 1750-1830* (Leiden: Brill, 2006); Hui Kian Kwee, *The Political Economy of Java's Northeast Coast, 1740-1800* (Leiden: Brill, 2006)을 보라.

22 Dhiravat na Pombejra, "Ayutthaya at the End of the Seventeenth Century: Was There a Shift to Isolation?" in *Southeast Asia in the Early Modern Era: Trade, Power, and Belief*, ed. Anthony Reid, 250-72 (Ithaca: Cornell University Press, 1993); Barbara Watson Andaya, *To Live as Brothers: Southeast Sumatra in the Seventeenth and Eighteenth Centuries* (Honolulu: University of Hawai'i Press, 1993); Victor Lieberman, "Was the Seventeenth Century a Watershed in Burmese History?" in *Southeast Asia in the Early Modern Era*, ed. Reid, 214-49.

23 필리핀의 도시에 관한 가장 중요한 연구자는 캘리포니아대학 버클리 캠퍼스의 지리학자 Robert Reed였다. 마닐라와 루손섬 더 북쪽의 고원 소도시들에 대한 그의 책들은 필리핀 도시들을 학술적으로 정리한 것이다.

24 자카르타에 관해서는 다음을 보라. Zeffry Alkatiri, *Dari Batavia Sampai Jakarta, 1619-1999: Peristiwa Sejarah dan Kebudayaan Betawi-Jakarta Dalam Sajak* (Magelang: IndonesiaTera, 2001); Ewald Ebing, *Batavia-Jakarta, 1600-2000: A Bibliography* (Leiden: KITLV Press, 2000); [Anon.], "De haverwerken te Tanjung Priok," *Tijdschrift voor Nederlandsch-Indië II* (1877), 278-87. 양곤에 대해서

516

는 미얀마 삼각주에 대한 고전적 저작 Michael Adas, *The Burma Delta: Economic Development and Social Change on an Asian Rice Frontier, 1852-1941* (Madison: University of Wisconsin Press, 1974)을 보라. 피낭에 대해서는 Loh Wei Leng, "Visitors to the Straits Port of Penang: British Travel Narratives as Resources for Maritime History," in *Memory and Knowledge of the Sea*, ed. Ken, 23-32를 보라.

25 이 문제에 관해, 특히 식민지 시기에 대해서는 Anthony Reid, "The Structure of Cities in Southeast Asia, 15th to 17th Centuries," *Journal of Southeast Asian Studies* 11 (1980): 235-50을 보라.

26 그 두드러진 예외는 바타비아(현대의 자카르타)일 것이다. 이곳은 200년 동안 네덜란드 동인도회사(VOC)가 아시아의 '모母도시'로 사용했다. VOC와 이 대양 횡단 도시 연결망 에서의 그 위치에 관해서는 다음을 보라. H. K. s'Jacob, "De VOC en de Malabarkust in de 17de eeuw," in *De VOC in Azië*, ed. M. A. P. Meilink-Roelofsz, 85-99 (Bussum: Fibula, 1976); Prakash, *The Dutch Factories* (1984); J. Steur, *Herstel of Ondergang: De Voorstellen tot Redres van de VOC, 1740-1795* (Utrecht: HES Uitgevers, 1984), 17-27; Harm Stevens, *De VOC in Bedrijf, 1602-1799* (Amsterdam: Walburg Press, 1998); Femme Gaastra, *Bewind en Beleid bij de VOC, 1672-1702* (Amsterdam: Walburg Press, 1989).

27 Mardiana Nordin, "Undang-Undang Laut Melaka: A Note on Malay Maritime Law in the Fifteenth Century," in *Memory and Knowledge of the Sea*, ed. Ken, 15-22.

28 [Anon.], *Sriwijaya Dalam Perspektif Arkeologi dan Sejarah* (Palembang: Pemerintah Daerah Tingkat I Sumatera Selatan, 1993).

29 Kay Kim Khoo, "Melaka: Persepsi Tentang Sejarah dan Masyarakatnya," in *Bajunid Esei-Esei Budaya dan Sejarah Melaka*, ed. Omar Farouk (Kuala Lumpur: Siri Minggu Kesenian Asrama Za'ba, 1989); Kernial Singh Sandhu and Paul Wheatley, eds., *Melaka: The Transformations of a Malay Capital, c. 1400-1980* (Kuala Lumpur: Oxford University Press, 1983).

30 Bennet Bronson, "Exchange at the Upstream and Downstream Ends"; Tania Li, "Marginality, Power, and Production: Analyzing Upland Transformations," in *Transforming the Indonesian Uplands: Marginality, Power, and Production*, ed. Tania Li, 1-44 (Amsterdam: Harwood Academic Publishers, 1999).

31 James Warren, *The Sulu Zone: The Dynamics of External Trade, Slavery, and Ethnicity in the Transformation of a Southeast Asian Maritime State (1768-1898)* (Singapore: Singapore University Press, 1981); Eric Tagliacozzo, "Onto the Coast and into the Forest: Ramifications of the China Trade on the History of Northwest Borneo, 900-1900," in *Histories of the Borneo Environment*, ed. Reed Wadley (Leiden: KITLV Press, 2005).

32 예를 들어 다음을 보라. Leonard Andaya, *Leaves of the Same Tree: Trade and Ethnicity in the Straits of Melaka* (Honolulu: University of Hawai'i Press, 2008); Leonard Andaya, *The World of Maluku: Eastern Indonesia in the Early Modern*

Period (Honolulu: University of Hawai'i Press, 1993); Heather Sutherland and Gerrit Knaap, *Monsoon Traders: Ships, Skippers and Commodities in Eighteenth Century Makassar* (Leiden: Brill, 2004); Jennifer Gaynor, *Intertidal History in Island Southeast Asia: Submerged Genealogy and the Legacy of Coastal Capture* (Ithaca: Cornell Southeast Asia Program, 2016); Adrian Lapian, "Laut Sulawesi: The Celebs Sea, from Center to Peripheries," *Moussons* 7 (2004): 3-16; Laura Lee Junker, *Raiding, Trading and Feasting: The Political Economy of Philippine Chiefdoms* (Honolulu: University of Hawai'i Press, 1999).

33 Susan Russell, ed., *Ritual, Power, and Economy: Upland-Lowland Contrasts in Mainland Southeast Asia* (DeKalb: Center for Southeast Asian Studies, 1989); Ann Maxwell Hill, *Merchants and Migrants: Ethnicity and Trade Among Yunnanese in Southeast Asia* (New Haven: Yale University Southeast Asia Studies, 1998): 33-94.

34 Roy Ellen, "Environmental Perturbation, Inter-Island Trade, and the Relocation of Production along the Banda Arc; or, Why Central Places Remain Central," in *Human Ecology of Health and Survival in Asia and the South Pacific*, ed, Tsuguyoshi Suzuki and Ryutaro Ohtsuka, 35-62 (Tokyo: University of Tokyo Press, 1987).

35 후자에 관해서는 다음을 보라. Roy Ellen, *On the Edge of the Banda Zone: Past and Present in the Social Organization of a Moluccan Trading Network* (Honolulu: University of Hawai'i Press, 2003); Patricia Spyer, *The Memory of Trade: Modernity's Entanglements on an Eastern Indonesian Island* (Durham: Duke University Press, 2000).

36 Bertil Lintner, *Cross Border Drug Trade in the Golden Triangle* (Durham: International Boundaries Research Unit, 1991); Moshe Yegar, *Between Integration and Succession: The Muslim Communities of the Southern Philippines, Southern Thailand, and Western Burma/Myanmar* (Lanham, MD: Lexington Books, 2002); Hickey, Gerald, *Sons of the Mountains: Ethnohistory of the Vietnamese Central Highlands to 1954* (New Haven: Yale University Press, 1982).

37 전통적인 동남아시아 정치, 종교, 경제의 집중성에 대한 가장 정교한 설명을 한 것은 여전히 Paul Wheatley, *Nagara and Commandary: Origins of the Southeast Asian Urban Traditions* (Chicago: University of Chicago Press, 1983)이다.

38 Kernail Sandhu and A. Mani, eds., *Indian Communities in Southeast Asia* (Singapore: ISEAS/Times Academic Press, 1993); Aiwha Ong, *Flexible Citizenship: The Cultural Logics of Transnationality* (Durham: Duke University Press, 1999).

39 Adam McKeown, *Chinese Migrant Networks and Cultural Change: Peru, Chicago, Hawaii, 1900-1936* (Chicago: The University of Chicago Press, 2001).

40 ASEAN 일대의 공유된 문화(도시문화 포함)의 개념에 관한 논의는 다음을 보라. Donald Emmerson, "Security and Community in Southeast Asia: Will the Real ASEAN Please Stand Up?," *International Relations of the Asia-Pacific* (Stanford, CA: Shorenstein Asia-Pacific Research Center, 2005).

41 Gelia Castillo, *Beyond Manila: Philippine Rural Problems in Perspective* (Ottawa: International Development Research Center, 1980).

42 공교롭게도 통찰력 있는 Clifford Geertz, *Agricultural Involution* (Berkeley: University of California Press, 1963)에서는 같은 문제들이 여럿 논의됐다. 이 책은 150년 전 자바섬의 동향을 다루고 있다.

43 1990년 현장연구를 위해 마닐라에 갔을 때 나는 이 도시의 비논도와 디비소리아 창고지구의 향신료 상인들과 면담을 했다. 마닐라의 이 지역에서 기반시설이 망가지고 있는 것은 너무도 분명했다. 나는 몇몇 조사 대상자의 창고에 가기 위해 손으로 끄는 뗏목을 타고 쓰레기가 떠다니는 강을 건너야 했다. 마닐라에서의 면담 기록(1990년 1월).

44 자카르타는 이런 측면에서 흥미로운 사례다. 이곳을 후퇴시킬 수 있는 여러 요인들은 식민지 시대로부터 물려받았다. 이 도시에 관해서는 다음을 보라. Zeffry Alkatiri, *Dari Batavia Sampai Jakarta, 1619-1999: Peristiwa Sejarah dan Kebudayaan Betawi-Jakarta Dalam Sajak* (Magelang: IndonesiaTera, 2001); Ewald Ebing et al., *Batavia-Jakarta, 1600-2000: A Bibliography* (Leiden: KITLV Press, 2000). 인도네시아 군도의 크기와 복합성을 생각할 때 인도네시아 항구도시들과 그 배후지 사이, 그리고 그들 상호간의 관계는 매력적인 것이다. 수마트라의 이 문제에 관한 분석은 다음을 참조하라. Nangsari Ahmad Makmun, F. A. Soetjipto, and Mardanas Safwan, *Kota Palembang sebagai "kota dagang dan industri"* (Jakarta: Departemen Pendidikan dan Kebudayaan, Direktorat Sejarah dan Nilai Tradisional, Proyek Inventarisasi dan Dokumentasi Sejarah Nasional, 1985); *Sejarah Daerah Bengkulu* (Jakarta: Departemen Penilitian dan Pencatatan, Kebudayaan Daerah, Departemen Pendidikan dan Kebudayaan, n.d.); Mardanas Sofwan, Taher Ishaq, Asnan Gusti, and Syafrizal, *Sejarah Kota Padang* (Jakarta: Departemen Pendidikan dan Kebudayaan, Direktorat Sejarah dan Nilai Tradisional, Proyek Inventarisasi dan Dokumentasi Sejarah Nasional, 1987). 보르네오에 관해서는 Lisyawati Nurcahyani, *Kota Pontianak Sebagai Bandar Dagang di Jalur Sutra* (Jakarta: Departemen Pendidikan dan Kebudayaan, Direktorat Sejarah dan Nilai Tradisional, Proyek Inventarisasi dan Dokumentasi Sejarah Nasional, 1999)를, 자바에 관해서는 Susanto Zuhdi, *Cilacap (1830-1942): Bangkit dan Runtuhnya Suatu Pelabuhan di Jawa* (Jakarta: KPG, 2002)를, 치르본에 관해서는 [Anon.], "De Cheribonsche havenplannen," *Indisch Bouwkundig Tijdschrijf* (15 August 1917): 256-66; [Anon.], "De nieuwe haven van Cheribon," *Weekblad voor Indië* 5 (1919): 408-09를, 인도네시아 동부에 관해서는 Restu Gunawan, *Ternate Sebagai Bandar Jalur Sutra* (Jakarta: Departemen Pendidikan dan Kebudayaan, Direktorat Sejarah dan Nilai Tradisional, Proyek Inventarisasi dan Dokumentasi Sejarah Nasional, 1999); G. A. Ohorella, *Ternate Sebagai Bandar di Jalur Sutra* (Jakarta: Departemen Pendidikan dan Kebudayaan, Direktorat Sejarah dan Nilai Tradisional, Proyek Inventarisasi dan Dokumentasi Sejarah Nasional, 1997)를 보라. 전반적으로 [Anon.], Departement der Burgerlijke Openbare Weken, *Nederlandsch-Indische Havens Deel I* (Batavia: Departement der Burgerlijke Openbare Werken,

1920)을 보라.

45 푸젠성 샤먼에 가보니 이 도시의 타이완, 동남아시아, 그리고 정말로 해양 아시아 일반을 향한 연결과 밖을 향한 움직임은 너무도 분명했다. 샤먼 정부와 업계의 한쪽 눈은 자금과 정치적 목적 때문에 계속 베이징을 향했지만, 한쪽 눈은 가장 분명하게 동쪽과 남쪽에 고정돼 있었다.

46 셸은 이 뭉개진 윤곽이 얼마 지나지 않아 분명해질 것이라고 강조했다. 다만 어떤 식의 압력이나 사건이 나타나 이 구분을 솔기에서 갈라놓기까지는 수십 년, 심지어 수백 년이 걸릴 수도 있다고 했다. 캘리포니아대학 버클리 캠퍼스에서의 면담 기록(1992년 5월).

47 '다른 중국들' 개념은 John Wills의 관심을 끌었으나, 그 이전에 이런 취지의 제안은 G. William Skinner가 이미 내놓은 바 있다. 그의 *Marketing and Social Structure in Rural China* (Tucson: University of Arizona Press, 1965) 및 그가 편집한 *The City in Late Imperial China* (Stanford: Stanford University Press, 1977)를 보라.

48 Valerie Hansen, *The Open Empire: A History of China to 1600* (New York: Norton, 2000), 221-24; Joseph Esherick, *The Origins of the Boxer Uprising* (Berkeley: University of California Press, 1987).

49 남중국 푸젠성 샤먼의 익명의 상인. 현장연구 기록(2014년 6월, 저자 번역).

50 Marco Polo, *The Travels of Marco Polo*, edited and revised from William Marsden's translation by Manuel Komroff (New York: Modern Library, 2001); Frederick Hirth and W. W. Rockhill, *Chau Ju Kua: His Work on the Chinese and Arab Trade in the 12th and 13th Centuries, Entitled Chu Fan Chi* (New York: Paragon Book Reprint Co., 1966).

51 이에 관한 대조적이지만 훌륭한 세 편의 논문을 보라. Michael Leaf, "Periurban Asia: A Commentary on Becoming Urban," *Pacific Affairs* 84, no. 3: 525-34; Michael Leaf, "A Tale of Two Villages: Globalization and Peri-Urban Change in China and Vietnam," *Cities* 19, no. 1: 23-32; Michael Leaf, "New Urban Frontiers: Periurbanization and Retentionalization in Southeast Asia," in *The Design of Frontier Spaces: Control and Ambiguity*, ed. Carolyn S. Loeb and Andreas Loescher, 193-212 (Burlington: Ashgate, 2015).

52 Frank Welsh, *A Borrowed Place: The History of Hong Kong* (New York: Kodansha, 1993).

53 Mohamed Jamil bin Mukmin, *Melaka Pusat Penyebaran Islam di Nusantara* (Kuala Lumpur: Nurin Enterprise, 1994).

54 Dian Murray, *Pirates of the South China Coast* (Stanford: Stanford University Press, 1987).

55 이 대화는 동남아시아 몇몇 장소에서 중국인 상인들과 나눈 것이다. 이들 상인 상당수는 1950~1970년대 미국 정부의 정치적 표현과 마찬가지로 그들이 베트남을 '잃었다'고 생각했다. 특히 가족과 경제 측면에서 그랬다. 싱가포르(1989년 10월), 쿠알라룸푸르(1989년 11월), 방콕(1990년 2월)에서의 면담 기록.

56 Erik Harms, Saigon's *Edge: On the Margins of Ho Chi Minh City* (Minneapolis:

University of Minneapolis Press, 2011); Erik Harms, *Luxury and Rubble: Civility and Dispossession in the New Saigon* (Berkeley: University of California Press, 2016).

57 Ernest Chew, and Edwin Lee, eds, *A History of Singapore* (Singapore: Oxford University Press, 1991).

58 이 도시국가가 주위 정치체들의 분노와 시샘의 대상이 된 특별한 변증법의 전개에 대해서는 Robert Griffith and Carol Thomas, eds., *The City-State in Five Cultures* (Santa Barbara: ABC-Clio, 1981)를 보라.

59 Chua Beng Huat, "Singapore as Model: Planning Innovations, Knowledge Experts," in *Worlding Cities: Asian Experiments and the Art of Being Global*, ed. Ananya Roy and Aihwa Ong, 29-54 (London: Blackwell, 2011).

60 Karl Hutterer, *Economic Exchange and Social Interaction in Southeast Asia: Perspectives from Prehistory, History, and Ethnography* (Ann Arbor: University of Michigan Southeast Asia Program, 1977).

61 Anthony Reid, *Slavery, Bondage, and Dependency in Southeast Asia* (St. Lucia: University of Queensland Press, 1983); Ben Kerkvliet, *The Huk Rebellion* (Berkeley: University of California Press, 1977); Paul van het Veer, *De Atjeh Oorlog* (Amsterdam: Arbeiderspers, 1969).

62 인도네시아 한 곳에 대해서는 Irena Critalis, *Bitter Dawn: East Timor, a People's Story* (London: Zed Books, 2002)를 보라. 동티모르에 대해, 그리고 아체와 서파푸아에 대해서는 Daniel Dhakidae, *Aceh, Jakarta, Papua: Akar Permasalahan dan Alternatif Proses Penyelsaian Konflik* (Jakarta: Yaprika, 2001)를 보라.

63 이 복잡한 문제를 가장 상세하게 설명한 것은 여전히 Alfred McCoy, *The Politics of Heroin: CIA Complicity in the Global Drug Trade* (New York: Hill Books, 1991)이다.

64 Martin Smith, *Burma: Insurgency and the Politics of Ethnicity* (London: Zed Books, 1999).

65 Theodore Friend, *Indonesian Destinies* (Cambridge, MA: Harvard University Press, 2003); Franz Magnis-Suseno, ed., *Suara dari Aceh: Identifikasi kebutuhan dan keinginan rakyat Aceh* (Jakarta: Yayasan Penguatan Partisipasi Inisiatif dan Kemitraan Masyarakat Sipil Indonesia, 2001); Zadrak Wamebu and Karlina Leksono, *Suara dari Papua: Identifikasi kebutuhan masyarakat Papua asli* (Jakarta: Yayasan Penguatan Partisipasi Inisiatif dan Kemitraan Masyarakat Sipil Indonesia, 2001). 중국의 도시 지역 가운데 1989년 시위에 가장 덜 참여한 곳 가운데 하나가 광저우라는 점이 흥미롭다. 이는 매혹적일 정도로 인도네시아의 경우와 흡사하다. "마치 중심에서 발생한 정치적 압력(권력에 대한 항의와 권력구조에 의한 통제권 회복 모두)이 남부의 모든 사람이 공유한 최대의 관심사(1978년 이래 얻은 부를 보존하고 진행 중인 발전을 위험에 빠뜨리지 않는 것)와 충돌한 듯했다." Bergere, "Tiananmen 1989" (1995)를 보라.

66 수마트라 북부 반다아체의 이맘. 저자의 현장연구 기록 (1990년 4월, 저자 번역).

67 크메르루주 시기 동안의 이런 몇몇 패턴에 대해서는 다음을 보라. Ben Kiernan, *The Pol Pot Regime: Race, Power, and Genocide in Cambodia under the Khmer Rouge*

1975-1979 (New Haven: Yale University Press, 2002); Andrew Mertha, *Brothers in Arms: Chinese Aid to the Khmer Rouge, 1975-1979* (Ithaca: Cornell University Press, 2014).

68 Evan Gottesman, *Cambodia after the Khmer Rouge: Inside the Politics of Nation Building* (New Haven: Yale University Press, 2003).

69 Frank Broeze, *Brides of the Sea: Port Cities of Asia From the 16th-20th* Centuries (Kensington: New South Wales University Press, 1989); J. K. Wells and John Villiers, eds., *The Southeast Asian Port and Polity: Rise and Demise* (Singapore: Singapore University Press, 1990); Frank Broeze, ed., *Gateways of Asia: Port Cities of Asia in the 13th—20th Centuries* (London: Kegan Paul International, 1997)를 보라. 이 관계를 동남아시아의 입장이 아니라 이론적인 측면에서 전반적으로 알려면 M. Castells, *The Urban Question: A Marxist Approach* (London: Edward Arnold, 1979)를 보라.

70 동남아시아 도시의 성격에 관한 흥미로운 역사적 고찰은 Richard O'Connor, *A Theory of Indigenous Southeast Asian Urbanism* (Singapore: ISEAS Research Monograph 38, 1983)을 보라. O'Connor는 게마인샤프트Gemeinschaft와 게젤샤프트Gesellschaft 관념에 관해 Tönnies와 프랑크푸르트학파를 다루며, 서방에서 만들어진 도시 이론 모형이 동남아시아 도시 전반에도 적용될 수 있는지에 대해서도 논의한다.

71 동남아시아 도시들이 미래에 어디로 향할 것인지에 관한 흥미로운 몇몇 전망은 Y. M. Yeung and C. P. Lo, eds., *Changing Southeast Asian Cities: Readings on Urbanization* (Oxford: Oxford University Press, 1976)에서 발견할 수 있다.

72 이 체계가 어떻게 조화를 이루어왔느냐에 대한 장기적인 구조로서 동남아시아가 더 넓은 '구세계' 패턴의 일부일 뿐이라는 주장에 관해서는 Barry Cunliffe, *By Steppe, Desert, and Ocean: The Birth of Eurasia* (Oxford: Oxford University Press, 2015)을 보라.

9장 아덴에서 뭄바이까지, 싱가포르에서 부산까지

1 Italo Calvino, *Invisible Cities* (London: Harcourt, 1974), 150.

2 예컨대 다음을 보라. Charles Boxer, *The Portuguese Seaborne Empire 1415-1825* (New York: Knopf, 1969); Matt Matsuda, *Empire of Love: Histories of France and the Pacific* (New York: Oxford University Press, 2005); Jonathan Israel, *Dutch Primacy in World Trade* (Oxford: Oxford University Press, 1989); Piers Brendon, *The Decline and Fall of the British Empire, 1781-1997* (New York: Knopf, 1998).

3 Penny Edwards, *Cambodge: The Cultivation of a Nation* (Honolulu: University of Hawai'i Press, 2007); Robert Cribb, *The Late Colonial State in Indonesia: Political and Economic Foundations of the Netherlands Indies, 1880-1942* (Leiden: KITLV Press, 1994); Om Prakash, *The Dutch East India Company and the Economy of Bengal, 1630-1720* (Princeton: Princeton University Press, 1985); John Keay, *The Honourable Company: A History of the English East India Company* (New York: HarperCollins, 1993).

4 이 목표를 위한 최신의, 그리고 최고의 설명 가운데 하나로 Tim Harper, *Underground Asia:*

Global Revolutionaries and the Overthrow of Europe's Empires in the East (London: Allen Lane, 2019)를 보라. 또한 매우 흥미로운 Kris Alexanderson, *Subversive Seas: Anticolonial Networks Across the Twentieth-Century Dutch Empire* (Cambridge: Cambridge University Press, 2019)를 보라.

5 물론 이것은 내가 처음 하는 것은 아니다. 더 광범위한 모습을 보려면 예컨대 Michael Miller, *Europe and the Maritime World: A Twentieth Century History* (Cambridge: Cambridge University Press, 2012)를 보라. '회로'의 개념에 대해서는 Janet Abu-Lughod, *Before European Hegemony: The World System AD 1250-1350* (New York: Oxford University Press, 1991)을 보라.

6 여러 차례 출간됐지만 브리튼 제국의 규모를 파악하는 가장 좋은 방법 가운데 하나는 런던 Folio Society가 1993년에 출간한 James/Jan Morris, *Pax Britannica Trilogy* (Heaven's Command; Pax Britannica, and Farewell the Trumpets)를 보는 것이 좋다.

7 여기서 이야기하는 것 이전의 패턴에 관한 유용한 연구로는 R. S. Lopez, "Les methodes commerciales des marchands occidentaux en Asie du XIe au XIVe siecle," in *Sociétés et compagnies de commerce en Orient et dans l'Océan Indien*, ed. M. Mollat, 343-51을 보라.

8 예컨대 G. Berchet, *La Repubblica di Venezia e la Persia*, Tornio 1865를 보라. 서아시아에서의 브리튼 제국의 생각에 관한 더 광범위한 이야기는 Priya Satia, *Spies in Arabia: The Great War and the Cultural Foundations of Britain's Covert Empire in the Middle East* (New York: Oxford University Press, 2009)를 보라.

9 "Memorandum Respecting Russian Plans for 'Coup de Main' by Sea on Bosphorous, and Proposed Counter-Measures, 25 June, 1888," in *British Documents on Foreign Affairs: Reports and Papers from the Foreign Office Confidential Print Series* (hereafter *BDFA*), ed. Kenneth Bourne and D. Cameron Watt, Part I, series B, vol. 17, p. 88 (Lanham, Md: University Publications of America, 1985).

10 Col. Chermside to Sir W. White, 25 June 1888, in *BDFA*, Part I, series B, vol. 17, p. 87.

11 "Herbert Chermside's Remarks on Von der Goltz Pasha's Propositions, 25 June 1888," in Ibid., p. 92.

12 "Chermside's Notes on some Details of Major Schumann's Proposed System of Fortification, 25 June 1888," in Ibid., p. 93.

13 "Memorandum by Mr. Bertie on Questions with the Porte in the Persian Gulf, August 1892 to October 1893," in Ibid., p. 107. 더 광범위한 논의는 다음을 참조하라. Willem Floor, *The Persian Gulf: A Political and Economic History of Five Port Cities, 1500-1730* (Washington, DC: Mage Publishers, 2006); Pedro Machado, Steve Mullins, and Joseph Christensen, eds., *Pearls, People, and Power: Pearling and Indian Ocean Worlds* (Athens, OH: Ohio University Press, 2019).

14 지역적인 개관을 위해서는 다음을 보라. Jonathan Miran, *Red Sea Citizens: Cosmopolitan Society and Cultural Change in Massawa* (Bloomington: Indiana University Press, 2009); Nancy Um, *The Merchant Houses of Mocha: Trade and*

Architecture in an Indian Ocean Port (Seattle: University of Washington Press, 2009); Roxani Margariti, *Aden and the Indian Ocean Trade: 150 Years in the Life of a Medieval Arabian Port* (Chapel Hill: University of North Carolina Press, 2007).

15 "Memorandum on Sheikh Said, 7 March 1893," in Ibid., p. 103; 또한 Michel Mollat [du Jourdin], "Passages francais dans l'ocean Indien au temps de Francois Ier," *Studia XI* (Lisbon, 1963), 239-248을 보라.

16 "Sheikh Said: Memorandum in Continuation of Departmental Memorandum of 7 March 1893, 9 April 1897," in *BDFA*, Part I, series B, vol. 17, p. 162.

17 이를 개관하려면 다음을 보라. Alexis Wick, *The Red Sea: In Search of Lost Space* (Berkeley: University of California Press, 2016); Roger Daguenet, *Histoire de la Mer Rouge* (Paris: L'Harmattan, 1997); Janet Starkey, ed., *People of the Red Sea: Proceedings of the Red Sea Project II Held in the British Museum* (London: Society for Arabian Studies Monograph 3, 2005): 109-116; Nancy Um, *Shipped but Not Sold: Material Culture and the Social Order of Trade during Yemen's Age of Coffee* (Honolulu: University of Hawai'i Press, 2017); Nancy Um, *Merchant Houses of Mocha: Trade and Architecture in an Indian Ocean Port* (Seattle: University of Washington Press, 2009).

18 이 과정에 대한 당대 아랍어 목격담의 번역본은 R. B. Serjeant, *The Portuguese off the South Arabian Coast: Hadrami Chronicles, with Yemeni and European Accounts* (Beirut: Librairie du Liban, 1974)를 보라.

19 예컨대 Roger Daguenet, *Histoire de la Mer Rouge* (Paris: L'Harmattan, 1997); Roger Daguenet, *Aux origines de l'implantation français en Mer Rouge: Vie et mort d'Henri Lambert, consul de France a Aden, 1859* (Paris: L'Harmattan, 1992)를 보라.

20 Eric Tagliacozzo, *The Longest Journey: Southeast Asians and the Pilgrimage to Mecca* (New York: Oxford University Press, 2013), 특히 chapter 8을 보라.

21 이에 관한 좋은 이탈리아어 전거 두 가지는 G. B. Licata, "L'Italia nel Mar Rosson," *Boll. Sez. Fiorentina della Soc. Africana d'italia* (March 1885): 5; A. Mori, "Le Nostre Colonie del Mar Rosso Giudicate dalla Stanley," *Boll. Sez. Fiorentina della Soc. Africana d'Italia* (May 1886): 84이다.

22 E. Rossi, "Il Hedjaz, il Pellegrinaggio e il cholera," *Gior. D. Soc. Ital.* 4 (1882): 549.

23 C. G. Brouwer, *Cauwa ende comptanten: de VOC in Yemen* (Amsterdam: D'Fluyte Rarob, 1988); C. G. Brouwer, *Al-Mukha: Profile of a Yemeni Seaport as Sketched by Servants of the Dutch East India Company, 1614-1640* (Amsterdam: D'Fluyte Rarob, 1997).

24 이 문제에 관한 VOC의 수백 년 된 네덜란드어 재수록 편지를 살필 수 있는 훌륭한 자료는 W. Ph. Coolhaas, ed., *Generale missiven van gouverneurs-generaal enrRaden aan heren XVII der Verenigde Oostindische Compagnie* [multivolume], ('s Gravenhage: Martinus Nijhoff, 1960)이다.

25 Tagliacozzo, *Longest Journey*, chapter 8.

26 예컨대 다음을 참조하라. Seema Alavi, *Muslim Cosmopolitanism in the Age of Empire* (Cambridge, MA: Harvard University Press, 2015); Johan Matthew, *Margins of the Market: Trafficking and Capitalism across the Arabian Sea* (Berkeley: University of California Press, 2016); Fahad Bishara, *A Sea of Debt: Law and Economic Life in the Western Indian Ocean* (Cambridge: Cambridge University Press, 2017); Thomas McDow, *Buying Time: Debt and Mobility in the Western Indian Ocean* (Athens, OH: Ohio University Press, 2018); Patricia Risso, "India and the Gulf: Encounters from the Mid-Sixteenth Century to the Mid-Twentieth Centuries," in *The Persian Gulf in History*, ed. Potter, Lawrence, 189-206 (New York: Palgrave Macmillan, 2009).

27 이 세 도시는 서로 다른 각자의 지역에서 중심점이 됐다. 내부적으로 인도의 바다 안에서, 그리고 외부적으로 해외의 여러 곳을 향해서다. 봄베이는 아라비아해, 마드라스는 동남아시아, 캘커타는 광역 벵골만 무역의 중심지였다.

28 Sunil Amrith, *Crossing the Bay of Bengal* (Cambridge: Harvard University Press, 2013; Rene J. Barendse, *The Arabian Seas, 1640-1700* (Armonk, New York: M. E. Sharpe, 2002).

29 Sugata Bose, *Agrarian Bengal: Economy, Social Structure and Politics* (Cambridge: Cambridge University Press, 1986)를 보라.

30 이를 수정한 훌륭한 연구는 Janaki Nair, *Mysore Modern: Rethinking the Region Under Princely Rule* (Minneapolis: University of Minnesota Press, 2011)이다.

31 Nile Green, *Bombay Islam: The Religious Economy of the West Indian Ocean 1840-1915* (Cambridge: Cambridge University Press, 2013)를 보라. 한 항구의 세계성에 관한 미시 연구의 빼어난 사례다.

32 이 흥미로운 이분법에 대해서는 Christopher Bayly, *Empire and Information: Intelligence Gathering and Social Communication in India, 1780 to 1870* (Cambridge: Cambridge University Press, 2000)을 보라.

33 Indu Banga, *Ports and Their Hinterlands in India, 1700-1950* (Delhi: Manohar, 1992); Ashin Das Gupta, *Merchants of Maritime India, 1500-1800* (Ashgate: Variorum, 1994)을 보라.

34 Sugata Bose, *A Hundred Horizons: The Indian Ocean in the Age of Global Empire* (Cambridge, MA: Harvard University Press, 2006). 또한 Tariq Omar Ali, *A Local History of Global Capital: Jute and Peasant Life in the Bengal Delta* (Princeton: Princeton University Press, 2018)를 보라.

35 K. S. Mathew, "Trade in the Indian Ocean During the Sixteenth Century and the Portuguese," in *Studies in Maritime History*, ed. K. S. Mathew, 13-28 (Pondicherry: Pondicherry University, 1990).

36 Martin Krieger, "Danish Country Trade on the Indian Ocean in the Seventeenth and Eighteenth Centuries," in *Studies in Maritime History*, ed. Matthew, 122-29.

37 Indrani Ray, ed., *The French East India Company and the Trade of the Indian*

Ocean (Calcutta: Munshiram 1999)을 보라.

38 Alicia Schrikker, *Dutch and British Colonial Intervention in Sri Lanka, 1780-1815: Expansion and Reform* (Leiden: Brill, 2007).

39 Sanjay Subrahmanyam, ed., *Merchants, Markets, and the State in Early Modern India, 1700-1950* (Delhi: Oxford University Press, 1990)의 논문 몇 편을 보라.

40 Wil O. Dijk, *Seventeenth-Century Burma and the Dutch East India Company, 1634-1680* (Singapore: Singapore University Press, 2006).

41 Gov. SS Sir Cecil Smith to the Marquis of Ripon, 22 February 1893, in *BDFA*, Part I, series E, vol. 29, p. 195.

42 "Extract from the *Amsterdamsche Handelsblad* of 16 December 1892, "Atjeh Shipping Regulations," in Ibid., p. 196.

43 Sir H. Rumbold to the Earl of Roseberg, 25 April 1893, no. 47, in Ibid., p. 197.

44 "Abstract of Secret Report of Dr. Snouck-Hurgronje on Acheen," in Ibid., p. 198.

45 Governor Sir C. Mitchell to the Marquis of Ripon, 31 October 1894, in Ibid., 220.

46 "Minute by the Resident Councillor Penang, 10 October 1894," in Ibid., 221.

47 Foreign Office to Colonial Office, 14 December 1894, in Ibid., 226.

48 [Anon.], "Singapore's hoop op de opening der Indische kustvaart voor vreemde vlaggen," *Tijdschrijf voor Nederlandsch-Indië* I, no. 17 (1888): 29-35.

49 J. F. Niermeyer, "Barriere-Riffen en Atollen in de Oost Indiese Archipel," *Tijdschrift voor Aardrijkskundige* (1911): 877-94.

50 [Anon.], "Balakang Padang, Een Concurrent van Singapore" *Indische Gids* 2 (1902): 1295.

51 Arsip Nasional Indonesia, "Idzin Pembuatan Peta Baru Tentang Pulau Yang Mengililingi Sumatra," *Archief Riouw* 225, no. 9 (1889)를 보라.

52 Nationaal Archief, Den Haag: Kommissorial, Raad van Nederlandsch-Indie, Advies van den Raad, 10 January 1902, Mailrapport no. 124a.

53 이렇게 한 이유 가운데 하나는 '바깥 섬들'에서 중국과 일본의 선주들이 경쟁을 감지했던 것과 관련이 있다. J. N. F. M. a Campo, "Een maritime BB: De rol van de Koninklijke Paketvaart Maatschappij in de integratie van de koloniale staat," in *Imperialisme in de marge: De afronding van Nederlands-Indië*, ed. J. van Goor, 123-77 (Utrecht: HES, 1985); J. N. F. M. a Campo, "De Chinese stoomvaart in de Indische archipel," *Jambatan: Tijdschrift voor de geschiedenis van Indonesië* 2, no. 2, (1984), 1-10; P. Post, "Japanese bedrijfvigheid in Indonesia, 1868-1942," PhD dissertation, (Free University of Amsterdam, 1991); D. J. Pronk van Hoogeveen, "De KPM in na-oorlogse Jaren," *Economisch Weekblad 14e* (25 December 1948): 1001-2를 보라.

54 Robert Nicholl, *European Sources for the History of the Sultanate of Brunei in the Sixteenth Century* (Bandar Seri Begawan: Muzium Brunei, 1895)를 보라.

55 J. van Goor, "A Madman in the City of Ghosts: Nicolaas Kloek in Pontianak," in *All of One Company: The VOC in Biographical Perspective*, no author, 196-211 (Utrecht:

H & S Press, 1986). 또한 Eric Tagliacozzo, *Secret Trades, Porous Borders: Smuggling and States along a Southeast Asian Frontier* (New Haven: Yale University Press, 2005)를 보라.

56 W. Voute, "Gound-, Diamant-, en Tin-Houdende Alluviale Gronden in de Nederlandsche Oost-en West-Indische Kolonien," *Indische Mercuur* 24, no. 7 (1901): 116-17.

57 C. J. van Schelle, "De Geologische Mijnbouwkundige Opneming van een Gedeelte van Borneo's Westkust: Rapport #1: Opmerking Omtrent het Winnen van Delfstoffen," *Jaarboek Mijnwezen* 1 (1881): 263.

58 Mr. Hansen to the Marquis of Salisbury, 4 December 1891, no. 26, in *BDFA*, Part I, Series E, vol. 23, p. 183.

59 Sir J. Welsham to the Marquis of Salisbury, 11 January 1892, in Ibid., p. 184.

60 "Tract Entitled 'Essay on the Cruel Hand,' Spring, Kwangsuh, 16th Year, 1890" (13 November 1891), in Ibid., 181.

61 *London and China Telegraph*, 29 December에서 발췌. Ibid., 185.

62 그런 연구는 매우 많지만, 입문을 위해 예를 들어 Benjamin Elman의 19세기 말에 관한 연구를 보라.

63 "An Ordinance Enacted by the Governor of Hong Kong to Amend Ordinance #3 of 1862 (Ordinance #3 of 1894)," in Ibid., 224; "Sieh Ta-jen to the Marquis of Salisbury, 10 March 1892," in Ibid., 223.

64 Colonial Office to Foreign Office, 19 March 1892, in Ibid., 223.

65 M. Krapf to Colonial Office, 16 March 1892, in Ibid., 223.

66 "Draft of Letter from Colonial Office to M. Krapf, March 1892," in Ibid., 224.

67 Dutch Consul, Hong Kong to Chairman of the Planter's Committee, Medan, Sumatra (27 March 1900), no. 213, Appx I, in Nationaal Archief, Den Haag, Ministerie van Buitenlandse Zaaken, 2.05.03, Doos 245, A.119 "Aanwerving."

68 *Algemeen Handelsblad*, 12 February 1890, clipping in Nationaal Archief, Den Haag, Ministerie van Buitenlandse Zaaken, 2.05.03, Doos 245, A.119 "Aanwerving"을 보라.

69 *Nieuwe Rotterdamsche Courant*, 19 April 1890, clipping in Nationaal Archief, Den Haag, Ministerie van Buitenlandse Zaaken, 2.05.03, Doos 245, A.119 "Aanwerving."

70 Dutch Consul, Amoy, to Viceroy of Canton, 20 October 1890, no. 11687, in Nationaal Archief, Den Haag, Ministerie van Buitenlandse Zaaken, 2.05.03, Doos 245, A.119 "Aanwerving."

71 De Groot, cited in Nederburgh, "Klassen der Bevolking" (1897): 79; (저자 번역).

72 Dutch Minister and Head Consul Ferguson to Prince Zungli Yamen, Swatow, 15 August 1889, no. 270, in Nationaal Archief, Den Haag, Ministerie van Buitenlandse Zaaken, 2.05.03, Doos 245, A.119 "Aanwerving."

73 "Evidence of Tun Kua Hee, Depot Keeper, 29 October 1890," in *The Labour Commission Report*, Singapore 1891, in Nationaal Archief, Den Haag, Ministerie van

Buitenlandse Zaaken, 2.05.03, Doos 245, A.119 "Aanwerving."

74 "Evidence of R. J. Gunn of Messrs. A. E. Johnston and Co., 31 October 1890," in *The Labour Commission Report*, Singapore 1891," in Nationaal Archief, Den Haag, Ministerie van Buitenlandse Zaaken, 2.05.03, Doos 245, A.119 "Aanwerving."

75 "Evidence of Mr. Romary, 1 November 1890," in *The Labour Commission Report*, Singapore 1891, in Nationaal Archief, Den Haag, Ministerie van Buitenlandse Zaaken, 2.05.03, Doos 245, A.119 "Aanwerving."

76 "Evidence of Count C. A. de Gelves d'Elsloo, Manager of the London Borneo Tobacco Co, British North Borneo, 12 November 1890," in *The Labour Commission Report*, Singapore 1891, in Nationaal Archief, Den Haag, Ministerie van Buitenlandse Zaaken, 2.05.03, Doos 245, A.119 "Aanwerving."

77 Sir E. Satow to the Marquess of Salisbury, 20 July 1899, no. 122, in *BDFA*, Part I, series E, vol. 6, p. 125.

78 "Official Gazette, July 13, 1899 — Imperial Ordinance #342," in Ibid., 126; also Ibid., 125.

79 "British Vessels Entered at the Six Principal Ports Now Thrown Open to Foreign Commerce during the Years 1895-98," in Ibid., 129; Sir E. Satow to the Marquess of Salisbury, 1 September 1899, no. 148, in *BDFA*, Part I, series E, vol. 6, p. 147.

80 Mr. Jordan to Sir C. MacDonald, 20 April 1897, no. 35 Confidential, in *BDFA*, Part I, series E, vol. 6, p. 254.

81 Mr. J. Hunt to Mr. Jordan, 10 April 1897, in Ibid.

82 Mr. Lowther to the Marquess of Salisbury, 15 May 1897, no. 102, in Ibid., 255.

83 Consul-General Jordan to Sir C. MacDonald, 10 September 1897, no. 70, in Ibid., 270.

84 Foreign Office to Admiralty, 14 December 1897, "Secret," in Ibid., 277.

85 Dutch Consul, Tokyo, to Minister van Buitenlandse Zaaken, 11 May 1908, no. 448/57, in Nationaal Archief, Den Haag, Ministerie van Buitenlandse Zaaken, 2.05.03, Doos 589, A.209 "Emigratie van Japanners naar Nederlandsch-Indie."

86 "Japanese Immigration," *Kobe Herald*, 27 July 1907, in Nationaal Archief, Den Haag, Ministerie van Buitenlandse Zaaken, 2.05.03, Doos 589, A.209, "Emigratie van Japanners naar Nederlandsch-Indie."

87 Minister van Kolonien to Minister van Buitelandse Zaaken, 8 January 1908, "Secret," in Nationaal Archief, Den Haag, Ministerie van Buitenlandse Zaaken, 2.05.03, Doos 589, A.209 "Emigratie van Japanners naar Nederlandsch-Indie."

88 Governor General Netherlands Indies to Heads of Regional Administration, Circulaire, "Extremely Secret," no. 407, 3 December 1907, in Nationaal Archief, Den Haag, Ministerie van Buitenlandse Zaaken, 2.05.03, Doos 589, A.209 "Emigratie van Japanners naar Nederlandsch-Indie."

89 Japanese Foreign Affairs Ministry "List of Emigrants Gone Abroad, 1905/06," in

Nationaal Archief, Den Haag, Ministerie van Buitenlandse Zaaken, 2.05.03, Doos 589, A.209 "Emigratie van Japanners naar Nederlandsch-Indie."

90 Durch Consul Tokyo to Buitenlandse Zaken, 13 June 1910, no. 560/159; and "The Destroyer Yamakaze," *Japan Times*, 4 June 1910, in Nationaal Archief, Den Haag, Ministerie van Buitenlandse Zaaken, 2.05.03, Doos 421, A.182 "Marine Begrotingen, Buitelandse 1895-1910."

91 Dutch Consul, London to Buitenlandse Zaken, 5 August 1909, no. 2257/1443; "British Warships in Far Eastern Waters," *Times of London*, 5 August 1909; Dutch Consul, London to Buitelandsae Zaken, 2 December 1909, no. 3258/2036; "Imperial Naval Defense," *Times of London*, 2 December 1909, in Nationaal Archief, Den Haag, Ministerie van Buitenlandse Zaaken, 2.05.03, Doos 421, A.182, "Marine Begrotingen, Buitelandse 1895-1910."

92 Dutch Consul, London to Buitelandse Zaken, 14 January 1905, #32, in Nationaal Archief, Den Haag, Ministerie van Buitenlandse Zaaken, 2.05.03, Doos 421, A.182 "Marine Begrotingen, Buitelandse 1895-1910."

10장 지느러미, 해삼, 진주

1 저자의 현장연구 기록. 싱가포르 남용南榮해산물상사 상인 면담(1989년 10월, 저자 번역).

2 D. N. Levine, "Simmel at a Distance: On the History and Systematics of the Sociology of the Stranger," in *Georg Simmel. Critical Assessments*, vol. 3, ed. D. Frisby (London: Routledge, 1994), 174-89; A. Schuetz, "The Stranger: An Essay in Social Psychology," *American Journal of Psychology* 49 (1944): 499-507; Georg Simmel, "The Stranger," in *The Sociology of Georg Simmel*, ed. K. H. Wolff (New York: Free Press, 1950), 402-8.

3 M. Weber, *The Protestant Ethic and the Spirit of Capitalism*, 2nd ed. (London: George Allen and Unwin, 1976). Weber를 아시아 무역 공동체와 연결시키려는 초기의 시도에 관해서는 R. E. Kennedy, "The Protestant Ethic and the Parsis," *American Journal of Sociology 68* (1962-63): 11-20을 보라.

4 동남아시아에 관해 이들 패턴을 규명하기 위해 좋은 두 출발점은 Keng We Koh, "Familiar Strangers and Stranger-kings: Mobility, Diasporas, and the Foreign in the Eighteenth-Century Malay World," *Journal of Southeast Asian Studies 48*, no. 3 (2017): 390-413; Jennifer L. Gaynor, *Intertidal History in Island Southeast Asia: Submerged Genealogy and the Legacy of Coastal Capture* (Ithaca, NY: Cornell University Press, 2016)이다.

5 이에 관한 목록은 길다. 그 가능성의 단지 일부만 검토하려면(그 가운데 일부는 비판적이고 유용하며, 나머지는 훨씬 덜 그러하다) 다음을 보라. Edgar Wickberg, "Overseas Adaptive Organizations, Past and Present," in *Reluctant Exiles? Migration from the Hong Kong and the New Overseas Chinese*, ed. Ronald Skeldon (Armonk, NY: M. E. Sharpe, 1994); Wu Wei-Peng, "Transaction Cost, Cultural Values and Chinese

Business Networks: An Integrated Approach," in *Chinese Business Networks*, ed. Chan Kwok Bun (Singapore: Prentice Hall, 2000): 35-56; I-Chuan Wu-Beyens, "Hui: Chinese Business in Action," in Chinese Business Networks, ed. Chan Kwok Bun (Singapore: Prentice Hall, 2000): 129-51; Jamie Mackie, "The Economic Roles of Southeast Asian Chinese: Information Gaps and Research Needs," in Ibid., 234-0; Peter S. Li, "Overseas Chinese Networks: A Reassessment," in Ibid., 261-4; Sterling Seagrave, *Lords of the Rim: The Invisible Empire of the Overseas Chinese* (New York: Putnam, 1995).

6   Roderich Ptak, *Maritime Animals in Traditional China* (Wiesbaden: Harrassowitz Verlag, 2011); Jennifer L. Gaynor, "Maritime Ideologies and Ethnic Anomalies: Sea Space and the Structure of Subalternality in the Southeast Asian Littoral," in *Seascapes: Maritime Histories, Littoral Cultures, and Transoceanic Exchanges*, ed. Jerry H. Bentley, Renate Bridenthal, and Karen Wigen, 53-68 (Honolulu: University of Hawai'i Press, 2007)를 보라.

7   Eric Tagliacozzo, "A Necklace of Fins: Marine Goods Trading in Maritime Southeast Asia, 1780-1860," *International Journal of Asian Studies* 1, no. 1 (2004): 23-48.

8   순서대로 Marshall Sahlins, "Cosmologies of Capitalism: The Trans-Pacific Sector of the World System," in *Culture, Power, and History: A Reader in Contemporary Theory*, ed. Nicholas Dirks, Geoff Eley, and Sherry Orner, 412-55 (Princeton: Princeton University Press, 1994); Timothy Brook, *The Confusions of Pleasure: Commerce and Culture in Ming China* (Berkeley: University of California Press, 1998); Pin-tsun Chang, "The Sea as Arable Fields: A Mercantile Outlook on the Maritime Frontier of Late Ming China," in *The Perception of Space in Traditional Chinese Sources*, ed. Angela Schottenhammer and Roderich Ptak, 17-26 (Wiesbaden: Harrassowitz Verlag, 2006)을 보라.

9   훌륭한 개관으로 예컨대 P. J. Golas, "Early Ching Guilds," in *The City in Late Imperial China*, ed. G. W. Skinner (Stanford: Stanford University Press, 1977), 555-80을 보라.

10   Geoffrey Wade, *The Ming Shi-lu (Veritable Records of the Ming Dynasty) as a Source for Southeast Asian History, Fourteenth to Seventeenth Centuries*, 8 vols. (Hong Kong: Hong Kong University Library Microfilms, 1996); Ng Chin-Keong, *Trade and Society: The Amoy Network on the China Coast, 1683-1735, Singapore* (Singapore University Press, 1983); Hao Yen-p'ing, *The Commercial Revolution in Nineteenth-Century China. The Rise of Sino-Western Mercantile Capital* (Berkeley: University of California Press, 1986).

11   Michael R. Godley, *The Mandarin-Capitalists from Nanyang: Overseas Chinese Enterprise in the Modernization of China, 1893-1911* (Cambridge: Cambridge University Press, 1981); Wen-Chin Chang, "Guanxi and Regulation in Networks: The Yunnanese Jade Trade Between Burma and Thailand," *Journal of Southeast Asian Studies* 35, no. 3 (2004): 479-501.

12 Zheng Yangwen, *The Social Life of Opium in China* (Cambridge: Cambridge University Press, 2005).

13 Leonard Blusse, "Junks to Java: Chinese Shipping to the Nanyang in the Second Half of the Eighteenth Century," in *Chinese Circulations: Capital, Commodities, and Networks in Southeast Asia*, ed. Eric Tagliacozzo and Wen-Chin Chang, 221–58 (Durham: Duke University Press, 2011); Gerrit J. Knaap and Heather Sutherland, *Monsoon Traders: Ships, Skippers and Commodities in Eighteenth-Century Makassar* (Leiden: KITLV Press, 2004)를 보라.

14 예를 들어 Guoting Li, *Migrating Fujianese: Ethnic, Family, and Gender Identities in an Early Modern Maritime World* (Leiden: Brill, 2015)를 보라.

15 Sherman Cochran, *Encountering Chinese Networks: Western, Japanese, and Chinese Corporations in China, 1880-1937* (Berkeley: University of California Press, 2000); Peter Post, "Chinese Business Networks and Japanese Capital in Southeast Asia, 1880-1940: Some Preliminary Observations," in *Chinese Business Enterprises in Asia*, ed. Rajeswary A. Brown (London and New York: Routledge, 1995), 154-76.

16 Wang Gungwu, "Merchants without Empire: The Hokkien Sojourning Communities," in *The Rise of Merchant Empires: Long-Distance Trade in the Early Modern World, 1350-1750*, ed. J. D. Tracy (Cambridge: Cambridge University Press, 1990), 400-21; Tagliacozzo, "A Necklace of Fins."

17 Adam McKeown, *Chinese Migrant Networks and Cultural Change: Peru, Chicago, Hawaii, 1900-1936* (Chicago: University of Chicago Press, 2001).

18 C. Salmon, "Les Marchands chinois en Asie du Sud-est," in *Marchands et hommes d'affaires siatiques dans l'Océan Indien et la Mer de Chine 13e-20e siecles*, ed. D. Lombard and J. Aubin, 30-51 (Paris: Editions de l'Ecole des Hautes Etudes en Sciences Sociales, 1988); D. Lombard, *e arrefour javanais: Essai d'histoire globale*, 2 Les reseaux asiatiques (Paris: Editions de l'Ecole es Hautes Etudes en Sciences Sociales, 1990).

19 Anthony Reid, ed., *Sojourners and Settlers: Histories of Southeast Asia and the Chinese* Sydney: Allen & Unwin, 1996); John Butcher and Howard Dick, eds., *The Rise and Fall of evenue Farming: Business Elites and the Emergence of the Modern State in Southeast Asia* Basingstoke: Macmillan, and New York: St. Martin's Press, 1993), 193-206.

20 Shozo Fukuda, *With Sweat and Abacus: Economic Roles of the Southeast Asian Chinese on he Eve of World War II*, ed. George Hicks, trans. Les Oates (Singapore: Select Books, 1995); Qiu Liben, "The Chinese Networks in Southeast Asia: Past, Present and Future," in *Chinese Business Networks*, ed. Chan Kwok Bun (Singapore: Prentice Hall, 2000).

21 Coen, Jan Pietersz. *Bescheiden omtremt zijn bedrif in Indië*, 4 vols., ed. H. T. Colbrander (The Hague: Martinus Nijhoff, 1919-22; B. Hoetink, "Chineesche

officiern te Batavia onder de Compagnie," *Bijdragen tot de Taal-, land-en Volkenkunde van Nederlandsch Indië* 78 (1922): 1-136; B. Hoetink, "Ni Hoekong: Kapitein der Chineezen te Batavia in 1740," *Bijdragen tot de Taal-, land-en Volkenkunde van Nederlandsch Indië* 74 (1918): 447-518; B. Hoetink, "So Bing Kong: Het eerste hoofd der Chineezen te Batavia (1629-1636)," *Bijdragen tot de Taal-, land-en Volkenkunde van Nederlandsch Indië* 74 (1917): 344-85.

22   J. T. Vermueulen, *De Chineezen te Batavia en de Troebelen van 1740* (Leiden: Eduard Ijdo, 1938); J. F. van Nes, "De Chinezen op Java," *Tijdshcrift voor Nederlandesh Indië* 13, no. 1 (1851): 239-54, 292-314.

23   M. van Alphen, "Iets over den orsprong en der eerste uibreiding der Chinesche Volkplanting te Batavia," *Tijdschrift voor Nederlandesch Indië* 4, no. 1 (1842): 70-100; V. B. van Gutem, "Tina Mindering: Eeninge aanteekenigen over het Chineeshe geldshieterswesen op Java," *Koloniale Studiën* 3, no. 1 (1919): 106-50.

24   Leonard Blusse, *Strange Company: Chinese Settlers, Mestizo Women and the Dutch in VOC Batavia* (Dordrecht and Riverton: Foris Publications, 1986); P. Carey, "Changing Javanese Perceptions of the Chinese Communities in Central Java, 1755-1825," Indonesia 37 (1984): 1-47을 보라.

25   다른 많은 자료들 가운데 Phoa Liong Gie, "De economische positie der Chineezen in Nederlandesch Indie," *Koloniale Studiën* 20, no. 5 (1936): 97-119; J. L. Vleming, *Het Chineesche zakenleven in Nederlandesch-Indië* (Weltevreden: Landsdrikkerij, 1926); Siem Bing Hoat, "Het Chineesch Kapitaal in Indonisie," *Chung Hwa Hui Tsa Chih* 8, no. 1 (1930): 7-17; Ong Eng Die, *Chinezen in Nederlansch-Indië: Sociographie van een Indonesische bevolkingsgroep* (Assen: Van Gorcum and Co., 1943)을 보라.

26   The Siauw Giap, "Socio-Economic Role of the Chinese in Indonesia, 1820-1940," in *Economic Growth in Indonesia, 1820-1940*, ed. A. Maddison and G. Prince (Dordrecht: Foris, 1989), 159-83; W. J. Cator, *The Economic Position of the Chinese in the Netherlands Indies* (Oxford: Basil Blackwell, 1936).

27   M. Fernando and D. Bulbeck, *Chinese Economic Activity in Netherlands India: Selected Translations from the Dutch* (Singapore: Institute of Southeast Asian Studies, 1992).

28   Eric Tagliacozzo, *Secret Trades, Porous Borders: Smuggling and States along a Southeast Asian Frontier, 1865-1915* (New Haven: Yale University Press, 2005)에 제시된 주장을 보라.

29   Eric Tagliacozzo, "Onto the Coast and Into the Forest: Ramifications of the China Trade on the History of Northwest Borneo, 900-1900," in *Histories of the Borneo Environment*, ed. Reed Wadley (Leiden: KITLV Press, 2005), 25-60.

30   Eric Tagliacozzo, "Border-Line Legal: Chinese Communities and 'Illicit' Activity in Insular Southeast Asia," in *Maritime China and the Overseas Chinese in Transition,*

1750-1850, ed. Ng Chin Keong (Wiesbaden: Harrossowitz Verlag, 2004), 61-76.

31 Michael R. Godley, "Chinese Revenue Farm Network: The Penang Connection," in *The Rise and Fall of Revenue Farming: Business Elites and the Emergence of the Modern State in Southeast Asia*, ed. John Butcher and Howard Dick (Basingstoke: Macmillan and New York: St. Martin's Press, 1993), 89-99.

32 J. W. Cushman, "The Khaw Group: Chinese Business in the Early Twentieth-Century Penang," *Journal of Southeast Asian Studies* 17, no. 1 (1986): 58-79. 또한 Wong Yee Tuan, *Penang Chinese Commerce in the Nineteenth Century* (Singapore: ISEAS, 2015); Jennifer Cushman, *Fields from the Sea: Chinese Junk Trade with Siam during the Late Eighteenth and Early Nineteenth Century* (Ithaca: Cornell University Press, 1975)를 보라.

33 Jos Gommans and Jacques Leider, eds., *The Maritime Frontier of Burma, Exploring Political, Cultural and Commercial Interaction in the Indian Ocean World, 1200-1800* (Leiden: KITLV Press, 2002)을 보라.

34 A. Felix Jr. ed., *The Chinese in the Philippines 1570-1770*, vol. 1 (Manila: Solidaridad, 1966)에 실린 R. Bernal, L. Diaz Trechuelo, M. C. Guerrero, S. D. Quiason 의 글을 보라.

35 E. Wickberg, *The Chinese in Philippine Life, 1850-1898* (New Haven: Yale University Press, 1965).

36 Benito Legarda, *After the Galleons: Foreign Trade, Economic Change and Entrepreneurship in the Nineteenth-Century Philippines* (Madison: University of Wisconsin Southeast Asia Program, 1999).

37 Wong Kwok-Chu, *The Chinese in the Philippine Economy, 1898-1941* (Manila: Ateneo de Manila Press, 1999).

38 순서에 상관없이 다음을 보라. Yen-Ping Hao, *The Commercial Revolution in Nineteenth Century China: The Rise of Sino-Western Capitalism* (Berkeley: University of California Press, 1986); W. E. Cheong, *The Hong Merchants of Canton: Chinese Merchants in Sino-Western Trade* (Richmond, Surrey: Curzon, 1997; Dilip Basu, "The Impact of Western Trade on the Hong Merchants of Canton, 1793-1842," in *The Rise and Growth of the Colonial Port Cities in Asia*, ed. Dilip Basu, 151-55 (Berkeley, Center for South and Southeast Asian Research 25, University of California Press, 1985); Randle Edwards, "Ch'ing Legal Jurisdiction over Foreigners," in *Essays on China's Legal Tradition*, ed. Jerome Cohen et al., 222-69 (Princeton: Princeton University Press, 1980); John Phipps, *A Practical Treatise on Chinese and Eastern Trade* (Calcutta: Thacker and Com., 1835).

39 몇몇 사례로 다음을 보라. John Crawfurd, *Journal of an Embassy from the Governor General of India to the Courts of Siam and Cochin-China* (London: Henry Colburn 1828; Oxford Historical reprints, 1967); Thomas Forrest, *A Voyage to New Guinea and the Moluccas from Balambangan: Including an Account of Maguindanao,*

Sooloo, and Other Islands (London: G. Scott, 1779); D. H. Kolff, *Voyages of the Dutch Brig of War Dourga*, trans. George Windsor Earl (London: James Madden, 1840); William Milburn, *Oriental Commerce*, vol. I (London, Black, Parry, and Co, 1813).

40 Warren, *The Sulu Zone*; Heather Sutherland, "Trepang and Wangkang: The China Trade of Eighteenth-Century Makassar," in *Authority and Enterprise among the Peoples of South Sulawesi*, ed. R. Tol, K. van Dijk, and G. Accioli (Leiden: KITLV Press, 2000); G. N. Appel, "Studies of the Taosug and Samal-Speaking Populations of Sabah and the Southern Philippines," *Borneo Research Bulletin* 1, no. 2 (1969): p. 21-22; Thomas Kiefer, *The Taosug: Violence and Law in a Philippine Muslim Society* (New York: Holt, Rinehart, and Winston, 1972), 22; Clifford Sather, "Sulu's Political Jurisdiction over the Bajau Laut Traditional States of Borneo and the Southern Philippines," *Borneo Research Bulletin* 3, no. 2 (1971): 45; and Richard Stone, "Inter-group Relations among the Taosug Samal and Badjaw of Sulu," in *The Muslim Filipinos*, ed. Peter Gowing and Robert McAmis, 90-91 (Manila: Solidaridad Publishing House, 1974); Charles Frake, "The Cultural Constructions of Rank, Identity, and Ethnic Origin in the Sulu Archipelago," in *Origins, Ancestry, and Alliance: Explorations in Austronesian Ethnography*, ed. James Fox and Clifford Sather (Publication of the Research School of Pacific and Asian Studies, Canberra, Australia National University, 1996); Peter Gowing, *Muslim Filipinos: Heritage and Horizon* (Quezon City: New Day Publishers, 1979); Alexander Spoehr, *Zamboanga and Sulu: An Archaeological Approach to Ethnic Diversity Ethnology* (Pittsburgh: Monograph 1, Dept. of Anthropology, University of Pittsburgh, 1973).

41 H. A. Mattulada, "Manusia dan Kebudayaan Bugis-Makassar dan Kaili di Sulawesi," *Antropologi Indonesia: Majalah Antropologi Sosial dan Budaya Indonesia* 15, no. 48 (Jan./Apr. 1991): 4-109; Narifumi Maeda, "Forest and the Sea among the Bugis," *Southeast Asian Studies* 30, no. 4 (1993): 420-26; Jacqueline Lineton, "Pasompe' Ugi': Bugis Migrants and Wanderers," *Archipel* 10 (1975): 173-205; Clifford Sather, "Seven Fathoms: A Bajau Laut Narrative Tale from the Semporna District of Sabah," *Brunei Museum Journal* 3, no. 3, 1975; Leonard Andaya, "The Bugis Makassar Diasporas," *JMBRAS* 68, no. 1 (1995): 119-38; and C. A. Gibson-Hill, "The Indonesian Trading Boat Reaching Singapore," *Royal Asiatic Society, Malaysian Branch* 23 (Feb. 1950).

42 Chin Keong Ng, *Trade and Society: The Amoy Network on the China Coast* (Singapore: Singapore University Press, 1983); Sarasin Viraphol, *Tribute and Profit: Sino-Siamese Trade 1652-1853* (Cambridge, MA: Harvard University Press 1977); Christine Dobbin, *Asian Entrepreneurial Minorities: Conjoint Communities in the Making of the World-Economy, 1570-1940* (Richmond: Curzon, 1996); and R. Ray, "Chinese Financiers and Chetti Bankers in Southern Waters: Asian Mobile Credit During the Anglo-Dutch Competition for the Trade of the Eastern Archipelago in

the Nineteenth Century," *Itinerario* 1 (1987): 209-34.

43 John Butcher, *The Closing of the Frontier: A History of the Marine Fisheries of Southeast Asia, 1850-2000* (Singapore: ISEAS, 2004)를 보라.

44 다른 많은 논문이 있지만 Cheng Lim Keak, "Reflections on Changing Roles of Chinese Clan Associations in Singapore," *Asian Culture* (Singapore) 14 (1990): 57-71; S. Gordon Redding, "Weak Organizations and Strong Linkages: Managerial Ideology and Chinese Family Business Networks," in *Business Networks and Economic Development in East and Southeast Asia*, ed. Gary Hamilton (Hong Kong: Center of Asian Studies, University of Hong Kong, 1991); Edmund Terence Gomez and Michael Hsiao, eds., *Chinese Enterprise, Trans-nationalism, and Identity* (London: Routledge, 2004); S. Gordon Redding, *The Spirit of Chinese Capitalism* (Berlin: De Gruyter, 1990); Kunio Yoshihara, "The Ethnic Chinese and Ersatz Capitalism in Southeast Asia," in *Southeast Asian Chinese and China: The Politico-economic Dimension*, ed. Leo Suryadinata (Singapore: Times Academic, 1995); Arif Dirlik, "Critical Reflections on 'Chinese Capitalism' as Paradigm," *Identities* 3, no. 3: 1997: 303-30을 보라.

45 Rupert Hodder, *Merchant Princes of the East: Cultural Delusions, Economic Success and the Overseas Chinese in Southeast Asia* (Chichester: Wiley, 1996). 더 나은 연구 가운데는 Edmund Terence Gomez and Michael Hsiao, *Chinese Business in Southeast Asia: Contesting Cultural Explanations, Researching Entrepreneurship* (Richmond, Surrey: Curzon, 2001); J. Mackie, "Changing Patterns of Chinese Big Business in Southeast Asia," in *Southeast Asian Capitalists*, ed. Ruth McVey (Ithaca: Cornell University Southeast Asia Program, 1992), 161-90이 있다.

46 Michael Godley, *The Mandarin Capitalists from Nanyang: Overseas Chinese Enterprise in the Modernization of China* (Cambridge: Cambridge University Press 1981); M. Freedman, *Chinese Lineage and Society: Fukien and Kwangtung*, 2nd ed. (London: The Althone Press, 1971); J. A. C. Mackie, "Changing Patterns of Chinese Big Business in Southeast Asia," in *Southeast Asian Capitalists*, ed. McVey; Rajeswary A. Brown, ed., *Chinese Business Enterprise in Asia* (London: Routledge, 1995); Yen Ching-hwang, ed., *The Ethnic Chinese in East and Southeast Asia: Business, Culture, and Politics* (Singapore: Times Academic, 2002).

47 Linda Y. C. Lim, "Chinese Economic Activity in Southeast Asia: An Introductory Review," in *The Chinese in Southeast Asia*, vol. 1: *Ethnicity and Economic Activity*, ed. Linda Y. C. Lim and L. A. Peter Gosling (Singapore: Maruzen Asia, 1983); Leo Suryadinata, ed., *Southeast Asian Chinese: The Socio-cultural Dimension* (Singapore: Times Academic Press, 1995); J. A. C. Mackie, "Overseas Chinese Entrepreneurship," *Asian Pacific Economic Literature* 6, no. 1 (1992): 41-46; Victor Simpao Limlingan, *The Overseas Chinese in ASEAN: Business Strategies and Management Practices* (Manila: Vita Development Corporation, 1986).

48 이 무역의 일부가 중국 의약과 연결된 역사에 관해서는 He Bian, *Know Your Remedies: Pharmacy and Culture in Early Modern China* (Princeton: Princeton University Press, 2020)를 보라.

49 홍콩 킨상약방 면담. 저자의 면담 기록(2005년 4월 4일, 저자 번역).

50 면담은 중국 푸젠성 샤먼에서 2005년 봄에 이루어졌다. 광저우 칭핑 시장 현장연구는 1990년 1월에 이루어졌다. 특히 이 시장에서 구할 수 있는 상품의 범위는 정말로 놀라웠다. 세계 구석구석에서 온 해산물을 여기서 볼 수 있었다. 물론 대부분은 동남아시아에서 온(중국인 연결망을 통해) 것이었다.

51 홍콩 시티허브 중국의학진료소 면담(2005년 4월 4일).

52 타이완 타이베이 허성탕 면담(2005년 1월 7일).

53 Steven W. Purcell, Yves Samyn, and Chantal Conand, *Commercially Important Sea Cucumbers of the World* (Rome: Food and Agriculture Organization of the United Nations, 2012)를 보라.

54 Tsai Mauw-Kuey, *Les chinois au Sud-Vietnam* (Paris: Bibliotheque Nationale, 1986); Tranh Khanh, *The Ethnic Chinese and Economic Development in Vietnam* (Singapore: Institute of Southeast Asian Studies, 1993). 나 역시 2009년 10월 하노이와 호찌민시에서 중국계 해산물 상인들과 면담을 했다. 하노이에서는 추아항Cua Hang 49 해산물 상점, 호찌민에서는 벤탄Bén Thành 시장의 후옹샨Huong Xian 해산물 상점과 리엔사이공Lien Saigon 해산물 상점이었다.

55 Nola Cooke, "Chinese Commodity Production and Trade in Nineteenth-Century Cambodia: The Fishing Industry"를 보라. Workshop on Chinese Traders in the Nanyang: Capital, Commodities and Networks, Academica Sinica, Taipei, Taiwan, 19 January 2007에 제출된 논문이다.

56 태국 남부 송클라(타이만 연안) 부두 현장연구 기록(1989년 12월).

57 태국 남부 아오프라낭(안다만해 연안) 마을 현장연구(1989년 12월).

58 태국 남부 라농(안다만해 연안) 현장연구 기록(1989년 12월).

59 미얀마 양곤의 그의 가게에서 한 우밍세인 면담. 저자의 면담 기록(2007년 1월 4일, 저자 번역).

60 미얀마 양곤 우밍세인의 약품·해산물·향신료 가게에서 네 블록 떨어진 무명의 향신료·해산물 가게에서의 면담(2007년 1월 4일).

61 미얀마 아라칸주 응가팔리Ngapali 바로 북쪽 어촌 현장연구 기록(2007년 1월).

62 John T. Omohondro, "Social Networks and Business Success for the Philippine Chinese," in *The Chinese in Southeast Asia*, vol. 1: *Ethnicity and Economic Activity*, ed. Linda Y. C. Lim and L. A. Peter Gosling, 65-85 (Singapore: Maruzen Asia, 1983); Arturo Pacho, "The Chinese Community in the Philippines: Status and Conditions," *Sojourn* (Singapore) (Feb. 1986): 80-3; Ellen H. Palanca, "The Economic Position of the Chinese in the Philippines," *Philippine Studies* 25 (1977): 82-8; Liao Shaolian, "Ethnic Chinese Business People and the Local Society: The Case of the Philippines," in *Chinese Business Networks*, ed. Chan Kwok Bun (Singapore: Prentice Hall, 2000).

63 J. Amyot, *The Manila Chinese: Familism in the Philippine Environment* (Quezon City: Institute of Philippine Culture, 1973); J. T. Omohundro, *Chinese Merchant families in Iloilo:*

64 필리핀 마닐라 인터아시안퍼시픽상사 면담(1990년 1월). 이 건어물 회사의 총지배인 비센테 코티옹켕Vicente Co Tiong Keng은 마닐라 북부 창고지구에 있는 그의 가게에서 가진 긴 면담 중에 이런 내용을 내게 알려주었다.

65 필리핀 남부 민다나오섬 삼보앙가와 그 주변 현장연구(2004년 7월).

66 Liem Twan Djie, *De Distribueerende Tusschenhandel der Chineezen op Java*, 2nd ed. (The Hague: Martinues Nijhoff, 1952); J. Panglaykim and I. Palmer, "The Study of Entrepreneurship in Developing Countries: The Development of One Chinese Concern in Indonesia," *Journal of Southeast Asian Studies* 1, no. 1 (1970): 85-95; L. E. Williams, "Chinese Entrepreneurs in Indonesia," *Explorations in Entrepreneurial History* 5, no. 1 (1952): 34-60; Robert Cribb, "Political Structures and Chinese Business Connections in the Malay World: A Historical Perspective," in *Chinese Business Networks*, ed. Chan Kwok Bun (Singapore: Prentice Hall, 2000).

67 Zhou, Nanjing, "Masalah Asimilasi Keturunan Tionghoa di Indonesia," *Review of Indonesian and Malaysian Affairs*, 21, no. 2 (Summer 1987): 44-66; Thung Ju Lan, "Posisi dan Pola Komunikasi Antar Budaya Antara Etnis Cina dan Masyarakat Indonesia Lainnya Pada Masa Kini: Suatu Studi Pendahuluan," *Berita Ilmu Pengetahuan dan Teknologi* 29, no. 2 (1985): 15-29; Mely Tan, *Golongan Ethnis Tinghoa di Indonesia: Suatau Masalah Pembinan Kesatuan Bangsa* (Jakarta: Gramedia, 1979).

68 이 관찰을 뒷받침하기 위한 현장연구는 몇 년에 걸쳐 인도네시아 여러 곳에서 이루어졌다. 모두 해안 공동체였다. 누사틍가라의 롬복과 남술라웨시의 마카사르는 2005년 여름, 북말루쿠의 트르나테와 중앙말루쿠의 반다는 1990년 봄이었다.

69 인도네시아 술라웨시 마카사르의 해삼 판매자 면담. 저자의 현장연구 기록(2005년 7월, 번역 E. Tagliacozzo).

70 자카르타 순다클라파 선창에서의 현장연구 및 선원 면담(2000년 봄).

71 쿠알라룸푸르에 대해서는 폭흡싱Fook Hup Hsing 유한회사, 텍춘Tek Choon 무역유한회사, 타이익항Tai Yik Hang 약국과의 면담(모두 1989년 11월에 했다)을 보라. 피낭에 관해서는 쾽셍홍Kwong Seng Hung 유한회사, 수흡셍Soo Hup Seng 무역유한회사와의 면담(모두 1989년 11월에 했다)을 보라. 이포에 관해서는 윙상홍Wing Sang Hong 유한회사와의 면담(역시 1989년 11월에 했다)을 보라.

72 쿠칭에 관해서는 신민콩Syn Min Kong 유한회사 및 분밍셍Voon Ming Seng 유한회사와의 면담(모두 1990년 3월에 했다)을 보라. 2004년 사바주 해안 지역과 코타키나발루 안팎에서 실시한 현장연구 역시 이 패턴을 밝혀내는 데 유용했다.

73 Edmund Terence Gomez, *Chinese Business in Malaysia: Accumulation, Accommodation and Ascendance* (Richmond, UK: Curzon Press, 1999); Edmund Terence Gomez, "In Search of Patrons: Chinese Business Networking and Malay Political

Patronage in Malaysia," in *Chinese Business Networks*, ed. Chan Kwok Bun (Singapore: Prentice Hall, 2000).

74 Wolfgang Jamann, "Business Practices and Organizational Dynamics of Chinese Family-based Trading Firms in Singapore" (PhD dissertation, Department of Sociology, University of Bielefield, 1990); Thomas Menkhoff, "Trade Routes, Trust and Trading Networks: Chinese Family-based Firms in Singapore and their External Economic Dealings," PhD dissertation (University of Bielefield, Department of Sociology, 1990).

75 Yao Souchou, "The Fetish of Relationships: Chinese Business Transactions in Singapore," *Sojourn* 2 (1987): 89-111; Cheng Lim Keak, "Chinese Clan Associations in Singapore: Social Change and Continuity," in *Southeast Asian Chinese: The Socio-Cultural Dimension*, ed. Leo Suryadinata (Singapore: Times Academic Press, 1995); Wong Siu-Lun, "Business Networks, Cultural Values and the State in Hong Kong and Singapore," in *Chinese Business Enterprises in Asia*, ed. Rajeswary A. Brown (London: Routledge, 1995).

76 싱가포르에서 한 페이파Fei Fah 약재상사 및 밍타이Ming Tai 유한회사와의 면담(모두 1989년 10월)을 보라.

77 싱가포르 반타이로이Ban Tai Loy 의약상사와의 면담(1989년 11월).

78 싱가포르 관티안키Guan Tian Kee 향신료건어물상사 및 남용Nam Yong 해산물상사와의 면담(1989년 10월).

79 P. D. Curtin, *Cross-Cultural Trade in World History* (Cambridge: Cambridge University Press, 1984); A. Cohen, "Cultural Strategies in the Organization of Trading Diasporas," in *The Development of Indigenous Trade and Markets in West Africa*, ed. C. Meillassoux, 266-80 (London: Oxford University Press, 1971); E. Bonadich, "A Theory of Middleman Minorities," in *Majority and Minority: The Dynamics of Racial and Ethnic Relations*, 2nd ed., ed. N. R. Yetman and C. H. Steele, 77-89 (Boston: Allyn & Bacon, 1975).

80 Z. Bader, "The Contradictions of Merchant Capital 1840-1939," in *Zanzibar under Colonial Rule*, ed. A. Sheriff and E. Ferguson (London: James Curry, 1991), 163-87; R. Robinson, "Non-European Foundations of European Imperialism: Sketch for a Theory of Collaboration," in *Studies in the Theory of Imperialism*, ed. R. Owen and B. Sutcliffe, 117-41 (London: Longman, 1972); R. McVey, "The Materialization of the Southeast Asian Entrepreneur," in *Southeast Asian Capitalists*, ed. R. McVey (Ithaca: Cornell University Southeast Asia Program, 1992), 7-34.

81 B. Benedict, "Family Firms and Economic Development," *Southwestern Journal of Anthropology* 24, no. 1 (1968): 1-19; A. Sen, "Economics and the Family," *Asian Development Review* 1, no. 2 (1983): 14-26.

82 Aihwa Ong, *Flexible Citizenship: The Cultural Logics of Transnationality* (Durham: Duke University Press, 1999); William G Ouchi, "Markets, Bureaucracies and Clans,"

Administrative Science Quarterly 25 (1980): 129-41.

83 Yangwen Zhang, *China on the Sea: How the Maritime World Shaped Modern China* (Leiden: Brill, 2014); Gang Zhao, *The Qing Opening to the Ocean: Chinese Maritime Policies, 1684-1757* (Honolulu: University of Hawai'i Press, 2013); Lin Sun, "The Economy of Empire Building: Wild Ginseng, Sable Fur, and the Multiple Trade Networks of the Early Qing Dynasty, 1583-1644" (PhD diss., Oxford University, 2018)를 보라.

11장 부두에서

1 저자의 현장연구 기록(2012년 1월).

2 R. McVey, "The Materialization of the Southeast Asian Entrepreneur," in *Southeast Asian Capitalists*, ed. R. McVey, 7-34 (Ithaca: Cornell University Southeast Asia Program, 1992).

3 Edna Bonacich, "A Theory of Middleman Minorities," in *Majority and Minority: The Dynamics of Racial and Ethnics Relations*, 2nd ed., ed. N. R. Yetman and C. H. Steele, 77-89 (Boston: Allyn and Bacon, 1975); and R. Robinson, "Non-European Foundations of European Imperialism: Sketch for a Theory of Collaboration," in *Studies in the Theory of Imperialism*, ed. R. Owen and B. Sutcliffe, 117-41 (London: Longman, 1972).

4 A. Cohen, "Cultural Strategies in the Organization of Trading Diasporas," in *The Development of Indigenous Trade and Markets in West Africa*, ed. C. Meillassoux, 266-80 (London: Oxford University Press, 1971); Z. Bader, "The Contradictions of Merchant Capital 1840-1939," in *Zanzibar under Colonial Rule*, ed. A. Sheriff and E. Ferguson, 163-87 (London: James Curry, 1991).

5 Amartya Sen, "Economics and the Family," *Asian Development Review* 1, no. 2 (1983): 14-26; and B. Benedict, "Family Firms and Economic Development," *Southwestern Journal of Anthropology* 24, no. 1 (1968): 1-19.

6 나는 이 문제에 관해 여러 연구의 도움을 받았다(일부는 제5장에서 인용한 것들이다). 여기서는 Edward Alpers, *The Indian Ocean: A World History* (New York: Oxford University Press, 2014); Michael Pearson, *The World of the Indian Ocean, 1500-1800: Studies on Economic, Social, and Cultural History* (Aldershot, UK: Ashgate, 2005); Thomas Metcalf, ed., *Imperial Connections: India in the Indian Ocean Arena, 1860-1920* (Berkeley: University of California Press, 2007)에서 제시된 유익한 개관을 또한 언급해야겠다.

7 이런 경향을 시작한 가장 중요한 학자 가운데 한 명은 설탕을 연구한 Sidney Mintz이지만, 그 책의 유산은 광범위한 상품과 이들을 다룬 역사가들에 의해 느낄 수 있다. Sidney W. Mintz, *Sweetness and Power: The Place of Sugar in Modern History* (New York: Penguin Books, 1985); Judith A. Carney, *Black Rice: The African Origins of Rice Cultivation in the Americas* (Cambridge: Harvard University Press, 2002); William

Gervase Clarence-Smith, and Steven Topik, eds. *The Global Coffee Economy in Africa, Asia, and Latin America, 1500-1989* (New York: Cambridge University Press, 2003); Marcy Norton, *Sacred Gifts, Profane Pleasures: A History of Tobacco and Chocolate in the Atlantic World* (Ithaca: Cornell University Press, 2010); Sarah Abrevaya Stein, *Plumes: Ostrich Feathers, Jews, and a Lost World of Global Commerce* (New Haven: Yale University Press, 2010); Sven Beckert, *Empire of Cotton: A Global History* (New York: Alfred A. Knopf, 2014)를 보라.

8   M. Weber, *The Protestant Ethic and the Spirit of Capitalism*, 2nd ed. (London: George Allen & Unwin, 1976); and Stanislav Andreski, *Max Weber on Capitalism, Bureaucracy, and Religion: A Selection of Texts* (London: Allen & Unwin, 1983).

9   R. E. Kennedy, "The Protestant Ethic and the Parsis," *American Journal of Sociology* 68 (1962-63): 11-20.

10   P. D. Curtin, *Cross-Cultural Trade in World History* (Cambridge: Cambridge University Press, 1984).

11   Stewart Clegg and S. Gordon Redding, eds. *Capitalism in Contrasting Cultures* (Berlin: De Gruyter, 1990); and Joel Kotkin, *Tribes: How Race, Religion, and Identity Determine Success in the New Global Economy* (New York: Random House, 1993).

12   S. Z. Klausner, "Introduction," in *The Jews and Modern Capitalism*, ed. W. Sombart, xv-cxxv (New Brunswick and London: Transaction Books, 1982). 또한 마그레브에서의 이에 관한 Avner Greif의 저작들, 그리고 물론 Francesca Trivellato, *The Familiarity of Strangers: The Sephardic Diaspora, Livorno, and Cross-Cultural Trade in the Early Modern Period* (New Haven: Yale University Press, 2012)를 보라.

13   D. S. Eitzen, "Two Minorities: The Jews of Poland and the Chinese of the Philippines," *Jewish Journal of Sociology* 10, no. 2 (1968): 221-40; Gary G. Hamilton, "The Organizational Foundations of Western and Chinese Commerce: A Historical Perspective and Comparative Analysis," in Gary G. Hamilton, *Business Networks and Economic Development in East and Southeast Asia*, 48-65 (Hong Kong: Centre of Asian Studies, University of Hong Kong, 1991). 보다 일반적인 해석은 Kaveh Yazdani and Dilip Menon, eds., *Capitalism: Toward a Global History* (Oxford: Oxford University Press, 2020)를 보라.

14   이런 종류의 연구로 가장 훌륭한 현대의 사례는 아마도 Daniel Chirot and Anthony Reid, eds., *Essential Outsiders: Chinese and Jews in the Modern Transformation of Southeast Asia and Central Europe* (Seattle: University of Washington Press, 1997) 일 것이다.

15   Chan-kwok Bun and Ng Beoy Kui, "Myths and Misperceptions of Ethnic Chinese Capitalism," in *Chinese Business Networks*, ed. Chan Kwok Bun (Singapore: Prentice Hall, 2000).

16   Harry Harding, "The Concept of 'Greater China': Themes, Variations and Reservations," *China Quarterly* 136 (December 1993): 660-86.

17 Hamilton, ed., *Business Networks*; and Leo Suryadinata, ed., *Southeast Asian Chinese and China: The Politico-economic Dimension* (Singapore: Times Academic Press, 1995).

18 C. Dobbin, "From Middleman Minorities to Industrial Entrepreneurs: The Chinese in Java and the Parsis in Western India 1619-1939," *Itinerario* 13, no. 1 (1989): 109-32; R. K. Ray, "Chinese Financiers and Chetti Bankers in Southern Water: Asian Mobile Credit during the Anglo-Dutch Competition for the Trade of the Eastern Archipelago in the Nineteenth Century," *Itinerario* 11, no. 1 (1987): 209-34; K. A. Yambert, "Alien Traders and Ruling Elites: The Overseas Chinese in Southeast Asia and the Indians in East Africa," *Ethnic Groups* 3 (1981): 173-78.

19 W. G. Clarence Smith, "Indian Business Communities in the Western Indian Ocean in the Nineteenth Century," *Indian Ocean Review* 2, no. 4 (1989): 18-21; and H. D. Evers, "Chettiar Moneylenders in Southeast Asia," in *Marchands et hommes d'affaires asiatiques dans l'Océan Indien et la Mer de Chine 13e-20e siecles*, ed. D. Lombard and J. Aubin, 199-219 (Paris: Editions de l'ecole des hautes etudes, 1987).

20 M. Adas, "Immigrant Asians and the Economic Impact of European Imperialism: The Role of South Indian Chettiars in British Burma," *Journal of Asian Studies* 33, no. 3 (1974): 385-401; N. R. Chakravati, *The Indian Minority in Burma: The Rise and Decline of an Immigrant Community* (London, Oxford University Press, 1985); and R. Mahadevan, "Immigrant Entrepreneurs in Colonial Burma—An Exploratory Study of the Role of Nattukottai Chattiars of Tamil Nadu, 1880-1930," *Indian Economic and Social History Review* 15, no. 3 (1978): 329-58을 보라.

21 이 역사 일부를 설명하는 이탈리아 자료로 예컨대 F. Sassetti a S.E. il Cardinale F. de' Medici in *Lettere edite e inedite di Filippo Sassetti*, raccolte e annotate da E. Marcucci (Florence, 1855): "Cochin 10 febbraio," 379-0; Francesco Sassetti, "Notizie dell'origine e nobilta della famiglia de' Sassetti," in *Lettere edite e inedite*, xli; and D. Catellacci, "Curiose notizie di anonimo viaggiatore fiorentino all'Indie nel secolo XVII," *Archivio Storico Italiano* 28, no. 223 (1901): 120을 보라.

22 그런 연구로 다음을 보라. Paul Freedman, *Out of the East: Spices and the Medieval Imagination* (New Haven: Yale University Press, 2008); Charles Corn, *The Scents of Eden: A History of the Spice Trade* (New York: Kodansha, 1999); John Keay, *The Spice Route: A History* (Berkeley: University of California Press, 2007), Gary Paul Nabhan, *Cumin, Camels, and Caravans: A Spice Odyssey* (Berkeley: University of California Press, 2014).

23 이에 관한 근세의 패턴을 개관하려면 Lakshmi Subramanian, *The Sovereign and the Pirate: Ordering Maritime Subjects in India's Western Littoral* (New Delhi: Oxford University Press, 2016)을 보라.

24 B. G. Gokhale, *Surat in the Seventeenth Century: A Study of the Urban History of Pre-Modern India* (Bombay: Popular Prkashan, 1979).

25 N. Steensgaard, *The Asian Trade Revolution of the Seventeenth Century: The East India Companies and the Decline of the Caravan Trade* (Chicago: University of Chicago Press, 1974).

26 Ann Bos Radwan, *The Dutch in Western India, 1601-1632* (Calcutta, Firma KLM, 1978); H. W. van Santen, "De verenigde Oost-Indische Compagnie in Gujurat en Hindustan 1620-1660" (Leiden University, PhD thesis, 1982).

27 이 패턴 일부에 관한 훌륭한 연구로 David Ludden, *Early Capitalism and Local History in South Asia* (New York: Oxford University Press, 2005)를 보라.

28 Genevieve Bouchon, "Le sud-ouest de l'Inde dans l'imaginaire europeen au debut du XVIe siecle: Du mythe a la realite," in *Asia Maritima: Images et réalité: Bilder und Wirklichkeit 1200-1800*, ed. Denys Lombard and Roderich Ptak (Wiesbaden: Harrassowitz Verlag, 1994)을 보라.

29 예를 들어 Sinnappah Arasaratnam, *Maritime India in the Seventeenth Century* (Delhi: Oxford University Press, 1994), chapter 5를 보라.

30 이 지역에 관해서는 프랑스의 연구가 특히 훌륭하다. Genevieve Bouchon, "Mamale de Cananor," *Un adversaire de l'Inde portugaise (1507-1528)*, EPHE IV, (Geneva and Paris, 1975); Genevieve Bouchon, "L'Asie du Sud a l'epoque des grandes decouvertes" (London: Variorum Reprints 1987); Claude Cahen, "Le commerce musulman dans l'Ocean Indien au Moyen Age," in *Sociétés et compagnies de commerce en Orient et dans l'Océan Indien*, ed. M. Mollat (Paris: SEVPEN, 1970), 179-93을 보라.

31 서고츠산맥이 수직이라는 것은 보지 않으면 믿기 어렵다. 산의 믿을 수 없을 정도로 높은 곳에서 해안으로 빗물이 떨어져 땅이 엄청난 양의 수분을 머금게 된다. 그러면 이 땅이 향신료를 풍부하게 산출한다. 계곡과 그 아래 해안 지대 모두에서이며, 산맥의 산록에서도 마찬가지다.

32 Sebastian Prange, "Measuring by the Bushel: Reweighing the Indian Ocean Pepper Trade," *Historical Research* 84, no. 224 (May 2011): 212-35를 보라.

33 그 배경을 잘 설명한 것으로 Sanjay Subrahmanyam, *The Career and Legend of Vasco da Gama* (Cambridge: Cambridge University Press, 1997)를 보라. 또한 Genevieve Bouchon, "A Microcosm: Calicut in the Sixteenth Century," in *Asian Merchants and Businessmen in the Indian Ocean and the China Sea*, ed. Denys Lombard and Jan Aubin (Oxford: Oxford University Press, 2000)을 보라.

34 런던 교외의 큐식물원과 네덜란드 레이던대학 식물원 같은 곳들은 이 과정에서 중요했다. 15세기부터 18세기까지의 향신료 무역 전성기 이후 세계적인 하향세의 역사는 아직 충분히 논구되지 않았다.

35 동남아시아 향신료 상인과의 면담과 남인도 현장 방문은 토머스 왓슨 재단과 홍콩대학 홍콩사회과학연구소의 호의로 이루어졌다(각기 1990년과 2012년). 이 여행을 가능케 해준 두 기관에 깊은 감사를 드린다.

36 두꺼운 책 K. Sandhu and A. Mani, *Indians in South East Asia* (Singapore: ISEAS,

1993)를 보라.

37 Tagliacozzo, *Secret Trades, Porous Borders*를 보라. 마지막 두 장에 이곳과 관련된 내용이 있다.

38 나는 면담 과정에서 이 말을 여러 차례 들었지만, 그것은 부두의 선적 주문에서도 분명했다. 선적된 향신료는 끊임없이 동남아시아 항구들로 갔다. 싱가포르, 클랑, 피낭 같은 곳이었다.

39 마이소르에서는 실제로 단향 냄새가 났다. 주변에 단향이 너무 많아 그 냄새가 도시 자체에 밴 것이다.

40 Gayatri Spivak, "Can the Subaltern Speak," in *Marxism and the Interpretation of Culture*, ed. Cary Nelson and Lawrence Grossburg (Basingstoke: Macmillan, 1988).

41 나는 SMA가 나를 받아주고 내가 그곳에 있는 동안 내 문의에 대해 자신들의 많은 기록을 공개해준 데 대해 그곳 관계자들에게 감사한다. 이 수집처는 동남아시아에서 일상적으로 이루어지는 향신료 무역에 대한 많은 정보를 갖고 있었으며, 싱가포르가 이 무역에서 중심지 역할을 했기 때문에 그곳에서 얻은 정보는 내가 이 지역에서의 분배와 재분배에 관한 광범위한 패턴을 파악하는 데 매우 귀중했다.

42 쿠알라룸푸르 슬랑오르 인도인상업회의소가(싱가포르의 SMA와 마찬가지로) 그 문을 열어주고 내게 그 책들을 제공해준 데 대해 역시 감사드린다.

43 싱가포르 S. Rasoo and Co.와의 면담(1989년 가을).

44 싱가포르 Abdul Latiff and Co.와의 면담.

45 싱가포르 Abdul Jabbar and Co.와의 면담.

46 싱가포르 Mohamed Haniffa Co. 및 Thandapani Co.와의 면담.

47 싱가포르 K. Ramanla and Co.의 Kirtikhar Mehta와의 면담.

48 믈라카 Jamal Mohamed and Co.와의 면담.

49 쿠알라룸푸르 A. K. Muthan Chettiar and Co.와의 면담.

50 쿠알라룸푸르 P. A. Abdul Wahab and Co.와의 면담.

51 이포 Seeni Naina Mohamed and Co.와의 면담.

52 피낭 Mohamad Yusoff and Co.와의 면담.

53 싱가포르 K. S. Abdul Latiff and Co.와의 면담.

54 싱가포르 S. Rasoo and Co.와의 면담.

55 싱가포르 Thandapani and Co.와의 면담.

56 싱가포르 K. Ramanlal and Co.의 Kirtikar Mehta와의 면담.

57 예를 들어 믈라카에서 한 C. A. Ramu와의 면담을 보라. 이 면담은 다른 여러 면담의 전형이었다.

58 쿠알라룸푸르 A. K. Muthan Chettiar and Co.와의 면담.

59 이포 Seeni Naina Mohamed와의 면담.

60 말레이시아 이포 Seeni Naina Mohamed와의 면담 기록(1989년 11월, 저자 번역).

61 피낭 R. A. Ahamedsah Mohamed Sultan and Co.의 R. A. Aziz와의 면담.

62 싱가포르 K. S. Mohamed Haniffa and Co.와의 면담.

63 싱가포르 Thandapani and Co.와의 면담.

64 싱가포르 S. Rasoo and Co.와의 면담.

65 싱가포르 K. S. Abdul Latiff and Co.와의 면담.

66 싱가포르 Shaik Dawood and Sons의 T. S. Jabbar와의 면담.

67 믈라카 C. A. Ramu and Co.와의 면담. 저자의 면담 기록(믈라카, 1989년 10월, 저자 번역).

68 믈라카 H. P. Jamal Mohamed and Co.와의 면담.

69 쿠알라룸푸르 A. K. Muthan Chettiar and Sons.

70 피낭 Mohamed Kassim Azhar and Co.와의 면담.

71 쿠알라룸푸르 P. A. Abdul Wahab and Sons와의 면담.

72 피낭 R. A. Aziz, R.A. Ahamedsah and Co.와의 면담.

73 싱가포르 K. Ramanlan and Co.의 Interview with Kirtikar Mehta와의 면담.

74 이포 Seeni Naina Mohamed and Co.와의 면담.

75 몇 가지 유형에 대해서는 Stewart MaCaulay, "Non-Contractual Relationships in Business: A Preliminary Study," *American Sociological Review* 28 (1963): 55-69를 보라.

76 Chong Jui Choi, "Contract Enforcement across Cultures," *Organization Studies* 15, no. 5 (1994): 673-82.

77 R. Ward and R. Jenkins, eds., *Ethnic Communities in Business: Strategies for Economic Survival* (Cambridge: Cambridge University Press, 1984)을 보라.

12장 푸코의 또 다른 원형감옥, 또는 식민지 동남아시아 밝히기

1 Veronica Strang, et al., eds., *From the Lighthouse: Interdisciplinary Reflections on Light* (London: Routledge, 2018), 158.

2 동남아시아에 대해서만 해도, 지난 수십 년 동안 이 주제에 관한 학술 연구에서 여러 편의 걸작이 나왔다. 세 가지 좋은 사례로 감옥, 역학疫學, 농장에 관한 연구를 보라. Peter Zinoman, *The Colonial Bastille: A History of Imprisonment in Vietnam 1862-1940* (Berkeley: University of California Press, 2001); Warwick Anderson, *Colonial Pathologies* (Durham: Duke University Press, 2006); Ann Stoler, *Capitalism and Confrontation on Sumatra's Plantation Belt, 1870-1979* (Ann Arbor: University of Michigan Press, 1985).

3 예를 들어 James E. McClellan, *Colonialism and Science: Saint Domingue in the Old Regime* (Baltimore: Johns Hopkins University Press, 1992)을 보라.

4 과학과 영국령 인도에 대한 연구 사례는 많다. Zaheer Baber, *The Science of Empire: Scientific Knowledge, Civilization, and Colonial Rule in India* (Albany: SUNY Press, 1996); Satpal Sangwan, *Science, Technology and Colonisation: An Indian Experience 1757-1857* (Delhi, 1991), 특히 102쪽 이후의 도판; Deepak Kumar, Science and the Raj, 1857-1905 (Delhi, 1995) 180-227을 보라.

5 Tamsyn Barton, *Power and Knowledge: Astrology, Physiognomics, and Medicine under the Roman Empire* (Ann Arbor, 1994), 27-94, 95-132, 133-168. 로마 제국 안에서의 흥미로운 몇몇 기술 응용에 대해서는 *Roman Frontier Studies: Papers Presented*

to the Sixteenth Congress of Roman Frontier Studies (Oxford, 1995)를 보라.

6 근세 시기의 이 과정에 관해 볼 수 있는 좋은 책 두 권은 Carlo Cipolla, *Guns, Sails, and Empires: Technological Innovation and the Early Phases of European Expansion 1400-1700* (New York, 1965), 90 and passim; Geoffrey Parker, *The Military Revolution, Military Innovation and the Rise of the West, 1500-1800* (Cambridge, 1990)이다.

7 Daniel Headrick, *The Tools of Empire: Technology and European Imperialism in the Nineteenth Century* (New York, 1981); Daniel Headrick, *The Tentacles of Progress: Technology Transfer in the Age of Imperialism, 1850-1940* (New York, 1988); Michael Adas, *Machines as the Measure of Men: Science, Technology, and Ideologies of Western Dominance* (Ithaca, 1989)를 보라.

8 J. A. Hobson, *Imperialism: A Study* (London, 1902), 224-34; V. I. Lenin, *Imperialism: The Highest Stage of Capitalism* (New York, 1939), 88-92, 123-27; Hannah Arendt, *The Origins of Totalitarianism* (Cleveland, OH: World Publishing, 1958), 124-27, 147-55; J. Gallagher and R. Robinson, "The Imperialism of Free Trade," *Economic History Review* 1, no. 1 (1953); Eric Hobsbawm, *The Age of Empire 1875-1914* (New York: Pantheon, 1987)를 보라.

9 Robert Kubicek, "British Expansion, Empire, and Technological Change," in *The Oxford History of the British Empire*, vol. III: *The Nineteenth Century*, ed. Andrew Porter, 247-69 (Oxford: Oxford University Press, 1999).

10 아주 이른 시기의 것으로 K. Booth, "The Roman Pharos at Dover Castle," *English Heritage Historical Review* 2, (2007): 9-22; Doris Behrens-Abouseif, "The Islamic History of the Lighthouse of Alexandria," *Muqarnas* 23 (2006): 1-14를 보라.

11 내가 유일하게 알고 있는 동남아시아의 식민지 등대에 관한 연구는 Nicholas Tarling, "The First Pharos of the Seas: The Construction of the Horsburgh Lighthouse on Pedra Branca," *Journal of the Malay Branch of the Royal Asiatic Society* 67, no. 1 (1994): 1-8이다. 중국 해안의 등대에 대해서는 Robert Bickers, "Infrastructural Globalisation: The Chinese Maritime Customs and the Lighting of the China Coast, 1860s-1930s," *Historical Journal* 56, no. 2 (2013): 431-58을 보라.

12 훌륭한 개관으로 John Butcher and Robert Elson, *Sovereignty and the Sea: How Indonesia Became an Archipelagic State* (Singapore: National University of Singapore Press, 2017)를 보라. 예컨대 19세기 말 수마트라 잠비에서 강을 따라 밀집한 마을을 제외하고 내륙이 텅 비어 있는 상황에 대해서는 P. G. E. I. J. van der Velde, "Van Koloniale Lobby naar Koloniale Hobby: Het Koninklijk Nederlands Aardrijkskundig Genootschap en Nederlands-Indie, 1873-1914," *Geografisch Tijdschrift* 22, no. 3 (1988): 215를 보라.

13 이 동인도의 더 큰 과학 환경에 관해 일별하려면 예를 들어 Lewis Pyenson, *Empire of Reason: Exact Sciences in Indonesia, 1840-1940* (Leiden: E. J. Brill, 1989)을 보라.

14 John Butcher, "A Note on the Self-Governing Realms of the Netherlands Indies in

the Late 1800s," *BTLV* 164, no. 1 (2008): 1-12를 보라. 이 시기의 지도 제작에 대한 개관은 *De Topographische Dienst in Nederlandsch-Indië: Eenige Gegevens Omtrent Geschiedenis, Organisatie en Werkwijze* (Amsterdam, 1913), 1-15; 지도 제작에 대한 당대의 분석은 Christiaan Biezen, "'De Waardigheid van een Koloniale Mogendheid': De Hydrografische Dienst en de Kartering van de Indische Archipel tussen 1874 en 1894," *Tijdschrift voor Zeegeschiedenis* 18, no. 2 (Sept. 1999), 특히 23-34를 보라. 그리고 박물관 카탈로그 Catalogus van de Tentoonstelling 'Met Lood en Lijn' (Rotterdam, Maritime Museum, 1974), 특히 78-81은 동인도 지도 제작의 사례로서 세 지역(순다해협, 리아우해협, 뉴기니섬 남해안) 지도 제작의 약사를 제공한다.

15 H. W. van den Doel, "De Ontwikkeling van het Militaire Bestuur in Nederlands-Indie: De Officier-Civiel Gezaghebber, 1880-1942," *Mededeelingen van de Sectie Militaire Geschiedenis* 12 (1989): 27-50.

16 자바 동부에서 설립된 수라바야 선박은 수리를 하고 설비를 해주었으며, 배에 보일러와 기타 장비를 설치했다. 그리고 동인도 전역에 걸쳐 수로 표지와 부표의 필요성에 대해 살폈다(그 일부는 현지 항만 당국에서도 했다). 1891년 이후에는 바타비아 부근 탄중프리옥에도 큰 건선거 회사가 생겼다. *Twentieth Century Impressions of Netherlands India: Its History, People, Commerce, Industries, and Resources*, ed. Arnold Wright and Oliver T. Breakspear (London, 1909), 281을 보라.

17 J. N. F. M. a Campo의 KPM에 대한 기념비적인 연구 *Koninklijke Paketvaart Maatschappij: Stoomvaart en Staatsvorming in de Indonesische Archipel 1888-1914* (Hilversum: Verloren, 1992)를 보라.

18 G. Teitler, "The Netherlands Indies: An Outline of Its Military History," *Revue Internationale d'Histoire Militaire* 58 (1984): 138.

19 지역들을 넉넉한(그러나 꼭 적절하지는 않은) 범주로 통합하려는 경향에 도전하는 이론적 연구 가운데 꼽을 만한 저작은 다음과 같다. Martin Lewis and Karen Wigen, *The Myth of Continents: A Critique of Metageography* (Berkeley: University of California Press, 1997).

20 특히 다음을 보라. J. A. de Moor, "'A Very Unpleasant Relationship': Trade and Strategy in the Eastern Seas: Anglo-Dutch Relations in the Nineteenth Century from a Colonial Perspective," in *Navies and Armies: The Anglo-Dutch Relationship in War and Peace*, ed. G. J. A. Raven and N. A. M. Rodger (Edinburgh: Donald and Co., 1990).

21 자바 중심의 이들 역사에 대한 비판은 다음을 보라. J. Thomas Lindblad, "Between Singapore and Batavia: The Outer Islands in the Southeast Asian Economy in the Nineteenth Century," in *Kapitaal, Ondernemerschap en Beleid: Studies over Economie en Politiek in Nederland, Europa en Azië van 1500 tot Heden*, edited by C. A. Davids, W. Fritschy, and L. A. van der Valk, 528-30 (Amsterdam: NEHA, 1996); Howard Dick, "Indonesian Economic History Inside Out," RIMA 27 (1993): 1-12; C. van Dijk, "Java, Indonesia, and Southeast Asia: How Important Is the Java Sea?,"

in *Looking in Odd Mirrors: The Java Sea*, ed. Vincent Houben, Hendrik Meier, and Willem van der Molen, 289-301 (Leiden, Culturen van Zuidoost-Asie en Oceanie, 1992).

22 John Roger Owen. "Give Me a light? The Development and Regulation of Ships' Navigation Lights up to the Mid-1960s" *International Journal of Maritime History* 25, 1, (2013): 173-203; R. Williams. "Nightspaces: Darkness, Deterritorialisation and Social Control" *Space and Culture* 11/4, (2008): 514-532; Tim Edensor. "Reconnecting with Darkness: Gloomy Landscapes, Lightless Places" *Social and Cultural Geography* 14 (4) 2013: 446-465를 보라.

23 예를 들어 W. H. Rosser and J. F. Imray, *Indian Ocean Directory: The Seaman's Guide to the Navigation of the Indian Ocean, China Sea, and West Pacific Ocean* (London, n.d.)을 보라.

24 *Catalogue of the Latest and Most Approved Charts, Pilots', and Navigation Books Sold or Purchased by James Imray and Sons* (London, 1866)의 "East India Archipelago"라는 제목이 붙은 지도 no. 119~135를 보라. 각 지도는 동인도 군도의 작은 부분들에 대한 상세한 항해 지침을 제시하고 있다.

25 Bintang Timor, no. 3 (4 July 1894):1; *Bintang Timor*, no. 1 (2 July 1894):1; *Bintang Timor*, no. 34 (10 August 1894): 1에 실린 Ocean Marine Insurance Co. (런던, 1859년 설립), Batavia Sea and Fire Insurance Co. (1845년 설립), Jardine Matheson Co. (홍콩), Southern British Fire and Marine Insurance Co. (뉴질랜드)의 광고를 보라. 예를 들어 Borneo Co.는 Ocean Marine Shipping Co. (런던)의 싱가포르 현지 대리인 역할을 했다.

26 홍콩 Jardine and Matheson을 대리인으로 둔 Canton Insurance Co.는 자기네가 말레이 고객들을 위해 200만 달러를 비축하고 있다고 광고했다. Ocean Marine Insurance Company(런던, 위 주22 참조)의 현지 대리인인 Borneo Company는 회사가 영국 돈 100만 파운드를 비축하고 있음을 말레이 고객들에게 확실하게 알렸다. *Bintang Timor*, no. 1 (2 July 1894):1; no. 3 (4 July 1894):1을 보라.

27 인도네시아 해양사가들이 말하는 해운 환경을 알려면 S. T. Sulistiyono, "Liberalisasi pelayaran dan perdagangan di Indonesia 1816-870," *Lembaran Sastra* 19 (1996): 31-44; M. Adi, "Mengisi kekurangan ruangan kapal," *Suluh Nautika* 9, nos. 1-2 (Jan./Feb. 1959): 8-9; D. Soelaiman, "Selayang pandang pelayaran di Indonesia," *Suluh Nautika* 9, no. 3, (1959): 40-43; Dewan Pimpinan Pusat INSA, *Melangkah Laju Menerjang Gelomban: Striding along Scouring Seas* (Jakarta: Dewan Pimpinan Pusat INSA, 1984); Dewan Redaksi Puspindo, *Sejarah pelayaran niaga di Indonesia Jilid 1: Pra sejarah hingga 17 Agustus 1945* (Jakarta: Yayasan Puspindo, 1990); S. T. Sulistiyono, *Sektor maritim dalam era mekanisasi dan liberalisasi: Posisi armada perahu layar pribumi dalam pelayaran antarpulau di Indonesia, 1879-1911* (Yogyakarta: Laporan penelitian dalam rangka / Summer Course in Indonesian Economic History, 1996)을 보라.

28 F. C. Backer Dirks, *De Gouvernements marine in het voormalige Nederlands-Indië*

in haar verschillende tijdsperioden geschetst; III. 1861-1949 (Weesp: De Boer Maritiem, 1985), 40-41; Governor Straits Settlements to Colonial Office (hereafter, CO), 25 February 1890, in CO 273/165.

29 *Utusan Malayu*, no. 182 (9 January 1909):1; *Bintang Timor*, no. 37 (13 August 1894): 2를 보라.

30 Gov. Labuan to CO, 20 May 1897, in CO 144/71. 2000톤의 영국 증기선 하윅홀호가 1000톤의 트리톤호를 도우려 했으나 같은 바위에 좌초했다. 우리가 다루는 시기에 동남아 시아에서 바위, 모래톱, 기타 위험물로 인해 난파한 배를 모두 열거하려면 여러 쪽을 할애 해야 할 것이다.

31 Captain E. Wrightson's letter to the Imperial Merchant Service Guild, n.d, in CO 531/5.

32 Backer Dirks, *De Gouvernements marine*, 155, 211, 314; H. E. van Berckel, "Zeehavens en Kustverlichting in de Kolonien: Oost Indie," *Gedenkboek Koninklijk Instituut Ingenieurs* (1847-97): 307-8.

33 Board of Trade to CO, 10 November 1871, in CO 273/52; Governor Straits Settlements (hereafter, Gov SS) to CO, 30 May 1873, in CO 273/66; Gov SS to CO, 22 September 1880, in CO 273/104를 보라.

34 "Bebakening," *ENI* 1 (1917): 213; "Kustverlichting," *ENI* 2 (1917): 494; Backer Dirks, *De Gouvernements marine*, 284-95.

35 호스버그 등대는 25킬로미터 밖에서도 볼 수 있었고, 바위 꼭대기에 세워졌다. 해협의 영 국 쪽에는 또한 세 개의 고정된 밝은 등이 있었다(하나는 래플스Raffles라 불리는 곳이 었고, 또 하나는 싱가포르 거번먼트힐Government Hill에 있었고, 세 번째 것은 플라카 세 인트폴힐St. Paul Hill에 있었다). 또한 믈라카해협에는 등대선이 하나 있었다. Alexander Findlay, *A Description and List of the Lighthouses of the World* (London: R. H. Laurie, 1861), 106을 보라.

36 J. E. de Meijier, "Zeehavens en Kustverlichting in Nederlandsch-Indie," *Gedenkboek Koninklijk Instituut Ingenieurs* (1847-97): 304; James Imray, *The Lights and Tides of the World* (1866), 83-84를 보라. 여기서 언급한 안예르의 등대는 크라카타우산 분 출 때 파괴됐다. Simone Jacquemard, *L'éruption du Krakatoa; ou des chambres inconnues dans la maison* (Paris: Editions du Seuil, 1969); Tek Hoay Kwee, *Drama dari Kratatau* (Batavia: Typ. Druk. Hoa Siang In Kok, 1929); King Hoo Liem, *Meledaknja Goenoeng Keloet: Menoeroet tjatetan jang dikompoel*. Sourabaya: (S. n., 1929); Zam Nuldyn, *Cerita purba: Dewi Krakatau* (Jakarta: Penerbit Firma Hasmar, 1976); Muhammad, Saleh, *Syair Lampung dan Anyer dan Tanjung Karang naik air laut* (Singapore: Penerbit Haji Sa[h]id, 1886)을 보라.

37 이 국가 기술 확산에 대한 가장 좋은 자료 가운데 하나가 해사 전문지 *Tijdschrift voor het Zeewezen*이다. 이는 이들 개별 등대의 건립을 매우 상세히 정리하고 있다. 등대는 마카사 르, 자바, 보르네오, 아체, 마두라, 기타 여러 곳에 다양한 빛의 강도와 건축 양식으로 세워 졌다. *Tijdschrift voor het Zeewezen* (1871): 125; (1872): 90; (1873): 274; (1875): 230;

and (1879): 83의 이들 사례 소개를 보라. 이것은 아주 조금만 추린 것이다. 네덜란드 동인
도회사의 등대 확산의 전모는 이 잡지에서 볼 수 있다.

38 위에서 말한 모든 세부 내용의 개관을 위해 Straits Settlements Blue Books (이하 *SSBB*)
1883, W2; *SSBB* 1887-8, 1-2; *SSBB* 1899, W2-3; *SSBB* 1910, V2-3을 보라. 1883년 해협
에서 영국이 등대를 유지하는 데 든 비용은 2만 2501달러였는데, 1910년에는 그 두 배 가
까운 3만 8997달러였다. 이 기간에 새로운 등대가 무카헤드Muka Head, 리마우Rimau섬,
탄중한투Tanjung Hantu, 피낭 항구, 운당Undang섬, 피상Pisang섬, 싱가포르 앞바다 술탄숄
Sultan Shoal에 세워졌다.

39 동인도에 설치된 등대의 법적·행정적 측면에서의 역사는 *Regeerings Almanak voor
Nederlandsch-Indië*, 1890 (1); 1900 (31), 1910 (1)에 수록된 Staatsbladen 모음에서 찾
을 수 있다. 이들은 동인도의 어느 지역에 등대가 필요한지, 어떤 순서로 설치해야 할지, 어
떤 것을 우선 고려해야 할지 등에 관한 정부의 결정을 나열했다.

40 "Onze Zeemacht in den Archipel," *Tijdschrift voor Nederlandsch-Indië* (hereafter
TNI) (1890) 1: 146-151; "De Indische Marine," *TNI* (1902): 695-707을 보라. 이 팽
창에서 네덜란드 지리 관련 단체들이 한 역할에 관해서는 *Catalogus, Koloniaal-
Aardrijkskundige Tentoonstelling ter Gelegenheid van het Veertigjarig Bestaan van
het Koninklijk Nederlandsch Aardrijkskundig Genootschap* (Amsterdam, 1913)을 보
라. 여기에는 지도 제작, 수로학, 해양학, 지질학 등을 주제로 한 기고들이 실려 있다.

41 '아프론딩'은 Jurriaan van Goor의 용어다. 그의 논문 "Imperialisme in de Marge?," in
Imperialisme in de Marge: De Afronding van Nederlands-Indië (Utrecht, 1986);
"Bebakening," *ENI* 1 (1917): 213; "Kustverlichting," *ENI* 2 (1918): 495를 보라.

42 Imperial Merchant Service Guild to CO, 24 June 1913, in CO 531/5; 역시 1900년 이후
의 불확실한 '진보'와 불만뿐인 네덜란드의 비슷한 상황에 대해서는 "De Uitbreiding der
Indische Kustverlichting," *Indische Gids* 2 (1903): 1772를 보라.

43 C. H. De Groeje, *De Kustverlichting in Nederlandsch-Indië* (Batavia, 1913), 4-8.

44 예컨대 *Bintang Timor*, 10 August (1894), 34: 4에 실린 현지 중국 증기선들의 여정을 보라.

45 예컨대 'P&O' 노선의 운항 일정은 관심 있는 독자들을 위해 말레이 신문에 매일 보도됐다. 고
객들 가운데 일부는 화물을 가지고 탔다. *Bintang Timor*, 26 October 1894, 100:1을 보라.

46 Board of Trade to CO, 12 January 1900, no. 16518, in CO 144/74; British North
Borneo Co. Headquarters to CO, 15 April 1903; Labuan Coalfields Co. to British
North Borneo Co. Headquarters, 30 March 1903; Government Pilot of Labuan to
Labuan Coalfields Co., 4 Oct 1903, Labuan Coalfields Co. to British North Borneo
Co. Headquarters, 20 November 1903, all in CO 144/77; 같은 발신자·수신자, 20
September 1904, CO 144/78; "Kustverlichting," *ENI* 2 (1918): 495.

47 이 감시는 싱가포르 항구에서 아주 평범한 화물(파인애플 같은)을 싣고 있는 부기족의 작
은 배의 움직임까지도 잡아냈다. *Utusan Malayu* 1 (22 December 1908), 175를 보라.

48 ARA, 1902, MR no. 210을 보라.

49 지역 상황의 급변 및 요구와 관계없는(그리고 때로는 그것에도 불구하고) 이런 식의 중
앙집권화된 획일화 시도는 James Scott, *Seeing like a State: How Certain Schemes to*

Improve the Human Condition Have Failed (New Haven: Yale University Press, 1998)에서 훌륭하게 논의되고 있다.

50 이 펼쳐진 영역은 하나의 '수상 세계'라고 생각할 수 있을 것이다. 이 세계(일부는 자연적인 것이고 일부는 건설된 것이다)의 일부로서의 등대를 연구하는 일의 함의에 대해서는 Kirsten Hastrup. and Hastrup, Frida, eds. *Waterworlds: Anthropology and Fluid Environments.* New York: Berghahn Books, 2015; John A. Love. *A Natural History of Lighthouses.* Dunbeath: Whittles Publishing, 2015를 보라.

51 "Report from the Royal Commission on the Condition and Management of Lights, Buoys, and Beacons with Minutes of Evidence and Appendices," *British Parliamentary Papers*, Sessions 1861, vol. 5: *Shipping Safety*, 631-51의 논의를 보라.

52 획일성 논의(주 51 참조)에 더해 수마트라 동해안과 보르네오 동남부의 분권화 시도에 관해서는 ARA, Commander of the Marine to Gov Gen NEI, 24 Jan 1899, no. 895, in MR no. 159를 보라. 분권화는 20세기로 접어들 무렵에 바타비아와 네덜란드 본국이 추진한 정부 계획이었다. 이 시기에 네덜란드령 동인도는 규모와 복잡성이 엄청나게 커졌고, 더 나은 통치를 하려면 일부 권력과 의사 결정을 지역 당국에 위임해야 한다고 느끼고 있었다.

53 Governor Straits to CO, 20 April 1871, no. 93, in CO 273/46; Governor Straits to CO, 19 September 1873, no. 277, in CO 273/69; Master Attendant, Singapore Harbour to CO, 11 Jan 1876, no. 14, in CO 273/83을 보라. 총독은 해협식민지가 런던의 각 기관에 별도로 편지를 보내 가격을 비교하고 있다고 썼다. Crown Agents to CO, 18 July 1901, in CO 273/276을 보라.

54 Trinity House to CO, 10 January 1887, no. 4204/86, in CO 273/149; Trinity House to CO, 11 February 1887, no. 271, in CO 273/149; Report by the Colonial Engineer on the Proposals of the Trinity House Engineer in Chief, 17 Aug 1904, no. 267, in CO 273/300.

55 Colonial Office to Charles Brooke, 9 January 1907, and Colonial Office Jacket, 8 January 1907, Telegram, both in CO 531/1.

56 H. Grants-Dalton, Captain and Senior Naval Officer, Straits of Malacca Division, to High Commissioner, Straits Settlements, 4 January 1907, in CO 531/1; Sir Charles Brooke to Lord Elgin, 11 January 1907; Sir Charles Brooke to Secretary of Colonial Office, 11 January 1907, both in CO 531/1.

57 이것은 식민지부의 말이다. 해적, 브루나이 술탄, 필리핀 남부의 음모(술루 술탄국, 에스파냐, 독일, 미국 사이의)가 모두 이 지역을 매우 불안정하게 만들고 있는 것으로 보였다. Governor Labuan to CO, 20 March 1877, no. 32; CO Jacket, 20 March 1877, both in CO 144/48을 보라.

58 British North Borneo Co. Headquarters to CO, 26 October 1899; CO Jacket, 26 October 1899, both in CO 144/73. 또한 Admiralty to CO, 15 October 1907, M8148; Report of the HMS *Cadmus* on Sandakan Harbor and Marudu Bay, both in CO 531/1을 보라.

59 Colonial Office Jacket, 10 May 1907, in CO 531/1.

60 U.S. Dept. of State to British Ambassador, Washington, 3 March 1913; Foreign Office to CO, 22 April 1913, no. 13174/13; Colonial Office to British North Borneo Co. Headquarters, 26 April 1913, all in CO 531/5를 보라.

61 J. E. de Meijier, "Zeehavens en Kustverlichting," *Gedenkboek Koninklijk Instituut Ingenieurs* (1897): 304.

62 ARA, Ministerie van Marine, Plaatsinglijst van Archiefbescheiden Afkomstig van de Vierde Afdeling: Bijlage 3, Specificatie van Pll nos. 321-32, no. 321/2.10, 2.11, 6.9를 보라.

63 Ibid., Bijlage 3, Specificatie van Pll nos. 321-332, no. 322/8.2, 8.11, 8.16; no. 323/12.7. 이것은 이 시기 군도 일대 여러 곳에서 건설했던 많은 등대 가운데 극히 일부일 뿐이다.

64 그러나 이 과정은 또한 식민국가에 불리할 수도 있었다. 인도네시아 국가기록관(ANRI, 자카르타)의 한 자료는 현지 해적들이 수마트라 남부 해안 앞바다의 새 등대가 지나가는 먹잇감을 기다릴 이상적인 장소임을 알아차렸다고 말한다. 해적선은 선박들이 자기네 길을 인도받기 위해 등대 쪽으로 갈 것을 알았고, 몰래 그들을 덮칠 수 있었다. ARNAS, Maandrapport der Residentie Banka 1871 (Banka no. 97/5: July)을 보라. 지역 항구들이 갈수록 밝아졌다는 사실이 또한 지나가는 선박의 안전을 보장하는 것은 아니었다. 더 커진 선박의 크기도 불길 주위의 나방처럼 해적과 약탈을 끌어들였다. 싱가포르 같은 곳에서도 그랬다. 소송 사건 *The King vs. Chia Kuek Chin and Others in Straits Settlements Legal Reports* 13 (1915): 1을 보라. 이것은 1909년까지도 싱가포르 앞바다에서 공격의 매개변수가 어떤 것이었는지를 개략적으로 보여준다. 그러나 20세기로 접어들면서 대부분의 해적은 갈수록 멀어지는 국가권력의 틈새 공간으로 밀려났다.

65 Gov. Ord's dispatch in CO 273/13, 178ff; and CO 273/13/927 ff.224ff; SSBB, 1883, p. W2; SSBB, 1910, V2를 보라.

66 *Straits Settlements Legislative Council Proceedings*, 1885, C141.

67 *SSBB*, 1899, W2.

68 British Envoy, Den Haag to Foreign Office (hereafter FO), 25 November 1893, no. 79, in CO 273/192; Board of Trade to CO, 2 August 1893, no. 5707; Board of Trade Cover, 1 November 1893; Board of Trade to CO, 1 November 1893, no. 417775, all in CO 273/191을 보라.

69 Board of Trade to CO, 30 August 1883, no. 6531; CO to Board of Trade, 31 August 1883, both in CO 273/124.

70 네덜란드와 영국이 공유한 바다와 그들의 능력 비교 평가에 관한 네덜란드 저작의 사례로 "Havenbedrijf in Indie," *Indische Gids* (이하 IG) 2 (1907): 1244-46; I. S. G. Gramberg, "Internationale Vuurtorens," *De Economist* 1 (1882): 17-30을 보라. 또한 "De Indische Hydrographie," *IG* 6 (1882): 12-39; "Engeland's Hydrographische Opnemingen in Onze Kolonien," *IG* 2 (1891): 2013-15; "Naschrift van de Redactie," *IG* 2 (1898): 1219를 보라.

71 Findlay, *Description and List*, 5. 또한 *British Parliamentary Papers*, Sessions 1845, vol. 4: *Shipping Safety*, "Reports from Select Committees on Lighthouses, with

Minutes of Evidence" (Shannon, 1970): 693의 선화線畫를 보라.

72 Roland Barthes, *Empire of Signs* (New York: Hill and Wang, 1983), 32.

73 ARA, Ministerie van Marine, Plaatsinglijst van Archiefbeschieden Afkomstig van de Vierde Afdeling: Bijlage 3, Specificatie van Pll nos. 321-32, no. 321/2.11 (Boompjeseiland); no. 323/10.6 (Edam Island); no. 323/11.6 (Tandjong Berikat)을 보라. 처음 둘은 자바해에, 세 번째는 방카섬 앞바다에 있다.

74 영국의 등대선에 관해서는 Findlay, *Description and List*, 7-8을 보라. ARA, Ministerie van Marine, Plaatsinglijst van Archiefbeschieden Afkomstig van de Vierde Afdeling: Bijlage 3, Specificatie van Pll nos. 321-32, no. 321/8.14는 1884년 네덜란드 식민지부에 인도된 등대선에 대해 논의하고 있다. 또한 Imray, *Lights and Tides*, xix에 제시된 표를 보라.

75 "Kustverlichting," *ENI* 2 (1918): 495-96.

76 Wolffe, Brandy, *Balloons, and Lamps*를 보라.

77 조명의 과학에 관한 더 자세한 내용은 다음을 보라. For more on the science of lighting, see Brian Bowers, *Lengthening the Day: A History of Lighting Technology* (Oxford: Oxford University Press, 1998); Sean Cubitt, "Electric Light and Electricity," *Theory, Culture and Society* 30, no. 7/8 (2013): 309-23; Tim Edensor, "Reconnecting with Darkness: Gloomy Landscapes, Lightless Places," *Social and Cultural Geography* 14, no. 4 (2013): 446-65; Tim Edensor, "Light Design and Atmosphere," *Journal of Visual Communication* 14, no. 3 (2015): 331-50; Andrew Parker, "On the Origin of Optics," *Optics and Laster Technology* 43 (2011): 323-29.

78 "Dioptric" in *Webster's Unabridged Dictionary* (G. and C. Merriam Co, 1913), 415.

79 Thomas Stevenson, *Lighthouse Illumination: Being a Description of the Holophotal System and of Azimuthal Condensing and Other New Forms of Lighthouse Apparatus* (Edinburgh, 1871); Findlay, *Description and List*, 13-18, 19-24, 25-27; Imray, *Lights and Tides*, xvi-xvii를 보라.

80 "Kustverlichting," *ENI* 2 (1918): 497.

81 James Imray, *Lights and Tides* (1866), xxii; "Bebakening," *ENI* 1 (1917): 212에 나오는 서로 다른 종류의 부표(계선 부표, 원통형 부표, 마름모꼴 부표, 조난선 부표, 쇠구슬형 부표, 기상 관측용 부표)를 보라.

82 Gov. Straits to CO, 19 September 1873, no. 277, in CO 273/69. 또한 Board of Trade to CO, 18 July 1871, no. 2780; I. N. Douglass to Robin Allen, Esq., 11 July 1871, in CO 273/52를 보라.

83 ARA, Ministerie van Marine, Plaatsinglijst van Archiefbeschieden Afkomstig van de Vierde Afdeling: Bijlage 3, Specificatie van Pll nos. 321-32, no. 329/25.1.

84 "Pontianak-Rivier," *TvbZ* (1875): 236; "Tonen Gelegd voor de Monding van de Soensang, Palembang," *TvbZ* (1878): 210-11; "Bakens op de Reede van Makassar," *TvbZ* (1880): 308.

85 *Papers Relating to the Protected Malay States: Reports for 1890*, "Selangor," 47;

"Penang Harbour Improvements," *SSLCP* C (1899): 341; "Correspondence Regarding a Light-Ship for Penang Harbour," *SSLCP* C (1901): 79-80; "Penang Harbour Improvements," *SSLCP* C (1902): 35; "Singapore Harbour Improvements," *SSLCP* C (1902): 43; "Report on the Blasting Operations Carried Out in 1902 upon Sunken Rocks at the Mouth of the Singapore River," *SSLCP* C (1903): 131-32를 보라.

86 Meijier, "Zeehavens," 304; "Kustverlichting," *ENI* 2 (1918): 497; "Reede van Batavia," *TvbZ* (1871): 222-24; ARA, Ministerie van Marine, Plaatsinglijst van Archiefbeschieden Afkomstig van de Vierde Afdeling: Bijlage 3, Specificatie van Pll nos. 321-32, no. 322/8.1

87 파라마타호 선장 사이먼스로부터 공식 항의가 있었다. Deputy of the Officer Administering the Government, Straits, to Sultan of Johore, 20 February 1900, in SSLCP (1900): C258을 보라.

88 Sultan of Johore to Gov. Straits, 25 April, 1900, in SSLCP, App. C (1900): 258-59를 보라.

89 이 계획의 여러 목격자들(대부분 바다의 선장들이다)에 대한 상세한 검토가 많은 공식 서한과 함께 다음에 실려 있다. "Minutes of the Committee to Report on the Fort Canning Light," SSLCP (1900), App. C5-16; "Correspondence Regarding Proposed New Light for Fort Canning," in SSLCP, App. C (1900): 252-58.

90 "Report of the Committee," 3 January 1900, no. 3, in *SSLCP* (1900): C3-4.

91 H. E. van Berckel, "De Bebakening en Kustverlichting," *Gedenkboek Koninklijke Instituut Ingenieurs* (1847-97): 309-10.

92 "Poeloe Bras," *TvbZ* (1876): 247; "Kustverlichting," *ENI* 2 (1918): 495; "Poeloe-Weh," *Indische Mercuur* 44 (5 November 1901): 820.

93 여기서 식민지 개척의 비전과 강제를 드러내는 또 다른 위압적인 구조물인 식민지 감옥과의 유사성이 드러난다. Zinoman은 프랑스 해군 장교들이 1862년 베트남 남부 일부를 점령한 뒤 거의 곧바로 감옥을 만드는 계획을 세웠다고 지적한다. 1865년에는 이미 식민지에 거대한 교도소 두 개가 있었다. 현대 감옥의 역사에 관한 Peter Zinoman, *The Colonial Bastille: A History of Imprisonment in Vietnam 1862-1940* (Berkeley: University of California Press, 2001)을 보라.

94 등대는 국가권력의 강력한 상징이자 구조물이었고 지금도 마찬가지다. 그러나 그 역사(특히 식민지에서는)는 등대 설치가 완전히 조화로운 것은 아니었음을 보여준다. 그런 의미에서 이들은 동남아시아의 성숙해가는 식민국가에 대한 연구에 흥미로운 대조물을 제공한다. 많은 사례 가운데 하나만 들자면, John Furnivall의 영국의 미얀마 지배에 대한 묘사는 그것이 우리가 본 도서부 동남아시아의 등대와 부표를 설치하기 위한 영국과 네덜란드의 서투른(흔히 그랬다) 노력에 비해 훨씬 정연하고 일관된 과정이었음을 시사한다. John Furnivall, *The Fashioning of Leviathan: The Beginnings of British Rule in Burma*, ed. Gehan Wijeyewardene (Canberra: Economic History of Southeast Asia Project and the Thai-Yunnan Project, 1991)를 보라.

95 여기서 또 다른 강제의 도구로서 가장 좋은 비유는 감옥이 아니라 지문이다. 지문 감정 '과

학'의 등장은 국가가 이동하는 신민들을 유도하고 검색할 수 있게 했다.

96 예를 들어 Chris Otter, *The Victorian Eye: A Political History of Light and Vision in Britain, 1800-1900* (University of Chicago Press, 2008); A. Miller, "The Lighthouse Top I See: Lighthouses as Instruments and Manifestations of State Building in the Early Republic," *Building and Landscapes: Journal of Vernacular Architecture Forum* 17, no. 11 (2010): 13-14를 보라.

13장 지도와 인간

1 저자 번역.

2 예를 들어 Jeremy W. Crampton. "Maps as Social Constructions: Power, Communication and Visualization," *Progress in Human Geography* 25, no. 2 (2001): 235-52; Jeremy W. Crampton and John Krygier, "An Introduction to Critical Cartography," *ACME: An International E-Journal for Critical Geographies* 4, no. 1 (2006): 11-33을 보라.

3 개관을 위해서는 Dava Sobel, *Longitude* (New York: Penguin, 1995)를 보라. 또한 John Noble Wilford, *The Mapmakers* (New York: Vintage, 1982), 특히 128-60을 보라.

4 하와이, 캐나다, 동아프리카를 둘러싸고 이 역사적 과정이 드러난 것에 대해서는 다음을 보라. Simo Laurila, *Islands Rise from the Sea: Essays on Exploration, Navigation, and Mapping in Hawaii* (New York: Vantage Press, 1989); Stanley Fillmore, *The Chartmakers: The History of Nautical Surveying in Canada* (Toronto: Canadian Hydrographic Service, 1983); US Mississippi River Commission, *Comprehensive Hydrography of the Mississippi River and its Principal Tributaries from 1871 to 1942* (Vicksburg, MS: Mississippi River Commission, 1942); Edmond Burrows, *Captain Owen of the African Survey: The Hydrographic Surveys of Admiral WFW Owen on the Coast of Africa and the Great Lakes of Canada* (Rotterdam: A. A. Balkema, 1979); C. G. C. Martin, *Maps and Surveys of Malawi: A History of Cartography and the Land Survey Profession, Exploration Methods of David Livingstone on Lake Nyassa, Hydrographic Survey and International Boundaries* (Rotterdam: A. A. Balkema, 1980). 동남아시아, 특히 식민지 인도네시아에 관해서는 Christiaan Biezen, "'De Waardigehid van een Koloniale Mogendheid': De Hydrografische Dienst en de Kartering van de Indische Archipel tussen 1874 en 1894," *Tijsdchrift voor het Zeegeschiedenis* 18, no. 2 (1999): 23-38을 보라.

5 John Butcher and Robert Elson, *Sovereignty and the Sea: How Indonesia Became an Archipelagic State* (Singapore: National University of Singapore Press, 2017); Eric Tagliacozzo, "'Kettle on a Slow Boil': Batavia's Threat Perceptions in the Indies' Outer Islands," *Journal of Southeast Asian Studies* 31, no. 1 (2000): 70-100; J. L. Anderson, "Piracy in the Eastern Seas, 1750-1856: Some Economic Implications," in *Pirates and Privateers: New Perspectives on the War on Trade in the Eighteenth and Nineteenth Centuries*, ed. David Starkey, E. S. van Eyck van Heslinga, and J.

A. de Moor (Exeter: University of Exeter Press, 1997); Ghislaine Loyre, "Living and Working Conditions in Philippine Pirate Communities," in *Pirates and Privateers*, ed. Starkey, Van Eyck van Heslinga, and Moor; Kunio Katayama, "The Japanese Maritime Surveys of Southeast Asian Waters before the First World War" *Institute of Economic Research Working Paper* 85 (Kobe University of Commerce, 1985)를 보라.

6 인도네시아 바다에 관해서는 H. M. van Aken, "Dutch Oceanographic Research in Indonesia in Colonial Times," *Oceanography* 18, no. 4 (2005): 30-41; J. I. Pariwono, A. G. Ilahude, and M. Hutomo, "Progress in Oceanography of the Indonesian Seas: A Historical Perspective," *Oceanography* 18, no. 4 (2005): 42-49를 보라. 보다 일반 적으로는 예컨대 Peter Linebaugh and Marcus Rediker, *The Many-Headed Hydra: Sailors, Slaves, Commoners, and the Hidden History of the Revolutionary Atlantic* (Boston: Beacon Press, 2000)을 보라.

7 인도와의 유사성에 관해서는 Matthew Edney, "The Ideologies and Practices of Mapping and Imperialism," in *Social History of Science in Colonial India*, ed. S. Irfan Habib and Dhruv Raina, 25-68 (New Delhi: Oxford University Press, 2007)을 보라.

8 James Scott, *Seeing like a State: How Certain Schemes to Improve the Human Condition Have Failed* (New Haven: Yale University Press, 1992), 2.

9 지도 작성에서의 권력과 실제 사이의 연결에 관해서는 Chris Perkins, "Cartography — ultures of Mapping: Power in Practice," *Progress in Human Geography* 28, no. 3 (2004): 381-91을 보라.

10 Peter Hopkirk, *The Great Game: The Struggle for Empire in Central Asia* (New York: Kodansha International, 1992).

11 Samuel Nelson, *Colonialism in the Congo Basin, 1880-1940* (Athens, OH: Ohio University Center for International Studies, 1994)을 보라. 이에 관한 약간의 1차 자료 는 Barbara Harlow and Mia Carter, *Imperialism and Orientalism: A Documentary Sourcebook* (Malden: Blackwell, 1999)을 보라.

12 Stuart Elden, "Contingent Sovereignty, Territorial Integrity and the Sanctity of Borders," *SAIS Review* 26, no. 1 (2006): 11-24를 보라.

13 우리 시대 직전의 이 수백 년에 대한 완전한 설명은 Anthony Reid, *Southeast Asia in the Age of Commerce, 1450 to 1680*, 2 vols. (New Haven: Yale University Press, 1988 and 1993)에서 찾을 수 있다. 이 문제에 대해서는 프랑스어 연구, 특히 Denys Lombard 의 연구가 훌륭하다. Denys Lombard, *Le sultanat d'Atjéh au temps d'Iskandar Muda (1607-1636)*, Publications de l'Ecole francaise d'Extreme-Orient, vol. 61 (Paris: Ecole francaise d'Extreme-Orient, 1967); Denys Lombard, "Voyageurs francais dans l'Archipel insulindien, XVIIe, XVIIIe et XIXe siecles," *Archipel* 1 (1971): 141-68; Denys Lombard, "L'horizon insulindien et son importance pour une comprehension globale," in *L'islam de la seconde expansion: Actes du Colloque organisé au College de France en mars 1981* (Paris: Association pour l'Avancement des Etudes

Islamiques, 1983), 207-6; reedited in *Archipel* 29 (1985): 35-52를 보라. 또한 이 일반적인 주제에 관한 인도네시아 역사가들의 저작 프랑스어 번역본 A. B. Lapian, "Le role des orang laut dans l'histoire de Riau," *Archipel* 18 (1979): 215-22; Dg Tapala La Side, "L'expansion du royaume de Goa et sa politique maritime aux XVIe et XVIIe siecles," *Archipel* 10 (1975): 159-72도 보라.

14 R. H. Phillimore, "An Early Map of the Malay Peninsula," *Imago Mundi* 13 (1956): 175-79의 178에서 인용.

15 Eric Tagliacozzo, *Secret Trades, Porous Borders: Smuggling and States along a Southeast Asian Frontier, 1865-1915* (New Haven: Yale University Press, 2005).

16 Algemeene Rijksarchief (Dutch State Archives, The Hague, hereafter, ARA), Dutch Consul, Singapore to Gov. Gen. NEI, 26 December 1885, no. 974 in 1885, MR no. 802. Elsbeth Locher-Scholten, *Sumatraans sultanaat en koloniale staat: De relatie Djambi-Batavia (1830-1907) en het Nederlandse imperialisme* (Leiden: KITLV Uitgeverij, 1994)를 보라.

17 ARA, Dutch Consul, Penang to Gov. Gen. NEI, 29 March 1887, no. 125, in 1887, MR no. 289.

18 ARA, 1894, MR no. 298.

19 PRO/FO Confidential Print Series no. 6584/16(i)의, 영국 당국에 대한 Penang Chamber of Commerce의 청원 (18 August 1893)을 보라.

20 James Francis Warren, "Joseph Conrad's Fiction as Southeast Asian History," in James Francis Warren, *At the Edge of Southeast Asian History: Essays by James Frances Warren* (Quezon City: New Day Publishers, 1987), 12.

21 James Francis Warren, *The Sulu Zone: The Dynamics of External Trade, Slavery, and Ethnicity in the Transformation of a Southeast Asian Maritime State* (Singapore: Singapore University Press, 1981), 83-84.

22 Daniel Chew, *Chinese Pioneers on the Sarawak Frontier (1841-1941)* (Singapore: Oxford University Press, 1990), 115-17.

23 Reed Wadley, "Warfare, Pacification, and Environment: Population Dynamics in the West Borneo Borderlands (1823-1934)," *Moussons* 1 (2000): 41-66; G. J. Resink, "De Archipel voor Joseph Conrad," *BTLV* (1959): ii; F. C. Backer Dirks, *De Gouvernements marine in hetvoormalige Nederlands-Indië in haar verschillende tijdsperioden geschetst: III. 1861-1949* (Weesp: De Boer Maritiem, 1985), 173.

24 Chiang Hai Ding, *A History of Straits Settlements Foreign Trade, 1870-1915* (Singapore: Memoirs of the National Museum, 6, 1978), 136, 139.

25 ARA, 1888, MR no. 461. KPM은 네덜란드령 동인도에서 가장 최근에 증기선 운송을 구현한 회사일 뿐이었다. 그 이전에 두 개 회사가 있었다. 하나는 코러스더프리스Cores de Vries였고, 또 하나는 네덜란드령동인도증기선상사(NISM)였다. 그러나 두 회사 중 어느 곳도 KPM이 그 시초부터 했던 정도만큼 바타비아의 동인도 영토를 정복하고 유지하는 일을 돕는 역할을 맡지는 않았다(사실 NISM은 그 이름에도 불구하고 영국 소유였다).

26 1902년에 KPM의 활동 범위는 네덜란드령 뉴기니의 메라우케에까지 뻗쳤다. ARA 1902, MR no. 402를 보라. 또한 à Campo, *Koninklijke Paketvaart Maatschappij*, 697-99에 수록된 지도들을 보라.

27 H. La Chapelle, "Bijdrage tot de Kennis van het Stoomvaartverkeer in den Indischen Archipel," *De Economist* (1885) 2, 689-90.

28 British Consul, Oleh Oleh to Gov. SS, 29 June 1883, no. 296, in "Traffic in Contraband," vol. 11 in PRO/FO/220/Oleh-Oleh Consulate (1882-85).

29 George Bogaars, "The Effect of the Opening of the Suez Canal on the Trade and Development of Singapore," *Journal of the Malay Branch of the Royal Asiatic Society* 28, no. 1 (1955): 104, 117을 보라. 이 선박들의 '동력화'에 관해서는 B. Nur, "Bitjara tentang perahu: Bagaimana cara pembinaan dan motorisasi perahu lajar?," *Dunia Maritim* 21, no. 9 (1971): 15-28을 보라.

30 이 연구의 상당 부분과 네덜란드령 동인도에서의 수로 측량을 위한 관료 조직에 대해서는 Backer Dirks, *De Gouvernements marine*, 269-75에 서술돼 있다.

31 Barbara Watson Andaya, *To Live as Brothers: Southeast Sumatra in the Seventeenth and Eighteenth Centuries* (Honolulu: University of Hawai'i Press, 1993); Carl Trocki, *Prince of Pirates: The Temenggongs and the Development of Johor and Singapore 1784-1885* (Singapore: Singapore University Press, 1979); Barbara Watson Andaya, "Recreating a Vision: Daratan and Kepulauan in Historical Context," *Bijdragen tot de Taal-, Land-, en Volkenkunde* 153, no. 4 (1997): 483-508.

32 Mary Somers Heidhues, *Bangka Tin and Mentok Pepper: Chinese Settlement on an Indonesian Island* (Singapore: ISEAS, 1992); Ng Chin Keong, "The Chinese in Riau: A Community on an Unstable and Restrictive Frontier," unpublished paper, Singapore, Institute of Humanities and Social Sciences, Nanyang University, 1976.

33 예를 들어 H. M. Lange, *Het Eiland Banka en zijn aangelegenheden* ('s Hertogenbosch [Den Bosch], 1850); P. van Dest, Banka Beschreven in Reistochten (Amsterdam, 1865); Cornelis de Groot, *Herinneringen aan Blitong: Historisch, Lithologisch, Mineralogisch, Geographisch, Geologisch, en Mijnbouwkundig* (The Hague, 1887)를 보라. 이는 마두라 해안의 바다 풍경에 대해서도 마찬가지로 진실이다. F. A. S. Tjiptoatmodjo, "Kota-kota pantai di sekiatr selat Madura (Abad ke-17 sampai medio abad ke-19)." PhD thesis (Yogyakarta: Gadjah Mada University, 1983)를 보라.

34 R. C. Kroesen, "Aantekenningen over de Anambas-, Natuna-, en Tambelan Eilanden," *TBG* 21 (1875): 235 and passim; A. L. van Hasselt, "De Poelau Toedjoeh," *TAG* 15 (1898): 21-22.

35 [Anon.], "Chineesche Zee: Enkele Mededeelingen Omtrent de Anambas, Natoena, en Tambelan-Eilanden," *Mededeelingen op Zeevaartkundig Gebied over Nederlandsch Oost-Indië* 4 (1 Aug. 1896): 1-2.

36 영해에 관한 국제법의 발전과 해양부 동남아시아에 미친 그 영향에 관해서는 Gerke Teitler, *Ambivalente en Aarzeeling: Het Belied van Nederland en Nederlands-Indië*

ten Aanzien van hun Kustwateren, 1870-1962 (Assen: Van Gorcum, 1994), 37-54 를 보라.

37 Hasselt, "De Poelau Toedjoeh," 25-26.

38 이런 지시가 내려진 지는 시간이 좀 지났으나 이 무렵에 특히 중요해졌다. ARA, Directeur van Onderwijs, Eeredienst, en Nijverheid to Gov. Gen. NEI, 21 March 1890, no. 2597, in 1890, MR no. 254를 보라.

39 방카섬에 대한 광범위한 조사는 더 이른 시기인 1870년대에 시작됐다. ARA, 1894, MR no. 535; H. Zondervan, "Bijdrage tot de kennis der Eilanden Bangka en Blitong," *TAG* 17 (1900):. 519를 보라.

40 D. Sutedja, *Buku himpunan pemulihan hubungan Indonesia Singapura. Himpunan peraturan-peraturan anglkutan laut* (Jakarta: Departement Perhubungan Laut, 1967)를 보라.

41 "Balakang Padang, Een concurrent van Singapore," *IG* 2 (1902): 1295.

42 J. F. Niermeyer, "Barriere riffen en atollen in de Oost Indische Archipel," TAG (1911):877; "Straat Makassar," in *Mededeelingen op Zeevaartkundig Gebied over Nederlandsch Oost-Indië* 6 (1 May 1907); Sydney Hickson, A Naturalist in North Celebes (London: John Murray, 1889), 188-89; P. C. Coops, "Nederlandsch Indies zeekaarten," *Nederlandsche Zeewezen* 3 (1904): 129. 또한 Adrian Lapian, *Orang Laut-Bajak Laut-Raja Laut: Sejarah Kawasan Laut Sulawesi Abad XIX* (Yogyakarta: Disertasi pada Universitas Gadjah Mada, 1987)을 보라. 암초, 환초, 수중 바위에 대한 보고는 19세기의 이후 시기에 서방 항해 관련 문헌의 중요한 일부가 됐다. 여기 제시된 경고는 싱가포르와 바타비아 사이의 해로를 따라 방카섬 동북쪽에 늘어선 열 개의 암초를 묘사하고 있다. 1870년대 다도해 전역에 대한 더 자세한 설명은 *Tijdschrift voor het Zeewezen*: 1871: 135-40 (자바해); 1872: 100-1 (믈라카해협); 1873: 339-40 (나투나섬 및 부톤섬); 1874: 306 (마카사르해협); 1875: 78, 241 (술라웨시 동해안 및 보르네오 동북부); 1876: 463 (아체); 1877: 221, 360 (수마트라 서해안, 람퐁); 1878, p. 98, 100 (서 보르네오, 술루해); 1879, p. 79 (북술라웨시)를 보라.

43 Surveyor General R. Howard, Labuan, to Col. Secretary, Labuan, 6 May 1873, in CO 144/40.

44 Government Pilot of Labuan to Labuan Coalfields Co., 4 October 1903; Labuan Coalfields Co. to BNB Co. HQ, London, 20 November 1903, both in CO 144/77을 보라.

45 Kruijt, *Twee Jaren Blokkade*, 169, 189.

46 H. Mohammad Said, *Aceh Sepanjang Abad*, vol. 1 (Medan: P. T. Harian Waspada, 1981): 675-753; *Perang Kolonial Belanda di Aceh* (Banda Aceh: Pusat Dokumentasi dan Informasi Aceh, 1997): 87-104를 보라.

47 *Straits Times*, 9 October 1875; *Singapore Daily Times*, 2 May 1879; *Singapore Daily Times*, 9 May 1882를 보라.

48 "Penang Harbour Improvements," *Straits Settlements Legislative Council Proceedings* (hereafter, *SSLCP*), 1899, C341; Messrs. Coode, Son and Matthews to

Gov. SS, 23 December 1901, in *SSLCP*, 1902, C32.

49 "Report on the Blasting Operations Carried Out in 1902 Upon Sunken Rocks at the Mouth of the Singapore River," *SSLCP*, 1903, C131.

50 "Survey of the Ajax Shoal," *SSLCP*, 1885, C135.

51 C. M. Kan, "Geographical Progress in the Dutch East Indies 1883-1903," *Report of the Eighth International Geographic Congress* (1904/5): 715; W. B. Oort, "Hoe een Kaart tot Stand Komt," *Onze Eeuw* 4 (1909): 363-65.

52 Penang Guardian and Mercantile Advertiser, 23 October 1873, p. 4를 보라. 동인도에서 발견한 것에 대한 영국인의 관심은 매우 광범위했다. 또한 *Singapore Free Press*, 28 June 1860; 27 September 1860; 3 September 1863을 보라. *Straits Times*, 14, 15, 16 August, 1883; 19 March 1884; 15 April 1885도 보라.

53 ARA, 1871, MR no. 464.

54 시간에 주목한 수로학 발전의 비교는 19세기 말과 20세기 초에 대략 30년의 간격을 두고 만들어진 영국의 두 지도(보르네오 동부 다르벨만과 세인트루시아만)를 보라. 모두 CO 874/998에서 볼 수 있다.

55 아시아에 배치된 영국의 배들은 흔히 "물이 새"거나 "쓰지 못할 상황"인 것으로 묘사됐다. 반면에 싱가포르는 지역 바다에서의 불법 무역을 감시하기 위해 필사적으로 소형 증기선을 구하고자 했다. PRO/Admiralty, Vice Admiral Shadwell to Secretary of the Admiralty, 16 April 1872, no. 98, in no. 125/China Station Corrospondence/no. 21; Gov. SS to CO, 8 Jan 1873, no. 2, in CO 273/65; Gov SS to CO, 14 Jan 1875, no. 15, in CO 273/79; Gov SS to CO, 16 July 1881, no. 260, and CO to SS, 20 August 1881, both in CO 273/109를 보라.

56 "Overeenkomsten met Inlandsche Vorsten: Djambi, " *IG* 1 (1882): 540; ARA, 1872, MR no. 170. 유럽인과 동남아시아 국가들 사이에 체결된 계약 유형의 사례는 PRO, Dutch Consul, London to FO, 20 August 1909, and FO to British Consul, The Hague, 26 August 1909, both in FO/Netherlands Files, "Treaties Concluded between Holland and Native Princes of the Eastern Archipelago" (no. 31583)를 보라.

57 ARA, 1872, MR no. 73, 229; "Overeenkomsten met Inlandsche Vorsten: Pontianak," *IG* 1 (1882): 549. 해적 보호에 대한 처벌은 1818년까지 거슬러 올라가는 네덜란드-리아우 계약에도 언급돼 있다. *Surat-Surat Perdjandjian Antara Kesultanan Riau dengan Pemerintahan* (2) V.O.C. *dan Hindia-Belanda 1784-1909* (Jakarta: Arsip Nasional Indonesia, 1970), 43의 11월 26일자 계약 Article 10을 보라.

58 Arsip Nasional Indonesia (Indonesian State Archives, hereafter ANRI), "Idzin Pembuatan Peta Baru Tentang Pulau Yang Mengililingi Sumatra," in Archief Riouw [Jakarta Repository], no. 225/9 (1889).

59 FO to CO, 29 September 1871, in CO 273/53.

60 술루 술탄이 라부안의 영국인들에게 한 불평을 보라. 여기서는 에스파냐의 영향력 증대에 맞서기 위해 영국인과의 동맹이 추구되고 있다. Gov. Labuan to CO, 15 August 1871, no. 33, in CO 144/34.

61 ARA, Minister for the Colonies to Minister for Foreign Affairs, 15 July 1909, no. I/14735; Ministry for Foreign Affairs Circulaire 26 November 1909, no. I/23629, all in MvBZ/A/277/A.134)를 보라. 또한 ARA, First Government Secretary, Batavia, to Resident West Borneo, 20 February 1891, no. 405, in 1891, MR no. 158을 보라.

62 "De Uitbreiding der Indische Kustverlichting," IG 2 (1903): 1772.

63 Board of Trade to CO, 12 January 1900, no. 16518, in CO 144/74.

64 단지 몇몇 사례들로 Charles Brooke to CO, 11 January 1907, in CO 531/1; Trinity House to CO, 10 January 1887, no. 42204/86, in CO 273/149; BNB Co. HQ to CO, 26 October 1899, in CO 144/73을 보라.

65 예를 들어 런던, 파리, 베를린의 네덜란드 외교관에게 보낸 ARA, MvBZ Circulaire, 1 Feb 1895, no. 1097을 보라.

66 ARA, Dutch Consul, Paris, to MvBZ, 14 Feb 1900, no. 125/60, in MvBZ/A/421/A.182.

67 ARA, Dutch Consul, Berlin, to MvBZ, 3 August 1904; 22 May 1903; 5 April 1902; 6 July 1899; 17 June 1898; 13 July 1897, and 30 November 1896, all in MvBZ/A/421/A.182.

68 "The Navy Estimates," Times of London, 3 March 1897, enclosed in ARA, Dutch Consul, London, to MvBZ, 5 March 1897, no. 113, in MvBZ/A/421/A.182.

69 "The Destroyer Yamakaze," The Japan Times, 4 June 1910, enclosed under ARA, Dutch Consul, Tokyo, to MvBZ, 13 June 1910, no. 560/159, in MvBZ/A/421/A.182.

70 Lewis Mumford, Technics and Civilization (New York, Harcourt, Brace, and World, 1963)을 보라. 두 인용 모두 357쪽에 있다.

71 이 주장에 대한 더 긴 설명은 Jacob Christian, Tom Conley (trans.), Edward H. Dahl (ed.), The Sovereign Map: Theoretical Approaches in Cartography throughout History (Chicago: University of Chicago Press, 2006)를 보라.

72 19세기 말에 이들 기술을 이용한 정권 대부분은 식민지 정권이었다. 미국령 필리핀의 사례에 관해서는 Report of the Philippine Commission to the President, 31 January 1900 (Washington, DC: US Gov't Printing Office, 1900-901), 3:157-200을 보라. 지역 정치체 가운데 유일하게 정복과 지배를 피한 태국 역시 이 시기에 수로 측량 실험을 시작했다. Luang Joldhan Brudhikrai, "Development of Hydrographic Work in Siam From the Beginning up to the Present," International Hydrographic Review 24 (1947)를 보라.

73 물론 이런 과정들은 우리 시대에서도 활용됐다. 각국은 전 세계의 다양한 지역에서 섬, 암초, 자원이 풍부한 해저의 영유권을 주장하기 위해 수로 측량을 통한 지도 작성을 이용하고자 했다. 현대의 사건들에 대한 논의는 G. Francalanci and T. Scovazzi, Lines in the Sea (Dordrecht: Martinus Nijhoff, 1994); Dorinda Dallmeyer and Louis DeVorsey, Rights to Oceanic Resources: Deciding and Drawing Maritime Boundaries (Dordrecht: Martinus Nijhoff, 1989)를 보라.

74 Adrian Lapian, Orang Laut, Bajak Laut, Raja Laut (Jakarta: Kounitas Bambu, 2009): 227.

75 해양에서 일어난 이 과정 일부에 대한 장기적인 관점의 논의는 다음을 보라. S. Soempeno,

Buku sejarah pelayaran Indonesia (Jakarta: Pustaka Maritim, 1975); B. Nur, "Mengenal potensi rakyat di bidang angkutan laut, Part XVI," *Dunia Maritim* 20, no. 3 (1970): 19-21; B. Nur, "Mengenal potensi rakyat di bidang angkutan laut, Part XI," *Dunia Maritim* 19, no. 7 (1969): 17-19; S. T. Sulistiyono, "Politik kolonial terhadap pelabuhan di Hindia Belanda," *Lembaran Sastra* 18 (1995): 86-100.

76 기술적 과정, 특히 기계가 어떻게 인간의 역사에 적용됐는지 하는 측면에서의 '전환점'의 개념 은 D. S. L. Cardwell, *Turning Points in Western Technology: A Study of Technology, Science, and History* (New York: Neale Watson, 1972), esp. 140-95를 보라.

77 이 시기의 끄트머리, 특히 덜 '복속된' 다도해 동부에 관해서는 훌륭한 신작 Heather Sutherland, *Seaways and Gatekeepers: Trade and Society in the Eastern Archipelagos of Southeast Asia*, c. 1600-1906 (Singapore: National University of Singapore Press, 2021)을 보라.

78 이 과정에 대한 두 편의 설득력 있는 이론적 고찰로 Mark Monmonier, "Cartography: Distortions, World-views and Creative Solutions," *Progress in Human Geography* 29, no. 2 (2005): 217-24; Joe Painter, "Cartographic Anxiety and the Search for Regionality," *Environment and Planning A* 40 (2008): 342-61을 보라.

14장 중국이 바다를 지배한다면

1 저자의 현장연구 기록(1990년 1월, 저자 번역).

2 http://www.bbc.com/news/world-asia-pacific-13017882(2015년 7월 15일 접속). 랴 오닝호는 2012년 9월에 진수했다. 중국은 최근 두 번째 항공모함 산둥호를 완성했다. 이것 은 전적으로 중국 내에서 건조됐다. 중국은 최근 세계 최대의 해군 강국으로 올라섰다.

3 Monique Chemillier-Gendreau, *Sovereignty over the Paracel and Spratly Islands* (Leiden: Springer, 2000). 또한 Tim Liao, Kimie Hara, and Krista Wiegand, eds., *The China-Japan Border Dispute: Islands of Contention in Multidisciplinary Perspective* (London: Ashgate, 2015)를 보라.

4 "China Building Great Wall of Sand in South China Sea," April 1, 2015; http://www. bbc.com/news/world-asia-32126840(2015년 7월 15일 접속).

5 이에 관한 몇 가지 역사적 요인에 대해서는 Shih-Shan Henry Tsai, *Maritime Taiwan: Historical Encounters with the East and the West* (Armonk: M. E. Sharpe, 2009); Tonio Andrade, *Lost Colony: The Untold Story of China's First Great Victory over the West* (Princeton: Princeton University Press, 2013)를 보라. 상황이 어떠한지에 관 한 새로운 진술은 Geoffrey Gresh, *To Rule Eurasia's Waves: The New Great Power Competition at Sea* (New Haven: Yale University Press, 2020)에서 볼 수 있다.

6 가장 흥미로운 연구는 여전히 Louise Levathes, *When China Ruled the Seas: The Treasure Fleet of the Dragon Throne, 1405-1433* (New York: Oxford University Press, 1994)이다.

7 John Miksic, "Before and after Zheng He: Comparing Some Southeast Asian Archaeological Sites of the Fourteenth and Fifteenth Centuries," in *Southeast Asia in*

the Fifteenth Century: The China Factor, ed. Geoff Wade and Sun Laichen, 384–408 (Singapore: NUS Press, 2010).

8   동남아시아 지역을 다니다 보면 아직도 여기저기서 흔적을 발견할 수 있다. 모두가 이 위대한 제독의 임무로 유래를 거슬러 올라갈 수 있다고 여겨지는 것들이다. 이 모든 증거들이 사실이라면 그것은 하나의 작은 기적일 것이다. 그 가운데 일부는 거의 틀림없이 사실이 아니다. 그러나 일부는 아마도 사실일 것이다. 닻이나 종 같은 것들(모두 무겁고 금속으로 만들어져 열대 기후를 견딜 수 있었다)이 오랜 세월을 거쳤음은 충분히 납득이 되기 때문이다. 삼포켕Sam Po Keng(정화)의 형상이 아직도 발견되는 자바섬이나 다른 곳에서는 틀림없이 사원들이 발견될 것이다.

9   정치 상황을 고려할 때 외국인에게 이런 이야기를 하는 것은 아주 대담한 일이었다. 따라서 나는 여기서 그의 이름을 밝히지 않겠다.

10 이 그림에 관해서는 Leavathes, *When China Ruled the Seas*를 보라.

11 이 확인에 관해 더 자세한 내용은 제2장을 보라. 심도는 이 짐승이 궁정에 온 것을 기념하기 위해 서를 썼는데, 이것은 분명히 세계사의 문화 간 접촉에서 가장 중요한 순간 가운데 하나로 꼽힐 것이다.

12 Frederick Hirth and W. W. Rockhill, *Chau Ju Kua: His Work on the Chinese and Arab Trade in the 12th and 13th Centuries, Entitled Chu Fan Chi* (New York: Paragon Book Reprint Co., 1966).

13 Steven Topik and Kenneth Pomeranz, *The World That Trade Created: Society, Culture, and the World Economy, 1400 to the Present* (New York: Routledge, 2012).

14 Kennon Brazeale, ed., *From Japan to Arabia: Ayutthaya's Maritime Relations* (Bangkok: Toyota Thailand Foundation, 1999)를 보라.

15 Julien Berthaud, "L'origine et la distribution des cafeiers dans le monde," in *Le Commerce du café avant l'ere des plantations coloniales*, ed. Michel Tuchscherer (Cairo: Institut Francais d'Archeologie Orientale, 2001); Ernestine Carreira, "Les francais et le commerce du cafe dans l'Ocean Indien au XVIIIe siecle," in *Le Commerce du café*, ed. Tuchscherer를 보라. 이 과정을 둘러싼 지리정치학에 관해서는 Giancarlo Casale, *The Ottoman Age of Exploration* (New York: Oxford University Press, 2010)을 보라.

16 Philip Kuhn, *Chinese among Others: Emigration in Modern Times* (Lanham, MD: Rowman & Littlefield, 2009); Lynn Pan, *Sons of the Yellow Emperor: A History of the Chinese Diaspora* (New York: Kodansha International, 1994); Wang Gungwu, *China and the Chinese Overseas* (Singapore: Times Academic Press, 1991).

17 '가능성'에 관한 유용한 논의는 Giancarlo Casale, Carla Rahn Phillips, and Lisa Norling, "Introduction to 'The Social History of the Sea,'" *Journal of Early Modern History* 14, nos. 1–2 (2010 Special Issue): 1–7을 보라.

18 역사가 실제로 진행된 과정을 따르지 않았을 경우를 상상하는 흥미로운 접근에 관해서는 Robert Cowley, ed., *What If? The World's Foremost Military Historians Imagine What Might Have Been* (New York: Berkeley Publishing, 2000)에 실린 글들을 보라.

19 바로 이 관념에 관해서는 다음을 보라. Francois Gipouloux, *The Asian Mediterranean: Port Cities and Trading Networks in China, Japan and Southeast Asia, 13th-21st Century, trans. Jonathan Hall and Dianna Martin* (Cheltenham, UK: Edward Elgar, 2011); Angela Schottenhammer, ed., *The East Asian 'Mediterranean': Maritime Crossroads of Culture, Commerce, and Human Migration* (Wiesbaden: Harrassowitz Verlag, 2008); Sanjay Subrahmanyam, "Notes of Circulation and Asymmetry in Two Mediterraneans, c. 1400-1800," in *From the Mediterranean to the China Sea: Miscellaneous Notes*, ed. Claude Guillot, Denys Lombard, and Roderich Ptak: 21-43 (Wiesbaden: Harrassowitz Verlag,1998); Heather Sutherland, "Southeast Asian History and the Mediterranean Analogy," *Journal of Southeast Asian Studies* 34, no. 1 (2003): 1-20; John E. Wills, "Maritime Asia 1500-800: The Interactive Emergence of European Domination," *American Historical Review* 98, no. 1 (1993): 83-105.

20 T. T. Allsen, *Culture and Conquest in Mongol Eurasia* (Cambridge: Cambridge University Press, 2001).

21 이들 함대에 관한 비교적 최신의 해석은 James Delgado, *Khublai Khan's Lost Fleet* (Berkeley: University of California Press, 2010)를 보라. 중국과 중세의 그 국제 관계에 관한 더 큰 맥락을 살펴보려면 훌륭한 두 연구 Hyunhee Park, *Mapping the Chinese and Islamic Worlds: Cross-Cultural Exchange in Pre-Modern Asia* (Cambridge: Cambridge University Press, 2012); John Chaffee, *Muslim Merchants of Pre-Modern China: The Hisory of a Maritime Asian Trade Diaspora, 750-1400* (Cambridge: Cambridge University Press, 2018)을 보라.

22 Anthony Disney, *A History of Portugal and the Portuguese Empire*, 2 vols. (Cambridge: Cambridge University Press, 2009), 특히 vol. 2를 보라.

23 Jean-Louis Bacque-Grammont and Anne Kroell, *Mamlouks, ottomans et portugais en Mer Rouge: L'Affaire de Djedda en 1517* (Paris: Le Caire, 1988); R. B. Serjeant, *The Portuguese off the South Arabian Coast: Hadrami Chronicles; With Yemeni and European Accounts* (Beirut, Librairie du Liban, 1974); Michel Lesure, "Une document ottoman de 1525 sur l'Inde portugaise et les pays de la Mer Rouge," *Mare Luso-Indicum* 3 (1976): 137-60을 보라.

24 암본과 반다 대학살에 관해서는 Charles Corn, *The Scents of Eden: A Narrative of the Spice Trade* (New York: Kodansha International, 1998)를 보라.

25 Locher-Scholten, *Sumatraans sultanaat en koloniale staat; Barbara Watson Andaya, To Live as Brothers: Southeast Sumatra in the Seventeenth and Eighteenth Centuries* (Honolulu: University of Hawai'i Press, 1993)를 보라.

26 이 일을 하는 데서 영국 동인도회사가 보여준 힘을 잘 요약한 Keay, *The Honourable Company*를 보라. 물론 이 회사가 활약한 시기 이후에 이런 추세는 영국 정부와 영국의 민간 증기선 및 보험회사들(P&O나 로이드 같은)이 이어받았다. 이 시기 후대의 한 곳에서 일어난 이 과정을 지역적으로 살펴려면 Tim Harper, "Singapore, 1915, and the Birth of

the Asian Underground," *Modern Asian Studies* 47 (2013): 1782-1811을 보라.

27 Mikiso Hane, *Peasants, Rebels, and Outcasts: The Underside of Modern Japan (1800-1940)* (New York: Pantheon Books, 1982).

28 C. Fasseur, "Cornerstone and Stumbling Block: Racial Classification and the Late Colonial State in Indonesia," in *The Late Colonial State in Indonesia: Political and Economic Foundations of the Netherlands Indies 1880-1942*, edited by Robert Cribb, 31-57 (Leiden: KITLV Press, 1994); and Motoe Terami-Wada, "Karayuki-san of Manila 1880-1920," *Philippine Studies* 34 (1986),: 287-316.

29 Peter Post, "Japan and the Integration of the Netherlands East Indies into the World Economy, 1868-1942," *Review of Indonesian and Malaysian Affairs* 27, nos. 1-2 (1993): 134-65. 보다 지역적인 것으로는 Tim Harper, *The End of Empire and the Making of Malaya* (Cambridge: Cambridge University Press, 1999)를 보라.

30 이에 관해 더 자세한 내용은 Clive Schofield, *The Maritime Political Boundaries of the World* (Leiden: Martinus Nijhoff, 2005)를 보라.

31 Ann Stoler, "Imperial Debris: Reflections on Ruin and Ruination," *Cultural Anthropology* 23, no. 2 (2008): 191-219, at 193.

32 Bruno Latour, *We Have Never Been Modern* (Cambridge: Cambridge University Press, 1993), 55.

33 Martine Julia van Ittersum, *Profit and Principle: Hugo Grotius, Natural Rights Theories, and the Rise of Dutch Power in the East Indies, 1595-1615* (Leiden: Brill, 2006).

34 Dava Sobel, *Longitude: The True Story of a Lone Genius Who Solved the Greatest Scientific Problem of His Day* (New York: Penguin, 1995).

35 Tim Harper and Sunil Amrith, eds., *Sites of Asian Interaction: Ideas, Networks, and Mobility* (Cambridge: Cambridge University Press, 2014).

36 나는 1990년에 주로 현지 다우선을 타고 동아프리카 해안을 따라 올라가는 이 여행을 했고, 2012년에도 갔다. 2012년에는 또 다른 잔지바르 연락선이 침몰해 많은 인명 피해가 발생했다. "Tanzania Ferry Sinks Off Zanzibar," 19 July 2012, http://www.bbc.com/news/world-18896985(2015년 7월 15일 접속).

37 Abdul Sheriff, *Slaves, Spices, and Ivory: Integration of an East African Commercial Empire into the World Economy, 1770-1873* (Athens, OH: Ohio University Press, 1987). 민족지학과 역사학의 결합 가능성에 관해서는 Andrew Willford and Eric Tagliacozzo, eds., *Clio/Anthropos: Exploring the Boundaries between History and Anthropology* (Palo Alto: Stanford University Press, 2009)를 보라.

38 MacKnight, Charles Cambell. 1976. *The Voyage to Marege: Macassan Trepangers in Northern Australia* (Carlton: Melbourne University Press); Christian Pelras, *The Bugis* (Oxford: Blackwell, 1996)를 보라.

39 Hirth and Rockhill, *Chau Ju Kua*, 1966. 오스트레일리아는 아시아 해상무역로에 관한 조여괄의 기록에 언급되지 않았다.

40 Wolfgang Frank and Chen Tieh Fan, *Chinese Epigraphic Materials in Malaysia*, 3 vols. (Kuala Lumpur: University of Malaya Press, 1982-87).

41 David Wu, *The Chinese in Papua New Guinea, 1880-1980* (Hong Kong: Hong Kong University Press, 1982); Eric Tagliacozzo, "Navigating Communities: Distance, Place, and Race in Maritime Southeast Asia," *Asian Ethnicity* (Routledge) 10, no. 2 (2009): 97-120을 보라.

42 부킷치나는 단순한 곳이 아니다. 이곳은 현대 동남아시아에서 민족성의 기억정치학으로 가득 차 있는 곳이다.

현장연구 장소

이 책을 위한 현장연구와 면담은 다음 장소들에서 실시됐다.

- 일본
- 중국
- 홍콩
- 타이완
- 필리핀
- 브루나이

- 인도네시아
- 싱가포르
- 말레이시아
- 베트남
- 태국
- 미얀마

- 인도
- 카타르
- 오만
- 예멘
- 케냐
- 탄자니아

이용한 도서관/박물관

1. 유럽
영국
- 국가해양박물관(NMM, 그리니치)
- 케임브리지대학 도서관(케임브리지)
- 브리튼도서관 인도부 기록물(IOL, 런던)
- 공공기록사무소(PRO, 큐, 서리)

네덜란드
- 국가해양박물관(암스테르담 및 로테르담)
- 왕립열대연구소(KIT, 암스테르담)
- 왕립언어지리민족학연구소(KITLV, 레이던)
- 왕립도서관(KB, 헤이그)
- 국가기록관(NA, 헤이그)

프랑스
- 프랑스국가도서관(BnF, 파리)
- 파리정치대학 도서관(파리)

이탈리아
- 이탈리아아프리카오리엔트연구소(IsIAO, 로마)

2. 서아시아
카타르
- 이슬람미술관(MIA, 도하)

오만
- 바이툴주바이르박물관(무스카트)

예멘
- 프랑스 예멘연구센터(CFEY, 사나)
- 아메리카 예멘학연구소(AIYS, 사나)
- 예멘국가도서관(아덴)

3. 동남아시아
싱가포르
- 싱가포르 국가역사기록관(싱가포르)
- 싱가포르국립대학 도서관(싱가포르)

말레이시아
- 말레이시아 국가도서관(쿠알라룸푸르)
- 국제이슬람대학 도서관(곰바크)
- 말레이시아 국가기록관(쿠알라룸푸르)

인도네시아
- 순다클라파 해양박물관(자카르타)
- 인도네시아 국립도서관(자카르타)
- 인도네시아 국가기록관(자카르타)

4. 동아시아
홍콩
- 홍콩대학 도서관(홍콩)

타이완
- 중앙연구원 도서관(타이베이)

일본
- 교토대학 도서관(교토)
- 국립민족학박물관(오사카)
- 데지마박물관(나가사키)

인용 출처

약어

ANRI	Arsip Nasional Republik Indonesia, Jakarta
ARA	Algemeen Rijksarchief (now Nationaal Archief), The Hague
BEFEO	*Bulletin de l'École Française d'Extreme-Orient*
BTLV	Bijdragen tot de Taal-, Land-, en Volkenkunde (or BKI)
CO	Colonial Office Files (London)
ENI	Encyclopaedie van Nederlandsch-Indie
FO	Foreign Office Files (London)
IG	*Indische Gids, De*
ISEAS	Institute for Southeast Asian Studies
JESHO	*Journal of the Social and Economic History of the Orient*
JMBRAS	*Journal of the Malay Branch of the Royal Asiatic Society*
JSEAS	*Journal of Southeast Asian Studies*
MR	Mailrapporten, Nederlandsch Oost-Indie
RIMA	*Review of Indonesian and Malay Affairs*
SOAS	School of Oriental and African Studies
SSBB	Straits Settlements Blue Books
SSLCP	Straits Settlements Legislative Council Proceedings
TAG	*Tijdschrift van het Koninklijk Aardrijkskundig Genootschap*
TBG	*Tijdschrift voor Indische Taal-, Land-, en Volkenkunde*
TNI	*Tijdschrift voor Nederlandsch-Indië*
TvhZ	*Tijdschrift voor het Zeewezen*

Abdullah, Makmun, Nangsari Ahmad, F. A. Soetjipto, and Mardanas Safwan. *Kota Palembang sebagai "kota dagang dan industri."* Jakarta: Departemen Pendidikan dan Kebudayaan, Direktorat Sejarah dan Nilai Tradisional, Proyek Inventarisasi dan Dokumentasi Sejarah Nasional, 1985.

Abeydeera, Ananda. "Anatomy of an Occupation: The Attempts of the French to Establish a Trading Settlement on the Eastern Coast of Sri Lanka in 1672." In Giorgio Borsa, *Trade and Politics in the Indian Ocean.* Delhi: Manohar, 1990.

Abinales, Patricio. *Making Mindanao: Cotabato and Davao in the Formation of the Philippine Nation State.* Honolulu: University of Hawai'i Press, 2000.

————. *Orthodoxy and History in the Muslim-Mindanao Narrative.* Quezon City: Ateneo de Manila Press, 2010.

Abu-Lughod, Janet. *Before European Hegemony: The World System AD 1250-1350.* New York: Oxford University Press, 1991.

Abubakar, Tengku Ahmad, and Hasan Junus. *Sekelumit kesan peninggalan sejarah Riau.* Asmar Ras, 1972.

Adams, John, and Nancy Hancock. "Land and Economy in Traditional Vietnam." *JSEAS* 1, no. 2 (1970).

Adas, M. "Immigrant Asians and the Economic Impact of European Imperialism: The Role of South Indian Chettiars in British Burma." *Journal of Asian Studies* 33, no. 3 (1974): 385-401.

Adas, Michael. *The Burma Delta: Economic Development and Social Change on an Asian Rice Frontier, 1852-1941.* Madison: University of Wisconsin Press, 1974.

————. *Machines as the Measure of Men: Science, Technology, and Ideologies of Western Dominance.* Ithaca: Cornell University Press, 1989.

Adelaar, Alexander. "The Indonesian Migrations to Madagascar: Making Sense of the Multidisciplinary Evidence." In *Austronesian Diaspora and the Ethnogenesis of People in Indonesian Archipelago: Proceedings of the International Symposium,* edited by Truman Simanjuntak, Ingrid H. E. Pojoh, and Muhammad Hisyam. Jakarta: LIPI Press, 2006.

Adelaar, K. Alexander. "Borneo as a Cross-Roads for Comparative Austronesian Linguistics." In *The Austronesians: Historical and Comparative Perspectives,* edited by Peter Bellwood, James Fox, and Darrell Tryon, 75-95. Canberra: Department of Anthropology, Research School of Pacific and Asian Studies, Australian National University, 1995.

Adhyatman, Sumarah. *Keramik kuna yang diketemukan di Indonesia: Berbagai pengunaan dan tempat asal.* Jakarta: Himpunan Keramik Indonesia, 1981.

Adi, M. "Mengisi kekurangan ruangan kapal." *Suluh Nautika* 9, nos. 1-2 (January/February, 1959): 8-9.

Aken, H. M. van. "Dutch Oceanographic Research in Indonesia in Colonial Times."

Oceanography 18, no. 4 (2005): 30-41.

Alavi, Seema. *Muslim Cosmopolitanism in the Age of Empire.* Cambridge: Harvard University Press, 2015.

Alexanderson, Kris. *Subversive Seas: Anticolonial Networks across the Twentieth-Century Dutch Empire.* Cambridge: Cambridge University Press, 2019.

Ali, Tariq Omar. *A Local History of Global Capital: Jute and Peasant Life in the Bengal Delta.* Princeton: Princeton University Press, 2018.

Alkatiri, Zeffry. *Dari Batavia sampai Jakarta, 1619-1999: Peristiwa sejarah dan kebudayaan Betawi-Jakarta dalam sajak.* Magelang: IndonesiaTera, 2001.

Allsen, T. T. *Culture and Conquest in Mongol Eurasia.* Cambridge: Cambridge University Press, 2001.

Alpers, Edward. *The Indian Ocean in World History.* New York: Oxford University Press, 2014.

_____. *Ivory and Slaves: The Changing Pattern of International Trade in East Central Africa to the Later Nineteenth Century.* Berkeley: University of California Press, 1975.

Alphen, M. van. "Iets over den oorsprong en der eerste uitbreiding der chinesche volkplanting te Batavia." *Tiderschrift voor Nederlandesch Indië* 4, no. 1 (1842): 70-100.

Amrith, Sunil. *Crossing the Bay of Bengal: The Furies of Nature and the Fortunes of Migrants.* Cambridge: Harvard University Press, 2013.

_____. *Unruly Waters: How Rains, Rivers, Coasts, and Seas Have Shaped Asia's History.* New York: Basic Books, 2018.

Amyot, J. *The Manila Chinese: Familism in the Philippine Environment.* Quezon City: Institute of Philippine Culture, 1973.

Andaya, Barbara Watson. "Cash-Cropping and Upstream/Downstream Tensions: The Case of Jambi in the 17th and 18th-Centuries." In *Southeast Asia in the Early Modern Era*, edited by Anthony Reid. Ithaca: Cornell University Press, 1993.

_____. *The Flaming Womb: Repositioning Women in Early Modern Southeast Asia.* Honolulu: University of Hawai'i Press, 2006.

_____. "Oceans Unbounded: Traversing Asia Across 'Area Studies.'" *The Asia-Pacific Journal* 5, no. 4 (2007), https://apjjf.org/-Barbara-Watson-Andaya/2410/article.html.

_____. "Recreating a Vision: Daratan and Kepulauan in Historical Context." *Bijdragen Tot-de Taal-, Land-, en Volkenkunde* 153, no. 4 (1997), 483-508.

_____. *To Live As Brothers: Southeast Sumatra in the Seventeenth and Eighteenth Centuries.* Honolulu: University of Hawai'i Press, 1993.

_____, ed. *Other Pasts: Women, Gender and History in Early Modern Southeast Asia.* Honolulu: University of Hawai'i Press, 2000.

Andaya, Leonard. "The Bugis Makassar Diasporas." *JMBRAS* 68, no. 1 (1995): 119-38.

―――. "A History of Trade in the Sea of Melayu." *Itinerario* 1, no. 24 (2000): 87-110.

―――. *The Kingdom of Johor, 1641-1728: A Study of Economic and Political Developments in the Straits of Malacca.* Kuala Lumpur: Oxford University Press, 1975.

―――. *Leaves from the Same Tree: Trade and Ethnicity in the Straits of Melaka.* Honolulu: University of Hawai'i Press, 2008.

―――. *The World of Maluku: Eastern Indonesia in the Early Modern Period.* Honolulu: University of Hawai'i Press, 1993.

Anderson, Benedict. *Imagined Communities: Reflections on the Origins and Spread of Nationalism.* London: Verso, 2006.

Anderson, Clare. *Convicts in the Indian Ocean: Transportation from South Asia to Mauritius, 1815-1853.* London: Palgrave, 2000.

―――. *Subaltern Lives: Biographies of Colonialism in the Indian Ocean World, 1790-1920.* Cambridge: Cambridge University Press, 2012.

Anderson, Jamie. "Slipping through Holes: The Late Tenth and Early Eleventh Century Sino-Vietnamese Coastal Frontier as a Subaltern Trade Network." In *The Tongking Gulf through History*, edited by Nola Cooke, Tana Li, and Jamie Anderson, 87-100. Philadelphia: University of Pennsylvania Press, 2011.

Anderson, J. L. "Piracy in the Eastern Seas, 1750-1856: Some Economic Implications." In *Pirates and Privateers: New Perspectives on the War on Trade in the Eighteenth and Nineteenth Centuries*, edited by David Starkey, E. S. van Eyck van Heslinga, and J. A. de Moor. Exeter: University of Exeter Press, 1997.

Anderson, John. "Piracy and World History: An Economic Perspective on Maritime Predation." In *Bandits at Sea*, edited by C. R. Pennell, 82-105. New York: New York University Press, 1991.

Anderson, Warwick. *Colonial Pathologies.* Durham: Duke University Press, 2006.

Andrade, Tonio. "The Company's Chinese Pirates: How the Dutch East India Company Tried to Lead a Coalition of Pirates to War against China, 1621-1662." *Journal of World History* 15, no. 4 (2004): 415-44.

―――. *The Gunpowder Age: China, Military Innovation, and the Rise of the West in World History.* Princeton: Princeton University Press, 2016.

―――. *Lost Colony: The Untold Story of China's First Great Victory over the West.* Princeton: Princeton University Press, 2013.

Andreski, Stanislav. *Max Weber on Capitalism, Bureaucracy, and Religion: A Selection of Texts.* London: Allen & Unwin, 1983.

Ang, Claudine. *Poetic Transformations: Eighteenth Century Cultural Projects on the Mekong Plains.* Cambridge, MA: Harvard East Asia Monographs, 2019.

[Anon.] "Agreement between the Nabob Nudjum-ul-Dowlah and the Company, 12

August 1765." In *Imperialism and Orientalism: A Documentary Sourcebook*, edited by Barbara Harlow and Mia Carter. Oxford: Wiley, 1999.

[Anon.] *Autonomy and Peace Review*. Cotabato: Institute for Autonomy and Governance in Collaboration with the Konrad-Adenauer Stiftung, 2001.

[Anon.] "Bakens op de reede van Makassar." *TvbZ* (1880): 308.

[Anon.] "Balakang Padang, een concurrent van Singapore." *IG* 2 (1902): 1295.

[Anon.] "Bebakening." *ENI* I (1917): 213.

[Anon.] *Catalogue of the Latest and Most Approved Charts, Pilots', and Navigation Books Sold or Purchased by James Imray and Sons*. London, 1866.

[Anon.] *Catalogus van de tentoonstelling "met lood enlLijn."* Rotterdam, 1974.

[Anon.] *De Topographische Dienst in Nederlandsch-Indië: Eenige gegevens omtrent geschiedenis, organisatie en werkwijze*. Amsterdam, 1913.

[Anon.] "Chineesche Zee: Enkele mededeelingen omtrent de Anambas, Natoena, en Tambelan-Eilanden." *Mededeelingen op zeevaartkundig gebied over Nederlandsch Oost-Indië* 4, (1 August 1896): 1-2.

[Anon.] "De Indische Hydrographie." *IG* 6 (1882): 12-39.

[Anon.] "De Indische Marine." *TNI* (1902): 695-707. For the role of Dutch geographical societies in this expansion, see *Catalogus, Koloniaal-Aardrijkskundige tentoonstelling ter gelegenheid van het veertigjarig bestaan van het Koninklijk Nederlandsch Aardrijkskundig Genootschap*. Amsterdam, 1913.

[Anon.] "De Uitbreiding der Indische Kustverlichting." *Indische Gids* 2 (1903): 1772.

[Anon.] "De Cheribonsche havenplannen." *Indisch Bouwkundig Tijdschrift* (15 August 1917): 256-66.

[Anon.] "De haverwerken te Tanjung Priok." *Tijdschrift voor Nederlandsch—Indië II* (1877): 278-87.

[Anon.] "De nieuwe haven van Cheribon." *Weekblad voor Indië* 5 (1919): 408-9.

[Anon.] "Departement der Burgerlijke Openbare Weken." *Nederlandsch-Indiche Havens Deel I*. Batavia: Departement der Burgerlijke Openbare Werken, 1920.

[Anon.] "Dioptric" in *Webster's Unabridged Dictionary* (G and C Merriam Co., 1913), 415.

[Anon.] "Engeland's Hydrographische Opnemingen in Onze Kolonien." *IG* 2 (1891): 2013-15.

[Anon.] "Havenbedrijf in Indie." *Indische Gids* 2 (1907): 1244-46.

[Anon.] *Historical and Statistical Abstracts of the Colony of Hong Kong 1841-1930*, 3rd ed. Hong Kong: Norohna and Co., Government Printers, 1932.

[Anon.] "Kustverlichting." *ENI* II (1917): 494.

[Anon.] "Naschrift van de redactie." *Indische Gids* 2 (1898): 1219.

[Anon.] "Onze zeemacht in den archipel." *Tijdschrift voor Nederlandsch-Indië* 1 (1890): 146-51.

[Anon.] "Overeenkomsten met inlandsche vorsten: Djambi." *Indische Gids* 1 (1882): 540.

[Anon.] "Overeenkomsten met inlandsche vorsten: Pontianak." *Indische Gids* 1 (1882): 549.

[Anon.] *Perang kolonial Belanda di Aceh.* Banda Aceh: Pusat Dokumentasi dan Informasi Aceh, 1997.

[Anon.] "Poeloe Bras." *TvhZ* (1876): 247.

[Anon.] "Poeloe-Weh." *Indische Mercuur* 44 (5 November 1901): 820.

[Anon.] "Pontianak-Rivier." *TvhZ* 236 (1875).

[Anon.] "Presiden tak pernah kirim peace feelers: Mungkin tukang-tukang catut yang ke Kuala Lampur." *Sinar Harapan* (2 February 1966).

[Anon.] "Produce Shipped by the Japanese from the Netherlands Indies." *Economic Review of Indonesia* 1, no. 4 (1947): 25-27.

[Anon.] "Reede van Batavia." *TvhZ* (1871): 222-24.

[Anon.] *Report of the Philippine Commission to the President, January 31, 1900.* Washington, DC: US Gov't Printing Office, 1900-1901), 3:157-200.

[Anon.] "Report from the Royal Commission on the Condition and Management of Lights, Buoys, and Beacons with Minutes of Evidence and Appendices." *British Parliamentary Papers*, Sessions 1861, Volume 5: *Shipping Safety*, 631-51.

[Anon.] *Roman Frontier Studies: Papers Presented to the Sixteenth Congress of Roman Frontier Studies.* Oxford, 1995.

[Anon.] *Selected Documents and Studies for the Conference on the Tripoli Agreement: Problems and Prospects.* Quezon City: International Studies Institute of the Philippines, 1985.

[Anon.] "Singapore's hoop op de opening der Indische kustvaart voor vreemde vlaggen." *Tijdschrijf voor Nederlandsch-Indië* 1, no. 17 (1888): 29-35.

[Anon.] "Straat Makassar." *Mededeelingen op zeevaartkundig gebied over Nederlandsch Oost-Indië* 6 (1 May 1907).

[Anon.] "The Ancient History of Dar es-Salaam." In *The East African Coast: Select Documents from the First to the Earlier Nineteenth Century*, edited by G. S. P. Freeman-Grenville, 233-37. Oxford: Oxford University Press, 1962.

[Anon.] *The East India Pilot, Or Oriental Navigator: A Complete Collection of Charts, Maps, and Plans for the Navigation of the Indian and China Seas.* London: Robert Sayer and John Bennett (1783?), 64 and 91.

[Anon.] "Tonen gelegd voor de monding van de soensang, Palembang." *TvhZ* (1878): 210-11.

[Anon.] *Tijdschrift voor het Zeewezen* (1871), 135-40 (Java Sea); (1872), 100-1 (Melaka Strait); (1873), 339-40 (Natuna and Buton); (1874), 306 (Makassar Strait); (1875), 78, 241 (East Coast Sulawesi and Northeast Borneo); (1876), 463 (Aceh); (1877), 221,

360 (West Coast Sumatra, Lampung); (1878), 98, 100 (West Borneo, Sulu Sea); and (1879), 79 (North Sulawesi).

Antony, Robert. *Like Froth Floating on the Sea: The World of Pirates and Seafarers in Late Imperial China.* Berkeley: Institute for East Asian Studies, 2003.

——. *Unruly People: Crime, Community and State in Late Imperial South China.* Hong Kong: Hong Kong University Press, 2016.

——, ed. *Elusive Pirates, Pervasive Smugglers: Violence and Clandestine Trade in the Greater China Seas.* Hong Kong: Hong Kong University Press, 2010.

Antunes, Luis Frederico Dias. "The Trade Activities of the Banyans in Mozambique: Private Indian Dynamics in the Portuguese State Economy, 1686-1777." In *Mariners, Merchants, and Oceans: Studies in Maritime History*, edited by K. S. Mathew, 301-32. Delhi: Manohar, 1995.

Aoyagi, Yoji. "Production and Trade of Champa Ceramics in the Fifteenth Century." In *Commerce et navigation en Asie du Sud-est (XIV-XIX siecles)*, edited by Nguyễn Thế Anh and Yoshiaki Ishizawa, 91-100. Paris: L'Harmattan, 1999.

Appadurai, Arjun, ed. *The Social Life of Things.* Cambridge: Cambridge University Press, 1986.

Appel, G. N. "Studies of the Taosug-and Samal-Speaking Populations of Sabah and the Southern Philippines." *Borneo Research Bulletin* 1, no. 2 (1969): 21-22.

Aquino, Benigno. "From Negotiations to Consensus-Building: The New Parameters for Peace." In *Compilation of Government Pronouncements and Relevant Documents on Peace and Development for Mindanao*, 17-21. Manila: Office of the Press Secretary, 1988.

——. "The Historical Background of the Moro Problem in the Southern Philippines." In *Compilation of Government Pronouncements and Relevant Documents on Peace and Development for Mindanao*, 1-16. Manila: Office of the Press Secretary, 1988.

Aquino, Corazon. "Responsibility to Preserve Unity." In *Compilation of Government Pronouncements and Relevant Documents on Peace and Development for Mindanao*, 26-28. Manila: Office of the Press Secretary, 1988.

——. "ROCC: The Start of a New Kind of Political Involvement." In *Compilation of Government Pronouncements and Relevant Documents on Peace and Development for Mindanao*, 22-25. Manila: Office of the Press Secretary, 1988.

Arasaratnam, S. *Maritime India in the Seventeenth Century.* Delhi: Oxford University Press, 1994.

——. *Maritime Trade, Society and European Influence in Southern Asia, 1600-1800.* Ashgate: Variorum, 1995.

——. "Slave Trade in the Indian Ocean in the Seventeenth Century." In *Mariners, Merchants, and Oceans: Studies in Maritime History*, edited by K. S. Mathew, 195-

208. Delhi: Manohar, 1995.

_____. "Weavers, Merchants, and Company: The Handloom Industry in South-Eastern India 1750-1790." In *Merchants, Markets, and the State in Early Modern India*, edited by Sanjay Subrahmanyam, 190-214. Delhi: Oxford University Press, 1990.

Arendt, Hannah. *The Origins of Totalitarianism*. Cleveland, OH: World Publishing, 1958.

Arifin-Cabo, Pressia, Joel Dizon, and Khomenie Mentawel. *Dar-ul Salam: A Vision of Peace for Mindanao*. Cotabato: Kadtuntaya Foundation, 2008.

Armitage, David, Alison Bashford, and Sujit Sivasundaram, eds. *Oceanic Histories*. New York: Cambridge University Press, 2017.

Arokiasawang, Celine. *Tamil Influences in Malaysia, Indonesia, and the Philippines*. Manila: no publisher; Xerox typescript, Cornell University Library, 2000.

Arrighi, Giovanni, Takeshi Hamashita, and Mark Selden. "Introduction: The Rise of East Asia in Regional and World Historical Perspective." In *The Resurgence of East Asia: 500, 150 and 50 Year Perspectives*, edited by Giovanni Arrighi, Takeshi Hamashita, and Mark Selden, 1-16. London and New York: Routledge, 2003.

Asad, Talal. "Anthropological Conceptions of Religion: Reflections on Geertz." *Man* 18, no. 2 (1983): 237-59.

Askarai, Syed Hasan. "Mughal Naval Weakness and Aurangzeb's Attitude towards the Traders and Pirates on the Western Coast." *Journal of Indian Ocean Studies* 2, no. 3 (1995): 236-42.

Aslanian, Sebouh. *From the Indian Ocean to the Mediterranean: The Global Trade Networks of Armenian Merchants from New Julfa*. Berkeley: University of California Press, 2011.

Assavairulkaharn, Prapod. *Ascending of the Theravada Buddhism in Southeast Asia*. Bangkok: Silkworm, 1984.

Atwell, William S. "Ming China and the Emerging World Economy, c.1470-1650." In *The Cambridge History of China*, 1-33. Volume 8: *The Ming Dynasty, 1368-1644, Part 2*, edited by Denis Twitchett and Frederick Mote, 376-416. Cambridge: Cambridge University Press, 1998.

Atwell, William. "Notes on Silver, Foreign Trade, and the Late Ming Economy." *Ch'ing Shih Wen-t'i* 3 (1977), 1-33.

Aubin, Jean. "Merchants in the Red Sea and the Persian Gulf at the Turn of the Fifteenth and Sixteenth Centuries." In *Asian Merchants and Businessmen in the Indian Ocean and the China Sea*, edited by Denys Lombard and Jan Aubin, 79-86. Oxford: Oxford University Press, 2000.

Baber, Zaheer. *The Science of Empire: Scientific Knowledge, Civilization, and Colonial Rule in India*. Albany: SUNY Press, 1996.

Backer Dirks, F. C. *De Gouvernements marine in het voormalige Nederlands-Indië in haar verschillende tijdsperioden geschetst; III. 1861-1949.* Weesp: De Boer Maritiem, 1985.

Bacque-Grammont, Jean-Louis, and Anne Kroell. *Mamlouks, ottomans et portugais en Mer Rouge: L'Affaire de Djedda en 1517.* Paris: Le Caire, 1988.

Bader, Z. "The Contradictions of Merchant Capital 1840-1939." In *Zanzibar under Colonial Rule,* edited by A. Sheriff and E. Ferguson, 163-87. London: James Curry, 1991.

Bailey, Warren, and Lan Truong. "Opium and Empire: Some Evidence from Colonial-Era Asian Stock and Commodity Markets." *Journal of Southeast Asian Studies* 32 (2001): 173-94.

Bailyn, Bernard. *The Ideological Origins of the American Revolution.* Cambridge: Harvard University Press, 1967.

————. *The Peopling of British North America.* New York: Vintage Press, 1988.

————. *Voyagers to the West: A Passage in the Peopling of America on the Eve of the Revolution.* New York: Vintage Press, 1988.

Baker, Chris, and Pasuk Phongpaichit. *A History of Ayutthaya: Siam in the Early Modern World.* Cambridge: Cambridge University Press, 2017.

————. "Protection and Power in Siam: From Khun Chang Khun Phaen to the Buddhist Amulet." *Southeast Asian Studies* 2, no. 2 (2013): 215-42.

Baladouni, Vahe, and Margaret Makepeace, eds. *Armenian Merchants of the Early Seventeenth and Early Eighteenth Centuries.* Philadelphia: American Philosophical Society, 1998.

Banerjee, Kum Kum. "Grain Traders and the East India Company: Patna and Its Hinterland in the Late Eighteenth and Early Nineteenth Centuries." In *Merchants, Markets, and the State in Early Modern India,* edited by Sanjay Subrahmanyam, 163-89. Delhi: Oxford University Press, 1990.

Banga, Indu. *Ports and Their Hinterlands in India, 1700-1950.* Delhi: Manohar, 1992.

Banner, Stuart. *Possessing the Pacific: Lands, Settlers, and Indigenous People from Australia to Alaska.* Cambridge: Harvard University Press, 2007.

Barendse, Rene J. *The Arabian Seas: The Indian Ocean World of the Seventeenth Century.* Armonk, NY: M. E. Sharpe, 2002.

————. "Reflections on the Arabian Seas in the Eighteenth Century." *Itinerario* 25, no. 1 (2000): 25-50.

Barthes, Roland. *Empire of Signs.* New York: Hill and Wang, 1983.

Baron, Samuel. "A Description of the Kingdom of Tonqueen." In *A Collection of the Best and Most Interesting Voyages and Travels in All Parts of the World,* edited by John Pinkerton (London, 1811).

Barrow, John. *A Voyage to Cochin China.* Kuala Lumpur: Oxford University Press, 1975; orig. 1806.

Barton, Tamsyn. *Power and Knowledge: Astrology, Physiognomics, and Medicine under the Roman Empire.* Ann Arbor: University of Michigan Press, 1994.

Bassi, Ernesto. *An Aqueous Territory: Sailor Geographies and New Granada's Transimperial Greater Caribbean World.* Durham: Duke University Press, 2016.

Bastin, John. "The Changing Balance of the Southeast Asian Pepper Trade." In *Spices in the Indian Ocean World*, edited by M. N. Pearson, 283–316. Ashgate: Variorum, 1996.

Basu, Dilip. "The Impact of Western Trade on the Hong Merchants of Canton, 1793–1842." In *The Rise and Growth of the Colonial Port Cities in Asia*, edited by Dilip Basu, 151–55.

Berkeley, Center for South and Southeast Asian Research 25, University of California Press, 1985.

Bautista, Julius, ed. *The Spirit of Things: Materiality and Religious Diversity in Southeast Asia.*

Ithaca, NY: Cornell University Southeast Asia Program, 2012.

Bayly, Christopher. *Empire and Information: Intelligence Gathering and Social Communication in India, 1780 to 1870.* Cambridge: Cambridge University Press, 2000.

Beckert, Sven. *Empire of Cotton: A Global History.* New York: Alfred A. Knopf, 2014.

Behrens-Abouseif, Doris. "The Islamic History of the Lighthouse of Alexandria." *Muqarnas* 23 (2006): 1–14.

Bellina, Berenice. *Khao Sam Kaeo: An Early Port-City Between the Indian Ocean and the South China Sea.* Paris: EFEO, 2017.

Bellwood, Peter. *Prehistory of the Indo-Malaysian Archipelago.* Honolulu: University of Hawai'i Press, 1997.

Benedict, B. "Family Firms and Economic Development." *Southwestern Journal of Anthropology* 24, no. 1 (1968): 1–19.

Bengzon, Alfredo, "Each of Us Is Really a Peace Commissioner." In *Compilation of Government Pronouncements and Relevant Documents on Peace and Development for Mindanao*, 34–38. Manila: Office of the Press Secretary, 1988.

_____. "Now That We Have Freedom, Let Us Seek Peace." In *Compilation of Government Pronouncements and Relevant Documents on Peace and Development for Mindanao*, 29–33. Manila: Office of the Press Secretary, 1988.

Bentley, Jerry H. "Sea and Ocean Basins as Frameworks of Historical Analysis." *Geographical Review* 89, no. 2 (April 1999): 215–24.

Bentley, Jerry, Renate Bridenthal, and Karen Wigen, eds. *Seascapes: Maritime Histories, Littoral Cultures, and Transoceanic Exchanges.* Honolulu: University of Hawai'i Press, 2007.

Benton, Lauren, and Nathan Perl-Rosenthal, eds. *A World at Sea: Maritime Practices and Global History*. Philadelphia: University of Pennsylvania Press, 2020.

Benton, Ted, "Adam Smith and the Limits to Growth." In *Adam Smith's Wealth of Nations: New Interdisciplinary Essays*, edited by Stephen Copley and Kathryn Sutherland, 144-170. Manchester: Manchester University Press, 1995.

Berchet, G. *Le antiche ambasciate giapponesi in Italia: Saggio storico con documenti*. Venice, M. Visentini, 1877.

_____. *La Repubblica di Venezia e la Persia*. Turin: G. B. Paravia, 1865.

Berckel, H. E. van. "De Bebakening en Kustverlichting," *Gedenkboek Koninklijke Instituut Ingenieurs* (1847-97): 309-310.

_____. "Zeehavens en kustverlichting in de kolonien: Oost Indie." *Gedenkboek Koninklijk Instituut Ingenieurs* (1847-97): 307-8.

Bernal, R., L. Diaz Trechuelo, M. C. Guerrero, and S. D. Quiason. "The Chinese Colony in Manila, 1570-1770." In *The Chinese in the Philippines 1570-1770*. Volume 1, edited by A. Felix Jr. Manila: Solidaridad Publishing House, 1966.

Bernier, Ronald. "Review of *Hindu Gods of Peninsular Siam* by Stanley O'Connor." *Journal of Asian Studies* 33, no. 4 (1974): 732-33.

Berthaud, Julien. "L'origine et la distribution des cafeiers dans le monde." In *Le Commerce du café avant l'ere des plantations coloniales: Espaces, réseaux, sociétés (XVe-XIXe siecle)*, edited by Michel Tuchscherer. Cairo: Institut Francais d'Archeologie Orientale, 2001.

Bhacker, M. Reda. *Trade and Empire in Muscat and Zanzibar: Roots of British Domination*. London: Routledge, 1992.

Bian, He. *Know Your Remedies: Pharmacy and Culture in Early Modern China*. Princeton: Princeton University Press, 2020.

Bickers, Robert. "Infrastructural Globalisation: The Chinese Maritime Customs and the Lighting of the China Coast, 1860s — 1930s." *Historical Journal* 56, no. 2 (2013): 431-58.

Biezen, Christiaan. " 'De waardigehid van een koloniale mogendheid': De hydrografische dienst en de kartering van de Indische Archipel tussen 1874 en 1894." *Tijsdchrift voor het Zeegeschiedenis* 18, no. 2 (1999): 23-38.

Bishara, Fahad. "The Many Voyages of Fateh-Al-Khayr: Unfurling the Gulf in the Age of Oceanic History." *International Journal of Middle East Studies* 52, no. 3 (2020): 397-412.

_____. *A Sea of Debt: Law and Economic Life in the Western Indian Ocean, 1780-1850*. New York: Cambridge University Press, 2017.

Blackburn, Anne. "Localizing Lineage: Importing Higher Ordination in Theravadin South and Southeast Asia." In *Constituting Communities: Theravada Buddhism and the Religious Cultures of South and Southeast Asia*, edited by John Holt, Jonathan Walters, and Jacob Kinnard, chapter 7. Albany: State University of New

York Press, 2003.

Blench, Roger. "Was There an Austroasiatic Presence in Island Southeast Asia Prior to the Austronesian Expansion?" *Bulletin of the Indo-Pacific Prehistory Association* 30 (2010): 133-44.

Bloom, P. A. F. *Onze nationale scheepvaart op and in Oost-Indië.* Nijmegen: Schippers, 1912.

Blusse, Leonard. "The Chinese Century: The Eighteenth Century in the China Sea Region." *Archipel* 58 (1999): 107-30.

――――. "Chinese Trade to Batavia during the Days of the VOC." *Archipel* 18 (1979): 195-213.

――――. "Junks to Java: Chinese Shipping to the Nanyang in the Second Half of the Eighteenth Century." In *Chinese Circulations: Capital, Commodities, and Networks in Southeast Asia*, edited by Eric Tagliacozzo and Wen-Chin Chang, 221-58. Durham: Duke University Press, 2011.

――――. "No Boats to China: The Dutch East India Company and the Changing Pattern of the China Sea Trade, 1635-1690." *Modern Asian Studies* 30, no. 1 (1996): 51-76.

――――. *Strange Company: Chinese Settlers, Mestizo Women, and the Dutch in VOC Batavia.* Leiden: Foris, 1986.

――――. "The Vicissitudes of Maritime Trade: Letters from the Ocean Hang Merchant, Li Kunhe, to the Dutch Authorities in Batavia (1803-9)." In *Sojourners and Settlers: Histories of Southeast Asia and the Chinese*, edited by Anthony Reid. St. Leonards, Aust.: Allen & Unwin, 1996.

――――. *Visible Cities.* Cambridge: Harvard University Press, 2008.

Blust, Robert. "The Prehistory of the Austronesian-Speaking Peoples: A View from Language." *Journal of World Prehistory* 9, no. 4 (1995): 453-510.

Bogaars, G. "The Effect of the Opening of the Suez Canal on the Trade and Development of Singapore." *JMBRAS* 28, no. 1, 1955.

Bois, Paul, Pierre Boyer, and Yves J. Saint-Martin. *L'Ancre et la Croix du Sud: La marine française dans l'expansion coloniale en Afrique noire et dans l'Océan indien, de 1815 a 1900.* Vincennes: Service Historique de la Marine, 1998.

Bonacich, Edna. "A Theory of Middleman Minorities." In *Majority and Minority: The Dynamics of Racial and Ethnics Relations*, 2nd ed., edited by N. R. Yetman and C. H. Steele, 77-89. Boston: Allyn & Bacon, 1975.

Boncompagni-Ludovisi, F. *Le prime due ambasciate dei giapponesi a Roma (1585-1615).* Rome: Forzani e Comp., Tipografi del Senato, 1904.

Boomgaard, Peter, ed. *A World of Water: Rain, Rivers, and Seas in Southeast Asian Histories.* Leiden: KITLV Press, 2007.

Booth, K. "The Roman Pharos at Dover Castle." *English Heritage Historical Review* 2 (2007): 9-22.

Bopearachichi, Osmand, ed. *Origin, Evolution, and Circulation of Foreign Coins in the Indian Ocean.* Delhi: Manohar, 1988.

Borges, Charles. "Intercultural Movements in the Indian Ocean Region: Churchmen, Travelers, and Chroniclers in Voyage and in Action." In *Indian Ocean and Cultural Interaction, 1400- 1800,* edited by K. S. Mathew, 21-34. (Pondicherry: Pondicherry University, 1996).

Borofsky, Robert, ed. *Remembrance of Pacific Pasts: An Invitation to Remake History.* Honolulu: University of Hawai'i Press, 2000.

Borri, Christopher. "An Account of Cochin-China." In *A Collection of the Best and Most Interesting Voyages and Travels in All Part of the World.* Volume XI, edited by John Pinkerton. London: Longman, Hurst, Rees, and Orme, 1811.

Borscheid, Peter, and Niels Viggo Haueter. "Institutional Transfer: The Beginnings of Insurance in Southeast Asia. *Business History Review* 89, no. 2 (2015).

Bose, Sugata. *A Hundred Horizons: The Indian Ocean in the Age of Global Empire.* Cambridge, MA: Harvard University Press, 2006.

_____. *Peasant Labour and Colonial Capital: Rural Bengal Since 1770.* Cambridge: Cambridge University Press, 1993.

_____, ed. *South Asia and World Capitalism.* Oxford: Oxford University Press, 1991.

Bouchon, Genevieve. "L'Asie du Sud a l'epoque des grandes decouvertes." London: Variorum Reprints, 1987.

_____. *Mamale de Cananor: Un adversaire de l'Inde portugaise (1507-1528).* Geneva and Paris: Droz, Hautes etudes islamiques et orientales d'histoire comparee, Ecole Pratique des Hautes Etudes, IVe Section, 1975.

_____. "A Microcosm: Calicut in the Sixteenth Century." In *Asian Merchants and Businessmen in the Indian Ocean and the China Sea,* edited by Denys Lombard and Jan Aubin, 78-87. Oxford: Oxford University Press, 2000.

_____. "Les Musulmans de Kerala a l'epoque de la decouverte portugaise." *Mare Luso-Indicum II,* 3-59. Geneva and Paris, 1973.

_____. "Le sud-ouest de l'Inde dans l'imaginaire europeen au debut du XVIe siecle: Du mythe a la realite." in *Asia Maritima: Images et réalité: Bilder und Wirklichkeit 1200-1800,* edited by Denys Lombard and Roderich Ptak. Wiesbaden: Harrassowitz Verlag, 1994.

Bowers, Brian. *Lengthening the Day: A History of Lighting Technology.* Oxford: Oxford University Press, 1998.

Boxer, Charles. *The Portuguese Seaborne Empire 1415-1825.* New York: Knopf, 1969.

Boxer, C. R. *South China in the 16th Century.* London: Crown Press, 1953.

Braudel, Fernand. *The Mediterranean and the Mediterranean World in the Age of Phillip II.* 2 volumes. Berkeley: University of California Press Reprints, 1996.

Brazeale, Kennon, ed. *From Japan to Arabia: Ayutthaya's Maritime Relations.* Bangkok:

Toyota Thailand Foundation, 1999.

Brendon, Piers. *The Decline and Fall of the British Empire, 1781-1997.* New York: Knopf, 1998.

Brennig, Joseph. "Textile Producers and Production in Late Seventeenth Century Coromandel." In *Merchants, Markets, and the State in Early Modern India,* edited by Sanjay Subrahmanyam, 66-89. Delhi: Oxford University Press, 1990.

British Documents on Foreign Affairs: Reports and Papers from the Foreign Office Confidential Print, multivolume. Washington, D.C.: University Press of America, 1995.

British Parliamentary Papers. Sessions 1845. Volume 4: *Shipping Safety,* "Reports from Select Committees on Lighthouses, with Minutes of Evidence." Shannon, 1970.

Broeze, F. J. A. "From Imperialism to Independence: The Decline and Re-emergence of Asian Shipping." *The Great Circle [Journal of the Australian Association for Maritime History]* 9, no. 2 (1987): 70-89.

_____. "The Merchant Fleet of Java 1820-1850: A Preliminary Survey." *Archipel* 18, (1979): 251-69.

Broeze, Frank. *Brides of the Sea: Port Cities of Asia From the 16th-20th Centuries.* Kensington: New South Wales University Press, 1989.

_____, ed. *Gateways of Asia: Port Cities of Asia in the 13th-20th Centuries.* London: Kegan Paul International, 1997.

Bronson, Bennet. "Exchange at the Upstream and Downstream Ends: Notes toward a Functional Model of the Coastal States in Southeast Asia." In *Economic Exchange and Social Interaction in Southeast Asia: Perspectives from Prehistory, History, and Ethnography,* edited by K. L. Hutterer, 39-52. Ann Arbor: University of Michigan Southeast Asia Program, 1977.

_____. "Export Porcelain in Economic Perspective: The Asian Ceramic Trade in the 17th Century." In *Ancient Ceramic Kiln Technology in Asia,* edited by Ho Chumei. Hong Kong: University of Hong Kong, 1990.

Brook, Timothy. *The Confusions of Pleasure: Commerce and Culture in Ming China.* Berkeley: University of California Press, 1998.

Brook, Timothy, and Bob Tadashi Wakabayashi, eds. *Opium Regimes: China, Britain, and Japan, 1839-1952.* Berkeley: University of California Press, 2000.

Brouwer, C. G. *Al-Mukha: Profile of a Yemeni Seaport as Sketched by Servants of the Dutch East India Company, 1614-1640.* Amsterdam: D'Fluyte Rarob, 1997.

_____. *Cauwa ende Comptanten: De VOC in Yemen.* Amsterdam: D'Fluyte Rarob, 1988.

Brown, Edward. *A Seaman's Narrative of His Adventures during a Captivity among Chinese Pirates on the Coast of Cochin China.* London: Charles Westerton, 1861.

Brown, Ian. *The Elite and the Economy in Siam, 1890-1920.* Oxford: Oxford University

Press, 1988.

Brown, Rajeswary A., ed. *Chinese Business Enterprise in Asia*. London and New York: Routledge, 1995.

Brown, Roxanna. *The Ceramics of South-East Asia: Their Dating and Identification*. Singapore: Oxford University Press, 1988.

_____. "A Ming Gap? Data from Southeast Asian Shipwreck Cargoes." In *Southeast Asia in the Fifteenth Century: The China Factor*, edited by Geoff Wade and Sun Laichen, eds., 359-83. Singapore: NUS Press, 2010.

Brudhikrai, Luang Joldhan. "Development of Hydrographic Work in Siam from the Beginning up to the Present." *International Hydrographic Review* 24 (1947): 48-53.

Buch, W. J. M. "La Compagnie des Indes Neerlandaises et I'Indochine." *BEFEO* 36-37 (1936-37): 121-237.

_____. "*De Oost-Indische Compagine en Quinam: De betrekkingen der Nederlanders met Annam in de XVIIe eeuw*. (Amsterdam and Paris, 1929).

Bun, Chan-kwok and Ng Beoy Kui. "Myths and Misperceptions of Ethnic Chinese Capitalism." In *Chinese Business Networks*, edited by Chan Kwok Bun. Singapore: Prentice Hall, 2000.

Burrows, Edmond. *Captain Owen of the African Survey: The Hydrographic Surveys of Admiral WFW Owen on the Coast of Africa and the Great Lakes of Canada*. Rotterdam: AA Balkema, 1979.

Burton, R. F. *The Lake Regions of Central Africa*. Volume I. London, 1860.

_____. *Zanzibar: City, Island and Coast*. Volume II. London: Tinsely, 1872.

Buschmann, Rainer F., Edward R. Slack Jr., and James B. Tueller. *Navigating the Spanish Lake: The Pacific in the Iberian World, 1521-1898*. Honolulu: University of Hawai'i Press, 2014.

Butcher, John. *The Closing of the Frontier: A History of the Marine Fisheries of Southeast Asia, 1850-2000*. Singapore: ISEAS, 2004.

_____. "A Note on the Self-Governing Realms of the Netherlands Indies in the Late 1800s." *BTLV* 164, no. 1 (2008): 1-12.

Butcher, John, and Robert Elson. *Sovereignty and the Sea: How Indonesia Became an Archipelagic State*. Singapore: National University of Singapore Press, 2017.

Butcher, John, and Howard Dick, eds. *The Rise and Fall of Revenue Farming: Business Elites and the Emergence of the Modern State in Southeast Asia*. Basingstoke: Macmillan and New York: St. Martin's Press, 1993.

Cahen, Claude. "Le commerce musulman dans l'Ocean Indien au Moyen Age." In *Sociétés et compagnies de commerce en Orient et dans l'Océan Indien*, edited by M. Mollat, 179-93. Paris: SEVPEN, 1970.

Calmard, Jean. "The Iranian Merchants: Formation and Rise of a Pressure Group between the Sixteenth and Nineteenth Centuries." in *Asian Merchants and*

Businessmen in the Indian Ocean and the China Sea, edited by Denys Lombard and Jan Aubin, 87-104. Oxford: Oxford University Press, 2000.

Calvino, Italo. *Invisible Cities*. London: Harcourt, 1974.

Campbell, Gwyn. *Africa and the Indian Ocean World from Early Times to Circa 1900*. Cambridge: Cambridge University Press, 2019.

_____, ed. *The Structure of Slavery in Indian Ocean Africa and Asia*. Portland: Frank Cass Publishers, 2004.

Campo, J. N. F. M. a. "The Accommodation of Dutch, British and German Maritime Interest in Indonesia, 1890-1910." *International Journal of Maritime History* 4, no. 1 (1992): 1-41.

_____. "De Chinese stoomvaart in de Indische archipel." *Jambatan: Tijdschrift voor de geschiedenis van Indonesië* 2, no. 2 (1984):1-10.

_____. *Koninklijke Paketvaart Maatschappij: Stoomvaart en staatsvorming in de Indonesische archipel 1888-1914*. Hilversum: Verloren, 1992.

_____. "Indonesia as Maritime State." Paper presented at the First International Conference on Indonesian Maritime History: The Java Sea Region in an Age of Transition 1870-1970, Semarang, 1-4 December (1999).

_____. "Een maritime BB: De rol van de Koninklijke Paketvaart Maatschappij in de integratie van de koloniale staat." In *Imperialisme in de marge: De afronding van Nederlands-Indië*, edited by J. van Goor, 123-77. Utrecht: HES, 1985.

_____. "Perahu Shipping in Indonesia 1870-1914." *Review of Indonesian and Malaysian Affairs* 27 (1993): 33-60.

_____. "Steam Navigation and State Formation." In *The Late Colonial State in Indonesia: Political and Economic Foundations of the Netherlands Indies 1880-1942*, edited by Robert Cribb, 11-29. Leiden: KITLV Press, 1994.

Cañizares-Esguerra, Jorge, and Erik R. Seeman, eds. *The Atlantic in Global History, 1500-2000*, 2nd ed. New York: Routledge, 2018.

Capelli, Cristian, et al. "A Predominantly Indigenous Paternal Heritage for the Austronesian-Speaking Peoples of Insular Southeast Asia and Oceania." *American Journal of Human Genetics* 68, no. 2 (2001): 432-43.

Cardwell, D. S. L. *Turning Points in Western Technology: A Study of Technology, Science, and History*. New York: Neale Watson 1972.

Carey, Peter. "Changing Javanese Perceptions of the Chinese Communities in Central Java, 1755-1825." *Indonesia* 37 (1984): 1-47.

Carioti, Patrizia. "The Zhengs' Maritime Power in the International Context of the Seventeenth Century Far Eastern Seas: The Rise of a 'Centralized Piratical Organization' and Its Gradual Development into an Informal State." *Ming Qing Yanjiu* 5, no. 1 (1996): 29-67.

Carney, Judith A. *Black Rice: The African Origins of Rice Cultivation in the Americas*.

Cambridge: Harvard University Press, 2002.

Carreira, Ernestine. "Les francais et le commerce du cafe dans l'Ocean Indien au XVIIIe siecle." In *Le Commerce du café avant l'ere des plantations coloniales: Espaces, réseaux, sociétés (XVe-XIXe siècle)*, edited by Michel Tuchscherer, 333-37. Cairo: Institut Francais d'Archeologie Orientale, 2001.

Cartier, Michel. "The Chinese Perspective on Trade in the Indian Ocean." In *Asian Merchants and Businessmen in the Indian Ocean and the China Sea*, edited by Denys Lombard and Jan Aubin, 121-24. Oxford: Oxford University Press, 2000.

————. "La vision chinoise des étrangers: Réflexions sur la constitution d'une pensee anthropologique." In *Asia Maritima: Images et réalité: Bilder und Wirklichkeit 1200-1800*, edited by Denys Lombard and Roderich Ptak, 63-77. Wiesbaden: Harrassowitz Verlag, 1994.

————. "La vision chinoise du monde: Taiwan dans la litterature geographique ancienne." In *Appréciation par l'Europe de la tradition chinoise: A partir du XVIIe siecle; Actes du IIIe Colloque international de sinologie, 11-14 septembre 1980*, Centre de recherches interdisciplinaire de Chantilly (CERIC), 1-12. Paris, 1983.

Cartwright, David E. "Tonkin Tides Revisited." *The Royal Society* 57, no. 2 (2003), https://doi.org/10.1098/rsnr.2003.0201.

Casale, Giancarlo. *The Ottoman Age of Exploration.* New York: Oxford University Press, 2010.

Casale, Giancarlo, Carla Rahn Phillips, and Lisa Norling. "Introduction to 'The Social History of the Sea.' " *Journal of Early Modern History* 14, nos. 1-2 (Special Issue, 2010): 1-7.

Casino, Eric. *Mindanao Statecraft and Ecology: Moros, Lumads, and Settlers across the Lowland-Highland Continuum.* Cotabato: Notre Dame University, 2000.

Castells, M. *The Urban Question: A Marxist Approach.* London: Edward Arnold, 1979.

Castillo, Gelia. *Beyond Manila: Philippine Rural Problems in Perspective.* Ottawa: International Development Research Center, 1980.

Catellacci, D. "Curiose notizie di anonimo viaggiatore fiorentino all'Indie nel secolo XVII." *Archivio Storico Italiano* 28, no. 223 (1901) 120-29.

Cator, W. J. *The Economic Position of the Chinese in the Netherlands Indies.* Oxford: Basil Blackwell, 1936.

Catz, Rebecca D., trans. and ed. *The Travels of Mendes Pinto / Fernao Mendes Pinto.* Chicago: University of Chicago Press, 1989.

Cense, A. A. "Makassarsche-Boeginese paruwvaart op Noord-Australie." *Bijdragen tot de Taal-Land-en Volkenkunde* 108 (1952): 248-65.

Chaffee, John. *Muslim Merchants of Pre-Modern China: The History of a Maritime Asian Trade Diaspora, 750-1400.* Cambridge: Cambridge University Press, 2018.

Chaiklin, Martha. *Cultural Commerce and Dutch Commercial Culture: The Influence of*

European Material Culture on Japan, 1700-1850. Leiden: CNWS, 2003.

Chaiklin, Martha, Philip Gooding, and Gwyn Campbell, eds. *Animal Trade Histories in theIndian Ocean World*. London: Palgrave Series in the Indian Ocean World, 2020.

Chakravati, N. R. *The Indian Minority in Burma: The Rise and Decline of an Immigrant Community*. London: Oxford University Press, 1985.

Chandra, Savitri. "Sea and Seafaring as Reflected in Hindi Literary Works During the 15th to 18th Centuries." In *Mariners, Merchants, and Oceans: Studies in Maritime History*, edited by K. S. Mathew, 84-91. Pondicherry: Pondicherry University, 1990.

Chang, David A. *The World and All the Things upon It: Native Hawaiian Geographies of Exploration*. Minneapolis: University of Minnesota Press, 2016.

Chang, Kuei-sheng. "The Ming Maritime Enterprise and China's Knowledge of Africa prior to the Age of Great Discoveries." *Terrae Incognitae* 3, no. 1 (1971): 33-44.

Chang, Pin-tsun. "Maritime China in Historical Perspective." *International Journal of Maritime History* 4, no. 2 (1992): 239-55.

_____. "The Sea as Arable Fields: A Mercantile Outlook on the Maritime Frontier of Late Ming China." In *The Perception of Space in Traditional Chinese Sources*, edited by Angela Schottenhammer and Roderich Ptak, 17-26. Wiesbaden: Harrassowitz Verlag, 2006.

Chang Wen-Chin. "Guanxi and Regulation in Networks: The Yunnanese Jade Trade Between Burma and Thailand." *Journal of Southeast Asian Studies* 35, no. 3 (2004): 479-501.

Chappell, David A. *Double Ghosts: Oceanian Voyagers on Euroamerican Ships*. New York: M. E. Sharpe, 1997.

Chapelle, H. M. La. "Bijdrage tot de kennis van het stoomvaartverkeer in den Indischen Archipel." *De Economist* 2 (1885): 689-90.

Chaudhuri, K. N. *Trade and Civilisation in the Indian Ocean: An Economic History from the Rise of Islam to 1750*. Cambridge: Cambridge University Press, 1985.

Chemillier-Gendreau, Monique. *Sovereignty over the Paracel and Spratly Islands*. Leiden: Springer, 2000.

Chen Dasheng and Denys Lombard. "Foreign Merchants in Maritime Trade in Quanzhou ('Zaitun'): Thirteenth and Fourteenth Centuries." In *Asian Merchants and Businessmen in the Indian Ocean and South China Sea*, edited by Denys Lombard and Jan Aubin, 19-24. Oxford: Oxford University Press, 2000.

Cheng Lim Keak. "Chinese Clan Associations in Singapore: Social Change and Continuity." In *Southeast Asian Chinese: The Socio-Cultural Dimension*, edited by Leo Suryadinata, 67-77. Singapore: Times Academic Press, 1995.

_____. "Reflections on Changing Roles of Chinese Clan Associations in Singapore." *Asian Culture* (Singapore) 14 (1990): 57-71.

Cheong, W. E. *The Hong Merchants of Canton: Chinese Merchants in Sino-Western*

Trade, Richmond, Surrey: Curzon, 1997.

Chew, Daniel. *Chinese Pioneers on the Sarawak Frontier (1841-1941)*. Singapore: Oxford University Press, 1990).

Chew, Ernest, and Edwin Lee, eds. *A History of Singapore*. Singapore: Oxford University Press, 1991.

Chiang, Hai Ding. *A History of Straits Settlements Trade (1870-1915)*. Singapore: Memoirs of the National Museum, 1978.

Chin, James K. "Merchants, Smugglers, and Pirates: Multinational Clandestine Trade on the South China Coast, 1520-50." In *Elusive Pirates, Pervasive Smugglers: Violence and Clandestine Trade in the Greater China Seas*, edited by Robert J. Antony, 43-57. Hong Kong: Hong Kong University Press, 2010.

Chin, James Kong. "The Junk Trade between South China and Nguyen Vietnam in the Late Eighteenth and Early Nineteenth Centuries." In *Water Frontier: Commerce and the Chinese in the Lower Mekong Region, 1750-1880*, edited by Nola Cooke and Tana Li, 53-70. Lanham: Rowman & Littlefield, 2004.

Chirapravati, Pattaratorn. *The Votive Tablets in Thailand: Origins, Styles, and Usages*. Oxford: Oxford University Press, 1999.

Chirot, Daniel, and Anthony Reid, eds. *Essential Outsiders: Chinese and Jews in the Modern Transformation of Southeast Asia and Central Europe*. Seattle: University of Washington Press, 1997.

Chittick, Neville. *Kilwa: An Islamic Trading City on the East African Coast*. Nairobi: British Institute in Eastern Africa, 1974.

Choi, Byung Wook. "The Nguyen Dynasty's Policy toward Chinese on the Water Frontier in the First Half of the Nineteenth Century." In *Water Frontier: Commerce and the Chinese in the Lower Mekong Region, 1750-1880*, edited by Nola Cooke and Tana Li, 85-100. Lanham: Rowman & Littlefield, 2004.

Choi, Chong Jui. "Contract Enforcement across Cultures." *Organization Studies* 15, no. 5 (1994): 673-82.

Chouvy, Pierre-Arnoud. *An Atlas of Trafficking in Southeast Asia: The Illegal Trade in Arms, Drugs, People, Counterfeit Goods, and Natural Resources in Mainland Southeast Asia*. London: Bloomsbury, 2013.

Chua Beng Huat. "Singapore as Model: Planning Innovations, Knowledge Experts." In *Worlding Cities: Asian Experiments and the Art of Being Global*, edited by Ananya Roy and Aihwa Ong, 29-54. London: Blackwell, 2011.

Chutintaranond, Sunait. "Mergui and Tenasserim as Leading Port Cities in the Context of Autonomous History." In *Port Cities and Trade in Western Southeast Asia* [Anon.], 1-14. Bangkok: Institute of Asian Studies, Chulalongkorn University, 1998.

Cipolla, Carlo. *Guns, Sails, and Empires: Technological Innovation and the Early Phases of European Expansion 1400-1700*. New York: Pantheon, 1965.

Clark, Hugh R. "Frontier Discourse and China's Maritime Frontier: China's Frontiers and the Encounter with the Sea through Early Imperial History." *Journal of World History* 20, no. 1 (2009): 1-33.

Clegg, Stewart, and S. Gordon Redding, eds. *Capitalism in Contrasting Cultures*. Berlin: De Gruyter, 1990.

Clements, John. *Coxinga and the Fall of the Ming Dynasty*. Phoenix Mill: Sutton Publishing, 2005.

Clulow, Adam. *The Company and the Shogun: The Dutch Encounters with Tokugawa Japan*. New York: Columbia University, 2013.

Coates, W. H. *The Old Country Trade of the East Indies*. London: Imray, Laurie, Nurie, and Wilson, 1911.

Cochran, Sherman. *Encountering Chinese Networks: Western, Japanese, and Chinese Corporations in China, 1880-1937*. Berkeley: University of California Press, 2000.

Coedes, Georges. *The Indianized States of Southeast Asia*. Honolulu: East-West Press, 1968.

Coen, Jan Pietersz. *Bescheiden omtremt zijn bedrif in Indië*. 4 volumes, edited by H. T. Colbrander. The Hague: Martinus Nijhoff, 1919-22.

Cohen, A. "Cultural Strategies in the Organization of Trading Diasporas." In *The Development of Indigenous Trade and Markets in West Africa*, edited by C. Meillassoux, 266-80. London: Oxford University Press, 1971.

Condominas, Georges. *We Have Eaten the Forest: The Story of a Montagnard Village in the Central Highlands of Vietnam*. New York: Hill & Wang, 1977.

Conrad, Joseph. *An Outcast of the Islands*. Oxford, Oxford University Press Reprints, 1992.

Cook, Kealani. *Return to Kahiki: Native Hawaiians in Oceania*. New York: Cambridge University Press, 2018.

Cooke, Nola. "Chinese Commodity Production and Trade in Nineteenth-Century Cambodia: The Fishing Industry." Paper presented to the Workshop on Chinese Traders in the Nanyang: Capital, Commodities and Networks, 19 Jan. 2007. Taipei, Taiwan: Academica Sinica:.

Cooke, Nola, and Tana Li, eds. *Water Frontier: Commerce and the Chinese in the Lower Mekong Region, 1750-1880*. Lanham: Rowman & Littlefield, 2004.

Coolhaas, W. Ph., ed. *Generale missiven van gouverneurs-generaal en raden aan heren XVII der Verenigde Oostindische Compagnie* [multivolume]. 's-Gravenhage: Martinus Nijhoff, 1960.

Cooper, Frederick. *From Slaves to Squatters: Plantation Labor and Agriculture in Zanzibar and Coastal Kenya, 1890-1925*. New Haven: Yale University Press, 1980.

Coops, P. C. "Nederlandsch Indies zeekaarten." *Nederlandsche Zeewezen* 3 (1904).

Corn, Charles. *The Scents of Eden: A History of the Spice Trade.* New York: Kodansha, 1999.

Cort, Louise Allison. "Vietnamese Ceramics in Japanese Contexts." In *Vietnamese Ceramics, A Separate Tradition,* edited by John Stevenson and John Guy. Michigan: Art Media Resources, 1994; repr. Chicago: Art Media Resources, 1997.

Cowley, Robert, ed. *What If? The World's Foremost Military Historians Imagine What Might Have Been.* New York: Berkley Publishing, 2000.

Crampton, Jeremy W. "Maps as Social Constructions: Power, Communication and Visualization." *Progress in Human Geography* 25, no. 2 (2001): 235-52.

Crampton, Jeremy W., and John Krygier. "An Introduction to Critical Cartography." *ACME: An International E-Journal for Critical Geographies* 4, no. 1 (2006): 11-33.

Crawfurd, John. *History of the Indian Archipelago.* Volume III. London: Cass, 1820; repr. 1967.

_____. *Journal of an Embassy from the Governor General of India to the Courts of Siam and Cochin-China.* London: Henry Colburn, 1828; Oxford Historical Reprints, 1967.

Cribb, Robert. *The Late Colonial State in Indonesia: Political and Economic Foundations of the Netherlands Indies, 1880-1942.* Leiden: KITLV Press, 1994.

_____. "Political Structures and Chinese Business Connections in the Malay World: A Historical Perspective." In *Chinese Business Networks,* edited by Chan Kwok Bun. Singapore: Prentice Hall, 2000.

Cristalis, Irena. *Bitter Dawn: East Timor, a People's Story.* London: Zed Books, 2002.

Cubitt, Sean. "Electric Light and Electricity." *Theory, Culture and Society* 30, nos. 7/8 (2013): 309-23.

Cunliffe, Barry. *By Steppe, Desert, and Ocean: The Birth of Eurasia.* Oxford: Oxford University Press, 2015.

Curtin, P. D. *Cross-Cultural Trade in World History.* Cambridge: Cambridge University Press, 1984.

Cushman, Jennifer. *Fields from the Sea: Chinese Junk Trade with Siam during the Late 18th and Early 19th Centuries.* Ithaca: Cornell University Southeast Asia Program, 1993.

Cushman, J. W. "The Khaw Group: Chinese Business in the Early Twentieth-Century Penang." *Journal of Southeast Asian Studies* 17, no. 1 (1986): 58-79.

Daguenet, Roger. *Histoire de la Mer Rouge.* Paris: L'Harmattan, 1997.

_____. *Aux origines de l'implantation français en Mer Rouge: Vie et mort d'Henri Lambert, consul de France a Aden, 1859.* Paris: L'Harmattan, 1992.

Dallmeyer, Dorinda, and Louis DeVorsey. *Rights to Oceanic Resources: Deciding and Drawing Maritime Boundaries.* Dordrecht: Martinus Nijhoff, 1989.

Dalrymple, Alexander. "An Account of Some Nautical Curiosities at Sooloo." In *Historical*

Collection of Several Voyages and Discoveries in the South Pacific Ocean. Volume I, edited by Alexander Dalrymple, 1-14. London: Ale, 1770.

_____. *Oriental Repertory.* Volume II. London: George Bigg, 1808.

_____. *A Plan for Extending the Commerce of this Kingdom, and of the East-India-Company.* London (Printed for the Author), 1769.

Damais, Louis-Charles. "L'epigraphie musulmane dans le sud-est asiatique." *Befeo* 54 (1968): 567-604.

_____. "Etudes d'epigraphie indonesienne III." *Befeo* 46 (1952): 1-105.

_____. "Etudes sino-indonesiennes I: Quelques titres javanais de l'epoque des Song." *Befeo* 50 (1960): 1-29.

_____. "Etudes sino-indonesiennes III: La transcription chinoise *Ho-ling* comme designation de Java." *Befeo* 52 (1964): 93-141.

Dars, J. "Les jonques chinoises de haute mer sous les Song et les Yuan." *Archipel* 18 (1979): 41-56.

Das Gupta, Ashin. *Merchants of Maritime India: Collected Studies, 1500-1800.* Ashgate: Variorum, 1994.

Datta, Rajat. "Merchants and Peasants: A Study of the Structure of Local Trade in Grain in Late Eighteenth Century Bengal." In *Merchants, Markets, and the State in Early Modern India*, edited by Sanjay Subrahmanyam, 139-62. Delhi: Oxford University Press, 1990.

Day, Tony. *Fluid Iron: State Formation in Southeast Asia.* Honolulu: University of Hawai'i Press, 2002.

De Goeje, C. H. *De Kustverlichting in Nederlandsch-Indië.* Batavia, 1913.

de Souza, Philip. *Seafaring and Civilization: Maritime Perspectives on World History.* London: Profile Books, 2001.

Defremery, C., and B. R. Sanguinetti. *Les voyages d'Ibn Batoutah.* Volume II. Paris: Societe arabic, 1854.

Deshima Dagregisters. Volumes XI (1641-50) and XII (1651-60), edited by Cynthia Vialle and Leonard Blusse. Leiden: Intercontinenta 23 & 25, 2001 & 2005.

Delgado, James. *Khublai Khan's Lost Fleet.* Berkeley: University of California Press, 2010.

D'Elia, Pasquale M. *Galileo in Cina: Relazioni attraverso il Collegio Romano tra Galileo e i gesuiti scienziati missionari in Cina (1610-1640).* Rome: Serie Facultatis Missologicae, Sectio A, no. 1, 1947.

D'Elia, P. M., ed. *Fonti Ricciane: Documenti originali concernenti Matteo Ricci e la storia delle prime relazioni tra l'Europa e la Cina (1579-1615).* Volume I. Rome: Librerio dello Stato, 1942.

Dening, Greg. *Islands and Beaches: Discourse on a Silent Land; Marquesas 1774-1880.* Chicago: Dorsey Press, 1980.

Dest, P. van. *Banka beschreven in reistochten*. Amsterdam, 1865.

Dewan Pimpinan Pusat INSA. *Melangkah Laju Menerjang Gelombang: Striding along Scouring the Seas*. Jakarta, 1984.

Dewan Redaksi Puspindo. *Sejarah pelayaran niaga di Indonesia Jilid 1: Pra sejarah hingga 17 Agustus 1945*. Jakarta: Yayasan Puspindo, 1990.

Dg Tapala La Side. "L'expansion du royaume de Goa et sa politique maritime aux XVIe et XVIIe siecles." *Archipel* 10 (1975): 159-72.

Dhakidae, Daniel. *Aceh, Jakarta, Papua: Akar permasalahan dan alternatif proses penyelsaian konflik*. Jakarta: Yaprika, 2001.

Dhiravat na Pombejra. "Ayutthaya at the End of the Seventeenth Century: Was There a Shift to Isolation?" In *Southeast Asia in the Early Modern Era: Trade, Power, and Belief*, edited by Anthony Reid, 250-72. Ithaca: Cornell University Press, 1993.

————. "Port, Palace, and Profit: An Overview of Siamese Crown Trade and the European Presence in Siam in the Seventeenth Century." In [Anon.], *Port Cities and Trade in Western Southeast Asia*, 65-84. Bangkok: Institute of Asian Studies, Chulalongkorn University, 1998.

Dick, Howard. "Indonesian Economic History Inside Out." *RIMA* 27 (1993): 1-12.

————. "Japan's Economic Expansion in the Netherlands Indies between the First and Second World Wars." *Journal of Southeast Asian Studies* 20, no. 2 (1989): 244-72.

Dijk, C. van. "Java, Indonesia, and Southeast Asia: How Important Is the Java Sea?" In *Looking in Odd Mirrors: The Java Sea*, edited by Vincent Houben, Hendrik Meier, and Willem van der Molen, 289-301. Leiden: Culturen van Zuidoost-Asie en Oceanie, 1992.

Dijk, L. C. D. van. *Neerlands vroegste betrekkingen met Borneo, den Solo Archipel, Cambodja, Siam en Cochinchina*. Amsterdam: J. H. Scheltema, 1862.

Dijk, Wil O. *Seventeenth-Century Burma and the Dutch East India Company, 1634-1680*. Singapore: Singapore University Press, 2006.

Ding, Chiang Hai. *A History of Straits Settlements Foreign Trade, 1870-1915*. Singapore: Memoirs of the National Museum 6, 1978.

Dinh, Khac Thuan. "Contribution a l'histoire de la Dynastie des Mac au Viet Nam." PhD dissertation, Universite de Paris, 2002.

Dirlik, Arif. "Critical Reflections on 'Chinese Capitalism' as Paradigm." *Identities* 3, no. 3 (1997): 303-30.

Disney, Anthony. *A History of Portugal and the Portuguese Empire*. 2 volumes, especially volume 2. Cambridge: Cambridge University Press, 2009.

Dixon, J. M. "Voyage of the Dutch Ship 'Groll' from Hirado to Tongking." *Transactions of the Asiatic Society of Japan* XI (Yokohama, 1883): 180-216.

Dobbin, C. "From Middleman Minorities to Industrial Entrepreneurs: The Chinese in Java and the Parsis in Western India 1619-1939." *Itinerario* 13, no. 1 (1989): 109-32.

Dobbin, Christine. *Asian Entrepreneurial Minorities: Conjoint Communities in the Making of the World-Economy, 1570-1940.* London: Curzon, 1996.

Doel, H. W. van den. "De ontwikkeling van het militaire bestuur in Nederlands-Indie: De Officier-Civiel Gezaghebber, 1880-1942." *Mededeelingen van de Sectie Militaire Geschiedenis* 12 (1989): 27-50.

Donohue, Mark, and Tim Denham. "Farming and Language in Island Southeast Asia: Reframing Austronesian History. *Current Anthropology* 51-52 (2010): 223-56.

Dreyer, Edward J. *Zheng He: China and the Oceans in the Early Ming Dynasty, 1405-1433.* New York: Pearson Longman, 2007.

Dutton, George. *The Tay Son Uprising: Society and Rebellion in Eighteenth-Century Vietnam.* Honolulu: University of Hawai'i Press, 2006.

_____. *A Vietnamese Moses: Philippe Binh and the Geographies of Early Modern Capitalism.* Berkeley: University of California Press, 2016.

Dy, Al Tyrone B., ed. *SWS Surveybook of Muslim Values, Attitudes, and Opinions, 1995-2000.* Manila: Social Weather Stations, 2000.

Dyke, Paul van. *The Canton Trade: Life and Enterprise on the China Coast, 1700-1845.* Hong Kong: Hong Kong University Press, 2007.

_____. *Merchants of Canton and Macao: Politics and Strategies in Eighteenth Century Chinese Trade.* Hong Kong: Hong Kong University Press, 2011.

Ebing, Ewald. *Batavia-Jakarta, 1600-2000: A Bibliography.* Leiden: KITLV Press, 2000.

Edensor, Tim. *From Light to Dark: Daylight, Illumination and Gloom.* Minneapolis: Minnesota University Press, 2017.

_____. "Light Design and Atmosphere." *Journal of Visual Communication* 14, no. 3 (2015): 331-50.

_____. "Reconnecting with Darkness: Gloomy Landscapes, Lightless Places." *Social and Cultural Geography* 14, no. 4 (2013): 446-65.

Edney, Matthew. "The Ideologies and Practices of Mapping and Imperialism." In *Social History of Science in Colonial India,* edited by S. Irfan Habib and Dhruv Raina, 25-68. New Delhi: Oxford University Press, 2007.

Edwards, Penny. *Cambodge: The Cultivation of a Nation.* Honolulu: University of Hawai'i Press, 2007.

Edwards, Randle. "Ch'ing Legal Jurisdiction over Foreigners." In *Essays on China's Legal Tradition,* edited by Jerome Cohen, Fu-Mei Chang Chin, and R. Randle Edwards, 222-69. Princeton, Princeton University Press, 1980.

Eitzen, D. S. "Two Minorities: The Jews of Poland and the Chinese of the Philippines." *Jewish Journal of Sociology* 10, no. 2 (1968): 221-40.

Elden, Stuart. "Contingent Sovereignty, Territorial Integrity and the Sanctity of Borders." *SAIS Review* 26, no. 1 (2006): 11-24.

Elkin, Jennifer. "Observations of Marine Animals in the Coastal Waters of Western Brunei

Darussalam." *Brunei Museum Journal* 7, no. 4 (1992): 74-80.

Ellen, Roy. "Environmental Perturbation, Inter-Island Trade, and the Relocation of Production along the Banda Arc; or, Why Central Places Remain Central." In *Human Ecology of Health and Survival in Asia and the South Pacific*, edited by Tsuguyoshi Suzuki and Ryutaro Ohtsuka, 35-62. Tokyo: University of Tokyo Press, 1987.

————. *On the Edge of the Banda Zone: Past and Present in the Social Organization of a Moluccan Trading Network.* Honolulu: University of Hawai'i Press, 2003.

Emmerson, Donald. "Security and Community in Southeast Asia: Will the Real ASEAN Please Stand Up?" In *International Relations of the Asia-Pacific.* Stanford, CA: Shorenstein Asia-Pacific Research Center, 2005.

Esherick, Joseph. *The Origins of the Boxer Rebellion.* Berkeley: University of California Press, 1987.

Evers, H. D. "Chettiar Moneylenders in Southeast Asia." In *Marchands et hommes d'affaires asiatiques dans l'Océan Indien et la Mer de Chine 13e-20e siecles*, edited by D. Lombard and J. Aubin, 199-219. Paris, Editions de l'Ecole des Hautes Etudes en Sciences Sociales, 1987.

Evers, Hans-Dieter, and Rudiger Korff. *Southeast Asian Urbanism: The Meaning and Power of Social Space.* Singapore: ISEAS, 2000.

Fasseur, C. "Cornerstone and Stumbling Block: Racial Classification and the Late Colonial State in Indonesia." In *The Late Colonial State in Indonesia: Political and Economic Foundations of the Netherlands Indies 1880-1942*, edited by Robert Cribb, 31-57. Leiden: KITLV Press, 1994.

Fawaz, Leila Tarazi, and C. A. Bayly, eds. *Modernity and Culture: From the Mediterranean to the Indian Ocean.* New York: Columbia University Press, 2002.

Feener, Michael, and Terenjit Sevea, eds. *Islamic Connections: Muslim Societies in South and Southeast Asia.* Singapore: SIEAS Press, 2009.

Fernandez-Armesto, Felipe. "Maritime History and World History." In *Maritime History as World History*, edited by Daniel Finamore, 7-24. Gainesville: University Press of Florida, 2004.

Fernando, M. R., and David Bulbeck. *Chinese Economic Activity in Netherlands India: Selected Translations from the Dutch.* Singapore: ISEAS, 1992.

Ferrand, Gabriel. *Essai de phonétique comparée du malaise et des dialectes malgaches.* Paris: Paul Guenther, 1909.

————. "Madagascar et les iles Uaq-uaq." *Journal Asiatique* 10, no. 3 (1904): 489-509.

————. "Les voyages des Javanais a Madagascar." *Journal Asiatique* 10, no. 15 (1910): 281-330.

Filesi, Teobaldo. "I viaggi dei Cinesi in Africa nel medioevo." *Africa: Rivista trimestrale di studi e documentazione dell'Istituto italiano per l'Africa e l'Oriente* 16, no. 6 (1961): 275-88.

Fillmore, Stanley. *The Chartmakers: The History of Nautical Surveying in Canada.* Toronto: Canadian Hydrographic Service, 1983.

Finamore, Daniel, ed. *Maritime History as World History.* Gainesville: University Press of Florida, 2004.

Findlay, Alexander. *A Description and List of the Lighthouses of the World.* London: R. H. Laurie, 1861.

Floor, Willem. *The Persian Gulf: A Political and Economic History of Five Port Cities, 1500-1730.* Washington, DC: Mage Publishers, 2006.

Flynn, Thomas. "Foucault and the Eclipse of Vision." In *Modernity and the Hegemony of Vision*, edited by David Michael Levin, 273-86. Berkeley: University of California Press, 1993.

Ford, James. "Buddhist Materiality: A Cultural History of Objects in Japanese Buddhism." *Journal of Japanese Studies* 35, no. 2 (2009): 368-73.

Ford, Michele, Lenore Lyons, and Willem van Schendel, eds. *Labour Migrations and Human Trafficking in Southeast Asia: Critical Perspectives.* London: Routledge, 2014.

Forest, Alain. "L'Asie du sud-est continentale vue de la mer." In *Commerce et navigation en Asie du Sud-est (XIVe-XIXe siecles)*, edited by Nguyễn Thế Anh and Yoshiaki Ishizawa, 7-30. Paris: L'Harmattan, 1999.

_____. *Les missionaires français au Tonkin et au Siam, XVIIe-XVIIIe siecles: Analyse comparée d'un relatif succes et d'un total échec.* Volume 2: *Histoires du Tonkin.* Paris: l'Harmattan, 1998.

Forrest, Thomas. *A Voyage to New Guinea and the Moluccas from Balambangan: Including an Account of Magindano, Sooloo, and Other Islands.* London: G. Scott, 1779.

Fox, Robert. "The Catalangan Excavations." *Philippine Studies* 7, no. 3 (1959): 325-90.

Frake, Charles. "The Cultural Constructions of Rank, Identity, and Ethnic Origin in the Sulu Archipelago." In *Origins, Ancestry, and Alliance: Explorations in Austronesian Ethnography*, edited by James Fox and Clifford Sather. Canberra, Australia: National University Publication of the Research School of Pacific and Asian Studies, 1996.

Francalanci, G., and T. Scovazzi. *Lines in the Sea.* Dordrecht: Martinus Nijhoff, 1994.

Francis, E. "Timor in 1831." *TNI* 1, no. 1 (1838): 353-69.

Frank, Andre Gunder. *ReOrient: Global Economy in the Asian Age.* Berkeley: University of California Press, 1998.

Frank, Wolfgang, and Chen Tieh Fan. *Chinese Epigraphic Matrials in Malaysia.* 3 volumes. Kuala Lumpur: University of Malaya Press, 1982-87.

Frassen, Chris van. "Ternate, de Molukken and de Indonesische Archipel." 2 volumes. PhD thesis. Leiden University, 1987.

Freedman, Paul. *Out of the East: Spices and the Medieval Imagination.* New Haven: Yale

University Press, 2008.

Freeman-Grenville, G. S. P. *The East African Coast: Select Documents from the First to the Earlier Nineteenth Century.* Oxford: Clarendon Press, 1962.

Friend, Theodore. *Indonesian Destinies.* Cambridge: Harvard University Press, 2003.

Fry, Howard. *Alexander Dalrymple and the Expansion of British Trade.* London: Cass, for the Royal Commonwealth Society Imperial Studies 29, 1970.

Fu, Shen. *Fu Sheng Liu Chi: Six Records of a Floating Life.* Translated and with Introduction by Chiang Su-hui and Leonard Pratt. Harmondsworth, Middlesex: Penguin Books, 1983.

Fuller, Dorian, Nicole Boivin, Tom Hodgervorst, and Robin Allaby. "Across the Indian Ocean: The Prehistoric Movement of Plants and Animals." *Antiquity* (June 2011): 544-58.

Fukuda, Shozo. *With Sweat and Abacus: Economic Roles of the Southeast Asian Chinese on the Eve of World War II.* Edited by George Hicks; translated by Les Oates. Singapore: Select Books, 1995.

Furber, Holden. *Private Fortunes and Company Profits in the India Trade in the 18th Century.* Aldershot: Variorum, 1997.

Furnivall, John. *The Fashioning of Leviathan: The Beginnings of British Rule in Burma,* edited by Gehan Wijeyewardene. Canberra: Department of Anthropology, Research School of Pacific Studies, ANU, 1991.

Gaastra, Femme. *Bewind en beleid bij de VOC, 1672-1702.* Amsterdam: Walburg, 1989.

――――. *The Dutch East India Company, Expansion and Decline.* Zutphen: Walburg Pers, 2003.

――――. "Geld tegen goederen: Een structurele verandering in het Nederlands-Aziatisch handelsverkeer." *Bijdragen en mededelingen betreffende de geschiedenis der Nederlanden* 91, no. 2 (1976): 249-72.

Gallagher, J., and R. Robinson. "The Imperialism of Free Trade." *Economic History Review* 1, no. 1 (1953): 1-15.

Gaynor, Jennifer. *Intertidal History in Island Southeast Asia: Submerged Genealogy and the Legacy of Coastal Capture.* Ithaca: Cornell University Press, 2016.

――――. "Maritime Ideologies and Ethnic Anomalies: Sea Space and the Structure of Subalternality in the Southeast Asian Littoral." In *Seascapes: Maritime Histories, Littoral Cultures, and Transoceanic Exchanges,* edited by Jerry H. Bentley, Renate Bridenthal, and Karen Wigen, 53-68. Honolulu: University of Hawai'i Press, 2007.

Geertz, Clifford, *Agricultural Involution.* Berkeley: University of California Press, 1963.

Gerritsen, Anne. "From Long-Distance Trade to the Global Lives of Things: Writing the History of Early Modern Trade and Material Culture." *Journal of Early Modern History* 20, no. 6 (2016): 526-44.

Gibson-Hill, C. A. "The Indonesian Trading Boat Reaching Singapore." *Royal Asiatic*

Society, Malaysian Branch 23 (February 1950).

Ghosh, Durba. *Sex and the Family in Colonial India: The Making of Empire.* New York: Cambridge University Press, 2006.

Gilbert, Erik. *Dhows and the Colonial Economy of Zanzibar, 1860-1970.* Athens, OH: Ohio University Press, 2004.

Gilroy, Paul. *The Black Atlantic: Modernity and Double Consciousness.* Cambridge: Harvard University Press, 1993.

Gipouloux, Francois. *The Asian Mediterranean: Port Cities and Trading Networks in China, Japan and Southeast Asia, 13th-21st Century.* Translated by Jonathan Hall and Dianna Martin. Cheltenham, UK: Edward Elgar, 2011.

Giraldez, Arturo. *The Age of Trade: The Manila Galleons and the Dawn of the Global Economy.* Lanham: Rowman & Littlefield, 2015.

Glassman, Jonathan. *Feasts and Riot: Revelry, Rebellion, and Popular Consciousness on the Swahili Coast, 1856-1888.* London: Heinemann, 1995.

Godley, Michael R. "Chinese Revenue Farm Network: The Penang Connection." In *The Rise and Fall of Revenue Farming: Business Elites and the Emergence of the Modern State in Southeast Asia*, edited by John Butcher and Howard Dick, 89-99. Basingstoke: Macmillan and New York: St. Martin's Press, 1993.

Godley, Michael R. *The Mandarin-Capitalists from Nanyang: Overseas Chinese Enterprise in the Modernization of China, 1893-1911.* Cambridge: Cambridge University Press, 1981.

Gokhale, B. G. *Surat in the Seventeenth Century: A Study of the Urban History of Pre-Modern India.* Bombay: Popular Prakashan, 1979.

Gomez, Edmund Terence. *Chinese Business in Malaysia: Accumulation, Accommodation and Ascendance.* Richmond, UK: Curzon Press, 1999.

————. "In Search of Patrons: Chinese Business Networking and Malay Political Patronage in Malaysia." In *Chinese Business Networks*, edited by Chan Kwok Bun. Singapore: Prentice Hall, 2000.

Gomez, Edmund Terence, and Michael Hsiao. *Chinese Business in Southeast Asia: Contesting Cultural Explanations, Researching Entrepreneurship.* Richmond, Surrey: Curzon, 2001.

————, eds. *Chinese Enterprise, Trans-nationalism, and Identity.* London: Routledge, 2004.

Gommans, Jos, and Jacques Leider, eds. *The Maritime Frontier of Burma, Exploring Political, Cultural and Commercial Interaction in the Indian Ocean World, 1200-1800.* Leiden: KITLV Press, 2002.

Gonschor, Lorenz. *A Power in the World: The Hawaiian Kingdom in Oceania.* Honolulu: University of Hawai'i Press, 2019.

Goor, J. van. "A Madman in the City of Ghosts: Nicolaas Kloek in Pontianak." In *All of*

One Company: The VOC in Biographical Perspective (no author), 196-211. Utrecht: H & S Press, 1986.

Goor, Jurriaan van. "Imperialisme in de Marge?" In Jurriaan van Goor, *Imperialisme in de marge: De afronding van Nederlands-Indië*. Utrecht, 1986.

Gordon, Stewart. *When Asia Was the World*. Philadelphia: Da Capo, 2008.

Goscha, Christopher E. "La presence vietnamienne au royaume du Siam du XVIIeme siecle: Vers une perspective peninsulaire." In *Guerre et paix en Asie du sud-est*, 211-43. Paris: L'Harmattan, 1998.

Gosling, Betty, *Sukothai: Its History, Culture, and Art*. Oxford: Oxford University Press, 1991.

Gottesman, Evan. *Cambodia after the Khmer Rouge: Inside the Politics of Nation Building*. New Haven: Yale University Press, 2003.

Gowing, Peter. *Mandate in Moroland: The American Government of Muslim Filipinos, 1899-1920*. Dillliman: University of the Philippines Press, 1977.

_____. *Muslim Filipinos: Heritage and Horizon*. Quezon City: New Day Publishers, 1979.

Gowing, Peter, and Robert McAmis, eds. *The Muslim Filipinos*. Manila: Solidaridad Publishing, 1974.

Grahn, Lance, *The Political Economy of Smuggling: Regional Informal Economies in Early Bourbon New Granada*. Boulder, CO: Westview Press, 1997.

Gramberg, I. S. G. "Internationale Vuurtorens." *De Economist* 1 (1882): 17-30.

Gray, Sir John. *The British in Mombasa, 1824-1826*. London: Macmillan, 1957.

Green, Jeremy. "Maritime Aspects of History and Archaeology in the Indian Ocean, Southeast and East Asia." In *The Role of Universities and Research Institutes in Marine Archaeology: Proceedings of the Third Indian Conference of Marine Archaeology*, edited by S. R. Rao. Goa: National Institute of Oceanography, 1994.

Green, Jeremy, Rosemary Harper, and Sayann Prishanchittara. *The Excavation of the Ko Kradat Wrecksite Thailand, 1979-1980*. Perth: Special Publication of the Department of Maritime Archaeology, Western Australian Museum, 1981.

Green, Nile. *Bombay Islam: The Religious Economy of the West Indian Ocean 1840-1915*. Cambridge: Cambridge University Press, 2013.

Greene, Jack P., and Philip D. Morgan, eds. *Atlantic History: A Critical Appraisal*. New York: Oxford University Press, 2009.

Gregori, F. A. A. "Aantekeningen en beschouwingen betrekkelijk de zeerovers en hunn rooverijen in den Indischen Archipel, alsmede aangaande magindanao en de Soolo-Archipel." *TNI* 7, no. 2 (1845): 139-69.

Greif, Avner. *Institutions and the Path to the Modern Economy: Lessons from Medieval Trade*. Cambridge: Cambridge University Press, 2006.

Greif, Avner, Paul Milgrom, and Barry R. Weingast. "Coordination, Commitment, and

Enforcement: The Case of the Merchant Guild." *Journal of Political Economy* 102, no. 4 (1994): 745-76.

Gresh, Geoffrey. *To Rule Eurasia's Waves: The New Great Power Competition at Sea.* New Haven: Yale University Press, 2020.

Griffith, Robert and Carol Thomas, eds. *The City-State in Five Cultures.* Santa Barbara: ABC-Clio, 1981.

Griffiths, Arlo. "Written Traces of the Buddhist Past: Mantras and Dharais in Indonesian Inscriptions." *Bulletin of the School of Oriental and African Studies* 77, no. 1 (2014): 137-94.

Grijns, Kees, and Peter J. M. Nas. *Jakarta-Batavia: Socio-Cultural Essays.* Leiden: KITLV Press, 2000.

Groot, Cornelis de. *Herinneringen aan Blitong: Historisch, lithologisch, mineralogisch, geographisch, geologisch, en Mijnbouwkundig.* The Hague: H. L. Smits, 1887.

Groslier, B. Ph. "Angkor et le Cambodge au XVI siecle." *Annales du Musée Guimet.* Paris: PUF, 1958.

―――――. "La ceramique chinoise en Asie du Sud-est: Quelques points de methode." *Archipel* 21 (1981): 93-121.

Grosset-Grange, H. "Les procedes arabes de navigation en Ocean Indien au moment des grandes decouvertes." In *Sociétés et compagnies de commerce en Orient et dans l'Océan Indien*, edited by M. Mollat, 227-46. Paris: SEVPEN, 1970.

Guida, Donatella. *Immagini del Nanyang: Realta e stereotipi nella storiografia cinese verso la fine della dinastia Ming.* Naples: Istituto Universitario Orientale di Napoli, 1991.

Guillain, M., *Documents sur l'histoire, la geographie et le commerce de l'Afrique orientale.* Volume I. Paris, 1856.

Gunawan, Restu, I. Z. Leirissa, and Shalfiyanta. *Ternate Sebagai bandar Jalur Sutra.* Jakarta: Departemen Pendidikan dan Kebudayaan, Direktorat Sejarah dan Nilai Tradisional, Proyek Inventarisasi dan Dokumentasi Sejarah Nasional, 1999.

Gunn, Geoffrey. *History without Borders: The Making of an Asian World Region, 1000-1800.* Hong Kong: Hong Kong University Press, 2011.

―――――. *Overcoming Ptolemy: The Making of an Asian World Region.* Lexington: Rowman and Littlefield, 2018.

Gupta, Ashin Das. "India and the Indian Ocean in the Eighteenth Century." In *India and the Indian Ocean 1500-1800*, edited by Ashin Das Gupta and M. N. Pearson, 131-61. Calcutta: Oxford University Press, 1987.

―――――. *Merchants of Maritime India, 1500-1800.* Ashgate: Variorum, 1994.

―――――. "The Merchants of Surat, 1700-1750." In *Elites in South Asia*, edited by Edmund Leach and S. N. Mukherjee, 201-22. Cambridge: Cambridge University Press, 1970.

Gutem, V. B. van. "Tina Mindering: Eeninge aanteekenigen over het Chineeshe geldshietserswesen op Java." *Koloniale Studiën* 3, no. 1 (1919): 106–50.

Guy, John. "The Intan Shipwreck: A Tenth Century Cargo in Southeast Asian Waters." In *Song Ceramics: Art History, Archaeology and Technology*, edited by S. Pearson, 171–192. London: Percival David Foundation, 2004.

_____. *Lost Kingdoms: Hindu–Buddhist Sculpture of Early Southeast Asia*. New York and New Haven: Metropolitan Museum of Art and Yale University Press, 2018.

_____. "Vietnamese Ceramics from the Hoi An Excavation: The Cu Lau Cham Ship Cargo." *Orientations* 31, no. 7 (Sept. 2000): 125–28.

_____. "Vietnamese Ceramics in International Trade." In *Vietnamese Ceramics, A Separate Tradition*, edited by John Stevenson and John Guy, 47–61. Michigan: Art Media Resources, 1994; repr. Chicago: Art Media Resources, 1997.

Haan, F. de. *Oud Batavia*. Volume I. Batavia: Kolff, 1922.

Haellquist, Karl, ed. *Asian Trade Routes: Continental and Maritime*. London: Curzon Press, 1991.

Hall, Kenneth. *A History of Early Southeast Asia: Maritime Trade and Societal Development, 100–1500*. Lanham: Rowman & Littlefield, 2011.

_____. *Maritime Trade and State Development in Early Southeast Asia*. Honolulu: University of Hawai'i Press, 1985.

Hall, Kenneth, and John Whitmore, eds. *Explorations in Early Southeast Asian History: The Origins of Southeast Asian Statecraft*. Ann Arbor: University of Michigan, Center for South and Southeast Asian Studies, 1976.

Hall, Kenneth R. "Multi–Dimensional Networking: Fifteenth–Century Indian Ocean Maritime Diaspora in Southeast Asian Perspective." *JESHO* 49, no. 4 (2006): 454–81.

Hall, Richard. *Empires of the Monsoon: A History of the Indian Ocean and Its Invaders*. London: Harper Collins, 1996.

Hamashita, Takeshi. *China, East Asia, and the Global Economy: Regional and Historical Perspectives*. New York: Routledge, 2013.

_____. "The Intra–regional System in East Asia in Modern Times." In *Network Power: Japan and Asia*, edited by Peter J. Katzenstein and Takashi Shiraishi, 113–35. Ithaca, NY: Cornell University Press, 1997.

_____. "The Tribute Trade System and Modern Asia." Translated by Neil Burton and Christian Daniels. In Hamashita Takeshi, *China, East Asia and the Global Economy: Regional and Historical Perspectives*, edited by Linda Grove and Mark Selden, 12–26. London and New York: Routledge, 2008.

Hamilton, Gary. "The Organizational Foundations of Western and Chinese Commerce: A Historical Perspective and Comparative Analysis." In *Business Networks and Economic Development in East and Southeast Asia*, 48–65. Hong Kong: Centre of Asian Studies, University of Hong Kong, 1991.

_____, ed. *Business Networks and Economic Development in East and Southeast Asia.* Hong Kong: Centre of Asian Studies, University of Hong Kong, 1991.

Hane, Mikiso. *Peasants, Rebels, and Outcasts: The Underside of Modern Japan (1800-1940).* New York, Pantheon Books, 1982.

Hansen, Valerie. *The Open Empire: A History of China to 1600.* New York: Norton, 2000.

Hao, Yen-Ping. *The Commercial Revolution in Nineteenth Century China: The Rise of Sino-Western Capitalism.* Berkeley: University of California Press, 1986.

Harding, Harry. "The Concept of "Greater China: Themes, Variations and Reservations." *China Quarterly* 136 (December, 1993): 660-86.

Harlow, Barbara, and Mia Carter. *Imperialism and Orientalism: A Documentary Sourcebook.* Malden: Blackwell, 1999.

Harvey, Simon. *Smuggling: Seven Centuries of Contraband.* London: Reaktion Books, 2016.

Harms, Erik. *Luxury and Rubble: Civility and Dispossession in the New Saigon.* Berkeley: University of California Press, 2016.

_____. *Saigon's Edge: On the Margins of Ho Chi Minh City.* Minneapolis: University of Minneapolis Press, 2011.

Harper, Tim. *The End of Empire and the Making of Malaya.* Cambridge: Cambridge University Press, 1999.

_____. "Singapore, 1915, and the Birth of the Asian Underground." *Modern Asian Studies* 47 (2013): 1782-1811.

_____. *Underground Asia: Global Revolutionaries and the Overthrow of Europe's Empires in the East.* London: Allen Lane, 2019)

Harper, Tim, and Sunil Amrith, eds. *Sites of Asian Interaction: Ideas, Networks, and Mobility.* Cambridge: Cambridge University Press, 2014.

Harrison, Barbara. *Pusaka: Heirloom Jars of Borneo.* Singapore: Oxford University Press, 1986.

Hasselt, A. L. van. "De Poelau Toedjoeh." *TAG* 15 (1898), 21-22.

Hastrup, Kirsten, and Hastrup, Frida, eds. *Waterworlds: Anthropology and Fluid Environments.* New York: Berghahn Books, 2015.

Hau'ofa, Epeli. "Our Sea of Islands," *The Contemporary Pacific* 6, no. 1 (1994): 148-61.

_____. *We Are the Ocean: Selected Works.* Honolulu: University of Hawai'i Press, 2008.

Hawksley, Humphrey. *Asian Waters: The Struggle over the South China Sea and the Strategy of Chinese Expansion.* New York: Abrams, 2018.

Headrick, Daniel. *The Tentacles of Progress: Technology Transfer in the Age of Imperialism, 1850-1940.* New York, 1988.

_____. *The Tools of Empire: Technology and European Imperialism in the Nineteenth*

Century. New York, 1981.

Heidhues, Mary Somers. *Bangka Tin and Mentok Pepper: Chinese Settlement on an Indonesian Island.* Singapore: ISEAS, 1992.

Hellyer, Robert. *Defining Engagement: Japan and Global Contexts, 1640-1868.* Cambridge: Harvard University Asia Center, 2009.

Heng, Derek. *Sino-Malay Trade and Diplomacy from the Tenth through the Fourteenth Century.* Athens, OH: Ohio University Southeast Asian Studies, 2009.

————. "Trans-Regionalism and Economic Co-dependency in the South China Sea: The Case of China and the Malay Region (Tenth to Fourteenth Centuries AD)." *International History Review* 35, no. 3 (2013): 486-510.

Hickey, Gerald. *Sons of the Mountains: Ethnohistory of the Vietnamese Central Highlands to 1954.* New Haven: Yale University Press, 1982.

Hickson, Sydney. *A Naturalist in North Celebes.* London: John Murray, 1889.

Higham, Charles, and Rachanie Thosarat. *Early Thailand: From Prehistory to Sukothai.* Bangkok: River Books, 2012.

————. *Prehistoric Thailand: From Early Settlement to Sukothai.* Bangkok: River Books, 1998.

Hill, Ann Maxwell. *Merchants and Migrants: Ethnicity and Trade Among Yunnanese in Southeast Asia.* New Haven: Yale University Southeast Asia Studies, 1998.

Hill, Catherine, et al. "A Mitochondrial Stratigraphy for Island Southeast Asia." *American Journal of Human Genetics* 80-81 (2007): 29-43.

Hirth, Frederick, and W. W. Rockhill. *Chau Ju Kua: His Work on the Chinese and Arab Trade in the 12th and 13th Centuries, Entitled Chu Fan Chi.* New York: Paragon Book Reprint Co., 1966.

Hobsbawm, Eric. *The Age of Empire 1875-1914.* New York: Pantheon, 1987.

Hobson, J. A. *Imperialism: A Study.* London, 1902.

Hoevell, W. R. van. "Laboean, Serawak, de Noordoostkust van Borneo en de Sulthan van Soeloe." *Tijdschrift voor Nederlandsche Indie* 11, part 1 (1849): 66-83.

Ho, Engseng. "Empire through Diasporic Eyes: A View from the Other Boat." *Comparative Studies in Society and History* 46, no. 2 (2004): 210-46.

————. *The Graves of Tarim: Genealogy and Mobility across the Indian Ocean.* Berkeley: University of California Press, 2006.

Hodder, Rupert. *Merchant Princes of the East: Cultural Delusions, Economic Success and the Overseas Chinese in Southeast Asia.* Chichester: Wiley, 1996.

Hoetink, B. "Chineesche officiern te Batavia onder de compagnie." *Bijdragen tot de Taal-, land- en Volkenkunde van Nederlandsch Indië* 78 (1922): 1-136.

————. "Ni Hoekong: Kapitein der Chineezen te Batavia in 1740." *Bijdragen tot de Taal-, land-en Volkenkunde van Nederlandsch Indië* 74 (1918): 447-518.

————. "So Bing Kong: Het eerste hoofd der Chineezen te Batavia (1629-1636)."

Bijdragen tot de Taal-, land- en Volkenkunde van Nederlandsch Indië 74 (1917): 344-85.

Hofmeyer, Isabel. "The Complicating Sea: The Indian Ocean as Method." *Comparative Studies of South Asia, Africa and the Middle East* 32, no. 3 (2012): 584-90.

Hopkirk, Peter. *The Great Game: The Struggle for Empire in Central Asia.* New York: Kodansha International, 1992.

Hopper, Matthew. *Globalization and Slavery in Arabia in the Age of Empire.* New Haven: Yale University Press, 2015.

Horton, Mark. *Shanga.* London: British Institute in Eastern Africa, 1996.

Horton, Mark, and John Middleton. *The Swahili: The Social Landscape of a Mercantile Society.* Oxford: Blackwell, 2000.

Howe, K. R. *Nature, Culture and History: The "Knowing" of Oceania.* Honolulu: University of Hawai'i Press, 2000.

Howitz, Pensak C. *Ceramics from the Sea: Evidence from the Kho Kradad Shipwreck Excavated in 1979.* Bangkok: Archaeology Division of Silpakorn University, 1979.

Hull, Terence, Endang Sulistyaningsih, and Gavin Jones, eds. *Pelacuran di Indonesia: Sejarah dan perkembangannya.* Jakarta: Pusat Sinar Harapan, 1997.

Hurles, M. E., B. C. Sykes, M. A. Jobling, and P. Forster. "The Dual Origin of the Malagasy in Island Southeast Asia and East Africa: Evidence from Maternal and Paternal Lineages." *American Journal of Human Genetics* 76 (2005): 894-901.

Hutterer, K. L. *Economic Exchange and Social Interaction in Southeast Asia: Perspectives from Prehistory, History, and Ethnography.* Ann Arbor: University of Michigan Southeast Asia Program, 1977.

Igler, David. *The Great Ocean: Pacific Worlds from Captain Cook to the Gold Rush.* New York: Oxford University Press, 2013.

Iioka, Naoko. "The Trading Environment and the Failure of Tongking's Mid-Seventeenth Century Commercial Resurgence." In *The Tongking Gulf through History*, edited by Nola Cooke, Tana Li, and Jamie Anderson, 117-32. Philadelphia: University of Pennsylvania Press, 2011.

Ileto, Reynaldo. *Magindanao, 1860-1888: The Career of Datu Utto of Buayan.* Manila: Anvil, 2007.

———. *Pasyon and Revolution: Popular Movements in the Philippines, 1840-1910.* Manila: Ateneo de Manila Press, 1997.

Insoll, Timothy. *The Archaeology of Islam in Sub-Saharan Africa.* Cambridge: Cambridge University Press, 2003.

Ishii, Yoneo, ed. *The Junk Trade from Southeast Asia: Translations from the Tosen Fusetsu-gaki, 1674-1723.* Canberra: Research School of Pacific and Asian Studies, Australian National University; Singapore: ISEAS, 1998.

Israel, Jonathan. *Dutch Primacy in World Trade.* Oxford: Oxford University Press, 1989.

Iwao, Seichii. "Japanese Foreign Trade in the 16th and 17th centuries." *Acta Asiatica* 30, 1976.

Jacob, Christian, Tom Conley (trans.), and Edward H. Dahl (ed.). *The Sovereign Map: Theoretical Approaches in Cartography throughout History.* Chicago: University of Chicago Press, 2006.

Jacob, H. K. s'. "De VOC en de Malabarkust in de 17de eeuw." In *De VOC in Azië,* edited by M. A. P. Meilink-Roelofsz, 85-99. Bussum: Uniebok, 1976.

Jacobs, Els M. *Koopman in Azië: De handel van de Vernigde Oost-Indische Companie tijdens de 18de eeuw.* Zutphen: Walburg Pers, 2000.

Jacquemard, Simone. *L'éruption du Krakatoa, ou des chambres inconnues dans la maison.* Paris: Editions du Seuil, 1969.

Jacques, Roland. *Les missionnaires portugais et les débuts de l'Église catholique au Vietnam.* 2 volumes. Reichstett-France: Dinh Huong Tung Thu, 2004.

Jamann, Wolfgang. "Business Practices and Organizational Dynamics of Chinese Family-based Trading Firms in Singapore." PhD dissertation, Department of Sociology, University of Bielefield, 1990.

Jansen, A. J. F. "Aantekeningen omtrent Sollok en de Solloksche Zeerovers." *Tijdschrift voor Indische Taal-, Land-, en Volkenkunde* 7 (1858): 212-39.

Jennings, John. *The Opium Empire: Japanese Imperialism and Drug Trafficking in Asia, 1895-1945.* Westport: Praeger, 1997.

Jones, A. M. *Africa and Indonesia: The Evidence of the Xylophone and Other Musical and Cultural Factors.* Leiden: Brill, 1964.

Jorg, Christian, and Michael Flecker. *Porcelain from the Vung Tau Wreck.* London: Sun GTree Publishing, 2001.

Julia van Ittersum, Martine. *Profit and Principle: Hugo Grotius, Natural Rights Theories, and the Rise of Dutch Power in the East Indies, 1595-1615.* Leiden: Brill, 2006.

Junker, Laura Lee. *Raiding, Trading and Feasting: The Political Economy of Philippine Chiefdoms.* Honolulu: University of Hawai'i Press, 1999.

Kaempfer, Englebert. *The History of Japan, together with a Description of the Kingdom of Siam.* Richmond, Surrey: Curzon Press, 1906; repr. 1993.

Kan, C. M. "Geographical Progress in the Dutch East Indies 1883-1903." *Report of the Eighth International Geographic Congress* (1904/5).

Kang, David C. *East Asia before the West: Five Centuries of Trade and Tribute.* New York: Columbia University Press, 2010.

Kangying, Li. *The Ming Maritime Trade Policy in Transition, 1368 to 1567.* Wiesbaden: Harrassowitz Verlag, 2010.

Kaplan, Robert. *Asia's Cauldron: The South China Sea and the End of a Stable Pacific.* New York: Random House, 2014.

Karafet, Tatiana M., et al. "Major East-West Division Underlines Y Chromosome

Stratification Across Indonesia." *Molecular Biology and Evolution* 27-28 (2010): 1833-44.

Katayama, Kunio. "The Japanese Maritime Surveys of Southeast Asian Waters before the First World War." *Institute of Economic Research Working Paper* no. 85, Kobe University of Commerce, 1985.

Katz, Claudio J. "Karl Marx on the Transition from Feudalism to Capitalism." *Theory and Society* 22 (1993).

Kausar, Kabir, editor and compiler. *Secret Correspondence of Tipu Sultan.* New Delhi 1980, 253-65.

Keay, John. *The Honourable Company: A History of the English East India Company.* New York: HarperCollins, 1993.

_____. *The Spice Route: A History.* Berkeley: University of California Press, 2007.

Kemp, P. H. van der. *Het Nederlandsch-Indisch bestuur van 1817 op 1818 over de Molukken, Sumatra, Banka, Billiton, en de Lampongs.* 's-Gravenhage: M. Nijhoff, 1917.

Kendall, Laurel. "Popular Religion and the Sacred Life of Material Goods in Contemporary Vietnam." *Asian Ethnology* 67, no. 2 (2008): 177-99.

Kennedy, R. E. "The Protestant Ethic and the Parsis." *American Journal of Sociology* 68 (1962-63): 11-20.

Kerkvliet, Ben. *The Huk Rebellion.* Berkeley: University of California Press, 1977.

Khan, Iftikhar Ahmad. "Merchant Shipping in the Arabian Sea — First Half of the 19th Century." *Journal of Indian Ocean Studies* 7, nos. 2/3 (2000): 163-73.

Khin, Maung Myunt. "Pegu as an Urban Commercial Centre for the Mon and Myanmar Kingdoms of Lower Myanmar." In [Anon.], *Port Cities and Trade in Western Southeast Asia.* Bangkok: Institute of Asian Studies, Chulalongkorn University, 1998, pp. 15-36.

Khoo, Kay Kim. "Melaka: Persepsi Tentang Sejarah dan Masyarakatnya." In *Esei-Esei Budaya dan Sejarah Melaka,* edited by Omar Farouk Bajunid. Kuala Lumpur: Siri Minggu Kesenian Asrama Za'ba, 1989.

Kiefer, Thomas. *The Taosug: Violence and Law in a Philippine Muslim Society.* New York: Holt, Rinehart, and Winston, 1972.

Kiernan, Ben. *The Pol Pot Regime: Race, Power, and Genocide in Cambodia under the Khmer Rouge 1975-1979.* New Haven: Yale University Press, 2002.

Kim, Diana. *Empires of Vice: The Rise of Opium Prohibition across Southeast Asia.* Princeton: Princeton University Press, 2020.

Kitiarsa, Pattana. *Mediums, Monks, and Amulets: Thai Popular Buddhism Today.* Chiang Mai: Silkworm Books, 2012.

Klausner, S. Z. "Introduction." In Werner Sombart, *The Jews and Modern Capitalism,* xv-cxxv. New Brunswick and London: Transaction Books, 1982.

Klein, Beernhard, and Gesa Mackenthun, eds. *Sea Changes: Historicizing the Ocean.* New York: Routledge, 2004.

Klein, P. W. "De Tonkinees-Japanse zijdehandel van de Vereenigde Oost-indische Compagine en het inter-Aziatische verkeer in de 17e eeuw." In *Bewogen en bewegen: De historicus in het spanningsveld tussen economie and cultuur,* edited by W. Frijhoff and M. Hiemstra. Tilburg: Gianotten, 1986.

Knaap, Gerrit. *Shallow Waters, Rising Tide: Shipping and Trade in Java Around 1775.* Leiden: KITLV Press, 1996.

Knaap, Gerrit J., and Heather Sutherland. *Monsoon Traders: Ships, Skippers and Commodities in Eighteenth-Century Makassar.* Leiden: KITLV Press, 2004.

Kniphorst, J. H. P. E. "Historische Schets van den Zeerof in den Oost-Indischen Archipel." *Tijdschrift Zeewezen* 1, 2, 3 (1876).

Koh, Keng We. "Familiar Strangers and Stranger-kings: Mobility, Diasporas, and the Foreign in the Eighteenth-Century Malay World." *Journal of Southeast Asian Studies* 48, no. 3 (2017): 390-413.

Kotkin, Joel. *Tribes: How Race, Religion, and Identity Determine Success in the New Global Economy.* New York: Random House, 1993.

Krairiksh, Piriya. "Review Article: Re-Visioning Buddhist Art in Thailand." *Journal of Southeast Asian Studies* 45, no. 1: 113-18.

Krieger, Martin. "Danish Country Trade on the Indian Ocean in the 17th and 18th Centuries." In *Indian Ocean and Cultural Interaction, 1400-1800,* edited by K. S. Mathew, 122-29. Pondicherry: Pondicherry University, 1996.

Kritz, M. M., and C. B. Keely. "Introduction." In *Global Trends in Migration: Theory and Research on International Migration Movements,* edited by M. M. Kritz and C. B. Keely. Staten Island: Center for Migration Studies, 1981.

Kroesen, R. C. "Aantekenningen over de Anambas-, Natuna-, en Tambelan Eilanden." *TBG* 21 (1875): 235.

Kuo, Hue-Ying. "Charting China in the Thirteenth-Century World: The First English Translation of *Zhu Fan Zhi* and Its Recipients in China in the 1930s." In *Global Patterns of Scientific Exchange, 1000-1800 C.E.,* edited by Patrick Manning and Abigail Own. Pittsburgh: University of Pittsburgh Press, 2018): 93-116.

Kubicek, Robert. "British Expansion, Empire, and Technological Change." In *The Oxford History of the British Empire: III, The Nineteenth Century,* edited by Andrew Porter, 247-69. Oxford: Oxford University Press, 1999.

_____. "The Role of Shallow-Draft Steamboats in the Expansion of the British Empire, 1820-1914." *International Journal of Maritime History* VI (June 1994): 86-106.

Kuhn, Philip. *Chinese among Others: Emigration in Modern Times.* Lanham, MD.: Rowman and Littlefield, 2009.

Kumar, Ann. " 'The Single Most Astonishing Fact of Human Geography': Indonesia's Far West Colony." *Indonesia* 92 (2011): 59-95.

Kumar, Deepak. *Science and the Raj, 1857-1905.* Delhi, Oxford University Press, 1995), 180-227.

Kwee, Hui Kian. *The Political Economy of Java's Northeast Coast, 1740-1800.* Leiden: Brill, 2006.

Kwee, Tek Hoay. *Drama dari Kratatau.* Batavia: Typ. Druk. Hoa Siang In Kok, 1929.

La Chapelle, H. "Bijdrage tot de kennis van het stoomvaartverkeer in den Indischen Archipel." *De Economist* 2 (1885): 689-90.

Ladwig, Patrice. "Haunting the State: Rumours, Spectral Apparitions and the Longing for Buddhist Charisma in Laos." *Asian Studies Review* 37, no. 4 (2013): 509-26.

Laffan, Michael. *Islamic Nationhood and Colonial Indonesia: The Umma below the Winds.* London: Routledge, 2003.

_____. *The Makings of Indonesian Islam: Orientalism and the Narration of a Sufi Past.* Princeton: Princeton University Press, 2011.

Lafont, Pierre-Bernard, ed. *Les frontieres du Vietnam: Histoires et frontieres de la péninsule indochinoise.* Volume 1 of *Histoire des frontieres de la péninsule indochinoise.* Collection recherches asiatiques. Paris: Editions l'Harmattan, 1989.

Lakshmi Labh, Vijay. "Some Aspects of Piracy in the Indian Ocean during the Early Modern Period." *Journal of Indian Ocean Studies* 2, no. 3 (1995): 259-69.

Lamb, A. *The Mandarin Road to Old Hué: Narratives of Anglo-Vietnamese Diplomacy from the 17th Century to the Eve of the Trench Conquest.* London: Chatto & Windus, 1970.

Lamb, Alastair. "British Missions to Cochin China 1778-1882." *JMBRAS* 34, nos. 3, 4 (1961): 1-248.

Landes, David. *The Wealth and Poverty of Nations: Why Some Are So Rich, and Some So Poor.* New York: W. W. Norton and Co, 1998.

Lange, H. M. *Het Eiland Banka en zijn aangelegenheden.* 's Hertogenbosch [Den Bosch], 1850).

Lapian, A. B. "Le role des *orang laut* dans l'histoire de Riau." *Archipel 18* (1979): 215-22.

Lapian, Adrian. "Laut Sulawesi: The Celebs Sea, from Center to Peripheries." *Moussons* 7 (2004): 3-16.

_____. *Orang Laut, Bajak Laut, Raja Laut.* Jakarta: Kounitas Bambu, 2009: 227.

Latour, Bruno. *We Have Never Been Modern.* Cambridge: Cambridge University Press, 1993.

Larson, Pier Martin. *Ocean of Letters: Language and Creolization in an Indian Ocean Diaspora.* Cambridge: Cambridge University Press, 2009.

Latham, R. E. *The Travels of Marco Polo.* New York: Penguin Books, 1958.

Laurila, Simo. *Islands Rise from the Sea: Essays on Exploration, Navigation, and Mapping in Hawaii.* New York: Vantage Press, 1989.

Law, Lisa. *Sex Work in Southeast Asia: A Place of Desire in a Time of AIDS.* New York: Routledge, 2000.

Leach, Edmund. *Political Systems of Highland Burma: A Study of Kachin Social Structure.* Cambridge, MA: Harvard University Press, 1954.

Leaf, Michael. "New Urban Frontiers: Periurbanization and Retentionalization in Southeast Asia." In *The Design of Frontier Spaces: Control and Ambiguity,* edited by Carolyn S. Loeb and Andreas Loescher, 193-212. Burlington: Ashgate, 2015.

_____. "Periurban Asia: A Commentary on Becoming Urban." *Pacific Affairs* 84, no. 3: 525-34.

_____. "A Tale of Two Villages: Globalization and Peri-Urban Change in China and Vietnam." *Cities* 19, no. 1: 23-32.

Le Blanc, Charles, and Remi Mathieu. "L'inquietante etrangete." In *Mythe et philosophie a l'aube de la Chine impériale: Études sur le Huainan zi,* edited by Charles Le Blanc and Remi Mathieu, 15-26. Montreal and Paris, 1992.

_____. "Voir a ce propos Remi Mathieu." *Étude sur la mythologie et l'ethnologie de la Chine ancienne: Traduction annotée du Shanhaijng.* Paris, Diffusion de Boccard, 1983.

Legarda, Benito, *After the Galleons: Foreign Trade, Economic Change and Entrepreneurship in the Nineteenth-Century Philippines.* Madison: University of Wisconsin Southeast Asia Program, 1999.

Lenin, V. I. *Imperialism: The Highest Stage of Capitalism.* New York, International Publishers, 1969.

Lesure, Michel. "Une document ottoman de 1525 sur l'inde portugaise et les pays de la Mer Rouge." *Mare Luso-Indicum* 3 (1976): 137-60.

Leur, J. C. van. *Indonesian Trade and Society: Essays in Asian Social and Economic History.* The Hague: W. van Hoeve, 1955.

Levathes, Louise. *When China Ruled the Seas: The Treasure Fleet of the Dragon Throne, 1405-1433.* New York: Oxford University Press, 1994.

Levine, D. N. "Simmel at a Distance: On the History and Systematics of the Sociology of the Stranger." In *Georg Simmel, Critical Assessments.* Volume 3, edited by D. Frisby, 174-89. London and New York: Routledge, 1994).

Lewis, Dianne. *Jan Compagnie in the Straits of Malacca.* Columbus: Ohio University Press, 1995.

Lewis, Martin. "Dividing the Ocean Sea." *Geographical Review* 89, no. 2 (April 1999): 188-214.

Lewis, Martin, and Karen Wigen. *The Myth of Continents: A Critique of Metageography.* Berkeley: University of California Press, 1997.

Lewis, Su Lin. *Cities in Motion: Urban Life and Cosmopolitanism in Southeast Asia, 1920-1940.* Cambridge: Cambridge University Press, 2016.

Li Guoting. *Migrating Fujianese: Ethnic, Family, and Gender Identities in an Early Modern Maritime World.* Leiden: Brill, 2015.

Li, Peter S. "Overseas Chinese Networks: A Reassessment." In *Chinese Business Networks*, edited by Chan Kwok Bun. Singapore: Prentice Hall, 2000.

Li Tana. "An Alternative Vietnam? The Nguyễn Kingdom in the Seventeenth and Eighteenth Centuries." *Journal of Southeast Asian Studies* 29, no. 1 (1998): 111-21.

_____. "The Late-Eighteenth and Early-Nineteenth-Century Mekong Delta in the Regional Trade System." In *Water Frontier: Commerce and the Chinese in the Lower Mekong Region, 1750-1880,* edited by Nola Cooke and Tana Li, 71-84. Lanham, MD: Rowman & Littlefield, 2004.

_____. *Nguyễn Cochinchina: Southern Vietnam in the Seventeenth and Eighteenth Centuries.* (Ithaca: SEAP, 1998).

_____. "A View from the Sea: Perspectives on the Northern and Central Vietnam Coast." *Journal of Southeast Asian Studies* 37, no. 1 (2006): 83-102.

Li, Tana, and Anthony Reid, eds. *Southern Vietnam under the Nguyen: Documents on the Economic History of Cochin China (Dang Trong), 1602-1777.* Singapore: ISEAS, 1993.

Li, Tania. "Marginality, Power, and Production: Analyzing Upland Transformations." In *Transforming the Indonesian Uplands: Marginality, Power, and Production,* edited by Tania Li, 1-44. Amsterdam: Harwood Academic Publishers, 1999.

Liao Shaolian. "Ethnic Chinese Business People and the Local Society: The Case of the Philippines." *Chinese Business Networks*, edited by Chan Kwok Bun. Singapore: Prentice Hall, 2000.

Liao, Tim, Kimie Hara, and Krista Wiegand, eds. *The China-Japan Border Dispute: Islands of Contention in Multidisciplinary Perspective.* London: Ashgate, 2015.

Licata, G. B. "L'Italia nel Mar Rosso." *Boll. Sez. Fiorentina della Soc. Africana d'Italia* (March 1885):1-11.

Lieberman, Victor. *Strange Parallels: Southeast Asia in Global Context, 800-1830.* Volume 1: *Integration on the Mainland.* Cambridge: Cambridge University Press, 2003.

_____. "Was the Seventeenth Century a Watershed in Burmese History?" In *Southeast Asia in the Early Modern Era: Trade, Power, and Belief,* edited by Anthony Reid, 214-49. Ithaca: Cornell University Press, 1993.

Liem, Khing Hoo. *Meledaknja Goenoeng Keloet: Menoeroet tjatetan jang dikompoel.* Sourabaya: Hahn and Co., 1929.

Lim, Lin Leam. *The Sex Sector: The Economic and Social Bases of Prostitution in Southeast Asia.* Geneva: International Labour Office, 1998.

Lim, Linda Y. C. "Chinese Economic Activity in Southeast Asia: An Introductory Review." In *The Chinese in Southeast Asia.* Volume 1: *Ethnicity and Economic Activity,* edited by Linda Y. C. Lim and L. A. Peter Gosling, 1-29. Singapore: Maruzen Asia, 1983.

Limlingan, Victor Sampao. *The Overseas Chinese in ASEAN: Business Strategies and Management Practices.* Manila: Vita Development Corporation, 1986.

Lin Yu-ju and Madeleine Zelin, eds. *Merchant Communities in Asia, 1600-1980.* Brookfield: Pickering and Chatto, 2015.

Lindblad, J. Thomas. "Between Singapore and Batavia: The Outer Islands in the Southeast Asian Economy in the Nineteenth Century." In *Kapitaal, ondernemerschap en beleid: Studies over economie en politiek in Nederland, Europa en Azië van 1500 tot heden,* edited by C. A. Davids, W. Fritschy, and L. A. van der Valk, 528-30. Amsterdam: NEHA, 1996.

Linebaugh, Peter, and Marcus Reddiker. *The Many-Headed Hydra: Sailors, Slaves, Commoners, and the Hidden History of the Revolutionary Atlantic.* Boston: Beacon Press, 2000.

Lineton, Jacqueline. "Pasompe 'Ugi': Bugis Migrants and Wanderers." *Archipel* 10 (1975): 173-205.

Lintner, Bertil. *Cross-Border Drug Trade in the Golden Triangle.* Durham: International Boundaries Research Unit, 1991.

Lipson, Mark, Po-Ru Loh, Nick Patterson, Priya Moorjani, Ying-Chin Ko, Mark Stoneking, Bonnie Berger, and David Reich. "Reconstructing Austronesian Population History in Island Southeast Asia." *Nature Communications* 5, no. 4689 (2014); https://doi.org/10.1038/ncomms5689.

Locher-Scholten, Elsbeth. *Sumatraans sultanaat en koloniale staat: De relatie Djambi-Batavia (1830-1907) en het Nederlandse imperialisme.* Leiden: KITLV Uitgeverij, 1994.

Loh, Wei Leng. "Visitors to the Straits Port of Penang: British Travel Narratives as Resources for Maritime History. In *Memory and Knowledge of the Sea in Southeast Asia,* edited by Danny Wong Tze Ken, 23-32. Kuala Lumpur: Institute of Ocean and Earth Sciences, University of Malaya, 2008.

Lombard, Denys, *Le carrefour javanais: Essai d'histoire globale.* Paris: Edition de l'Ecole des Hautes Etudes en Sciences Sociales, 1990.

_____. "L'horizon insulindien et son importance pour une comprehension globale." *L'Islam de la seconde expansion: Actes du Colloque organisé au College de France en mars 1981,* 207-26. Paris: Association pour l'avancement des etudes islamiques 1983; reedited in *Archipel* 29 (1985): 35-52.

_____. *Le sultanat d'Atjéh au temps d'Iskandar Muda (1607-1636).* Volume 61 of Publications de l'Ecole francaise d'Extreme-Orient. Paris : Ecole francaise d'Extreme-Orient, 1967.

_____. "Voyageurs francais dans l'Archipel insulindien, XVIIe, XVIIIe et XIXe siecles." *Archipel* 1 (1971): 141-68.

Lombard, Denys, and Jean Aubin, eds. *Marchands et hommes d'affaires asiatiques dans l'Océan Indien et la Mer de Chine (13e-20e siecles)*. Paris: Editions de l'Ecole des Hautes Etudes en Sciences Sociales, 1988.

Lopez, R. S. "Les methodes commerciales des marchands occidentaux en Asie du XIe au XIVe siecle." In *Sociétés et compagnies de commerce en Orient et dans l'Océan Indien: Actes du 8e colloque international d'histoire maritime, Beirut, 1966*, edited by M. Mollat. Paris: SEVPEN, 1970.

Lorenzon, David. "Who Invented Hinduism?" *Comparative Studies in Society and History* 41, no. 4 (1999): 630-59.

Louis Forbes, Vivian. *The Maritime Boundaries of the Indian Ocean Region*. Singapore: Singapore University Press, 1995.

Love, John A. *A Natural History of Lighthouses*. Dunbeath: Whittles Publishing, 2015.

Loyre, Ghislaine. "Living and Working Conditions in Philippine Pirate Communities." In *Pirates and Privateers: New Perspectives on the War on Trade in the Eighteenth and Nineteenth Centuries*, edited by David Starkey, E. S. van Eyck van Heslinga, and J. A. de Moor. Exeter: University of Exeter Press, 1997.

Lubeigt, Guy. "Ancient Transpeninsular Trade Roads and Rivalries over the Tenasserim Coasts." In *Commerce et navigation en Asie du sud-est (XIVe-XIXe siecles)*, edited by Nguyễn Thế Anh and Yoshiaki Ishizawa, 47-76. Paris: L'Harmattan, 1999.

Ludden, David, *Early Capitalism and Local History in South Asia*. New York: Oxford University Press, 2005.

MaCaulay, Stewart. "Non-Contractual Relationships in Business: A Preliminary Study." *American Sociological Review* 28 (1963): 55-69.

Macdonald, Charles. "Le culte de la baleine, une exception Vietnamienne?" *Aseanie* 12 (2003): 123-36.

Machado, Pedro, Steve Mullins, and Joseph Christensen, eds. *Pearls, People, and Power: Pearling and Indian Ocean Worlds*. Athens, OH: Ohio University Press, 2019.

Mackie, J. "Changing Patterns of Chinese Big Business in Southeast Asia." In *Southeast Asian Capitalists*, edited by R. McVey. Ithaca, Cornell University Southeast Asia Program, 1992, 161-90.

Mackie, J. A. C. "Overseas Chinese Entrepreneurship." *Asian Pacific Economic Literature* 6 (1): (1992): 41-46.

Mackie, Jamie. "The Economic Roles of Southeast Asian Chinese: Information Gaps and Research Needs." In *Chinese Business Networks*, edited by Chan Kwok Bun. Singapore: Prentice Hall, 2000.

MacKnight, Charles Campbell. *The Voyage to Marege: Macassan Trepangers in Northern*

Australia. Carlton: Melbourne University Press, 1976.

Maeda, Narifumi. "Forest and the Sea among the Bugis." *Southeast Asian Studies* 30, no. 4 (1993): 420-26.

Magnis-Suseno, Franz, ed. *Suara dari Aceh: Identifikasi kebutuhan dan keinginan rakyat Aceh.* Jakarta: Yayasan Penguatan Partisipasi Inisiatif dan Kemitraan Masyarakat Sipil Indonesia, 2001.

Mahadevan, R. "Immigrant Entrepreneurs in Colonial Burma — An Exploratory Study of the Role of Nattukottai Chattiars of Tamil Nadu, 1880-1930." *Indian Economic and Social History Review* 15 (1978): 329-58.

Mahmud, Zaharah binti Haji. "The Malay Concept of Tanah Air: The Geographer's Perspective." In *Memory and Knowledge of the Sea in Southeast Asia*, edited by Danny Wong Tze Ken, 5-14. Kuala Lumpur: Institute of Ocean and Earth Sciences, University of Malaya, 2008.

Majul, Cesar Adib. *Muslims in the Philippines.* Quezon City: University of the Philippines Press, 1973.

Malinowski, Branislaw. *Argonauts of the Western Pacific.* London: Routledge & Kegan Paul, 1922.

Manguin, Pierre-Yves. "Brunei Trade with Macao at the Turn of the 19th Century. A propos of a 1819 Letter from Sultan Khan Zul Alam." *Brunei Museum Journal* 6, no. 3, (1987): 16-25.

————. "New Ships for New Networks: Trends in Shipbuilding in the South China Sea in the Fifteenth and Sixteenth Centuries." In *Southeast Asia in the Fifteenth Century: The China Factor*, edited by Geoff Wade and Sun Laichen, 333-58. Singapore: NUS Press, 2010.

————. *Les Nguyen, Macau et la Portugal: Aspects politiques et commerciaux d'une relation privilégiée en Mer de Chine, 1773-1802.* Paris: Ecole francaise d'Extreme-Orient, 1984.

————. *Les portugais sur les côtes du Viet-Nam et du Campā: Étude sur les routes maritimes et les relations commerciales, d'apres les sources portugaises (XVIe, XVIIe, XVIIIe siecles).* Paris: EFEO, 1972.

————. "Trading Ships of the South China Sea: Shipbuilding Techniques and Their Role in the Development of Asian Trade Networks." *Journal of the Economic and Social History of the Orient* 36: 253-80.

Mantienne, Frederic. "Indochinese Societies and European Traders: Different Worlds of Trade?" In *Commerce et navigation en Asie du sud-est (XIVe-XIXe siecles)*, edited by Nguyễn Thế Anh and Yoshiaki Ishizawa, 113-26. Paris: L'Harmattan, 1999.

Mardsen, Richard. *The Nature of Capital: Marx after Foucault.* London: Routledge, 1999.

Margariti, Roxani. *Aden and the Indian Ocean Trade: 150 Years in the Life of a Medieval*

Arabian Port. Chapel Hill: University of North Carolina Press, 2007.

Marsh, Zoe, ed. *East Africa through Contemporary Records.* Cambridge: Cambridge University Press, 1961.

Marshall, P. J. "Private Trade in the Indian Ocean Before 1800." In *India and the Indian Ocean 1500-1800,* edited by Ashin Das Gupta and M. N. Pearson, 276-300. Calcutta: Oxford University Press, 1987.

_____. *Trade and Conquest: Studies on the Rise of British Dominance in India.* Aldershot: Variorum, 1993.

Marston, John. "Death, Memory and Building: The Non-Cremation of a Cambodian Monk." *Journal of Southeast Asian Studies* 37, no. 3 (2006): 491-505.

Martin, C. G. C. *Maps and Surveys of Malawi: A History of Cartography and the Land Survey Profession, Exploration Methods of David Livingstone on Lake Nyassa, Hydrographic Survey and International Boundaries.* Rotterdam: A. A. Balkema, 1980.

Martin, Esmond Bradley. *Cargoes of the East: The Ports, Trade, and Culture of the Arabian Seas and Western Indian Ocean.* London: Elm Tree Books, 1978.

Martinez, Julia, and Adrian Vickers. *The Pearl Frontier: Indonesian Labor and Indigenous Encounters in Australia's Northern Trading Network.* Honolulu: University of Hawai'i Press, 2015.

Marx, Karl. *Capital.* Volume III. Edited by Friedrich Engels. New York: International Publishers, 1976.

Matsukata Fuyoko, "From the Threat of Roman Catholicism to the Shadow of Western Imperialism." In *Large and Broad: The Dutch Impact on Early Modern Asia,* edited by Yoko Nagazumi, 130-46. Tokyo: Toyo Bunko, 2010.

Masuzawa, Tomoko. *The Invention of World Religions.* Chicago: University of Chicago Press, 2005.

Mathew, K. S. "Trade in the Indian Ocean during the Sixteenth Century and the Portuguese." In *Studies in Maritime History,* edited by K. S. Mathew, 13-28. Pondicherry: Pondicherry University, 1990.

Matsuda, Matt, *Empire of Love: Histories of France and the Pacific.* New York: Oxford University Press, 2005.

_____. *Pacific Worlds: A History of Seas, Peoples, and Cultures.* New York: Cambridge University Press, 2012.

Matthew, Johan. *Margins of the Market: Trafficking and Capitalism across the Arabian Sea.* Berkeley: University of California Press, 2016.

Mattulada, H. A. "Manusia dan Kebudayaan Bugis-Makassar dan Kaili di Sulawesi." In *Antropologi Indonesia: Majalah Antropologi Sosial dan Budaya Indonesia* 15, no. 48 (Jan./Apr. 1991): 4-109.

May, Glenn, *The Battle for Batangas: A Philippine Province at War.* New Haven: Yale

University Press, 1991.

Maybon, C. B. "Une factorerie anglaise au Tonkin au XVIIe siecle (1672-1697)." *BEFEO* 10 (1910).

Mazru'I, Shaikh al-Amin bin 'Ali al. *The History of the Mazru'i Dynasty.* London: Oxford University Press, 1995.

McCargo, Duncan. "The Politics of Buddhist Identity in Thailand's Deep South: The Demise of Civil Religion." *Journal of Southeast Asian Studies* 40, no. 1 (2009): 11-32.

McClellan, James E. *Colonialism and Science: Saint Domingue in the Old Regime.* Baltimore: Johns Hopkins University Press, 1992.

McCoy, Alfred. *The Politics of Heroin: CIA Complicity in the Global Drug Trade.* New York: Hill Books, 1991.

McCrindle, J. W. *The Christian Topography of Cosmas, an Egyptian Monk.* London: Hakluyt Society, 1897.

McDaniel, Justin. "This Hindu Holy Man Is a Thai Buddhist." *South East Asia Research* 20, no. 2: 2013: 191-209.

McDermott, James. "The Buddhist Saints of the Forest and the Cult of the Amulets: A Study in Charisma, Hagiography, Sectarianism, and Millennial Buddhism by Stanley Tambiah." *Journal of the American Oriental Society* 106, no. 2 (1986): 350.

McDougall, Walter. *Let the Sea Make a Noise: A History of the North Pacific from Magellan to MacArthur.* New York: Harper Perennial, 1993.

McDow, Thomas. *Buying Time: Debt and Mobility in the Western Indian Ocean.* Athens, OH: Ohio University Press, 2018.

McGee, T. G. *The Southeast Asian City: A Social Geography of the Primate Cities of Southeast Asia.* London: Bell, 1967.

McGee, T. G., and Ira Robinson, eds. *The Mega-Urban Regions of Southeast Asia.* Vancouver: UBC Press, 1995.

McHale, Thomas, and Mary McHale, eds. *The Journal of Nathaniel Bowditch in Manila, 1796.* New Haven: Yale University Southeast Asian Studies, 1962.

McKeown, Adam. *Chinese Migrant Networks and Cultural Change: Peru, Chicago, Hawaii, 1900-1936.* Chicago: University of Chicago Press, 2001.

McPherson, Kenneth. *The Indian Ocean: A History of People and the Sea.* Delhi: Oxford University Press, 1993.

McPherson, Kenneth. "Maritime Communities: An Overview." In *Cross Currents and Community Networks: The History of the the Indian Ocean World,* edited by Himanshu Prabha Ray and Edward Alpers, 34-49. New Delhi: Oxford University Press, 2007. McVey, Ruth. "The Materialization of the Southeast Asian Entrepreneur." In *Southeast Asian Capitalists,* edited by Ruth McVey, 7-34. Ithaca, Cornell University Southeast Asia Program, 1992.

Meijer, J. E. de. "Zeehavens en kustverlichting in Nederlandsch-Indie." *Gedenkboek Koninklijk Instituut Ingenieurs* (1847-97).

Menkhoff, Thomas. "Trade Routes, Trust and Trading Networks: Chinese Family-Based Firms in Singapore and their External Economic Dealings." PhD dissertation. University of Bielefield, Department of Sociology, 1990.

Mertha, Andrew. *Brothers in Arms: Chinese Aid to the Khmer Rouge, 1975-1979.* Ithaca: Cornell University Press, 2014.

Metcalf, Thomas, ed. *Imperial Connections: India in the Indian Ocean Arena, 1860-1920.* Berkeley: University of California Press, 2007.

Meyer, Kathryn, and Terry Parssinen. *Webs of Smoke: Smugglers, Warlords, Spies, and the History of the International Drug Trade.* Lanham, MD: Rowman & Littlefield Publishers, 1998.

Mijer, P. "Geschiedenis der Nederlandsche O.I. bezitingen onder de Fransche heerschappij." *TNI* 2, no. 2 (1839): 229-427.

Mikhail, Alain. *God's Shadow: Sultan Selim, His Ottoman Empire, and the Making of the Modern World.* New York: W. W. Norton, 2020.

Miksic, John. "Before and after Zheng He: Comparing Some Southeast Asian Archaeological Sites of the Fourteenth and Fifteenth Centuries." In *Southeast Asia in the Fifteenth Century: The China Factor,* edited by Geoff Wade and Sun Laichen, 384-408. Singapore: NUS Press, 2010.

Milburn, William. *Oriental Commerce.* 2 volumes. London: Black and Parry Co., 1813.

Miller, A. "The Lighthouse Top I See: Lighthouses as Instruments and Manifestations of State Building in the Early Republic." *Building and Landscapes: Journal of Vernacular Architecture Forum* 17, no. 11 (2010): 13-14.

Miller, Michael. *Europe and the Maritime World: A Twentieth-Century History.* Cambridge: Cambridge University Press, 2012.

Mills, J. V. G., trans. *Ying-yai Sheng-lan: The Overall Survey of the Ocean's Shores, by Ma Huan.* London: Haklyut Society, 1970.

Ming, Hanneke. "Barracks-Concubinage in the Indies, 1887-1920." *Indonesia* 35 (1983): 65-93.

Mintz, Sidney W. *Sweetness and Power: The Place of Sugar in Modern History.* New York: Penguin Books, 1985.

Miran, Jonathan. *Red Sea Citizens: Cosmopolitan Society and Cultural Change in Massawa.* Bloomington: Indiana University Press, 2009.

Mizushima, Tsukaya, George Souza, and Dennis Flynn, eds. *Hinterlands and Commodities: Place, Space, Time and the Political Economic Development of Asia over the Long Eighteenth Century.* Leiden: Brill, 2015.

Mollat [du Jourdin], Michel. "Les contacts historiques de l'Afrique et de Madagascar avec l'Asie du sud et du sud-est: Le role de l'Ocean indien." *Archipel* 21 (1981): 35-54.

_____. "Passages francais dans l'Ocean indien au temps de Francois Ier." *Studia XI* (Lisbon, 1963): 239–48.

Monmonier, Mark. "Cartography: Distortions, World-views and Creative Solutions." *Progress in Human Geography* 29, no. 2 (2005): 217–24.

Montella, Andrea. "Chinese Porcelain as a Symbol of Power on the East African Coast from the 14th Century Onward." *Ming Qing Yanjiu* 20, 1, 2016: 74–93.

Moor, J. A. de. " 'A Very Unpleasant Relationship': Trade and Strategy in the Eastern Seas, Anglo-Dutch Relations in the Nineteenth Century from a Colonial Perspective." In *Navies and Armies: The Anglo-Dutch Relationship in War and Peace 1688-1988*, edited by G. J. A. Raven and N. A. M. Rodger, 46–69. Edinburgh: Donald and Co., 1990.

Moosvi, Shireen. "The Gujarat Ports and Their Hinterland: The Economic Relationship." In *Ports and Their Hinterlands in India, 1700-1950*, edited by Indu Banga, 121–30. Delhi: Manohar, 1992.

Mori, A. "Le Nostre Colonie del Mar Rosso Giudicate dalla Stanley." *Boll. Sez. Fiorentina della Soc. Africana d'Italia* (May 1886).

Morris, James/Jan. *Pax Britannica Trilogy: Heaven's Command; Pax Britannica; Farewell the Trumpets*. London: Folio Society: 1993.

Mudimbe, V. Y. *The Invention of Africa*. Bloomington: Indiana University Press, 1988.

Murakami, Ei. "Trade and Crisis: China's Hinterlands in the Eighteenth Century." In *Place, Space, Time and the Political Development of Asia over the Long Eighteenth Century*, edited by Tsukusa Mizushima, George Bryan Souza, and Dennis Flynn, 215–34. Leiden: Brill, 2015.

Mukmin, Mohamed Jamil bin. *Melaka pusat penyebaran Islam di nusantara*. Kuala Lumpur: Nurin Enterprise, 1994.

Muller, H. P. N. *De Oost-Indische Compagnie in Cambodja en Laos*. The Hague: Martinus Nijhoff, 1917.

Mullins, Steve. "Vrijbuiters! Australian Pearl-Shellers and Colonial Order in the Late Nineteenth-Century Moluccas." *The Mariner's Mirror* 96, no. 1 (2010): 26–41.

Mumford, Lewis. *The City in History*. New York: Harcourt, Brace, Jovanovich, 1961; repr. 1989).

_____. *Technics and Civilization*. New York, Harcourt, Brace, and World, 1963.

Mungello, David E. *The Great Encounter of China and the West, 1500-1800*. Lanham, MD: Rowman & Littlefield Publishers, 1999.

Munoz, Paul Michel. *Early Kingdoms of the Indonesian Archipelago and the Malay Peninsula*. Paris: Editions Didier Millet, 2006.

Murray, Dian. *Conflict and Coexistence: The Sino-Vietnamese Maritime Boundaries in Historical Perspective*. Madison: Center for Southeast Asian Studies, University of Wisconsin, 1988.

_____. *Pirates of the South China Coast (1790-1810)*. Stanford: Stanford University Press, 1987.

Nabhan, Gary Paul. *Cumin, Camels, and Caravans: A Spice Odyssey*. Berkeley: University of California Press, 2014.

Nair, Janaki. *Mysore Modern: Rethinking the Region under Princely Rule*. Minneapolis: University of Minnesota Press, 2011.

Naulleau, Gerard. "Islam and Trade: The Case of Some Merchant Families from the Gulf." In *Asian Merchants and Businessmen in the Indian Ocean and the China Sea*, edited by Denys Lombard and Jan Aubin, 297-309. Oxford: Oxford University Press, 2000.

Nazery, Khalid, Margaret Anf, and Zuliati Md. Joni. "The Importance of the Maritime Sector in Socio-Economic Development: A Southeast Asian Perspective." In *Maritime Social and Economic Developments in Southeast Asia*, edited by Hanizah Idris, Tan Wan Hin, and Mohammad Raduan Mohd. Ariff, 9-30. Kuala Lumpur: Institute of Ocean and Earth Sciences, University of Malaya, 2008.

Needham, Joseph, ed. *Science and Civilisation in China*. Volume IV, part III. Cambridge: Cambridge University Press, 1971.

Nelson, Samuel. *Colonialism in the Congo Basin, 1880-1940*. Athens, OH: Ohio University Center for International Studies, 1994.

Nes, J. F. van. "De Chinezen op Java." *Tijdshcrift loor Nederlandesh Indië* 13, no. 1 (1851): 239-54, 292-314.

Ng, Chin Keong. "The Chinese in Riau: A Community on an Unstable and Restrictive Frontier." Unpublished paper. Singapore: Institute of Humanities and Social Sciences, Nanyang University, 1976.

_____. *Trade and Society: The Amoy Network on the China Coast*. Singapore: Singapore University Press, 1983.

Nguyễn Long Kerry. "Vietnamese Ceramic Trade to the Philippines in the Seventeenth Century." *Journal of Southeast Asian Studies* 30, no. 1 (1999): 1-21.

Nguyen Quoc Thanh. *Le culte de la baleine: Un héritage multiculturel du Vietnam maritime*. Aix: Presses Universitaires de Provence, 2017.

_____. "The Whaler Cult in Central Vietnam: A Multicultural Heritage in Southeast Asia." In *Memory and Knowledge of the Sea in Southeast Asia*, edited by Danny Wong Tze Ken, 77-95. Kuala Lumpur: Institute of Ocean and Earth Sciences, University of Malaya, 2008.

Nguyễn Thế Anh. "Ambivalence and Ambiguity: Traditional Vietnam's Incorporation of External Cultural and Technical Contributions." *East Asian Science* 40, no. 4 (2003): 94-113.

_____. "From Indra to Maitreya: Buddhist Influence in Vietnamese Political Thought." *Journal of Southeast Asian Studies*, 33, no. 2 (2002): 225-41.

        . "Trade Relations between Vietnam and the Countries of the Southern Seas in the First Half of the Nineteenth Century." In *Commerce et navigation en Asie du sud-est (XIVe-XIXe siecles)*, edited by Nguyễn Thế Anh and Yoshiaki Ishizawa, 171- 85. Paris: L'Harmattan, 1999.

Nguyễn Thế Anh and Yoshiaki Ishizawa, eds. *Commerce et navigation en Asie du sud- est (XIVe-XIXe siecles)*. Paris: L'Harmattan, 1999.

Nguyễn Thua Hy, *Economic History of Hanoi in the 17th, 18th and 19th Centuries*. Hanoi: ST Publisher, 2002.

Nicholl, Robert. *European Sources for the History of the Sultanate of Brunei in the Sixteenth Century*. Bandar Seri Begawan: Muzium Brunei, 1895.

Nicholls, C. S. *The Swahili Coast: Politics, Diplomacy, and Trade on the East African Littoral, 1798-1856*. London: Allen & Unwin, 1971.

Niermeyer, J. F. "Barriere-riffen en atollen in de Oost Indiese Archipel." *Tijdschrift voor Aardrijkskundige* (1911): 877-94.

Niu Junkai and Li Qingxin. "Chinese 'Political Pirates' in the Seventeenth-Century Gulf of Tongking." In *The Tongking Gulf through History*, edited by Nola Cooke, Tana Li, and Jamie Anderson, 133-42. Philadelphia: University of Pennsylvania Press, 2011.

Noonsuk, Wannasarn. "Archaeology and Cultural Geography of Tambralinga in Peninsular Siam." PhD thesis. Cornell University, History of Art Department, 2012.

Nordin, Mardiana. "Undang-Undang Laut Melaka: A Note on Malay Maritime Law in the Fifteenth Century." In *Memory and Knowledge of the Sea in Southeast Asia*, edited by Danny Wong Tze Ken, 15-22. Kuala Lumpur: Institute of Ocean and Earth Sciences, University of Malaya, 2008.

Norton, Marcy. *Sacred Gifts, Profane Pleasures: A History of Tobacco and Chocolate in the Atlantic World*. Ithaca: Cornell University Press, 2010.

Nuldyn, Zam. *Cerita purba: Dewi Krakatau*. Jakarta: Penerbit Firma Hasmar, 1976.

Nur, B. "Bitjara tentang perahu: Bagaimana cara pembinaan dan motorisasi perahu lajar?" *Dunia Maritim* 21, no. 9 (1971), 15-28.

        . "Mengenal potensi rakyat di bidang angkutan laut Part XI." *Dunia Maritim* 19, no. 7 (1969): 17-19.

        . "Mengenal potensi rakyat di bidang angkutan laut Part XVI." *Dunia Maritim* 20, no. 3 (1970): 19-21.

Nurcahyani, Lisyawati. *Kota Pontianak sebagai bandar dagang di jalur sutra*. Jakarta: Departemen Pendidikan dan Kebudayaan, Direktorat Sejarah dan Nilai Tradisional, Proyek Inventarisasi dan Dokumentasi Sejarah Nasional, 1999.

Obeyesekere, Gananath. *The Apotheosis of Captain Cook: European Mythmaking in the Pacific*. Princeton: Princeton University Press, 1992.

O'Connor, Richard. *A Theory of Indigenous Southeast Asian Urbanism*. Singapore: ISEAS Research Monograph 38, 1983.

O'Connor, Stanley. *Hindu Gods of Peninsular Siam.* Ascona, Switzerland: Artibus Asiae Publishers, 1972.

————, ed. *The Archaeology of Peninsular Siam.* Bangkok: The Siam Society, 1986.

Ohorella, G. A., ed. *Ternate sebagai bandar di jalur Sutra: Kumpulan makalah diskusi.* Jakarta: Departemen Pendidikan dan Kebudayaan, Direktorat Sejarah dan Nilai Tradisional, Proyek Inventarisasi dan Dokumentasi Sejarah Nasional, 1997.

Oki, Akira. "The River Trade in Central and South Sumatra in the Nineteenth Century." In *Environment, Agriculture, and Society in the Malay World,* edited by Tsuyoshi Kato, Muchtar Lufti, and Narafumi Maeda, 3–48. Kyoto: Center for Southeast Asian Studies, 1986.

Omohundro, John T. *Chinese Merchant Families in Iloilo: Commerce and Kin in a Central Philippine City.* Quezon City: Ateneo de Manila University Press, and Athens, OH: Ohio University Press, 1981.

————. "Social Networks and Business Success for the Philippine Chinese." In *The Chinese in Southeast Asia. Volume 1: Ethnicity and Economic Activity,* edited by Linda Y. C. Lim and L. A. Peter Gosling, 65–85. Singapore: Maruzen Asia, 1983.

Ong, Aiwha. *Flexible Citizenship: The Cultural Logics of Transnationality.* Durham: Duke University Press, 1999.

Ong Eng Die. *Chinezen in Nederlansch-Indië: Sociographie van een Indonesische bevolkingsgroep.* Assen: Van Gorcum and Co., 1943.

Oonk, Gijsbert. *The Karimjee Jiwanjee Family, Merchant Princes of East Africa, 1800-2000.* Amsterdam: Pallas, 2009.

Oort, W. B. "Hoe een Kaart tot Stand Komt." *Onze Eeuw* 4 (1909): 363-65.

Ota, Atsushi. *Changes of Regime and Social Dynamics in West Java Society, State, and the Outer World of Banten, 1750-1830.* Leiden: Brill, 2006.

Otter, Chris. *The Victorian Eye: A Political History of Light and Vision in Britain, 1800-1900.* Chicago: University of Chicago Press, 2008.

Ouchi, William G. "Markets, Bureaucracies and Clans." *Administrative Science Quarterly* 25 (1980): 129-41.

Owen, John Roger. "Give Me a Light? The Development and Regulation of Ships' Navigation Lights up to the Mid-1960s." *International Journal of Maritime History* 25, no. 1 (2013): 173-203.

Pacho, Arturo. "The Chinese Community in the Philippines: Status and Conditions." *Sojourn* (Singapore; Feb. 1986): 80-83.

Padron, Ricardo. *The Indies of the Setting Sun: How Early Modern Spain Mapped the Far East as the Transpacific West.* Chicago: University of Chicago Press, 2020.

Paine, Lincoln. *The Sea and Civilization: A Maritime History of the World.* New York: Alfred Knopf, 2013.

Painter, Joe. "Cartographic Anxiety and the Search for Regionality." *Environment and*

Planning A 40 (2008): 342–61.

Palanca, Ellen H. "The Economic Position of the Chinese in the Philippines." *Philippine Studies* 25 (1977): 82–88.

Pan, Lynn. *Sons of the Yellow Emperor: A History of the Chinese Diaspora.* New York: Kodansha International, 1994.

Panglaykim, J., and I. Palmer. "The Study of Entrepreneurship in Developing Countries: The Development of One Chinese Concern in Indonesia." *Journal of Southeast Asian Studies* 1, no. 1 (1970): 85–95.

Park, Hyunhee. *Mapping the Chinese and Islamic Worlds: Cross-Cultural Exchange in Pre-Modern Asia.* Cambridge: Cambridge University Press, 2012.

Pariwono, J. I., A. G. Ilahude, and M. Hutomo. "Progress in Oceanography of the Indonesian Seas: A Historical Perspective." *Oceanography* 18, no. 4 (2005): 42–49.

Parker, Andrew. "On the Origin of Optics." *Optics and Laser Technology* 43 (2011): 323–29.

Parker, Geoffrey. *The Military Revolution: Military Innovation and the Rise of the West, 1500-1800.* Cambridge: Cambridge University Press, 1996.

Parkinson, C. Northcote. *Trade in the Eastern Seas (1793-1813).* Cambridge: Cambridge University Press, 1937.

Pearson, Michael. *The Indian Ocean.* New York: Routledge, 2003.

————. *Port Cities and Intruders: The Swahili Coast, India, and Portugal in the Early Modern Era.* Baltimore: Johns Hopkins University Press, 1998.

————. "Studying the Indian Ocean World: Problems and Opportunities." In *Cross Currents and Community Networks: The History of the the Indian Ocean World,* edited by Himanshu Prabha Ray and Edward Alpers, 15–33. New Delhi: Oxford University Press, 2007.

————, ed. *Trade, Circulation, and Flow in the Indian Ocean World.* London: Palgrave Series in the Indian Ocean World, 2015.

————. *The World of the Indian Ocean, 1500-1800: Studies on Economic, Social, and Cultural History.* Aldershot, UK: Ashgate, 2005. Pearson, M. N. "India and the Indian Ocean in the Sixteenth Century." In *India and the Indian Ocean 1500-1800,* edited by Ashin Das Gupta and M. N. Pearson, 71–93. Calcutta: Oxford University Press, 1987.

————. "Indians in East Africa: The Early Modern Period." In *Politics and Trade in the Indian Ocean World,* edited by R. Mukherjee and L. Subramanian, 227–49. Delhi: Oxford University Press, 1998.

————. *Spices in the Indian Ocean World.* Ashgate: Variorum, 1996.

Pelras, Christian. *The Bugis.* Oxford: Blackwell, 1996.

Perkins, Chris. "Cartography —Cultures of Mapping: Power in Practice." *Progress in Human Geography* 28, no. 3 (2004): 381–91.

Pham, Charlotte. "The Vietnamese Coastline: A Maritime Cultural Landscape." In *The Sea, Identity and History: From the Bay of Bengal to the South China Sea*, edited by Satish Chandra and Himanshu Prabha Ray, 137–67. Delhi: Society for Indian Ocean Studies, 2013.

Phillimore, R. H. "An Early Map of the Malay Peninsula." *Imago Mundi* 13 (1956): 175–79.

Phipps, John. *A Practical Treatise on Chinese and Eastern Trade*. Calcutta: Thacker and Com., 1835.

Phoa Liong Gie. "De economische positie der Chineezen in Nederlandesch Indie." *Koloniale Studiën* 20, no. 5 (1936): 97–119.

Phongpaichit, Pasuk, and Chris Baker. *Thailand: Economy and Politics*. Kuala Lumpur: Oxford University Press, 1995.

Pigafetta, Antonio. "The First Voyage Round the World," and "De Moluccis Insulis." In *The Philippine Islands*, edited by Emma Blair and James Robertson, 33:211 and passim; and 1:328, respectively. Cleveland: Arthur H. Clark, 1903.

Pinto, Mendes. *The Travels of Mendes Pinto*. Translated by Rebecca Catz. Chicago: University of Chicago Press, 1990.

Plas, C. C. van der. *Tonkin 1644/45, Journal van de Reis van Anthonio Brouckhorst*. Amsterdam: Koninklijk Instituut voor de Trompen, Mededeling No. CXVII, 1995.

Po, Ronald. *The Blue Frontier: Maritime Vision and Power in the Qing Empire*. Cambridge: Cambridge University Press, 2018.

Poillard, Elizabeth Ann. "Indian Spices and Roman 'Magic' in Imperial and Late Antique Indomediterranean." *Journal of World History* 24, no. 1 (2013): 1–23.

Pointon, A. G. *The Bombay-Burma Trading Corporation*. Southampton: Milbrook Press, 1964.

Polo, Marco. *The Travels of Marco Polo*. Edited and revised from William Marsden's translation by Manuel Komroff. New York: Modern Library, 2001.

Pombejra, Dhiravat na. "Ayutthaya at the End of the Seventeenth Century: Was There a Shift to Isolation?" In *Southeast Asia in the Early Modern Era: Trade, Power, and Belief*, edited by Anthony Reid, 250–72. Ithaca: Cornell University Press, 1993.

Pomeranz, Kenneth. *The Great Divergence: Europe, China, and the Making of the Modern World Economy*. Princeton: Princeton University Press, 2000.

Post, P. "Japanese bedrijfvigheid in Indonesia, 1868–1942." PhD dissertation. Amsterdam: Free University of Amsterdam, 1991.

Post, Peter. "Chinese Business Networks and Japanese Capital in Southeast Asia, 1880–1940: Some Preliminary Observations." In *Chinese Business Enterprises in Asia*, edited by Rajeswary A. Brown. London and New York: Routledge, 1995.

————. "Japan and the Integration of the Netherlands East Indies into the World Economy, 1868–1942." *Review of Indonesian and Malaysan Affairs* 27, nos. 1–2

(1993): 134-65.

Prakash, Om. *The Dutch East India Company and the Economy of Bengal, 1630-1720.* Princeton: Princeton University Press, 1985.

_____. *The Dutch Factories in India, 1617-1623.* Delhi: Munshiram Manoharlal, 1984.

_____. "European Corporate Enterprises and the Politics of Trade in India, 1600-1800." In *Politics and Trade in the Indian Ocean World,* edited by R. Mukherjee and L. Subramanian, 165-82. Delhi: Oxford University Press, 1998.

_____. *Precious Metals and Commerce: The Dutch East India Company and the Indian Ocean Trade.* Ashgate: Variorum, 1994.

_____, ed. *European Commercial Expansion in Early Modern Asia.* Aldershot: Variorum, 1997.

Prange, Sebastian. "Measuring by the Bushel: Reweighing the Indian Ocean Pepper Trade." *Historical Research* 84, no. 224 (May 2011): 212-35.

Prescott, J. R. V. *Political Frontiers and Political Boundaries.* London: Allen and Unwin, 1987.

Prestholdt, Jeremy. *Domesticating the World: African Consumerism and the Genealogies of Globalization.* Berkeley: University of California Press, 2008.

Preston, P. W. *Pacific Asia in the Global System: An Introduction.* Oxford: Blackwell, 1998.

Prince, G. "Dutch Economic Policy in Indonesia." In *Economic Growth in Indonesia, 1820-1940,* edited by A. Madison and G. Prince, 203-26. Dordrecht and Providence: Foris, 1989.

Pronk van Hoogeveen, D. J. "De KPM in na-oorlogse Jaren." *Economisch Weekblad* 14e (25 December, 1948): 1001-2.

Ptak, Roderich. "China and the Trade in Tortoise-Shell." In *China's Seaborne Trade with South and Southeast Asia,* edited by Roderich Ptak. (Abingdon: Variorum, 1999).

_____. *Maritime Animals in Traditional China.* Wiesbaden: Harrassowitz Verlag, 2011.

_____. "Ming Maritime Trade to Southeast Asia, 1368-1567: Visions of a 'System.'" In *From the Mediterranean to the China Sea: Miscellaneous Notes,* edited by Claude Guillot, Denys Lombard, and Roderich Ptak, 157-91. Wiesbaden: Harrassowitz Verlag, 1998.

_____. "Notes on the Word 'Shanhu' and Chinese Coral Imports from Maritime Asia, 1250-1600." In *China's Seaborne Trade with South and Southeast Asia (1200-1750),* edited by Roderich Ptak. Abingdon: Variorum, 1999.

Puangthong Rungwasdisab. "Siam and the Control of the Trans-Mekong Trading Networks." In *Water Frontier: Commerce and the Chinese in the Lower Mekong Region, 1750-1880,* edited by Nola Cooke and Tana Li, 101-18. New York: Rowman

& Littlefield, 2004.

Purcell, Steven W., Yves Samyn, and Chantal Conand. *Commercially Important Sea Cucumbers of the World*. Rome: Food and Agriculture Organization of the United Nations, 2012.

Pye, Michael. *The Edge of the World: A Cultural History of the North Sea and the Transformation of Europe*. New York: Pegasus Books, 2014.

Pyenson, Lewis. *Empire of Reason: Exact Sciences in Indonesia, 1840-1940*. Leiden: E. J. Brill, 1989.

Qasim, S. Z. "Concepts of Tides, Navigation and Trade in Ancient India." *Journal of Indian Ocean Studies* 8, nos. 1/2 (2000): 97-102.

Qasim, S. Zahoor. "The Indian Ocean and Cyclones." *Journal of Indian Ocean Studies* 1, no. 2 (1994): 30-40.

_____. "The Indian Ocean and Mangroves." *Journal of Indian Ocean Studies* 2, no. 1 (1994) 1-10.

Qin, Dashu. "Archaeological Investigations of Chinese Ceramics Excavated from Kenya." In *Ancient Silk Trade Routes: Selected Works from Symposium on Cross-Cultural Exchanges and Their Legacies in Asia*, edited by Qin Dashu and Jian Yuan, chapter 4. Singapore: World Scientific Publishing, 2015.

Qiu Liben. "The Chinese Networks in Southeast Asia: Past, Present and Future." In *Chinese Business Networks*, edited by Chan Kwok Bun. Singapore: Prentice Hall, 2000.

Radwan, Ann Bos. *The Dutch in Western India, 1601-1632*. Calcutta: Firma KLM, 1978.

Raffles, Sir Thomas Stamford. *History of Java*. London: Murray, 1830-31. *Ragionamenti di Fancesco Carletti fiorentino sopra le cose da lui vedute ne'suoi viaggi si dell'Indie Occidentali, e Orientali come d'altri paesi. All'Illustriss. Sig. Marchese Cosimo da Castiglione gentiluomo della Camera del Serenissimo Granduca di Toscana*. Part II: *Ragionamenti . . . sopra le cose da lui vedute ne' suoi viaggi dell'Indie Orientali, e d'altri paesi*. Florence, 1701.

Rao, S. R., ed. *Recent Advances in Marine Archaeology: Proceedings of the Second Indian Conference on Marine Archaeology of the Indian Ocean*. Goa: National Institute of Oceanography, 1991.

Rao, T. S. S., and Ray Griffiths. *Understanding the Indian Ocean: Perspectives on Oceanography*. Paris: UNESCO, 1998.

Ray, Aniruddha. "Cambay and Its Hinterland: The Early Eighteenth Century." In *Ports and Their Hinterlands in India, 1700-1950*, edited by Indu Banga, 131-52. Delhi: Manohar, 1992.

Ray, Haraprasad. "Sino-Indian Historical Relations: Quilon and China." *Journal of Indian Ocean Studies* 8, nos. 1/2 (2000): 116-28.

Ray, Himanshu Prabha. "Crossing the Seas: Connecting Maritime Spaces in Colonial

India." In *Cross Currents and Community Networks: The History of the the Indian Ocean World*, edited by Himanshu Prabha Ray and Edward Alpers, 50-78. New Delhi: Oxford University Press, 2007.

_____. "Far-Flung Fabrics — Indian Textiles in Ancient Maritime Trade." In *Textiles in Indian Ocean Societies*, edited by Ruth Barnes, 17-37. New York: Routledge, 2005.

Ray, Indrani, ed. *The French East India Company and the Trade of the Indian Ocean*. Calcutta: Munshiram, 1999.

Ray, R. "Chinese Financiers and Chetti Bankers in Southern Waters: Asian Mobile Credit during the Anglo-Dutch Competition for the Trade of the Eastern Archipelago in the Nineteenth Century." *Itinerario* 1 (1987): 209-34.

Redding, S. Gordon. *The Spirit of Chinese Capitalism*. Berlin: De Gruyter, 1990.

_____. "Weak Organizations and Strong Linkages: Managerial Ideology and Chinese Family Business Networks. In *Business Networks and Economic Development in East and Southeast Asia*, edited by Gary Hamilton. Hong Kong: Center of Asian Studies, University of Hong Kong, 1991.

Rediker, Marcus. *Between the Devil and the Deep Blue Sea: Merchant Seamen, Pirates, and the Anglo-American Maritime World, 1700-1750*. Cambridge: Cambridge University Press, 1989.

Rediker, Marcus, and Peter Linebaugh. *The Many-Headed Hydra: Sailors, Slaves, Commoners, and the Hidden History of the Revolutionary Atlantic*. New York: Beacon Press, 2013.

Reid, Anthony. "Aceh between Two Worlds: An Intersection of Southeast Asia and the Indian Ocean." In *Cross Currents and Community Networks: The History of the the Indian Ocean World*, edited by Himanshu Prabha Ray and Edward Alpers, 100-22. New Delhi: Oxford University Press, 2007.

_____. *Charting the Shape of Early Modern Southeast Asian History*. Chiang Mai: Silkworm, 1999.

_____. "The End of Dutch Relations with the Nguyen State, 1651-2: Excerpts Translated by Anthony Reid." In *Southern Vietnam under the Nguyen: Documents on the Economic History of Cochin China (Dang Trong), 1602-1777*, edited by Tana Li and Anthony Reid. Singapore: ISEAS, 1993.

_____. "Europe and Southeast Asia: The Military Balance." *James Cook University of North Queensland, Occasional Paper #16*. Townsville: Queensland University Press, 1982.

_____. "Hybrid Identities in the Fifteenth-Century Straits." In *Southeast Asia in the Fifteenth Century: The China Factor*, edited by Geoff Wade and Sun Laichen, 307-32. Singapore: NUS Press, 2010.

_____. "Islamization and Christianization in Southeast Asia: The Critical Phase, 1550-1650." In *Southeast Asia in the Early Modern Era: Trade, Power, and Belief*, edited by Anthony Reid, 151-79. Ithaca: Cornell University Press, 1993.

————. *Slavery, Bondage, and Dependency in Southeast Asia*. St. Lucia: University of Queensland Press, 1983.

————. *Southeast Asia in the Age of Commerce 1450-1680*. Volume I: *The Lands below the Winds*. Volume II: *Expansion and Crisis*. New Haven: Yale University Press, 1988, 1993.

————. "The Structure of Cities in Southeast Asia, 15th to 17th Centuries." *Journal of Southeast Asian Studies* 11 (1980): 235-50.

————. "The Unthreatening Alternative: Chinese Shipping in Southeast Asia 1567-1842." *RIMA* 27, nos. 1-2 (1993): 13-32.

————, ed. *Sojourners and Settlers: Histories of Southeast Asia and the Chinese*. Sydney: Allen & Unwin, 1996.

Reid, Daniel. *Chinese Herbal Medicine*. London, Thornsons Publishing Group, 1987.

Reinaud, M. *Géographie d'Aboul-feda*. Paris, 1848.

Resink, G. J. "De Archipel voor Joseph Conrad." *BTLV* (1959): ii.

Ricci, Ronit. *Islam Translated: Literature, Conversion and the Arabic Cosmopolis of South and Southeast Asia*. Chicago: University of Chicago Press, 2011.

Risso, Patricia. "India and the Gulf: Encounters from the Mid-Sixteenth Century to the Mid-Twentieth Centuries." In *The Persian Gulf in History*, edited by Lawrence Potter, 189-206. New York: Palgrave Macmillan, 2009.

————. *Merchants and Faith: Muslim Commerce and Culture in the Indian Ocean*. Boulder: Westview, 1995.

————. *Oman and Muscat: An Early Modern History*. New York: St. Martin's Press, 1986.

Robinson, R. "Non-European Foundations of European Imperialism: Sketch for a Theory of Collaboration." In *Studies in the Theory of Imperialism*, edited by R. Owen and B. Sutcliffe, 117-41. London: Longman, 1972.

Rodriguez, Noelle. *Zamboanga: A World between Worlds, Cradle of an Emerging Civilization*. Pasig City: Fundacion Santiago, 2003.

Rosaldo, Renato. *Ilongot Headhunting*. Palo Alto: Stanford University Press, 1980.

Rosario-Braid, Florangel, ed. *Muslim and Christian Cultures: In Search of Commonalities*. Manila: Asian Institute of Journalism and Communication, 2002.

Rose di Meglio, Rita. "Il commercio arabo con la Cina dal X secolo all'avvento dei Mongoli." *Ann. Ist. Univ. Orient* (Naples, 1965): 137-75.

————. "Il commercio arabo con la Cina dalla Gahiliyya al X secolo." *Annali del Instituto Universitario Orientale* (Naples, 1964): 523-52.

Rosser, W. H., and J. F. Imray. *Indian Ocean Directory: The Seaman's Guide to the Navigation of the Indian Ocean, China Sea, and West Pacific Ocean*. London: n.d.

Roszko, Edyta. "Fishers and Territorial Anxieties in China and Vietnam: Narratives of the South China Sea beyond the Frame of the Nation." *Cross-Currents: East Asian History and Culture Review* 21 (2016): 19-46.

_____. "Geographies of Connection and Disconnection: Narratives of Seafaring in Ly Son." In *Connected and Disconnected in Vietnam: Remaking Social Relationships in a Post-Socialist Nation*, edited by Philip Taylor, 347-77. Canberra: Australian National University Press, 2016.

Rowe, William. *Hankow.* 2 volumes. Stanford: Stanford University Press, 1984; repr. 1989.

Russell, Susan, ed. *Ritual, Power, and Economy: Upland-Lowland Contrasts in Mainland Southeast Asia.* DeKalb: Center for Southeast Asian Studies, 1989.

Russell-Wood, A. J. R. "The Expansion of Europe Revisited: The European Impact on World History and Global Interaction, 1450-1800." *Itinerario* 23, no. 1 (1994): 89-94.

Sahai, Baldeo. *Indian Shipping: A Historical Survey.* Delhi: Ministry of Information, 1996.

Sahlins, Marshall. "Cosmologies of Capitalism: The Trans-Pacific Sector of the World System." In *Culture, Power, and History: A Reader in Contemporary Theory*, edited by Nicholas Dirks, Geoff Eley, and Sherry Orner, 412-55. Princeton: Princeton University Press, 1994.

_____. *How "Natives" Think: About Captain Cook, for Example.* Chicago: The University of Chicago Press, 1995.

_____. *Islands of History.* Chicago: The University of Chicago Press, 1985.

Said, H. Mohammad. *Aceh sepanjang abad.* Volume I. Medan: P. T. Harian Waspada, 1981.

Saleeby, Najeeb. *The History of Sulu.* Manila: Filipiniana Book Guild, 1963.

Saleh, Muhammad. *Syair Lampung dan Anyer dan Tanjung Karang naik air laut.* Singapore: Penerbit Haji Sa [h]id, 1886.

Salmon, Claudine. "Les marchands chinois en Asie du Sud-est. In *Marchands et hommes d'affaires asiatiques dans l'Océan Indien et la Mer de Chine 13e-20e siecles*, edited by D. Lombard and J. Aubin, 330-51. Paris: Editions de l'Ecole des Hautes Etudes en Sciences Sociales, 1988.

_____. "Regards de quelques voyageurs chinois sur le Vietnam du XVIIe siecle." In *Asia Maritima: Images et réalité: Bilder und Wirklichkeit 1200-1800*, edited by Denys Lombard and Roderich Ptak, 117-46. Wiesbaden: Harrassowitz Verlag, 1994.

San Nyein U. "Trans Peninsular Trade and Cross Regional Warfare between the Maritime Kingdoms of Ayudhya and Pegu in mid-16th-mid-17th century." In [Anon.], *Port Cities and Trade in Western Southeast Asia*, 55-64. Bangkok: Institute of Asian Studies, Chulalongkorn University, 1998.

Sandhu, K., and A. Mani. *Indians in South East Asia.* Singapore: ISEAS, 1993.

Sandhu, Kernial, and A. Mani, eds. *Indian Communities in Southeast Asia.* Singapore: ISEAS/Times Academic Press, 1993.

Sandhu, Kernial Singh, and Paul Wheatley, eds. *Melaka: The Transformations of a Malay Capital, c. 1400-1980.* Kuala Lumpur: Oxford University Press, 1983.

Sangwan, Satpal. *Science, Technology and Colonisation: An Indian Experience 1757-1857.* Delhi: Anamika Parakashan, 1991.

Santen, H. W. van. *De vedernegide Oost-Indische Compagnie in Gujurat en Hindustan 1620-1660.* PhD thesis. Leiden: Leiden University, 1982.

Santos, M. *The Shared Space: The Two Circuits of the Urban Economy Underdevelopment Concept.* London: Methuen, 1979.

Sardesai, R. S. *British Trade and Expansion in Southeast Asia (1830-1914).* New Delhi: Allied Publishers, 1977.

Sartori, Andrew. *Bengal in Global Concept History: Culturalism in the Age of Capital.* Chicago: University of Chicago Press, 2008.

Sassetti, F[rancesco], a S.E. il Cardinale F. de'Medici. *Lettere edite e inedite di Filippo Sassetti,* raccolte e annotate da E. Marcucci. Florence: 1855.

Sather, Clifford. *The Bajau Laut: Adaptation, History, and Fate in a Maritime Fishing Society of South-Eastern Sabah.* Kuala Lumpur: Oxford University Press, 1997.

———. "Seven Fathoms: A Bajau Laut Narrative Tale from the Semporna District of Sabah." *Brunei Museum Journal* 3, no. 3 (1975): 30.

Satia, Priya. *Spies in Arabia: The Great War and the Cultural Foundations of Britain's Covert Empire in the Middle East.* New York: Oxford University Press, 2009.

Scammell, G. V. "European Exiles, Renegades and Outlaws and the Maritime Economy of Asia, c. 1500-1750." *Modern Asian Studies* 26, no. 4 (1992): 641-61.

Schaeffer, Edward. *The Golden Peaches of Samarkand.* Berkeley: University of California Press, 1967.

Schelle, C. J. van. "De geologische mijnbouwkundige opneming van een gedeelte van Borneo's westkust: Rapport #1: Opmerking Omtrent het Winnen van Delfstoffen" *Jaarboek Mijnwezen* 1 (1881): 260-63.

Schober, Juliane, and Steven Collins, eds. *Theravada Encounters with Modernity.* London: Routledge, 2019.

Schofield, Clive. *The Maritime Political Boundaries of the World.* Leiden: Martinus Nijhoff, 2005.

Scholten, C. *De Munten van de Nederlandsche gebiedsdeelen overzee, 1601-1948.* Amsterdam: J. Schulman, 1951.

Schottenhammer, Angela. "The 'China Seas' in World History: A General Outline of the Role of Chinese and East Asian Maritime Space from Its Origin to c. 1800." *Journal of Marine and Island Culture* 1: 2012: 63-89.

———. *Early Global Interconnectivity in the Indian Ocean World.* London. Palgrave

Series in the Indian Ocean World, 2019.

_____, ed. *The East Asian 'Mediterranean': Maritime Crossroads of Culture, Commerce, and Human Migration.* Wiesbaden: Harrassowitz Verlag, 2008.

Schrikker, Alicia. *Dutch and British Colonial Intervention in Sri Lanka, 1780-1815: Expansion and Reform.* Leiden: Brill, 2007.

Schuetz, A. "The Stranger: An Essay in Social Psychology." *American Journal of Psychology* 49 (1944): 499-507.

Schurhammer, G. O. "Il contributo dei missionary cattolici nei secoli XVI e XVII alla conoscenza del Giappone." In *Le missioni cattoliche e la cultura dell'Orient: Conferenze "Massimo Piccinini,"* 115-17. Rome: Istituto italiano per il Medio ed Estremo Oriente, 1943.

Schurz, William. *The Manila Galleon.* New York: Historical Reprints, 1939.

Schwarz, E. H. L. "The Chinese Connection with Africa." *Journal of Bengal Branch, Royal Asiatic Society, Letters* 4 (1938): 175-93.

Scott, James. *Seeing like a State: How Certain Schemes to Improve the Human Condition Have Failed.* New Haven: Yale University Press, 1998.

_____. *Weapons of the Weak: Everyday Forms of Peasant Resistance.* New Haven: Yale University Press, 1985.

Scott, Julius S. *The Common Wind: Afro-American Currents in the Age of the Haitian Revolution.* New York: Verso, 2020.

Seagrave, Sterling. *Lords of the Rim: The Invisible Empire of the Overseas Chinese.* New York: Putnam, 1995.

Seetah, Krish, ed. *Connecting Continents: Archaeology and History in the Indian Ocean World.* Athens, OH: Ohio University Press, 2018.

Seidensticker, Edward. *Low City, High City: Tokyo from Edo to the Earthquake; How the Shogun's Ancient Capital Became a Great Modern City, 1867-1923.* Cambridge, MA: Harvard University Press, 1991.

Sejarah Daerah Bengkulu. Jakarta: Departemen Penilitian dan Pencatatan, Kebudayaan Daerah, Departemen Pendidikan dan Kebudayaan, n.d.

Sen, Amartya. "Economics and the Family." *Asian Development Review* 1, no. 2 (1983): 14-26.

Sen, Tansen. "The Impact of Zheng He's Expeditions on Indian Ocean Interactions." *Bulletin of the School of Oriental and African Studies,* 79, no. 3 (2016): 609-36.

_____. "Maritime Interactions between China and India: Coastal India and the Ascendancy of Chinese Maritime Power in the Indian Ocean." *Journal of Central Eurasian Studies* 2 (2011): 41-82.

_____. "Changing Regimes: Two Episodes of Chinese Military Interventions in Medieval South Asia." In *Asian Encounters: Exploring Connected Histories,* edited by Upinder

Singh and Parul Dhar, 62-85. New Delhi: Oxford University Press, 2014.

_____. "Diplomacy, Trade, and the Quest for the Buddha's Tooth: The Yongle Emperor and Ming China's South Asian Frontier." In *Ming China: Courts and Contacts, 1400-1450*, edited by Craig Clunas, Jessica Harrison-Hall and Luk Yu-Ping, 26-36. London: British Museum, 2016.

_____. "The Formation of Chinese Maritime Networks to Southern Asia, 1200-1450." *Journal of the Social and Economic History of the Orient* 49, no. 4 (2006): 421-53.

_____, ed. *Buddhism across Asia: Networks of Material, Cultural and Intellectual Exchange*. Singapore: ISEAS, 2014.

_____. *Buddhism, Diplomacy, and Trade: The Realignment of Sino-Indian Relations, 600-1400*. Honolulu: University of Hawai'i Press, 2003.

Serjeant, R. B. *The Portuguese off the South Arabian Coast: Hadrami Chronicles; With Yemeni and European Accounts*. Beirut: Librairie du Liban, 1974.

Shen, John. "New Thoughts on the Use of Chinese Documents in the Reconstruction of Early Swahili History." *History in Africa* 22 (1995): 349-58.

Sheriff, Abdul. *Dhow Cultures of the Indian Ocean: Cosmopolitanism, Commerce, and Islam*. New York: Columbia University Press, 2010.

_____. "The Persian Gulf and the Swahili Coast: A History of Acculturation over the Longue Duree." In *The Persian Gulf in History*, edited by Lawrence Potter, 173-88. New York: Palgrave Macmillan, 2009.

_____. *Slaves, Spices, and Ivory in Zanzibar: The Integration of an East African Commercial Enterprise into the World Economy 1770-1873*. Athens, OH: Ohio University Press, 1987.

Sherry, Frank. *Pacific Passions: The European Struggle for Power in the Great Ocean in the Age of Exploration*. New York: William Morrow, 1994.

Sheth, V. S. "Dynamics of Indian Diaspora in East and South Africa." *Journal of Indian Ocean Studies* 8, no. 3 (2000): 217-27.

Shimada, Ryuto. "Hinterlands and Port Cities in Southeast Asia's Economic Development in the Eighteenth Century." In *Hinterlands and Commodities: Place, Space, Time and the Political Economic Development of Asia over the Long Eighteenth Century*, edited by Tsukasa Mizushima, George Bryan Souza, and Dennis Flynn, 197-214. Leiden: Brill, 2015.

_____. *The Intra-Asian Trade in Japanese Copper by the Dutch East India Company during the Eighteenth Century*. Leiden: Brill, 2005.

Shin, Chia Lin. "The Development of Marine Transport." *South-East Asian Transport: Issues in Development*. In T.R. Leinbach & Chia Lin Sien, 197-232. Singapore, Oxford, and New York: Oxford University Press, 1965.

Shiro, Momoki. "Dai Viet and the South China Sea Trade: From the Tenth to the Fifteenth Century." *Crossroads: An Interdisciplinary Journal of Southeast Asian Studies* 12, no. 1 (1998): 1-34.

_____. "Was Dai Viet a Rival of Ryukyu within the Tributary Trade System of the Ming during the Early Le Period, 1428-1527?" In *Commerce et navigation en Asie du sud-est(XIVe-XIXe siecles)*, edited by Nguyễn Thế Anh and Yoshiaki Ishizawa, 101-12. Paris: L'Harmattan, 1999.

Siem Bing Hoat. "Het Chineesch Kapitaal in Indonisie." *Chung Hwa Hui Tsa Chi*, 8, no. 1 (1930): 7-17.

Simmel, G. "The Stranger." In *The Sociology of Georg Simmel*, edited by K. H. Wolff, 402-8. New York: The Free Press, 1950.

Singh, Dilbagh, and Ashok Rajshirke. "The Merchant Communities in Surat: Trade, Trade Practices, and Institutions in the Late Eighteenth Century." In *Ports and their Hinterlands in India, 1700-1950*, edited by Indu Banga, 181-98. Delhi: Manohar, 1992.

Siu, Helen, and Mike McGovern. "China-Africa Encounters: Historical Legacies and Contemporary Realities." *Annual Review of Anthropology* 46 (2017): 337-55.

Sivasundaram, Sujit. *Waves across the South: A New History of Revolution and Empire*. Chicago: University of Chicago Press, 2020.

Skilling, Peter. "Traces of the Dharma: Preliminary Reports on Some Ye Dhamma and Ye Dharma Inscription from Mainland Southeast Asia." *Bulletin de l'École française d'Extreme-Orient* 90-91 (2003/4): 273-87.

Skilling, Peter, Jason A. Carbine, Claudio Cicuzza, and Santi Pakdeekham. *How Theravada Is Theravada? Exploring Buddhist Identities*. Seattle: University of Washington Press, 2012.

Skinner, William. *Chinese Society in Thailand*. Ithaca: Cornell University Press, 1957.

_____. "Creolized Chinese Societies in Southeast Asia." In *Sojourners and Settlers: Histories of Southeast Asia and the Chinese*, edited by Anthony Reid, 51-93. Honolulu: University of Hawai'i Press, 2001.

_____. *Marketing and Social Structure in Rural China*. Tucson: University of Arizona Press, 1965.

_____, ed. *The City in Late Imperial China*. Stanford: Stanford University Press, 1977.

Skrobanek, Siriporn. *The Traffic in Women: Human Realities of the International Sex Trade*. New York: Zed Books, 1997.

Smith, Adam. *An Inquiry into the Nature and Causes of the Wealth of Nations*. Volume I. Clarendon: Oxford University Press, 1976.

Smith, Clarence, and William Gervase. "Indian Business Communities in the Western Indian Ocean in the Nineteenth Century." *Indian Ocean Review* 2, no. 4 (1989): 18-21.

Smith, Clarence, William Gervase, and Steven Topik, eds. *The Global Coffee Economy in Africa, Asia, and Latin America, 1500-1989*. New York: Cambridge University

Press, 2003.

Smith, Martin. *Burma: Insurgency and the Politics of Ethnicity.* London: Zed Books, 1999.

Smitka, Michael. *The Japanese Economy in the Tokugawa Era, 1600-1868.* New York: Garland Publishers, 1998.

Snow, Philip. *The Star Raft: China's Encounter with Africa.* New York: Weidenfeld and Nicholson, 1988.

Sobel, Dava. *Longitude: The True Story of a Lone Genius Who Solved the Greatest Scientific Problem of His Day.* New York: Penguin, 1995.

Soelaiman, D. "Selayang pandang pelayaran di Indonesia." *Suluh Nautika* 9, no. 3 (1959): 40-43.

Soempeno, S. *Buku sejarah pelayaran Indonesia.* Jakarta: Pustaka Maritim, 1975.

Sofwan, Mardanas, Taher Ishaq, Asnan Gusti, and Syafrizal. *Sejarah Kota Padang.* Jakarta: Departemen Pendidikan dan Kebudayaan, Direktorat Sejarah dan Nilai Tradisional, Proyek Inventarisasi dan Dokumentasi Sejarah Nasional, 1987.

Souza, George B. *The Survival of Empire: Portuguese Trade and Society in China and the South China Sea 1930-1754.* Cambridge: Cambridge University Press, 1986.

Spence, Jonathan. *The Memory Palace of Matteo Ricci.* New York: Penguin Books, 1985.

Spence, Jonathan, and John Wills, eds. *From Ming to Ch'ing: Conquest, Region, and Continuity in 17th-Century China.* New Haven: Yale University Press, 1979.

Spillet, Peter. *A Feasibility Study of the Construction and Sailing of a Traditional Makassar Prahu From Sulawesi to N. Australia.* Printed by the Historical Office of the N. Territory (Winnellie) Australia, n.d.

Spivak, Gayatri. "Can the Subaltern Speak?" In *Marxism and the Interpretation of Culture*, edited by Cary Nelson and Lawrence Grossburg, 271-313. Basingstoke: Macmillan, 1988.

Spoehr, Alexander. *Zamboanga and Sulu: An Archaeological Approach to Ethnic Diversity Ethnology.* Monograph 1. Pittsburgh: University of Pittsburgh, Dept. of Anthropology, 1973.

Spyers, Patricia. *The Memory of Trade.* Durham: Duke University Press, 2000. *Sriwijaya dalam perspektif arkeologi dan sejarah.* Palembang: Pemerintah Daerah Tingkat I Sumatera Selatan, 1993.

Starkey, Janet, ed. *People of the Red Sea: Proceedings of the Red Sea Project II Held in the British Museum.* London: Society for Arabian Studies Monograph 3, 2005.

Steensgaard, N. *The Asian Trade Revolution of the Seventeenth Century: The East India Companies and the Decline of the Caravan Trade.* Chicago: University of Chicago Press, 1974.

Stein, Sarah Abrevaya. *Plumes: Ostrich Feathers, Jews, and a Lost World of Global Commerce.* New Haven: Yale University Press, 2010.

Steinberg, Philip E. *The Social Construction of the Ocean.* New York: Cambridge University Press, 2001.

Stern, Philip. *The Company-State: Corporate Sovereignty and the Early Modern Foundations of the British Empire in India.* New York: Oxford University Press, 2011.

Stern, Tom. *Nur Misuari: An Authorized Biography.* Manila: Anvil Publishing, 2012.

Steur, J. *Herstel of Ondergang: De Voorstellen tot Redres van de VOC, 1740-1795.* Utrecht: H & S Publishers, 1984).

Steurs, F. V. A. de. "Losse Aantekeningen over de Nagel-Kultuur in de Molukko's." *TNI* 4, no. 2 (1842): 458-64.

Stevens, Harm. *De VOC in bedrijf, 1602-1799.* Amsterdam: Walburg Press, 1998.

Stevenson, John. "The Evolution of Vietnamese Ceramics." In *Vietnamese Ceramics: A Separate Tradition,* edited by John Stevenson and John Guy, 22-45. Michigan: Art Media Recourses, 1994; repr. Chicago: Art Media Resources, 1997.

Stevenson, Thomas. *Lighthouse Illumination: Being a Description of the Holophotal System and of Azimuthal Condensing and Other New Forms of Lighthouse Apparatus.* Edinburgh, 1871.

Stoler, Ann. *Capitalism and Confrontation in Sumatra's Plantation Belt 1870-1979.* New Haven: Yale University Press, 1986.

————. "Imperial Debris: Reflections on Ruin and Ruination." *Cultural Anthropology* 23, no. 2 (2008): 191-219.

Studnicki-Gizbert, Daviken. *A Nation upon the Ocean Sea: Portugal's Atlantic Diaspora and the Crisis of the Spanish Empire, 1492-1640.* New York: Oxford University Press, 2007.

Subrahmanyam, Sanjay. *The Career and Legend of Vasco da Gama.* Cambridge: Cambridge University Press, 1997.

————. "Notes of Circulation and Asymmetry in Two Mediterraneans, c. 1400-1800." In *From the Mediterranean to the China Sea: Miscellaneous Notes,* edited by Claude Guillot, Denys Lombard, and Roderich Ptak, 21-43. Wiesbaden: Harrassowitz Verlag, 1998.

————. *The Political Economy of Commerce: Southern India, 1500-1650.* Cambridge Cambridge University Press, 1990.

————. "Profit at the Apostle's Feet: The Portuguese Settlement of Mylapur in the Sixteenth Century." In *Improvising Empire: Portuguese Trade and Settlement in the Bay of Bengal,* edited by Sanjay Subrahmanyam, 47-67. Delhi: Oxford University Press, 1990.

————, ed. *Merchants, Markets, and the State in Early Modern India, 1700-1950* (Delhi: Oxford University Press, 1990).

Subrahmanyam, Sanjay, and C. A. Bayly. "Portfolio Capitalists and the Political Economy of Early Modern India." In *Merchants, Markets, and the State in Early Modern India* Sanjay Subrahmanyam, 242-65. Delhi: Oxford University Press, 1990.

Subramanian, Lakshmi. *The Sovereign and the Pirate: Ordering Maritime Subjects in India's Western Littoral.* New Delhi: Oxford University Press, 2016.

_____. "Western India in the Eighteenth Century: Ports, Inland Towns, and States." In *Ports and Their Hinterlands in India, 1700-1950*, edited by Indu Banga, 153-80. Delhi: Manohar, 1992.

Sulistiyono, S. T. "Liberalisasi pelayaran dan perdagangan di Indonesia 1816-1870." *Lembaran Sastra* 19 (1996): 31-44.

_____. "Perkembangan pelabuhan Cirebon dan pengaruhnya terhadap kehidupan sosial ekonomi masyarakat kota Cirebon 1859-1930." MA thesis. Yogyakarta: Gajah Mada University, 1994.

_____. "Politik kolonial terhadap pelabuhan di Hindia Belanda." *Lembaran Sastra* 18 (1995): 86-100.

_____. *Sektor maritim dalam era mekanisasi dan liberalisasi: Posisi armada perahu layar pribumi dalam pelayaran antarpulau di Indonesia, 1879-1911.* Yogyakarta: Laporan penelitian dalam rangka / Summer Course in Indonesian Economic History, 1996.

Sun, Lin. "The Economy of Empire Building: Wild Ginseng, Sable Fur, and the Multiple Trade Networks of the Early Qing Dynasty, 1583-1644." PhD dissertation, Oxford University, 2018.

Surat-Surat Perdjandjian Antara Kesultanan Riau dengan Pemerintahan. Volume 2: *V.O.C. dan Hindia-Belanda 1784-1909.* Jakarta: Arsip Nasional Indonesia, 1970.

Suryadinata, Leo, ed. *Southeast Asian Chinese: The Socio-cultural Dimension.* Singapore: Times Academic Press, 1995.

Susilowati, Endang. "The Impact of Modernization on Tradiditonal Perahu Fleet in Banjarmasin, South Kalimantan in the Twentieth Century." In *Maritime Social and Economic Developments in Southeast Asia*, edited by Hanizah Idris, Tan Wan Hin, and Mohammad Raduan Mohd. Ariff, 61-76. Kuala Lumpur: Institute of Ocean and Earth Sciences, University of Malaya, 2008.

Sutedja, D. *Buku himpunan pemulihan hubungan Indonesia Singapura: Himpunan peraturan-peraturan angkutan laut.* Jakarta: Departement Perhubungan Laut, 1967.

Sutherland, Heather. *Seaways and Gatekeepers: Trade and Society in the Eastern Archipelagos of Southeast Asia, c. 1600-1906.* Singapore: National University of Singapore Press, 2021.

_____. "Southeast Asian History and the Mediterranean Analogy." *Journal of Southeast Asian Studies* 34.1 (2003): 1-20.

_____. "Trepang and Wangkang: The China Trade of Eighteenth-Century Makassar."

In *Authority and Enterprise among the Peoples of South Sulawesi*, edited by R. Tol, K. van Dijk, and G. Accioli: 451-72. Leiden: KITLV Press, 2000.

Sutherland, Heather, and Gerrit Knaap. *Monsoon Traders: Ships, Skippers and Commodities in Eighteenth-Century Makassar.* Leiden: Brill, 2004.

Synthetic Drugs in East and Southeast Asia: Latest Developments and Challenges, 2021. New York: United Nations Office on Drugs and Crime, 2021.

Syper, Patricia. *The Memory of Trade: Modernity's Entanglements on an Eastern Indonesian Island.* Durham: Duke University Press, 2000.

Tacchi, P., and S. I. Venturi. *Alcune lettere del P. Antonio Rubino.* Turin: D.C.D.G., 1901.

Tagliacozzo, Eric. "Border-Line Legal: Chinese Communities and 'Illicit' Activity in Insular Southeast Asia." In *Maritime China and the Overseas Chinese in Transition, 1750-1850*, edited by Ng Chin Keong, 61-76. Wiesbaden: Harassowitz Verlag, 2004.

————. "The Dutch in Indian Ocean History." In *The Cambridge History of the Indian Ocean.* Volume II, edited by Seema Alavi, Sunil Amrith, and Eric Tagliacozzo. Cambridge: Cambridge University Press, forthcoming.

————. "'Kettle on a Slow Boil': Batavia's Threat Perceptions in the Indies' Outer Islands." *Journal of Southeast Asian Studies* 31, no. 1 (2000): 70-100.

————. *The Longest Journey: Southeast Asians and the Pilgrimage to Mecca.* New York: Oxford University Press, 2013.

————. "Navigating Communities: Distance, Place, and Race in Maritime Southeast Asia." In *Asian Ethnicity* 10, no. 2 (2009): 97-120.

————. "A Necklace of Fins: Marine Goods Trading in Maritime Southeast Asia, 1780-1860." *International Journal of Asian Studies* 1, no. 1 (2004): 23-48.

————. "Onto the Coast and into the Forest: Ramifications of the China Trade on the History of Northwest Borneo, 900-1900." In *Histories of the Borneo Environment*, edited by Reed Wadley, 25-60. Leiden: KITLV Press, 2005.

————. *Secret Trades, Porous Borders: Smuggling and States along a Southeast Asian Frontier.* New Haven: Yale University Press, 2005.

————. "The South China Sea." In *Oceanic Histories*, edited by David Armitage, Alison Bashford, and Sujit Sivasundaram, 113-33. Cambridge: Cambridge University Press, 2018.

Tan, Mely. *Golongan ethnis Tinghoa di Indonesia: Suatau masalah pembinan kesatuan bangsa.* Jakarta: Gramedia, 1979.

Tarling, Nicholas. "The First Pharos of the Seas: The Construction of the Horsburgh Lighthouse on Pedra Branca." *Journal of the Malay Branch of the Royal Asiatic Society* 67, no. 1 (1994): 1-8.

————. *Imperial Britain in Southeast Asia.* Kuala Lumpur: Oxford University Press, 1975.

Taylor, Keith W. "The Literati Revival in Seventeenth-Century Vietnam." *Journal of*

Southeast Asian Studies 18, no. 1 (1997): 1-23.

_____ . "Regional Conflicts among the Viet People between the 13th and 19th Centuries." ' In *Guerre et paix en Asie du sud-est*, edited by Nguyễn Thế Anh and Alain Forest, 109-33. Paris: L'Harmattan, 1998.

Teitler, G. "The Netherlands Indies: An Outline of Its Military History." *Revue Internationale d'Histoire Militaire* 58 (1984): 138.

Teitler, Gerke. *Ambivalente en aarzeeling: Het belied van Nederland en Nederlands-Indië ten aanzien van hun kustwateren, 1870-1962*. Assen: Van Gorcum, 1994.

Ter Weil, Barend. "Early Ayyuthaya and Foreign Trade: Some Questions." In *Commerce et navigation en Asie du sud-est (XIVe-XIXe siecles)*, edited by Nguyễn Thế Anh and Yoshiaki Ishizawa, 77-90. Paris: L'Harmattan, 1999. Terami-Wada, Motoe. "Karayuki-san of Manila 1880-1920." *Philippine Studies* 34 (1986): 287-316.

Tesfay, Netsanet. *Impact of Livelihood Recovery Initiatives on Reducing Vulnerability to Human Trafficking and Illegal Recruitment: Lessons from Typhoon Haiyan*. Geneva: International Organization for Migration and International Labour Organization, 2015.

Thai, Philip. *China's War on Smuggling: Law, Economic Life, and the Making of the Modern State*. New York: Columbia University Press, 2018.

The Siauw Giap. "Socio-Economic Role of the Chinese in Indonesia, 1820-1940." In *Economic Growth in Indonesia, 1820-1940*, edited by A. Maddison and G. Prince, 159-83. Dordrecht and Providence: Foris, 1989.

Thomas, Nicholas. *Islanders: The Pacific in the Age of Empire*. New Haven: Yale University Press, 2010.

Thomaz, L. F. F. R. "Les portugais dans les mers de l'Archipel au XVIe siecle." *Archipel* 18 (1979): 105-25.

Thornton, John. *Africa and Africans in the Making of the Atlantic World, 1400-1800*. 2nd ed. New York: Cambridge University Press, 1998.

Thung Ju Lan. "Posisi dan pola komunikasi antar budaya antara etnis Cina dan masyarakat Indonesia lainnya pada masa kini: Suatu studi pendahuluan." *Berita Ilmu Pengetahuan dan Teknologi* 29, no. 2 (1985): 15-29.

Tijdschrift voor het Zeewezen (1871): 125; (1872): 90; (1873): 274; (1875): 230; (1879): 83.

Tirumalai, R. "A Ship Song of the Late 18th Century in Tamil." In *Studies in Maritime History*, edited by K. S. Mathew, 159-64. Pondicherry: Pondicherry University Press, 1990.

Tjiptoatmodjo, F. A. S. "Kota-kota pantai di sekiatr selat Madura (Abad ke-17 sampai medio abad ke-19)." PhD dissertation. Yogyakarta: Gadjah Mada University, 1983.

Toby, Ronald. *State and Diplomacy in Early Modern Japan: Asia in the Development of the Tokugawa Bakufu*. Princeton: Princeton University Press, 1984.

Topik, Steven, and Kenneth Pomeranz. *The World That Trade Created: Society, Culture, and the World Economy, 1400 to the Present.* New York: Routledge, 2012.

Trainor, Kevin. *Relics, Ritual, and Representation.* Cambridge: Cambridge University Press, 1997.

Tran, Nhung. *Familial Properties: Gender, State, and Society in Early Modern Vietnam, 1463-1778.* Honolulu: University of Hawai'i Press, 2018.

Tran, Nhung Tuyet, and Anthony J. S. Reid, eds. *Việt Nam: Borderless Histories.* Madison: University of Wisconsin Press, 2006.

Tranh, Khanh. *The Ethnic Chinese and Economic Development in Vietnam.* Singapore: Institute of Southeast Asian Studies, 1993.

Travers, Robert. *Ideology and Empire in Eighteenth-Century India.* Cambridge: Cambridge University Press, 2009.

Tremml-Werner, Birgit. *Spain, China and Japan in Manila, 1571-1644: Local Comparisons and Global Connections.* Amsterdam: University of Amsterdam Press, 2015.

Trivellato, Francesca. *The Familiarity of Strangers: The Sephardic Diaspora, Livorno, and Cross-Cultural Trade in the Early Modern Period.* New Haven: Yale University Press, 2012.

Trocki, Carl. *Opium, Empire, and the Global Political Economy: A Study of the Asian Opium Trade.* New York: Routledge, 1999.

Truong, Thanh-Dam. *Sex, Money, and Morality: Prostitution and Tourism in Southeast Asia.* London: Zed Books, 1990.

Truong-Vinh-Ky, P. J. B. *Voyage to Tonking in the Year 1876.* Translated by P. J. Honey. London: School of African and African Studies, 1982.

Truong, Van Mon. "The Raja Praong Ritual: A Memory of the Sea in Cham-Malay Relations." In *Water Frontier: Commerce and the Chinese in the Lower Mekong Region, 1750-1880,* edited by Nola Cooke and Tana Li, 97-111. Lanham, MD: Rowman & Littlefield, 2004.

Tsai Mauw-Kuey. *Les chinois au Sud-Vietnam.* Paris, Bibliotheque Nationale, 1986.

Tsukaya Mizushima, George Souza, and Dennis Flynn, eds. *Hinterlands and Commodities: Place, Space, Time and the Political Economic Development of Asia over the Long Eighteenth Century.* Leiden: Brill, 2015

Tuấn, Hoang Anh. *Silk for Silver: Dutch-Vietnamese Relations, 1637-1700.* Leiden: Brill, 2007.

Tsai, Shih-Shan Henry. *Maritime Taiwan: Historical Encounters with the East and the West.* Armonk: M. E. Sharpe, 2009.

Tucci, G. "Antichi ambasciatori giapponesi patrizi romani." *Asiatica* 6 (1940): 157-65.

————. "Pionieri italiani in India." *Asiatica* 2 (1936): 3-11.

————. "Pionieri italiani in India." In *Forme dello spirito asiatico,* edited by G. Tucci,

30-49. Milan and Messina, 1940.

_____. "Del supposto architetto del Taj e di altri italiani alla Corte dei Mogul." *Nuova Antologia* 271 (1930): 77-90.

Tuck, Patrick. *French Colonial Missionaries and the Politics of Imperialism in Vietnam, 1857-1914: A Documentary Survey.* Liverpool University Press, 1987.

Turton, Andrew. "Ethnography of Embassy: Anthropological Readings of Records of Diplomatic Encounters between Britain and Tai States in the Early Nineteenth Century." *South East Asia Research* 5, no. 2 (1997): 175-205.

Um, Nancy. *The Merchant Houses of Mocha: Trade and Architecture in an Indian Ocean Port.* Seattle: University of Washington Press, 2009.

_____. *Shipped but Not Sold: Material Culture and the Social Order of Trade During Yemen's Age of Coffee.* Honolulu: University of Hawai'i Press, 2017.

US Mississippi River Commission. *Comprehensive Hydrography of the Mississippi River and Its Principal Tributaries from 1871 to 1942.* Vicksburg, MS: Mississippi River Commission, 1942.

Van den Berg, N. P. *Munt-crediet—en bankwezen, Hadel en scheepvaart in Nederlandsch-Indië: Historisch-statishtisch bijdragen.* The Hague: Nijhoff, 1907.

Van Dyke, Paul. *Americans and Macao: Trade, Smuggling and Diplomacy on the South China Coast.* Hong Kong: Hong Kong University Press, 2012.

Veer, Paul van het. *De Atjeh Oorlog.* Amsterdam: Arbeiderspers, 1969.

Velde, P. G. E. I. J. van der. "Van koloniale lobby naar koloniale hobby: Het Koninklijk Nederlands Aardrijkskundig Genootschap en Nederlands-Indie, 1873-1914." *Geografisch Tijdschrift* 22, no. 3 (1988): 215.

Vermeulen, J. T. *De Chineezen te Batavia en de troebelen van 1740.* Leiden: Eduard Ijdo, 1938.

Verschuer, Charlotte von. *Across the Perilous Sea: Japanese Trade with China and Korea from the Seventh to the Sixteenth Centuries.* Translated by Kristen Lee Hunter. Ithaca, NY: Cornell University Press, 2006.

Villiers, J. "Makassar: The Rise and Fall of an East Indonesian Maritime Trading State, 1512-1669." In *The Southeast Asian Port and Polity: Rise and Demise*, edited by J. Kathirithamby-Wells and J. Villiers. Singapore: Singapore University Press.

Vink, Markus. "Indian Ocean Studies and the New Thalassology." *Journal of Global History* 2 (2007): 41-62.

Viraphol, Sarasin. *Tribute and Profit: Sino-Siamese Trade 1652-1853.* Cambridge, MA: Harvard University Press, 1977.

Vleet, Jeremias van. "Description of the Kingdom of Siam." Translated by L. F. van Ravenswaay. *Journal of the Siam Society* 7, no. 1 (1910): 1-105.

Vleming, J. L. *Het Chineesche zakenleven in Nederlandesch-Indië.* Weltevreden: Landsdrikkerij, 1926.

Vosmer, Tom. "Maritime Archaeology, Ethnography and History in the Indian Ocean: An Emerging Partnership." In *Archaeology of Seafaring*, edited by Himanshu Prabha Ray, 65-79. Delhi: Pragati Publishers, 1999.

Voute, W., "Gound-, diamant-, en tin-houdende alluviale gronden in de Nederlandsche Oost-en West-Indische kolonien." *Indische Mercuur* 24, no. 7 (1901): 116-17.

Vu Duong Luan and Nola Cooke. "Chinese Merchants and Mariners in Nineteenth-Century Tongking." In *The Tongking Gulf through History* Nola Cooke, Tana Li, and Jamie Anderson, 143-59. Philadelphia: University of Pennsylvania Press, 2011.

Vuuren, L. van. "De prauwvaart van Celebes." *Koloniale Studiën* 1 (1917): 329-39.

Wade, G. P. "Borneo-Related Illustrations in a Chinese Work." *Brunei Museum Journal* 6, no. 3 (1987): 1-3.

Wade, Geoff. "A Maritime Route in the Vietnamese Text 'Xiem-la-quoc lo-trinh tap-luc' (1810)." In *Commerce et navigation en Asie du Sud-est (XIVᵉ-XIXᵉ siecles)*, edited by Nguyễn Thế Anh and Yoshiaki Ishizawa, 137-70. Paris: L'Harmattan, 1999.

———. "Southeast Asia in the Fifteenth Century." In *Southeast Asia in the Fifteenth Century: The China Factor*, edited by Geoff Wade and Sun Laichen, 3-42. Singapore: NUS Press, 2010.

———. "Engaging the South: Ming China and Southeast Asia in the Fifteenth Century." *JESHO* 51 (2008): 578-638.

———. "Ming China's Violence against Neighboring Polities and Its Representation in Chinese Historiography." In *Asian Encounters: Exploring Connected Histories*, edited by Upinder Singh and Parul Dhar, 20-41. New Delhi: Oxford University Press, 2014.

———. *Southeast Asia in the Ming Shi-lu: An Open Access Resource.* Singapore: Asia Research Institute and the Singapore E-Press, National University of Singapore; http://epress.nus.edu.sg/msl.

———. "The Southern Chinese Borders in History." In *Where China Meets Southeast Asia: Social and Cultural Change in the Border Regions*, edited by G. Evans, C. Hutton, and K. E. Kuah, 28-50. Singapore: ISEAS Press, 2000.

———. "The Zheng He Voyages: A Reassessment." *Journal of the Malaysian Branch of the Royal Asiatic Society* 78, no. 1 (2005): 37-58.

Wadley, Reed. "Warfare, Pacification, and Environment: Population Dynamics in the West Borneo Borderlands (1823-1934)." *Moussons* 1 (2000): 41-66.

Wake, Christopher. "The Myth of Zheng He's Great Treasure Ships." *International Journal of Maritime History* 16, no. 1 (2004): 59-75.

Wakeman, Frederic. *The Great Enterprise.* Berkeley: University of California Press, 1985).

Waley-Cohen, Joanna. *The Sextants of Beijing: Global Currents in Chinese History.* New York: W. W. Norton, 1999.

Waley, Arthur. *The Opium War through Chinese Eyes*. London: Allen & Unwin, 1958.

Wamebu, Zadrak, and Karlina Leksono. *Suara dari Papua: Identifikasi kebutuhan masyarakat Papua asli*. Jakarta: Yayasan Penguatan Partisipasi Inisiatif dan Kemitraan Masyarakat Sipil Indonesia, 2001.

Wang Gungwu. *China and the Chinese Overseas*. Singapore: Times Academic Press, 1991.

_____. "The China Seas: Becoming an Enlarged Mediterranean." In *The East Asian 'Mediterranean': Maritime Crossroads of Culture, Commerce and Human Migration*, edited by Angela Schottenhammer, 7-22. Wiesbaden: Harrassowitz Verlag, 2008.

_____. "Merchants without Empire: The Hokkien Sojourning Communities." In *The Rise of Merchant Empires. Long-Distance Trade in the Early Modern World, 1350-1750*, ed. J. D. Tracy, 400-21. Cambridge: Cambridge University Press, 1990.

Ward, Kerry. *Networks of Empire: Forced Migration in the Dutch East India Company*. New York: Cambridge University Press, 2009.

Ward, R., and R. Jenkins, eds. *Ethnic Communities in Business: Strategies for Economic Survival*. Cambridge, Cambridge University Press, 1984.

Ward, W. E. F., and L. W. White. *East Africa: A Century of Change 1870-1970*. New York: Africana Publishing Corporation, 1972.

Warren, James Francis. *Ah Ku and Karayuki-san: Prostitution in Singapore (1880-1940.)* Singapore: Oxford University Press, 1993.

_____. "Joseph Conrad's Fiction as Southeast Asian History." In *At the Edge of Southeast Asian History: Essays by James Frances Warren*, edited by James Francis Warren, 1-15} Quezon City: New Day Publishers, 1987.

_____. *The Sulu Zone: The Dynamics of External Trade, Slavery, and Ethnicity in the Transformation of a Southeast Asian Maritime State*. Singapore: Singapore University Press, 1981.

Watson, Bruce. *Foundation for Empire: English Trade in India 1659-1760*. New Delhi: Vikas, 1980.

_____. "Indian Merchants and English Private Interests: 1659-1760." In *India and the Indian Ocean 1500-1800*, edited by Ashin Das Gupta and M. N. Pearson, 301-16. Calcutta: Oxford University Press, 1987.

Weaver, Jace. *The Red Atlantic: American Indigenes and the Making of the Modern World, 1000-1927*. Chapel Hill: The University of North Carolina Press, 2014.

Weber, Max. *The Protestant Ethic and the Spirit of Capitalism*, 2nd ed. London: George Allen & Unwin, 1976.

Weber, Nicholas. "The Vietnamese Annexation of Panduranga (Champa) and the End of a Maritime Kingdom." In *Memory and Knowledge of the Sea in Southeast Asia*, edited by Danny Wong Tze Ken, 65-76. Kuala Lumpur: Institute of Ocean and Earth

Sciences, University of Malaya, 2008.

Webster, Anthony. *Gentleman Capitalists: British Imperialism in South East Asia 1770-1890*. London: Tasuris, 1998.

Weddik, A. L. "De Notenmuskaat-Kultuur op Java." *TNI* 2, no. 2 (1839): 589-600.

_____. "Proeve over de Teelt van den Kruidnagelboom op Java." *TNI* 3, no. 1 (1840): 413-18.

Wells, J. K., and John Villiers, eds. *The Southeast Asian Port and Polity: Rise and Demise*. Singapore: Singapore University Press, 1990.

Welsh, Frank. *A Borrowed Place: The History of Hong Kong*. New York: Kodansha, 1993.

Wheatley, Paul. "Analecta Sino-Africana Recensa." In *East Africa and the Orient*, edited by H. Neville Chittick and Robert Rotberg, 76-114. New York: Africana Publishers, 1975.

_____. *The Golden Chersonese: Studies in the Historical Geography of the Malay Peninsula Before AD 1500*. Kuala Lumpur, University of Malaya Press, 1961.

_____. *Nagara and Commandary: Origins of the Southeast Asian Urban Traditions*. Chicago: University of Chicago Press, 1983.

_____, ed. *Melaka: Transformation of a Malay Capital 1400-1980*. 2 volumes. Kuala Lumpur: Oxford University Press, 1983.

Wheeler, Charles. "One Region, Two Histories: Cham Precedents in the History of Hoi An Region." In *Việt Nam: Borderless Histories*, edited by Nhung Tuyet Tran and Anthony J. S. Reid, 163-93. Madison: University of Wisconsin Press 2006.

_____. "Placing the 'Chinese Pirates' of the Gulf of Tonking at the End of the Eighteenth Century." In *Asia Inside Out: Connected Places*, edited by Eric Tagliacozzo, Helen F. Siu, and Peter C. Perdue, 30-63. Cambridge, MA: Harvard University Press, 2015.

_____. "Re-thinking the Sea in Vietnamese History: The Littoral Integration of Thuận-Quảng, Seventeenth-Eighteenth Centuries." *Journal of Southeast Asian Studies* 17, no. 1 (Feb. 2006): 123-53.

White, John. *A Voyage to Cochin China*. Kuala Lumpur: Oxford University Press 1972; orig. 1824).

Whitmore, John. "Vietnam and the Monetary Flow of Asia, 13-18th Centuries." In *Precious Metals in the Later Medieval and Early Modern Worlds*, edited by J. F. Richards, 363-96. Durham: Carolina Academic Press, 1983.

Wick, Alexis. *The Red Sea: In Search of Lost Space*. Berkeley: University of California Press, 2016.

Wickberg, Edgar. *The Chinese in Philippine Life, 1850-1898*. New Haven and London: Yale University Press, 1965.

_____. "Overseas Adaptive Organizations, Past and Present." In *Reluctant Exiles? Migration from the Hong Kong and the New Overseas Chinese*, edited by Ronald

Skeldon, 68-86. Armonk, NY: M. E. Sharpe, 1994.

Wigen, Karen. "Oceans of History." *American Historical Review* 111, no. 3 (2006): 717-21.

Williams, L .E. "Chinese Entrepreneurs in Indonesia." *Explorations in Entrepreneurial History* 5, no. 1 (1952): 34-60.

Williams, R. "Nightspaces: Darkness, Deterritorialisation and Social Control." *Space and Culture* 11, no. 4 (2008): 514-32.

Wild, John Peter, and Felicity Wild. "Rome and India: Early Indian Cotton Textiles from Berenike, Red Sea Coast of Egypt." In *Textiles in Indian Ocean Societies*, edited by Ruth Barnes, 11-16. New York: Routledge, 2005.

Wilford, John Noble. *The Mapmakers.* New York: Vintage, 1982.

Willford, Andrew, and Eric Tagliacozzo, eds. *Clio/Anthropos: Exploring the Boundaries between History and Anthropology.* Palo Alto: Stanford University Press, 2009.

Wills, John. *Embassies and Illusions: Dutch and Portuguese Envoys to K'ang-hsi, 1666-1687.* Cambridge, MA: Harvard University East Asian Studies, 1984.

————. "Maritime Asia 1500-1800: The Interactive Emergence of European Domination." *American Historical Review* 98, no. 1 (1993): 83-105.

————. *Pepper, Guns, and Parleys.* Cambridge, MA: Harvard University Press 1974.

Winichakul, Thongchai. *Siam Mapped.* Honolulu: University of Hawai'i Press, 1994.

Winter, C. F. "Verbod Tegen het Gebruik van Amfioen." *TNI* 3, no. 2 (1840): 588.

Wolf, Eric. *Europe and the People without History.* Berkeley: University of California Press, 1982.

Wolff, John. *Brandy, Balloons, and Lamps: Ami Argand.* Carbondale, IL: Southern Illinois University Press, 1999.

Wolters, O. W., *Early Indonesian Commerce: A Study of the Origins of Srivijaya.* Ithaca: Cornell University Press, 1967.

Wong Kwok-Chu. *The Chinese in the Philippine Economy, 1898-1941.* Manila: Ateneo de Manila Press, 1999.

Wong Siu-Lun. "Business Networks, Cultural Values and the State in Hong Kong and Singapore. In *Chinese Business Enterprises in Asia*, edited by Rajeswary A. Brown. London and New York: Routledge, 1995.

Wong Yee Tuan. *Penang Chinese Commerce in the Nineteenth Century.* Singapore: ISEAS, 2015.

Woodside, Alexander. *Vietnam and the Chinese Model.* Cambridge, MA: Harvard University Press, 1971.

Woodward, Hiram. *The Art and Architecture of Thailand from Prehistoric Times through the Thirteenth Century.* Leiden: Brill, 2003.

Wray, William D. "The Seventeenth-century Japanese Diaspora: Questions of Boundary and Policy." In *Diaspora Entrepreneurial Networks: Four Centuries of History,* edited by Ina Baghdiantz McCabe, Gelina Harlaftis, and Ioanna Pepelasis Minoglu, 73-93. Oxford and New York: Berg, 2005.

Wright, Arnold, and Oliver T. Breakspear, eds. *Twentieth Century Impressions of Netherlands India: Its History, People, Commerce, Industries, and Resources.* London, 1909.

Wu, David. *The Chinese in Papua New Guinea, 1880-1980.* Hong Kong: Hong Kong University Press, 1982.

Wu Wei-Peng. "Transaction Cost, Cultural Values and Chinese Business Networks: An Integrated Approach." In *Chinese Business Networks*, edited by Chan Kwok Bun. Singapore: Prentice Hall, 2000.

Wu-Beyens, I-Chuan. "Hui: Chinese Business in Action." In *Chinese Business Networks*, edited by Chan Kwok Bun. Singapore: Prentice Hall, 2000.

Wyatt, Don. *The Blacks of Premodern China.* Philadelphia: University of Pennsylvania Press, 2010.

Xing Hang and Tonio Andrade, eds. *Sea Rovers, Silver, and Samurai: Maritime East Asia in Global History, 1550-1700.* Honolulu: University of Hawai'i Press, 2016.

Xing Hang. *Conflict and Commerce in Maritime East Asia: The Zheng Family and the Shaping of the Modern World, 1620-1720.* Cambridge: Cambridge University Press, 2016.

Yao, Souchou. "The Fetish of Relationships: Chinese Business Transactions in Singapore." *Sojourn* 2 (1987): 89-111.

Yen, Ching-hwang, ed. *The Ethnic Chinese in East and Southeast Asia: Business, Culture, and Politics.* Singapore: Times Academic Press, 2002.

Yambert, K. A. "Alien Traders and Ruling Elites: The Overseas Chinese in Southeast Asia and the Indians in East Africa." *Ethnic Groups* 3 (1981): 173-78.

Yang, Pao-yun. *Contribution a l'histoire de la principauté des Nguyen au Vietnam méridional (1600-1775).* Geneva: Editions Olizane, 1992.

Yegar, Moshe. *Between Integration and Succession: The Muslim Communities of the Southern Philippines, Southern Thailand, and Western Burma/Myanmar.* Lanham, MD: Lexington Books, 2002.

Yen Ching-hwang, ed. *The Ethnic Chinese in East and Southeast Asia: Business, Culture, and Politics.* Singapore: Times Academic Press, 2002.

Yeung, Y. M., and C. P. Lo, eds. *Changing Southeast Asian Cities: Readings on Urbanization.* Oxford: Oxford University Press, 1976.

Ylvisaker, Marguerite. *Lamu in the Nineteenth Century: Land, Trade, and Politics.* Boston: Boston University African Studies Association, 1979.

Yoshihara Kunio. "The Ethnic Chinese and Ersatz Capitalism in Southeast Asia." In *Southeast Asian Chinese and China: The Politico-economic Dimension*, edited by Leo Suryadinata. Singapore: Times Academic Press, 1995.

Yu-ju, Lin, and Madeleine Zelin, eds. *Merchant Communities in Asia, 1600-1800*. London: Routledge, 2016.

Zainol, Salina Binti Haji. "Hubungan perdagangan antara Aceh, Sumatera Timur dan pulaua Pinang, 1819-1871." MA thesis. Kuala Lumpur: Universiti Malaya, 1995.

Zeeman, J. H. *De Kustvaart in Nederlandsch-Indië, beschouwd in verband met het Londensch Tractaat van 17 Maart 1824*. Amsterdam: J. H. de Bussy, 1936.

Zelin, Madeleine. "Economic Freedom in Late Imperial China." In *Realms of Freedom in Modern China*, edited by William Kirby, 57-83. Palo Alto: Stanford University Press, 2004.

Zhang, Yangwen. *China on the Sea: How the Maritime World Shaped Modern China*. Leiden: Brill, 2014.

_____. *The Social Life of Opium in China*. Cambridge: Cambridge University Press, 2005.

Zhao Bing. "La ceramique chinoise importee en Afrique orientale (IXe-XVIe siecles): Un cas de changement de valeur marchande et symbolique dans le commerce global." https://doi.org/10.4000/afriques.1836

_____. "Global Trade and Swahili Cosmopolitan Material Culture: Chinese-style Ceramic Shards from Sanje ya Kati and Songo Mnara (Kilwa, Tanzania)." *Journal of World History* 23, no. 1 (2012): 41-85.

Zhao, Gang. *The Qing Opening to the Ocean: Chinese Maritime Policies, 1684-1757*. Honolulu: University of Hawai'i Press, 2013.

Zhou, Nanjing. "Masalah asimilasi keturunan Tionghoa di Indonesia." *RIMA* 21, no. 2 (Summer 1987): 44-66.

Zinoman, Peter. *The Colonial Bastille: A History of Imprisonment in Vietnam 1862-1940*. Berkeley: University of California Press, 2001.

Zuhdi, Susanto. *Cilacap (1830-1942): Bangkit dan runtuhnya suatu pelabuhan di Jawa*. Jakarta: KPG, 2002.

_____, ed. *Cirebon sebagai bandar jalur sutra*. Jakarta: Departemen Pendidikan dan Kebudayaan, Direktorat Sejarah dan Nilai Tradisional, Proyek Inventarisasi dan Dokumentasi Sejarah Nasional, 1996.

찾아보기

아시아 500년 해양사

세상을 이은 바닷길을 읽는 여섯 가지 관점:
연결·무역·종교·도시·산물·기술

1판 1쇄 2024년 5월 31일

지은이 | 에릭 탈리아코초
옮긴이 | 이재황

펴낸이 | 류종필
편집 | 권준, 이정우, 이은진
경영지원 | 홍정민
교정 | 오효순
표지 디자인 | 석운디자인
본문 디자인 | 박애영

펴낸곳 | (주) 도서출판 책과함께
　　　　주소 (04022) 서울시 마포구 동교로 70 소와소빌딩 2층
　　　　전화 (02) 335-1982
　　　　팩스 (02) 335-1316
　　　　전자우편 prpub@daum.net
　　　　블로그 blog.naver.com/prpub
　　　　등록 2003년 4월 3일 제2003-000392호

ISBN 979-11-92913-84-1 03910